Freiheit der Ausübung erwerbsberuflicher Tätigkeiten

Perspektiven auf Berufsbildung, Arbeit und Technik

Herausgegeben von Axel Grimm, Volkmar Herkner und Reiner Schlausch

Band 4

PETER LANG

Alexander Maschmann

Freiheit der Ausübung erwerbsberuflicher Tätigkeiten

Ein emanzipatorischer Ansatz zur Ausgestaltung qualifikationsfordernder Reglementierungen von Berufsausübung im Kontext der europäischen Integration

PETER LANG

Bibliografische Information der Deutschen Nationalbibliothek
Die Deutsche Nationalbibliothek verzeichnet diese Publikation in der Deutschen Nationalbibliografie; detaillierte bibliografische Daten sind im Internet über http://dnb.d-nb.de abrufbar.

Zugl.: Flensburg, Europa-Univ., Diss., 2020

Fl 3
ISSN 2698-8348
ISBN 978-3-631-84642-1 (Print)
E-ISBN 978-3-631-85161-6 (E-PDF)
E-ISBN 978-3-631-85162-3 (EPUB)
E-ISBN 978-3-631-85163-0 (MOBI)
DOI 10.3726/b18253

Peter Lang – Berlin · Bern · Bruxelles · New York ·
Oxford · Warszawa · Wien

Diese Publikation wurde begutachtet.

www.peterlang.com

Zusammenfassung

Einführung

Die Freiheit der Ausübung erwerbsberuflicher Tätigkeiten stellt eine bedeutende zivilisatorische Errungenschaft moderner Gesellschaften dar. Einerseits handelt es sich dabei um das individuell zuerkannte universelle Recht auf freie Entfaltung im Kontext wirtschaftlicher Aktivitäten. Andererseits ist die Berufsfreiheit immanentes Element personenbezogener Verkehrsfreiheiten des Binnenmarktes der Europäischen Union. Die erwerbsbezogene Freizügigkeit, d. h. die grenzüberschreitende Ortsunbeschränktheit des Rechts auf Ausübung beruflicher Tätigkeiten, war hierbei von Beginn an prägend für die wirtschaftsliberale Ausgestaltung der europäischen Integration. Das Fordern von Qualifikationen als Zugangsvoraussetzung für die Ausübung eines Berufs hingegen bedeutet grundsätzlich, diese Grundgarantien einzuschränken.

Problem

Die Zahl derjenigen Erwerbstätigen, die in einem anderen EU-Land arbeiten als dessen Staatsangehörigkeit sie besitzen, ist Jahr für Jahr kontinuierlich angestiegen. 2018 hat sie mit ca. 9,3 Millionen fast die Zehn-Millionen-Marke erreicht. Viele dieser Menschen verfügen über Qualifikationen, die sie in einem anderen Land erworben haben als in dem, in dem sie nun arbeiten. Jedes Jahr werden mehrere Zigtausend Fälle dokumentiert, in denen Erwerbstätige die Anerkennung ihrer „mitgebrachten" Qualifikation beantragt haben. Wiederum ein erheblicher Prozentsatz davon wird aufgrund von Inkompatibilitäten der diversen nationalen Qualifizierungssysteme abgelehnt oder mit Auflagen belegt. Vielen Menschen, die einen Beruf gelernt haben, wird somit dessen Ausübung verwehrt. Zusätzlich zu diesem „grenzüberschreitenden" Problem bestehen unzählige qualifikationsfordernde Regelungen in den Mitgliedstaaten selbst, durch die der Zugang zu einer Berufsausübung erschwert wird und für nicht wenige ist er so gänzlich unerreichbar geworden.

Ziel und leitende Fragestellung

Althergebrachte Reglementierungssystematiken und interessengeleitete Denkmuster führen dazu, dass nach wie vor etliche ungerechtfertigte Hürden für die Ausübung erwerbsberuflicher Tätigkeiten existieren. Zudem kommen immer wieder solche neu hinzu, die im Widerspruch zum modernen Verständnis der erwerbsberuflichen Grundgarantien stehen. Der Freiheit der Ausübung erwerbsberuflicher Tätigkeiten sowohl auf europäischer als auch nationaler Ebene hinreichend Geltung zu verschafften ist ein kontinuierlich fortschreitender Prozess. Dies ist nicht zuletzt eine Frage der Gerechtigkeit. Ohne Gerechtigkeit kann es keine legitime Gesellschaftsordnung geben. Das idealisierte emanzipatorische Ziel der vorliegenden Arbeit ist es, einen Beitrag dazu zu leisten, dass „diese Welt" etwas gerechter wird. Es soll eine Antwort auf die Frage gefunden werden: „Wie kann es gelingen, qualifikationsfordernde Reglementierungen von Berufsausübung zukunftsfähig auszugestalten?"

Teiluntersuchung I

Als grundlegender Schritt wurde dazu als Erstes die politische und historische Entwicklung des Gefüges europäischen Primär- und Sekundärrechts zur Umsetzung der personenbezogenen Verkehrsfreiheiten untersucht. Von Beginn der europäischen Integration an war – neben vielfältigen Bemühungen Berufsausbildung EU-weit zu koordinieren – die Anerkennung von „mitgebrachten" Qualifikationen der Kernansatz zum Erreichen freier erwerbsberuflicher Mobilität. Als Bezugspunkt für die grenzüberschreitende Anerkennung wurden – abweichend vom ursprünglichen Konzept – schließlich formelle Qualifikationen in Form konstruierter, oft umfassenden Berufsbildern folgender Bildungsgänge bzw. deren Abschlüsse festgelegt.

Dies ist im Hinblick auf das gemeinschaftlich vereinbarte Mobilitätsziel grundsätzlich zu kritisieren, da in der Praxis erwerbsberufliche Tätigkeitsprofile ausgeübt werden und nicht bildungsorientiert gebündelte Qualifikationen. Dies führt meist dazu, dass eine Anerkennung der tatsächlich vorhandenen Befähigungen für eine konkret beabsichtigte Erwerbstätigkeit gar nicht stattfindet. Auch trägt die pauschale Erhebung nationaler Qualifizierungskonstrukte zur Normvorgabe für Berufszulassungen zur Konservierung historisch-gewachsener restriktiver Reglementierungsstrukturen bei. Mögliche illegitime nationale Einschränkungen der freien Berufsausübung werden so zudem als gegeben hingenommen.

Teiluntersuchung II

Im zweiten Schritt wurde sich der Notwendigkeit zugewandt, qualifikationsfordernde Berufszugangsreglementierungen konsistent durch eine systematische Orientierung an den europäischen Grundgarantien individueller wirtschaftlicher Handlungsfreiheit auszugestalten. Für den Entwurf eines die Forschungsfrage lösenden Gestaltungsansatzes konnte hierbei festgestellt werden, dass im Kontext personenbezogener Grundfreiheiten dem Grundrecht „Berufsfreiheit“ in jeder denkbaren Konstellation einer Beeinträchtigung von Berufsausübung eine grundlegende Bedeutung zukommt. Dies gilt unabhängig davon, ob ein rein national determinierter, ein grenzüberschreitender oder ein beides betreffender Bezug vorliegt.

Gerechtfertigtes gesetzgeberisches Handeln hat sich ferner am juristischen Prüfverfahren des Grundsatzes der Verhältnismäßigkeit zu orientieren. Nicht zuletzt durch die jüngere europäische Rechtsetzung und Rechtsprechung ist insbesondere bei den Nationalstaaten der Druck erhöht worden einerseits bestehende Zugangsvorschriften einer diesbezüglichen Prüfung zu unterziehen und andererseits beabsichtigte neue Regelungen proaktiv entsprechend zu gestalten. Auch auf europäischer Ebene konnte ein nicht unbedeutender Nachholbedarf bei der konsistenten Anwendung dieses fundamentalen rechtsstaatlichen Prinzips im Zusammenhang des Forderns von Qualifikationen nachgewiesen werden.

Teiluntersuchung III

Ursächlich für eine ungerechtfertigte, diskriminierende Beschränkung der Berufsausübungsfreiheit ist grundsätzlich die nationale Regelung. Die vorbereitende Exploration abschließend wurde daher deren Bedeutung am Beispiel des „deutschen“ Meistervorbehalts für die selbstständige Ausübung einer als zulassungspflichtig eingeordneten handwerklichen Erwerbstätigkeit untersucht. Dabei ist zutage getreten, dass insbesondere historisch begründete, durch Partikularinteressen einflussreicher gesellschaftlicher Gruppen promovierte Vorschriften häufig der Berufsfreiheit zuwiderlaufen.

Obwohl die Historie des Meistervorbehalts gezeigt hat, dass bei gegebenen politischen Rahmenbedingungen eine wirtschaftsliberalere Ausgestaltung qualifikationsfordernder Reglementierungen möglich ist, genügen diese in ihrer jetzigen Form nicht den Anforderungen einer modernen Anwendung der Grundgarantien wirtschaftlicher Handlungsfreiheit. Vergleichbare Regelungen haben jedoch bereits vielfältig Einzug in das europäische Regelwerk zur Anerkennung von Berufsqualifikationen gefunden und sind zudem ausdrücklich auch für zukünftige Erweiterungen vorgesehen.

Lösung

Insgesamt hat sich die anfangs aufgestellte Hypothese bestätigt. Lediglich ein „neuer" von Gerechtigkeit geleiteter Ansatz zur kohärenten und systematischen Gestaltung nationaler Zugangsvorschriften kann die angestrebte berufliche Handlungsfreiheit und Freizügigkeit erreichen. Ausschlaggebend für die Entwicklung des Gestaltungsansatzes war die konsequente Einnahme einer berufswissenschaftlichen Perspektive, die auf berufliche Tätigkeiten als Schlüsselobjekt zur Bewältigung der Problemstellung fokussiert.

Für den so erarbeiteten Ansatz wurde grundlegend erkannt: Ausgangspunkt einer gerechtfertigten Reglementierung kann immer nur ein spezielles Gemeinwohlziel sein, für welches sich im Kontext der Ausübung erwerbsberuflicher Tätigkeiten die Notwendigkeit ergeben hat, Maßnahmen zu ergreifen. In Anwendung des Verhältnismäßigkeitserfordernisses muss dann im Weiteren eine für ein solches Ziel geforderte Qualifikation geeignet sein, hinreichend für die sachgerechte Ausführung der Tätigkeit zu befähigen. Darüber hinaus darf sie nicht umfangreicher oder komplexer sein als unbedingt erforderlich und das damit Erreichte muss stets gewichtiger als die Einschränkung der beruflichen Handlungsfreiheit sein.

Umsetzung

Für eine erfolgreiche Realisierbarkeit des erarbeiteten Ansatzes ist die konsequente gedankliche Differenzierung zwischen qualifikationsfordernden Reglementierungen und formellen berufsqualifizierenden Bildungsgängen unerlässlich. Zu diesem Zweck wurde ferner empfohlen, standardisierte funktionale Basistätigkeiten als konstituierendes Element der – für eine Reglementierung grundsätzlich erforderlichen – Klassifikation von beruflichen Aufgaben, Aufgabenbündel, Berufen etc. zu entwickeln.

Ein in der Praxis oftmals vorhandener Domänenbezug sowie das Erfordernis eines, die begleitenden Rahmenbedingungen im rechtssystematischen Umfeld berücksichtigenden, ganzheitlichen Konzeptes spricht für eine berufswissenschaftlich begleitete Anwendung des entwickelten Ansatzes. Für eine berufswissenschaftlich geleitete interdisziplinäre Vorgehensweise im Zuge ggf. erforderlicher vertiefender fallbezogener Untersuchungen spricht wiederum, dass der Hauptgegenstand berufswissenschaftlicher Forschung, der „Beruf", es mit sich bringt, dass dort bereits interdisziplinär gedacht und gearbeitet wird.

Inhaltsübersicht

Inhaltsverzeichnis

Abbildungsverzeichnis

Tabellenverzeichnis

Einleitung

Menschen erwerben Fähigkeiten.
Menschen verrichten Tätigkeiten.
Gemeinschaften erschaffen Regeln.

Spätestens mit dem Fortschreiten der Zivilisation in Gestalt früher Hochkulturen galt, dass die Mehrzahl der Mitglieder einer Gesellschaft nicht mehr frei entscheiden konnte, welche Tätigkeiten sie zur Sicherung ihres Lebensunterhalts ausübten. So war etwa die Zugehörigkeit zu einer sozialen Gruppe von jeher ein bestimmender Faktor für die Berufswahl. Seien es Familientraditionen, regionalkulturelle Konventionen, Standesregeln oder ein ausgeprägtes Kastenwesen – in der Geschichte der Menschheit überwiegt die Fremdbestimmung bei der Entscheidung für eine Erwerbstätigkeit.

Insbesondere hierarchische Gesellschaftsstrukturen führen dazu, dass von den Herrschenden – im Großen, wie im Kleinen – Regeln zum Erreichen meist arbiträrer Ziele geschaffen werden. Die Ziele mögen eigennützigen Vorteilen mächtiger Einzelner dienen, dem Wohle einer größeren Gemeinschaft zugutekommen oder von anerkannter Gemeinnützigkeit sein. Immer gilt jedoch: Jedwede Regelung, die für die Ausübung einer Erwerbstätigkeit Bedingungen formuliert, schränkt die berufliche Handlungsfreiheit der betroffenen Individuen ein. In diesem übergeordneten gesellschaftlichen Spannungsfeld bewegt sich die Thematik der vorliegenden Arbeit.

Die Arbeit gliedert sich im Weiteren in drei elementare Teile (s. Abb. 1).

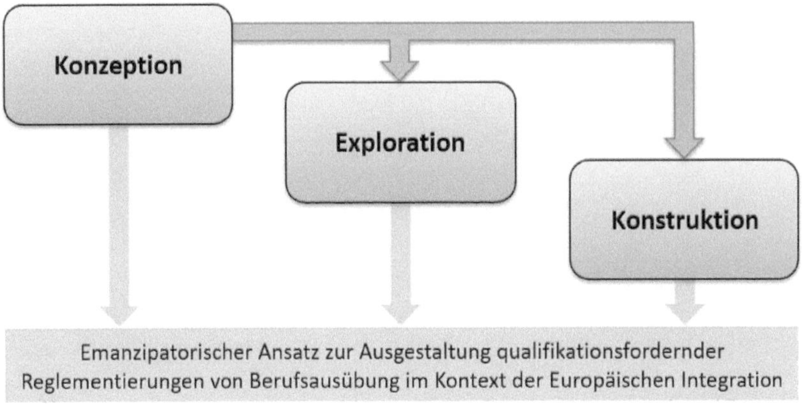

Abb. 1: Die Grundstruktur der Arbeit

Im ersten, konzeptionellen Teil werden, nach einem grundlegenden Einstieg in die Problemstellung, zunächst die prägenden Aspekte der nachfolgenden ausführlichen Betrachtung des Untersuchungsgegenstandes dargestellt. Es folgt die vertiefte Auseinandersetzung mit qualifikationsfordernden Reglementierungen von Berufsausübung als dem zentralen Objekt des zu bearbeitenden Problems. Die systematische Herleitung, Präsentation und Erläuterung des Aufbaus sowie der Methodik des folgenden explorativen Forschungsteils der Arbeit komplettiert sodann die Konzeption.

Die Exploration wendet sich nun der Aufgabe zu, den vorab konzipierten und für die Problemlösung elementaren Prozess der Erkenntnisgewinnung auszuführen. Hierzu werden die drei entworfenen Teilfragen – zunächst diejenige zur „Entwicklung der europäischen Verkehrsfreiheiten", dann die zu „europäischen Grundgarantien als Gestaltungsprinzip" und zuletzt jene zu „nationalen Qualifikationsanforderungen als Hemmnis" – nacheinander bearbeitet. Die relevanten Ergebnisse werden jeweils zusammengefasst und sich bereits hier ergebende erste Ideen für den Ansatz zur emanzipatorischen Ausgestaltung von Berufszugangsregelungen festgehalten.

Im letzten, dem konstruktiven Teil der vorliegenden Arbeit, wird hieraus der avisierte Gestaltungsansatz hergeleitet. Zunächst erfolgt die Entwicklung und Explikation der grundlegenden Herangehensweise zum Entwurf beruflicher Reglementierungen. Dann wird der vollständige Ansatz systematisch konzipiert und eine hypothetische Anwendung dieses vorgenommen. Abschließend werden wichtige Aspekte der praktischen Umsetzung des erarbeiteten Ansatzes erläutert. Dabei wird auch die Bedeutung einer berufswissenschaftlichen Begleitung der Realisierung ausführlich dargelegt.

Teil I Konzeption

1 Einstieg in die Problemstellung

Das Grundrecht auf freie Ausübung erwerbsberuflicher Tätigkeiten kann wiederum als bedeutende zivilisatorische Leistung gelten, die die sogenannte westliche Welt als ein Ergebnis des Zeitalters der Aufklärung hervorgebracht hat. Die Berufsfreiheit hat sukzessive in alle modernen Verfassungen der entsprechenden Staaten Einzug gehalten. Sie erkennt dem Einzelnen das universelle Recht auf freie Entfaltung seiner beruflichen Ambitionen zu und soll als sogenanntes Abwehrrecht vor übermäßigen staatlichen Regelungseingriffen schützen.

Im Geltungsbereich des Binnenmarktes der Europäischen Union, dessen wirtschaftsliberaler Grundgedanke der freie Verkehr von Waren, Dienstleistungen, Kapital und Personen ist, wurden die erwerbsbezogenen Freizügigkeiten als prägendes Element der europäischen Vertragsgemeinschaft implementiert. Diese personenbezogenen Verkehrsfreiheiten stellen dabei die grenzüberschreitende Ortsunbeschränktheit des Rechts auf Ausübung beruflicher Tätigkeiten dar. Beide zusammen – die individuell zuerkannte Berufsfreiheit und die supranational institutionalisierte Freizügigkeit der Berufsausübung – können als Grundgarantien wirtschaftlicher Handlungsfreiheit bezeichnet werden.

Wird nun als Voraussetzung für die Erteilung einer Erlaubnis zur Ausübung einer Berufstätigkeit der Nachweis von Qualifikationen gefordert, so stellt dies grundsätzlich eine zu rechtfertigende Einschränkung dieser Grundgarantien dar. In modernen westlichen Demokratien ist eine Einschränkung nur dann gerechtfertigt, wenn diese einen dem Allgemeinwohl dienenden Zweck verfolgt. Darüber hinaus müssen die mit der Regelung getroffenen Maßnahmen das angestrebte Ziel im ausgewogenen Verhältnis zu den Grundrechtseinschränkungen erreichen. Im politischen Prozess der Entstehung einer Berufszugangsreglementierung finden diese Grundsätze jedoch meist zu wenig Beachtung oder werden nicht konsequent genug angewandt.

Insbesondere tradierte Berufszugangsstrukturen und der nicht selten übermäßige Einfluss von Interessengruppen bewirken, dass noch immer eine Vielzahl von restriktiven Zugangsvorschriften zu Unrecht existiert. Auch kommen regelmäßig neue hinzu. Dies ist nicht nur national in den jeweiligen Mitgliedstaaten selbst ein Problem, sondern beeinträchtigt zudem die grenzüberschreitende Freizügigkeit. Jeder Berufsausübende, der die Freizügigkeit des Binnenmarktes nutzen will und in einem anderen Mitgliedstaat um Berufszulassung ersucht, muss so ggf. einen unbillig geforderten Qualifikationsnachweis erbringen. Aus diesem Grund hat die Europäische Union nachdrücklich die Überprüfung jedweder diesbezüglichen Regelung verfügt.

Die im Verlauf der europäischen Integration vorgenommene Festlegung auf formelle nationale Qualifikationskonstrukte als Maßstab für die Anerkennung von in einem anderen Mitgliedsland erworbenen Befähigungen verschärft das Problem. Umfassende Berufsbildungsgänge gehen meist über die anerkennungsrelevante Intention, für eine spezielle erwerbsberufliche Tätigkeit zu befähigen, weit hinaus. Die vielfältigen nationalen, oft von Land zu Land abweichenden Qualifizierungs- und Reglementierungssysteme führen zudem dazu, dass eine Vielzahl aufwendiger und im Ausgang nicht selten ungewisser Anerkennungsverfahren durchlaufen werden muss.

Es besteht also Handlungsbedarf. Dringend notwendig geworden ist daher die Erarbeitung eines Konzeptes, welches die Ausgestaltung zukunftsfähiger qualifikationsfordernder Reglementierungen von Berufsausübung ermöglicht, und zwar sowohl auf europäischer als auch nationaler Ebene. Zukunftsfähig heißt hierbei, dass die Grundgarantien beruflicher Handlungsfreiheit ausreichend Berücksichtigung gefunden haben, sprich die Regelungen tatsächlich legitim sind. Ziel der vorliegenden Arbeit ist es, einen Ansatz zu erarbeiten, der diesen Anforderungen gerecht wird. Einen Ansatz, der insgesamt die Weiterentwicklung der beruflichen Handlungsfreiheit im Kontext der fortschreitend werteorientierten europäischen Integration berücksichtigt.

2 Die prägenden Aspekte der Problembetrachtung

2.1 Emanzipation als Forschungsansatz

Das idealisierte Streben der vorliegenden Arbeit ist es *„Auf der Suche nach einer besseren Welt“* (Popper 1994, Titel, s. a. Teil I 4.1.1) zu sein. Innerhalb des eingangs genannten Spannungsfeldes wird Emanzipation als Befreiung von nicht gerechtfertigten Einschränkungen der beruflichen Handlungsfreiheit durch Reglementierungen verstanden. Der historische und gesellschaftsideologische Ausgangspunkt kann hierbei im Liberalismus gesehen werden, der sich Ende des 18. Jahrhunderts in Europa als Staatsideologie auszubreiten begann. Als einer der bekanntesten und prägendsten Vertreter dieser „neuen“ Ideologie gilt Adam Smith. Ein wesentlicher Kern des Liberalismus-Verständnisses von Smith ist die Idee, dass eine größtmögliche Handlungsfreiheit des Einzelnen innerhalb eines ideal freien Marktes eine optimale Entwicklung hin zum Wohle aller und zum ökonomischen Vorteil des Staates insgesamt bewirkt (Wagner 2006, S. 39; s. a. Teil II 7.2.2.1).

Später wurde, auch von Smith selbst, erkannt, dass reale Märkte und reale Politik aufgrund des Wirkens einer Vielzahl von Akteuren mit mannigfaltigen Interessen nicht einfach zu Räumen der idealen Freiheit umgestaltet werden können. Darüber hinaus stehen viele marktwirtschaftliche Prozesse in äußerst komplexen interdependenten Beziehungen zueinander. Dennoch hatte im Rahmen der Entwicklung der sogenannten westlichen Industrienationen die Idee des Liberalismus weithin Bestand als ideologisches Fundament für das Gesellschaftssystem.

Beachtenswert sind hier insbesondere die Parallelen dieses Ansatzes zu den ideologischen Grundlagen, auf denen die nach dem Ende des Zweiten Weltkriegs initiierte (west-)europäische Integration aufbaut. Bereits bei der Herleitung der Zielsetzung der 1951 gegründeten Europäischen Gemeinschaft für Kohle und Stahl (EGKS) wurden die ökonomischen Vorteile eines größeren gemeinsamen Marktes als ein wesentlicher Beweggrund angeführt:

> *„Die Europäische Gemeinschaft für Kohle und Stahl ist dazu berufen, im Einklang mit der Gesamtwirtschaft der Mitgliedstaaten und auf der Grundlage eines gemeinsamen Marktes […] zur Ausweitung der Wirtschaft, zur Steigerung der Beschäftigung und zur Hebung der Lebenshaltung in den Mitgliedstaaten beizutragen.“* (EGKSV 1951, Artikel 2 Absatz 1)

Im Rahmen der europäischen Integration hat die wirtschaftliche Handlungsfreiheit des Individuums, als grundlegender Bestandteil der Vertragsgestaltung der europäischen Gemeinschaften, zunehmend an Bedeutung gewonnen. Dies ist angefangen mit der Arbeitnehmerfreizügigkeit der EGKS, über die personenbezogenen Grundfreiheiten[1] der Europäischen Wirtschaftsgemeinschaft (EWGV), weiter mit deren Fortentwicklung in der Europäischen Gemeinschaft (EG) und schließlich mit der verbindlichen Einbindung europäischer Grundrechte durch den Vertrag von Lissabon (2007) zu beobachten. Die wirtschaftliche Handlungsfreiheit war und ist somit formgebend für die Gesellschaftsordnung der europäischen Staatengemeinschaft.

Einen emanzipatorischen Ansatz zu verfolgen bedeutet somit, der im Weiteren aufgeworfenen Problemstellung – ausgehend von einer marktliberalen Wirtschaftsideologie – mit dem Ideal einer auf freiheitliche Grundgarantien basierenden Gemeinschaft zu begegnen. Dabei manifestiert sich, für den Untersuchungsbereich qualifikationsfordernder Reglementierungen von Berufsausübung, dieses Ideal im Zuge der Verfassungstraditionen der (west-)europäischen Staaten der europäischen Gemeinschaften in der garantierten wirtschaftlichen Handlungsfreiheit des Einzelnen. Aktuell sind die Elemente dieser individuellen wirtschaftlichen Handlungsfreiheit als ein Ergebnis der europäischen Integration u. a. in der Charta der Grundrechte der Europäischen Union (Charta 2016) festgeschrieben.

2.2 Reglementierungen als historischer Prozess

Als ein aus der neueren europäischen Geschichte stammendes, eingängiges Beispiel für die grundsätzlich von Gesellschaftsform und Epoche unabhängige Bedeutung qualifikationsfordernder Reglementierungen soll die im Folgenden dargestellte Berufszugangsregelung (Abb. 2) verordnet für die „österreichischen Länder"[2] der österreich-ungarischen Doppelmonarchie dienen.

1 Freier Dienstleistungsverkehr sowie freier Personenverkehr mit dem Recht auf Freizügigkeit der Arbeitnehmer und freier Niederlassung. Im Weiteren auch als berufliche Verkehrs- oder Grundfreiheiten bezeichnet.

2 Genaue Bezeichnung: „Die im Reichsrat vertretenen Königreiche und Länder" zu denen auch einige slawische Kronländer gehörten.

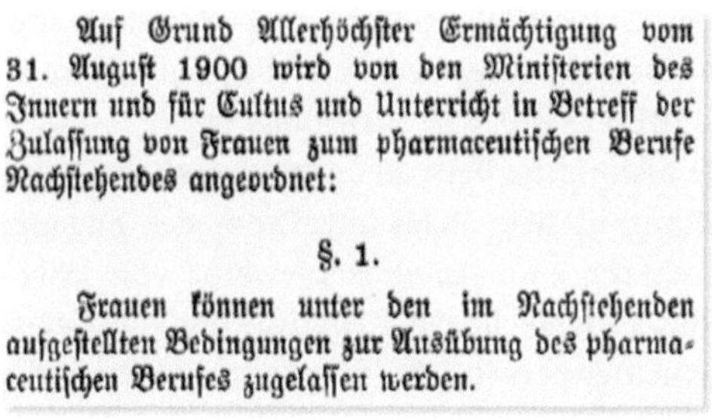

Auf Grund Allerhöchster Ermächtigung vom 31. August 1900 wird von den Ministerien des Innern und für Cultus und Unterricht in Betreff der Zulassung von Frauen zum pharmaceutischen Berufe Nachstehendes angeordnet:

§. 1.

Frauen können unter den im Nachstehenden aufgestellten Bedingungen zur Ausübung des pharmaceutischen Berufes zugelassen werden.

Abb. 2: Einleitung und § 1 der Verordnung „Zulassung von Frauen zum pharmaceutischen Berufe" (RGBL-Ö 1900)

Bei der ausgewählten Verordnung wurde eine Zugangsreglementierung insofern vorgenommen, als dass *„die Zulassung von Frauen zum pharmaceutischen Berufe"* (ebd.) angeordnet wurde. Die Zulassung zum pharmazeutischen Beruf bedeutet hier die Zulassung zum Studium der Pharmazie (s. a. RGBL-Ö 1854), welches wiederum die Voraussetzung für den Zugang zur Ausübung des *„Apothekergewerbes"* (ebd.) ist.[3]

„Als allgemeine Voraussetzungen für den Eintritt von Frauen in diesen Beruf [...]" (RGBL-Ö 1900, § 2) haben dabei die Bewerberinnen folgende persönliche Anforderungen zu erfüllen:

1. die österreichische Staatsbürgerschaft,
2. mindestens das 16. Lebensjahr vollendet,
3. die amtsärztlich bescheinigte physische Eignung. (Ebd.).

„Rücksichtlich der Vorbildung ist für die Aufnahme von Frauen in den pharmaceutischen Beruf [...]" (RGBL-Ö 1900, § 3) zudem folgende Qualifikationen nachzuweisen:

a) Die erfolgreiche Absolvierung einer vollwertigen[4] Sekundarstufe I oder die Ablegung einer adäquaten Prüfung.
b) Ausreichende Kenntnisse der lateinischen *Sprache „im Umfange der Anforderungen für die ersten sechs Gymnasialclassen".* (Ebd.).

---

3 Zur Erleichterung des Verständnisses sowie zur Vermeidung diskriminierenden bipolaren Genderns findet bei Berufsbezeichnungen grundsätzlich jeweils nur ein Genus Anwendung.

4 Gymnasial, Realschule oder Mädchenlyzeum (RGBL-Ö 1904).

Nach erfolgreichem Universitätsstudium und Magisterprüfung erwerben die Bewerberinnen die Berechtigung den Erwerbsberuf *„diplomirter pharmaceutischer Assistent“* (RGBL-Ö 1900, § 6) auszuüben.[5]

Das aufgeführte historische Beispiel birgt wesentliche Aspekte der aufgeworfenen Problemstellung in sich. Relevanter Kern der Zugangsregelung für die akademische Ausbildung zum Apothekergewerbe von 1904 ist hier nämlich, dass nicht mehr das Geschlecht ein Kriterium für die Zulassung ist, sondern die Erfüllung allgemeiner persönlicher Voraussetzungen und der Nachweis von Qualifikationen. Festzuhalten ist an dieser Stelle:

> Das zunehmende Fokussieren der Anforderungen für die Zulassung zu einer Berufsausübung auf nachgewiesene Qualifikationen stellt einen wesentlichen Schritt zur Objektivierung und Operationalisierung von Berufszugangsreglementierungen auf dem Weg zur modernen Rechtsstaatlichkeit dar.

Das Beispiel des Apothekergewerbes ist damit zugleich ein Zeugnis des Wandels, der in der europäischen Geschichte über Jahrhunderte stattgefunden hat (s. a. Teil II 7.2). In allen europäischen und westlich-demokratisch orientieren Ländern, aber auch darüber hinaus, werden heutzutage vornehmlich sachgerechte Anforderungen für den Zugang zu einer Berufsausübung gestellt. Das Fordern von Qualifikationen steht insbesondere dabei im Geltungsbereich des Binnenmarktes der Europäischen Union an erster Stelle.

2.3 Problemkontext europäische Integration[6]

Bei vorgenanntem historischen Beispiel ist offenkundig, dass Frauen vor dem Erlass der Verordnung der Zugang zum akademischen Apothekerberuf verwehrt war. Die Ausübung eines „ehrbaren“[7] Erwerbsberufs war historisch Männersache. Die dargestellte Reglementierung ist somit Ausdruck eines gesellschaftlichen Umbruchs, in der die Diskriminierung einer kategorisierbaren sozialen

5 Die Erlangung der Berechtigung zur Ausübung der Erwerbstätigkeit des selbstständigen Apothekers erfordert die Erfüllung weiterer Voraussetzungen (RGBL-Ö 1900, § 6).

6 Unter europäischer Integration wird im Weiteren die nach dem Zweiten Weltkrieg stattgefundene Annäherung der (west-)europäischen Nationalstaaten durch die Bildung supranationaler Gemeinschaften sowie die damit einhergehende Realisierung gemeinsamer Politiken verstanden.

7 Überkommener Begriff aus dem Bereich der Handwerkszünfte und Kaufmannsgilden.

Gruppe – zumindest rechtlich[8] – abgestellt wurde. Ausgangspunkt der vorliegenden Untersuchung ist genau solch ein gesellschaftlicher Umbruch mit der Perspektive der Umsetzung einer Gleichberechtigung für eine gleichermaßen bestimmbare Gruppe.

Mit der Realisierung eines gemeinsamen Binnenmarktes als Kernelement der europäischen Einigung verpflichteten sich die Mitgliedstaaten von Beginn an jede auf der Staatsangehörigkeit beruhende unterschiedliche Behandlung, namentlich der Arbeitnehmer, abzuschaffen (s. z. B. EWGV 1957, Artikel 48, Absatz 2). Im Gegensatz zu Zeiten des dargestellten Beispiels des Apothekergewerbes darf nun nicht mehr die Staatsbürgerschaft[9] als Zulassungskriterium angewandt werden. Es darf vielmehr „nur noch" auf relevante Aspekte der persönlichen Eignung sowie auf erworbene bzw. nachzuweisende Qualifikationen als Zugangskriterium abgestellt werden. Dieser Prozess ist trotz einer Vielzahl insbesondere rechtsetzender Aktivitäten der Organe der Europäischen Union bis heute nicht abgeschlossen.

Wie oben angesprochen, ist das grundlegende, verbindende Element der europäischen Integration die Idee des gemeinsamen Marktes,[10] durch den Prosperität zum Wohle aller generiert werden soll. Gleichermaßen als Mittel und als Voraussetzung für einen derart funktionierenden Binnenmarkt wurden die sogenannten vier Grundfreiheiten, der freie Personen-, Waren-, Dienstleistungs- sowie Kapitalverkehr, postuliert. Die in Ausrichtung an den Gegenstand der vorliegenden Arbeit als personen- oder auch als erwerbsbezogene[11] Verkehrsfreiheiten bezeichnete Kategorisierung beinhaltet demgegenüber die Dienstleistungsfreiheit sowie innerhalb des freien Personenverkehrs die Arbeitnehmerfreizügigkeit und die Niederlassungsfreiheit.

Während etwa die Zollunion als Element des freien Warenverkehrs relativ bald nach Gründung der Europäischen Wirtschaftsgemeinschaft (1957) im Jahre 1968 umgesetzt worden ist, sind die personenbezogenen Freizügigkeiten bis heute nicht umfassend realisiert (s. Teil II 5.3.3). Die Ursache ist in folgendem grundlegenden Zusammenhang zu finden:

---

8 Bekannt ist, dass die Emanzipation der Frauen hinsichtlich einer tatsächlichen Nichtdiskriminierung, speziell im erwerbsberuflichen Kontext bis heute nicht abgeschlossen ist.

9 Soweit es sich um eine eines Mitgliedstaates der Europäischen Union oder eines assoziierten handelt.

10 Heute: Binnenmarkt der Europäischen Union.

11 Im Rahmen des Binnenmarktes sind es die erwerbstätigen Personen, die von Interesse sind.

Regeln für die Berufsausübung aufstellen heißt herrschen. Qualifikationsfordernde Reglementierungen von Berufsausübung sind Herrschaftsinstrumente. In der Vergangenheit stimmten die Räume, für die eine Zugangsvorschrift erlassen oder ein Berufsausübungsrecht zuerkannt wurden, meist mit dem Herrschaftsbereich derjenigen überein, die die Macht haben, eine entsprechende Regelung zu verfügen. Mit der Schaffung eines europäischen supranationalen Verbundes souveräner Nationalstaaten ist die Situation eingetreten, dass übergeordnet die Norm der grenzüberschreitenden personenbezogenen Verkehrsfreiheit geschaffen wurde, die Regelung des Berufszugangs jedoch national verantwortet werden.

Wenig nützt die Erlaubnis einen Beruf ausüben zu dürfen, wenn diese örtlich stark eingeschränkt ist. Aus der Perspektive des Binnenmarktes der europäischen Gemeinschaften heraus ist dies aber genau dann der Fall, wenn trotz einer faktisch vorhandenen Befähigung[12] die Ausübung einer Erwerbstätigkeit durch eine nationale qualifikationsfordernde Reglementierung beeinträchtigt wird. Dieser Beeinträchtigung zu begegnen, ist das Ziel der von allen Mitgliedstaaten vertraglich vereinbarten beruflichen Verkehrsfreiheit.

Bezogen auf den Gegenstand der vorliegenden Arbeit bedeutet die Konstituierung der europäischen Gemeinschaften als Staatenverbund[13] also, dass die Hoheit bzw. Kompetenz für die Durchsetzung der Freizügigkeiten auf supranationaler Ebene liegt, die Verfügungsgewalt über die Ausgestaltung von Zugangsregelungen jedoch grundsätzlich der nationalen Souveränität vorbehalten ist. Damit deutet sich der Ausgangspunkt der Problemstellung, deren Bearbeitung Kernanliegen der vorliegenden Arbeit ist, bereits an dieser Stelle an.

2.4 Berufswissenschaftliche Forschungsperspektive

Ausgangs- und Zielpunkt der Reglementierung von Berufsausübung ist die Berufsausübung selbst. Einen Beruf auszuüben heißt, berufliche Tätigkeiten zu verrichten, die im Zusammenwirken den Beruf ausmachen. Im Kontext des Binnenmarktes, als Ergebnis der fortgeschrittenen europäischen Integration, geht es dabei generell immer um berufliches Handeln, welches dem Erwerb des Lebensunterhaltes dient (s. a. Teil II 6.2.2.1). Dies führt gleichzeitig zu einem weiten Verständnis des Begriffes „Beruf“. Das Fordern formeller Qualifikationen als

---

12 Diese ergibt sich meist schon aus der Tatsache, dass im sogenannten Herkunftsland diese Tätigkeit bereits erfolgreich ausgeführt wurde.

13 Bezeichnung des Bundesverfassungsgerichtes für die EU als supranationalen Verbund souveräner Nationalstaaten (BVerfG 2009, 1. Leitsatz).

Kriterium für die Zulassung zu einem Beruf präzisiert den Gegenstand des Interesses.

So ließe sich die vorliegende Arbeit zunächst dem Wissensgebiet der Berufsforschung mit der Spezifizierung „*Qualifikation und Kompetenz*" (Dostal 2006, S. 108) zuordnen. Dies kann insofern vorgenommen werden, als dass hier perspektivisch Qualifikationen – in ihrer Gestalt als intentional erworbene Kompetenzen, die zu einer Berufsausübung befähigen sollen – in ihrer Funktion als Reglementierungsinstrument hinterfragt werden (ebd.). Bei den geforderten Zugangsvoraussetzungen handelt es sich überwiegend um Abschlüsse formeller Bildungsgänge, sodass im Zusammenhang mit der Bearbeitung einiger Aspekte der Fragestellung auch Berührungspunkte mit der Berufsbildungsforschung bestehen.

Darüber hinaus gilt, dass eine Abgrenzung auf ein einziges Spezialgebiet, u. a. aufgrund des Kontextes der europäischen Integration, in welchem sich die Untersuchung bewegt und mit welchem die Problemstellung fest verbunden ist, sinnvoll kaum möglich ist. Insofern ist eine Zuordnung der vorliegenden Arbeit zur übergeordneten Kategorie der berufswissenschaftlichen Forschung vernünftig. Dabei wird von einem umfassenden Verständnis von Berufswissenschaft als „[…] *Aufgabenfeld und Ort des Strebens, Gewinnens und Bewahrens von Erkenntnissen über Berufe* […]" (Pahl 2017, S. 341) ausgegangen.[14] In der vorliegenden Arbeit handelt es sich demnach um berufswissenschaftliche Forschung, die eine berufsübergreifende Thematik bearbeitet (s. ebd.). Pahl stellt zudem fest: „*Als das institutionelle, organisatorische und übergeordnete Sammelbecken der Berufsforschung kann die sich entwickelnde Berufswissenschaft angesehen werden.*" (ebd., S. 338).

Zu beachten ist weiterhin, dass die Vielschichtigkeit der Bedeutung des Begriffes „Beruf" selbst auch die Enge und Weite des Wissensgebietes bestimmt (s. Dostal 2006, S. 105 oder Becker/Spöttl 2008, S. 17). Dostal (2006) stellt konkret dazu fest: Neben einer Vielfalt an gesellschaftlichen Funktionen, die das Konstrukt Beruf erfüllt „[…] *ist Beruf Anspruch und Recht gleichermaßen*" (ebd., S. 105). Genau um diese beiden scheinbar gegensätzlichen Aspekte von „Beruf" geht es aber in der vorliegenden Arbeit. Auf der einen Seite gibt es den absolut nachvollziehbaren Anspruch seitens der Gesellschaft, dass formelle Qualifikationen

14 Auch allgemeine Berufswissenschaft in Abgrenzung zur spezifischen Berufswissenschaft (Pahl 2017, S. 343) sowie zur Berufswissenschaft im engen Gebrauch als Fach- oder Bezugswissenschaft im Zusammenhang mit der Gestaltung von Ausbildungsberufen (s. a. Becker/Spöttl 2008, S. 17).

nachzuweisen sind, damit sichergestellt ist, dass der Beruf beherrscht wird. Auf der anderen Seite entsteht, wenn denn die faktische Befähigung für die Ausübung einer Berufstätigkeit vorliegt, demgegenüber ebenso nachvollziehbar das mindestens moralische Recht, dieser zur Sicherung des Lebensunterhalts nachgehen zu dürfen.

Im Weiteren spricht z. B. Dostal dem Beruf auch eine emanzipative Funktion zu (ebd., S. 106). Dies stellt nun wiederum genau den intendierten Ansatz dieser Arbeit dar, von dem hypothetisch angenommen wird, dass er eine Lösung der dargestellten Probleme ermöglicht (s. Teil I 4.1.2). Insgesamt ordnet sich die vorliegende Arbeit somit als Beitrag zur allgemeinen Berufswissenschaft (s. Fn. 14) ein. Der Kontext der europäischen Integration, in den die Problemstellung eingebettet ist, sowie auch die rechtlichen Aspekte der Reglementierung von Berufsausübung lösen auf jeden Fall eine interdisziplinäre Dimension des Vorhabens der vorliegenden Arbeit aus. Dostal (2006) geht unabhängig von einem konkreten Vorhaben in einer Aussage sogar so weit, dass er festhält: *„Die Vielfältigkeit des Berufsbegriffs an sich verhindere bereits eine monodisziplinäre Interpretation“* (ebd., S. 107). Das Befassen mit den Vorgängen um qualifikationsfordernde Regelungen im Rahmen der europäischen Einigung birgt daher neben einer offensichtlichen historischen und juristischen Perspektive ebenso sozialwissenschaftliche, insbesondere ihren Zweig der Politikwissenschaft betreffende Aspekte.

Die rechtswissenschaftlichen Betrachtungen spielen dabei für die Erarbeitung des angestrebten Gestaltungsansatzes eine herausragende Rolle. Dies begründet sich aus der Tatsache, dass die europäischen Gemeinschaften[15] Vertrags- und damit Rechtskonstrukte waren und sind, die darüber hinaus auf einem Grundwertesystem gründen. Alternativ wäre aufgrund des gegebenen, die Untersuchung bestimmenden Kontextes, die Zuordnung der Arbeit zu einem europawissenschaftlichen Forschungsgebiet denkbar. Nichtsdestotrotz ordnet diese sich insgesamt als berufswissenschaftlicher Beitrag ein, denn Kernelement der Untersuchung sind berufliche Tätigkeiten.

Sowohl historisch als auch juristisch sind die Probleme verursachenden Zusammenhänge klar identifizierbar. Die Entwicklung einer Lösung erfordert aber unbedingt berufswissenschaftlich geleitetes Denken. Ausgangs- und

15 Kleingeschrieben: „europäische Gemeinschaften“ meint die Gesamtheit der nach dem Zweiten Weltkrieg im Rahmen der europäischen Integration gegründeten Staatenverbünde, im Singular die jeweilige Vertragsgemeinschaft unabhängig von ihrer formellen Bezeichnung.

Zielpunkt der Untersuchung sind berufliche Tätigkeiten. Der Fokus zur Entwicklung des Gestaltungsansatzes muss ebenso auf diese gerichtet werden. Berufliche Tätigkeiten sind der Schlüssel. Nur eine berufswissenschaftliche Forschungsperspektive – so die dementsprechende Grundannahme dieser Arbeit – ermöglicht eine Annäherung an eine zielführende und zukunftssichere Lösung der gegebenen Problemstellung.

3 Qualifikationsfordernde Reglementierungen als Problem

Der Kern der europäischen Integration war und ist der gemeinsame Wirtschaftsraum. Geht es also um die Reglementierung von Berufsausübung, so ist diese im Kontext des Binnenmarktes, wie er vereinfachend genannt wird, zu betrachten.[16] Die Verbesserung der Mobilität erwerbstätiger Personen innerhalb des Geltungsbereichs des Binnenmarktes ist von jeher ein Kernanliegen der jeweiligen europäischen Gemeinschaften und wird insbesondere seit ihrem Bestehen von der Europäischen Kommission entschlossen verfolgt. Dies ist nicht nur der Aufgabe geschuldet, die Umsetzung der Grundfreiheiten des Binnenmarktes zu betreiben, sondern auch fester Bestandteil der seit vielen Jahren verfolgten Politik zur Verbesserung der Leistungsfähigkeit der europäischen[17] Wirtschaft insgesamt.

Im Gesamtüberblick können, bezogen auf die durch die Organe der Europäischen Union geleistete Integrationsarbeit zur Umsetzung der angestrebten personenbezogenen Freizügigkeit, bis heute zwei wesentliche Phasen unterschieden werden. Die erste Phase zeichnet sich dadurch aus, dass mit Nachdruck angestrebt wurde alle offensichtlichen direkten und indirekten Mobilitätshindernisse, die in der Unterscheidung, sprich Diskriminierung nach Staatsangehörigkeit der Zuwandernden und/oder ihrer „mitgebrachten"[18] Qualifikationen begründet lagen, auszuräumen. In der hier als zweite Phase identifizierten Schwerpunktsetzung supranationaler Aktivität zur Weiterentwicklung der individuellen grenzüberschreitenden wirtschaftlichen Handlungsfreiheit liegt der Fokus nunmehr ebenso nachdrücklich darauf, die Tauglichkeit der nationalen Regelungen selbst für den Europäischen Binnenmarkt sicher- bzw. herzustellen.

Die genannten Phasen führen direkt zu den beiden Hauptaspekten der bearbeiteten Problemstellung. Während das nicht hinreichend gelöste Kernproblem der ersten Phase in der Diversität der nationalen Reglementierungssysteme

16 In der Realität wird meist auf nationale Teilmärkte Bezug genommen, z. B. hinsichtlich des Wirtschaftswachstums oder der Arbeitsmarktentwicklung.

17 Europäische Union bzw. die momentan behandelte (west-)europäische Gemeinschaft und „Europa" werden, den Lesefluss verbessernd, gelegentlich begrifflich mit „europäisch" gleichgesetzt.

18 Vereinfachend für „in einem anderen Mitgliedsland der jeweiligen europäischen Gemeinschaft erworbene".

besteht, ist es in der zweiten Phase die Insuffizienz nationaler Berufszugangsvorschriften, die für Verwirklichung der beruflichen Verkehrsfreiheiten ein erhebliches Hindernis darstellen.

3.1 Diversität der nationalen Reglementierungssysteme als Problem

Das Ziel einer möglichst freien Beweglichkeit von beschäftigten und selbstständigen Berufsausübenden auf dem gesamten Binnenmarkt der europäischen Gemeinschaften wurde von Beginn an durch entsprechende supranationale Rechtsetzungen sowie in der Folge durch Vertragsverletzungs- und Gerichtsverfahren konsequent verfolgt. Aufgrund konservativ wirkender nationaler Rechtsordnungen und dem Festhalten an hergebrachten Denkstrukturen durch Gesetzgebende und -umsetzende ist dieses Ziel jedoch bis heute weder abschließend noch hinreichend erreicht worden. Die Problematik der Nicht-Anerkennung von „mitgebrachten" Qualifikationen ist dabei frühzeitig als ein wesentlicher Hindernisgrund erkannt worden (s. Teil II).

Die Diversität der nationalen Qualifizierungs- und Reglementierungssysteme stellt die Hauptursache für die auftretenden Probleme bei der Verwirklichung einer umfassenden grenzüberschreitenden Freizügigkeit dar. Im Zuge der ersten Phase der Bemühungen um die Verwirklichung der personenbezogenen Verkehrsfreiheiten wurden zur Lösung dieser Probleme Verordnungen und Richtlinien zu Anerkennung beruflicher Qualifikationen sukzessive über einen langen Zeitraum hinweg für die verschiedenen Wirtschaftsbereiche erlassen. Eine große Anzahl[19] der einzelnen Richtlinien wurde dann später in der fortan generell geltenden „*RICHTLINIE 2005/36/EG DES EUROPÄISCHEN PARLAMENTS UND DES RATES vom 7. September 2005 über die Anerkennung von Berufsqualifikationen*" (2005/36/EG) zusammengefasst. Auch eine Vielzahl von begleitenden Maßnahmen,[20] die die Umsetzung des Ansatzes der „Anerkennung von Berufsqualifikationen" forciert, wurde ergriffen.

Tatsache ist allerdings, dass trotz dieser Maßnahmen das Kernproblem, verursacht durch die unterschiedlichen, bis hin zu stark divergenten

19 Genau 15 an der Zahl (2005/36/EG 2016, 9. Erwägungsgrund).

20 Z. B. öffentliche Datenbank reglementierter Berufe, online bzw. elektronische Anerkennungsverfahren, Europäischer Berufsausweis (2005/36/EG 2016, Artikel 59, 57, 57a, 4a).

Reglementierungs- und Qualifizierungssystemen der Mitgliedstaaten, für viele erwerbsberufliche Tätigkeiten bis heute ungelöst geblieben ist (s. Teil II 6.4.2).

3.1.1 Ein Beispiel gewerblich-technischer Berufsausübung

Im Rahmen der Untersuchung der o. g. europäischen Bemühungen zur schrittweisen Koordinierung der national divergierenden beruflichen Qualifikationen als Zulassungsvoraussetzung für Berufsausübung hat sich herausgestellt, dass insbesondere für den Bereich der gewerblich-technischen Berufe bis heute ungelöste Schwierigkeiten bestehen, eine hinreichende Freizügigkeit zu erreichen. Eine direkte Koordinierung der nationalen Ausübungsvorschriften wurde für diesen Bereich zunächst verschoben und später durch den Versuch, hier europäische Berufsausbildungen zu schaffen, ersetzt. Mit der Einführung des sogenannten Harmonisierungsverbots durch den Vertrag von Maastricht („*VERTRAG ÜBER DIE EUROPÄISCHE UNION*“, EUV 1992, Artikel 126, Absatz 4) war dieser Lösungsweg jedoch nicht weiter gangbar (s. Teil II 5.2.5).

Mit der Einführung der zusammenfassenden sogenannten Anerkennungsrichtlinie 2005/36/EG (2005) blieb dann für den Bereich der gewerblich-technischen Berufe allein das bereits früher schon in den jeweiligen Einzelrichtlinien etablierte allgemeine Verfahren der „Anerkennung“ der aus anderen Mitgliedstaaten „mitgebrachten“ Qualifikationen (ebd., Titel III, Kapitel I). Der Fokus liegt dabei im Weiteren auf der selbstständigen Ausübung der entsprechenden Erwerbstätigkeiten. Nur hierfür besteht insbesondere in Deutschland für eine Vielzahl von Tätigkeiten die Anforderung, eine umfassende Qualifikation nachzuweisen. Im Rahmen der Ausübung innerhalb eines Beschäftigungsverhältnisses existieren demgegenüber hauptsächlich begrenzte Einzelanforderungen in Form von bescheinigten Befähigungen, wie z. B. formelle Unterweisungen oder Sachkundenachweise.

Für den Bereich der selbstständigen gewerblich-technischen Berufsausübung hat sich die Umsetzung der grenzüberschreitenden personenbezogenen Verkehrsfreiheit als äußerst schwierig herausgestellt, da die Verschiedenartigkeit der jeweiligen Zulassungsanforderungen in den einzelnen Mitgliedstaaten der europäischen Gemeinschaften besonders groß war und ist. Das Konzept der „Anerkennung von Qualifikationen“ stellt für diese Fälle jedoch keine hinreichende Lösung dar. Dies ist speziell deswegen der Fall, da die qualifikationsfordernde Reglementierung des Landes, in dem die Berufsausübung erfolgen soll, zum Maßstab der „Anerkennung“ gemacht worden ist (s. Teil II 5.2.4.4).

Als ein Beispiel aus der Vielzahl der sogenannten *„Gewerbe, die als zulassungspflichtige Handwerke betrieben werden können“* (HwO 2017, Anlange A) kann hier das Gewerbe „*Metallbauer*" (ebd.[21]) dienen. Ausgangspunkt der Betrachtung ist ein selbstständiger Handwerker, der aus einem anderen Mitgliedsland der Europäischen Union stammt, in dem keine der deutschen Metallbauermeisterverordnung (MetallbMstrV 2011) entsprechende Vorschrift existiert. Dieser hat sich beispielsweise auf das Herstellen und Montieren von Treppen und Geländern überwiegend aus metallischen Werkstoffen spezialisiert und ist in „seinem" Land seit Jahren erfolgreich als Einzelunternehmer tätig. Kommt dieser nun nach Deutschland und will den Erwerbsberuf des Treppen- und Geländerbaus ausüben, für die er objektiv alle erforderlichen Befähigungen bereits mitbringt, so muss er im Extremfall[22] die umfassende Metallbauermeister-Qualifikation erwerben (s. Abb. 3).

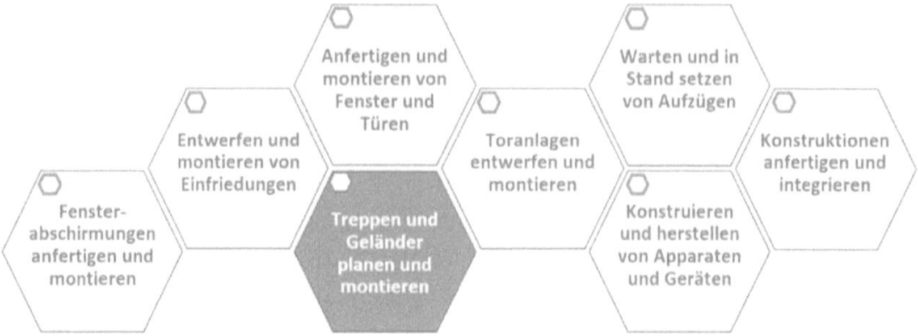

Abb. 3: Übersicht über einige durch die deutsche Metallbauermeisterverordnung reglementierte Erwerbstätigkeiten[23] (MetallbMstrV 2011)

Der Grund für diese unverhältnismäßige Anforderung liegt darin, dass die Metallbauermeisterqualifikation umfassend für das rechtskonforme und betriebswirtschaftliche Führen eines Betriebes mit mehreren Mitarbeitern, das Ausbilden des Handwerkernachwuchses sowie der Bewältigung komplexer Aufträge und Konstruktionsaufgaben des Metallbaus befähigen soll (s. HwO 2017, § 51a). Die Hürde, die sich hier in zeitlichem und auch finanziellem Aufwand

21 Tatsächlich wird an dieser Stelle die Bezeichnung einer männlichen Person, die den Beruf ausübt verwandt.

22 Im Falle der Einordnung des Treppen- und Geländerbaus als wesentliche Tätigkeit des Gewerbes „Metallbauer".

23 Zusammengestellt aus: MetallbMstrV 2011; KldB 2010, S. 324 ff.; Internetrecherche zu Unternehmensprofilen und Stellenangeboten, hierbei insbesondere https://berufenet.arbeitsagentur.de.

für den Bewerber um Berufsausübungszulassung ergibt, ist derart hoch, dass sie eher nicht bewältigt und stattdessen auf die grenzüberschreitende Berufsausübung verzichtet wird. Deutlich wird, dass auf diese Weise die personenbezogene Freizügigkeit erheblich beeinträchtigt ist.

Das dargestellte Beispiel der selbstständigen gewerblich-technischen Berufsausübung im Gewerbe „Metallbauer" kann dabei stellvertretend für vergleichbare Probleme resultierend aus der Verschiedenheit der nationalen Qualifizierungs- und Reglementierungssysteme in weiteren Sektoren, wie z. B. dem der Gesundheitsberufe bei divergierenden Spezialisierungsprofilen, stehen. Es verdeutlicht somit insgesamt, dass das bereits benannte grundsätzliche Problem, dessen Ursache in der Grundkonstruktion der europäischen Gemeinschaften zu finden ist – namentlich die oben beschriebenen unterschiedlichen Herrschaftsebenen –, von Relevanz einerseits für die Verwirklichung beruflicher Verkehrsfreiheiten und andererseits für die Gestaltung qualifikationsfordernder Regelungen ist (s. a. Teil I 2.3).

3.1.2 Zum Verhältnis von Freizügigkeit und Herrschaftsgebiet

Verändert sich ein Herrschaftsgebiet, so erweitert sich regelmäßig auch der Geltungsbereich der Berufszugangsreglementierungen. So war es beispielsweise bei der Ausweitung der zunächst in den Ländern des Norddeutschen Bundes geltenden Gewerbeordnung (NDB 1869) auf das Gebiet des 1871 gegründeten Deutschen Reiches der Fall. Dies bedeutete, dass sich der Raum der Freizügigkeit für die Ausübung von in der Gewerbeordnung geregelten Erwerbstätigkeiten nicht nur nominell, sondern auch tatsächlich mit dem sich vergrößernden Herrschaftsgebiet erweiterte.

Der räumliche Aspekt der Freiheit einer Berufsausübung lässt sich für den Fall, dass Bedingungen gestellt werden oder ein Zulassungsverfahren durchlaufen werden muss, darüber hinaus von dem sachlichen Aspekt nicht in Gänze abgrenzen.

> Freizügig bedeutet nämlich nur „nicht ortsgebunden" innerhalb des Geltungs- oder Herrschaftsbereichs und ist keineswegs gleichbedeutend mit dem Recht, in der Ausübung eine berufliche Tätigkeit an sich frei zu sein. Die Ausdehnung der Freizügigkeit bestimmt die räumliche Existenz der Berufsausübungsfreiheit bzw. -erlaubnis, nicht aber die Ausprägung der Berufsfreiheit an sich.

Die Situation, dass zugereiste Personen eine Berufstätigkeit ausüben wollen, ist ein in den entsprechenden Rechtsvorschriften seit Langem berücksichtigter Vorgang. So wurde beispielsweise durch die *„Gewerbesteuer-Verfassung des Preußischen Staates"* (Benda 1815) auch Ausländern ausdrücklich auferlegt, einen

Gewerbeschein zu lösen, „[…] *wenn sie im Lande ein Gewerbe treiben wollen*" (ebd., § 4). Gewerbe, die ausschließlich Bürgern vorbehalten waren, waren dabei ausgenommen (ebd., § 33). Es galt unabhängig davon damals bereits eine bemerkenswert umfassende Freizügigkeit: „*Wer einen Gewerbeschein gelöst hat, kann im ganzen Umfang des Staates, in Städten und auf dem platten Land, seine Erzeugnisse an seinem Wohnort* […]" (ebd., § 10) anbieten.

Ein weiteres historisches Beispiel, welches nicht auf die Staatsbürgerschaft der Berufsausübenden, sondern auf die Herkunft der Qualifikation abzielt, findet sich in der eingangs angebrachten Verordnung „*betreffend die Zulassung von Frauen zum pharmazeutischen Berufe*" (RGBL-Ö 1900, § 3). Dort heißt es, dass diesbezügliche Nachweise von ausländischen Bildungseinrichtungen ggf. fallweise vom „*Minister für Cultus und Unterricht*" im Einvernehmen mit dem „*Ministerium des Inneren*" als gültig bzw. gleichwertig anerkannt werden (ebd., § 3). Dies war jedoch wiederum so nur für österreichische Staatsbürger möglich. Das Verhältnis von Freizügigkeit und Herrschaftsgebiet ist also schon seit Langem relevant und insgesamt vielschichtig.

Vor dem Hintergrund der genannten Aspekte stellt sich die aktuelle Situation wie folgt dar: Räumlich erstreckt sich der Herrschaftsbereich der Europäischen Union auf den Geltungsbereich des Europäischen Binnenmarktes, sachlich hingegen auf die vertraglich zugestandene Gewalt zur Durchsetzung der Grundfreiheiten – hier im Speziellen auf die der personenbezogenen Freizügigkeiten. Die Europäische Union bzw. die davor existierenden europäischen Gemeinschaften haben vereinbarungsgemäß die Ortsunbeschränktheit des Rechts auf Ausübung beruflicher Tätigkeiten durch das Setzen von Rechtsvorschriften vorangebracht.

Entscheidender Unterschied zu den angeführten historischen Beispielen ist nun, dass der Herrschaftsbereich für die Befugnis des Erlassens von Zugangsvorschriften nicht mit dem Geltungsbereich der Freizügigkeit übereinstimmt. Innerhalb des Binnenmarktes soll eine größtmögliche individuelle wirtschaftliche Handlungsfreiheit bezogen auf den Berufsausübungsort erreicht werden, obwohl der Berufszugang national oder oft auch regional geregelt ist (s. Anhang 2). Das stellt ein grundsätzliches Problem dar.

In einer aktuellen von der Europäischen Kommission in Auftrag gegebenen und bereitgestellten Untersuchung zur Wirkung von Reglementierungen heißt es dazu:

> „*Currently, there is no consistent pattern in the regulation of occupations amongst Member states (which occupations are regulated) as well as considerable heterogeneity in the characteristics of the regulatory regimes (how these occupations are regulated).*" (Koumenta/Pagliero 2016, S. 8).

Mit anderen Worten: In jedem Mitgliedsland des Binnenmarktes existiert grundsätzlich ein anderes System der Reglementierung von Berufsausübung. Damit stellt das komplexe Verhältnis von Freizügigkeit und Herrschaftsgebiet in der Europäischen Union eine Besonderheit im Vergleich zu bisherigen in Europa stattfindenden historischen Entwicklungen und den sonst vorherrschenden Gegebenheiten von Herrschaft dar. Dies bedeutet, dass es eines besonderen Ansatzes zu Lösung der mit dieser Situation einhergehenden Probleme bei der Realisierung einer hinlänglichen Freizügigkeit bedarf. Einen solchen zielführend und systematisch zu entwickeln, ist Intention der vorliegenden Arbeit.

3.1.3 Aktualität und Relevanz der Problemstellung

Anforderungen, die durch Reglementierungen gestellt werden, können in der Person selbst liegen, wie beispielsweise im körperlichen und gesundheitlichen Zustand oder den Nachweis bisheriger Straffreiheit oder – und das fast immer auch der Fall – sie bestehen darin, dass formell eine bestimmte Befähigung nachzuweisen ist (ebd., f. s. a. 2005/36/EG 2016, Artikel 3, lit. a.). Formelle Qualifikationen werden durch insbesondere amtlich ausgestellte Zertifikate, wie Zeugnisse, Diplome, Sachkundenachweise etc. nachgewiesen und bescheinigen etwa den erfolgreichen Abschluss einer Schulung, eines Lehrgangs, einer umfassenden Berufsausbildung oder eines Studiums (2005/36/EG 2016, Artikel 3, lit. b.–f.).

Im Zusammenhang mit qualifikationsfordernden Berufszugangsvorschriften kommt es – wie bereits angeführt – aufgrund des für Erwerbspersonen frei zugänglichen unionsweiten Binnenmarktes nun zu der Situation, dass der Erwerb von Qualifikationen in den Mitgliedstaaten, aus denen diese mitgebracht werden, gar nicht oder anders geregelt ist, als in denjenigen aufnehmenden Staaten, in denen die Zulassung zur Berufsausübung angestrebt wird.

Aktuell wird diesem Problem in erster Linie mit der „*RICHTLINIE 2005/36/EG DES EUROPÄISCHEN PARLAMENTS UND DES RATES vom 7. September 2005 über die Anerkennung von Berufsqualifikationen*“ 2005/36/EG (2016) begegnet. Sie garantiert ein Recht auf „Anerkennung“[24] der mitgebrachten Qualifikationen in Gegenüberstellung zu denjenigen, die in dem Land, in dem die Berufsausübung erfolgen soll, gefordert sind. Für etliche

24 Genau: Feststellung der Gleichwertigkeit bezogen auf die Erfüllung der nationalen Anforderungen.

Berufstätigkeiten aus dem Gesundheitssektor, wie etwa Arzt, Apotheker oder Hebamme und dem Beruf des Architekten wurden für jedes Mitgliedsland der Europäischen Union Ausbildungsnachweise gelistet, die koordinierte Mindestanforderungen an die Ausbildungen erfüllen und dementsprechend automatisch anerkannt werden müssen (ebd., Titel III Kapitel III). Darüber hinausgehend existieren für einige Berufsausübungen weiterhin noch separate europäische Rechtsvorschriften, die zur Umsetzung der personenbezogenen Verkehrsfreiheiten des Binnenmarktes jeweils EU-weit geltende abgestimmte Regelungen festlegen.[25]

Für alle anderen Fälle, bei denen Qualifikationen formell als Voraussetzung für die Zulassung zu einer dauerhaften Ausübung einer erwerbsberuflichen Tätigkeit verlangt werden, ist die sogenannte „*Allgemeine Regelung für die Anerkennung von Ausbildungsnachweisen*" (2005/36/EG 2016, Titel III, Kapitel I) anzuwenden. Die Fälle der „allgemeinen Regelung" haben z. B. 2015 etwas weniger als die Hälfte der dokumentierten[26] Zulassungsverfahren ausgemacht (s. Tab. 1). Die Entscheidung, ob eine mitgebrachte Qualifikation anerkannt wird oder nicht, trifft dabei stets das „Aufnahmeland", also das Land, in dem die beabsichtigte Tätigkeit ausgeübt werden soll.

Für das Jahr 2015 sind für den Geltungsbereich des Europäischen Binnenmarktes insgesamt 647.919 Verfahren für die Aufnahme einer dauerhaften Tätigkeit (Niederlassung) dokumentiert worden (Tab. 1).

Tab. 1: Entscheidungen zur Anerkennung von Berufsqualifikationen in EWR- und EU-Länder für die Aufnahme einer dauerhaften Tätigkeit in 2015

Gesamt (+)	Gesamt (–)	Allgemeine Regelung insg. (+)	Nach Lehrgang oder Prüfung (+)	Allgemeine Regelung insg. (–)
647.919	**45.304**	**302.387**	**38.195**	**40.753**

Quelle: EC 2015[27, 28]

25 Berufstätigkeiten der Seeschifffahrt, Jahresabschlussprüfung, Versicherungsvermittlung, Straßenverkehrstransporte, Giftstoffhandel und Verteilung, rechtsanwaltliche Dienstleistungen, Handelsvertretungen (EC 2017).

26 Die Meldung der statistischen Informationen obliegt den Mitgliedstaaten. Wie umfassend diese erfolgt ist unbekannt.

Bei 302.387 der dokumentierten[27, 28] Verfahren kam die „Allgemeine Regelung" positiv zur Anwendung. 78.948 Verfahren der „Allgemeinen Regelung" wurden negativ beschieden oder mit einem Anpassungslehrgang oder einer Eignungsprüfung belegt. Dies stellt für 2015 etwa ein Viertel der beantragten Anerkennungen dar. Für die übrigen Entscheidungen hingegen liegt die Versagensquote lediglich bei ca. 1,3 %.

Diese Zahlen geben einen deutlichen Hinweis darauf, dass im Geltungsbereich der „Allgemeinen Regelung" die Behinderung der Freizügigkeit von Berufsausübung aufgrund nicht passender Qualifikationen ein relevantes Problem darstellt. Nicht bekannt ist indes, wie viele Fälle ursprünglich auf das Problem der Diversität der Reglementierungssysteme zurückführbar sind und wie viele darauf, dass die eingebrachten Qualifikationen tatsächlich abwegig waren. Es wird hier allerdings nicht davon ausgegangen, dass die Anzahl der Bewerber, die unzureichende Nachweise einbringen, besonders hoch ist, da ausführliche Informationen und Beratungsangebote immer auch im Rahmen des Verfahrens selbst zur Verfügung stehen.

Nicht unbeachtet gelassen werden sollten an dieser Stelle zudem die Fälle, in denen zwar formelle Qualifikationen amtlicherseits nicht verlangt werden, jedoch aber von privaten oder öffentlichen Anbietern einer Beschäftigungsstelle. Regelungen zu zertifizierten Qualifikationsnachweisen, wie etwa Abschlüsse von staatlich anerkannten Berufsausbildungen, entfalten so ebenfalls eine vergleichbare mobilitätshindernde Wirkung, auch wenn diese nicht Bestandteil einer staatlichen Zugangsregelung sind (s. a. Teil III 10.1.1.1).

Die berufliche Mobilität innerhalb des Europäischen Binnenmarktes nimmt insgesamt kontinuierlich zu. Von 2008 bis 2018, also innerhalb von zehn Jahren, hat sich die Zahl derjenigen, die in einem anderen EU-Mitgliedsland leben und arbeiten, als in dem, dessen Staatsangehörigkeit sie besitzen, um ca. 50 % erhöht (s. Abb. 4). Auch die Zahl derjenigen, die im EU-Ausland eine Ausbildung, insbesondere ein Studium absolvieren, steigt stetig (Koumenta/Pagliero 2016, S. 4). Eine Vielzahl dieser Menschen ist direkt oder indirekt von qualifikationsfordernder Reglementierung betroffen.

---

27 (+): positive Entscheidung; (–): negative Entscheidung.

28 Genaue Bezeichnung für dritte Spalte: *„Allgemeine Regelung für die Anerkennung von Ausbildungsnachweisen"* (2005/36/EG 2016, Titel III Kapitel I); Zahlen inkl. *„Anerkennung der Berufserfahrung"* (ebd., Kapitel II u. Anhang IV).

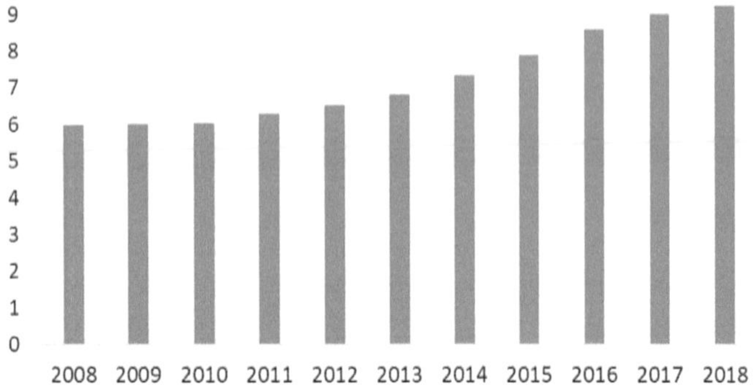

Abb. 4: Erwerbstätige in der EU, die 15 Jahre und älter sind, mit einer anderen EU-Staatsangehörigkeit in Millionen nach Jahren (Eurostat 2019)

In der Gesamtinterpretation dieser Zahlen ergibt sich somit, dass die Hinderung personenbezogener Freizügigkeit aufgrund der Diversität der Reglementierungs- und Qualifizierungssysteme, trotz vielfältiger rechtsetzender und unterstützender nationaler und europäischer Maßnahmen ein aktuelles und relevantes Kernproblem der europäischen Integration darstellt. Jeder Erwerbsausübende, der eine berufliche Tätigkeit deswegen nicht aufnimmt, weil seine Qualifikationen nicht anerkannt werden, trägt ggf. nicht im bestmöglichen Maße zur Prosperität oder zum produktiven Wettbewerb des Binnenmarktes bei. Eine Lösung der beschriebenen Probleme kann ein dementsprechender Beitrag zur Erzielung nachhaltiger Fortschritte für die Mobilität der EU-Bürger sein.

Überleitend soll darauf hingewiesen werden, dass hier auch all diejenigen Fälle nicht behandelt wurden, bei denen durch ungerechtfertigte Zugangsvorschrift bereits schon auf nationaler Ebene eine illegitime Einschränkung der Berufsausübung stattfindet. Dies betrifft dann natürlich „ausländische" Bewerber gleichermaßen. Dieser weitere Aspekt, der ebenfalls die Freiheit der Ausübung erwerbsberuflicher Tätigkeiten einschränkt, rückt nun nachfolgend in den Vordergrund. Es kann dabei von einer zweiten Phase der Umsetzung erwerbsberuflicher Freizügigkeiten durch die Organe der Europäischen Union gesprochen werden.

3.2 Insuffizienz nationaler Berufszugangsreglementierungen als Problem

Die zweite Phase der Umsetzung oder besser der Durchsetzung der beruflichen Grundfreiheiten geht weit über die Schaffung eines Instruments zur Lösung von mobilitätshemmenden Anerkennungsproblemen hinaus. Während bisher die nationalen qualifikationsfordernden Reglementierungen quasi als gesetzt akzeptiert wurden, geraten diese nun in den Fokus als grundlegendes Hindernis für die gewünschte wirtschaftliche Entwicklung des Binnenmarktes. Intentional ausgedrückt: „*Werden solche Hindernisse aus dem Weg geräumt, entstehen neue Möglichkeiten und das wirkt sich positiv auf die Produktivität und die Wettbewerbsfähigkeit der EU-Wirtschaft aus.*“ (COM 2017a, S. 2).

Damit gelangte nunmehr seit einigen Jahren die gesehene Beeinträchtigung des Wettbewerbs durch reglementierende Maßnahmen in den Vordergrund, die einer optimalen Nutzung des Potenzials beruflich Qualifizierter, wie sie ein möglichst freier Markt gewährleisten soll, entgegensteht. Zugangsvorschriften, so der Tenor, behindern somit grundsätzlich Wachstum, Innovation und die Schaffung von Arbeitsplätzen (ebd., S. 3). Prosperitätsförderung durch Erhöhung von Beschäftigungs-, Dienstleistungs- und Niederlassungsfreiheit ist zwar schon immer Kernidee des Europäischen Binnenmarktes gewesen, erst vor einigen Jahren jedoch wurde der direkte Zusammenhang zwischen angestrebter Wettbewerbsfreiheit und unzulänglicher nationaler Berufsregelung so deutlich hergestellt.

Aktuell hat sich für die Mitgliedstaaten ein erheblicher Handlungsdruck aufgebaut, der es erforderlich macht, sich diesem Problem der Gestaltung von qualifikationsfordernden Reglementierungen von Berufsausübung zu stellen und dies nicht zuletzt deswegen, weil seit einiger Zeit bereits ein entsprechender von der Europäischen Union nachdrücklich formulierter Auftrag zur Überprüfung der Legitimität nationaler Vorschriften vorliegt.

3.2.1 Das grundsätzliche Problem Berufszugangsreglementierung

In rechtsstaatlich organisierten Gesellschaften wird durch Rechtsvorschriften nicht nur geregelt, wer die Befugnis hat über die Zulassung zu einer Berufsausübung zu entscheiden – dies ist üblicherweise eine zuständige Behörde –, sondern auch festgelegt, welche Voraussetzungen für die Zulassung zu erfüllen sind. In modernen grundrechtsorientierten Demokratien ist legislatives Handeln grundsätzlich zu rechtfertigen. Die Legitimität von Zulassungsvorschriften an sich und ihrer Bestimmungen im Einzelnen spielt daher eine große Rolle bei der Bewertung aktueller Regelungen.

Ansatzpunkt der vorgebrachten Zweifel an der Legitimität bestehender Reglementierungen ist eine juristische Bewertung dieser im Hinblick auf eine grundsätzliche Vereinbarkeit mit den beruflichen Grundfreiheiten – auch im Zusammenwirken mit den Grundrechten der Europäischen Union – sowie darüber hinaus insbesondere hinsichtlich der Kompatibilität auf nationaler Ebene nach Maßgabe entsprechender verfassungsrechtlicher Grundprinzipien der jeweiligen Mitgliedstaaten (s. a. Teil II 6). Dabei wird die Legitimität einzelner Berufszugangsvorschriften generell und die Verhältnismäßigkeit von Qualifikationsforderungen im Speziellen infrage gestellt (s. COM 2017a, S. 2 f.).

Zur Veranschaulichung des Problems der Unzulänglichkeit nationaler Regelungen wird an dieser Stelle erneut das o. a. Beispiel der in Deutschland zulassungspflichtigen Handwerke herangezogen. Auf die grundsätzliche Problematik der nicht mit der Grundidee der personenbezogenen Freizügigkeit vereinbarten Forderung einer aufwendigen umfassenden Qualifizierung, hier nach der Metallbauermeisterverordnung (MetallbMstrV 2011), für die Zulassung zur Ausübung einer überschaubaren Erwerbstätigkeit, hier des Treppen- und Geländerbaus, ist mit dem Konzept des partiellen Zugangs zu einer Berufstätigkeit reagiert worden (2005/36/EG 2013, Artikel 4 f; s. a. Teil II 5.3.2.2). Nach diesem wird die Möglichkeit eröffnet, im Zuge des „Anerkennungsverfahrens" nach der Richtlinie 2005/36/EG (2016) nun die Ausübung der erwerbsberuflichen Tätigkeit des Treppen- und Geländerbaus als partiellen Bestandteil des Metallbauergewerbes zu erlauben (s. Abb. 3).

Davon abgesehen, dass dieser Ansatz auch das o. a. Grundproblem der Diversität nationaler Reglementierungssysteme nicht löst, offenbart sich das grundsätzliche Problem einer Vielzahl nationaler Zugangsregelungen. Die berufliche Tätigkeit des Treppen- und Geländerbaus ist eine für sich abgeschlossene Tätigkeit, die einen vollwertigen Erwerb des Lebensunterhalts ermöglicht. Im Rahmen des Konzeptes des partiellen Zugangs zu einer Berufstätigkeit, welches bemerkenswerterweise nicht auf konsistente politische Überlegungen, sondern auf ein höchstrichterliches Urteil zurückgeht (EuGH – C-330/03 2006, Urteilspruch, Ziff. 2., Satz 2), wird nun genau die Einhaltung der bereits genannten Kriterien der zwingenden Gründe des Allgemeinwohls sowie der Erforderlichkeit und Geeignetheit gefordert (s. Teil II 6.2.2.3). Durch die gemeinsame Anlegung dieser entscheidet sich im Wesentlichen, ob eine Reglementierung gerechtfertigt ist oder nicht.

Dass die Tätigkeit des Treppen- und Geländerbaus Bestandteil eines qualifizierenden Bildungsgangskonstruktes ist, rechtfertigt diese umfassende Reglementierung nicht. Tatsächlich ist sogar das Gerechtfertigtsein der Vorschrift über den Eintrag in die Handwerksrolle in Verbindung mit dem Meisterprüfungsberufsbild grundsätzlich äußerst umstritten. Wie später ausführlich dargelegt wird, ist es in den überwiegenden Fällen nicht legitim ohne Weiteres umfassend qualifizierende formelle Berufsbildungsgänge als Voraussetzung für die Ausübung einer Berufstätigkeit heranzuziehen (s. Teil II 7.3).

Insgesamt ergibt sich für die Betrachtung der Freiheit der Ausübung erwerbsberuflicher Tätigkeiten aus der Perspektive der europäischen Integration das Problem, dass, wenn bezogen auf die geforderte freiheitsorientierte Ausgestaltung schon die nationalen Berufszugangsregelungen unzulänglich sind, mit ihnen als Maßstab einer „Anerkennung" mitgebrachter Qualifikationen keine hinreichende personenbezogene Verkehrsfreiheit zu verwirklichen ist. Unabhängig davon muss es natürlich ohnehin auch Ziel sein, in den jeweiligen Ländern selbst qualifikationsfordernde Reglementierungen zu entwickeln, die den Anforderungen eines modernen wertorientierten Rechtsstaates genügen.

3.2.2 Die politische Zielsetzung der Europäischen Union

Die aktuelle politische Zielsetzung zur Erreichung der mit dem Binnenmarkt angestrebten Prosperität sieht der Europäische Rat,[29] der sich aus den Staats- und Regierungschefs der Mitgliedstaaten sowie den Präsidenten des Europäischen Rates und der Kommission zusammensetzt, in der Verwirklichung eines vertieften und faireren Binnenmarktes (EUCO 26/16 2016, S. 4). Festzustellen ist, dass sowohl die Mitgliedstaaten bzw. ihre Regierungschefs als auch die Europäische Kommission als „Hüterin der Verträge" gemeinsam und einvernehmlich hinter dieser Politik stehen.

Zum Jahresbeginn 2017 hat die Europäische Kommission eine ausführliche Mitteilung über *„Reformempfehlungen für die Berufsreglementierung"* (COM 2017a) im Kontext dieses konsensualen Politikziels vorgelegt (ebd., S. 2). Dass hier Reformen als nötig erachtet werden, deutet auf eine Einstufung des bisher erreichten Maßes an Freizügigkeit als noch nicht zufriedenstellend hin. Während bis vor einigen Jahren die Verbesserung der Mobilität erwerbstätiger Personen durch Abbau, die Herkunft der Person und/oder der Qualifikation betreffende diskriminierende Regelungen im Vordergrund stand, rückt nunmehr die Legitimität nationaler Regelungen selbst in den Fokus der höchsten legislativen Organe der Europäischen Union.

Ausgangspunkt ist dabei, dass qualifikationsfordernde Reglementierungen von Berufsausübung generell den in den Verträgen zur Europäischen Union vereinbarten und garantierten personenbezogenen Grundfreiheiten zuwiderlaufen. Die Mitgliedstaaten wurden daher verbindlich aufgefordert, die Legitimität ihrer Vorschriften zu überprüfen, welches eine neue Qualität an Durchgriff auf diesen

29 Legt die allgemeinen politischen Zielvorstellungen und Prioritäten der Europäischen Union fest. (http://www.consilium.europa.eu/de/, (2017-10-30).

den Mitgliedstaaten vorbehaltenen Regelungsbereich darstellt. Diese konkret auf nationale Zugangsregelungen bezogene Maßnahme wird von der Europäischen Kommission als unverzichtbarer Schritt zur tatsächlichen Verwirklichung der beruflichen Verkehrsfreiheiten des Europäischen Binnenmarktes bezeichnet. Ziel ist die „[v]*ollständige Transparenz in Bezug auf die in den einzelnen Mitgliedstaaten reglementierten Berufe* […]" (COM 2013, S. 7).

Bis dato wurden die nationalen Berufszugangsvorschriften ohne Weiteres akzeptiert, wenn innerhalb des Geltungsbereichs des Binnenmarktes nach Herkunft der Qualifikation zu unterscheiden war. Mit Inkrafttreten der Änderung der „Anerkennungsrichtlinie" zum Jahresbeginn 2014 jedoch, wurden die Mitgliedsstaaten ausdrücklich angewiesen jedwede in ihrem Land vorhandene qualifikationsfordernde Regelung nach streng grundrechtsgebundenen rechtsstaatlichen Kriterien zu überprüfen (2005/36/EG 2013, Artikel 59, Absatz 3).

Dabei galt es bis zum 18. Januar 2016 darüber Rechenschaft abzulegen, „[…] *welche Anforderungen sie aufrechterhalten wollen und aus welchen Gründen die Anforderungen ihrer Ansicht nach mit Absatz 3*[[30]] *konform sind.*" (ebd., Absatz 5).

Die abzulegende Rechenschaft gegenüber der Kommission, aber auch gegenüber den anderen Mitgliedstaaten des Binnenmarktes, ist Teil des von jedem Land eingeforderten umfassenderen nationalen Aktionsplans. Erwartet wurde, und wird weiterhin, eine fundierte Auseinandersetzung mit dem Gerechtfertigtsein eigener Reglementierungen und die Einleitung eines ernsthaften Prozesses zur Verbesserung, Anpassung sowie ausdrücklich auch ggf. der Aufhebung der bestehenden Regelungen (COM 2013, S. 11). Grundlage für die Überprüfung ist die Anwendung der rechtsstaatlichen Kriterien des Vorliegens übergeordneter Gründe des Allgemeininteresses sowie der Geeignetheit und der Erforderlichkeit (s. a. Teil II 2.2.2.C).

Hintergrund für das konsequente Einfordern der Umsetzung der Verkehrsfreiheiten des Europäischen Binnenmarktes ist das Konzept eines möglichst liberalen Wirtschaftsraumes. „*Gleich welcher Reglementierungsrahmen gewählt wird, die Reglementierung behindert den Binnenmarkt und lässt Potenzial für Wachstum und die Schaffung von Arbeitsplätzen in den EU-Volkswirtschaften ungenutzt.*" (ebd., S. 2). Berufszugangsvorschriften werden so in erster Linie als Hindernisse eines produktiven Wettbewerbs angesehen.

In der bereits zitierten aktuellen, von der Europäischen Kommission finanzierten Studie von Koumenta und Pagliero (2016) heißt es: „*Establishing the*

30 Absatz 3 enthält die rechtsstaatlichen Anforderungen des Vorliegens übergeordneter Gründe des Allgemeininteresses sowie der Geeignetheit und der Erforderlichkeit.

optimal minimum standard implies a trade-off between the quality-enhancing and the competition-reducing effects of licensing." (ebd., S. 117). Als Ziel wird also die Begrenzung von Reglementierung auf ein erforderliches Mindestmaß, mit der Perspektive die wirtschaftliche Entwicklung nicht mehr als nötig zu beeinträchtigen, gesehen. Als eine wichtige Voraussetzung wird dabei genannt, dass mit der Vorschrift auch tatsächliche Zwecke des Allgemeinwohls verfolgt werden.[31]

Koumenta und Pagliero gehen darüber hinaus davon aus, dass Reglementierung von Berufsausübung in Verbindung mit einem „Minus" von 700.000 Arbeitsplätzen gebracht werden kann (ebd., S. 59). Deutlich wird, dass die Grundfreiheiten bzw. der Nachdruck, mit dem deren Umsetzung betrieben wird, in die ökonomische Ideologie der Marktwirtschaft, dem historischen Fundament der europäischen Gemeinschaften und in die darauf aufbauenden Politiken der Europäischen Union eingebettet sind. Es sollte jedoch ebenso berücksichtigt werden, dass die Anforderungen, die nunmehr an die Legitimität nationaler Regelungen gestellt werden, auch einem werteorientierten und der Rechtsstaatlichkeit verpflichteten Basisansatz entspringen bzw. diesem gerecht werden (s. a. Teil II 6.1.3).

3.2.3 Die aktuelle Situation der nationalen Reglementierungen

Im Rahmen eines 2010 im Zusammenhang mit der Umsetzung der Dienstleistungsrichtlinie 2006/123/EG (EG 2006) durchgeführten Peer-Reviews[32] trat zutage, dass die Bereitschaft, sich der Aufgabe einer Überprüfung und insbesondere einer evtl. erforderlichen nachhaltigen Überarbeitung der nationalen Reglementierungen hinsichtlich der sich aus Grundfreiheiten des Staatenverbundes ergebenden Anforderungen zu stellen, faktisch nicht zu erkennen war (COM 2013, S. 7).

> „*Zwar haben einige Mitgliedstaaten ihre einschlägigen Vorschriften im Rahmen der Umsetzung der Dienstleistungsrichtlinie geändert, aber das Peer-Review hat gezeigt, dass zahlreiche Mitgliedstaaten keine fundierte Bewertung der Verhältnismäßigkeit der geltenden Vorschriften vorgenommen haben.*" (COM 2013, S. 7)

31 „The underlying assumption is that asymmetric information is relevant and that professional regulation serves the public interest." (ebd.).

32 „Verfahren der gegenseitigen Evaluierung" durch die Mitgliedsländer (http://europakonsument.at/de/page/binnenmarkt-fuer-dienstleistungen; 2017-11-20).

In den Empfehlungen des Rates vom 11. Juli 2017 zu den nationalen Reformprogrammen der EU-Mitgliedsländer (ER 2017) werden etlichen Ländern[33] *„hohe“*, *„erhebliche“*, *„übertriebene“*, *„restriktive“*, etc. regulatorische Hindernisse für den Zugang zu einer Reihe von Dienstleistungsberufen, allgemein oder konkret, wie etwa für die Berufe Architekt, Steuerberater, Ingenieur, Rechtsanwalt oder Fremdenführer attestiert (ebd., s. Fn. 33). Dabei wird wiederholt die damit einhergehende Behinderung des möglichst freien Wettbewerbs, d. h. insbesondere der beruflichen Verkehrsfreiheiten des Europäischen Binnenmarktes, moniert.

Ein anschauliches, exemplarisches Zeugnis für die, die Reglementierung von Berufsausübung betreffende Reformresistenz, wie sie von der Mehrzahl der Mitgliedsstaaten gezeigt wird, stellt folgende Feststellung zu Portugal dar.

> *„Im Rahmen des Finanzhilfeprogramms wurden einige Reformen für die Baubranche und die am stärksten reglementierten Unternehmensdienstleistungen, einschließlich der reglementierten Berufe, vereinbart, doch wurden diese Reformen inzwischen entweder ausgesetzt oder rückgängig gemacht.“* (ER 2017, Portugal, Rn. 16)

In seinem nationalen Aktionsplan teilt Portugal darüber hinaus mit, „[…] *dass in den kommenden Jahren keine großen Veränderungen zu erwarten sind, da seit 2011 bereits umfassende Reformen und Überprüfungen in Bezug auf die reglementierten Berufe durchgeführt worden sind*“ (ebd.). Diese bezogen auf die Überprüfung berufsreglementierender Bestimmungen konservative Herangehensweise kann für Länder mit hohem Reglementierungsgrad als typisch oder gar symptomatisch eingeordnet werden.

Auch für Deutschland gilt aktuell: *„Bis heute gibt es keine Strategie, um die reglementierten Berufe substanziell zu modernisieren und den Wettbewerb im Dienstleistungssektor über geringfügige Anpassungen hinaus zu stärken.“* (COM 2017, S. 14). Damit steht insbesondere auch die Bundesrepublik Deutschland unter einem hohen Handlungsdruck. Tatsache ist, dass bei einer Vielzahl von Berufszugangsregelungen zu überprüfen wäre, ob sie den aktuellen Anforderungen grundrechtsbasierter Rechtsstaatlichkeit genügen. Es ist zu erwarten, dass die Europäische Kommission weiterhin konsequent die Einhaltung der die personenbezogenen Freizügigkeiten betreffenden Verpflichtungen, die die Mitgliedsländer mit der Ratifizierung der Verträge zur Europäischen Union eingegangen

---

33 ER 2017: Austria, Rn. 17; France, Rn. 17; Germany, Rn. 14; Luxembourg, Rn. 10; Portugal, Rn. 16; Slovakia, Rn. 14; Spain, Rn. 17.

sind, verfolgen wird. Dabei weiß sie auch die Rechtsprechung des Europäischen Gerichtshofes[34] hinter sich (s. Teil II 6.1.3.3).

Aus der beschriebenen Insuffizienz nationaler Vorschriften und der großen Bedeutung, die der individuellen wirtschaftlichen Handlungsfreiheit auf supranationaler Ebene beigemessen wird, ergibt sich insgesamt ein klarer Handlungsbedarf. Soll die Ausgestaltung qualifikationsfordernder Zugangsvorschriften zukunftsfähig, d. h. an den Anforderungen einer modernen Grundwerte orientierten Gemeinschaft ausgerichtet sein, ist es dringend erforderlich, einen dementsprechend tauglichen Ansatz zu entwickeln.

34 Genau nur „Gerichtshof" als eines der beiden Gerichte des Gerichtshofes der Europäischen Union.

4 Aufbau und Methodik des explorativen Forschungsteils

Eine festgelegte Methode, die mit Sicherheit zu neuen und/oder unfehlbaren Einsichten führt, gibt es nicht. „Methode“ meint hier die Vorgehensweise zur Gewinnung von Erkenntnissen grundlegender Bedeutung. Dieses Verständnis grenzt sich damit von „Methode“ als regelmäßiges Instrument zur Aufdeckung „einfacher“ Zusammenhänge ab. Popper erläutert die grundsätzliche methodische Ungewissheit der Erkenntnisgewinnung wie folgt:

> *„Unsere Auffassung* [...], *daß es eine logische, rational nachkonstruierbare Methode, etwas Neues zu entdecken, nicht gibt, pflegt man oft dadurch auszudrücken, daß man sagt, jede Entdeckung enthalte ein ‚irrationales Moment', sei eine ‚schöpferische Intuition* [...]“ (Popper 1994a, S. 7)[35]

Vor allem das Erkennen und Erschließen der Problemstellung, welches das fundamentale Element des Prozesses der wissenschaftlichen Wahrheitsfindung darstellt, folgte in der vorliegenden Arbeit keinem im Vorwege etwa schrittweise abarbeitbarem Programm. Das Problem selbst wurde in seiner grundlegenden Tiefe zufällig entdeckt. Zwar gab es einen Anlass sich den grenzüberschreitenden Wirkungen nationaler qualifikationsfordernder Reglementierungen zu nähern, dass jedoch ein im Kontext der europäischen Integration so aktuelles und relevantes und darüber hinaus philosophisches Grundproblem von Herrschaft vorlag, konnte weder vorhergesehen werden, noch wäre es durch ein vorab festgelegtes Verfahren sicher aufdeckbar gewesen.

Insofern geht es nunmehr darum, den Aufbau und die Methodik des aufgrund intuitiven Erkennens des Problems und intensiver reflektierender Beschäftigung mit selbigen, planbar gewordenen explorativen Teils der vorliegenden Arbeit begründet und transparent darzulegen. Dies erfolgt im Weiteren mit der philosophischen Grundhaltung, dass eine entsprechend kritische Überprüfung der *„Wahrheitsqualität“* (Prim/Tilmann 1997, S. 10) jedweder wissenschaftlichen Arbeit ermöglicht werden muss, damit sie überhaupt als gültig eingeordnet werden kann.

35 Popper zitiert an dieser Stelle zusätzlich Einstein, um die „Wahrheit“ dieser Auffassung zu bekräftigen.

Ausgangpunkt für die geplante Untersuchung ist die leitende Fragestellung. Diese wird zunächst systematisch aus der spezifischen Eigenart des zu bearbeitenden Problems unter Einbeziehung des vorab darzustellenden zugrunde liegenden Erkenntnisinteresses der vorliegenden Arbeit und der ebenso vorab zu entwickelnden Orientierung gebenden Hypothese hergeleitet. Die bestimmenden Elemente der Problemstellung wiederum verknüpft mit der mit ihnen interdependenten leitenden Fragestellung führen dann nachfolgend zu den sich daraus insgesamt logisch ergebenden Teilfragen der Untersuchung. Die drei systematisch entwickelten Teilfragen sind es, die maßgeblich den Aufbau des explorativen Teils der Arbeit bestimmen.

Abschließend werden die angewandten rationalen Vorgehensweisen zur Gewinnung der zur Bearbeitung der Problemstellung erforderlichen Erkenntnisse dargestellt und erläutert. Nach einer grundsätzlichen Feststellung zur Methodenwahl wird dabei bezogen auf die vorab konzipierten Untersuchungsteile das methodische Herangehen zur Exploration der jeweils durch die Teilfragen spezifizierten relevanten Zusammenhänge sowie zur Identifikation erster Ideen für eine Lösung des Problems durch den avisierten emanzipatorischen Gestaltungsansatz ausgeführt.

4.1 Herleitung der leitenden Fragestellung

In der erfolgten ersten Annäherung an Forschungsgegenstand und -perspektive im Rahmen der einführenden Darlegung der Bedeutung des Emanzipationsbegriffs für die Betrachtung der Problemstellung deutete sich bereits das zugrunde liegende Erkenntnisinteresse für die vorliegende Arbeit an (s. a. Teil I 2). Im Folgenden gilt es, dieses sowohl als Grundmotiv als auch als Perspektive und für die weitere Untersuchung umfassend offenzulegen.

Darüber hinaus wird die grundlegende Annahme, die dann im Weiteren erst die Entwicklung der Lösung des gestellten Problems möglich macht, formuliert und erläutert. Dabei entwickelt die herangezogene Hypothese selbst eine grundsätzliche gesellschaftsphilosophische Dimension und Bedeutung für die Herangehensweise an die Lösung der Problemstellung.

Aus den wesentlichen Aspekten der Problemstellung heraus wird aufbauend auf diese beiden der Untersuchungsperspektive Profil gebenden Prämissen schließlich die leitende Fragestellung für den explorativen Teil der vorliegenden Arbeit formuliert.

4.1.1 Das zugrunde liegende Erkenntnisinteresse

Forschung findet nicht im motiv- und interessenfreien Raum statt – unabhängig davon, ob die Ansicht vertreten wird, dass dies so sein darf oder dass es eben nicht der Fall sein sollte. Die Motivation für eine wissenschaftliche Arbeit sollte Transparenz schaffend offengelegt werden. Für die Berufsbildungsforschung[36] etwa scheint im europäischen Kontext bisher überwiegend eine programmgesteuerte ökonomische Verwertbarkeit von Forschungsergebnissen im Vordergrund gestanden zu haben:

> *„Die EU weist der Berufsbildungsforschung damit einen instrumentellen Charakter für politische Zwecke zu, die sich nach wie vor im Spannungsfeld von Divergenz und Konvergenz der Berufsbildung in Europa bewegen, jedoch deutlicher als früher in eine Richtung weisen: Die Berufsbildungsforschung wird unter dem Titel ‚Transparenz und Vergleichbarkeit von Bildungsabschlüssen' für die Herstellung eines gemeinsamen europäischen Arbeitsmarkts funktionalisiert."* (Fischer/Münk 2006, S. 94).

Arbeitsmarkt selbst ist bereits ein Konstrukt ökonomischer Betrachtungsweisen. Die Theorie des Arbeitsmarktes wiederum ist ein Teilgebiet der Arbeitsökonomik. Eine Untersuchung, die allein auf Grundlage der Richtlinie 2005/36/EG, also der aktuellen Herangehensweise im Kontext der identifizierten Problemstellung und der ihr inhärenten Denkweise erfolgen würde, würde daher den kritisierten instrumentellen Charakter aufweisen.

Das Ziel der Mitgliedstaaten der Europäischen Union auf das auch die hier quasi aktualisierte Intention der genannten Richtlinie gründet, wurde wie folgt festgelegt:

> *„Die Union hat sich heute ein neues strategisches Ziel für das kommende Jahrzehnt gesetzt: das Ziel, die Union zum wettbewerbsfähigsten und dynamischsten wissensbasierten Wirtschaftsraum in der Welt zu machen – einem Wirtschaftsraum, der fähig ist, ein dauerhaftes Wirtschaftswachstum mit mehr und besseren Arbeitsplätzen und einem größeren sozialen Zusammenhalt zu erzielen."* (ER 2000, Abschnitt I, Absatz 5, Satz 1).

Soweit es in diesem Zusammenhang um Anerkennung von beruflichen Qualifikationen geht, ist die Verbesserung der Mobilität von Arbeitskräften und Berufsausübenden allgemein fest mit dem Ziel der Dynamisierung der ökonomischen Entwicklung Europas verknüpft (s. Teil II 5). Dass dafür auch eine gewisse Freizügigkeit der Menschen erforderlich und umzusetzen ist, scheint nach bisherigem Erkenntnisstand als ein notwendiges Mittel zum Zweck betrachtet zu werden. Die durchgängig kommunizierte Idee lautet dabei: *„Die Verwirklichung*

---

36 Als Disziplin von Berufswissenschaft im weiteren Sinne (s. Dostal 2006, S. 105).

eines vertieften und faireren Binnenmarkts ist von entscheidender Bedeutung, wenn es darum geht, Arbeitsplätze zu schaffen, die Produktivität zu steigern und ein attraktives Umfeld für Investitionen und Innovation zu gewährleisten." (EUCO 26/16 2016, S. 4)

Auch wenn die Problemstellung im Kontext dieses instrumentellen Charakters der personenbezogenen Freizügigkeiten stattfindet, so ist die für diese Arbeit verfolgte Intention eine emanzipatorische.[37] Ziel ist es nämlich, einen geeigneten Ansatz dafür zu liefern, die berufliche Handlungsfreiheit des Einzelnen weiterzuentwickeln. Hierbei findet die Problemstellung ihren Ursprung in den eingangs genannten Grundprinzipien menschlichen Zusammenlebens: Menschen erwerben Fähigkeiten. Menschen verrichten Tätigkeiten. Gemeinschaften erschaffen Regeln. Indem nun diese Realität als Ausgangspunkt zur Ermittlung des Erkenntnisinteresses gewählt wird, kann von einem idealen Ansatz gesprochen werden. Die darauf aufbauende Wertorientierung ist dennoch nicht als neutral anzusehen.

Die Norm des Rechts auf freie Entfaltung und die wirtschaftliche Handlungsfreiheit als spezieller Aspekt dieser gehören zu den Freiheitsrechten. Sie sollen neben anderen Grundrechten den einzelnen Menschen Schutz gegenüber übermäßigen Eingriffen der Gemeinschaft bzw. des Staates und seiner Organe gewähren (s. Teil II 6.2). Staatlichem – hier insbesondere legislativem – Handeln ist die Einschränkung von Grundrechten jedoch erlaubt. Dies ist immer dann der Fall, wenn es durch zwingende Gründe des Allgemeinwohls legitimiert ist. Stellt nun die Koordinierung und Abwägung der betroffenen Freiheitsrechte mit relevanten staatlicherseits verfolgten Gemeinwohlzielen ein zu befolgendes Prinzip dar,[38] so ist eine auf größere Freiheit abzielende Intention im Zweifelsfall als einseitige Parteinahme bewertbar. Somit wird es an dieser Stelle erforderlich, die Grundeinstellung, die motivierend für die Wahl dieses Zugangs zur vorliegenden Untersuchung ist, offenzulegen:

> Die Arbeit versteht sich bezogen auf das Problemfeld als Anregung zur Veränderung gesellschaftlicher Strukturen mit dem vornehmlichen Ziel den Selbstbestimmungsgrad der in ihr lebenden Menschen zu vergrößern. Das Erkenntnisinteresse und zugleich auch eine Prämisse sind somit ein emanzipatorisches. Damit grenzt sie sich von Arbeiten, die etwa bestehende Qualifizierungssysteme oder rein am Arbeitsmarkt orientierte Denkweisen als gegeben annehmen, ab.

Allerdings gilt hierbei, dass eine vollständige Loslösung von bestehenden historisch gewachsenen Realitäten nicht erreichbar ist. Eine auf berufliche

37 Im Sinne einer Befreiung aus regulatorischen Zwängen.

38 Das Verhältnismäßigkeitsprinzip ist ein wesentlicher Rechtsgrundsatz eines Rechtsstaates.

Handlungsfreiheit fußende, vermeintlich emanzipatorische Perspektive, darf nicht verkennen, dass diese berufliche Handlungsfreiheit insbesondere in der Ausprägung der Berufsfreiheit ursprünglich ein errungenes bürgerliches Wirtschaftsgrundrecht darstellt (s. Teil II 6.1.3.1). Somit beinhaltet die Beförderung beruflicher Handlungsfreiheit auch stets eine ökonomische, mit der Ideologie des Europäischen Binnenmarktes verknüpfte, Perspektive.

4.1.2 Das Ideal der „Gerechtigkeit" als Hypothese

Die Hypothese der vorliegenden Arbeit basiert auf einem grundlegenden, die Menschheit fortwährend in ihrer zivilisatorischen Entwicklung interessierenden Aspekt von Herrschaft.

> *„Was sind überhaupt Reiche, wenn die Gerechtigkeit fehlt, anderes als große Räuberbanden?"*
> *Aurelius Augustinus* (* 354, † 430; 1911-16, 4. Buch, Kapitel 4)

In seinem Werk *„De civitate Dei"* („Der Gottesstaat") diskutiert Augustinus unter dem Eindruck der Niederlage Roms gegen die Westgoten[39] ein Bild eines auf von ihm als christlich postulierten Werten basierenden idealen Gemeinwesens (ebd., 1. Buch, Kapitel 36). Wie dem Zitat zu entnehmen ist, hält Augustinus die Gerechtigkeit für ein zentrales Element eines idealen Staatswesens. Im Rahmen seiner präzisierenden Ausführungen zur Rolle der Gerechtigkeit im staatlichen Gemeinwesen (ebd., 2. Buch, Kapitel 21) greift er wiederum auf Ausführungen Ciceros (54–51 v. Chr.) aus dessen Werk *„De Re Publica"* („Über das Gemeinwesen"[40]) zurück.

Augustinus gibt den von Cicero verfassten, durch mehrere Figuren geführten Disput zur Bedeutung der Gerechtigkeit in einem Gemeinwesen wieder. Dieser endet mit im Folgenden frei zusammengefassten Erkenntnissen:

- Ein Gemeinwesen kann ohne (große) Gerechtigkeit nicht regiert werden noch bestehen.
- Ein Volk ist eine durch Übereinstimmung des Rechtes und durch die Gemeinsamkeit des Nutzens zusammengeschlossene Vereinigung.
- Ein Gemeinwesen ist dann ein wahres, d. h. eine Sache des Volkes, wenn es gut und gerecht geführt wird.[41]

---

39 Im Jahre 410, auch bekannt als „Plünderung Roms".

40 Auch „Sache des Volkes".

41 Cicero 54–51 v. Chr., frei wiedergegebenen nach Augustinus 1911–1916, 2. Buch, Kapitel 21, Absatz 1 und 2.

Feststellbar ist nun zunächst, dass das damalige Verständnis von einem gerechten Gemeinwesen durchaus auch als philosophischer Ansatz für eine moderne Staatsideologie Anwendung finden könnte. Zudem wird deutlich, dass es sich bei dem problematisierten Verhältnis von Staat bzw. Gemeinwesen zu Gerechtigkeit um ein Thema handelt, welches die Menschheit in ihrer Zivilisationsgeschichte schon lange intensiv beschäftigt.

Es kann somit – nicht zuletzt bei progressiv-demokratisch eingestellten Personen – darin Einvernehmen angenommen werden, dass der Gerechtigkeit eine Schlüsselrolle zukommt, wenn es darum geht, Gemeinwesen zu organisieren, welche von Dauer sein sollen. Was als gerecht angesehen wird, unterliegt jedoch dem soziokulturellen Wandel. So lautet dann auch die der nachfolgenden Untersuchung vorangestellte Hypothese, dass eine zukunftsfähige Lösung der bestehenden Probleme durch einen sich von Gerechtigkeit leiten lassenden Ansatz erfolgen kann. Die Gerechtigkeit im Verhältnis eines, hier beruflich handelnden, Individuums zu den über das „Volk" herrschenden Staatsgewalten wird aktuell in Europa in den Verfassungen der modernen europäischen Staaten[42] sowie ebenfalls im Vertragswerk der Europäischen Union durch definierte Freiheitsrechte und die Absicherung dieser durch Rechtsstaatlichkeit bestimmt.

Setzung qualifikationsfordernder Reglementierungen ist Ausübung von Herrschaft, welches die Handlungsfreiheit des Einzelnen einschränkt. Die gegebenen Grundgarantien der Berufsfreiheit und beruflichen Freizügigkeit stehen dem grundsätzlich entgegen. Gerechtigkeit bedeutet in diesem Kontext also konkret, eine durch rechtsstaatliche Prinzipien geleitete Abwägung von legitimen Zielen für das Allgemeinwohl mit den Belangen der Berufsfreiheit vorzunehmen.

Im Rahmen der jüngeren Entwicklung der europäischen Integration ist in dem Wirken sowohl der exekutiv handelnden Europäischen Kommission als auch der höchsten europäischen Judikative eine klare Tendenz hin zu einer Stärkung individueller beruflicher Handlungsfreiheit, als Grundrecht der wirtschaftsorientierten Wertegemeinschaft Europäische Union, zu erkennen (s. Teil II 6.1.3.3). Berufszugangsreglementierungen europatauglich und damit zukunftstauglich auszugestalten kann nur gelingen, wenn die durchzuführende Abwägung konsequent und konsistent[43] vorgenommen wird. Nur so kann dann auch der Gerechtigkeit i. g. S. angemessen Genüge getan werden.

---

42 Ausnahme ist hier etwa Weißrussland u. w.

43 Vom EuGH verwendete Formulierung: systematisch und kohärent (EuGH 2014, Rn. 43).

4.1.3 Die leitende Fragestellung der Untersuchung

Die leitende Fragestellung der Arbeit ergibt sich unmittelbar aus dem zugrunde liegenden Erkenntnisinteresse, einen Beitrag für eine mögliche Weiterentwicklung der Selbstbestimmung der in der Europäischen Union lebenden Menschen leisten zu wollen. Präzise geht es um die Selbstbestimmung des Einzelnen im Kontext der Ausübung beruflicher Tätigkeiten, für die Qualifikationen erworben wurden. Berufsausübung und Qualifikationserwerb sind dabei auf das Herrschaftsgebiet des Geltungsbereichs des Binnenmarktes der Europäischen Union bezogen.

Erreicht werden soll dieses Ziel, dem Gegenstand der vorliegenden Arbeit entsprechend, durch die Entwicklung eines geeigneten Ansatzes zur Veränderung bestehender Strukturen im Zusammenhang mit der Ausgestaltung qualifikationsfordernder Regelungen. Aus der vorangestellten Hypothese, dass insbesondere ein sich von Gerechtigkeit leiten lassender Ansatz zur Lösung des Problems führen kann, ergibt sich darüber hinaus die Anforderung, die Freiheit der Berufsausübung als Element der europäischen Wertegemeinschaft für die Erarbeitung eines nachhaltigen Ergebnisses als weitere Prämisse für die Formulierung der leitenden Fragestellung miteinzubeziehen.

Insgesamt entfaltet sich somit folgende konkrete Forschungsfrage:

> ***(Wie) Kann es gelingen, mithilfe eines emanzipatorisch geleiteten berufswissenschaftlichen Lösungsansatzes, qualifikationsfordernde Reglementierungen von Berufsausübung europatauglich und damit zukunftsfähig auszugestalten?***

Es handelt sich zuvorderst um eine formative Untersuchungsperspektive. Das, mit der Forschungsfrage avisierte, Ergebnis der vorliegenden Arbeit baut auf Kritik der bestehenden Verhältnisse auf. Die Kritik besteht darin, dass begründet angenommen wird, die vorgefundenen Regelungen und Ansätze seien unzureichend und nicht zukunftstauglich. Dieses Defizit aufgreifend stellt die formulierte gestaltungsorientierte Kernfrage den Leitfaden für die im Weiteren durchzuführende Untersuchung dar (s. Abb. 5).

Abb. 5: Die systematische Herleitung der leitenden Fragestellung im Überblick

Die Einordnung als formativer Lösungsansatz gibt dabei den übergeordneten Charakter der vorliegenden Arbeit insgesamt wieder. Darüber hinaus gilt hier, dass eine eindimensionale Kategorisierung als unvollständig angesehen werden muss. Voraussetzung für eine erfolgreiche Erschließung gestaltender Lösungen sind immer deskriptive und explizierende Vorarbeiten. Dies ist auch für den Entwurf eines freiheitlichen Ansatzes zur Gestaltung qualifikationsfordernder Reglementierungen der Fall. Woraus sich somit im Weiteren folgende drei explorative Teilfragen ergeben.

4.2 Die drei Teilfragen der Untersuchung

Die Struktur der aufgeworfenen Problemstellung – die aus emanzipatorischer Perspektive aktuell hinter den Erwartungen zurückbleibende Ausgestaltung qualifikationsfordernder Reglementierungen von Berufsausübung im Kontext der europäischen Integration – bestimmt aus sich selbst heraus die Grundrichtung eines sinnvollen Aufbaus der für ihre Bearbeitung erforderlichen Untersuchung. Sie unterliegt damit grundsätzlich einerseits einer thematisch-inhaltlichen Systematik, andererseits einer chronologischen Entfaltung.

Dies führt zu dem Problem, dass in dem vorliegenden Dokumentationsverfahren in Buchform, im Gegensatz zu einem z. B. hypertextualem Verfahren, nur eine lineare formgebende Reihenfolge als Strukturierungsansatz möglich ist. Zunächst muss daher die grundlegende Entscheidung getroffen werden, welcher der sich aus der Problemstellung ergebenden o. g. Systematiken als führende Struktur gefolgt werden soll. Da letztendlich der thematisch-inhaltliche Zusammenhang die Grundlage für eine schlüssige Erarbeitung des Gestaltungsansatzes darstellt, gibt dieser auch die gestufte Struktur des nachfolgend dokumentierten explorativen Teils der Arbeit vor.

4.2.1 Die Entwicklung der europäischen Verkehrsfreiheiten

Die vorzufindende politische Dualität in der Gestalt eines supranationalen Herrschaftsgebildes mit der Grundgarantie individueller Verkehrsfreiheiten, bei gleichzeitiger Beibehaltung nationaler Souveränität für die Gestaltung von Berufszugangsvorschriften, ist das auslösende Moment für die in der vorliegenden Arbeit behandelte Problemstellung. Die Gemeinschaft der europäischen Staaten wurde im Rahmen der europäischen Integration sukzessive bis zur heutigen Europäischen Union entwickelt. Das Finden einer „europatauglichen" Lösung für die Ausgestaltung qualifikationsfordernder Reglementierungen verlangt daher, sich erst einmal um das Verstehen der historischen Entwicklung der beruflichen Verkehrsfreiheiten zu bemühen.

Die erste Teilfrage lautet somit:

In welcher Art und Weise gestaltete sich die Entwicklung des Primär- und Sekundärrechts zu den personenbezogenen Verkehrsfreiheiten im Rahmen der Europäischen Integration?

Europäische Integration meint hier die Entwicklung der Annäherung nach dem Ende des Zweiten Weltkrieges, beginnend zunächst mit den sechs westlichen Gründungsmitgliedern der Europäischen Gemeinschaft für Kohle und Stahl, späterer weiterer westeuropäischer und dann nach dem Ende des Kalten Krieges auch osteuropäischen Staaten hin zu dem heute existierenden verbindlichen Staatenverbund der Europäischen Union.

Das chronologische Nachvollziehen der historischen Entwicklung der Freizügigkeit Berufsausübender im Zuge der europäischen Einigung ermöglicht hierbei eine Erschließung der Zusammenhänge der aktuellen auf der Diversität der nationalen Reglementierungssysteme beruhenden Probleme en détail, das Erkennen von Defiziten der bis heute realisierter Lösungskonzepte sowie darüber hinaus ein Aufdecken eventuell grundsätzlich fehlleitender Denkmuster, die formgebend für die Unzulänglichkeit der aktuellen Regelungssystematiken sind.

Von besonderer Bedeutung ist zudem das Identifizieren von ihrer Anlage nach geeigneter Ansätze für die „zukunftsfähige" Ausgestaltung qualifikationsfordernder Zugangsvorschriften. Die Bearbeitung der Frage nach der historischen Entwicklung personenbezogener Verkehrsfreiheiten stellt damit den ersten logischen Teilschritt der vorzunehmenden Untersuchung dar und kann dementsprechend als notwendige Vorarbeit zur Entwicklung des avisierten nachhaltigen Gestaltungsansatzes bezeichnet werden.

4.2.2 Grundgarantien wirtschaftlicher Handlungsfreiheit als Gestaltungsprinzip

Die Garantie der Freizügigkeit zur Ausübung erwerbsberuflicher Tätigkeit war, wenn auch zunächst noch in sehr eingeschränkter Ausführung, von Beginn an vertraglich vereinbarte Grundlage der europäischen Gemeinschaften. Individuelle Verkehrsfreiheiten stellen dabei bis heute ein Kernelement des tragenden Gemeinschaftskonzeptes des gemeinsamen Marktes dar. Garantierte Grundrechte, insbesondere die Freiheitsrechte, die die wirtschaftliche Handlungsfreiheit des Einzelnen gegen illegitime Eingriffe staatlicher Gewalten schützen sollen (s. Teil II 6.2.1), sind bereits seit vielen Jahrzehnten Kernbestandteil der nationalen Verfassungen aller „alten"[44] Mitgliedstaaten der europäischen Gemeinschaften sowie seit dem Vertrag von Lissabon (2007) fester Bestandteil des Unionsrechts.

Zukunftsfähige, gerechte Ansätze zur Gestaltung qualifikationsfordernder Reglementierungen müssen die Prinzipien dieser beiden Grundgarantien gleichermaßen berücksichtigen. Die sich daraus ergebene zweite Teilfrage der Untersuchung lautet daher:

Welche Anforderungen stellen die europäischen Grundgarantien an eine konsistente Ausgestaltung qualifikationsfordernder Reglementierung von Berufsausübung?

Die personenbezogenen Verkehrsfreiheiten stehen in einem engen Verhältnis zum Recht auf freie Berufsausübung (s. Teil II 6.1.3). Die Berufsfreiheit ist darüber hinaus ein starkes selbstständiges Freiheitsrecht. Beide stellen, hier zusammengefasst als europäische Grundgarantien wirtschaftlicher Handlungsfreiheit, erhebliche und umfassende Anforderungen an die Ausgestaltung sie einschränkender Rechtsetzungen. Nur, wenn die daraus resultierenden Erfordernisse an qualifikationsfordernde Zugangsregelungen grundsätzlich und im Einzelnen erfasst und aufbereitet sind, kann eine Lösung der aktuellen Diversitäts- und

44 Nach dem Zweiten Weltkrieg sowie bis zur EU-Erweiterung 2004 nur westeuropäische.

Insuffizienzprobleme gelingen, so zugleich die Präzisierung der vorangestellten Hypothese und Arbeitsgrundlage des zweiten Teils der folgenden Untersuchung insgesamt.

Die Grundfreiheit „grenzenloser“ Berufsausübung steht in einer besonderen Beziehung zum allgemeingültigen Grundrecht der beruflichen Handlungsfreiheit. Die Relation von Grundfreiheiten zu Grundrechten muss daher ebenfalls Bestandteil des zweiten Teils der Untersuchung sein. Im Hinblick auf die Forschungsfrage gilt es zudem zu prüfen, ob und inwiefern die Grundgarantie des Rechts auf freie Berufsausübung als logischer Ausgangspunkt der emanzipatorischen Gestaltung von Reglementierungen geeignet ist. Im Weiteren wird dann herausgearbeitet, welche der durch die zweite Teilfrage identifizierten Anforderungen mit den bestehenden Regelungssystemen europäischer Rechtsetzung und Rechtsprechung schon erfüllt werden und welche bisher nicht hinreichend Berücksichtigung gefunden haben.

Die zweite Teilfrage der Untersuchung baut somit auf die vorangehend geleistete Vorarbeit des ersten Teils auf und liefert entscheidende vorbereitende Erkenntnisse für die Entwicklung des avisierten Gestaltungsansatzes für qualifikationsfordernde Reglementierungen von Berufsausübung. Sie leitet darüber hinaus hin zu dem Problem unzulänglicher nationaler Vorschriften, da jene eben auch den „freien“ Zugang zu Berufsausübung einschränken.

4.2.3 Nationale Qualifikationsforderungen als Hemmnis freier Berufsausübung

Bereits im Zuge der Umsetzung der sogenannten Arbeitnehmerfreizügigkeit der Europäischen Gemeinschaft für Kohle und Stahl, der ersten Gemeinschaft der europäischen Integration, wurde das Konzept der „Anerkennung beruflicher Qualifikationen“ eingeführt. In der aktuellen Rechtsverordnung der Europäischen Union – hier insbesondere die „Anerkennungsrichtlinie“ (2005/36/EG 2016) –, die als Nachfolgeregelung dieses Konzeptes betrachtet werden kann, sind nunmehr die Qualifikationsanforderungen nationaler Berufszugangsvorschriften als Maßstab für die Zuerkennung der Freizügigkeit festgeschrieben.

Verfolgt nun die supranationale Ebene das Ziel, eine wirtschaftsliberale binnenmarktkonforme Politik mit möglichst weitgehenden personenbezogenen Verkehrsfreiheiten zu verwirklichen, so rücken diesbezüglich hinderliche nationale Vorschriften notwendigerweise in den Fokus der Bemühungen. Die Gestaltung der Zugangsregelungen findet dort statt, wo die legislative Kompetenz angesiedelt ist, nämlich auf nationaler Ebene. Somit stellt sich folgende weitere Teilfrage:

Welche Bedeutung haben nationale Qualifikationsanforderungen als Hemmnis freier Berufsausübung für die Ausgestaltung qualifikationsfordernder Reglementierungen?

Sind die nationalen Regelungen aus freiheitlich-rechtsstaatlicher Perspektive unzureichend, so kann keine hinreichende grenzüberschreitende Freiheit der Berufsausübung Wirklichkeit werden. Unabhängig davon führt auch die Weiterentwicklung des Verständnisses und der Auslegung der europäischen Nationalverfassungen bezüglich der dort traditionell verankerten Absicherung individueller wirtschaftlicher Handlungsfreiheit selbst zu der Notwendigkeit, dass die Regelungen der EU-Mitgliedsländer den Anforderungen moderner Rechtsstaatlichkeit genügen müssen. Die Entwicklung eines emanzipatorischen Gestaltungsansatzes, gerade im Kontext der europäischen Einigung, muss also Stellenwert und Ausmaß nationaler Qualifikationsanforderungen als Hemmnis freier Berufsausübung und die daraus resultierenden Schlussfolgerungen einbeziehen. Die exemplarische Untersuchung einer diesbezüglich aufschlussreichen nationalen Vorschrift stellt den im Weiteren gewählten Ansatz zur Bearbeitung dieser dritten Teilfrage der Untersuchung dar.

Die Entscheidung fiel dabei auf eine vertiefende Auseinandersetzung mit den Zusammenhängen im Rahmen der deutschen Regelungen zur selbstständigen Ausübung eines Handwerks. Dieser Bereich reglementierter erwerbsberuflicher Tätigkeitsausübung repräsentiert im europäischen Vergleich diejenigen Reglementierungssystematiken, die einerseits als klar gegensätzlich zu den liberaleren Bedingungen in vielen anderen Mitgliedstaaten und andererseits als besonders rigide die Berufsfreiheit einschränkend gelten können. Die betroffenen Tätigkeiten des Handwerks zählen, wie etwa auch das Apothekergewerbe in Deutschland, zu den am umstrittensten Berufszugangsvorschriften (s. Teil II 6.4.3). Die Untersuchung der Zulassungspflicht zur Ausübung eines selbstständigen Handwerks ist gleichsam eine exemplarische Anwendung der aus der konsequenten Beachtung der Berufsfreiheit resultierenden Gestaltungsprinzipien.

Die dritte Teilfrage vervollständigt damit das für den Entwurf des angestrebten Ansatzes erforderliche vorbereitende Gesamtbild der Problemstellung. Sie schließt damit den explorativen Teil der Arbeit insgesamt ab. Darüber hinaus führt sie hin zur umfassenden Beantwortung der leitenden Fragestellung der vorliegenden Arbeit und ermöglicht den Entwurf des avisierten emanzipatorischen Ansatzes zur Gestaltung qualifikationsfordernder Reglementierungen von Berufsausübung. Dies ist – wie bereits dargelegt – verbunden mit der Intention, die Möglichkeit einer Weiterentwicklung der Freiheit der Berufsausübung im Rahmen der europäischen Integration zu eröffnen.

4.3 Methoden zur Erkenntnisgewinnung

Art und Eigenschaft der Problemstellung, die vorangestellte hypothetische und idealistische Prämisse sowie die daraus entwickelte leitende Fragestellung lassen schon erkennen, dass die Gewinnung von Erkenntnissen durch die Anwendung klassischer empirischer oder gar statistischer Erhebungs- und Auswertungsmethoden hier nicht zielführend erreicht werden kann. Die Bearbeitung des Gegenstandes der vorliegenden Arbeit und die Erarbeitung einer geeigneten Lösung des Problems erfordern stattdessen eine rationale hermeneutische Vorgehensweise, auch in den drei vorgestellten explorativen Untersuchungsteilen. Ausgehend von den vorzufindenden Realitäten, belegt mittels dinglicher Wahrheiten, wird hierbei grundsätzlich angestrebt, durch das Ziehen von logischen Schlüssen zu gültigen Erkenntnissen zu gelangen. Durch insgesamt sinnhafte theoretische Überlegungen soll so die Entwicklung eines möglichen Gestaltungsansatzes für das praktische Problem der freiheitlichen Ausgestaltung qualifikationsfordernder Reglementierungen von Berufsausübung erfolgen.

Innerhalb des ersten Untersuchungsteils, der Exploration der Entwicklung personenbezogener Verkehrsfreiheiten im Zuge der europäischen Einigung, steht das Verstehen relevanter historischer Primärtexte im Vordergrund. Hauptquellen sind die entsprechenden sachbezogenen Originaldokumente des europäischen Primär- und Sekundärrechts[45] der jeweiligen europäischen Gemeinschaft. Grundlegend zu Beginn, zur Aufklärung des Entstehungsprozesses und im Weiteren punktuell dort, wo dies für das Erkennen des politischen und historischen Gesamtzusammenhangs erforderlich ist, kommt der Auswertung von Sekundärliteratur ebenfalls eine wichtige Bedeutung zu. Auch werden im ersten Untersuchungsteil bereits einige Ergebnisse europäischer Rechtsprechung an gegebener Stelle eingearbeitet.

Die primären und sekundären Quellen werden innerhalb des politischen Zeitgeschehens interpretiert. Dabei geht es einerseits um das Verstehen der Zusammenhänge ihrer Entstehung, insbesondere der Interaktionen beteiligter gesellschaftlicher Kräfte und zeitpolitischer Strömungen sowie andererseits um das Sichtbarwerden der mit ihnen erstrebten Zielsetzungen. Abschließend werden die gewonnenen Erkenntnisse bezogen auf die leitende Fragestellung bzw. die Intention der vorliegenden Arbeit zusammenfassend analysiert

45 Primär: Die grundlegenden Vertragswerke der jeweiligen europäischen Gemeinschaften, sekundär: Auf die Verträge aufbauende Verordnungen, Beschlüsse, Richtlinien etc.

und interpretiert. Problemzusammenhänge und erste Ideen für den avisierten Gestaltungsansatz werden so herausgearbeitet.

Im zweiten explorativen Untersuchungsteil, über die europäischen Grundgarantien wirtschaftlicher Handlungsfreiheit als Gestaltungsprinzip, steht die hermeneutische Betrachtung des Vertragswerks der „aktuellen" Europäischen Union und der daraus resultierenden weiteren Rechtsvorschriften im Vordergrund. Das Interesse gilt zunächst der Anlage und der Umsetzung der beruflichen Grundfreiheiten des Binnenmarktes der Europäischen Union und dann folgend dem europäischen Grundrecht[46] auf freie Berufsausübung, beide in ihrer Rolle als Grundgarantien wirtschaftlicher Handlungsfreiheit.

Eine besondere Bedeutung kommt der Verarbeitung der urteilenden Auslegungen der höchsten Gerichtsbarkeit der Europäischen Union, dem Europäischen Gerichtshof zu. Die Darstellung historischer Zusammenhänge gerät in den Hintergrund, während demgegenüber die Einbindung beurteilender juristischer Sekundärliteratur dem Charakter des Untersuchungsgegenstands entsprechend erheblich an Gewicht gewinnt. Dabei werden allerdings rechtswissenschaftliche Auslegungsverfahren selbst nicht angewandt, sondern die Ergebnisse diesbezüglicher juristischer Forschungsarbeit ausgewertet und eingearbeitet.

Schließlich erfolgt eine Reflexion und Bewertung der europäischen Rechtsetzung und Rechtsprechung zu den personenbezogenen Freizügigkeiten hinsichtlich der sich aus der Grundgarantie der Berufsfreiheit ergebenden Anforderungen. Insgesamt wird so der grundlegende Schritt zur systematischen Umsetzung der Hypothese – das Ideal der Gerechtigkeit sei ein Schlüssel zur Lösung der Probleme – vollzogen.

Im dritten Teil der Untersuchung, über die nationalen Qualifikationsanforderungen als Hemmnis freier Berufsausübung, werden die in den beiden vorhergehenden Teilen zur Anwendung kommenden hermeneutischen Verfahren kontinuierlich weiter eingesetzt. Schwerpunktmäßig werden auch hier offizielle Dokumente ausgewertet. Dies sind zunächst vor allem politische Veröffentlichungen der Europäischen Kommission, wie Analysen, Vorschläge, Mitteilungen, Bewertungen, Empfehlungen etc. Die Auswertung dieser primären Quelle und ihre Einordnung in den Prozess der europäischen Integration ermöglicht es, die Relevanz und Aktualität der Bedeutung nationaler Qualifikationsanforderungen für das Ziel der Entwicklung emanzipatorisch ausgestalteter Reglementierungen darzustellen.

---

46 Sowohl im Kontext der Charta der Grundrechte der Europäischen Union als auch tradiert in den Verfassungen der Mitgliedstaaten.

Methodische Ansätze zur weiteren Bearbeitung der dritten explorativen Teilfrage sind die Erkundung, Auswertung und erklärende Darstellung der Bedeutung nationaler Qualifikationsanforderungen anhand eines aufschlussreichen Beispiels. Wie im ersten Untersuchungsteil zur Entwicklung der „europäischen" personenbezogenen Verkehrsfreiheiten, gilt es auch hier, sich erst einmal den grundlegenden politischen und historischen Gesamtzusammenhang zu erschließen. Neben einem umfangreichen Fundus an historischen Verordnungen rund um die Ausübung handwerklicher Berufsausübung wird zu diesem Zweck ebenfalls geeignete, insbesondere rechtswissenschaftliche Sekundärliteratur, die sich speziell mit dieser Berufszugangsvorschrift befasst, herangezogen.

Aufbauend auf die bis dato gewonnenen Erkenntnisse wird im Weiteren eine Überprüfung der aktuell geltenden Regelungen der Zulassungspflicht für die Ausübung eines selbstständigen Handwerks hinsichtlich der sich aus der Grundgarantie der Berufsfreiheit ergebenden Anforderungen vorgenommen. Hierbei werden wiederum auch Ergebnisse nationaler und europäischer Rechtsprechung im Rahmen der Betrachtung dieses aufschlussreichen Exempels analysiert und in die systematische Bewertung einbezogen.

Die Bearbeitung dieses dritten und letzten Untersuchungsteils schließt mit einer Reflexion des sich aus der bereits vertieften Anwendung der Hypothese zunehmend herauskristallisierenden Gestaltungsansatzes ab. Im Ganzen liegt so nunmehr eine ausreichend differenzierte und profunde Grundlage für die nachfolgende Konstruktion des angestrebten emanzipatorischen Ansatzes zur Ausgestaltung qualifikationsfordernder Reglementierungen von Berufsausübung vor.

Teil II Exploration

Der explorative Teil stellt dasjenige Element der vorliegenden Arbeit dar, welches die zur Bewältigung des gestellten Problems notwendigen Erkenntnisse hervorbringen und für die Beantwortung der entwickelten Forschungsfrage bereitstellen soll. Es handelt sich um die zentrale Komponente der Wissen schaffenden Arbeit. Einerseits beruht seine Konzeption auf der zufällig entdeckten und „schöpferisch" entwickelten Problemstellung (s. Teil I 4), andererseits ermöglicht er das „objektive" Nähern an eine Wahrheit in Form der Konstruktion des angestrebten emanzipatorischen Ansatzes zur Ausgestaltung qualifikationsfordernder Reglementierungen von Berufsausübung, die als Lösung der Problemstellung gelten soll.

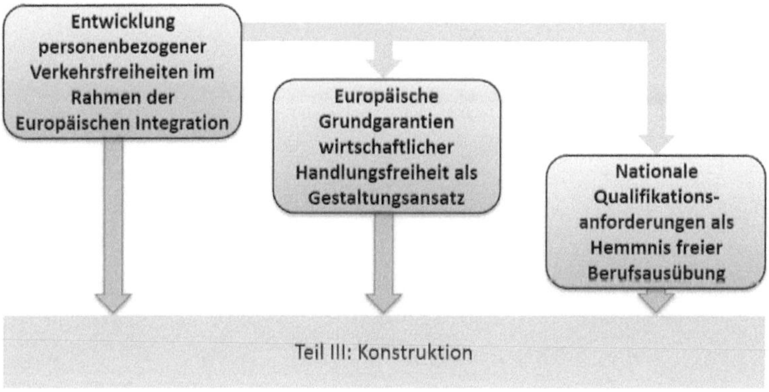

Abb. 6: Der Aufbau des Teils II „Exploration"

Aufgrund der erheblichen Bedeutung des zweiten Teils für die Arbeit insgesamt und der Notwendigkeit der Offenlegung des Vorgangs seiner systematischen Planung wurden der Aufbau und die Methodik der nachfolgenden Exploration bereits im Rahmen der Konzeption der vorliegenden Arbeit ausführlich dargelegt. Der Ablauf richtet sich somit im Folgenden nach den dort ausgearbeiteten drei Teilfragen (s. Abb. 6).

5 Die Entwicklung der europäischen Verkehrsfreiheiten

Die Herausbildung der aktuellen, d. h. heute vorzufindenden, Verhältnisse einer Vielzahl menschlicher Lebensbereiche wurde beeinflusst durch die historischen Entwicklungen der Gesellschaften, in der diese eingebettet waren. Dies trifft insbesondere auch auf den Bereich der Ausübung beruflicher Tätigkeiten zum Zwecke des Erwerbs des Lebensunterhalts zu. Viele zivilisatorische Errungenschaften, wie die Etablierung von Berufsbildungssystemen und Systemen der Reglementierung von Berufsausübung, die Begründung von emanzipatorisch-freiheitlichen Grundrechten sowie nicht zuletzt das Erschaffen von Staaten und Staatenverbünden in der Absicht, gemeinschaftlich Ziele erreichen zu wollen, durchlaufen in ihrer Entwicklung einen längeren Entstehungsprozess.

Im Folgenden wird nunmehr der Entwicklungsprozess der personenbezogenen Verkehrsfreiheiten im Zuge der europäischen Integration chronologisch in drei Hauptabschnitten, beginnend mit der Beschäftigungsfreiheit qualifizierter Arbeiter der Montanunion über die erweiterte Freizügigkeit der Europäischen Wirtschaftsgemeinschaft bis hin zur Weiterentwicklung der Freizügigkeit im Rahmen der Europäischen Union aufgearbeitet. Speziell die Arbeitnehmerfreizügigkeit spielte dabei für die europäische Integration nach dem Zweiten Weltkrieg vom Beginn an eine substanzielle Rolle. Sie ist eine der Säulen des Konzeptes des „Gemeinsamen Marktes“, welcher wiederum Keimzelle und Gerüst des Vorhabens des Zusammenschlusses der europäischen Staaten war bzw. ist. Für die Säule der Arbeitnehmerfreizügigkeit gilt, wie für alle tragenden Säulen: Ihre Ausgestaltung wirkt sich auf die Tragfähigkeit des gesamten Konstruktes aus.

Wie sich zeigen wird, hat die erste Ausprägung der Arbeitnehmerfreizügigkeit der Europäischen Gemeinschaft für Kohle und Stahl (EGKS) alle nachfolgenden europäischen Vereinbarungen und Bestimmungen zu den Grundfreiheiten von Berufsausübung beeinflusst. Aus *„einem gemeinsamen Markt“* (EGKSV 1951, Art. 1) ist schließlich *„Der Binnenmarkt“* (AEUV 2012, Drittel Teil, Titel I) geworden. Auch in den aktuellen Regelungen der Europäischen Union zur Arbeitnehmerfreizügigkeit sowie zur Niederlassungs- und Dienstleistungsfreiheit sind wesentliche Elemente dieser ersten Freizügigkeit wiederzuerkennen.

Die im Zuge der Realisierung des modernen Europäischen Binnenmarktes nach wie vor existierenden Probleme bei der Umsetzung der beruflichen Verkehrsfreiheiten traten bereits bei der Europäischen Gemeinschaft für Kohle und Stahl zutage. Die weitere Betrachtung der europäischen Gemeinschaften im historischen Verlauf bis heute ermöglicht es, die Schwierigkeiten dieses politischen Handlungsfeldes zu erkennen, ihre Ursachen zu verstehen sowie geeignete Lösungsansätze für eine europäische berufliche Verkehrsfreiheit, die einer modernen freiheitlich orientierten Wertegemeinschaft gerecht wird, zu identifizieren.

So kann insgesamt die erste explorative Teilfrage nach der Art und Weise der Entwicklung des Primär- und Sekundärrechts die personenbezogenen Freizügigkeiten im Rahmen der Europäischen Einigung betreffend Beantwortung finden. Die primärrechtliche Grundlage der jeweiligen europäischen Gemeinschaften – von der Europäischen Gemeinschaft für Kohle und Stahl bis hin zur Europäischen Union, wie sie heute existiert – waren und sind dabei die entsprechenden, durch die Mitgliedstaaten vereinbarten, Gründungsverträge.

Um die aktuelle Problemlage und ihre historischen Wurzeln im europäischen Kontext grundlegend durchdringen zu können, ist insbesondere eine Analyse dieser Verträge und der darauf aufbauenden Regelungen notwendig. Von übergeordnetem Interesse sind zudem ausdrücklich auch die Entstehungszusammenhänge und politischen Motive, die mit der Gründung oder Reformierung der jeweiligen Gemeinschaften einhergingen. Sie geben Auskunft darüber, ob die gemeinschaftlichen Verträge von ihrer Anlage her den Ansprüchen einer fortentwickelten europäischen Integration, hin zu einer werteorientierten Gemeinschaft gerecht werden.

Im Weiteren liegt der Fokus dann jeweils auf der Reflexion der detaillierten Ausführungen der Verträge und den daraus hervorgegangenen Bestimmungen des Sekundärrechts der europäischen Gemeinschaften. Dies sind vor allem die Beschlüsse, Verordnungen und Richtlinien, die die freie grenzüberschreitende Ausübung von beruflichen Tätigkeiten gewährleisten sollen. Ziel dieser grundlegenden Vorarbeit ist somit insgesamt die Identifizierung von Problemursachen und bisherigen Lösungsansätzen im Kontext der Bemühungen für eine europäische berufliche Freizügigkeit, um darauf aufbauend zu der Entwicklung des angestrebten zukunftsfähigen Ansatzes zur Ausgestaltung qualifikationsfordernder Reglementierungen von Berufsausübung zu kommen.

5.1 Die Beschäftigungsfreiheit qualifizierter Arbeiter der Montanunion

Die Beschäftigungsfreiheit qualifizierter Arbeiter der Montanunion, in der deutschen Übersetzung als *„Freizügigkeit der Arbeitnehmer“* (EGKSV 1951, Kapitel VIII, Überschrift) betitelt, ist ein den Charakter der EGKS und bis heute den der personenbezogenen Verkehrsfreiheiten des Binnenmarktes bestimmendes, als historisch zu betrachtendes gemeinschaftspolitisches Konzept. Zur Erarbeitung der charakteristischen Eigenart der Problemsituation im Rahmen der damaligen und der aktuell geltenden Bestimmungen erwerbsbezogener Freizügigkeiten wird im Folgenden eine detaillierte Darstellung der Inhalte und Zusammenhänge dieser „ersten" supranationalen Regelung des grenzüberschreitenden Arbeitsmarktes vorgenommen.

Der erste Abschnitt dieses Hauptteils widmet sich dem Verstehen der grundsätzlichen Ausrichtung, insbesondere dem historisch-ideologischen Fundament dieser ersten europäischen Gemeinschaft nach dem Zweiten Weltkrieg. Der damals eingeschlagene Pfad wurde zwar im Verlauf der weiteren europäischen Einigung modifiziert und erweitert, die grundlegende Ausrichtung jedoch ist beibehalten worden. Auch das Verständnis von grenzüberschreitender Freizügigkeit in der Berufsausübung wurde durch die im Vertrag zur Montanunion eingeführten Begrifflichkeiten und ihre spezifische Verwendung nachhaltig geprägt.

Aufbauend auf dieser den Charakter der „Arbeitnehmerfreizügigkeit" der Montanunion aufklärenden Vorarbeit wendet sich der zweite Abschnitt dem Konstrukt des „anerkannten qualifizierten Arbeiters" der Europäischen Gemeinschaft für Kohle und Stahl zu. Hierbei ist von besonderem Interesse, wie die Umsetzung der vermeintlichen *„Freizügigkeit der Arbeitnehmer"* durch die dazu von den Mitgliedstaaten verabschiedeten Beschlüsse[47] erfolgte. Daraus ergeben sich bereits erste Erkenntnisse zu den aus den differierenden Qualifizierungssystemen der Mitgliedstaaten resultierenden Problemen für die Verwirklichung einer faktischen „Freizügigkeit". Darüber hinaus werden geeignete Lösungsansätze erkennbar, die, so die Erwartung, mindestens teilweise auf die aktuellen Probleme anwendbar sind.

Der dritte Abschnitt befasst sich mit der Umsetzung der Arbeitnehmerfreizügigkeit der Montanunion in ihrer rechtlichen Dimension. Die Umsetzung erfolgte im Wesentlichen durch zwei durch die EGKS-Mitgliedstaaten erlassene Vereinbarungen (EGKSV-69 V und B). Es wird deutlich werden, dass es sich bei den beschlossenen Regelungen um eine qualifikationsfordernde Berufszugangsregelung handelt. Von besonderem Interesse sind diejenigen Bestimmungen, die die Ausgestaltung des Zugangs zum Recht auf Berufsausübung ausmachen und diejenigen, die Gefahrenabwehr als Legitimation der so angelegten

47 Beschluss betreffend die Anwendung des Artikels 69 des EGKS-Vertrags (EGKSV-69 B 1957) und Vereinbarung zur Durchführung des Beschlusses (EGKSV-69 V 1957).

Einschränkung der Berufsausübung ausführen. Beide Aspekte sind auch im Rahmen aktueller Reglementierungen von wesentlicher bzw. problematischer Bedeutung.

Im vierten Abschnitt dieses ersten Hauptteils gilt es, eine klärende Bewertung der Beschäftigungsfreiheit der Montanunion im Gesamtüberblick vorzunehmen. Hier wird insbesondere eine vertiefende Einordnung in übergeordnete politisch-historische Aspekte vorgenommen, die sich im weiteren Verlauf der europäischen Integration als besonders relevant erweisen werden. Darüber hinaus werden für Unstimmigkeiten aktueller Berufszulassungsregeln perspektivisch bedeutsame Details problematisiert. Die dabei für den Entwurf des avisierten Ansatzes gewonnenen Erkenntnisse werden in diesem Abschnitt ebenso diskutiert.

Abschließend werden die gewonnenen ersten Ergebnisse für das Konzept eines emanzipatorischen Ansatzes zur Gestaltung qualifikationsfordernder Reglementierungen zusammengefasst. Hierbei werden alle in vorhergehenden Abschnitten erworbenen bedeutsamen Erkenntnisse berücksichtigt, sodass die resümierten Ergebnisse später konsistent verwendet werden können.

5.1.1 Grundlegende Ausrichtung des EGKS-Vertrags

Die Einordnung in die zeitgenössischen politischen Vorgänge legt die grundlegenden Intentionen dieses ersten Vertrages zur Europäischen Einigung offen. Das Verstehen der damals prägenden historischen Zusammenhänge dieser ersten europäischen supranationalen Gemeinschaft auf dem Weg zur europäischen Einigung nach dem Zweiten Weltkrieg ist für das Erfassen der Problemstellung bzw. den Entwurf eines Gestaltungsansatzes von entscheidender Bedeutung. Historische Begründungszusammenhänge von einzelnen Bestimmungen der „Arbeitnehmerfreizügigkeit" werden darüber hinaus später, an den jeweiligen Stellen, die diese behandeln, erläutert.

Wesentliches Element der grundsätzlichen Ausrichtung eines politischen Vertragswerkes ist das historisch-ideologische Fundament. Das ideologische Fundament der Europäischen Gemeinschaft für Kohle und Stahl stellt die politisch-theoretische Grundlage für die gesamte weitere europäische Integration dar. Bis heute ist die Idee vom Wirtschaftswachstum durch Marktfreiheit zur Steigerung der Beschäftigung und zur Verbesserung der Lebensbedingungen Richtschnur für politische Konzepte in der Europäischen Union und ihren Mitgliedstaaten. Der Ursprung dieser Idee liegt jedoch noch weiter zurück (s. Teil I 2.1).

Bei einer genaueren Untersuchung der Komponenten des EGKS-Vertrags wird deutlich werden, dass dieser bereits als modern zu nennende sozialpolitische Elemente enthielt. Dies ist Ausdruck der Zielsetzung, die Lebensverhältnisse, insbesondere die der Arbeitnehmer, zu verbessern. Die mit dem Artikel 69 eingeführte „Arbeitnehmerfreizügigkeit" kann neben seiner Bedeutung für das Marktkonzept auch als Bestandteil dieser sozialen Komponente des EGKS-Vertrags verortet werden.

Dies sollte allerdings nicht darüber hinwegtäuschen, dass mit der Europäischen Gemeinschaft für Kohle und Stahl vornehmlich eine wirtschaftliche Zielsetzung, dessen Primat der „harmonische Markt" war, verfolgt wurde. Diese grundlegende Ausrichtung ist nicht nur, wie sich an späterer Stelle zeigen wird, von Bedeutung für die Anlage der personenbezogenen Freizügigkeiten als Säule des Binnenmarkts der Europäischen Union, sondern auch maßgebend für die Struktur des Wertekanons der europäischen Gemeinschaften insgesamt.

Der Artikel 69 des Vertrags, der die sogenannte Arbeitnehmerfreizügigkeit der Montanunion begründet, stellt dabei eine Besonderheit dar. Indem er supranationale Regelungen für einen grenzüberschreitenden Arbeitsmarkt bei gleichzeitiger nationaler Zuständigkeit für Berufszulassungs- und Qualifizierungssysteme einführt, greift er „in spürbarem Maße" in die Souveränität der Mitgliedstaaten ein. Die Darstellung der grundlegenden Ausrichtung der EGKS abschließend gilt es, die Bedeutung dieses Zusammenhangs herauszuarbeiten.

5.1.1.1 Eine historische Einordnung des EGKS-Vertrags

Der *„Vertrag über die Gründung der Europäischen Gemeinschaft für Kohle und Stahl vom 18. April 1951"* (EGKSV 1951) erschuf die erste supranationale Vertragsgemeinschaft im Rahmen der sogenannten europäischen Integration nach dem Zweiten Weltkrieg. Auf das entsprechende Vertragswerk (EGKSV 1951) bauen strukturell viele der Bestimmungen nachfolgender europäischer Gemeinschaften bis hin zu aktuellen Regelungen der Europäischen Union auf. In seiner Präambel entfaltet sich eine ganz grundlegende Intention des Vertrags. Dieser auf die Erfahrung des Krieges zurückzuführende, ideelle Ansatz lässt sich exemplarisch durch folgendes Zitat veranschaulichen:

> „[Die Bevollmächtigten der Gründungsstaaten sind] *ENTSCHLOSSEN, an die Stelle der jahrhundertealten Rivalitäten einen Zusammenschluß ihrer wesentlichen Interessen zu setzen, durch die Errichtung einer wirtschaftlichen Gemeinschaft den ersten Grundstein für eine weitere und vertiefte Gemeinschaft unter Völkern zu legen, die lange Zeit durch blutige Auseinandersetzungen entzweit waren, und die institutionellen Grundlagen zu*

> *schaffen, die einem nunmehr allen gemeinsamen Schicksal die Richtung weisen können,"* (ebd., Präambel, 5. Rechtfertigung).

In der Tat wurden im Rahmen der Gründung der EGKS einige politische Motive grundlegender Natur, wie *„Weltfriede"* ein *„lebendiges Europa"* und *„Gemeinschaft unter Völkern"* (EGKS-Vertrag 1951, Präambel) etc. genannt. Dies mag ein auslösendes Moment gewesen sein, sich überhaupt (wieder)[48] mit der Idee eines geeinten Europas zu befassen, und hat schließlich zu diesem neuen Anlauf geführt, erklärt aber noch nicht, warum die Gemeinschaft so geschaffen wurde, wie sie sich am Ende des Einigungsprozesses darstellt.

Hochbaum (1962) spricht in diesem Zusammenhang insgesamt von der Überschätzung dieser politischen Ziele, wie sie etwa von Robert Schuman, dem als Hauptakteur der Idee[49] der Europäischen Einigung nach dem Zweiten Weltkrieg geltenden französischen Politiker, vorgetragen wurde (ebd., S. 39). Die EGKS war jedoch zunächst einmal eine Ausweitung bzw. Fortentwicklung des sogenannten Ruhrstatuts (1949),[50] dessen Intention tatsächlich originär in der Kontrolle der Kriegsfähigkeit Deutschlands bestand:

> *„Da die internationale Sicherheit und die allgemeine wirtschaftliche Gesundung erfordern, daß die Hilfsquellen der Ruhr zukünftig nicht für Angriffszwecke verwendet werden, sondern im Interesse des Friedens, daß der Zugang zur Kohle, zum Koks und zum Stahl der Ruhr, der früher der ausschließlichen Kontrolle durch Deutschland unterstand, zukünftig auf gerechter Grundlage den Ländern gewährleistet wird, die zum gemeinsamen wirtschaftlichen Besten zusammenarbeiten."* (Ruhrstatut 1949, Präambel, Abs. 1).

Das noch für den Abschluss des Ruhrstatuts ausschlaggebende politische Argument, der Kohle- und Stahlsektor sei aufgrund seiner Funktion als bedeutendes Element für die Kriegswirtschaft unter eine gemeinsame Kontrolle zu stellen, trat allerdings mit den als rasant zu bezeichnenden politischen Entwicklungen in der Nachkriegszeit zunehmend in den Hintergrund. Im Vordergrund stand sehr bald die weitere wirtschaftliche Entwicklung Europas.

Darüber hinaus ist die Tatsache von Bedeutung, dass bereits seit dem Ende des 19. Jahrhunderts internationale Kooperationen bzw. Kartelle in den Sektoren „Kohle und Stahl" etabliert waren (s. Dichgans 1980, S. 26 f. u. 52 f.). So schlossen sich etwa im Jahre 1926 „[…] *die Stahlindustrien Deutschlands, Frankreichs,*

---

48 Ideen und Versuche, die Völker oder Staaten Europas zu einen, gab es in der Geschichte viele.

49 Als Schuman-Plan bekannt gewordene Idee, die deutsche und französische Kohle- und Stahlproduktion zusammenzulegen.

50 Abkommen über die Errichtung einer Internationalen Ruhrbehörde vom 28. April 1949.

Belgiens und Luxemburg zur Internationalen Rohrstahlgemeinschaft zusammen" (Dichgans 1980, S. 26). 1937 traten Deutschland, England, Holland, Belgien, Polen und Danzig der internationalen Kokskonvention bei (ebd., S. 27). Bei der Ausgestaltung der EGKS wirkten darüber hinaus Personen mit, die schon vor dem Krieg Akteure in den genannten Zusammenschlüssen waren (ebd.), sodass hier auch von einer durch den Zweiten Weltkrieg unterbrochenen grundlegenden Entwicklung gesprochen werden kann, die auf bereits vorhandenes Vertrauen und Akzeptanz aufbauen konnte.

Ebenso im Ruhrstatut lässt sich erkennen, dass breiter angelegte Ziele, wie „*zum gemeinsamen wirtschaftlichen Besten*" (Ruhrstatut 1949, Präambel, Abs. 1) und damit weitsichtige Vorstellungen ihren Eingang gefunden haben, die ihr Augenmerk auf den ökonomischen Ansatz einer europäischen Entwicklung legten. Europa war in seiner wirtschaftlichen Entwicklung, bedingt durch die im Vergleich zu den großen Wirtschaftsräumen USA und UDSSR zersplitterte Nationalstaatenstruktur, deutlich ins Hintertreffen geraten.

> „*Während die USA und die UDSSR mit einer jeweiligen Bevölkerungszahl von 164 Mill., bzw. 216 Mill. Verbrauchern Märkte zur Verfügung haben, derer die modernen technischen Produktionsmöglichkeiten bedürfen, bietet sich für die europäischen „Kleinstaatengebilde" keine Gelegenheit, die durch die Massenproduktion und Automatisierung gekennzeichnete industrielle Entwicklung wirtschaftlich zu nutzen.*" (Hochbaum 1962, S. 38 f.[51])

Bei genauer Betrachtung stellt sich also heraus, dass die Förderung der Prosperität innerhalb des zusammengeschlossenen Gebietes der Mitgliedstaaten eine bestimmende Intention für die Ausgestaltung der EGKS war. Der Ansatz der sogenannten westlichen Welt, über privatwirtschaftliches Wachstum die Lebenssituation aller zu verbessern, ist bis heute das tragende ideologische Fundament der europäischen Integration über den gemeinsamen Markt.

5.1.1.2 Der grundlegende ideologische Ansatz

Trotz der o. g. aus heutiger Sicht pathetischen Ausführung der Präambel und der Einbindung in eine zur damaligen Zeit noch als visionär anzusehende Idee tritt die Absicht des Vertrags deutlich hervor, nämlich die „*Errichtung einer wirtschaftlichen Gemeinschaft*" (EGKSV 1951, Präambel, Rechtfertigung 5). Den

51 Im Zitat Fußnotenverweis auf: Potthoff, Heinz: Die Montanunion und die europäische Wirtschaftsintegration, Vortrag an der Akademie der Arbeit an der Universität Frankfurt am 5. Juni 1956, Veröffentlichung der Europäischen Gemeinschaft 1802/I/56/1, (S. 172).

Dreh- und Angelpunkt zur Verwirklichung dieser Gemeinschaft stellen der Aufbau und die Regulierung eines gemeinsamen Marktes für Kohle und Stahl dar (ebd., Art. 1). Aufbauend auf dem Konzept des gemeinsamen Marktes soll die EGKS „[…] *zur Ausweitung der Wirtschaft, zur Steigerung der Beschäftigung und zur Hebung der Lebenshaltung in den Mitgliedstaaten bei*[~~zu~~]*tragen*" (ebd., Art. 2).

An dieser Stelle wird die ideologische Theorie, die hinter dem Konzept des gemeinsamen Marktes steht, sichtbar. Die Ausweitung von Wirtschaft – sprich Wirtschaftswachstum – bildet die Grundlage für mehr Beschäftigung und Steigerung der Lebenshaltung – sprich Wohlstand. Die Frage, ob dieser Ansatz einer Überprüfung standhält, geht hierbei über die Fragestellung der Untersuchung hinaus. Von Bedeutung ist allerdings, zu wissen, dass dieser ökonomisch orientierte Denkansatz hinter dem Konzept des gemeinsamen Marktes stand und steht. Im Weiteren ist jedoch von Interesse, wie sich die Ausgestaltung und Umsetzung dieses angestrebten „gemeinsamen Marktes" darstellen sollte.

Der EGKS-Vertrag enthält eine Vielzahl von Bestimmungen zur Gestaltung und Regulierung des „gemeinsamen Marktes" für Kohle- und Stahl. Das Vertragswerk der häufig als Montanunion bezeichneten EGKS unterscheidet sich dadurch von den späteren europäischen Gemeinschaften.

> *„Die Montanunion war daher primär eine ‚Verwaltungsgemeinschaft'. Ihre wichtigsten Funktionen waren administrativer exekutiver Natur. Doch wurden den neuen Institutionen auch schon legislative und judikative Funktionen übertragen, die die Basis für eine europäische Rechtsgemeinschaft gelegt haben."* (Bayer 2002, S. 79)

Während die heutigen Verträge (EUV u. AEUV) als Rahmenverträge bezeichnet werden können, ist der EGKS-Vertrag als Gesetzesvertrag einzuordnen (ebd.). Er regelte überwiegend direkt die Umsetzung der vertraglichen Zielsetzungen. Zum Vergleich: Heute dienen diesem Zweck die sekundären EU-Rechtsakte, wie z. B. Verordnung und Richtlinie.

Basierend auf dem „gemeinsamen Markt" soll die Ausweitung der Wirtschaft „[…] *zur Steigerung der Beschäftigung und zur Hebung der Lebenshaltung*" (EGKSV 1951, Art. 2) beitragen. Vorrangig geht es im EGKS-Vertrag um den Ausbau des „gemeinsamen Marktes". Eine Verbesserung der Lebensverhältnisse kann gleichermaßen als erwartete Folgewirkung und Legitimation für das Konzept des „gemeinsamen Marktes" gesehen werden. Dies spiegelt sich in Aufbau und Ausgestaltung des Vertrages wider.

Der Vertrag enthält auch Arbeitnehmer betreffende soziale Zielsetzungen. Wie im folgenden Abschnitt dargelegt wird, kann, unter Berücksichtigung des Umfangs der Bestimmungen zu vornehmlich wirtschaftlichen Aspekten und der Einordnung sozialer Bestimmungen, davon gesprochen werden, dass von Beginn an sozialpolitische Ziele eine integrale Rolle gespielt haben.

5.1.1.3 Die sozialpolitische Komponente des Vertrages

Die Titel I, II und IV des EGKS-Vertrages (1951) enthalten grundlegende und die Gemeinschaft und ihre Organe konstituierenden Bestimmungen. Der TITEL III „*Wirtschafts- und Sozialbestimmungen*" (EGKSV 1951, Art. 46–75) enthält dahingegen die wesentlichen Regelungen für die konkrete politische Umsetzung der Gemeinschaftsziele. Als im sozialen und wirtschaftlichen Miteinander Beteiligte werden, quasi einleitend, Unternehmen, Arbeitnehmer, Verbraucher und Händler genannt (ebd., Art. 46, erster Satz).

Wird darüber hinaus die Gliederung des Titels III betrachtet, so fällt auf, dass als soziale Punkte einzuordnende Themen eine untergeordnete Rolle spielen. Vornehmlich werden wirtschaftlich-funktionale Regularien festgelegt:

- Kapitel I. Allgemeine Bestimmungen
- Kapitel II. Finanzbestimmungen
- Kapitel III. Investitionen und finanzielle Hilfe
- Kapitel IV. Erzeugung
- Kapitel V. Preise
- Kapitel VI. Kartelle und Zusammenschlüsse
- Kapitel VII. Beeinträchtigungen der Wettbewerbsbedingungen
- Kapitel VIII. Löhne und Freizügigkeit der Arbeitnehmer
- Kapitel IX. Frachten und Transporte
- Kapitel X. Handelspolitik (EGKSV 1951, Titel III).

Um den Charakter der Sozialbestimmungen und damit der Vertragsintension insgesamt zu verdeutlichen, werden im Folgenden diejenigen Abschnitte dargestellt, die soziale Regelungen enthalten.

Artikel 56 (Kapitel III „*Investitionen und finanzielle Hilfe*") befasst sich mit der Beschäftigung in der Kohle- und Stahlindustrie, deren Erhalt ja verabredetes Ziel der Gemeinschaft war:

> *„Werden im Rahmen der allgemeinen Ziele der Kommission neue technische Verfahren oder Produktionsmittel eingeführt und ergibt sich hieraus in außergewöhnlichem Umfang eine Verminderung des Bedarfs an Arbeitskräften der Kohle- und Stahlindustrie, die besondere Schwierigkeiten für die Wiederbeschäftigung der freigewordenen Arbeitskräfte in einem oder mehreren Gebieten mit sich bringt, und stellen die beteiligten Regierungen einen dahin gehenden Antrag, […]"* (ebd., Art. 56).

Im Weiteren stellte Artikel 56 der Hohen Behörde der EGKS[52] entsprechende Arbeitsmarktmaßnahmen zur Verfügung, um die Wiedereingliederung der Arbeitskräfte in Beschäftigung zu unterstützen. Dies ist eine sozialpolitische, Arbeitnehmer unterstützende Bestimmung, die nicht automatisch dadurch herleitbar ist, dass ein gemeinsamer Markt zu errichten sei. Ein funktionierender Produktionsmarkt, hier der der Kohle- und Stahlindustrie, ist nicht darauf angewiesen, dass durch Rationalisierung hervorgebrachte überschüssige Arbeitskräfte wieder in Beschäftigung gelangen.

Aus der Perspektive einer ausgewogenen Arbeitsmarktpolitik allerdings ist es erforderlich, die Sichtweise der beteiligten Arbeitnehmer zu berücksichtigen. Dass diese Eingang in das Vertragswerk gefunden haben, ist gewiss nicht zuletzt auch dem Einfluss der Gewerkschaftsvertreter zuzurechnen (s. Teil II 5.1.4.2). Aus Sicht der teilnehmenden Staaten bestand jedoch ebenfalls ein hohes Interesse, insbesondere aufgrund der Erfahrungen mit der Massenarbeitslosigkeit während der Weltwirtschaftskrise Ende der 1920er bzw. Anfang der 1930er Jahre, ein Gemeinschaftsinstrument zur Begegnung dieses Problems zu etablieren.

Interessant ist an dieser Stelle noch, dass quasi nebenbei eingeräumt wird, dass Wachstum im Sinn einer Ausweitung der Produktion – insofern es als Ergebnis einer technischen Weiterentwicklung der Produktionsmittel vonstattengeht – nicht automatisch, zumindest nicht in demselben Produktionsbereich, zu mehr Beschäftigung führt. Genau genommen ist es für diesen Fall sogar umgekehrt. Fortschreitende Mechanisierung und Automatisierung führen zu erhöhter Produktivität und bringen, bei nicht gleichzeitiger gesteigertem Absatz, eine Reduzierung der benötigten Arbeitskräfte mit sich. Dies konterkariert quasi das gewählte ideologische Fundament, insofern, als dass die Anwendung dieses auf lediglich zwei Branchen unzureichende Realisierungschancen mit sich bringt.

In Kapitel VII „*Beeinträchtigungen der Wettbewerbsbedingungen*“ wird das für die Organe der Gemeinschaft vorgegebene Handlungsfeld „[…] *auf eine Verbesserung der Lebens- und Arbeitsbedingungen der Arbeiter hinzuwirken, die es erlaubt, diese Bedingungen im Rahmen der Fortschritte in jeder der zu ihrem Aufgabenkreis gehörenden Industrien einander anzugleichen*“ (EGKSV 1951, Art. 3, lit. e) ausgeführt. In Artikel 67 des EGKSV (1951) heißt es, dass für den Fall, dass eine Änderung der Arbeitsbedingungen durch nationale Gesetzgebungen geeignet ist, „[…] *eine schwere Störung des Gleichgewichts hervorzurufen, indem sie die Unterschiede der Produktionskosten in anderer Weise als durch Veränderung*

52 Vorgängerinstitution der Kommission der EG.

der Produktivität wesentlich vergrößert," ggf. betroffenen Kohle- oder Stahlunternehmen Beihilfe gewährt werden kann (ebd., Artikel 67, § 2).

Unter *„Arbeitsbedingungen"* fallen zunächst rein wirtschaftlich-soziale Bedingungen, wie etwa Arbeitszeitregelungen oder Arbeitsplatzgestaltung, später werden in der weiteren Realisierung auch Maßnahmen zur Verbesserung der Sicherheit und des Gesundheitsschutzes der Arbeitnehmer bei der Arbeit entwickelt (s. z. B. EWG 2008). Deutlich wird dennoch, dass zwar eine Verbesserung der Lebens- und Arbeitsbedingungen grundsätzlich angestrebt wird, prioritär jedoch diejenigen Arbeitsbereiche sind, die Harmonie bzw. das Gleichgewicht des gemeinsamen Marktes sicherstellen sollen.

Einen klar erkennbaren sozialen Themenschwerpunkt hat Kapitel VIII *„Löhne und Freizügigkeit der Arbeitnehmer"*. Artikel 68 befasst sich mit möglichen Sanktionierungen der Hohen Behörde, bis hin zur Anordnung von Zwangsgeldern gegen die heute als Lohndumping bezeichnete Praxis sich durch immer niedrigere Löhne Wettbewerbsvorteile zu verschaffen. Vorgesehen ist dies allerdings ausdrücklich nur für ein „[...] *ungewöhnlich niedriges* [Lohn-]*Niveau*" (EGKSV 1951, Art. 68, § 2) und wenn „[...] *eine Lohnsenkung zugleich eine Senkung des Lebensstandards der Arbeiterschaft zur Folge hat*" (ebd., § 3, Satz 1).

Ausgenommen ist darüber hinaus die Anwendung der Bestimmungen für eine Reihe von Ausnahmen, wie etwa *„auf Lohnsenkungen, die durch eine Senkung der Lebenshaltungskosten hervorgerufen werden"* (ebd., Satz 2, lit. c). An dieser Stelle ist ebenfalls das Primat der harmonischen Markt- und Wirtschaftsbedingungen für die an der EGKS teilnehmenden Staaten bzw. die jeweiligen Unternehmen der Kohle- und Stahlindustrie zu erkennen. Dies bedeutet hingegen nicht, dass hier eine politische Wertigkeit leicht ableitbar wäre oder vorgenommen werden soll, da ausgewogene wirtschaftliche Verhältnisse selbstverständlich auch Vorteile für Arbeitnehmer haben können. Artikel 69, die *„Freizügigkeit der Arbeitnehmer"* (EGKSV 1951, ebd.), der Kern der Untersuchungen dieses Hauptabschnittes ist, wird in Teil II Abschnitt 5.1.2 f. ausführlich betrachtet.

5.1.1.4 Das Primat des „harmonischen Marktes"

Insgesamt kann festgestellt werden, dass in diesem ersten Vertrag der europäischen Integration von Beginn an eine soziale Komponente enthalten war. Wirtschafts- und sozialpolitisches Handeln stehen in einer Wechselbeziehung zueinander. Ein weites Verständnis von Wirtschaftspolitik ordnet die entsprechende, die Arbeitnehmer betreffende Sozialpolitik als ein Element der Wirtschaftspolitik ein. Dieses Verständnis kann bei den Initiatoren des Vertrags der

Europäischen Gemeinschaft für Kohle und Stahl aus den bisherigen Ergebnissen sich ergebend angenommen werden.

Die Tatsache, dass lediglich ein Punkt von sieben des *„gemeinsamen Interesses“* (EGKSV 1951, Art. 3) der Mitgliedstaaten auf „[...] *eine Verbesserung der Lebens- und Arbeitsbedingungen der Arbeiter*“ (ebd., lit. e) hinweist und dieser wiederum dem „abgestimmten Fortschritt“ der Industrien untergeordnet wird, macht deutlich, dass für die Konstruktion der EGKS das Primat der Entwicklung von Rahmenbedingungen für einen harmonischen Markt für die Kohle- und Stahlindustrie galt.

Dies wird darüber hinaus darin sichtbar, dass in den Grundsätzen der EGKS-Vertrag im Artikel 4 in den Vertragsstaaten *„Maßnahmen oder Praktiken, die eine Diskriminierung zwischen Erzeugern oder Käufern oder Verbrauchern herbeiführen, insbesondere hinsichtlich der Preis- und Lieferbedingungen und der Beförderungstarife, sowie Maßnahmen oder Praktiken, die den Käufer an der freien Wahl seines Lieferanten hindern“* (ebd., Art. 4, lit. b) aufgehoben und untersagt werden (ebd., Art. 4). Gleichzeitig werden Arbeitnehmer als Beteiligte auffallend nicht miteinbezogen (vgl. aber Art. 69).

Kennzeichen für diese ökonomisch-orientierte Denkweise ist, dass sozialpolitische Aspekte integraler Bestandteil einer umfassenden Wirtschaftspolitik sind. Soziale, die Interessen der Arbeitnehmer berücksichtigende, Bestimmungen sind dabei dem Marktgleichgewicht untergeordnet. Beschäftigungs- und arbeitsmarktpolitische Bestimmungen sind eingebettet in wirtschaftlich-funktionale Regularien. Insgesamt lassen sämtliche „das Soziale“ betreffende Regelungen das Primat der Regulierung der wirtschaftlichen Bedingungen des gemeinsamen Marktes klar erkennen.

Dies trifft in einer ersten Bewertung auch auf die sogenannte Arbeitnehmerfreizügigkeit zu. Artikel 69 nimmt jedoch, wie sich zeigen wird, eine Sonderstellung unter den Artikeln des EGKS-Vertrags ein.

5.1.1.5 Supranationale Regelung des grenzüberschreitenden Arbeitsmarktes

Mit Artikel 69 ist bereits im EGKS-Vertrag, als dem Ersten im Rahmen der europäischen Einigung nach dem Zweiten Weltkrieg, eine Regelung geschaffen worden, die das Problem eines grenzüberschreitenden Arbeitsmarktes, bei gleichzeitig national differierenden Qualifizierungssystemen, hervorruft.

> *„Die Mitgliedstaaten verpflichten sich, jede auf die Staatsangehörigkeit gegründete Beschränkung hinsichtlich der Beschäftigung anerkannter Kohle- und Stahlfacharbeiter, die Staatsangehörige eines Mitgliedstaats sind, in der Kohle- und Stahlindustrie zu beseitigen,*

> *vorbehaltlich der Beschränkungen, die sich aus den grundlegenden Erfordernissen der Gesundheit und der öffentlichen Ordnung ergeben."* (EGKSV 1951, Artikel 69, § 1)

Die Anwendung nationaler Qualifikationsanforderungen auf ausländische Arbeitsplatzbewerber wird somit indirekt als diskriminierend verboten.[53] Dies greift massiv in die Souveränität der Mitgliedstaaten ein. Der EGKS-Vertrag sieht dieses auch als Arbeitnehmerfreizügigkeit betitelte Beschränkungsverbot für einen – noch sehr engen – Personenkreis vor. Für diesen gilt die „Freizügigkeit" jedoch so gut wie uneingeschränkt. Grundlegende Voraussetzung ist zuvorderst der Besitz der Staatsangehörigkeit eines der Gründungsstaaten. Im Weiteren ist die oben genannte Freizügigkeit dann beschränkt auf anerkannte, d. h. entsprechend qualifizierte, Facharbeiter (s. a. Teil II 5.1.2).

Einerseits ist die sogenannte Arbeitnehmerfreizügigkeit eine der Säulen, auf die ebenfalls der heutige Binnenmarkt der Europäischen Union aufbaut, andererseits ist die Freizügigkeit der Berufsausübung ein wesentlicher Bestandteil der Berufsfreiheit. Insofern sind Artikel 69 des EKGS-Vertrags und seine Folgen für die weitere Entwicklung der europäischen Integration für die Bearbeitung der Problemstellung von besonderem Interesse. Daher wird seine Umsetzung im folgenden Abschnitt ausführlich untersucht.

Das Besondere bei der Konstruktion der EGKS insgesamt ist, dass auf nationaler Ebene durchgreifende Regelungen mit supranationalem Geltungsbereich geschaffen wurden. Mit erfolgter Ratifizierung des Vertrags durch die Mitgliedstaaten entfalten die jeweiligen Bestimmungen gesetzliche Wirkung innerhalb dieser Staaten. Die „Hohe Behörde" erhält in fast allen Artikeln der *„Wirtschafts- und Sozialbestimmungen"* (EGKS-Vertrag 1951, Titel III) die Ermächtigung, Maßnahmen zur Umsetzung dieser anzuwenden. Nicht so indes im Artikel 69 des Vertrages. Damit ist Artikel 69 ein Ausnahmefall innerhalb des Vertragswerkes des EGKS (Petz/Zöllner 1956, S. 4). Die Mitgliedstaaten selbst gehen dabei nur Verpflichtungen ein, deren Ausgestaltung sie selbst später festlegen werden und bei denen der Hohen Behörde lediglich Unterstützungsbefugnis erteilt wurde.

> *„Es bleibt also nach dieser Vertragsbestimmung ausdrücklich den Mitgliedstaaten vorbehalten, die erforderlichen Maßnahmen je nach ihrer Natur gemeinsam durch ein mehrseitiges Abkommen oder jeder Mitgliedstaat für sich durch innerstaatlichen Rechtsetzungsakt in eigener Zuständigkeit zu treffen."* (ebd., S. 11)

53 Ob dies bei Entwurf des Vertrages bereits deutlich war, ist unklar. Jedenfalls wurde es bei der bald folgenden Umsetzung zu einer Realität.

Dass für den Bereich des Arbeitsmarkts nicht gleich zu Beginn der europäischen Integration entsprechende Kompetenzen an die Gemeinschaft abgegeben wurden, mag einerseits daran liegen, dass der Arbeitsmarkt ein Kernbereich nationalstaatlichen Herrschaftshandelns ist, sowie andererseits daran, dass in diesem Bereich erhebliche Unterschiede in den jeweiligen nationalen Ausprägungen dieser Märkte existierten.

Nichtsdestotrotz wurde zumindest für die Gruppe der *„qualifizierten Arbeiter“* vereinbart, gemeinsam Regelungen bezüglich des Zugangs zu Beschäftigung zu schaffen, die in allen Mitgliedstaaten gleichermaßen gelten. Dies verdient insofern besondere Beachtung, als dass bis dahin der Geltungsbereich einer Zugangsreglementierung durch den staatlichen bzw. nationalen Herrschaftsbereich bestimmt war. Petz und Zöllner haben bereits 1956 dazu weitblickend formuliert:

> *„Die Belebung des europäischen Gedankens auf der politischen Ebene in jüngster Zeit läßt die Einführung der Beschäftigungsfreiheit im Bereiche der Montanunion als ein Modellbeispiel erscheinen, das noch ausgebaut und auf größere Bereiche ausgedehnt werden kann. Das Endziel ist der gemeinsame Markt und die volle Bewegungs- und Beschäftigungsfreiheit der Arbeiter in Europa.“* (Petz/Zöllner 1956, S. VI)

Es scheint also im Verlauf der europäischen Einigung durchgängig bis heute Konsens gewesen zu sein, auch den Arbeitsmarkt vollständig zu „vergemeinschaften“.

Nach dieser den ersten Hauptabschnitt abschließenden Feststellung wird nun im Folgenden die Ausgestaltung der „Beschäftigungsfreiheit“ der Montanunion und ihre Umsetzung durch nachgeordnete Vereinbarungen, insbesondere mithilfe des Konstruktes des „anerkannten qualifizierten Facharbeiters“ vertiefend analysiert. Ziel ist es dabei, daraus weitere Erkenntnisse für die Entwicklung eines emanzipatorischen Ansatzes zur Gestaltung qualifikationsfordernder Reglementierungen zu gewinnen.

5.1.2 Der „anerkannte qualifizierte Facharbeiter“

Für das weitere Verständnis ist es erforderlich, zunächst den Begriff „Arbeitnehmerfreizügigkeit“ bzw. *„Freizügigkeit der Arbeitnehmer“*, der sich mit der Übertragung der französischen Originalversion ins deutsche quasi ad hoc eingebürgert hat und der in seiner unpräzisen Bedeutung allerdings problematisch ist, genauer zu untersuchen und in den Gesamtkontext einzuordnen.

Da mit dem ersten Vertrag der europäischen Integration Maßstäbe für die Anlage berufsbezogener Verkehrsfreiheiten aller folgenden Gemeinschaften gesetzt worden sind, bedarf es dann im Weiteren ebenso einer vertiefenden Klärung der ebenfalls missverständlich verwendeten Begrifflichkeit „Facharbeiter“.

An dieser Stelle entstandene grundlegende Ungenauigkeiten wirken sich bis in die aktuell geltenden Instrumente[54] zur Verwirklichung der personenbezogenen Freizügigkeiten aus.

Die Arbeitnehmerfreizügigkeit der EGKS galt nur für die Ausübung branchenspezifischer berufsfachlicher Tätigkeit des Kohlen- und Eisenerz-Untertagebaus sowie der Stahlindustrie. Zur Umsetzung der Freizügigkeit der so privilegierten Berufstätigen bedurfte es einer Feststellung und Konkretisierung der berechtigenden Berufe, d. h. die Zuerkennung ihrer berufsfachlichen und branchenbezogenen Zugehörigkeit zur Berufsgruppe „Kohle und Stahl". Aufgrund unterschiedlicher nationaler Systeme der Klassifizierung erwerbsberuflicher Tätigkeiten standen diejenigen, die im weiteren Verlauf die Arbeitnehmerfreizügigkeit realisieren sollten, dabei vor einem Kernproblem, welches bis heute nicht abschließend gelöst ist.

Die für die Arbeitnehmerfreizügigkeit der Montanunion entwickelte Lösung der grundsätzlichen gleichberechtigten Anerkennung von Anlernausbildungen und systematischen Berufsausbildungen als Voraussetzung für die Zuerkennung der Befähigung zur Ausübung eines EGKS-Berufes hat bis heute Bestand. Die Umsetzung dieses Ansatzes, in das Verfahren der sogenannten Anerkennung von Qualifikationen, basiert auf den Nachweis einer systematischen Berufsausbildung oder des Qualifikationserwerbs durch sogenanntes Anlernen sowie einer mindestens einjährigen Berufspraxis. Allerdings bringt gerade die Heranziehung einer formellen Berufsausbildung Probleme hinsichtlich des damit erreichbaren Grades der Beschäftigungsfreiheit mit sich.

Insbesondere die Darstellung dieser, auch im Rahmen der heutigen Regelungen zu den beruflichen Verkehrsfreiheiten relevanten und unvollständig aufgelösten Zusammenhänge, ist Intention dieses zweiten Abschnittes zur Arbeitnehmerfreizügigkeit der Montanunion.

5.1.2.1 Die vermeintliche „Arbeitnehmerfreizügigkeit" der EGKS

Der Charakter der Arbeitnehmerfreizügigkeit des Artikels 69 (EGKSV 1951) wird durch den Tenor seines ersten Paragrafen bestimmt. Der Begriff *„Freizügigkeit der Arbeitnehmer"* stammt aus der Überschrift des Kapitels VIII. Er ist faktisch die Überschrift des Artikels 69, da Kapitel VIII sonst nur den Artikel 68 enthält, der sich mit Maßnahmen gegen Dumpinglöhne befasst. Die kontextuale

54 In Form erlassener Rechtsvorschriften, aber auch begleitender Maßnahmen, wie Online-Informationsdatenbanken etc.

Verbindung des Begriffs *„Freizügigkeit der Arbeitnehmer"* mit den Ausführungen des § 1 des Artikels 69 ist erklärungsbedürftig. Das französische Original des EGKS-Vertrags, welches alleinig Rechtsverbindlichkeit besaß, betitelt den Artikel 69 mit *„Mouvements de la main-d'œuvre*[55]*"*, der in einer wortgetreueren Übersetzung mit „Wanderungen der werkenden Belegschaft" wiedergegeben werden kann. *„Freizügigkeit der Arbeitnehmer"* (AEUV 2012, Art. 45, Abs. 1) heißt demgegenüber im Französischen *„La libre circulation des travailleurs"* (AEUV-fr 2012, Art. 45, 1.).

Die Verwendung des Begriffs „Freizügigkeit" in der deutschen Übersetzung ist allerdings recht freizügig, wenn nicht gar leichtfertig fehlleitend gewählt. Bei dem EGKS-Vertrag handelt es sich um ein rechtlich bindendes Dokument, welches international Standards setzt. Sowohl die *„Allgemeine Erklärung der Menschenrechte"* der Vereinten Nationen vom 10. Dezember 1948 – *„Jeder hat das Recht, sich innerhalb eines Staates frei zu bewegen und seinen Aufenthaltsort frei zu wählen."* (VN 1948, Art. 13, 1. Satz) – als auch das Grundgesetz der Bundesrepublik von 23. Mai 1949 meint mit dem Begriff Freizügigkeit ein in seinem Charakter anderes, ein viel weiter reichendes Recht und ist dementsprechend als ein solches formuliert.

Unter zusätzlicher Berücksichtigung des Kerns des ersten Paragrafen des Artikels 69 (EGKSV 1951): *„Beschränkungen der Beschäftigung beseitigen"*, folgt bereits an dieser Stelle, dass es sich statt um eine Zuerkennung von Freiheitsrechten um eine Verpflichtung handelt: *„Die Mitgliedstaaten verpflichten sich* […]" (ebd.). Es sind Maßnahmen zur Erleichterung der Beschäftigung von Arbeitskräften aus den anderen Gründungsstaaten durch eine darauf bezogene Gleichstellung mit Inländern vorzunehmen. Petz und Zöllner (1956), die sich ausführlich mit dem Artikel 69 und seiner dann folgenden praktischen Umsetzung auseinandergesetzt haben, führen zur behaupteten Freizügigkeit der Arbeitnehmer aus:

> *„Der Artikel 69 des Vertrages und die einschlägigen Bestimmungen des Beschlusses haben den anerkannten Facharbeitern der Kohle- und Stahlindustrie der Gemeinschaft keineswegs die Freizügigkeit eingeräumt. Im Gegenteil, sowohl in Artikel 69 § 1 des Vertrages wie auch in einer geradezu ängstlich wirkenden Häufung im Beschluß sind die wesentlichen Beschränkungen der Freizügigkeit für Ausländer ausdrücklich aufrecht erhalten."* (ebd., S. 21; s. a. EGKS Art 69 1954).

---

55 Main-d'œuvre: historisch Handwerk (wörtl. Werke der Hand); aktuell: „L'ensemble des ouvriers de tel ou tel métier" (Die Gesamtheit der Arbeitskräfte mit diesem oder jenem Metier). (Dictionnaire de l'Académie Française, huitième édition, éditions 8 (1935) „MAIN-D'ŒUVRE", https://academie.atilf.fr/8/, 2019-09-06).

Wenn also die deutsche Betitelung fehlleitend ist, also von Freizügigkeit nicht gesprochen werden sollte, stellt sich die Frage, welcher Gestalt denn stattdessen die Verpflichtung des Artikels 69 ist.

Dreh- und Angelpunkt des § 1 des Artikels 69 ist die „Beschäftigung". Es ist beabsichtigt, hierbei jene Beschränkungen der Berufsausübung zu beseitigen, die sich daraus ergeben, dass ein Bewerber um eine offene Stelle die Staatsangehörigkeit eines der anderen Mitgliedstaaten besitzt. Dies gilt jedoch zunächst nur für die „qualifizierten Arbeiter" der Kohle- und Stahlindustrie. Soll eine passende Bezeichnung gefunden werden, so könnte diese „Beschäftigungsfreiheit für Facharbeiter der Montanunion" lauten (s. a. Petz/Zöllner 1956, Titel). Mit Beschäftigungsfreiheit ist demnach „frei in der Wahl seines Beschäftigungsortes zu sein" bzw. „das Recht zu haben, sich in einem anderen Land beschäftigen zu lassen" gemeint. Im Kontext der zu jener Zeit sonst für Ausländer geltenden Restriktionen kann dann von einem klaren Privileg für die Gruppe der Montan(fach)arbeiter gesprochen werden.

Wird die Perspektive eines ausländischen Bewerbers eingenommen, der eine qualifizierte Stelle innerhalb der Kohle- und Stahlindustrie aufnehmen möchte, so muss allerdings davon gesprochen werden, dass faktisch eine Zugangsbehinderung vorliegt. Der ausländische Bewerber hat, um überhaupt in den Genuss dieser Begünstigung kommen zu können, nämlich erst einmal seine Befähigung durch ein formales Verfahren nachzuweisen. Dies bleibt einem inländischen Bewerber jedoch in den meisten Fällen erspart, da der Arbeitgeber bei Inländern ohne Weiteres die Qualifikationen des Bewerbers beurteilen kann und wird und darüber hinaus an kein formelles Prüfverfahren gebunden ist.

Die Feststellung, dass der Artikel 69 EGKS-Vertrag (1951) keine Freizügigkeit im eigentlichen Sinne darstellt, sondern lediglich mehrere nationalstaatliche Schranken[56] der Beschäftigung für eine Gruppe von Arbeitnehmern der Montanunion beseitigt, ist auch im Rahmen späterer europäischer Gemeinschaften von Bedeutung, da hier der Begriff zum Teil weiterhin fehlleitend verwendet wird. Ähnliche Unklarheiten ergeben sich ebenso bezüglich der Verwendung und des Verständnisses des Begriffs „Facharbeiter".

5.1.2.2 Die begriffliche Unklarheit „Facharbeiter"

Für eine erste Klärung der Verwendungsmodalitäten des Begriffs „Facharbeiter" im Kontext der Übersetzung des EGKS-Vertrags ins Deutsche erfolgt, wie oben

56 Bildlich durchaus als Schlagbaum beim Grenzübertritt verstehbar.

für den Begriff „Arbeitnehmerfreizügigkeit“, eine Gegenüberstellung mit dem französischsprachigen Originaltext (s. Tab. 2). Darüber hinaus ist neben den in den Gründungsstaaten hauptsächlich gesprochenen Sprachen die spätere englische Übersetzung hinzugezogen worden.

Tab. 2: Gegenüberstellung des Begriffs „qualifizierter Arbeiter“ der EGKS in den Sprachen der Gründungsländer und in der englischen Übersetzung

	EGKSV 1951. Art. 69 § 1	**EGKSV 1951. Art. 69 § 2**
DE	„Beschäftigung anerkannter Kohle- und Stahlfacharbeiter (…) in der Kohle- und Stahlindustrie“	„gemeinsame Begriffsbestimmung für die Fachrichtungen und die Bedingungen für die Zuerkennung der Facharbeitereigenschaft“
EN	„employment in the coal and steel industries of workers who (…) have qualified Qualifications“	„common definitions of skilled trades and qualifications therefor“
FR	„l’emploi dans les industries du charbon et de l’acier, à l’égard (…) des travailleurs de qualification confirmée dans les professions du charbon et de l’acier“	„une définition commune des spécialités et des conditions de qualification“
IT	„all’occupazione nelle industrie del carbone e dell’acciaio dei lavoratori (…) di qualificazione confermata nelle professioni del carbone e dell’acciaio“	„una definizione comune delle specialità e delle condizioni di qualificazione“
NL	„de werknemers die (…) geschoold zijn voor een beroep in de kolenmijn- en staalindustrie, (…) met betrekking tot hun tewerkstelling in deze industrieë“	„de verschillende soorten van vakarbeid en de kenmerken van vakbekwaamheid omschrijven“

Quelle: EGKSV u. EGKSV-en

Unmittelbar auffallend erschließt sich dabei nicht, warum einerseits der Begriff des *„Facharbeiters“* („travailleur de qualification confirmée“, ebd., § 1) in der deutschen Übersetzung eingeführt wurde und zudem der Begriff *„Fachrichtung“* (*spécialités*, dt. Fachgebiet ebd., § 2) verwendet worden ist. Ein Facharbeiter beherrscht im Normalfall sein Fachgebiet (sein Metier, seinen Beruf). Diese lapidare Auffälligkeit ist, wie sich zeigen wird, Anzeichen einer grundlegenderen Begriffsunklarheit.

„Une définition […] *des conditions de qualification“* im Weiteren mit *„Bedingungen für die Zuerkennung der Facharbeitereigenschaft“* (EGKS-Vertrag 1951, Art. 69, § 2) wörtlich ins Deutsche zu übertragen macht deutlich, dass hier nicht

nur eine rein sprachliche Übersetzung stattgefunden hat, sondern darüber hinaus eine mit dem deutschen Berufsbildungssystem konforme Überführung des Vertragstextes. Petz und Zöllner (1956) erklären, dass der französische Originaltext zutreffend *„ins Deutsche übertragen“* (nicht übersetzt) wurde und zweifelsfrei *„qualifizierte Arbeitskräfte“* gemeint sind (ebd., S. 24). Dies ist tatsächlich unzweifelhaft so feststellbar. Allerdings führen sie weiter unten dann aus:

> *„Dieser Begriff mußte ohnehin für den Bereich der Bundesrepublik so gedehnt werden, daß er auch die Spezialarbeiter der Eisen- und Stahlindustrie umfaßt, die nicht Facharbeiter im eigentlichen Sinn, wohl aber qualifizierte Arbeitskräfte sind.“* (ebd.).

„Dieser Begriff“, gemeint ist der des Facharbeiters, musste dabei gedehnt werden. *„Travailleurs […] de qualification confirmée dans les professions du charbon et de l'acier“* (EGKS-Vertrag 1951, Art. 69, § 1) sind eben genau „Arbeiter“ mit anerkannten Qualifikationen innerhalb der „Kohle- und Stahlberufe“ oder besser: innerhalb der Palette der Erwerbstätigkeiten der Kohle und Stahlbranche.

Hier taucht das Problem der fehlenden Differenzierung zwischen Erwerbstätigkeiten bzw. Erwerbsberufen und Ausbildungs- bzw. damals Lehrberufen auf. An dieser Stelle wird der Einfluss des deutschen Berufs(aus)bildungssystems deutlich. Petz und Zöllner (s. o.) sowie Honsberg (1957), der sehr ähnlich argumentiert (ebd., S. 299), sind daher insofern zu widersprechen, als dass der Begriff *„qualifizierte Arbeitskräfte“* – genau *„Arbeiter mit anerkannter Qualifikation“* – eben nicht mit dem deutschen Begriff *„Facharbeiter“* zutreffend wiedergegeben ist. Bereits vor dem Ersten Weltkrieg hat sich spätestens durch das Wirken des *„Deutschen Ausschuss für technisches Schulwesen (DATSCH)“* der Begriff des Facharbeiters für einen Arbeitnehmer, der eine Facharbeiterausbildung – das industrielle Pendant zur Handwerkslehre – absolviert hat, durchgesetzt (z. B. Kipp 2008).

Eine Betrachtung der *„ERSTE*[N] *LISTE VON BERUFEN bei welchen die Arbeiter, die sie ausüben, Anspruch auf Anwendung der Bestimmungen des Artikels 69 haben“* (EGKSV-69 B 1957, S. 378) und ein Abgleich dieser mit den damals in Deutschland im Kohle- und Stahlsektor existierenden anerkannten Ausbildungsberufen führt zu der Erkenntnis, dass im Rahmen des Artikels 69 des EGKS-Vertrags (1951) durchaus und v. a. auch Erwerbsberufe, die in Deutschland einer Berufsausbildung oder die Absolvierung einer anderen formellen Qualifizierung bedurften, gemeint waren.

Darüber hinaus sind in den Beschreibungen der Berufe dieser Liste (*„BEGRIFFSBESTIMMUNGEN zur ersten Liste von Berufen“*, EGKSV-69 B 1957, Anlage I) jedoch überwiegend berufliche Tätigkeiten aufgeführt, die einer spezialisierten Tätigkeit mit begrenzter Breite und eben nicht einem breiten (Ausbildungs-)Berufsbild entsprechen. Die im dazugehörigen Beschluss festgelegten Bedingungen zur Anerkennung als *„qualifizierte Arbeitskraft"* bestärken diese Erkenntnis insoweit auch, als dass das einjährige Anlernen, statt mehrjähriges Ausbilden für diese Berufstätigkeiten ausdrücklich als Weg der Qualifizierung vorgesehen und anerkannt ist (s. a. nächster Abschnitt).

Als Fazit kann festgehalten werden, dass die Arbeitnehmerfreizügigkeit des Artikels 69 schlicht auf Arbeit(nehm)er mit anerkannten Qualifikationen innerhalb des Kohlen- und Eisenerz-Untertagbaus sowie der Stahlindustrie abzielt (s. Tab. 2, FR sowie EGKSV-69 B 1957, S. 378 und 380). Ausschlaggebend ist also zunächst die Tatsache, dass die Zugehörigkeit der ausgeübten beruflichen Tätigkeiten zur jeweiligen Berufsgruppe vorliegt. Wobei „Berufsgruppe" hier verstanden wird als *„eine Zusammenfassung der Berufe anhand ihrer berufsfachlichen Ähnlichkeit"* (KldB 2010, S. 17), die sich darüber hinaus durch die entsprechenden branchenspezifischen Anforderungen „Kohle und Stahl" spezifizieren („dans les professions du charbon et de l'acier"; s. Tab. 2).

Aktuell könnten die Berufsgruppen *„211 BERG-, TAGEBAU UND SPRENGTECHNIK"* sowie *„241 METALLERZEUGUNG"* der KldB[57] (KldB 2010, S. 178 und 190) als adäquate Entsprechungen zu den gemeinten Berufsgruppen im EGKS-Vertrag („professions du charbon et de l'acier"; EGKSV 1951, Art. 1, § 1 – fr) genannt werden. Zu beachten ist dabei unbedingt, dass die „berufsfachliche" Zugehörigkeit nicht das Anforderungsniveau bestimmt. So wie in der KldB 2010 nun unter den genannten Berufsgruppen nach einer weiteren Untergruppierung die Berufe nach Anforderungsniveau, wie etwa Helfer-/Anlerntätigkeiten, fachlich ausgerichtete Tätigkeiten, komplexe Spezialistentätigkeiten sowie hoch komplexe Tätigkeiten klassifiziert werden (KldB 2010, S. 27 f.), so finden sich in der *„ersten Liste von Berufen"* der EGKS (EGKSV-69 B 1957, Anlage I) Berufe eben jener verschiedenen Niveaus wieder.

Die Übersetzung von *„des travailleurs de qualification confirmée"* (EGKSV 1951, Art. 1, § 1 – fr) mit „Facharbeiter" geht daher bezogen sowohl auf die Intention als auch auf die spätere Umsetzung der Arbeitnehmerfreizügigkeit der Montanunion eindeutig fehl.

Die begrifflichen Unklarheiten haben nun, wie sich zeigen wird, für die Umsetzung des EGKS-Vertrags zunächst keine schwerwiegenden Folgen verursacht. Die Fortsetzung und Übertragung dieser Denkweise aber hat die Anlage zukünftiger Verträge und Richtlinien der europäischen Integration beeinflusst

57 Klassifikation der Berufe 2010 der Bundesagentur für Arbeit.

und dort dann einige nicht unerhebliche Probleme herbeigeführt (s. a. Teil II 5.3.3). Probleme, die möglicherweise durch das entwickelte Verfahren zur Umsetzung der EGKS-Freizügigkeit bereits gelöst worden sind. Entsprechend wichtig ist es, auch die Ausgestaltung der Bedingungen für die Zuerkennung der Facharbeitereigenschaft genauer zu untersuchen.

5.1.2.3 Die Zuerkennung der berufsfachlichen Zugehörigkeit

Auffällig ist, wie schon angesprochen, insbesondere die Formulierung „*Zuerkennung der Facharbeitereigenschaft*" in der deutschen Übersetzung. Das französische Original spricht, die Intention der Arbeitnehmerfreizügigkeit ihrem Sinn nach berücksichtigend, eher von einer gemeingültigen Beschreibung der Fachgebiete und der Bedingungen der Qualifikationszuerkennung („*une définition commune des spécialités et des conditions de qualification,* [...]", EGKSV 1951, Art. 1, § 2 – fr). Fachgebiete meint hier, wie oben beschrieben, die branchenspezifische berufsfachliche Zugehörigkeit der jeweiligen beruflichen Tätigkeit (s. Teil II 5.1.2.1).

Es gilt nun, sich dem Umsetzungsbeschuss des Artikels 69 des EGKS-Vertrags (1951) im Detail zu zuwenden. Der genaue Titel lautet: „*BESCHLUSS betreffend die Anwendung des Artikels 69 des Vertrages vom 18. April 1951 über die Gründung der Europäischen Gemeinschaft für Kohle und Stahl*" (EGKSV-69 B 1957). Er „[...] *wurde am 8. Dezember 1954*[58] *auf der 21. Tagung des Besonderen Ministerrates der Europäischen Gemeinschaft für Kohle und Stahl angenommen*" (ebd., S. 367).

Nach dem Titel I, der sich mit allgemeinen Begriffsbestimmungen befasst, wird im Titel II die Arbeitskarte als zentrales Instrument der Umsetzung des Artikels 69 eingeführt. Ihre Hauptfunktion ist die Bescheinigung der „Zuerkennung der Facharbeitereigenschaft": „*Es wird eine Arbeitskarte der Gemeinschaft eingeführt, die den anerkannten Facharbeitern ausgestellt wird, die diese Facharbeitereigenschaft in den Berufen der Kohleindustrie einerseits und der Stahlindustrie andererseits besitzen.*" (ebd., Art. 2).

Wie vorangehend angeführt, kommt der Arbeitskarte zusätzlich die Aufgabe zu, als Einreise- und Arbeitsvermittlungsdokument zu dienen. Entsprechend den Vorgaben des Beschlusses (EGKSV-69 B 1957, Art. 3) gab es eine Version für Facharbeiter der Kohleindustrie (hellgrün) und eine für die Stahlindustrie

58 Der Beschluss trat erst mit seiner Veröffentlichung, nach Ratifizierung durch alle Mitgliedstaaten, in Kraft (ebd., Art. 33). Aus diesem Grund ist er erst am 12. 8. 1957 rechtskräftig geworden.

(hellblau). Mit der Arbeitskarte wird bescheinigt, dass der Inhaber über die erforderlichen Qualifikationen in dem genannten branchenspezifischen Beruf aus dem entsprechenden Industriezweig verfügt (s. Abb. 7).

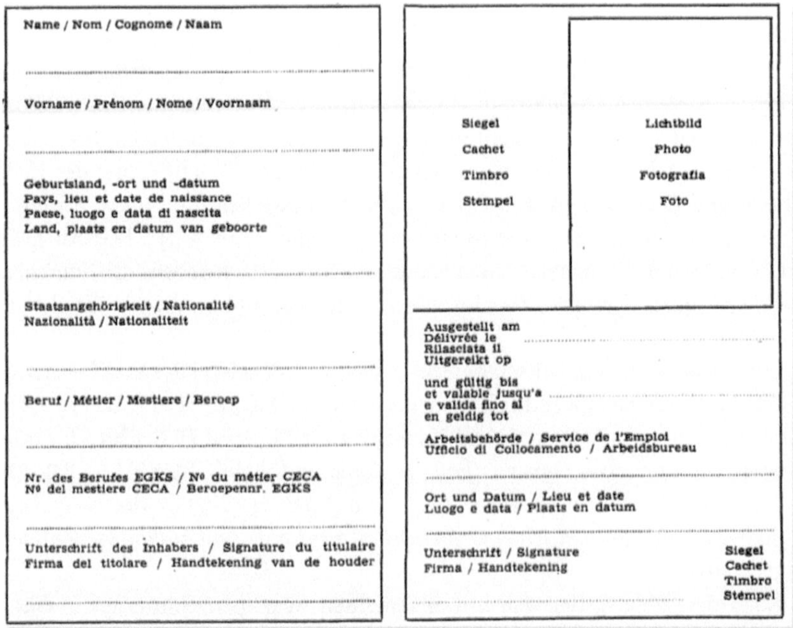

Name / Nom / Cognome / Naam

Vorname / Prénom / Nome / Voornaam

Geburtsland, -ort und -datum
Pays, lieu et date de naissance
Paese, luogo e data di nascita
Land, plaats en datum van geboorte

Staatsangehörigkeit / Nationalité
Nazionalità / Nationaliteit

Beruf / Métier / Mestiere / Beroep

Nr. des Berufes EGKS / N° du métier CECA
N° del mestiere CECA / Beroepennr. EGKS

Unterschrift des Inhabers / Signature du titulaire
Firma del titolare / Handtekening van de houder

Siegel
Cachet
Timbro
Stempel

Lichtbild
Photo
Fotografia
Foto

Ausgestellt am
Délivrée le
Rilasciata il
Uitgereikt op

und gültig bis
et valable jusqu'a
e valida fino al
en geldig tot

Arbeitsbehörde / Service de l'Emploi
Ufficio di Collocamento / Arbeidsbureau

Ort und Datum / Lieu et date
Luogo e data / Plaats en datum

Unterschrift / Signature
Firma / Handtekening

Siegel
Cachet
Timbro
Stempel

Abb. 7: Erste und zweite Innenseiten der Arbeitskarte, der Europäischen Gemeinschaft für Kohle und Stahl, für die Stahlindustrie (EGKSV-69 V 1957, S. 420)

Die einzutragende Berufsbezeichnung stammt dabei aus der sogenannten Berufsliste. Nur Berufe dieser Liste erlauben die Ausstellung der Arbeitskarte. Die „Zuerkennung der Facharbeitereigenschaft" des Inhabers erfolgt hier insofern also dadurch, dass der beruflichen Tätigkeit(en), die er gelernt hat, durch Aufnahme in diese Liste das Prädikat *„Facharbeiterberuf"* in der Kohle- oder Stahlindustrie gegeben wird. In der deutschen Übersetzung des Beschlusses heißt es dazu: *„Die Facharbeitereigenschaft in den Berufen der Kohle- und Stahlindustrie wird durch Aufnahme der Berufe in die in Anlage I dieses Beschlusses enthaltenen Listen anerkannt."* (EGKSV-69 B 1957, Art. 5, Abs. 1).

Da wird der Begriff *„Facharbeitereigenschaft“*, einmal ausgewählt, ad absurdum geführt. Die Facharbeitereigenschaft wohnt ja nicht dem Beruf inne, sondern demjenigen, der diesbezügliche Tätigkeiten beherrscht. Entsprechend auch dem aktuellen Berufsbegriff der deutschen Klassifikation der Berufe (KldB 2010) sind die Beschreibungen der gelisteten Berufe der EGKS tätigkeitsbezogen (ebd., S. 26). Tatsächlich wird, wie oben erläutert, dem genannten Beruf die branchenspezifische Berufsfachlichkeit und dem Inhaber korrespondierender Qualifikation die Befähigung zur Ausübung eines solchen zuerkannt.

Die Frage, die nunmehr zu beantworten ist, ist die nach den Eigenschaften oder Voraussetzungen, die ein Beruf erfüllen musste, damit er in die genannte Liste aufgenommen wurde. In der Präambel der Anlage I heißt es: *„In dieser ersten Liste müssen Berufe aufgeführt sein, die für die einzelnen Industrien der Gemeinschaft charakteristisch sind und zu ihrer Ausübung eine technische Befähigung erfordern* […]“ (EGKSV-69 B 1957, Anlage I, Präambel).

Die anliegende Liste der anerkannten Berufe beinhaltet 31 „Fachberufe“ aus dem Kohlen- und Eisenerzbergbau – Untertage – und 26 aus der Stahlindustrie. Diese können als die wichtigsten und typischsten der beiden Sektoren angesehen werden (Petz/Zöllner 1956, S. 25). Im weiteren Bestehen der EGKS wurde diese *„Erste Liste von Berufen“* (EGKSV-69 B 1957, S. 378) durch den Beschluss vom 16. Mai 1961, in Kraft getreten am 15. Juni 1963 (EGKSV-69 B 1963), um eine zweite Liste ergänzt (ebd., Art. 1).

Berufsbezeichnungen allein geben allerdings noch keinen Aufschluss darüber, welche beruflichen Tätigkeiten unter dieser zusammengefasst sein sollen. Die Gestalter der Verwirklichung des Artikels 69 standen vor der Herausforderung, eine praktikable Lösung unter Berücksichtigung der sich unterscheidenden Eigenheiten der nationalen erwerbsberuflichen Klassifizierungssysteme zu finden. Das zu bewältigende Problem lag dabei im Kern darin begründet, dass einige Länder den beruflichen Tätigkeiten, die sich hinter den Berufsbezeichnungen verbergen, durch entsprechende Berufsbilder eine gewisse Gestalt geben können und gegeben haben, andere Länder aber über andere oder keine Berufsbilder zu der Berufsbezeichnung verfügten oder aber das Berufsprofil ganz anders bezeichneten (s. a. Petz/Zöllner 1956, S. 26).

Dieses Grundproblem ist, die Arbeitnehmerfreizügigkeit der Europäischen Union betreffend, bis heute in vielen Bereichen ungelöst (s. Teil II 6.4.2.2). Im Rahmen der EGKS wurde der Weg gewählt, diesbezügliche Berufsprofile in Form von kurzen Tätigkeitsbeschreibungen zu definieren, was quasi einer Schaffung europäischer (Erwerbs-)Berufsbildern nahekommt. Zur Veranschaulichung sind im Folgenden einige exemplarische „*BEGRIFFSBESTIMMUNGEN* [!59] *zur ersten Liste von Berufen, bei welchen die Arbeiter, die sie ausüben, Anspruch auf Anwendung der Bestimmungen des Artikels 69 haben*" (EGKSV-69 B 1957, S. 382) aus dem Abschnitt „*Kohlen- und Eisenerzbergbau – Untertage*" (ebd.) dargestellt und kommentiert.

Der Spezialhauer (Abb. 8) ist tatsächlich ein Spezialberuf aus dem Bergbau. Er ist einer von vielen aus der o. g. Liste, die arbeitsteilig die Förderung der Rohstoffe sicherstellt. Diese gibt es aber nicht nur im Kohlen- oder Eisenerzbergbau. Betrachtet aus der Sichtweise einer tatsächlichen Arbeitnehmerfreizügigkeit stellt sich die Frage, ob die Eigentümlichkeiten des Kohlen- und des Eisenerzbergbaus sich insofern ausreichend voneinander und von anderen Abbauverfahren anderer Bodenschätze unterscheiden, als dass hier eine Limitierung des Zugangs auf Arbeiter eines Sektors gerechtfertigt ist. Faktisch wurde jedoch die Ausübungsfreiheit dieses Berufs auf Spezialarbeiter jeweils innerhalb des Kohle- bzw. Stahlsektors begrenzt, weil dies so vereinbart worden war (s. a. Teil II 5.1.4).

SPEZIALHAUER **119/219.11**

Bohrt mit Spezialbohrmaschinen von untertage aus Löcher in die Gesteins-, Erz- und Kohlenschichten, um die Art der Schichten zu ermitteln, das Vorhandensein von Wasser oder Grubengas festzustellen und um es erforderlichenfalls abzuleiten. Sorgt ggf. für das Absaugen des Grubengases. Beaufsichtigt die ihm ggf. zugeteilten Hilfsarbeiter.

Abb. 8: Die Begriffsbestimmung der EGKS-Facharbeiterqualifikation „Spezialhauer"[60] (EGKSV-69 B 1957, S. 390)

Zur Qualität der Begriffsbestimmung lässt sich feststellen, dass das Berufsbild durch eine Kurzdarstellung der wesentlichen Tätigkeiten eines den Beruf ausübenden Arbeiters gezeichnet wurde. Der Spezialhauer steht hier stellvertretend für diejenigen Berufe, die tatsächlich als für den (Kohlen- und Eisenerz-) Bergbau charakteristisch zu nennen sind und deren Ausübung, gemäß der o. g. Vorgabe, eine entsprechende „*technische Befähigung*" erfordert. Weitere Berufstätigkeiten dieser Kategorie, der die Mehrzahl der gelisteten Berufe angehört, sind z. B. alle übrigen „Hauerberufe" sowie Schrämer, Umleger, Wettermann oder Rauber.

---

59 FR: „definitions", DE besser: Beschreibungen.

60 Hauer: qualifizierter bergmännischer Beruf, von Gestein hauen.

Bei der Mehrzahl der insbesondere für die Stahlindustrie gelisteten Berufsbilder handelt es sich um berufliche Tätigkeiten innerhalb der industriell organisierten Produktion. Diese Facharbeit zeichnet sich dadurch aus, dass sie einerseits stark arbeitsteilig angelegt ist und andererseits dennoch über eine hinreichende Komplexität verfügt, um als Spezialistentätigkeit eingeordnet werden zu können.

FERTIGWALZER (ALLE STRASSEN) 332.14

Überwacht und bedient beim Auswalzen von Stahl die Fertigwalzen, die dem Walzerzeugnis die endgültige Form geben.

Überwacht und reguliert ständig die Einstellung der Walzen und der Hilfsteile, wie Führungen und Abstreifmeißel.

Überwacht gegebenenfalls die ausreichende Schmierung und Kühlung der Walzen. Hilft bei der Beseitigung von Störungen und beim Umbau der Walzen.

Abb. 9: Die Begriffsbestimmung der EGKS-Facharbeiterqualifikation „Fertigwalzer" (EGKSV-69 B 1957, S. 404)

Am Beispiel des Fertigwalzers aus der Stahlindustrie (Abb. 9) wird deutlich, dass diese Art von Tätigkeiten der Aufrechterhaltung des eigentlichen „primären" Produktionsprozesses dient. Es kann somit von sogenannter sekundärer Facharbeit gesprochen werden:

> *„In diesem ‚sekundären' Tätigkeitsfeld konzentrieren die Betriebe eine Reihe von fachlich qualifizierten Arbeitern, die mit der Bewältigung von komplizierten stofflich-technischen Anforderungen, Unbestimmtheiten und Fehlermöglichkeiten einen problemlosen, in der Leistung gesteigerten Ablauf der direkt produktiven, primären Arbeitsprozesse gewährleisten sollen."* (Mickler 1981, S. 41).

Mit den beiden genannten Beispielen wird hinreichend deutlich, was in der Praxis der Umsetzung der Arbeitnehmerfreizügigkeit der Montanunion mit dem Begriff „Facharbeiter" gemeint ist.

Eine weitere Kategorie dieser per Definition festgelegten „Fachberufe" der Montanunion sind solche, die ebenso den Produktions- bzw. Abbauprozess unterstützen, jedoch nicht fest in den arbeitsteiligen Ablauf integriert sind. Diese können als handwerkliche Dienstleistungen bezeichnet werden. Sie unterscheiden sich von ihrem Pendant im Handwerk darin, dass sie „unter Tage" ausgeübt werden und das Objekt ihrer Arbeit die produktionsüblichen Anlagen und Maschinen sind. In der Liste für den Untertagebau sind mehrere Berufe dieses Typus zu finden.

GRUBENELEKTRIKER **119/219.23**

Installiert und bedient ggf., kontrolliert, unterhält und repariert die verschiedenen untertägigen elektrischen Maschinen und Anlagen. Stellt Störungen fest und führt alle untertage vorkommenden Unterhaltungsarbeiten und Reparaturen an elektrischen Maschinen und Anlagen aus. Beaufsichtigt die ihm ggf. zugeteilten Hilfsarbeiter.

Abb. 10: Die Begriffsbestimmung der EGKS-Facharbeiterqualifikation „Grubenelektriker" (EGKSV-69 B 1957, S. 392)

Unbestritten ist, dass bei der Ausübung der Tätigkeiten des Grubenelektrikers (Abb. 10) die Besonderheiten der Arbeitsumgebung unter Tage und die entsprechenden Anlagen ein bestimmtes Maß an Spezialisierung erforderlich machen. Die grundlegenden Arbeitsprozesse, wie das Installieren, Bedienen, Kontrollieren, Unterhalten und Reparieren von elektrischen Maschinen und Anlagen sind dabei aber identisch. Diese Feinheit ist bei der späteren Diskussion um die Legitimität die Berufsfreiheit einschränkender Reglementierungen von Bedeutung (s. Teil II 6.2.2.3). Neben dem Grubenelektriker enthält die Liste weitere Berufsprofile, die ein Pendant über Tage bzw. außerhalb des Bergbaus besitzen, wie z. B. Rohrschlosser, Lokomotivführer, Hufschmied oder Grubenmaurer.

In der Präambel der Anlage I wird auf die besondere Gefahrengeneigtheit von Tätigkeiten des Montansektors abgestellt: „*In der Erwägung, daß bei der Arbeit in der Kohle- und Stahlindustrie den Sicherheitsfaktoren eine überwiegende Bedeutung zukommt* […]" (EGKSV-69 B 1957, S. 377). Im Rahmen der Legitimation der Beschränkung des Zugangs zur Berufsausübung durch den gemeinwohlrelevanten Grund der Gefahrenabwehr stellt sich die Frage, ob die Sicherheitsanforderungen es erforderlich machen, dass ausschließlich bergbauspezifische Berufe zugelassen werden oder ob es ausreichend wäre, eine Zusatzqualifizierung zur Begegnung der für den jeweiligen bergbauspezifischen Gefahrenmomente von Arbeitnehmern mit affinen Berufsqualifikationen zu verlangen. Die Beantwortung und Lösung dieser Frage ist recht komplex und es kann nicht erwartet werden, dass diese bereits zu Beginn der europäischen Integration gelöst wurde. Bis heute ist sie schließlich für viele Berufe und Berufstätigkeiten nicht gelöst.

Zusammenfassend kann bestätigt werden, dass so nur wenige der in der ersten Liste von Berufen nach Artikel 69 des EGKS-Vertrags aufgenommenen (Erwerbs-)Berufstätigkeiten als „Fachberufe" im Sinne eines deutschen Ausbildungsberufs kategorisiert werden können. Stattdessen fallen die meisten in die

Kategorie der spezial- oder fachberuflichen Erwerbstätigkeiten der Kohle- und Stahlindustrie, die eine überschaubare Breite aufweisen. Sie existieren außerhalb eines formellen Berufsbildungssystems und sind oft auch als Anlernberufe zu verstehen. Darüber hinaus sind Berufe mit einem höheren Anforderungsniveau als die sogenannte Facharbeit in die o. g. Liste aufgenommen.

Die Liste der Berufe ist im Rahmen eines schwierigen Einigungsprozesses zwischen den Mitgliedstaaten der EGKS entstanden. Dabei galt es, die Verschiedenartigkeit der jeweiligen nationalen Berufs- und Qualifizierungssysteme zu berücksichtigen. Der folgende Abschnitt befasst sich nun mit dem Problem, ein geeignetes Verfahren zur im Artikel 69 EGKS-Vertrag (1951) geforderten Bestätigung des Befähigtseins zur Ausübung eines der gelisteten fachberuflichen Erwerbstätigkeiten (anerkannte Qualifikation) zu entwickeln.

5.1.2.4 Voraussetzung für die Zuerkennung der Befähigung

Sinnvoll kann im Vertragstext unter Qualifikation („*qualification*"; EGKSV 1951, Art. 1, § 1 – fr) nur die beim Arbeitnehmer vorhandene tatsächliche Befähigung für eine berufliche Tätigkeit innerhalb der Kohle- und Stahlindustrie gemeint sein, da eine anerkannte Befähigung („*qualification confirmée*", ebd., [öffentlich] bestätigte Qualifikation) genau dem Qualifikationsbegriff entspricht, der eine formell zuerkannte und durch eine entsprechende formelle Bescheinigung nachweisbare meint.

Gemeinsam festgelegt werden sollen gemäß Artikel 69 Absatz 2 dann die Voraussetzungen, die erfüllt sein müssen, damit die Befähigung als erworben gelten kann („*conditions de qualification*", ebd., § 2). Die deutsche Übersetzung ist auch an dieser Stelle mit „*Bedingungen für die Zuerkennung der Facharbeitereigenschaft*" (ebd., – de) unpräzise und schmälert das Verständnis der Zusammenhänge.

Die Ausführungen zu den Voraussetzungen für die Anerkennung als „*qualifizierter Arbeiter*" der Montanunion bzw. die Voraussetzung zur Erlangung der Arbeitskarte sind im Wesentlichen im Artikel 8 und der Präambel der genannten Berufsliste des Beschlusses zur Umsetzung des Artikels 69 des EGKS-Vertrags aufgeführt (EGKSV-69 B 1957). Die Bestimmungen sind nur im Zusammenwirken dieser beiden Abschnitte verständlich. Den Kern bildet hierbei der folgende Absatz:

> *„Aus diesen Unterlagen muß ebenfalls hervorgehen, daß der Beteiligte zwei Jahre lang entweder in der Kohleindustrie oder in der Stahlindustrie tätig war. Kann der Beteiligte jedoch den Nachweis erbringen, daß er in einem der in der Berufsliste (Anlage I dieses*

Beschlusses) aufgeführten Berufe eine systematische Ausbildung erhalten hat, so ist die oben erwähnte Tätigkeit von zwei Jahren nicht mehr erforderlich." (ebd., Art. 8, Abs. 2).

Es ist eine sorgfältige Analyse des Textes erforderlich, denn hier ist zunächst die Rede von einer Tätigkeit von zwei Jahren in der jeweiligen Industrie, für die die Arbeitskarte erworben werden soll. Präzise aufgefasst wird folglich generell eine berufliche Tätigkeit in dem diesbezüglichen Sektor verlangt, nicht aber bereits eine qualifizierte Tätigkeit. Die Dauer von zwei Jahren meint eine allgemeine *„Mindestbeschäftigungszeit"* in der Kohle- oder Stahlindustrie, die innerhalb der letzten drei[61] Jahre vor dem Zeitpunkt, in dem die Arbeitskarte beantragt wurde (ebd., Abs. 3), absolviert worden sein muss.

Diese Regelung gilt nun für den Fall, dass keine *„systematische Ausbildung"* stattgefunden hat. Damit ist die Zuerkennung der Arbeitskarte allerdings noch nicht möglich. Dies ist vielmehr nur eine erste grundlegende Voraussetzung. Zwingend erforderlich ist darüber hinaus ein „Ausübungsjahr"[62] in dem entsprechenden Beruf aus der genannten Liste:

> *„In der Erwägung, daß es zwecks Feststellung der Tatsache, daß der Arbeiter die technische Eignung besitzt, die dem von ihm angegebenen Beruf entspricht, erforderlich ist, daß er diesen Beruf tatsächlich während einer bestimmten Zeit ausgeübt hat,*
> *Wird diese Zeit für sämtliche in der beigefügten Liste aufgeführten Berufe auf ein Jahr festgesetzt*" (EGKSV-69 B 1957, Anlage I, Präambel).

Dieses Mindestjahr der Berufstätigkeit, in dem Erwerbsberuf für den die Arbeitskarte beantragt wird, soll sicherstellen, dass die erforderliche technische Befähigung durch Berufserfahrung vervollständigt und gefestigt worden ist (Petz/Zöllner 1956, S. 29). Dieses eine Jahr kann nun zusätzlich auf die erstgenannten zwei Jahre allgemeine Beschäftigungszeit angerechnet werden.

Die Gesamtanforderung ergibt sich in Zusammenhang damit, dass die gelisteten EGKS-Berufe *„[…] eine technische Befähigung erfordern, die erworben sein kann entweder durch eine abgeschlossene methodische, theoretische und praktische Berufsausbildung oder durch eine praktische Berufsausbildung, die sich aus der Ausübung von Berufen in der Kohle- und Stahlindustrie ergibt, die eine stufenweise wachsende technische Befähigung erfordern, die zu dem betreffenden Beruf geführt hat*" (EGKSV-69 B 1957, Anlage I, Präambel).

61 Alternativ bis zu vier Jahre (EGKSV-69 V 1957, Art. 7) je nach nationaler Bestimmung.
62 Eigenkreation, auch Berufspraxis denkbar.

Hieraus sind zwei grundsätzliche Wege zu erkennen, die möglich sind, um die Zuerkennung der Befähigung für die Ausübung eines der EGKS-Berufe zu erhalten.

Einerseits kann im Rahmen einer allgemeinen und einer einjährigen berufsspezifischen Beschäftigung von zusammen mindestens zweijähriger Dauer eine *„praktische Berufsausbildung“* erfolgt sein, die *„eine stufenweise wachsende technische Befähigung“* mit sich bringt, die die „qualifizierte Ausübung“ des betreffenden Berufs ermöglicht (ebd.). Zur Erleichterung der Differenzierung wird diese Art der Berufsausbildung im Weiteren „Anlernausbildung“ (s. a. Honsberg 1957, S. 299) genannt.

Andererseits gilt *„eine abgeschlossene methodische, theoretische und praktische Berufsausbildung“*, kurz „systematische Ausbildung“, als ausreichender Nachweis der Befähigung insgesamt. Das Erfordernis der zweijährigen allgemeinen Beschäftigungszeit in der Kohle- und Stahlindustrie entfällt dann (EGKSV-69 B 1957, Art. 8, Abs. 2).

Im Beschluss zur Umsetzung des Artikels 69 des EGKS-Vertrags ist wörtlich Ausbildung *„in“* einem Beruf genannt. Gemeint ist allerdings „für“ eine (Erwerbs-)Berufstätigkeit ausgebildet.

Im Zusammenhang mit den o. g. Anforderungen, die Berufe erfüllen müssen, damit diese in die Liste aufgenommen werden können, entsteht hier die umfassende Voraussetzung, dass eine – durch *„eine abgeschlossene methodische, theoretische und praktische Berufsausbildung“* und ein nachfolgendes „Ausübungsjahr“ erworbene – *„technische Befähigung“* die *„qualifizierte Ausübung“* des betreffenden Berufs ermöglicht (ebd. sowie ebd., Art. 8, Abs. 2). Dies bedeutet, dass die Mehrheit der Vertreter der Mitgliedstaaten, die an dem Beschluss zur Umsetzung des Artikels 69 des EGKS-Vertrags mitgewirkt haben, dem Aspekt des Erwerbens von Befähigung durch Sammeln von Erfahrung bei der praktischen Ausübung der beruflichen Tätigkeiten (Berufspraxis) einen besonderen Stellenwert eingeräumt haben.

Dass trotz einer *„systematischen Ausbildung“* noch zusätzlich eine einjährige Erfahrungszeit gefordert wird, läuft dem deutschen Berufsausbildungskonzept entgegen. Dieses will die volle Berufsfähigkeit bereits im Rahmen der Ausbildungszeit erreichen. Die Idee der Erfahrungszeit entspringt jedoch der konsistenten Überlegung, dass eine Berufsausbildung ja in der Breite qualifiziert und daher eine nachgelagerte Phase der Spezialisierung erforderlich ist. In dieser Phase soll die spezielle Befähigung für diejenige konkrete erwerbsberufliche Tätigkeit erfolgen, der nach der Ausbildung tatsächlich nachgegangen werden soll.

Dies beinhaltet zunächst das sogenannte Erfahrungswissen, als „[…] *ein Wissen, das im praktischen Handeln erworben wird und daher personen- und situationsgebunden ist*“ (Böhle 2005, S. 9). Im Kontext der Ausübung beruflicher Tätigkeiten ermöglicht es ein erfahrungsgeleitetes subjektivierendes Handeln, sprich ein branchenspezifisches professionelles Handeln insgesamt zur Bewältigung realer umfassender Arbeitssituationen (ebd., S. 11). Im engeren Sinne führt eine Erfahrungszeit (s. o.) darüber hinaus auch zum Aufbau von speziellem Arbeitsprozesswissen für die Durchführung konkreter praktischer Arbeitsaufgaben im Fachgebiet des Facharbeiters (vgl. Fischer 2006, S. 308).

Die beiden genannten Qualifizierungswege, die Anlernausbildung und die systematische Ausbildung, stehen dabei nach Auslegung des Beschlusses (EGKSV-69 B 1957) und der Vereinbarung (EGKSV-69 V 1957) zur Umsetzung des Artikels 69 des EGKS-Vertrags (1951), dennoch gleichberechtigt nebeneinander. Das bedeutet, dass die Zuerkennung der Arbeitskarte der Montanunion aufgrund des Nachweises einer dieser Wege erfolgen kann.

Dieses grundlegende Prinzip ist bis heute erhalten geblieben. Nur so lassen sich auch die divergierenden Extreme nationaler Qualifizierungswege unter einem „Dach“ der Freizügigkeit zusammenführen. Allein das Konzept der gleichberechtigten Anerkennung ist vorerst lediglich ein Ansatz. Die Umsetzung dieses Grundsatzes in konkrete Verfahren zur Anerkennung der Befähigung, definierte branchenspezifische berufsfachliche Erwerbstätigkeiten auszuüben, stellt eine weitere Herausforderung dar. Hier Erkenntnisse für die Lösung der aktuellen Probleme zu gewinnen, erfordert an dieser Stelle ebenfalls eine detaillierte Auseinandersetzung mit dem historischen Verfahren im Zuge der Umsetzung der EGKS-Arbeitnehmerfreizügigkeit.

5.1.2.5 Das Verfahren der „Anerkennung“ von Qualifikationen

Die weiterführende „*VEREINBARUNG zur Durchführung des Beschlusses betreffend die Anwendung des Artikels 69 des Vertrages über die Gründung der Europäischen Gemeinschaft für Kohle und Stahl*“ (EGKSV-69 B 1957) regelt zusätzliche Details der Umsetzung der „Beschäftigungserleichterung“ von qualifizierten Arbeitskräften in der Montanindustrie. In der Anlage III der Vereinbarung ist eine Übersicht über Dokumente aufgenommen worden, die in dem jeweiligen Gründungsstaat der EGKS „[…] *als Nachweis einer systematischen Ausbildung in einem der in Anlage I des Beschlusses aufgeführten Berufe anerkannt*“ (ebd., S. 425) werden (s. Abb. 11).

A. — Kohleindustrie (Kohlen-, Eisenerz- und Manganerzbergbau)

1. Diplom einer Bergakademie, Technischen Hochschule oder Technischen Universität als Diplom-Ingenieur.
2. Zeugnis einer Höheren Technischen Lehranstalt (Ingenieurschule) über die bestandene Abschlußprüfung als Ingenieur.
3. Zeugnis einer Bergschule über die bestandene Abschlußprüfung der Ausbildung als Steiger.
4. Bescheinigung des Bergamtes (Bergbehörde) über die Anerkennung als Fahrhauer.
5. Bescheinigung des Bergamtes (Bergbehörde) über die Verpflichtung als Schießhauer, Schießmeister oder Lehrschießmeister.
6. Hauerbrief bzw. Hauerschein: Bescheinigungen über die Ableistung der vorgeschriebenen Ausbildung als Hauer, die bestandene Abschlußprüfung und die Qualifikation zum Hauer, die vom Bergwerksbesitzer ausgestellt und von diesem sowie vom Leiter des Bergamtes (Bergbehörde) unterschrieben worden sind.
7. Knappenbrief: Bescheinigung über die Ableistung der vorgeschriebenen Lehrzeit als Berglehrling und die bestandene Abschlußprüfung, die vom Bergwerksbesitzer ausgestellt und von diesem sowie vom Leiter des Bergamtes (Bergbehörde) unterschrieben worden ist.
8. Gesellenbrief, der von der Handwerksinnung im Auftrag der Handwerkskammer für die Berufe des Grubenschlossers, Grubenelektrikers und Grubenmaurers ausgestellt worden ist.
9. Facharbeiterbrief, der von der Industrie- und Handelskammer für die Berufe des Grubenschlossers, Grubenelektrikers und Grubenmaurers ausgestellt worden ist.

Abb. 11: Die anerkannten Dokumente zum Nachweis einer systematischen Ausbildung für den Erwerb von EGKS-Facharbeiterqualifikationen der Kohleindustrie in Deutschland (EGKSV-69 V 1957, S. 425)

In obiger Abbildung (Abb. 11) sind zunächst einmal diejenigen Abschlüsse dargestellt, die ihrem Inhaber „automatisch“ das Recht zuerkennen, eine Arbeitskarte für die Kohleindustrie zu erhalten. Für welchen Beruf bzw. welche Erwerbstätigkeiten aus der ersten Liste der Berufstätigkeiten der Montanunion nun welcher Abschluss berechtigt, ist für fast alle Abschlüsse ohne Weiteres zu erkennen. Im Falle des Knappenbriefs muss allerdings davon ausgegangen werden, dass die Arbeitsbehörde, die die Arbeitskarte ausstellt, fachlich dazu in der Lage ist, diejenigen Berufe aus der genannten Liste auszuwählen, für die die Lehre zum Bergmann qualifiziert.

Deutlich wird an dieser Stelle, dass in einigen Fällen den hier genannten Ausbildungsgängen und -berufen mehrere gelistete anerkannte Erwerbstätigkeiten innerhalb der Kohleindustrie gegenüberstehen. So sind in der ersten Liste der EGKS-Berufe z. B. der Schachthauer, der Gesteinshauer, der Hauer in der Vorrichtung, der Ausbauhauer in Strecken, der Hauer, der Spezialhauer und der Zimmerhauer, aufgeführt (EGKSV-69 B 1957, S. 378), als anzuerkennende Berufsausbildung jedoch lediglich der Hauerbrief bzw. Hauerschein (ebd., S. 425). Einige Berufe, wie z. B. Hufschmied und Lokomotivführer sind nicht aufgeführt. Für diese Berufe gab es zu der Zeit keine zentralstaatlich geregelten Ausbildungsgänge.

Diese Zusammenhänge sind ein anschauliches Beispiel für das grundsätzliche Problem, welches entsteht, wenn zur Überprüfung des Vorliegens einer Befähigung, für die Ausübung einer Erwerbstätigkeit mit einem begrenzten Aufgabenspektrum, ein Nachweis über einen absolvierten Ausbildungsgang herangezogen wird, der demgegenüber für ein breites Bündel an Tätigkeiten qualifizieren soll.

In der Liste der Berufe der Montanunion sind darüber hinaus überwiegend Spezialtätigkeiten, wie etwa Pfeilersetzer oder Anschläger genannt. Für diese Tätigkeiten sind ggf. spezielle Befähigungen erforderlich, die eher nicht Inhalt einer breit angelegten Berufsausbildung sind. Gezielt für einzelne spezielle Tätigkeiten zu qualifizieren entspricht auch nicht der Intention einer Berufsausbildung. Zum einen erklärt dies, warum mit dem damaligen Verständnis zusätzlich zur Ausbildung ein „Ausübungsjahr" gefordert wurde. Zum anderen ist hier unter dem Aspekt der Freiheit der Berufsausübung zu fragen, ob es angemessen ist, eine umfangreiche Ausbildung zu verlangen, wenn es offensichtlich doch ausreichend ist, durch eine entsprechende Anlern- und Erfahrungszeit die Befähigung für diesen Erwerbsberuf zu erwerben.

Die Liste derjenigen Dokumente, die für die Arbeitskarte der Stahlindustrie ein Qualifikationsnachweis darstellen, beschränkt sich auf den einen Punkt des Facharbeiterbriefes der Industrie- und Handels- sowie der Handwerkskammern (Abb. 12). Es wird der eben erläuterte Zusammenhang noch einmal deutlich.

B. — Stahlindustrie

1. **Facharbeiterbrief, der von der Industrie- und Handelskammer, oder Gesellenbrief, der von der Handwerksinnung im Auftrag der Handwerkskammer für einen der in Anlage I des Beschlusses aufgeführten Berufe ausgestellt worden ist.**

Abb. 12: Die anerkannten Dokumente zum Nachweis einer systematischen Ausbildung für den Erwerb von EGKS-Facharbeiterqualifikationen der Stahlindustrie in Deutschland (EGKSV-69 V 1957, S. 425)

Vom Ablauf her kann sich das Antragsverfahren im Falle des Vorliegens einer systematischen Ausbildung wie folgt vorgestellt werden. Der Bewerber reicht neben dem Antragsformular für die Arbeitskarte, auf dem er angibt, welche Berufstätigkeit er in einem der Mitgliedstaaten der Gemeinschaft ausüben möchte, seine Befähigungsnachweise – z. B. einen Facharbeiterbrief – ein. Die zuständige Arbeitsbehörde hat nun zu prüfen, ob das Tätigkeitsprofil, wie es im Beschluss zu Umsetzung des Artikels 69 des EGKS-Vertrags (EGKSV-69 B 1957; S. 392 ff.) in den „*Begriffsbestimmungen*" zu den gelisteten Berufen ausgeführt ist, durch das Bündel von beruflichen Tätigkeiten, für welches im Rahmen der vom Bewerber mit dem Facharbeiterbrief nachgewiesenen Ausbildungsgang qualifiziert wurde, abgedeckt wird.

In den jeweiligen Ländern sind dabei unterschiedliche Ausbildungsgänge mit differierenden Berufsbezeichnungen und unterschiedlich geschnittenen Qualifikationsprofilen vorhanden. Die Konzeption und Ausgestaltung der nationalen Ausbildungsgänge obliegt jedem Mitgliedsland der EGKS selbst. Petz und Zöllner (1956) führen bezogen auf die unterschiedliche Dauer der Ausbildungen aus: *„In dieser Hinsicht bestehen in den Ländern der Gemeinschaft erhebliche Unterschiede, die sich notwendigerweise in einem verschiedenen Stand des Ausbildungsgrades nach formalem Abschluß der Ausbildung auswirken müssen."* (ebd., S. 28). Sie sehen darin eine weitere Ursache dafür, dass zusätzlich ein „Ausübungsjahr" eingeführt wurde. Dies sei u. a. deswegen eingeführt worden, um einen Mindeststandard der für die Zulassung zur grenzüberschreitend ausgeübten Berufstätigkeit geltend gemachten Qualifizierung zu sichern (ebd.).

Zur Bedeutung der nationalen Listen der Dokumente, die als Nachweis einer systematischen Ausbildung anerkannt werden (EGKSV-69 V 1957, Art. 8), kann gesagt werden, dass diese Befähigungsnachweise auf jeden Fall anerkannt werden mussten. In der Praxis schließt das aber nicht aus, dass ebenso andere Nachweise einer systematischen Ausbildung akzeptiert wurden. Die Liste ist insofern nicht abschließend. In der *„ZWEITE*[N] *LISTE VON BERUFEN bei welchen die Arbeiter, die sie ausüben, Anspruch auf die Anwendung des Artikels 69 haben"* (EGKSV-69 B 1963, Anlage) wurde das Konzept der Nennung der nationalen Ausbildungsnachweise nicht weiterverfolgt. Es ist im Grunde auch überflüssig. Die Regelung, dass systematische Ausbildungen, die für die Tätigkeiten definierter Berufsprofile der Montanunion qualifizieren, anzuerkennen sind, ist ausreichend und kann durch die zuständigen Arbeitsbehörden bei kompetenter Besetzung recht sicher und transparent angewandt werden.

Darüber hinaus ist grundsätzlich im Artikel 5 des Beschlusses von 1951 schlicht bestimmt: *„Der Arbeiter hat gemäß Artikel 8 den Beweis zu liefern, daß er diese Bedingungen erfüllt."* (EGKSV-69 B 1957, Art. 5, Abs. 2, Satz 2). Hierbei ist in der dazugehörenden Vereinbarung ausgeführt, dass in Ermangelung eines eine systematische Ausbildung nachweisenden Dokumentes auch *„jeglicher Nachweis"*, insbesondere eine *„schriftliche Erklärung"* eines Unternehmens oder einer Behörde, vorgelegt werden kann (EGKSV-69 V 1957, Art. 4). Im Idealfall ist dies der betriebliche Nachweis einer sogenannten Anlernausbildung.

Für den Nachweis des „Ausübungsjahres" gilt: *„Den Nachweis hierüber bildet ein Zeugnis des Arbeitgebers (oder der Arbeitgeber), in dem festgestellt wird, daß der Betreffende den angegebenen Beruf ausgeübt und einen höheren als den Hilfsarbeiterlohn erhalten hat."* (EGKSV-69 B 1957, Anlage I, Präambel, letzter Absatz).

Der Weg über diese Bedingung – nicht nur als Hilfsarbeiter gearbeitet zu haben – stellt zusätzlich sicher, dass hier eine branchenspezifische fachberufliche Tätigkeit entsprechend ausgeübt wurde, denn allein diese Arbeitskräfte haben Anspruch auf das Privileg der Beschäftigungsfreiheit der EGKS (s. a. Petz/Zöllner 1956, S. 28). Im Zusammenhang mit der Bewertung aktueller Regelungen zur „Arbeitnehmerfreizügigkeit“[63] bzgl. ihrer Qualität als Element der Gewährung der Berufsfreiheit ist darüber hinaus von Interesse, dass im Rahmen der EGKS galt: „[…] *Ausstellung, Verlängerung und Erneuerung der Arbeitskarte sind steuer- und gebührenfrei*“ (EGKSV-69 B 1957; Art. 10).

Somit sind die Rahmenbedingungen und Verfahren zur Zu- und Anerkennung der „Arbeitnehmerfreizügigkeit“ und damit der tatsächliche Charakter der vermeintlichen „Arbeitnehmerfreizügigkeit“ umfassend dargestellt. Die grundlegenden Zusammenhänge dieses zweiten Hauptabschnittes werden für die weitere Bearbeitung der Fragestellung der vorliegenden Arbeit relevant in Teil II Abschnitt 5.1.4 auswertend aufbereitet. Zunächst folgt jedoch die Erarbeitung der rechtlichen Dimension der gewährten Beschäftigungsfreiheit. Diese ist später eine wichtige Grundlage für den Entwurf eines nachhaltigen, emanzipatorischen Ansatzes zur Gestaltung qualifikationsfordernder Reglementierungen von Berufsausübung.

5.1.3 Die rechtliche Dimension der gewährten Beschäftigungsfreiheit

Die Grundstruktur der Zugangsregelung der „Arbeitnehmerfreizügigkeit“ stellt das formgebende Element der rechtlichen Dimension der Beschäftigungsfreiheit der Montanunion dar. Sie wird insbesondere durch die Hilfskonstruktion „branchenspezifischer Fachberuf“ und „anerkannte Qualifikationen“ bestimmt. Das Prinzip des Erwerbs und Nachweises ausreichender Qualifikationen durch Ausbildung und Berufspraxis offenbart einen speziellen Denkansatz, welcher für die Ausgestaltung der Arbeitnehmerfreizügigkeit im Rahmen der fortschreitenden europäischen Integration maßgebend war.

Bemerkenswert ist, dass diejenigen, die die Beschäftigungsfreiheit der Montanunion durch weitere Regelungen praktisch realisiert haben, es für erforderlich gehalten haben, diese faktische Berufszugangsreglementierung durch Angabe und Erläuterung der Zielsetzung der Gefahrenabwehr zu rechtfertigen.

---

63 Heutige „Anerkennungsverfahren“ sind ggf. mit erheblichen Kosten für den Bewerber verbunden.

Die Rechtfertigung von Beschränkungen der Freiheit der Berufsausübung durch einen dem Allgemeinwohl dienenden Zweck hat sich tatsächlich erst viel später als unbedingt erforderlich herauskristallisiert (s. Teil II 6.1.2).

Eine für „anerkannte" EGKS-Fachkräfte – wie auch allgemein gegenüber Ausländern – weiterhin gerechtfertigte Möglichkeit die Freizügigkeit, insbesondere die Einreise und den Aufenthalt, einzuschränken, ist es, dies aufgrund von „Erfordernissen der Gesundheit und der öffentlichen Ordnung" vorzunehmen. Hiermit wurde ein weiterer Maßstab für die Verträge und Bestimmungen der folgenden europäischen Gemeinschaften geschaffen.

Als Zwischenfazit kann festgestellt werden, dass diese erste personenbezogene Verkehrsfreiheit den Berechtigten ein Bündel an Privilegien für eine Beschäftigung im EGKS-Ausland zuerkannt hat, welches grundsätzlich zu einer Gleichstellung mit Inländern führt, die ebenfalls eine unselbstständige fachberufliche Arbeit in einer der beiden EGKS-Branchen suchen. Insgesamt ist das „Anerkennungsverfahren" jedoch durch eine streng formelle bürokratische Vorgehensweise gekennzeichnet. Es ist eine klare Parallele zu den aktuell angewendeten Verfahren zu erkennen.

Ziel dieses dritten Abschnittes ist es insgesamt, insbesondere die rechtliche Dimension der gewährten Beschäftigungsfreiheit für den Entwurf eines emanzipatorischen Ansatzes zur Ausgestaltung qualifikationsfordernder Reglementierungen von Berufsausübung herauszuarbeiten.

5.1.3.1 Die Grundstruktur der Zugangsreglementierung

Die Arbeitnehmerfreizügigkeit der Montanunion stellte, wie oben ausgeführt (s. Teil II 5.1.2.1), keine Freizügigkeit im Sinne des aktuellen nationalen und internationalen Wort- und Rechtsgebrauchs dar. Sie billigt stattdessen einer eng begrenzten Gruppe von fachberuflich qualifizierten Arbeitnehmern des Kohle- und Eisenerz-Untertagebaus sowie der Stahlindustrie das Privileg zu, sich grenzüberschreitend in den Mitgliedstaaten der EGKS „frei"[64] auf angebotene Stellen zu bewerben, sofern sie selber die Staatsangehörigkeit eines der Mitgliedstaaten besitzen.

Die genannten Einschränkungen weisen darauf hin, dass hier im Vergleich zu einer umfassenden Verkehrsfreiheit für Berufsausübende indes tatsächlich eine Zugangsregelung vorliegt. Dies kann insofern geschlussfolgert werden, als

64 Frei von jeder auf die Staatsangehörigkeit gegründeten Beschränkung (EGKSV 1951, Artikel 69. Absatz 1).

dass ja erst eine Reihe von Bedingungen erfüllt werden müssen, bevor ggf. eine Arbeitsmigration infrage kommt.

Im Überblick noch einmal zusammengefasst ergaben sich folgende Grundvoraussetzungen für die Gewährung der Freizügigkeit in der Montanunion:

- die Staatsangehörigkeit eines anderen EGKS-Mitgliedstaates,
- die Zugehörigkeit der ausgeübten Tätigkeit zu einem Fachberuf der EGKS,
- eine Anerkennung der bisher erworbenen Qualifikationen sowie
- ein konkretes Beschäftigungsangebot (EGKSV 1951, Art. 69, Abs. 1 sowie EGKS-69 B 1957, Artikel 11).

Die Absicht des Arbeitnehmers, im EGKS-Ausland zu arbeiten, löst somit das Erfordernis eines Nachweises adäquater Qualifikationen aus. Erst wenn dieser erfolgt ist, erwirbt der migrationswillige Arbeitnehmer die Arbeitskarte. Als Inhaber dieser hat er dann das Recht auf Einwanderung, Aufenthalt und Berufsausübung im Zielstaat der Montanunion. Die Arbeitskarte dient als amtliche Bescheinigung des erfolgreichen Nachweises der geforderten Qualifikation. Das Zulassungsverfahren wird dabei durch die für den Arbeitnehmer zuständige Arbeitsverwaltung vorgenommen. Klar erkennbar handelt es sich hierbei um eine qualifikationsfordernde Reglementierung von Berufsausübung.

Zum Vergleich: Bei den aktuellen Regelungen der Europäischen Union ist es quasi umgekehrt. Die Wahrnehmung der Freizügigkeit durch den Arbeitnehmer kann das Erfordernis eines Nachweises von Qualifikationen mit sich bringen. Dies hängt ganz davon ab, ob die beabsichtigte Tätigkeit in dem Zielstaat eine zulassungspflichtige ist oder nicht. Im Falle der Beschäftigungsfreizügigkeit der EGKS wurde hingegen die Zulassungspflicht unabhängig von den jeweiligen nationalen Bestimmungen für alle Arbeitsmigranten aus den anderen Staaten der Montanunion festgelegt. Damit liegt hier ein Verfahren vor, welches besondere Anforderungen an ausländische Stellenbewerber im Vorfeld der Arbeitssuche stellt.

Eine Schlüsselstellung im Rahmen der Ausgestaltung der qualifikationsfordernden Reglementierung der Montanunion nimmt das Hilfskonstrukt *„anerkannte Qualifikation“* („qualification confirmée“, EGKSV 1951, S. 79) ein. Für die Erarbeitung eines Ansatzes zur Lösung der Problemstellung der vorliegenden Arbeit bedarf es einer besonderen Beachtung dieses Konstruktes. Im Zuge der Entwicklung einer europäischen Gemeinschaft im Verlauf der europäischen Integration wird erstmals im EGKS-Vertrag die Formulierung *„anerkannte Qualifikation“* (engl. „recognized qualifications“) verwendet.

Sie ist im weiteren Vertrags- und Regelwerk der folgenden Gemeinschaften eine feste Komponente und wirkt bis in die Ausgestaltung heutiger Regelungen nach. In der „*RICHTLINIE 2005/36/EG DES EUROPÄISCHEN PARLAMENTS UND DES RATES vom 7. September 2005 über die Anerkennung von Berufsqualifikationen*" (engl: „*... on the recognition of professional qualifications*") heißt es: „*Berufsqualifikationen sind die Qualifikationen, die durch einen Ausbildungsnachweis, einen Befähigungsnachweis nach Artikel 11 Buchstabe a Ziffer i und/oder Berufserfahrung nachgewiesen werden*" (2005/36/EG, Artikel 1).

In der Umsetzung der Beschäftigungsfreiheit für Kohle- und Stahlarbeiter der Montanunion sind „*anerkannte Qualifikationen*" erforderlich und nachzuweisen, um für die Ausübung entsprechender „Berufe" in einem anderen als den eigenen Staat der Montanunion zugelassen zu werden. Ausgangspunkt für die Reglementierung der Beschäftigungsfreiheit der Montanunion sind jedoch berufliche Tätigkeiten. Diejenigen, die reglementiert wurden, sind – wenn auch eher grob – zu (erwerbs-)beruflichen Profilen zusammengefasst und mit einer Berufsbezeichnung versehen worden.

Diese „Berufe", die privilegiert ausübbar sind, wurden mithilfe von beschreibenden Tätigkeitsprofilen („*Begriffsbestimmungen*" EGKS-69 B 1957, S. 382) identifiziert (s. Teil II 5.1.2.3). Die Arbeitsverwaltungen, aber auch Arbeitgeber und Arbeitnehmer können sich damit einen Überblick über das hinter der Berufsbezeichnung stehende Tätigkeitsprofil verschaffen. Die Funktion der quasi als EGKS-Berufe zu bezeichnenden Berufsbilder liegt dabei in der Überbrückung der Verschiedenartigkeit der nationalen Qualifizierungs- und Berufssysteme. Die Berufe, sprich die Erwerbsberufsprofile, für die die Beschäftigungsfreiheit in Kraft gesetzt wurde, bringen per definitionem die Voraussetzung mit, dass die für deren Ausübung erforderliche „*technische Befähigung*" nur durch eine adäquate Qualifizierung erworben werden kann (EGKSV-69 B 1957, Anlage I, Präambel).

Als Nachweis der „anerkannten Qualifikation" muss nun der Arbeitnehmer wiederum entweder ein in der Vereinbarung zu Artikel 69 (EGKS-69 V 1957, Anlage III) genanntes Dokument vorlegen. Dieses muss eine für den beabsichtigten Beruf anerkannte systematische Ausbildung bescheinigen. Oder er belegt, wenn der Erwerb der „*technischen Befähigung*" durch eine sogenannte Anlernausbildung erfolgte, das Vorhandensein der Qualifikation durch entsprechende Zeugnisse des Arbeitgebers (EGKS-69 B 1957, Anlage I, Präambel).

5.1.3.2 Gefahrenabwehr als Rechtfertigungsgrund für die Reglementierung

Eine rechtliche Dimension, die das Kernproblem der vorliegenden Arbeit berührt, ist die quasi „en passant" angebrachte Erwähnung, es sei die Sicherheit, die eine Reglementierung erforderlich macht (EGKSV-69 B 1957, Anlage I, Präambel). Die Forderung nach einer „anerkannten Qualifikation" für die Freizügigkeit innerhalb der Kohle- bzw. Stahlindustrie wurde letztendlich damit begründet, dass die Arbeit in diesen Branchen ein besonderes Gefahrenpotenzial beinhaltet:

> *„In der Erwägung, daß bei der Arbeit in der Kohle- und Stahlindustrie den Sicherheitsfaktoren eine überwiegende Bedeutung zukommt,*
> *Daß die Erfahrung, welche diese Sicherheitsfaktoren erfordern, entweder durch eine systematische Ausbildung oder durch eine Beschäftigungszeit von mindestens zwei Jahren erworben werden kann,*
> *Wird beschlossen, daß diese Ausbildungs- oder Beschäftigungsbedingungen für sämtliche Arbeiter gelten, die Anspruch auf Anwendung der Bestimmungen des Artikels 69 des Vertrages haben, ohne Rücksicht darauf, welchen Beruf der in Artikel 5 des Beschlusses erwähnten Liste sie ausüben."* (EGKSV-69 B 1957, Anlage I, Präambel).

Gefahrenabwehr, ein dem Gemeinwohl – zumindest aller Beschäftigten – zugutekommender Zweck, als Rechtfertigung für die Reglementierung von Berufsausübung findet sich also bereits im ersten Vertragswerk der europäischen Integration.

Beachtenswert ist hier, dass den attestierten erhöhten Sicherheitsanforderungen mit Qualifizierung begegnet werden soll. Qualifizierung, die erworben worden sein kann, durch eine „systematische Ausbildung" oder eine praktische „Anlernausbildung" in der jeweiligen Branche. Diese beiden Prinzipien des Erwerbs von Qualifikationen repräsentieren die zwei grundsätzlichen Richtungen von Qualifizierungssystemen in Europa. Sie bilden auch die Grundlage für die „Anerkennungsregelungen" nachfolgender europäischer Gemeinschaften, bis hin zur heutigen Europäischen Union.

Bezüglich des Erwerbs der *„technischen Eignung"*, also der Eignung, die Erwerbstätigkeit qualifiziert ausüben zu können, wurde in der Umsetzung des Artikels 69 des EKGS darüber hinaus festgelegt, dass diese Tätigkeit zusätzlich mindestens ein Jahr lang betrieben worden sein muss (s. Teil II 5.1.2.4). Vom zugrunde liegenden Denkansatz her bedeutet dies, dass das Arbeitsumfeld in den Montanindustrien branchenspezifische allgemeine sicherheitsrelevante Aspekte mit sich bringt, die nur durch eine entsprechende Ausbildung adäquat beherrschbar sind. Außerdem ist eine spezielle tätigkeitsbezogene „technische Befähigung" erforderlich, die allein durch eine mindestens einjährige „Berufspraxis" erworben werden kann.

Aus damaliger Perspektive war es ausreichend, den Zusammenhang zwischen Sicherheitsbedürfnissen und Qualifikationsanforderungen so allgemeingültig herzustellen. Bemerkenswert ist auch, dass an dieser Stelle zwischen den

Anforderungen, die sich hinsichtlich grundsätzlicher sicherheitsbedeutender Aspekte ergeben, die eben eine Ausbildung erfordern und den Anforderungen bzgl. einer qualifizierten Berufsausübung, die durch ein Praxisjahr erfüllt werden sollen, differenziert wird. Im Ergebnis bedeutet dies, dass der berufspraktischen Erfahrung mehr Gewicht gegeben wird als der systematischen Ausbildung. Ein Denkansatz, der sich im Vergleich zu den aktuellen Regelungen der Richtlinie 2005/36/EG (2017) so nicht durchgesetzt hat.

Einen weiteren besonderen, die aktuell geltenden personenbezogenen Verkehrsfreiheiten des Binnenmarktes der Europäischen Union begrenzenden, Aspekt, stellen die im Folgenden betrachteten sogenannten „*Erfordernisse* […] *der Gesundheit und der öffentlichen Ordnung*" (EGKSV-1951, Artikel 69, Absatz 1) dar.

5.1.3.3 Erfordernissen der Gesundheit und der öffentlichen Ordnung

Im Vergleich zu inländischen Bewerbern wird für EGKS-Ausländer die Möglichkeit einer Beschäftigung dadurch eingeschränkt, dass die für Ausländer sonst geltenden „*Beschränkungen, die sich aus den grundlegenden Erfordernissen der Gesundheit und der öffentlichen Ordnung ergeben*" (EGKSV-1951, Artikel 69, Absatz 1) ausdrücklich ebenso für Facharbeiter der Montanunion in Kraft bleiben. Im § 2 des Artikels 69 haben sich die Mitgliedstaaten der EGKS verpflichtet, diese Beschränkungen genauer festzulegen.

Erleichterungen für das Beschäftigen und für das Beschäftigtsein sind stets miteinander verbunden. Beschäftigung bedeutet allerdings erst einmal nur die Ausübung einer unselbstständigen beruflichen Tätigkeit. Beschränkungen, die es gleichermaßen allen ausländischen Arbeitnehmern erschweren eine Beschäftigung anzunehmen, erschweren auch dem Arbeitgeber grundsätzlich die Beschäftigung dieser. Individuelle Gründe bzw. Regelungen, die auf diese gerichtet sind, beschränken den einzelnen jeweils betroffenen Arbeitnehmer, nicht aber die Arbeitgeber in gleicher Weise.

Bei der Regelung bzw. Ausnahme des Artikels 69 „*Beschränkungen, die sich aus den grundlegenden Erfordernissen der Gesundheit und der öffentlichen Ordnung ergeben*" sind ausdrücklich zwei Aspekte genannt, die auf die individuellen Voraussetzungen einzelner zu beziehen sind. Trifft dies den Arbeitnehmer, so kann er in dem entsprechenden Staat quasi flächendeckend keiner Berufstätigkeit mehr nachgehen. Der Arbeitgeber hingegen kann nur genau diesen einen Bewerber nicht mehr beschäftigen. Diese Bestimmung ist in ihrer Wirkung einseitig auf den Arbeitnehmer und macht deutlich, dass trotz Arbeitnehmerfreizügigkeit

Unterschiede zwischen dem Recht auf Beschäftigung für Ausländer und dem für Inländer bestehen.

> *„Die Arbeitskarte gestattet es ihrem Inhaber* […] *unbehindert eine Beschäftigung aufzunehmen, vorbehaltlich der gesetzlichen Bestimmungen über die grundlegenden Erfordernisse der Gesundheit und der öffentlichen Ordnung* […]*"* (EGKS-69 B 1957, Art. 4).

Wesentliches zuerkanntes Recht ist zunächst einmal das grundsätzliche Gestatten der Ausübung einer diesbezüglichen beruflichen Tätigkeit in der Kohle- oder Stahlindustrie. Der Vorbehalt der *„Gesundheit und der öffentlichen Ordnung"* wird hier insofern präzisiert, als dass dem Ausländer beim Vorliegen eines etwaigen Erfordernisses gemäß nationaler Bestimmungen die Einreise oder der Aufenthalt verwehrt werden kann. Die Vorbehaltsklausel der *„Gesundheit und der öffentlichen Ordnung"* wurde an vielen Stellen des Beschlusses zur Umsetzung des Artikels 69 des EGKS-Vertrags eingearbeitet. So führt z. B. der Artikel 6 noch einmal aus:

> *„Die* […] *Rechtsvorschriften über die Zulassung der Ausländer zur Ausübung einer unselbständigen Tätigkeit finden auf die Arbeiter, die einen in der Berufsliste (Anlage I dieses Beschlusses) enthaltenen Beruf ausüben und Inhaber einer gültigen Arbeitskarte sind, keine Anwendung; dies gilt nicht für die Rechtsvorschriften über die grundlegenden Erfordernisse der Gesundheit und der öffentlichen Ordnung, die auf dem Gebiet des Aufnahmelandes die Einreise und den Aufenthalt der Ausländer regeln* […]*"* (EGKS-69 B 1957, Art. 6, Abs. 1).

Erfordernisse der Gesundheit und öffentlichen Ordnung sind ebenso, wie die Sicherheit der Arbeitskräfte, dem Allgemeinwohl dienender Zwecke, die eine Beschränkung der Freizügigkeit rechtfertigen (s. Teil II 6.1.2.1). Während die Nennung der (öffentlichen) Gesundheit als Ausnahmetatbestand erkennbar der Gefahrenabwehr, z. B. als Maßnahme zur Vermeidung oder Eingrenzung von Epidemien, dient, ist die Angemessenheit der Beschränkung durch den Begriff „öffentliche Ordnung" hingegen unbestimmt (BVerfG 1985, Rn. 40).

> *„Unter ‚öffentlicher Ordnung' wird die Gesamtheit der ungeschriebenen Regeln verstanden, deren Befolgung nach den jeweils herrschenden sozialen und ethischen Anschauungen als unerläßliche Voraussetzung eines geordneten menschlichen Zusammenlebens innerhalb eines bestimmten Gebiets angesehen wird."* (ebd., Rn. 78)

Welche ungeschriebenen Regeln nun unter den Begriff der öffentlichen Ordnung fallen ist erkennbar „Auslegungssache" und es ist nicht sichergestellt, dass nicht im Zweifelsfall die doch immerhin durch einen Staatsvertrag gewährte Freizügigkeit behindert oder sogar vereitelt wird. Grundsätzlich ergeben sich später bzw. aktuell Bedenken, wenn sich der Anspruch auf Freizügigkeit aus dem

Grundrecht auf freie Berufsausübung speist, da die Weite des Begriffs „öffentliche Ordnung" diesen, so allgemein gehalten, als Legitimation für die Beeinträchtigung einer Grundrechtsausübung ungeeignet macht.

> *„Anders als der Begriff der öffentlichen Sicherheit, der zentrale Rechtsgüter umfasse und auf den das Oberverwaltungsgericht primär abgestellt habe, sei der Begriff der öffentlichen Ordnung derart weit, daß er nicht ohne weiteres Schranke zulässiger Grundrechtsausübung sein könne;"* (ebd., Rn. 40).

Die Arbeitnehmerfreizügigkeit der Montanunion setzt dennoch auch mit den eingeführten Ausnahmen „Gesundheit und öffentliche Ordnung" Maßstäbe, die bis in die aktuellen Regelungen Bestand haben (s. Teil II 6.1.2.1). In der rechtlichen Auslegung und Umsetzung klarer sind jedoch die Privilegien, die mit der Beschäftigungsfreiheit einhergehen.

5.1.3.4 Die Privilegien der Beschäftigungsfreiheit

Liegen die genannten Voraussetzungen und darüber hinaus keine Ausnahmetatbestände bzgl. der „Aufrechterhaltung" der Gesundheit und der öffentlichen Ordnung vor, so bringt der Besitz der Arbeitskarte folgende die Beschäftigungsfreizügigkeit betreffenden Privilegien mit sich.

Erst einmal wird die unbehinderte Ausübung einer Beschäftigung zugesagt (EGKS-69 B 1957, Art. 4), wobei grundsätzliche Einschränkung gemacht wird: *„Die Arbeitskarte ist nur auf dem Sektor — Kohle* ***oder*** *Stahl — gültig, für den sie ausgestellt worden ist."* (ebd., Art. 2, Hervorhebung „oder" durch Autor). Das bedeutet, dass ein Wechsel zwischen einer Beschäftigung bei einem Betrieb der Kohleindustrie zu einem Betrieb der Stahlindustrie und umgekehrt im „Gastland" nicht ohne Weiteres möglich ist. Dieses trifft sogar auch dann zu, wenn etwa der Beruf, für den durch die Arbeitskarte die Facharbeitereignung zuerkannt wurde, für beide Sektoren derselbe ist.[65]

In Artikel 6 des *„Beschlusses betreffend die Anwendung des Artikels 69 [...]"* (EGKS-69 B 1957) wird im Weiteren konkretisiert, dass die *„Rechtsvorschriften über die Zulassung der Ausländer zur Ausübung einer unselbständigen Tätigkeit"* (ebd., Absatz 1) auf die anerkannten Facharbeiter der Montanunion keine Anwendung finden. Dies wird hierbei äußerst präzise eingegrenzt auf diejenigen,

---

65 Die erste Liste von anerkannten Berufen des Umsetzungsbeschlusses des Artikels 69 des EGKS-Vertrags enthält 31 identische „Fachberufe" aus dem Kohlen-Eisenerzbergbau (EGKSV-69 B 1957, Anlage I).

„[…] *die einen in der Berufsliste (Anlage I dieses Beschlusses) enthaltenen Beruf ausüben und Inhaber einer gültigen Arbeitskarte sind*" (ebd.).

Dies wirkt zunächst überbestimmt, denn eine Arbeitskarte kann nur erworben werden, wenn der Antragsteller die Bedingungen für die Anerkennung als Facharbeiter eines der gelisteten Berufe erfüllt. Worauf es aber den Verfassern dieser Bestimmung ankommt, ist, dass die Privilegien der Beschäftigungsfreiheit lediglich dann gewährt werden, wenn die Arbeitskarte die „*Facharbeitereignung*" für einen Beruf der Liste zuerkennt und darüber hinaus genau der dort bescheinigte Beruf auch tatsächlich ausgeübt werden soll. Diesem strengen Ansatz folgend ist darüber hinaus geregelt, dass für den Fall der Beendigung der entsprechenden Beschäftigung die speziellen Privilegien der Facharbeiter der Montanunion grundsätzlich entfallen. Aufgrund der Aufenthaltszeit oder des Beschäftigungsverhältnisses in dem Gastland erworbene Ansprüche bleiben dabei allerdings erhalten.

Es sind also im Wesentlichen folgende Rechte, die hier dem anerkannten Montanfacharbeiter gewährt werden, deren Fehlen für ausländische Arbeitsplatzbewerber anderer Berufe oder Branchen eine mobilitätshemmende Hürde darstellt, d. h. ggf. das Durchlaufen eines besonderen Genehmigungsverfahrens erforderlich macht. Grundsätzlich besteht unter den genannten Bedingungen für die besagte Zielgruppe die Berechtigung der uneingeschränkten „*Ausübung einer unselbständigen Tätigkeit*" (EGKS-69 B 1957, Art. 6, Abs. 1 s. a. Art. 11), wie dies auch Inländern möglich ist. „*Die Arbeitskarte gibt ihrem Inhaber das Recht, seinen Beruf in jedem der Montanunionländer auszuüben, ohne daß er die sonst für ausländische Arbeitnehmer notwendige Arbeitserlaubnis braucht.*" (Honsberg 1957, S. 298).

Für die Erläuterung der zweiten Rechtskategorie, die den „qualifizierten Arbeitern" der Montanunion zugutekam, muss zunächst die Bedeutung der Arbeitskarte vertiefend ausgeführt werden. Die „*Zusammenführung von Stellenangeboten und Arbeitsgesuchen*" (ebd., Titel III) über die Grenzen der Mitgliedstaaten hinweg erfolgt durch die zentralen Arbeitsbehörden der Mitgliedstaaten. In Deutschland wurde damit die Zentralstelle für Arbeitsvermittlung[66] beauftragt. Diese arbeitete bei der Vermittlung mit jenen für das Gebiet des Anbietenden bzw. Suchenden jeweils zuständigen Arbeitsbehörden zusammen. So wurde eine unmittelbare Betreuung der Arbeitgeber und Arbeitnehmer vor Ort gewährleistet. (Honsberg 1957, S. 300)

---

66 Diese existiert heute weiter als Zentrale Auslands- und Fachvermittlung (https://www.arbeitsagentur.de/vor-ort/zav/startseite; 2021-03-09).

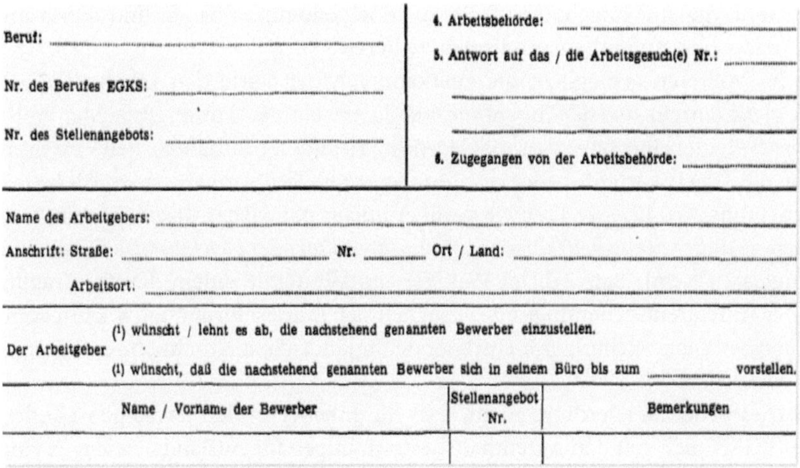

Beruf: ______

Nr. des Berufes EGKS: ______

Nr. des Stellenangebots: ______

4. Arbeitsbehörde: ______

5. Antwort auf das / die Arbeitsgesuch(e) Nr.: ______

6. Zugegangen von der Arbeitsbehörde: ______

Name des Arbeitgebers: ______

Anschrift: Straße: ______ Nr. ______ Ort / Land: ______

Arbeitsort: ______

Der Arbeitgeber
(1) wünscht / lehnt es ab, die nachstehend genannten Bewerber einzustellen.
(1) wünscht, daß die nachstehend genannten Bewerber sich in seinem Büro bis zum ______ vorstellen.

Name / Vorname der Bewerber	Stellenangebot Nr.	Bemerkungen

Abb. 13: Die Vorderseite „Entscheidung des Arbeitgebers" der Karte zur Arbeitsvermittlung der EKGS-Facharbeiter im Ausschnitt (EGKSV-69 V 1957, S. 437)

Abb. 13 gewährt einen Einblick in den Aufwand, den das Betreiben der Arbeitsvermittlung für die Facharbeiter der Montanunion, insbesondere ohne die heute zur Verfügung stehenden elektronischen Kommunikations- und Datenverarbeitungsverfahren, mit sich brachte. Neben der dargestellten Karte für die Entscheidung des Arbeitgebers (zyklamen[67]-rot) und der Arbeitskarte (Abb. 7 sowie Abb. 14) an sich wurden durch die *„VEREINBARUNG zur Durchführung des Beschlusses betreffend die Anwendung des Artikels 69 des Vertrages über die Gründung der Europäischen Gemeinschaft für Kohle und Stahl"* (EGKSV-69 V 1957) eine Arbeitsgesuch-Karte (gelb), eine Stellenangebot-Karte (hellblau) sowie eine Karte für die Entscheidung des Arbeitssuchenden (orange) eingeführt (ebd., S. 433–440).

Über die Anforderungen dieser streng bürokratischen Verfahrensweise hinaus hat der Arbeitgeber die Verpflichtung, die zuständige Arbeitsbehörde innerhalb von 48 Stunden über eine Einstellung oder das Ausscheiden eines Inhabers einer Arbeitskarte in bzw. aus einem Beschäftigungsverhältnis zu informieren (EGKS-69 B 1957, Art. 14). Auf diesem Wege werden auch rasch diejenigen

67 Alpenveilchen.

bekannt, die eine angebotene Stelle nicht angenommen haben und damit ihre Einreise- und Aufenthaltsprivilegien verlieren.

Im Weiteren ermöglicht die zuerkannte Arbeitskarte den Inhabern dieser „[…] *die Einreise und den Aufenthalt*“ (ebd., Art. 6, Abs. 1) in vereinfachter Weise. Dies bedeutet einerseits, dass im Gegensatz zu anderen ausländischen Einreisenden die Arbeitskarteninhaber „[…] *von jeglichem Sichtvermerkszwang*[68] *befreit*“ sind (ebd., Art. 12, Satz 1) sowie darüber hinaus gilt: „*Beim Grenzübertritt brauchen sie außer der Arbeitskarte selbst nur ihren Paß oder gleichwertige Dokumente vorzulegen*“ (ebd., Satz 2). Des Weiteren entfällt damit zudem die Beantragung einer Aufenthaltsgenehmigung. Bezüglich der Einreiseformalitäten kann somit von einer Gleichstellung mit einreisenden inländischen Arbeitnehmern gesprochen werden.

Dies bedeutet allerdings nicht, dass die Inhaber in den jeweiligen Ländern der EGKS auch von den Aufenthaltsbestimmungen für Ausländer, wie z. B. einer speziellen Meldepflicht, befreit sind (s. Abb. 14, Ziffer 2.).

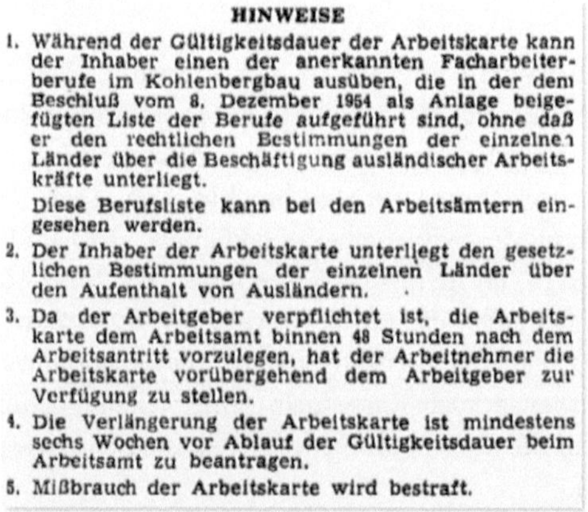

HINWEISE

1. Während der Gültigkeitsdauer der Arbeitskarte kann der Inhaber einen der anerkannten Facharbeiterberufe im Kohlenbergbau ausüben, die in der dem Beschluß vom 8. Dezember 1954 als Anlage beigefügten Liste der Berufe aufgeführt sind, ohne daß er den rechtlichen Bestimmungen der einzelnen Länder über die Beschäftigung ausländischer Arbeitskräfte unterliegt.
   Diese Berufsliste kann bei den Arbeitsämtern eingesehen werden.
2. Der Inhaber der Arbeitskarte unterliegt den gesetzlichen Bestimmungen der einzelnen Länder über den Aufenthalt von Ausländern.
3. Da der Arbeitgeber verpflichtet ist, die Arbeitskarte dem Arbeitsamt binnen 48 Stunden nach dem Arbeitsantritt vorzulegen, hat der Arbeitnehmer die Arbeitskarte vorübergehend dem Arbeitgeber zur Verfügung zu stellen.
4. Die Verlängerung der Arbeitskarte ist mindestens sechs Wochen vor Ablauf der Gültigkeitsdauer beim Arbeitsamt zu beantragen.
5. Mißbrauch der Arbeitskarte wird bestraft.

Abb. 14: Die rückseitigen Hinweise der Arbeitskarte der Europäischen Gemeinschaft für Kohle und Stahl (EGKSV-69 V 1957, S. 419)

Die Erleichterung der Formalitäten des Aufenthalts betreffend besteht also lediglich darin, dass keine Aufenthaltserlaubnis beantragt werden muss.

68 Visapflicht.

Was die Einreisefreiheit betrifft, so bleibt die Möglichkeit des Versagens dieser aufgrund von Erfordernissen der Gesundheit und der öffentlichen Ordnung erhalten. *„Eine solche Zurückweisung kommt in der Praxis jedoch überaus selten, jedenfalls viel seltener vor als früher die Versagung der Erteilung eines Sichtvermerks“* (Petz/Zöllner 1956, S. 23). Insgesamt scheint aus heutiger Sicht daher für die Einreise eine zumindest für alle merkbare Erleichterung einhergegangen zu sein.

In der Praxis ergibt sich nun für die Fachkräfte der Montanunion das Privileg einer Inländerbehandlung bei Arbeitssuche und -aufnahme. Die Gewährung einer umfassenden Arbeitnehmerfreizügigkeit wäre tatsächlich noch viel weiter gehend (ebd., S. 22). Allerdings hat der Arbeitnehmer immerhin selbst die Möglichkeit zu bestimmen, wo er innerhalb der EGKS-Staaten arbeiten möchte, vorausgesetzt, es gibt dort einen entsprechenden Beschäftigungsbedarf. Etwaige Gesuche werden der dort zuständigen Arbeitsbehörde zugeleitet und interessierten Arbeitgebern bekannt gemacht.

Stellenangebote hingegen werden allen Arbeitsbehörden mitgeteilt. Eine Auswahl an passenden Bewerbungen sollte dann ohne Berücksichtigung der Staatsangehörigkeit den jeweiligen Arbeitgebern übermittelt werden (EGKS-69 B 1957, Art. 18–21). So brachte der Artikel 69 des EGKS-Vertrags für die qualifizierten Beschäftigten der Kohle- und Stahlindustrie ein doch beachtliches Maß an Freizügigkeitsrechten mit sich.

Für die Entwicklung des *„gemeinsamen Marktes“* der EGKS und der zukünftigen europäischen Gemeinschaften von großer Bedeutung ist der Aufbau eines supranationalen bzw. grenzüberschreitenden Arbeitsmarktes. Hier wurde im Rahmen der EGKS ein nicht unbedeutender Teil der bisher rein nationalen Gestaltungsgewalt unterliegenden Arbeitsmarktpolitik der internationalen Kooperation zugeordnet. Grundsätzlich kann die Erreichung des Ziels der Schaffung eines gemeinsamen Marktes für EGKS-Arbeiternehmer als gelungen bezeichnet werden.

Eine ausführliche vertiefende Klärung der Bedeutung der EGKS-Freizügigkeit als erste sich mit qualifikationsfordernden Reglementierungen von Berufsausübung befassende europavertragliche Gemeinschaftsvereinbarung erfolgt nun im sich anschließenden vierten Hauptabschnitt.

5.1.4 Klärende Bewertung der Beschäftigungsfreiheit der Montanunion

Die Europäische Gemeinschaft für Kohle und Stahl kann, anschaulich formuliert, als Pilotprojekt der neueren europäischen Integration bezeichnet werden.

Bei aller konstruktiven Kritik mit dem Ziel der Erarbeitung eines zeitgemäßen Ansatzes zur Ausgestaltung qualifikationsfordernder Berufszugangsvorschriften muss festgestellt werden, dass mit der Montanunion ein wirtschaftsliberal ausgerichtetes Grundgerüst für alle bis heute gegründeten europäischen Gemeinschaften, also de facto erfolgreich, definiert worden ist. Ebenso die Implementierung einer grenzüberschreitenden Arbeitsmarktvermittlung, wenn auch nur zunächst für eine kleine Gruppe von Berufstätigen, kann als historische Leistung gewürdigt werden.

Die Gestaltung der Vereinbarungen der Montanunion war von Beginn an durch nationalstaatliche Vorbehalte beeinflusst. Die beteiligten Interessenvertreter der Mitgliedstaaten sowie die der Unternehmen und der Beschäftigten der Kohle- und Stahlbranche haben sowohl gemeinsam nationale, wie auch einzeln übernationale Partikularziele verfolgt. Insbesondere das Abgeben nationaler Souveränität bei der Kontrolle der grenzüberschreitenden Arbeitsmigration war ein höchste Sensibilität erfordernder Verhandlungspunkt. Hier die nationale Kontrolle über die Zuwanderungsbedingungen von ausländischen Arbeitskräften für „qualifizierte Arbeiter der Kohle- und Stahlindustrie", zumindest für diejenigen mit einer Staatsangehörigkeit einer der Mitgliedsländer der EGKS, abzugeben, kann als eine Pionierleistung der europäischen Einigung bezeichnet werden.

Die tragende Konstruktion in der Umsetzung der Arbeitnehmerfreizügigkeit der Montanunion ist der „anerkannte qualifizierte Facharbeiter". Hierbei werden wiederum zwei Elemente zusammengeführt. Zum einen ist es die Definition von fachberuflichen Tätigkeitsprofilen, zum anderen die qualifizierte Arbeitskraft, die befähigt sein soll, Erstere auszuüben. Die Akteure, die mit der Ausgestaltung der EGKS-Freizügigkeit befasst waren, standen mit Hinblick auf die stark differierenden Qualifikationssysteme der EGKS-Mitgliedsländer im Weiteren vor dem essenziellen Problem, festzulegen, welche Voraussetzungen die Arbeitskräfte erfüllen mussten, damit sie als qualifiziert anerkannt werden konnten. Dies ist kritisch betrachtet nicht vollständig konsistent gelungen.

In der Umsetzung der Arbeitnehmerfreizügigkeit der Montanunion wird die erfolgte Reglementierung in Form der Forderung einer Anlernzeit oder systematischen Ausbildung mit besonderen sicherheitsrelevanten Aspekten der Tätigkeiten der EGKS-Berufe gerechtfertigt. Sowohl die Gestaltung der Qualifikationsforderungen als auch die historischen Begleitumstände weisen darauf hin, dass das Heranziehen der Rechtfertigung „Gefahrenabwehr" aus einer anderen Motivationslage heraus erfolgte. Vielmehr scheint die Suche nach einer pragmatischen Lösung des Problems, die Verschiedenartigkeit der nationalen

Ausbildungs- und Beschäftigungssysteme in Einklang bringen zu müssen, bestimmenden Anteil gehabt zu haben.

Mit der Darstellung dieser für die zukunftsfähige Ausgestaltung qualifikationsfordernder Reglementierung aufschlussreichen Überlegung schließt der vierte Abschnitt zur Montanunion, sodass dann insgesamt ein umfassender Überblick über die bereits anfänglich sich ergebenden grundlegenden Problemdimensionen und -zusammenhänge im Kontext der Entwicklung personenbezogener Verkehrsfreiheiten im Rahmen der europäischen Integration gegeben worden ist.

5.1.4.1 Prosperität und Arbeitsmarktvermittlung

Der ideologische Ansatz der Montanunion, durch einen gemeinsamen Markt Prosperität und eine Verbesserung der Lebensverhältnisse aller zu erreichen, erklärt noch nicht, warum die Regelung des Artikels 69 überhaupt in den EGKS-Vertrag (1951) aufgenommen wurde. Es wurde ausgeführt, dass das Ziel der EGKS-Gründungsstaaten die „[…] *Errichtung einer wirtschaftlichen Gemeinschaft*" (EGKS-Vertrag 1951, Präambel, Rechtfertigung 5) durch den Aufbau und die Regulierung eines gemeinsamen Marktes für Kohle und Stahl war. Ein gemeinsamer Markt verlangt jedoch nicht automatisch auch eine freie Beweglichkeit der Arbeitskräfte.

Ein Ansatz zur Klärung, warum der Artikel 69 mit seiner „Arbeitnehmerfreizügigkeit" aufgenommen wurde, ist der grundsätzliche Zusammenhang, dass im Kontext des Wiederaufbaus der europäischen Wirtschaft die Bedeutung qualifizierter Arbeitnehmer Berücksichtigung gefunden hat. Kriegsbedingt waren qualifizierte Arbeiter in alle „Wiederaufbau"-Branchen vermehrt nachgefragt und standen in nicht ausreichender Zahl zur Verfügung, sodass ein optimales Ausschöpfen des vorhandenen Arbeitskräftepotenzials im Interesse aller Beteiligten lag.

Wenn es nun darum geht „[…] *Angebot und Nachfrage auf dem Arbeitsmarkt miteinander in Verbindung*" (EGKSV, § 69 Abs. 2) zu bringen, so ist tatsächlich die flexible Verfügbarkeit von Arbeitskräften eine wesentliche Voraussetzung für die Prosperität eines jeden Wirtschaftszweiges. Gerne wird aufgrund der Betitelung des Artikels 69 mit „*Freizügigkeit der Arbeitnehmer*" die Bedeutung des Nebensatzes: „[…] *und die technischen Möglichkeiten erforschen, durch die innerhalb der Gemeinschaft Angebot und Nachfrage auf dem Arbeitsmarkt miteinander in Verbindung gebracht werden können.*" übersehen.

Die Einführung der Arbeitskarte und die damit verbundenen Reglementierungen stellen zwar einerseits eine klare Zugangsbeschränkung zur grenzüberschreitenden Beschäftigung bzw. Berufsausübung dar, andererseits wurde durch die Umsetzung des zitierten „Nebensatzes“ aber eine funktionierende internationale Arbeitsvermittlung für *„qualifizierte Arbeiter“* der Montanunion aufgebaut.

> *„Nach Zustimmung des Arbeitgebers hat sich die Arbeitsbehörde mit der Arbeitsbehörde oder den Arbeitsbehörden in Verbindung zu setzen, von denen die in Frage kommenden Bewerbungen stammen, um die Zuführung von Arbeitern in einer dem Bedarf des Arbeitgebers entsprechenden Anzahl zu erleichtern.“* (EGKS-69 B 1957, Art. 22, Abs. 2)

Schaut man sich die Umsetzung der Mobilität der Arbeitskräfte des Artikels 69 des EGKS, wie in Teil II Abschnitt 5.1.2 geschehen, genauer an, so ist erkennbar, dass es nicht um die Etablierung einer generellen Arbeitnehmerfreizügigkeit ging und auch nicht die Freiheit der Berufsausübung Leitidee für deren Ausgestaltung war.

Von Bedeutung ist dabei:

1) Es handelt sich nicht um ein Anrecht der Arbeitskräfte, sondern um eine Pflicht der Mitgliedstaaten, vorhandene Beschränkungen abzubauen.
2) Diese Bestimmung erstreckte sich lediglich auf den eng eingegrenzten noch genauer zu bestimmenden Arbeitsmarktbereich der qualifizierten Arbeit in der Kohle- und Stahlindustrie.
3) Die *„Freizügigkeit der Arbeitnehmer“* ist beschränkt auf diejenigen Arbeitnehmer, die *„anerkannte“* Qualifikationen vorweisen können.

So wirkt dieser Teil in der Praxis faktisch als Zugangsregulierung, denn als Freiheit. Der Charakter der Regelung im Sinne einer Privilegierung einer besonderen Gruppe unter bestimmten Voraussetzungen wird auch im 3. Absatz des Artikels 69 des EGKS-Vertrags deutlich:

> *„Soweit es sich um Gruppen von Arbeitnehmern handelt, die in den vorstehenden Absätzen nicht genannt sind, und falls die Entwicklung der Erzeugung in der Kohle- und Stahlindustrie durch Mangel an geeigneten Arbeitskräften gehemmt wird, haben sie außerdem ihre Einwanderungsbestimmungen in dem zur Beseitigung dieses Zustandes erforderlichen Umfange zu ändern; sie haben insbesondere die Wiederbeschäftigung der aus der Kohle- und Stahlindustrie anderer Mitgliedstaaten stammenden Arbeitnehmer zu erleichtern.“* (EGKSV 1951, § 69 Abs. 3).

Nur dann, wenn es für den wirtschaftlichen Erfolg der Kohle- und Stahlindustrie erforderlich ist, muss die Freizügigkeit auch anderen Arbeitnehmern, als den „anerkannt qualifizierten“ ermöglicht werden. Dies wurde national durch entsprechende Regelungen und Maßnahmen, wie z. B. in Deutschland durch etliche Abschlüsse von bilateralen sogenannten Anwerbeabkommen,[69] umgesetzt.

Als Fazit lässt sich festhalten, dass mit der Umsetzung des Artikels 69 eine streng kontrollierte Beschäftigungsfreizügigkeit bzw. eine Arbeitsmarktvermittlung aufgebaut wurde. Die den Arbeitnehmern gewährten Freiheiten bzw. Rechte wurden in das Konzept des „gemeinsamen Marktes“ als Prosperitätsmotor eingebettet. Intention war es hingegen nicht, ein grundrechtsorientiertes, die Berufsfreiheit adäquat gewährleistendes Regelwerk zu entwerfen oder gar zu etablieren. Das sollte nicht außer Acht gelassen werden, wenn es im Folgenden darum geht, die Eignung der entwickelten Instrumente und Verfahren für den Entwurf eines emanzipatorischen Ansatzes zur Ausgestaltung qualifikationsfordernder Reglementierungen zu prüfen.

5.1.4.2 Nationalstaatliche Vorbehalte und Pionierarbeit

Die Vertragsinhalte der EGKS gehen über den Punkt einer Schaffung eines gemeinsamen Arbeitsmarktes für *„qualifizierte Arbeitskräfte“* hinaus und zielen auf eine allgemeine *„Verbesserung der Lebens- und Arbeitsbedingungen der Arbeiter“* (EGKSV 1951, Art. 3, Ziff. E.). Sie setzen darüber hinaus auf eine systematische Beteiligung dieser bzw. ihrer Vertreter in den leitenden Organen der Erzeugerverbände (ebd., Art. 48). Dies bedeutet, dass bei der Anlage des EGKS-Vertrags neben nationalstaatlich denkenden Akteuren auch Interessenvertreter der Unternehmen sowie Gewerkschaften ihre Vorstellungen und ihren Einfluss geltend machen konnten.

Dabei wurden verschiedene Koalitionen gebildet und Kompromisse eingegangen. Ein Beispiel für solche, die Ausgestaltung beeinflussende Prozesse, sind die Abstimmungen zwischen der deutschen Industrie und den deutschen Gewerkschaften. Ausgangspunkt für dieses Beispiel war hier das Bestreben der deutschen Industriellen, einer weiteren Dekartellisierung der deutschen Wirtschaft entgegenzuwirken (Bayer 2002, S. 62 f.).

> *„Sie setzten auf die breite politische und gewerkschaftliche Gegnerschaft gegen eine weitergehende Entflechtung, wofür sich die Gewerkschaft eine Ausdehnung der Mitbestimmung auf die Kohle verdiente.“* (ebd., S. 63)

Welcher Interessenvertreter, wie im Detail auf die Ausgestaltung der „Arbeitnehmerfreizügigkeit“ des EGKS-Vertrags Einfluss genommen hat, lässt sich

69 Vereinbarung über die Anwerbung und Vermittlung von Arbeitskräften nach der Bundesrepublik Deutschland (populär: „Gastarbeiterabkommen“).

nicht mehr ohne Weiteres rekonstruieren. Ausgegangen werden kann allerdings davon, dass neben rein ökonomischen, die Freizügigkeit der Fachkräfte betreffenden, Beweggründen auch grundsätzlich liberale und arbeitnehmerfreundliche Anschauungen eine Rolle gespielt haben müssen.

Diese werden einige der den Arbeitnehmern zugutekommenden Regelungen, wie etwa die Maßnahmen zur Wiedereingliederung übermäßig vieler freigewordener Arbeitskräfte, zugrunde gelegen haben (EKGSV 1951, Art. 56). In einigen Bereichen wurde hinsichtlich einer europäischen Arbeitnehmerfreizügigkeit Pionierarbeit geleistet, so etwa mit dem grundsätzlichen, die Rahmenbedingungen von Arbeitsmigration betreffenden, Diskriminierungsverbot:

> *„Sie haben ferner jede Diskriminierung bei der Entlohnung und den Arbeitsbedingungen zwischen inländischen und eingewanderten Arbeitern zu verbieten, unbeschadet besonderer Maßnahmen für die Grenzgänger ; insbesondere haben sie untereinander alle etwa noch erforderlichen Vereinbarungen anzustreben, um zu erreichen, dass die Bestimmungen über die Sozialversicherung den Wechsel der Arbeitsplätze nicht behindern."* (EGKSV 1951, Art. 69, Abs. 4).

Diese im Kontext der grenzüberschreitenden Arbeitsmigration auftretenden sozialrechtlichen Diskriminierungssituationen sind bis heute ein Problem der europäischen Arbeitskräftemobilität, wie z. B. der politische Disput und die Rechtsauseinandersetzungen um den Anspruch von Wanderarbeitern auf die Zuwendung von Kindergeld gezeigt hat.

Schwerpunkt der Arbeit bildet die Untersuchung derjenigen Bestimmungen, die die Ausübung einer beruflichen Tätigkeit an sich reglementieren. Im Zusammenhang mit dem Artikel 69 und seiner Umsetzung durch den Beschluss (EGKS-69 B 1957) und die Vereinbarung (EGKS-69 V 1957) der Mitgliedstaaten der EGKS ist dabei die Ausgestaltung der Beschäftigungsfreiheit auffallend restriktiv.

Augenfällig ist, dass es starke Vorbehalte bei den nationalen Regierungsverantwortlichen gegen eine tatsächliche Arbeitnehmerfreizügigkeit gegeben haben muss. Dies kann damit erklärt werden, dass einerseits der Arbeitsmarkt in der Zeit zwischen den beiden Weltkriegen in Folge der Weltwirtschaftskrise und der mit ihr einhergehenden Massenarbeitslosigkeit national abgeschottet worden war und andererseits der Arbeitsmarkt bzw. die Kontrolle der Arbeiterströme ein originärer Herrschaftsbereich der nationalen Herrschaftsgewalt war.[70] Zudem entstand die restriktive Gestaltung des Artikels 69 aus der ebenfalls nationalen

70 Das spielt auch aktuell bei den Motiven zum Brexit eine nicht unbedeutende Rolle.

Perspektive heraus, dass negative Folgen einer umfassenden Freizügigkeit, wie z. B. die Ausnutzung sozialer Leistungen durch Migranten,[71] befürchtet wurden.

An verschiedenen Stellen der Regelungen zur Umsetzung des Artikels 69 sind daher Vorbehalte, insbesondere zur Aufrechterhaltung der Gesundheit und öffentlichen Ordnung sowie Maßnahmen für den Fall eines Arbeitsmarktungleichgewichts oder gar eine grundlegende Schutzklausel, eingearbeitet (s. a. Teil II 5.1.3.3).

> *„Ist ein Mitgliedstaat der Auffassung, daß die Anwendung dieses Beschlusses das Gleichgewicht auf dem Arbeitsmarkt in den in Artikel 2 Abs. 2 bezeichneten Gebieten gefährdet oder gefährden könnte, so kann dieser an die Hohe Behörde mit dem Ersuchen herantreten, eine Tagung der Mitgliedstaaten einzuberufen, um die geeigneten Maßnahmen ausfindig zu machen, die namentlich darin bestehen könnten, die Ausstellung der Arbeitskarte davon abhängig zu machen, daß alle oder ein Teil der in Artikel 8 aufgeführten Bedingungen in den genannten Gebieten erfüllt worden sind.“* (EGKS-69 B 1957, Art. 30)

Trotz der vielfältigen nationalen Vorbehalte wurden im Zuge des Artikels 69 und seiner Umsetzungen bedeutende Kompetenzen der Arbeitsmarktsteuerung für *„qualifizierte Arbeiter“* ab- bzw. aufgegeben.

Für Inländer erfolgt die Überprüfung des Vorliegens der geforderten Qualifikationen für die angebotene Stelle in der Regel durch den Arbeitgeber. Wird davon ausgegangen, dass die Arbeitgeber diejenigen zu besetzenden Stellen, die eine *„Facharbeitereigenschaft“* verlangen, tatsächlich mit entsprechend *„qualifizierten Arbeitern“* besetzen, auch für den Fall, dass diese Inländer sind, so kann dem „Arbeitskartenverfahren“ der EGKS darüber hinaus keine grobe Benachteiligung für den sich im Ausland Bewerbenden attestiert werden.[72] Lediglich der administrative „Umweg“ über die Arbeitsbehörde ist von dem ausländischen Bewerber zusätzlich zu absolvieren, im Gegenzug aber erweitert sich der Arbeitsmarkt, auf dem er eine Stelle finden kann, erheblich.

Die Errungenschaft der EGKS, hier im Bereich der Arbeitnehmerfreizügigkeit eine grundlegende Weichenstellung hin zu einer europäischen Gemeinschaft gestellt zu haben, muss damit anerkannt werden. Die Beschäftigung ausländischer (Fach-)Arbeiter war bereits vor der Umsetzung der „EGKS-Beschäftigungsfreiheit“ möglich und je nach Staat sehr ungleich ausgeprägte Wirklichkeit (s. Tab. 3).

---

71 In der Entwicklung der Europäischen Union war und ist dies ein fortwährender Grund für Übergangs- und Ausnahmeregelungen hinsichtlich der vollwertigen Freizügigkeit.

72 Für die Inländer kann es hingegen zur sogenannten Inländerbenachteiligung kommen.

Tab. 3: Die Verteilung der einheimischen und ausländischen Arbeiter im Steinkohlebergbau der EGKS für die Jahre 1950 bis 1952

	Einheimische Arbeiter absolut	Einheimische Arbeiter in %	Ausländische Arbeiter absolut	Ausländische Arbeiter in %	Beschäftigte Arbeiter insgesamt (1) absolut	Beschäftigte Arbeiter insgesamt (1) in %
Deutschland						
31. Dez. 1950	435.253	99,3	3.243	0,7	**438.496**	**100,0**
— 1951	451.586	99,2	3.500	0,8	**455.086**	**100,0**
— 1952	469.797	99,2	3.796	0,8	**473.593**	**100,0**
Belgien						
31. Dez. 1950	97.465	63,6	55.750	36,4	**153.215**	**100,0**
— 1951	91.966	56,6	70.594	43,4	**162.560**	**100,0**
— 1952	90.813	56,3	70.510	43,7	**161.323**	**100,0**
[...]						
Gemeinschaft						
31. Dez. 1950	872.861	87,8	121.519	12,2	**994.380**	**100,0**
— 1951	885.289	86,8	134.714	13,2	**1.020.003**	**100,0**
— 1952	903.007	87,2	132.041	12,8	**1.035.048**	**100,0**

Quelle: EGKS 1953, Tab. 6, S. 54; im Auszug

Der wesentliche Unterschied oder je nach Sichtweise der Fortschritt nach Umsetzung des Artikels 69 bestand daher genau darin, dass die bis dato nationale Kontrolle über die Zuwanderungsbedingungen von ausländischen Arbeitskräften für *„qualifizierte Arbeiter der Kohle- und Stahlindustrie"*, zumindest für diejenigen mit einer Staatsangehörigkeit einer der Mitgliedsländer der EGKS, abgegeben wurde.

Die beiden grundsätzlichen Errungenschaften, die durch den Artikel 69 des EGKS-Vertrags bewirkt wurden, sind demnach die dargestellte Abgabe der Souveränität bzgl. der Kontrolle der Arbeitskräftemigration für die genannte Beschäftigtengruppe sowie die Schaffung einer gemeinschaftlichen Arbeitsvermittlungsstruktur als wichtige Grundlage einer grenzüberschreitenden Arbeitskräftemobilität. Auch wenn durch den technischen Fortschritt, den einsetzenden Strukturwandel und die fortschreitende Globalisierung unvermeidliche

Entwicklungen eingetreten sind, die durch das Regelwerk des Artikels 69 nicht immer aufgefangen werden konnten, so blieben diese beiden Errungenschaften für die weitere europäische Integration erhalten.

5.1.4.3 Kritik am Konstrukt „anerkannter qualifizierter Facharbeiter“

Die Herausforderung, der die Gründungsstaaten bzw. ihre Beauftragten gegenüberstanden, war, zu definieren, welche fachberuflichen Tätigkeiten (*„spécialités“*, EGKSV 1951, Art. 69, Abs. 2) durch *„qualifizierte Arbeitskräfte“* ausgeführt werden und welche Qualifikationsbedingungen (*„conditions de qualification,“*, ebd.) erfüllt sein müssen, um als *„qualifizierte Arbeitskräfte“* (*„travailleurs [...] de qualification confirmée“*, ebd., Abs. 1) zu gelten.

Dieser Aufgabe, wie sie in Artikel 69 EGKS von den Mitgliedstaaten gefordert war, wurde damit begegnet, dass Erwerbsberufsprofile (Berufsbilder) geschaffen wurden, für die Arbeitskräfte qualifiziert sein müssen, um *„qualifizierte Arbeitskräfte“* zu sein oder anders formuliert, wer über die *„technische Befähigung“* verfügt, eine berufliche Tätigkeit auszuüben, die eine entsprechende Qualifizierung voraussetzt, ist eine *„qualifizierte Arbeitskraft“*.

Als Prämisse der Reglementierungslogik wird die Existenz von Tätigkeiten bzw. Tätigkeitsbündeln gesetzt, deren Eigenschaften es erfordern, dass es für deren Ausübung einer angemessenen Qualifizierung bedarf. Diese Prämisse war für die Gründer insofern evident, als dass in allen Gründungsstaaten derartige Konstrukte[73] bekannt und in der hierarchisch strukturierten Arbeitswelt präsent waren. Auch dass eine Art von Ausbildung (Anlernzeit oder systematische Ausbildung), d. h. aktuell der Erwerb von Kompetenzen, erforderlich ist, um für die Ausübung dieser „Berufe“ qualifiziert zu sein, ist einleuchtend.

Es aber so zusammenzufassen, dass eine Arbeitskraft dann qualifiziert ist, wenn sie eine Berufstätigkeit ausübt, für die sie qualifiziert ist, führt zu dem Logikfehler „Idem per idem“ (dasselbe durch dasselbe). Dieser ist einer der häufigsten, wenn es um die Regelung von Berufsausübung geht. Er tritt z. B. bei dem Versuch, die „Elektrofachkraft“ definitorisch zu meistern, auf und lässt sich vereinfacht auf „Wer qualifiziert ist, der ist qualifiziert.“ reduzieren. Experten der Arbeitswelt der Kohle- und Stahlindustrie kennen natürlich die genauen fachberuflichen Tätigkeiten und die Fähigkeiten bzw. Kompetenzen, die zu ihrer Ausübung erforderlich sind. Den Anforderungen einer modernen,

73 Nicht zu verwechseln mit geordneten Berufsausbildungen.

grundrechtskonformen und transparenten, die Berufsfreiheit einschränkenden Reglementierungsstruktur genügt dies jedoch nicht.

Was im Falle der Umsetzung des Art. 69 des EGKS-Vertrags fehlt, ist die Benennung der erforderlichen Fähigkeiten für die jeweiligen berufsfachlichen Erwerbstätigkeiten. Für beide Fälle, Anlernausbildung und systematische Ausbildung, werden diese nicht genannt. Es wurde darauf gesetzt, dass im Rahmen dieser beiden Ausbildungswege schon die benötigten Kompetenzen erworben worden. Mit Qualifikation ist hier zunächst nur der Nachweis formeller Dokumente, wie etwa Zertifikate einer erfolgreich absolvierten systematischen Ausbildung oder Bescheinigungen der abgeleisteten Mindestbeschäftigungsdauer, bezeichnet. Ob die im Rahmen der damit einhergehenden „Lernzeit" auch tatsächlich die *„Technische Befähigung"* erworben wurde, wird dabei nicht infrage gestellt.

Petz und Zöllner (1956) werfen im Zuge ihrer Auseinandersetzung mit der Beschäftigungsfreiheit der Montanfacharbeiter die Frage auf: *„Welche fachlichen Voraussetzungen müssen erfüllt sein, daß ein Arbeiter der Kohle- und Stahlindustrie als Angehöriger eines dieser Berufe anerkannt werden kann?"* (ebd., S. 25). Zur Beantwortung dieser Frage wird dann später ausgeführt: *„Große Schwierigkeiten bereitete die Frage; welche Beschäftigung und welche Ausbildung der Facharbeiter nachzuweisen hat, um als Facharbeiter eines der in der Berufsliste aufgezählten Berufe im Sinne des Artikels 69 anerkannt zu werden."* (ebd., S. 27). Beschäftigung und Ausbildung beschreiben formelle Anforderungen, nicht aber fachlich-inhaltliche Voraussetzungen.

Worin die *„großen Schwierigkeiten"* bestehen, führen Petz und Zöllner nun im Weiteren wie folgt aus:

> *„Es bestehen in den Ländern der Gemeinschaft in den Gemeinschaftsindustrien zum Teil überhaupt keine geregelten Ausbildungsverhältnisse, zum Teil sind die Ausbildungsverhältnisse in den einzelnen Mitgliedstaaten nach Art und Dauer so grundverschieden, daß man sich nicht damit begnügen konnte, als Facharbeiter der Kohle- und Stahlindustrie diejenigen Arbeitskräfte gelten zu lassen, die in ihrem Land als Facharbeiter angesehen werden."* (ebd., S. 27).

Beschäftigungszeiten und „Ausbildungen" als Kriterien zur Beurteilung des Vorliegens der *„technischen Befähigung"* zur Ausübung der gelisteten erwerbsberuflichen Tätigkeiten heranzuziehen, kann im Rahmen der Umsetzung des Artikels 69 der EGKS als pragmatische (Verlegenheits-)Lösung bezeichnet werden. Zur Erinnerung: Die Mindestanforderung für die den Erwerb der berufsfachlichen (*„technischen"*) Befähigung besteht nur darin, ein sogenanntes Ausübungsjahr in dem Beruf, für den die Arbeitskarte beantragt wird, gearbeitet zu haben.

Hinsichtlich der Perspektive einer mit dem Grundrecht der Freiheit der Berufsausübung konformen grenzüberschreitenden Beschäftigungsfreizügigkeit stellt sich hier die Frage nach der Geeignetheit dieser Kriterien, wie auch grundsätzlich von *„recognized qualifications"* insgesamt für die Beurteilung von fachlicher Eignung für die Ausübung von Erwerbstätigkeiten (s. Teil II 6.4.2).

Dieser Frage, die für die Bearbeitung der Problemstellung von herausragender Bedeutung ist, wird später ausführlich nachgegangen (s. Teil II 6.1.3). An dieser Stelle kann in Bezug auf die Umsetzung des Artikels 69 des EGKS allerdings bereits festgehalten werden, dass im Zusammenhang mit dem Kriterium Beschäftigung und Ausbildung das Kernproblem in der fehlenden Bestimmung im Sinne einer verbindlichen Klärung der zugrunde liegenden erforderlichen *„technischen Befähigungen"* liegt. Darüber hinaus sind die *„Ausbildungsverhältnisse"* in den Mitgliedstaaten derart unterschiedlich, dass Ausbildungen eigentlich nicht als Maßstab für Beschäftigungsgeeignetheit herangezogen werden sollten.

Als langfristig zu beschreitenden Weg, die beschriebenen Probleme, die sich aus den ausgeprägten Disparitäten der Qualifizierungssysteme der Mitgliedstaaten ergeben, aufzulösen, hat die Hohe Behörde der EGKS die „[...] *schrittweise Harmonisierung der Berufsausbildung der Arbeitnehmer in der Montanunion."* (EGKS 1960, S. 24) zu erreichen versucht. Das Ziel war, sicherzustellen, dass im Rahmen der „Ausbildungen" auch tatsächlich ein adäquat qualifizierte *„technische Befähigung"* erreicht wird.

Indes hat das Regelungsverfahren der EGKS bzgl. des Zugangs zur Beschäftigungsfreiheit eine, sicher ungewünschte, Nebenwirkung. Es relativiert nämlich die nationalen Ausbildungswege und Zugangsregelungen zum Erwerb der Befähigung, d. h. der Berechtigung, „qualifizierte Berufstätigkeiten" in der Kohle- und Stahlindustrie ausüben zu dürfen. Eine gemeinschaftsweite harmonisierte Berufsausbildung würde diesen für einige Mitgliedstaaten unerwünschten Effekt des Bedeutungsverlustes systemischer Berufsausbildungen als Zugangskriterium zu „qualifizierter" Beschäftigung zwar beheben, bringt allerdings gleichzeitig den Verlust der nationalen Kontrolle über die Berufsbildung mit sich.

Ausblickend bieten diese Zusammenhänge bereits hier eine mögliche Erklärung, warum in den Verträgen späterer europäischer Gemeinschaften ein implizites Verbot der initiativen Harmonisierung durch die Gemeinschaftsorgane eingearbeitet ist (z. B.: „[...] *unter strikter Beachtung der Verantwortung der Mitgliedstaaten* [...]", AEUV 2012, Art. 165 u. 166).

5.1.4.4 Sicherheitsaspekte – legitime Rechtfertigung oder Vorwand

Hinsichtlich der Fragestellung dieser Arbeit ist im Weiteren der Ansatz von Interesse, dass „besondere" Sicherheitsaspekte der Tätigkeiten in der Kohle- und Stahlindustrie als Begründung für einen Teil der Reglementierung herangezogen wurden. Wie oben dargestellt (s. Teil II 5.1.3.2), wurden zur Beurteilung des Vorliegens der *„technischen Befähigung"* die Kriterien Beschäftigungszeiten und „Ausbildungen" mit der Mindestvoraussetzung eines absolvierten „Ausübungsjahres" in der beabsichtigten Berufstätigkeit festgelegt (s. o.). Demgegenüber besteht *„In der Erwägung, daß bei der Arbeit in der Kohle- und Stahlindustrie den Sicherheitsfaktoren eine überwiegende Bedeutung zukommt,* [...]" (EGKSV-69 B 1957, Anhang I, Präambel) die Anforderung an den Antragsteller der Arbeitskarte darin, „[d]*aß die Erfahrung, welche diese Sicherheitsfaktoren erfordern, entweder durch eine systematische Ausbildung oder durch eine Beschäftigungszeit von mindestens zwei Jahren* [sog. allgemeinen *„Mindestbeschäftigungszeit"*] *erworben* [...]" (ebd.) wurde.

Rein faktisch werden damit die Anforderungen, die sich aus den besonderen Gefahrenmomenten, d. h. der Gefahrengeneigtheit beruflicher Tätigkeiten in der Kohle- und Stahlindustrie, ergeben, höher bewertet als diejenigen, die an den Nachweis der *„technischen Befähigung"* gestellt werden. Tatsächlich ist eine *„systematische Ausbildung"* (ebd., Art. 8) auch nur auf die die Sicherheit gewährleistende *„Mindestbeschäftigungszeit"* anrechenbar, nicht aber auf das „Ausübungsjahr", welches zum Nachweis der *„technischen Befähigung"* diente.

In den historisch überlieferten Begründungszusammenhängen sind dazu widersprüchliche Aussagen zu finden. Einerseits wird konstatiert: *„Die Arbeit untertage im Bergbau und die Arbeit in den einzelnen Stadien der Stahlgewinnung ist ausgesprochen gefährlich."* (Petz/Zöllner 1956, S. 28) und weiter:

> *„Die Sicherheit der Arbeiterschaft in den Betrieben der Kohle- und Stahlindustrie darf nicht dadurch gefährdet werden, daß zu den Arbeitsplätzen in diesen Industrien ein Personenkreis erleichterten Zutritt erhält, der mit den Gefahren der Arbeit nicht hinreichend vertraut ist."* (ebd.).

Dieser Sicherheitsaspekt wurde von der Regierungskonferenz, die den Umsetzungsbeschluss (EGKSV-69 B 1957) entworfen hat, also klar als Begründung für die Zugangsreglementierung, allgemeine Mindestbeschäftigungszeit oder systematische Ausbildung, angeführt.

Andererseits wurde aber mit Bezug auf die mit der Vorbereitung der Umsetzung des Artikels 69 des EGKS befasste Arbeitsgruppe der Hohen Behörde angegeben:

„*Der einzige Zweck der Mindestbeschäftigungszeit war, nach den Hinweisen der Hohen Behörde, zu verhindern, daß Arbeitskräfte aus anderen gewerblichen oder landwirtschaftlichen Sektoren die Vergünstigungen des Artikels 69 beanspruchen konnten, nachdem sie einige Wochen in der Kohle- und Stahlindustrie beschäftigt waren.*" (Petz/Zöllner 1956, S. 13).

Insgesamt konnte bereits festgestellt werden, dass die Regelungen zur „*Beschäftigungsfreizügigkeit*" ausgesprochen von der Bemühung geprägt waren, die Kontrolle über möglichst viele auf nationale Verhältnisse sich auswirkenden Aspekte einer grenzüberschreitenden Wanderung von Arbeitnehmern der Kohle- und Stahlindustrie zu behalten. Insofern würde es in das Denkschema der beteiligten Verantwortlichen fallen, dass hier der Sicherheitsvorbehalt in gewisser Weise instrumentalisiert wurde. Interessant ist darüber hinaus, dass das Verlangen einer systematischen Ausbildung oder der Mindestbeschäftigungszeit als Zugangsvoraussetzung zur Beschäftigungsfreizügigkeit überhaupt begründet wird.

Die Ausgangssituation des Artikels 69 des EGKS, sich auf „*qualifizierte Arbeitskräfte*" zu beziehen, rechtfertigt allein schon die Anforderung, eine „gewisse" Erfahrung (Kompetenzen) erworben haben zu müssen, um in den Genuss der „Freizügigkeit" zu kommen. Das eigentliche Problem bestand daher vielmehr darin, dass bei der Umsetzung des Artikels 69 die Zugangsvoraussetzungen mit der Verschiedenartigkeit der nationalen Ausbildungs- und Beschäftigungssysteme in Einklang zu bringen waren. Mitgliedstaaten, in denen Ausbildungsgänge von besonders langer Dauer etabliert waren, wie z. B. in Deutschland der Fall, haben verständlicherweise erhebliche Bedenken, wenn es Arbeitskräften aus anderen Staaten, die lediglich eine kurze Anlernzeit absolviert haben, ermöglicht wird, gleichberechtigt um entsprechend qualifizierte Stellen zu konkurrieren (s. a. Teil II 5.1.2.4).

Warum nun aber das Erfordernis der systematischen Ausbildung oder Mindestbeschäftigungszeit von zwei Jahren ausgerechnet mit dem Sicherheitsaspekt begründet wird, erschließt sich nicht. Die besondere Gefahrengeneigtheit beruflicher Tätigkeiten in der Schwerindustrie ist unbestritten. Dies jedoch als Grund für ein Versagen der Freizügigkeit heranzuziehen ist nicht sachgerecht. Auch Berufsanfänger könnten im Ausland eine Tätigkeit oder Ausbildung beginnen. Sie müssten dann entsprechend angeleitet und geschult werden. Dieses Problem ist in allen Staaten gleich und keine Frage der Staatsangehörigkeit. Fakt ist, dass ausschließlich den „*qualifizierten Arbeitskräften*" die Privilegien, die mit der Arbeitskarte erworben werden, zugestanden werden sollten.

Eine qualifizierte Arbeitskraft zu sein, heißt darüber hinaus bereits bzgl. der Gefahren und ihrer Abwehr, eben auch der allgemeinbetrieblichen, kundig zu sein. Es spricht also einiges dafür, dass die Mindestbeschäftigungszeit tatsächlich deswegen eingeführt wurde, um eine ausgleichende, als gerecht empfundene Regelung grenzüberschreitenden Zugangs zu qualifizierter Berufstätigkeit zu installieren. Da die Gefahrenabwehr also nicht das vordringliche Kriterium zur Einschränkung der Berufsfreiheit ist, sondern additional hinzugezogen wurde, ist es nicht zweckmäßig, diese Reglementierung dahin gehend umfassend auf Legitimität zu untersuchen (s. a. Teil II 6.2.2).

Allerdings kann grundsätzlich festgestellt werden, dass die angeführten allgemeinbetrieblichen Sicherheitsaspekte für sich genommen zu unspezifisch sind. In fast allen Branchen existieren besondere sicherheitsrelevante Verhältnisse, die eine Anpassung des Arbeitnehmers an die Arbeitsumgebung erforderlich machen. Mit dieser Begründung allein eine Berufsausübung zu verwehren, würde es aber unmöglich machen etwa eine Ausbildung oder Anlernarbeit anzufangen. Nur, wenn sich im Zusammenhang mit den angestrebten beruflichen Tätigkeiten an sich spezifische Gefahren ergeben, kann eine besondere Anforderung an die Qualifikation des Arbeitnehmers gestellt werden. Diesen Grundsatz gilt es, für die Überlegungen zur Entwicklung eines emanzipatorischen Gestaltungsansatzes für Berufszugangsvorschriften festzuhalten.

5.1.5 Erste Ergebnisse für den Entwurf eines „neuen" Gestaltungsansatzes

Das Kapitel zur Beschäftigungsfreiheit qualifizierter Arbeiter der Montanunion abschließend, werden für den Entwurf des avisierten Ansatzes relevante Ergebnisse nachfolgend zusammengefasst. Die Auswahl und Kommentierung dieser erfolgt hier schon unter der Berücksichtigung des Wissens einerseits um die weitere Entwicklung der personenbezogenen Verkehrsfreiheiten im Zuge der fortschreitenden europäischen Integration und andererseits um die grundsätzlichen Anforderungen einer auf der Grundgarantie der Berufsfreiheit basierenden Gestaltung von Zugangsregelungen.

Von grundlegender Bedeutung ist zunächst die gewonnene Erkenntnis, dass die vertraglich vereinbarte „Arbeitnehmerfreizügigkeit" der Montanunion auf der wirtschaftsliberalen Idee des gemeinsamen Marktes, der Prosperität und eine Verbesserung der Lebensbedingungen Aller, beruht. Dies ist bis heute die Basis aller folgenden europäischen Gemeinschaften, also auch die der aktuellen Vertragsgestaltung der Europäischen Union. Die Freizügigkeiten sind dabei immanenter Bestandteil des darauf aufbauenden Konzeptes zur Organisation von Gesellschaft. Soll ein freiheitlicher Ansatz zur Ausgestaltung qualifikationsfordernder Reglementierungen entworfen werden, so bedarf es unbedingt der Kompatibilität eines solchen mit der Idee des „freien" Marktes.

Als herausragendes Problem für die Verwirklichung des „freien" Marktes im Handlungsfeld „Realisation beruflicher Verkehrsfreiheiten" hat sich bereits im Rahmen der Bestrebungen um die Umsetzung der EGKS-Arbeitnehmerfreizügigkeit die Diversität der nationalen Berufszugangs- und Qualifizierungssysteme herauskristallisiert. Aus den Bemühungen, diesem Problem zu begegnen, kann für den Entwurf des angestrebten Ansatzes festgehalten werden, dass erfasste berufsfachliche Profile der entsprechenden erwerbsberuflichen Tätigkeiten als Ausgangspunkt einer Reglementierung geeignet sind.

Für die damit unmittelbar zusammenhängende Frage nach der Befähigung zur Ausübung der reglementierten Tätigkeiten wurden die Konstrukte der Anlernzeit und der systematischen Ausbildung sowie das Mindestausübungsjahr herangezogen. Aus dem Konzept der „Anerkennung" beruflicher Qualifikation der Montanunion soll an dieser Stelle Folgendes hervorgehoben werden:

1. Als Grundlage zur Bewertung einer beruflichen Qualifikation dienten formulierte Bündel erwerbsberuflicher Tätigkeiten.
2. Diese wurden extra für diesen Zweck als Berufsprofile geschaffen.
3. Das Vorliegen der Qualifikation konnte anhand einer absolvierten systematischen oder durch eine Anlernausbildung nachgewiesen werden.
4. Die internationale Abstimmung bzgl. deren Anerkennung fand über eine „Berufe-Liste" und gelistete Qualifikationsnachweise durch die nationalen Arbeitsverwaltungen statt.

Festzustellen ist jedoch, dass hier der notwendige Zwischenschritt der Festlegung bzw. Beschreibung der für die sichere Ausübung der reglementierten Tätigkeiten erforderlichen Fähigkeiten, die sogenannte technische Befähigung, fehlte. Ohne diesen Schritt ist nicht transparent und sicher feststellbar, ob die Befähigung überhaupt erreicht wurde bzw. mit der angedachten Qualifizierungsmaßnahme erreicht werden kann. Darüber hinaus wurde in diesem Kontext die Vermutung geäußert, dass formelle Berufsausbildungen, die in einer gewissen Breite für ein berufliches Erwerbsleben und nicht gezielt für einzelne (Facharbeiter-)Tätigkeiten qualifizieren sollen, im Grundsatz nicht geeignet sind, als Zugangskriterium aufgestellt zu werden.

Wenn es um die Gestaltung einer tatsächlichen Arbeitnehmer- oder verallgemeinert eine personenbezogene Freizügigkeit geht, so wurde deutlich, dass ein stringentes Vorgehen vonnöten ist, wenn denn konsequent eine Diskriminierung vermieden werden soll. So ist die Beschränkung der Ausübung von Tätigkeiten auf eine Branche nur dann sachgerecht, wenn der Anlass für die Regelung in der speziellen Eigenart genau dieser Branche begründet liegt. Andersherum kann die Ausübung einer allgemeinen, d. h. auch einer außerhalb dieser Branche vorzufindenden, beruflichen Tätigkeit lediglich dann konsistent reglementiert werden, wenn die branchenspezifischen Anforderungen eine überragende Rolle spielen. Das ist auf jeden Fall dann zu verneinen, wenn die für die Ausübung der speziellen Tätigkeit erforderlichen Fähigkeiten stattdessen durch eine „überschaubare" Zusatzqualifikation erworben werden könnten.

Von besonderer Bedeutung für insbesondere den Charakter einer emanzipatorischen an Grundwerten orientierten Regelung ist, dass die Arbeitnehmerfreizügigkeit der Montanunion, die eigentlich eine Berufszugangsbeschränkung darstellte, bereits durch einen legitimen Zweck des Allgemeinwohls gerechtfertigt wurde. Obwohl dies zu der Zeit nicht erforderlich war, wurde die definierte Anforderung, eine Ausbildung nachzuweisen, mit der branchenspezifischen Gefährdung der Sicherheit der Arbeiterschaft begründet.

Hierbei wurde deutlich, dass jene Rechtfertigung im Zusammenhang mit der Beschränkung der EGKS-Freizügigkeit pauschal gegeben wurde. In einem modernen Verständnis von Grundwerteorientierung können jedoch nur dann, wenn sich mit den diesbezüglichen beruflichen Tätigkeitsprofilen spezifische Gefahren ergeben, besondere Anforderungen an die Qualifikation gestellt werden. Die Unbestimmtheit der Rechtfertigung einer Berufsausübungsbeschränkung durch „Erfordernisse der Gesundheit und der öffentlichen Ordnung" gilt es für einen emanzipatorischen Ansatz dementsprechend ebenso aufzulösen, damit von einem legitimen Gebrauch rechtfertigender Zielsetzungen gesprochen werden kann.

Ausblickend auf eine konsequent freiheitlich ausgerichtete Mobilität von erwerbstätigen Personen auf dem Binnenmarkt der Europäischen Union ist im Weiteren bemerkenswert, dass die Zulassungsverfahren, sprich die Bewertung und Anerkennung der mitgebrachten Qualifikationen, den nationalen Arbeitsverwaltungen oblag. Diese erscheinen hier besonders geeignet, da ihre Aufgabe der Arbeitsvermittlung mit dem Ziel der Freizügigkeit, nämlich einen möglichst florierenden Arbeitsmarkt zu haben, korreliert und diese somit über die gebotene staatliche Neutralität verfügen. Auch die damals gegebene Kostenfreiheit der „Anerkennungsverfahren" ist ein nicht zu unterschätzendes Element einer freien, unbehinderten Arbeitskräftemobilität.

Von Interesse ist im Weiteren die langfristige Strategie, die die Gestalter der Arbeitnehmerfreizügigkeit der EGKS entwickelten, um der Diversität der nationalen Qualifizierungssysteme zu begegnen. Wird davon ausgegangen, dass es legitim und hinreichend zielführend sei, systematische Bildungsgänge als Voraussetzung für die Zulassung zu einer reglementierten Erwerbstätigkeit heranzuziehen, so kann ein Weg zur Überwindung nationaler Diversitäten natürlich darin bestehen, diese Bildungsgänge zu harmonisieren. Im Rahmen der Umsetzung der EGKS-Freizügigkeit wurden bereits Vorarbeiten geleistet, d. h. Werke zur abgestimmten Qualifizierung von EGKS-Facharbeitern erarbeitet (EGKS 1960, S. 24), die später in allen damaligen Mitgliedstaaten Gültigkeit haben sollten.

In der Gesamtbeurteilung muss allerdings festgestellt werden, dass die grenzüberschreitende freie Bewerbung auf sowie die Annahme von Beschäftigungsverhältnissen, d. h. eine Arbeitnehmerfreizügigkeit im eigentlichen Sinne, nicht ermöglicht worden ist. Es wurde stattdessen ein staatlich organisiertes und kontrolliertes Zugangssystem entwickelt. Die damit verbundenen Ziele, der Sicherstellung von Qualifikation und Gefahrenabwehr in Rahmen der Ausübung beruflicher Tätigkeiten, sind originäre Aufgabe der Arbeitgeber. Die nationalen Vorschriften nehmen die Arbeitgeber, dem gesellschaftlichen Anforderungsniveau des einzelnen Landes entsprechend, in die Pflicht. Ein konsequenter Abbau jeder auf die Staatsangehörigkeit gegründeten Beschränkung hätte alle, auch die ausländischen Beschäftigten, den jeweiligen nationalen Bestimmungen unterworfen. Stattdessen wurde jedoch eine Konstruktion gewählt, die vor der Zuerkennung des Rechts auf Freizügigkeit eine Qualifizierungshürde aufbaut. Die geschaffenen Regelungen zielen damit in erster Linie auf die Kontrolle von Arbeitsmigration ab. Ein emanzipatorischer Ansatz muss daher einen grundsätzlich anderen Ausgangspunkt haben.

Überleitend kann festgestellt werden, dass mit dem EGKS-Vertrag die Grundzüge des heutigen Binnenmarkts der Europäischen Union angelegt und damit bedeutende Meilensteine für die europäische Integration gesetzt wurden. Rückblickend betrachtet stellen alle nachfolgenden Vertragswerke europäischer Gemeinschaften eine fortlaufende Weiterentwicklung des jeweils vorherigen Vertrags dar. Einen freiheitlichen Ansatz verfolgen heißt letztlich, dass es um die Frage der Gerechtigkeit geht. Was als gerecht empfunden und anerkannt wird, unterliegt der jeweiligen zeitgenössischen soziokulturellen Perspektive. Die Weiterentwicklung der europäischen Gemeinschaften setzt hier fortwährend neue Maßstäbe. Vor diesem Hintergrund sind die Errungenschaften der „Arbeitnehmerfreizügigkeit" der Montanunion positiv zu bewerten.

Nachdem in diesem ersten Hauptteil zur Entwicklung beruflicher Verkehrsfreiheiten im Zuge der europäischen Integration die Keimzelle europäischer beruflicher Freizügigkeit mit der Darstellung und Analyse des Artikels 69 des EGKSV (1951) umfassend dargelegt worden ist, gilt es nun, die wesentlichen Schritte ihrer weiteren Entwicklung nachzuzeichnen und bezogen auf die Fragestellung zu bewerten. Die Fortentwicklung der Freizügigkeit ist dabei fest verbunden mit der Weiterentwicklung des Gemeinsamen Marktes, dem Kernelement der europäischen Einigung.

5.2 Die erweiterte Freizügigkeit der Europäischen Wirtschaftsgemeinschaft

Mit der Gründung der Europäischen Wirtschaftsgemeinschaft (EWG) erfolgte bereits 1957 ein nächster großer Schritt in der Chronologie der europäischen Integration. Im Rahmen der sogenannten Römischen Verträge wurde am 25. März 1957 von den Bevollmächtigten der Länder Belgien, Frankreich, Italien, Luxemburg, den Niederlanden und der Bundesrepublik Deutschland das Prinzip des Gemeinsamen Marktes,[74] wie er in der Montanunion zunächst für den Kohle- und Stahlsektor geschaffen wurde, auf nahezu alle Wirtschaftsbereiche ausgeweitet. Damit wurde die Freiheit, grenzüberschreitend einer beruflichen Tätigkeit in den Gründungsstaaten nachzugehen, grundsätzlich eröffnet.

Die Erforderlichkeit, die diesbezüglichen Regelungen des EWG-Vertrages (EWGV 1957) zu untersuchen, ergibt sich über die rein inhaltliche Bedeutung für die Problemstellung hinausgehend dadurch, dass die aktuellen Vereinbarungen zu den personenbezogenen Freizügigkeiten des Vertrags über die Arbeitsweisen der Europäischen Union (AEUV 2016) nahezu unverändert aus denen des EWG-Vertrages hervorgegangen sind. Im Zuge der Umsetzung des EWG-Vertrags wiederum wurden die Ansätze zur Verwirklichung der grenzüberschreitenden „Arbeitnehmerfreizügigkeit" der Montanunion zum Teil weiterentwickelt, zum Teil verworfen oder um neue Konzepte erweitert.

Die Untersuchung dieses zweiten Hauptteils der Betrachtung der Entwicklung der Verkehrsfreiheiten im Rahmen der europäischen Einigung verfolgt eine historisch-politische Einordnung des EWG-Vertrags. Ziel ist es, einen eventuellen Wandel im Begründungszusammenhang für die Gestaltung der europäischen Verträge zu erkennen, sodass die zugrunde liegende Idee der aktuellen Bestimmungen besser verstanden werden kann. Dies gibt auch Auskunft darüber, ob die „neuen" gemeinschaftlichen Verträge und die daraus resultierenden Bestimmungen von ihrer Anlage her grundsätzlich den Ansprüchen einer europäischen Integration, hin zu einer werteorientierten Gemeinschaft, gerecht werden. Darüber hinaus werden wesentliche „Meilensteine" der vertraglichen Weiterentwicklung im Verlauf des Bestehens der EWG entsprechend dargestellt und reflektiert.

Es folgte eine Auseinandersetzung mit dem zentralen Konzept der Freizügigkeiten der erweiterten europäischen Gemeinschaft, den personenbezogenen

74 Mit dem EWG-Vertrag von 1957 wurde unisono der Begriff des Binnenmarktes eingeführt (EWG-Vertrag 1957, Art. 3, lit. f).

Grundfreiheiten des Binnenmarktes. Grundsätzliches Ziel ist die Abschaffung jeder auf der Staatsangehörigkeit beruhenden unterschiedlichen Behandlung für alle Erwerbstätigen. Dies stellt eine erhebliche Ausweitung der „Arbeitnehmerfreizügigkeit" der Montanunion dar. Neben Arbeitnehmern gilt die „neue" Freizügigkeit nämlich ebenso für das Anbieten von Dienstleistungen und im Kontext einer beruflichen Niederlassung. Tatsächlich werden in diesen Bereichen schnell weitergehende Umsetzungsfortschritte erzielt, als das zu Beginn bei der Arbeitnehmerfreizügigkeit der Fall war. Das Konzept ist jedoch nicht unumstritten, schafft es doch neue Ungleichbehandlungen und festigt auf lange Sicht einige Elemente illegitimer Reglementierungsstrukturen.

Die Umsetzung der zunächst vertraglich vereinbarten beruflichen Freizügigkeiten erfolgte, wie auch aktuell, über das sogenannte Sekundärrecht. Um die dabei auftretenden Probleme und die Zusammenhänge für die Entwicklung des avisierten emanzipatorischen Gestaltungsansatzes nutzbar zu machen, werden die Regelungen der entscheidenden Verordnungen und Richtlinien in einem weiteren Abschnitt dargestellt und ausgewertet. Es wird der sukzessive Übergang von der restriktiven EGKS-Freizügigkeit hin zu den umfassenden Personenverkehrsfreiheiten der Europäischen Wirtschaftsgemeinschaft nachgezeichnet. Die entworfenen Regelungen bearbeiten hierbei einerseits allgemeine Aspekte der Liberalisierung und andererseits Verfahren für die Fälle, in denen für die Aufnahme oder Ausübung einer Tätigkeit Qualifikationsanforderungen gestellt werden.

Der vorletzte Abschnitt dieses Hauptteils steigt noch etwas tiefer in die praktische Ausgestaltung der Regelungen zur EWG-Freizügigkeit ein. Dies ist an dieser Stelle erforderlich, um den besonderen Charakter und die Probleme der Divergenz der nationalen Qualifizierungssysteme sowie die entwickelten Konzepte zur Überwindung dieser im Detail zu durchdringen. Nur so kann es gelingen, einen Lösungsansatz zu finden, der nicht an der Oberfläche bleibt und fundiert und nachhaltig die komplexe Problemstruktur auflöst. Neben den Konzepten, die sich unmittelbar aus den personenbezogenen Grundfreiheiten ergeben, kommt dabei dem Artikel 128 des EWG-Vertrags (1957) eine besondere Rolle zu. Er eröffnet die Option, die Mobilität und die Freizügigkeit derjenigen, die sich im EWG-Wirtschaftsraum für die Ausübung eines Berufs qualifizieren, mit weiteren Instrumenten zu fördern. So wurde in Bezug auf die Berufsausbildung nunmehr eine gemeinschaftliche Politik denkbar, die eine Angleichung der nationalen Bildungsgänge oder gar gemeinschaftliche Berufsausbildungen zum Ziel haben konnte.

Ein besonderes Augenmerk wird somit auch auf den ebenso relevanten Handlungsstrang des Bestrebens der Harmonisierung der Berufsausbildungen der Mitgliedstaaten gelegt. Abschließend erfolgt im letzten Abschnitt eine ausführliche Bewertung der weiterentwickelten Ansätze zur Umsetzung der Freizügigkeit insgesamt, sodass das Ziel, eine fundierte Vorarbeit für die Entwicklung des Ansatzes zur emanzipatorischen Ausgestaltung qualifikationsfordernder Reglementierungen zu leisten, für den Zeitabschnitt der Europäischen Wirtschaftsgemeinschaft, als erfüllt gelten kann.

5.2.1 Eine historisch-politische Einordnung des EWG-Vertrags

Auch die Europäische Wirtschaftsgemeinschaft baut auf ein politisch-ideologisches Grundgerüst auf. Hierbei stand wie bei der Montanunion die Schaffung eines gemeinsamen Wirtschaftsraumes im Vordergrund. Die Erweiterung dieses theoretischen Fundamentalansatzes der europäischen Integration auf alle Wirtschaftsbereiche des Gemeinschaftsraumes hatte im Weiteren erheblichen Einfluss auf die personenbezogenen Freizügigkeiten, auch wie sie aktuell für den Binnenmarkt der Europäischen Union gestaltet sind.

Der Arbeitnehmerfreizügigkeit ist, wie ebenfalls den anderen mit der EWG etablierten beruflichen Verkehrsfreiheiten – Dienstleistungs- und Niederlassungsfreiheit –, im Rahmen des marktideologischen Ansatzes die politische Rolle zugedacht, für eine austarierte Fluktuation erwerbstätiger Personen zu sorgen. Faktisch entfalten die personenbezogenen Freizügigkeiten des „europäischen" Binnenmarktes ihr Potenzial darüber hinaus derart, als dass langfristig wirkende, über markttheoretische Vorteile hinausgehende Freiheitsrechte zugebilligt wurden.

Die integrative sozialpolitische Komponente der erweiterten europäischen Vertragsgemeinschaft EWG erfährt eine Fortentwicklung. Die den europäischen Institutionen zugeordneten Aufgabenfelder werden dabei erheblich erweitert. Aus der historischen Perspektive einer schrittweise erfolgenden europäischen Einigung kann festgehalten werden, dass die Sozialpolitik nunmehr als eigenständiges Handlungsfeld aufgebaut wurde. Dies hat nicht zuletzt auch positive Auswirkungen auf die Rahmenbedingungen von beruflicher Freiheit insofern, als dass so für Arbeitsmigranten mittelbar wirkende Hindernisse abgebaut werden.

Die europäische Integration wurde durch die kontinuierliche Weiterentwicklung der Europäischen Wirtschaftsgemeinschaft effektiv vorangebracht. Hier sind einerseits der sogenannte Fusionsvertrag von 1967 und andererseits die Einheitliche Europäische Akte (EEA) von 1987 als maßgebliche Vertragswerke zu nennen. Während der Fusionsvertrag zu einer Vertiefung der Europäischen Gemeinschaften durch institutionelle Festigung führte, liegt die

Leistung der EEA in der grundsätzlichen Bindung der Gemeinschaft an anerkannte universelle Grundwerte sowie in der Präzisierung des Grundkonzeptes des Binnenmarkts durch die Definition der sogenannten vier Grundfreiheiten. Die Betrachtung dieser vertraglichen „Meilensteine“ schließt die historisch-politische Einordnung des EWG-Vertrags ab.

5.2.1.1 Der politische und ideologische Ausgangspunkt der EWG

Bei der Europäischen Wirtschaftsgemeinschaft (EWG) handelte es sich genau betrachtet lediglich um eine westeuropäische Teilgemeinschaft. Erst zum 1. Januar 1973 kamen weitere westeuropäische Mitglieder hinzu und bis heute sind nicht alle ehemals west- und osteuropäischen Staaten Mitglied der Europäischen Union. Wie für die EGKS bereits festgestellt, war die Intention des Zusammenschlusses der sechs EWG-Gründungsstaaten ebenfalls die Schaffung eines gemeinsamen Wirtschaftsraumes. Trotz weiterführender Bestrebungen war dies zum damaligen Zeitpunkt der „kleinste gemeinsame Nenner“ für das „Jahrhundertprojekt“ europäische Integration. *„Nach den Fehlschlägen auf politischem und militärischem Gebiet konzentrierte sich das Hauptaugenmerk wieder auf die wirtschaftliche Integration.“* (Lojewski 1964, S. 38).

Die EWG gehörte, verbunden durch gemeinsame Organe, zu den am 25. März 1957 gegründeten Europäischen Gemeinschaften (EGen[75]). In dieser waren neben der EWG und der schon existierenden EGKS auch die gleichfalls neugegründete Europäische Atomgemeinschaft (EAG[76]) vereint. Das folgende Zitat aus der Präambel des Vertrags zur Gründung der EAG macht den Tenor der Zielsetzung der Europäischen Gemeinschaften insgesamt nochmals deutlich:

> *„ENTSCHLOSSEN, die Voraussetzungen für die Entwicklung einer mächtigen Kernindustrie zu schaffen, welche die Energieerzeugung erweitert, die Technik modernisiert und auf zahlreichen anderen Gebieten zum Wohlstand ihrer Völker beiträgt“* (EAG-Vertrag 2010, Präambel, 3. Nennung).

Der politische und ideologische Ausgangspunkt des EWG-Vertrages war somit derselbe, wie derjenige, der zur Gründung der Montanunion geführt hat. Neben der bereits beschriebenen Motivation in der globalen Entwicklung hin zu großen Wirtschaftsräumen aufzuschließen (s. Teil II 5.1.1.1) war die in den Erfahrungen der beiden vergangenen Kriegen begründete Bestrebung *„durch diesen Zusammenschluß ihrer Wirtschaftskräfte Frieden und Freiheit zu wahren und zu*

75 Zur Abgrenzung von der 1993 gegründeten Europäischen Gemeinschaft (EG).
76 Aktuell EURATOM.

festigen" (EWGV 1957, Präambel, 8. Nennung) weiterhin präsent. Aufgrund des bestehenden Ost-West-Konfliktes schien es darüber hinaus angebracht, *„die Verbundenheit Europas mit den überseeischen Ländern zu bekräftigen"* (EWGV 1957, Präambel, 7. Nennung).

Wie in Teil II Abschnitt 5.1.1.2 für die EGKS beschrieben, liegt damit auch der Gründung der EWG ein ökonomischer Denkansatz zugrunde. *„Die Ausweitung von Wirtschaft – sprich Wirtschaftswachstum – bildet die Grundlage für mehr Beschäftigung und Steigerung der Lebenshaltung – sprich Wohlstand."* (ebd.). Im Gegensatz zu den meisten damals sozialistisch geführten Ländern, in denen sich erhofft wurde mithilfe der Planwirtschaft dieses Ziel zu erreichen,[77] setzten die Gründungsstaaten der EWG, wie die übrigen Länder der westlichen Welt ebenfalls, auf die Mechanismen des Marktes.

Insbesondere freier Handel und Wettbewerb sollten dafür sorgen, dass es zu einer optimalen Verteilung der Produktionsfaktoren und der Versorgung der Bevölkerung käme (s. a. Frenz 2012, S. 9 f.). Das ökonomische Konzept der EWG bestand darin, die Marktwirtschaft auf den vereinten Wirtschaftsraum der Mitgliedstaaten anzuwenden. Je größer ein Wirtschaftsraum, desto größer und vielseitiger seien die in ihm vorhandenen Ressourcen und desto besser könne sich eine effiziente arbeitsteilige Produktion entwickeln. Dies gelte umso mehr für die industrielle Massenproduktion.

Folgendes Zitat gibt das Denken jener Zeit noch einmal zusammenfassend wieder:

> *„Der Konzeption des EWG-Vertrags wie den gängigen Integrationstheorien zufolge wirkt die zunehmende* [innergemeinschaftliche] *außenwirtschaftliche Verflechtung über Warenaustausch, Kapitalbewegung und Arbeitskräftemobilität als ein Hebel zur Beschleunigung des allgemeinen Wirtschaftswachstums, letztlich jedoch als ein Hebel zur Angleichung der Wirtschafts- und Sozialstruktur auf einem höheren Niveau der Produktivität der gesellschaftlichen Arbeit."* (Deppe 1975, S. 213).

Dies hat sich, auch wenn die wirtschaftliche Entwicklung insgesamt beeindruckend verlief, dann im Weiteren nicht so konsistent linear verwirklicht wie gedacht. Die realen ökonomischen und gesellschaftlichen Prozesse folgen weitaus komplexeren oft nicht vorhersehbaren Gesetzmäßigkeiten. Von Bedeutung für die vorzunehmende Untersuchung der Entwicklung der personenbezogenen Verkehrsfreiheiten steht hier die Erkenntnis im Vordergrund, dass ökonomische Theorien und Zielsetzungen Ausgangspunkt des EWG-Vertrages waren und

77 Ausnahme war Jugoslawien. Es führte 1948 eine sozialistische Marktwirtschaft ein.

nicht etwa vornehmlich die Verwirklichung von Grundrechten, wie z. B. die Berufsfreiheit eine Rolle gespielt hat.

5.2.1.2 Faktische und unterschätzte Rolle der Arbeitnehmerfreizügigkeit

Die Freizügigkeit der Arbeitnehmer erscheint im Entstehungszusammenhang des EWG-Vertrages nicht als eine Grundwertumsetzung, sondern vielmehr als eine Maßnahme zur Verwirklichung des gemeinsamen marktwirtschaftlich organisierten Raumes der Gründungsstaaten.

> *„Die Mobilität der Arbeitskraft liegt demnach zunächst ‚im Interesse rationaler Standortwahl und Arbeitsteilung'. Da das produktivere Kapital zugleich befähigt ist, höhere Löhne als das weniger produktive Kapital zu zahlen, sollen die Lohndifferenzen als Anreiz wirken, der jene Prozesse der horizontalen, geographischen Mobilität der Arbeitskraft zusammen mit den politischen Maßnahmen, die die Freizügigkeit, Nichtdiskriminierung und soziale Sicherung gewährleisten, ins Werk setzt."* (Deppe 1975, S. 210)

Dieser Prozess der Mobilität sollte dann zum Wohle aller Angebots- und Nachfrage-Ungleichgewichte der nationalen Arbeitsmärkte der EWG-Länder ausgleichen (s. o.). Das hat nachweislich nicht funktioniert. Zwar hat sich eine zunehmende Wanderung in Richtung sich stärker entwickelnder Industrieländer ergeben – insofern hat sich die eben zitierte Prognose erfüllt (s. Tab. 4), aber das gleichzeitig gesetzte Ziel einer Angleichung der Wirtschafts- und Sozialstruktur auf einem höheren Niveau der Produktivität der gesellschaftlichen Arbeit wurde nicht erreicht (Deppe 1975, S. 213). Demzufolge hat sich dieser Teil des ideologischen Ansatzes des gemeinsamen Marktes in der Praxis nicht bewahrheitet.

Diese Kalamität ist bis heute unverändert bezeichnend für die Strukturfriktion europäischer Gemeinschaften. Die Schwierigkeiten der Entwicklung des europäischen Wirtschaftsraumes sind multikausal (s. a. Lojewski 1964, S. 98). Eine vertiefende Aufarbeitung dieser Zusammenhänge überschreitet den thematischen Rahmen der vorliegenden Arbeit. Festgestellt werden kann allerdings, dass die Funktion der Arbeitnehmerfreizügigkeit als Wachstumsmotor zwar partiell eine Rolle gespielt hat, jedoch der Zuführung von „lohngünstigen" Arbeitskräften für sich genommen eine übergeordnete und von Freiheitsrechten unabhängige Bedeutung zukommt. Dies zeigt sich insbesondere auch darin, dass Arbeitskräftemigration unbeeinflusst davon stattfindet, ob die Arbeitskräfte aus privilegierten EWG-Mitgliedsländern oder aus anderen sogenannten Drittländern stammen (s. Tab. 4).

Tab. 4: Die Entwicklung der Anzahl ausländischer Arbeitnehmer in den EWG-Staaten aus Drittländern und der EWG 1961 vs. 1968

BELGIEN		1961	1968
Ausländische Arbeitnehmer:	Drittländer	35 800	77 600
Ausländische Arbeitnehmer:	EWG	102 200	104 400
BRD		1961	1970
Ausländische Arbeitnehmer:	Drittländer	203 214	1 361 332
Ausländische Arbeitnehmer:	EWG	272 448	477 527
FRANKREICH		1962	1970
Ausländische Arbeitnehmer:	Drittländer	1 398 825	1 927 999
Ausländische Arbeitnehmer:	EWG	770 840	713 142
ITALIEN		1967	1970
Ausländische Arbeitnehmer:	Drittländer	21 292	25 000
Ausländische Arbeitnehmer:	EWG	9 335	12 000
LUXEMBURG		1961	1970
Ausländische Arbeitnehmer:	Drittländer	2 100	7 100
Ausländische Arbeitnehmer:	EWG	18 800	26 000
NIEDERLANDE		1961	1968
Ausländische Arbeitnehmer:	Drittländer	13 800	57 400
Ausländische Arbeitnehmer:	EWG	14 200	22 900

Quelle: Deppe 1975, S. 211, Tab. 9

Die Anzahl der Arbeitnehmer aus Drittländern ist z. B. in den Ländern Belgien, Bundesrepublik Deutschland, Luxemburg und Niederlande von 1961 bis 1968/70 tatsächlich um ein Vielfaches gestiegen, während dies für die Zuwanderer aus den EWG-Staaten in wesentlich geringerem Umfang festzustellen ist.

Nichtsdestotrotz muss resümiert werden, dass den innergemeinschaftlichen personenbezogenen Freizügigkeiten in ihrer Wirkung eine größere Bedeutung zukommt als zunächst intendiert. Sie entfaltet eine zu der damaligen Zeit höchstwahrscheinlich unterschätzte freiheitlich wirkende Komponente und dies, indem sie ein grundsätzliches langfristig wirkendes Recht bzw. einen Rechtsanspruch schafft, welcher über kurzfristige produktionsökonomische Vorteilsgewinnung hinaus Bestand hat.

5.2.1.3 Weiterentwicklung der integrativen sozialpolitischen Komponente

Der gemeinsame Markt ist die kennzeichnende Basis der EWG. Seine Merkmale und Bestimmungen sind im Zweiten Teil des EWG-Vertrages „*Grundlagen der Gemeinschaft*" (EWGV 1957) festgelegt. Darauf aufbauend sind im dritten Teil „*Die Politik der Gemeinschaft*“ die Titel „*Die Wirtschaftspolitik*“ und „*Die Sozialpolitik*“ – und dies ist eine Veränderung gegenüber dem EGKS-Vertrag – separat und formal gleichwertig dargestellt. Die Sozialpolitik hat sich gewissermaßen als eigenes Handlungsfeld der europäischen Integration emanzipiert, wenngleich sie weiterhin in quasi-symbiotischer Beziehung zur Wirtschaftspolitik steht.

Das im EGKS-Vertrag von 1951 allgemein festgelegte Ziel der „*Verbesserung der Lebens- und Arbeitsbedingungen der Arbeiter*“ (EGKSV 1957, Art. 3, lit. e) wurde weiterentwickelt und präzisiert, und zwar durch die Aufgabe für die Kommission „[...] *eine enge Zusammenarbeit zwischen den Mitgliedstaaten in sozialen Fragen zu fördern, insbesondere auf dem Gebiet*

- *der Beschäftigung,*
- *des Arbeitsrechts und der Arbeitsbedingungen,*
- *der beruflichen Ausbildung und Fortbildung,*
- *der sozialen Sicherheit,*
- *der Verhütung von Berufsunfällen und Berufskrankheiten,*
- *des Gesundheitsschutzes bei der Arbeit,*
- *des Koalitionsrechts und der Kollektivverhandlungen zwischen Arbeitgebern und Arbeitnehmern*“ (EWGV 1957, Art. 118, Satz 1).

Artikel 118 bildet mit dem später durch die Einheitliche Europäische Akte (EEA 1987) eingefügten Artikel 118a die maßgebliche Grundlage für die Entwicklung der gemeinsamen europäischen Rechtsakte zur Verbesserung insbesondere der Arbeitsumwelt der Arbeitnehmer (ebd., Artikel 21).

Die Liste des Artikels 118 war das nach einem längeren Aushandlungsprozess konsensfähige Ergebnis, welches zwischen den Gründungsstaaten gefunden werden konnte (Lojewski 1964, S. 103). Die einzelnen Punkte sind allesamt direkt mit abhängiger Erwerbsarbeit bzw. mit deren direktem Umfeld verbunden und stellen grundsätzlich dem Allgemeinwohl dienende Ziele dar. Die Kernbereiche der Sozialpolitik, wie z. B. Krankenversicherung, Familienförderung etc. blieben jedoch weiter alleinige Aufgabe der Nationalstaaten.

Wie bei der Gestaltung der Montanunion war man sich allerdings bewusst, dass die Einrichtung eines gemeinsamen Marktes den Rationalisierungsdruck auf einzelne Unternehmen erhöht (ebd., S. 99). Um die dabei für Arbeitnehmer auftretende Folge der Arbeitslosigkeit aufzufangen, wurde der heute noch existierende „*Europäische*[r] *Sozialfonds errichtet, dessen Zweck es ist* [war], *innerhalb der Gemeinschaft die berufliche Verwendbarkeit und die örtliche und berufliche Freizügigkeit der Arbeitskräfte zu fördern*“, (EWGV 1957, Art. 123) gegründet. Einerseits sollten dadurch die Auswirkungen des Strukturwandels auf die Arbeitnehmer gemildert, andererseits aber auch das indirekt wirkende monetäre Hindernis, welches in vielen Fällen einer „freizügigen" Berufsausübung entgegensteht, durch Umsiedlungsbeihilfen reduziert werden.

Insgesamt wird die integrative Sozialpolitik im Kontext des Ansatzes des Gemeinsamen Marktes fortgeführt. Sie wird als eigenständiger Abschnitt fester Bestandteil der Gemeinschaftsverträge und erfährt eine Erweiterung und Aufwertung zu einem separaten Politikfeld im Zuge des Ausbaus der europäischen Integration. Insbesondere vergleichbare für die Mobilität Berufsausübender förderliche Rahmenbedingungen werden damit ermöglicht.

5.2.1.4 Weitere Entwicklung des EWG-Vertrags

Im Rahmen einer chronologischen Betrachtung des Vorankommens der europäischen Einigung steht zunächst der Fusionsvertrag, der am 1. Juli 1967 in Kraft trat, an nächster Stelle. Dieser ist hier der Vollständigkeit halber zu nennen. Im Langtitel lautet er *„VERTRAG ZUR EINSETZUNG EINES GEMEINSAMEN RATES UND EINER GEMEINSAMEN KOMMISSION DER EUROPÄISCHEN GEMEINSCHAFTEN"* (Fusionsvertrag 1967). Damit sind im Wesentlichen die Intention und der Inhalt dieses Vertrages bereits beschrieben. Eine Weiterentwicklung des Binnenmarktes und seine Grundfreiheiten waren damit nicht verbunden. Nichtsdestotrotz stellt der Fusionsvertrag tatsächlich das Erreichen einer als historisch zu bezeichnenden nächsten Stufe der institutionellen Integration dar.

Die Einheitliche Europäische Akte (EEA 1987) hingegen hat wiederum die politischen Handlungsfelder der Europäischen Gemeinschaften maßgebend erweitert und vertieft. Es wurde der Weg hin zur Europäischen Union beschritten, der in der *„Feierliche*[n] *Deklaration zur Europäischen Union"* (Rat EG 1983) durch *„Die im Europäischen Rat versammelten Staats- und Regierungschefs der Mitgliedstaaten der Europäischen Gemeinschaften"* (ebd., Präambel) beschlossen worden war.

Das grundlegend Neue und für die Untersuchung von wesentlicher Bedeutung ist, dass durch die EEA erstmals Grundrechte formell zu den Fundamenten der europäischen Integration erhoben wurden. Die Unterzeichner der Akte erklärten:

> *„ENTSCHLOSSEN, gemeinsam für die Demokratie einzutreten, wobei sie sich auf die in den Verfassungen und Gesetzen der Mitgliedstaaten, in der Europäischen Konvention zum Schutze der Menschenrechte und Grundfreiheiten und der Europäischen Sozialcharta anerkannten Grundrechte, insbesondere Freiheit, Gleichheit und soziale Gerechtigkeit, stützen* […]" (EEA 1987, Präambel, dritte Erklärung).

Die Artikel der EEA beinhalten indes im Weiteren keinen konkreten Bezug zu den Grundrechten. Der, wenn auch behutsame, Beginn einer Grundrechtsorientierung lässt sich aber durch das Einfügen einiger erweiterter bzw. neuer aus Grundwerten ableitbarer Ziele erkennen.

So wurde der für die Entwicklung eines europäischen Arbeitsschutzes wichtige Artikel 118a des EWG-Vertrags um das Ziel „[...] *die Verbesserung insbesondere der Arbeitsumwelt zu fördern, um die Sicherheit und die Gesundheit der Arbeitnehmer zu schützen* [...]" (EEA 1987, Artikel 21, Absatz 1 des EWG-Artikels 118a) ergänzt. Dieses Ziel sollte explizit durch Harmonisierung der national unterschiedlichen Bedingungen mithilfe des Erlassens von Richtlinien erreicht werden (ebd., Artikel 1 und 2). Die Belange des Umweltschutzes wurden mit dem Ziel „[...] *zum Schutz der menschlichen Gesundheit beizutragen*" (ebd., Artikel 25, Absatz 1 des EWG-Artikels 130 r) durch Einfügen des Titels VII. „Umwelt" in den EWG-Vertrag ebenfalls etabliert.

Von besonderer Bedeutung ist jedoch die Festlegung der Mitgliedstaaten auf die national und europäisch anerkannten Grundrechte als eine Wertegrundlage für die EWG und ihre zukünftige Fortentwicklung. Diese Festlegung führte in der europäischen Rechtsprechung dann dazu, dass, bei Belangen grenzüberschreitender Berufsfreiheit, Grundrechte zunehmend auch als Basis im Sinne einer mit den Intentionen des europäischen Staatenverbunds konformen Auslegung herangezogen wurden. Dabei spielte es keine Rolle, dass viele Mitgliedstaaten z. B. die Europäische Sozialcharta noch nicht ratifiziert hatten oder aktuell haben, denn durch die EEA ist diese somit indirekt Bestandteil europäischer Grundwerte geworden. Auf die Abgrenzung zu und dem Zusammenwirken der Grundrechte mit den Grundfreiheiten des Binnenmarktes wird in Abschnitt 6.2 später ausführlich eingegangen.

Die o. g. rechtlich verpflichtende Einbindung von Grundrechten stellt einen Meilenstein in der Entwicklung der europäischen Gemeinschaft dar. Dies führt zu der eingangs gestellten zweiten später bearbeiteten Teilfrage, ob und wie denn die bisher eingerichteten qualifikationsfordernden Reglementierungen betreffenden Rechtsvorschriften und Verfahren den hohen Ansprüchen einer Grundrechtsorientierung genügen bzw. genügen könnten (s. Teil II 6). Um die Frage beantworten zu können, gilt es, sich im Folgenden mit den entsprechenden Vertragsinhalten sowie denjenigen Verordnungen und Richtlinien auseinanderzusetzen, die maßgeblich für die Weiterentwicklung der personenbezogenen Freizügigkeiten waren.

Durch die Beleuchtung der stattgefundenen Entwicklung werden einerseits die Probleme im Detail deutlich und andererseits die bisherigen Lösungsansätze sichtbar, die im Anschluss dann einer Bewertung unterzogen werden. Bezüglich des Binnenmarktes wurde mit der EEA das Ziel beschlossen, bis zum 31. Dezember 1992 den Binnenmarkt zu verwirklichen (EEA 1987, Artikel 13, Satz 1 des EWG-Artikels 8a). Dazu wird präzisiert, was die Kernidee des Binnenmarktes ist: *„Der Binnenmarkt umfaßt einen Raum ohne Binnengrenzen, in dem der freie Verkehr von Waren, Personen, Dienstleistungen und Kapital gemäß den Bestimmungen dieses Vertrags gewährleistet ist.“* (ebd., Satz 1). Diese Definition kann als systematisch einleitend für das Grundkonzept des Binnenmarkts realisiert durch Grundfreiheiten gelten.

5.2.2 Berufsausübung im Konzept der personenbezogenen Grundfreiheiten

Tatsächlich wurde das Grundkonzept des gemeinsamen Binnenmarktes, wie es sich aktuell darstellt, schon 1957 mit der Gründung der EWG angelegt. Konstituierend für dieses Konzept ist die Schaffung der sogenannten vier Grundfreiheiten, der freie Personen-, Waren-, Dienstleistungs- sowie Kapitalverkehr. Mit der Gründung der EWG 1957 wurde der Grundstein dafür gelegt, aus einem Verbund von Nationalstaaten einen zusammenhängenden Raum für (mehr oder weniger) freies wirtschaftliches Handeln zu schaffen.

Wie für die EGKS soll der marktwirtschaftliche Ansatz eine optimale wirtschaftliche Entwicklung durch eine möglichst freie Beweglichkeit der für die Erzeugung von Gütern (und Dienstleistungen) erforderlichen mobilen Ressourcen ermöglichen. Die treibende Kraft für die intendierte Beweglichkeit der Produktionsmittel ist hierbei der Wettbewerb zwischen den konkurrierenden Marktakteuren. Dies gilt so auch heute noch:

> *„Durch Wettbewerb sollen die Produktionsfaktoren auf unterschiedliche Verwendungszwecke verteilt werden, damit die Produktion von Gütern angesichts knapper Ressourcen dort erfolgt, wo sie am effektivsten vorgenommen werden kann, ohne dass die Produktion eines anderen Gutes gesenkt werden muss, so dass eine Umverteilung eine Wohlfahrtssteigerung erzielt* […]“ (Frenz 2012, S. 9).

Dieser Ansatz spiegelt sich unmittelbar in der Benennung der vier Grundfreiheiten des Binnenmarktes wider. Geht es nun um grenzüberschreitende Berufsausübung, so wird diese durch die Grundfreiheiten des freien Personen- und des Dienstleistungsverkehrs direkt angesprochen.

Schwerpunkt dieser Arbeit ist insgesamt die Untersuchung der formellen, Qualifikationsanforderungen stellenden Regulative, mit Hinblick auf die Frage, ob und inwiefern diese zu einer legitimen Beeinträchtigung der freien Ausübung beruflicher Tätigkeiten führen. Die Artikel 48 „Arbeitnehmerfreizügigkeit“, Artikel 52 „Niederlassungsfreiheit“ sowie Artikel 59 „Dienstleistungsfreiheit“ (alle

EWGV 1957) bilden die gemeinschaftsvertragliche Basis für die Entwicklung der personenbezogenen Freiheiten der EWG. In den folgenden Unterabschnitten werden diese zunächst als Elemente des Konzeptes der Grundfreiheiten des Gemeinsamen Marktes dargestellt und erläutert, bevor dann nachfolgend die weitere regulative Ausgestaltung des daraus entwickelten Sekundärrechts exemplarisch für die Arbeitnehmerfreizügigkeit untersucht wird.

Zuletzt erfolgt jedoch noch die notwendige Einordnung und Bewertung der Freizügigkeiten des EWG-Vertrages hinsichtlich des Ziels der Entwicklung eines emanzipatorischen Ansatzes zur Gestaltung qualifikationsfordernder Reglementierungen von Berufsausübung. Die Anlage der beruflichen Grundfreiheiten der EWG wirft dabei u. a. erweiterte Fragen hinsichtlich der Konsistenz des gewählten Ansatzes der „anerkannten Qualifikation" auf. Dies gilt es, diesen Abschnitt abschließend und die angestrebte spätere Gesamtbewertung der Entwicklung personenbezogener Verkehrsfreiheiten im Rahmen der europäischen Integration vorbereitend, zu diskutieren.

5.2.2.1 Der „freie" Personenverkehr

Die Elemente des freien Personenverkehrs sind die Freizügigkeit der Arbeitnehmer (EWGV 1957, Artikel 48) und das Recht zur freien Niederlassung (ebd., Artikel 52).

Die sogenannte **Arbeitnehmerfreizügigkeit** umfasst grundsätzlich „[...] *die Abschaffung jeder auf der Staatsangehörigkeit beruhenden unterschiedlichen Behandlung der Arbeitnehmer der Mitgliedstaaten in bezug auf Beschäftigung, Entlohnung und sonstige Arbeitsbedingungen.*" (ebd., Artikel 48, Absatz 2).

Festgestellt werden kann schon an dieser Stelle, dass hier mitnichten eine umfassende Berufsfreiheit zugestanden wird. Es handelt sich lediglich um ein Diskriminierungsverbot bezogen auf die Staatsangehörigkeit. Dies kann in den Fällen, in denen eine Berufsausübung aus diesem Grunde verweigert wird, allerdings ein Aspekt der freien Berufsausübung sein. Diese so gestaltete Arbeitnehmerfreizügigkeit sollte spätestens bis zum Ende der damals im EWG-Gründungsvertrag von 1957 vereinbarten Übergangszeit von 12 Jahren hergestellt worden sein.

Der Rat der Europäischen Gemeinschaften wird durch den EWG-Vertrag aufgefordert, durch Richtlinien und Verordnungen das Erreichen dieses Ziels sicherzustellen (EWGV 1957, Artikel 49). Es sind damals bereits konkrete Vorgaben bezüglich der erwarteten Umsetzung im Vertragswerk verankert, die angesichts der fortbestehenden Probleme sehr ambitioniert erscheinen. Beispielsweise seien insbesondere genannt:

> *„die planmäßig fortschreitende Beseitigung der Verwaltungsverfahren und -praktiken sowie der für den Zugang zu verfügbaren Arbeitsplätzen vorgeschriebenen Fristen* […]*“*

sowie

> *„die planmäßig fortschreitende Beseitigung aller Fristen und sonstigen Beschränkungen,* […] *die den Arbeitnehmern der anderen Mitgliedstaaten für die freie Wahl des Arbeitsplatzes andere Bedingungen als den inländischen Arbeitnehmern auferlegen“* (ebd., lit. b und c).

Mit den Artikeln 48 und 52 ist die Grundlage benannt, auf der auch die heutigen Rechte der Arbeitnehmer der Europäischen Union beruhen, wenn es um die Aufnahme und Ausübung einer beruflichen Tätigkeit in einem anderen Mitgliedsland geht, dessen Staatsangehörigkeit oder deren national geregelte berufliche Qualifikationen sie nicht besitzen.

Im Laufe der fortschreitenden europäischen Einigung hat sich die Arbeitnehmerfreizügigkeit fortentwickelt. Von einer abschließenden Vollendung kann jedoch heute und ebenso in naher Zukunft nicht gesprochen werden. Die Ausgestaltung und Weiterentwicklung schwerpunktmäßig der Arbeitnehmerfreizügigkeit wird als ein Kernthema der Arbeit in einem weiteren Abschnitt (Teil II 5.2.3) ausführlich behandelt.

Die **Niederlassungsfreiheit** ist das Pendant der Arbeitnehmerfreizügigkeit für die Aufnahme und Ausübung selbstständiger Erwerbstätigkeiten (EWGV 1957, Artikel 52, Satz 3). Darüber hinaus gilt sie aber auch für Unternehmen. Für natürliche Personen heißt es konkret:

> *„Die Beschränkungen der freien Niederlassung von Staatsangehörigen eines Mitgliedstaats im Hoheitsgebiet eines anderen Mitgliedstaats werden während der Übergangszeit nach Maßgabe der folgenden Bestimmungen schrittweise aufgehoben.“* (ebd., Satz 1).

Ebenso wie bei der Arbeitnehmerfreizügigkeit ist bis heute eine vollständige Aufhebung der Beschränkungen nicht erreicht. Die Grundsätze der aktuellen Regelungen zur Niederlassungsfreiheit sind synonym zu denen zur Arbeitnehmerfreizügigkeit.

Im EWG-Gründungsvertrag von 1957 waren die für das Erreichen der Niederlassungsfreiheit als notwendig erachteten Maßnahmen allerdings bereits weitergehend festgeschrieben. So heißt es: *„Um die Aufnahme und Ausübung selbständiger Tätigkeiten zu erleichtern, erläßt der Rat* […] *Richtlinien für die gegenseitige Anerkennung der Diplome, Prüfungszeugnisse und sonstigen Befähigungsnachweise“* (EWGV 1957, Artikel 57, Absatz 1) sowie *„Richtlinien zur Koordinierung der Rechts- und Verwaltungsvorschriften der Mitgliedstaaten über die Aufnahme und Ausübung selbständiger Tätigkeiten.“* (ebd., Absatz 2).

5.2.2.2 Umfang und Ausgestaltung der Niederlassungsfreiheit

Wie schon für die „Arbeitnehmerfreizügigkeit" der Montanunion festgestellt (s. Teil II 5.1.2.1), kann hier im engeren Sinne einer sonst national und international üblichen Bedeutung des Begriffs „Freizügigkeit" nicht von einer allgemeinen „Personenfreizügigkeit" die Rede sein. Konkret geht es, im Falle der „Arbeitnehmerfreizügigkeit" der EWG um gleichberechtigte – und eben nicht freie – Wahl und Zugang zu Arbeitsplätzen sowie im Falle der „Niederlassungsfreiheit" um die gleichberechtigte Möglichkeit der Aufnahme und Ausübung einer selbstständigen Tätigkeit im Vergleich zu inländischen Bewerbern bzw. Unternehmern.[78]

Neben anderen im Wesentlichen in den nationalen und bilateralen Verwaltungsverfahren liegenden Hindernissen für eine grenzüberschreitende Berufsausübung wird bereits im Grundlagenvertrag zur EWG von 1957 das Problem der unterschiedlichen Qualifizierungs- und Zugangssysteme für und zur Ausübung reglementierter Erwerbsberufe gesehen und versucht zu lösen. Es wird zunächst der bekannte, in der EGKS erprobte Ansatz der „anerkannten Qualifikationen" gewählt. Jenes bedeutet, dass Bezugspunkt für die Verwirklichung einer Gleichberechtigung von EU-Ausländern im Vergleich zu Inländern formale, formell erworbene „nationale" Qualifikationen (EWGV 1957, Artikel 57, Absatz 1) sind. Das bringt in der Folge auch die mit diesem Ansatz verbundenen Nachteile und Probleme mit sich sowie insbesondere die schon gestellte Frage, ob diese denn überhaupt geeignet sind, Gleichberechtigung herzustellen. In Teil II Abschnitt 6.4.2 wird dies bezogen auf die aktuellen Regelungen ausführlich dargestellt und diskutiert.

Im Weiteren (ebd., Absatz 2) wird für die Niederlassung selbstständig Berufsausübender der Ansatz der Koordinierung der Rechts- und Verwaltungsvorschriften gewählt. Gemeint ist das Aufeinander-Abstimmen bzw. Miteinander-in-Einklang-Bringen, was jedoch keineswegs als eine Angleichung der Zugangsbedingungen verstanden werden sollte. Ärztliche, arztähnliche und pharmazeutische Berufe sind hierbei explizit als selbstständige Tätigkeiten genannt, deren Ausübungsbedingungen koordiniert werden sollen (EWGV 1957, Artikel 57, Absatz 3). *„Bedingungen für die Ausübung"* (ebd.) ist an dieser Stelle im Vertragstext etwas unklar formuliert. In der Umsetzung später wird klar, dass vornehmlich die qualifikatorischen Zulassungsvoraussetzungen gemeint sind.

78 Oder selbigen mit im Inland erworbenen Qualifikationen.

Für o. g. „Gesundheitsberufe" wurde erkannt: *„Die schrittweise Aufhebung der Beschränkungen für die ärztlichen, arztähnlichen und pharmazeutischen Berufe setzt die Koordinierung der Bedingungen für die Ausübung dieser Berufe in den einzelnen Mitgliedstaaten voraus."* (ebd., Absatz 3). Dies stellt einerseits einen Lösungsansatz für das Problem der Diversität nationaler Berufszugangs- und Qualifizierungssysteme dar, andererseits aber gleichzeitig einen sehr weitgehenden Eingriff in die nationale Souveränität für den Bereich beruflicher Bildung. Neben den Bestimmungen zur Gewährleistung von Ansprüchen zur sozialen Absicherung für Arbeitsmigranten und deren anspruchsberechtigte Angehörige (ebd., Artikel 51) sind die letztgenannten Vertragsinhalte jedoch die bestimmenden für die Gewährleistung einer möglichst barrierefreien grenzüberschreitenden Berufsausübung.

5.2.2.3 Die Dienstleistungsfreiheit

Eine weitere Art der grenzüberschreitenden Ausübung einer beruflichen Tätigkeit ist die des Erbringens von Dienstleistungen, bei der die Erbringer in einem anderen Staat der Gemeinschaft als demjenigen des Leistungsempfängers ansässig sind (EWGV 1957, Artikel 59, Absatz 1). Dieser sogenannte freie Verkehr von Dienstleistungen ist als eine eigenständige Grundfreiheit des Europäischen Binnenmarktes deklariert. Als für diese Freiheit infrage kommenden Dienstleistungen „[…] *gelten insbesondere:*

a) *gewerbliche Tätigkeiten,*
b) *kaufmännische Tätigkeiten,*
c) *handwerkliche Tätigkeiten,*
d) *freiberufliche Tätigkeiten."* (ebd., Artikel 60, Satz 2).

Von der Art der durchgeführten Arbeiten her unterscheiden sich diese Tätigkeiten nicht von denjenigen, die in diesem Bereich von niedergelassenen Selbstständigen oder migrierten Arbeitnehmern ausgeübt werden. Das Unterscheidungskriterium ist hier die Dauer der Ausübung. Als Dienstleistungen gelten diese Tätigkeiten, wenn sie nur vorübergehend ausgeübt werden[79] „[…] *und zwar unter den Voraussetzungen, welche dieser Staat für seine eigenen Angehörigen vorschreibt"* (EWGV 1957, Artikel 60, Satz 3).

Das Besondere an dieser Freiheit ist, dass das Ausüben direkt erlaubt wird und durch nationale Gesetzte und Vorschriften nicht ohne Weiteres verhindert

79 Später wird „oder gelegentlich" ergänzt werden (2005/36/EG).

werden kann. Die Zulassung zur Ausübung ist quasi durch den EWG-Vertrag (1957) generell erteilt, wenn der Leistungsanbieter im Herkunftsland dazu berechtigt ist, allerdings müssen die Regelungen, die für die Ausübung der Tätigkeit im Zielland gelten, eingehalten werden, zudem darf die rechtmäßige Ausübung im Herkunftsland geprüft werden (s. 2005/36/EG 2013).

Der Rat der Europäischen Gemeinschaften ist, wie bei den anderen Grundfreiheiten, aufgerufen, Richtlinien zur Verwirklichung des freien Dienstleistungsverkehrs zu erlassen (ebd., Artikel 63, Absatz 2). Die bekannteste Richtlinie, die dies aktuell umsetzt, ist die sogenannte Entsenderichtlinie[80] (EG 1996). Sie ermöglicht den Mitgliedstaaten festzulegen, dass auch für dienstleistende Arbeitnehmer aus anderen EU-Staaten die nationalen Mindestanforderungen sozialer und tariflicher Art Gültigkeit besitzen.

Die vorgegebene Priorisierung der Regelungen auf diejenigen Dienstleistungen, „[…] *welche die Produktionskosten unmittelbar beeinflussen oder deren Liberalisierung zur Förderung des Warenverkehrs beiträgt.*" (EWGV 1957, Artikel 63, Absatz 3), zeigt wiederholt die ökonomische Ausrichtung der Grundfreiheiten auf Produktion und Vertrieb von Waren. Die Grundfreiheit des Dienstleistungsverkehrs ist aber auch eine Verkehrsfreiheit, bei der sich die Mitgliedstaaten der EWG 1957 bereits dazu entschlossen haben über die eben genannten Mindestfreiheiten hinauszugehen (ebd., Artikel 64, Satz 1).

Aktuelles Beispiel dafür ist die sogenannte Dienstleistungsrichtlinie[81] 2006/123/EG (EG 2006). Das Besondere an dieser Richtlinie ist zunächst, dass sie nur für selbstständig ausgeübte berufliche Tätigkeiten gilt.[82] Für die Ausführung von Dienstleistungen durch Arbeitnehmer findet ausdrücklich vorrangig die genannte Entsenderichtlinie (EG 1996) Anwendung. Die Dienstleistungsrichtlinie geht insofern nun über das Mindestmaß an zu gewährender Ausübungsfreiheit hinaus, als dass hier im Gegensatz zur Entsenderichtlinie das Herkunftslandprinzip Gültigkeit besitzt. Herkunftslandprinzip bedeutet hier, dass für die Ausübung der Dienstleistung grundsätzlich die Regelungen des Landes einzuhalten sind, in dem der (selbstständig arbeitende) Leistungserbringer niedergelassen ist. Dies stellt eine Besonderheit innerhalb der beruflichen Verkehrsfreiheiten dar (s. a. Teil II 5.2.4.4).

---

80 Richtlinie über die Entsendung von Arbeitnehmern im Rahmen der Erbringung von Dienstleistungen.

81 Richtlinie über Dienstleistungen im Binnenmarkt.

82 Einige Dienstleistungen sind explizit ausgenommen, wie z. B. Finanz- und Gesundheitsdienstleistungen (EG 2006, Artikel 2 Absatz 2).

5.2.2.4 Einordnung und Bewertung der Freizügigkeiten des EWG-Vertrags

In nachstehender Übersicht (Tab. 5) sind die durch den EWG-Vertrag von 1957 implementierten personenbezogenen Freizügigkeiten, d. h. Freiheiten, die es Personen ermöglichen sollen, über die Binnengrenzen der Europäischen Union hinweg eine berufliche Tätigkeit auszuüben, kurz dargestellt.

Tab. 5: Die Personenverkehrsfreiheiten im Kontext der Ausübung von beruflichen Tätigkeiten nach EWG-Vertrag 1957 und späteren EG-Richtlinien

Personenfreizügigkeit EWGV 1957		**Dienstleistungsfreiheit Artikel 59 EWGV 1957**	
Arbeitnehmer-freizügigkeit	**Niederlassungs-freiheit**	**Arbeitnehmer-entsendung**	**Selbstständige Dienstleistung**
Artikel 48	Artikel 52	96/71/EG	2006/123/EG
Abschaffung jeder auf der Staatsangehörigkeit beruhenden unterschiedlichen Behandlung im Zielland	Unbeschränkte Aufnahme und Ausübung selbstständiger Erwerbs- und Unternehmertätigkeiten im Zielland	Erbringung einer Arbeitsleistung während eines begrenzten Zeitraums in einem anderen Mitgliedstaat	vorübergehende Erbringung selbstständiger, i. d. R. entgeltlicher Tätigkeit in einem anderen Mitgliedstaat
Es gelten die Bestimmungen des … Ziellandes			**… Herkunftslands**

Quelle: EWGV 1957

Jede dieser Freiheiten beinhaltet auch immer, dass grundsätzlich Qualifikationen vorhanden sein müssen, deren Nachweis aufgrund nationaler Vorschriften gefordert wird, damit die beabsichtigte Tätigkeit ausgeübt werden darf. Die Vorschrift, die den Aspekt der formellen Qualifikationsanforderung im Rahmen der Personen- und Dienstleistungsfreiheit aktuell regelt, ist die Richtlinie über die Anerkennung von Berufsqualifikationen (2005/36/EG 2013). Die o. g. Entsenderichtlinie 96/71/EG (EG 1996) hingegen legt z. B. fest, dass für Arbeitnehmer u. a. diejenigen Arbeitsbedingungen bzgl. Sicherheit, Gesundheitsschutz und Hygiene einzuhalten sind, die in dem Mitgliedstaat gelten, in dem die Dienstleistung erbracht wird (ebd., Artikel 3, Absatz 1).

In vielen Fällen beinhalten Bestimmungen des Arbeitsschutzes Anforderungen an die Gestaltung des Arbeitsplatzes, an die Eigenschaften der Arbeitsmittel usw., aber ebenso häufig sind Qualifikationen zu erwerben oder nachzuweisen. Geht es jedoch um Qualifikationsanforderungen, kommt automatisch die „Anerkennungsrichtlinie" (2005/36/EG) zum Zuge. Dies bedeutet, dass zur Erarbeitung des Ansatzes zur Anlage qualifikationsfordernder Reglementierungen von

Berufsausübung im Kontext der europäischen Integration nach der weiteren Betrachtung der Grundlagenverträge und des daraus resultierenden Sekundärrechts der europäischen Gemeinschaften später auch eine Analyse der Regelungen dieser Richtlinie erfolgen muss (s. Teil II 5.3.2).

An dieser Stelle werden dennoch bereits einige augenfällige für die Untersuchung relevante Zusammenhänge und daraus resultierende Fragen diskutiert, die sich aus der Ausgestaltung des Gründungsvertrags der EWG von 1957 ergeben und aktuell fortbestehen.

Das Verbot, „[...] *den Arbeitnehmern der anderen Mitgliedstaaten für die freie Wahl des Arbeitsplatzes andere Bedingungen als den inländischen Arbeitnehmern auf*[zu]*erlegen*" (EWGV 1957, Artikel 49, lit. c) bedeutet, dass nunmehr Qualifikationen, die in den Zielländern anerkannt sind, zum Prüfungsmaßstab gemacht wurden. Hier wendet sich der EWG-Vertrag vom für die Montanunion festgelegten Verfahren ab. In jenem war bisher geregelt, dass die Mitgliedsländer gemeinsam bzw. das entsprechende Gremium die „anerkannten Qualifikationen" festgelegt haben.

Die Überprüfung des Vorliegens dieser in allen EGKS-Staaten gültigen Zugangsvoraussetzungen oblag dann den zuständigen Arbeitsverwaltungen des Arbeitsplatzbewerbers, also denen der Herkunftsländer. Im EWG-Vertrag von 1957 wurde lediglich für die besondere Gruppe der ärztlichen, arztähnlichen und pharmazeutischen Berufe eine solche Koordinierung in Aussicht gestellt. Hintergrund ist offensichtlich der besondere Wirkbereich dieser Berufe, nämlich die menschliche Gesundheit. Neben der bereits gestellten Frage, ob denn „anerkannte Qualifikationen" überhaupt geeignet sind, eine „gerechte" Freizügigkeit herzustellen, wird nunmehr auch zu untersuchen sein, ob das Heranziehen der formellen Qualifikationsanforderungen jeweils der Zielländer geeignet und verhältnismäßig zur eingeschränkten Berufsfreiheit ist (s. Teil II 6.4.2).

Für die Ausübung beruflicher Tätigkeiten im Rahmen fast aller personenbezogenen Verkehrsfreiheiten gelten die Bestimmungen des Ziellandes (s. Tab. 2). Im weiteren Verlauf der europäischen Einigung wurde das dazu konträre Herkunftslandprinzip lediglich auf selbstständig ausgeübte Dienstleistungen angewandt. Der Beweggrund ist vermutlich der, die Verkehrsfreiheit der Produktionsfaktoren, soweit wie mit den Mitgliedsländern im Rat verhandelbar, auszubauen. Es ist allerdings die Frage zu stellen, ob sich denn durch Beschäftigte ausgeübte Tätigkeiten bzgl. legitimer Beschränkungsgründe, z. B. ihrer Gefahrengeneigtheit, anders gestalten, als wenn diese selbstständig ausgeführt werden. Zu prüfen ist also, ob der Ansatz, Selbstständigen mehr zuzutrauen, sich schlüssig mit den Anforderungen an eine gerechtfertigte Einschränkung der Berufsausübungsfreiheit darstellt (s. Teil II 6.4.2).

In einer vorläufigen Einschätzung deuten die aufgeworfenen Fragen an, dass mit dem EWG-Vertrag kein konsistentes System von Freiheitsrechten eingeführt wurde. Dies war und ist auch nicht Ziel des Europäischen Binnenmarktes, muss aber vor dem Hintergrund der zunehmenden Grundrechtsorientierung der europäischen Integration diskutiert werden. Alle vier Grundfreiheiten des Binnenmarktes wirken direkt oder indirekt in vielfältiger Weise auf die Ausübungsbedingungen beruflicher Tätigkeiten. Das Grundrecht auf freie Berufswahl und -ausübung ist somit immer zwangsläufig betroffen. Uneinheitliche, inkonsistente Regelungen, beliebig wirkende Kriterien, wie ökonomische Bedeutung, Selbstständigkeit der Ausübung, Umfang und Dauer der Arbeit etc. lassen schon an dieser Stelle vermuten, dass eine systematische Neuausrichtung hinsichtlich grundrechtskonformer qualifikationsfordernder Berufszugangsreglementierung erforderlich ist.

Insgesamt sind die Inhalte des EWG-Vertrags 1957 nichtsdestotrotz bereits erstaunlich konkret. Sie bilden das Grundgerüst für die heutige Regelungssituation. Das Konzept der vier Grundfreiheiten ist unverändert gültig. Darauf aufbauend wurde, durch eine fortschreitende Ausgestaltung dieser, der Binnenmarkt der Europäischen Union weiterentwickelt. Im folgenden Abschnitt (5.2.3) wird die weitere Umsetzung der Grundfreiheiten durch das sogenannte Sekundärrecht analysiert und diskutiert. Schwerpunktartig wird dabei die Freizügigkeit der Arbeitnehmer in den Fokus gerückt. Die Zusammenhänge und Probleme bzgl. der Beschränkung der Ausübung von Berufstätigkeiten durch das Stellen von Qualifikationsanforderungen sind prinzipiell und überwiegend auch en détail gleichartig, wenn sie im Kontext einer Niederlassung oder Dienstleistung stehen.

5.2.3 Europäisches Sekundärrecht entsteht

Die supranationalen „europäischen" Verträge stellen die grundlegend getroffenen Vereinbarungen im Zuge der europäischen Integration dar. Die Spezifizierung in mittelbares oder unmittelbares Recht findet durch das Erlassen von Richtlinien bzw. Verordnungen, dem sogenannten europäischen Sekundärrecht, statt. Voraussetzung für das Erlassen einer europäischen Rechtsvorschrift ist jedoch, dass eine Ermächtigung der entsprechenden Organe der Europäischen Union durch die jeweiligen europäischen Verträge stattgefunden hat. Aktuell lautet diese für die Aufgabe der Umsetzung der Arbeitnehmerfreizügigkeit:

> *„Das Europäische Parlament und der Rat treffen gemäß dem ordentlichen Gesetzgebungsverfahren und nach Anhörung des Wirtschafts- und Sozialausschusses durch Richtlinien*

oder Verordnungen alle erforderlichen Maßnahmen, um die Freizügigkeit der Arbeitnehmer im Sinne des Artikels 45 herzustellen […]" (AEUV 2012, Artikel 46, Satz 1).

Von Interesse in diesem dritten Abschnitt zur Entwicklung personenbezogener Verkehrsfreiheiten im Rahmen der europäischen Einigung ist nun die Entwicklung derjenigen Rechtsvorschriften, die der Überwindung der Hindernisse für eine grenzüberschreitende Ausübung von Berufstätigkeit dienen sollten. Der Fokus liegt dabei wiederum auf jenen, die durch die national unterschiedlichen Qualifikationsstrukturen ausgelöst wurden. An ihnen sind nicht nur bereits erprobte Lösungsansätze erkundbar, sondern es werden darüber hinaus insbesondere auch heute noch offene Probleme sichtbar.

Die „*VERORDNUNG Nr. 15 über die ersten Maßnahmen zur Herstellung der Freizügigkeit der Arbeitnehmer innerhalb der Gemeinschaft*" (EWG 1961) stellt nun das erste durch die europäischen Gremien der „neuen" EWG verfasste Instrument auf dem langen Weg hin zu konsequent verwirklichten beruflichen Grundfreiheiten dar. Sie ist insbesondere daher von Interesse, da in ihren Regelungen der erste Schritt des Übergangs von den restriktiven Regelungen der Montanunion hin zu einer erweiterten Freizügigkeit erkennbar ist.

Die Folgeverordnungen Nr. 38/64/EWG (EWG 1964b) und Nr. 1612/68 (EWG 1968) stellen die beiden weiteren Schritte zur Umsetzung der vereinbarten Freizügigkeit der Arbeitnehmer dar. Durch sie wurde der Umfang der personenbezogenen Verkehrsfreiheit für abhängig Beschäftigten sukzessive auf alle frei besetzbaren Arbeitsplätze für die vielfältigsten beruflichen Tätigkeiten sowie auf alle Hoheitsgebiete aller Mitgliedstaaten erweitert. Hierzu gilt es, die wesentlichen Schritte und Veränderungen hin zur umfassenden Arbeitnehmerfreizügigkeit der EWG nachzuvollziehen und für die abschließende Erarbeitung des avisierten freiheitlichen Gestaltungsansatzes aufzubereiten.

Im Zusammenhang mit der „*VERORDNUNG Nr. 15*" (EWG 1961) wurde ein „*Allgemeines Programm zur Aufhebung der Beschränkungen der Niederlassungsfreiheit* [bzw. der *Dienstleistungsfreiheit*]" (EWG-Rat 201 und 202 1961) erlassen. Ausgehend von diesem Programm wurden für eine Vielzahl festgelegter Tätigkeiten und Leistungserbringungen Richtlinien erlassen. Die Umsetzung der beruflichen Freiheiten des Gemeinsamen Marktes sollte schrittweise in einem Zeitraum von 12 Jahren erreicht werden. Von besonderem Interesse sind wiederum die Lösungen bzw. deren Ansätze, die dazu entwickelt wurden, den aus der Diversität der nationalen Qualifikationssysteme resultierenden Problemen zu begegnen.

Die Konzepte, die als Lösung bzw. als Ansatz zur Liberalisierung des Gemeinsamen Marktes entwickelt wurden, manifestierten sich zunächst in zwei Kategorien von Richtlinien, die die beiden Aspekte noch getrennt bearbeiteten. Der Fokus der Richtlinien „erster Art" lag dabei auf einer Entdiskriminierung allgemeiner nationaler Verwaltungsvorschriften hinsichtlich unzulässiger besonderer Anforderungen an Staatsbürger anderer EWG-Länder. Als zweiter Handlungsschwerpunkt wurde ein besonderes Augenmerk auf die Lösung des Kernproblems der divergierenden Reglementierungs- und Qualifikationssysteme der Mitgliedstaaten gelegt. Hierzu wurde ein Konzept zur „Anerkennung von Qualifikationen" etabliert, welches aktuell Bestand hat.

Dies löst zwar, wie bereits grundsätzlich erkannt, einige Problemaspekte, schafft jedoch neue, die der zu entwickelnde emanzipatorische Ansatz zur Ausgestaltung qualifikationsfordernder Reglementierungen von Berufsausübung grundsätzlich beheben soll. So trägt auch dieser Abschnitt insgesamt vorbereitend zum Entwurf des angestrebten Ansatzes zur Lösung der Problemstellung bei.

5.2.3.1 Die Arbeitnehmerfreizügigkeit der Verordnung Nr. 15 der EWG

Die erste Rechtsvorschrift, die gestützt auf die Arbeitnehmerfreizügigkeit des EWG-Vertrags von 1957 (EWGV 1957, Artikel 48 und 49) durch den Rat der Europäischen Wirtschaftsgemeinschaft erlassen wurde, ist die *„VERORDNUNG Nr. 15 über die ersten Maßnahmen zur Herstellung der Freizügigkeit der Arbeitnehmer innerhalb der Gemeinschaft"* (EWG 1961). In den vorangestellten Ausführungen zu den Erwägungsgründen dieser Verordnung heißt es: *„Die Anwendung dieser Verordnung soll im Rahmen der allgemeinen Ziele des Vertrages in den Mitgliedstaaten mit unbefriedigter Nachfrage nach Arbeitskräften in erster Linie die Beschäftigung von Arbeitnehmern fördern, die Staatsangehörige anderer Mitgliedstaaten sind."* (ebd., zweitletzter Erwägungsgrund, S. 1074).

Es rückt noch einmal die mit der Montanunion begründete ökonomische Intention der europäischen Integration und somit auch die der Verkehrsfreiheit der Arbeitnehmer als Arbeitskräfte in den Fokus. Der Aspekt der Arbeitnehmerfreizügigkeit als Grundfreiheit des Binnenmarktes hat sich im Anspruch diese zu verwirklichen jedoch im weiteren Verlauf zunehmend von dieser Prämisse gelöst.

Die *„VERORDNUNG Nr. 15"* (EWG) von 1961 erzeugte als Verordnung unmittelbar geltendes Recht und trat am 1. September 1961 in Kraft. Der restriktive Ansatz der Montanunion wurde hierbei fortgesetzt. Die Formulierung des EWG-Vertrags, die den Arbeitnehmern sowie den Arbeitssuchenden, die Angehörige eines Mitgliedstaates sind,[83] das Recht gibt, „[...] *sich um tatsächlich*

83 Dass im Artikel 48 EWGV 1957 und auch aktuell im AEUV 2012 nur Angehörige eines

angebotene Stellen zu bewerben" (EWGV 1957, Artikel 48, Absatz 3, lit. a), wurde sehr eng ausgelegt. So gilt eine (Arbeits-)Stelle hier nur als „tatsächlich angeboten", „[...] *wenn für die offene Stelle auf dem regulären Arbeitsmarkt dieses anderen Mitgliedstaats keine geeignete Arbeitskraft verfügbar ist.*" (EWG 1961, Artikel 1).

Einher geht diese Bestimmung mit einer umfassenden Berichtspflicht der Mitgliedsländer bzw. ihren Arbeitsverwaltungen insbesondere zu einem a) Überangebot und b) Mangel an Arbeitskräften nach Gebiet und Berufen (ebd., Artikel 3, Absatz 1). Insgesamt sind die Bestimmungen, nach denen die „Freizügigkeit" der Arbeitnehmer gewährt wird, weiterhin sehr bürokratisch angelegt. Es wird deutlich, dass etwaige Arbeitsmigrationsströme unter Kontrolle gehalten werden sollten. Eine „Sicherheitsklausel" wurde ebenfalls installiert:

> *„Für die in Absatz (1) Buchstabe b) erwähnten Gebiete und Berufe werden die Arbeitsgenehmigungen ohne weiteres erteilt, es sei denn, daß auf dem betreffenden Arbeitsmarkt eine unvorhergesehene und tiefgreifende Änderung eintritt* [...]" (ebd., Absatz 4).

Die Wanderung der Arbeitskräfte wird, wie auch in der Montanunion, durch die Arbeitsverwaltungen kontrolliert und gesteuert, wobei gilt, dass erst die Voraussetzung der Nichtverfügbarkeit eines inländischen Bewerbers[84] erfüllt sein muss, bevor Freizügigkeit „genehmigt" werden konnte. Eine wesentliche Veränderung gegenüber der Arbeitnehmerfreizügigkeit der EGKS stellt die Tatsache dar, dass nunmehr – jedenfalls von amtlicherseits ausgehend – kein Nachweis irgendeiner Qualifikation Voraussetzung für den Zugang zur Freizügigkeit ist. Übergeordnet gelten darüber hinaus folgende zwei Grundsätze:

1) Zunächst ist da das Verbot der Diskriminierung aufgrund der Staatsangehörigkeit. Es entfaltet einen absoluten Anspruch (EWG 1961, Artikel 8 ff.) und gilt ebenfalls für das Fordern von Qualifikationen, wie etwa einer „*Berufsausbildung oder sonstiger Anforderungen*" (ebd., Artikel 10, Absatz 1) als Voraussetzung für das Erlauben der Ausübung der angestrebten beruflichen Tätigkeit. Dies bedeutet nicht, dass keinerlei Anforderungen gestellt werden dürfen, es darf jedoch „[...] *kein anderer Maßstab angelegt werden als bei Arbeitnehmern, die Staatsangehörige des anderen Mitgliedstaats sind und die gleiche Beschäftigung ausüben wollen.*" (ebd.). Der erlaubte „Maßstab" in Form nationaler Qualifikationsnachweise führt, wie bereits angesprochen,

---

Mitgliedstaates berechtigt sind, wurde im Sekundärrecht und in späteren Urteilen des Europäischen Gerichtshofs (EuGH, z. B.: Rs. 238/83, Rn. 7 1984) festgelegt.

84 Es gibt einige wenige Ausnahmen, bei denen eine besondere Beziehung zwischen Arbeitgeber und Arbeitnehmer vorhanden sein muss.

allerdings zu Problemen und stellt nach wie vor ein wesentliches Hindernis zur Erreichung der gewünschten europäischen Arbeitskräftemobilität dar.

2) Bei Inanspruchnahme der Freizügigkeit der Arbeitnehmer nach der ersten Verordnung (EWG 1961) gemäß dem EWG-Vertrag von 1957 ist Folgendes zu beachten. Die Verantwortung, dass der angeworbene Arbeitnehmer die qualifikatorischen Anforderungen für die zu besetzende Stelle besitzt, liegt nun insbesondere beim Arbeitgeber. Der Arbeitsverwaltung ist es grundsätzlich verboten zu prüfen.

„Besitzt ein Arbeitnehmer ein auf seinen Namen lautendes Stellenangebot eines Arbeitgebers […], so kann er nicht auf seine beruflichen Fähigkeiten hin geprüft werden, es sei denn, dass der Arbeitgeber eine solche Prüfung bei Abgabe des Stellenangebots ausdrücklich verlangt hat.“ (ebd., Artikel 10, Absatz 2)

Mit der Frage der Zuerkennung des Privilegs in einem anderen Mitgliedstaat der Europäischen Wirtschaftsgemeinschaft arbeiten und leben zu dürfen eng zusammenhängend ist das Problem der Integration in die andere nationale Gemeinschaft. Unabhängig davon, ob es möglich ist evtl. Staatsbürgerrechte zu erwerben, erkennt die Verordnung Nr. 15 (ebd.) den Arbeitnehmern stufenweise das Recht zu, die innerstaatliche Freizügigkeit äquivalent zu derjenigen der inländischen Arbeitskräfte zu erlangen (s. Tab. 6).

Tab. 6: Die stufenweise Entwicklung des Rechts auf Freizügigkeit für EWG-Arbeitnehmer aus anderen Mitgliedstaaten

Mindestdauer der Beschäftigung	Erworbenes Recht …
einjährig	auf Verlängerung seiner Arbeitsgenehmigung für den gleichen Beruf.
dreijährig	einen anderen Beruf im Lohn oder Gehaltsverhältnis auszuüben, in dem er Berufskenntnisse besitzt.
vierjährig	jeden beliebigen Beruf im Lohn oder Gehaltsverhältnis auszuüben.
fünfjährig	Genehmigung, im gesamten Hoheitsgebiet des anderen Mitgliedstaats in allen Berufen im Lohn oder Gehaltsverhältnis eine Beschäftigung auszuüben.

Quelle: EWG 1961, Artikel 6[85]

85 Zu Zeilen „vierjährig“ und „fünfjährig“: Unter den gleichen Voraussetzungen, wie sie für die inländischen Arbeitnehmer gelten.

Auffallend ist hierbei, dass lediglich der Zeitraum der Ausübung einer beruflichen Tätigkeit Grundlage dafür ist, weitergehende Freizügigkeitsrechte zu erwerben.

Die Arbeitsverwaltungen werden damit betraut sich aktiv für ein Zusammenbringen des Angebots und der Nachfrage durch „*ZUSAMMENFÜHRUNG UND AUSGLEICH VON STELLENANGEBOTEN UND ARBEITSGESUCHEN*" (EWG 1961, zweiter Teil, S. 1078 f.) zu organisieren und einzusetzen. Die Kommission der EWG arbeitet mit den beratenden Ausschüssen der Arbeitnehmerfreizügigkeit[86] an Untersuchungen zum Bedarf und zur Zweckmäßigkeit von Maßnahmen und gibt Anregungen dafür, „*Fachschnellkurse für Arbeitnehmer zu veranstalten, die Staatsangehörige eines Mitgliedstaats sind und Kenntnisse und Fertigkeiten für Berufe erwerben wollen, in denen sich ein Mangel an Arbeitskräften in einem anderen Mitgliedstaat zeigt*" (ebd., Artikel 27).

Es wird deutlich, dass die Arbeitnehmerfreizügigkeit vornehmlich als Instrument der Beschäftigungspolitik gesehen wird. Die aktive Rolle der Arbeitsverwaltungen bei der Arbeitsvermittlung wird beibehalten. Obwohl mit der Gründung der Europäischen Wirtschaftsgemeinschaft das Konzept der vier Grundfreiheiten eingeführt wurde, wird zunächst an der restriktiven Ausgestaltung der Arbeitnehmerfreizügigkeit der Montanunion festgehalten. Die Kritik daran, dass es sich also um keine Freizügigkeit im Sinne des Rechts der freien Wahl des Berufs und des Ortes seiner Ausübung innerhalb der europäischen Gemeinschaft handelt, sondern um ein beim Erfüllen der Voraussetzungen zugeteiltes Privileg für eine Teilgruppe der Arbeitnehmer muss demnach aufrechterhalten bleiben.

Allerdings hat es durch die Verordnung Nr. 15 eine beachtenswerte Erweiterung gegeben. Diese eventuelle Freizügigkeit können nun theoretisch alle Arbeitnehmer für jede Art von beruflicher Tätigkeit in Anspruch nehmen. Darüber hinaus wurde die zentrale Prüfung vorhandener Qualifikationen der Arbeitsverwaltungen grundsätzlich durch die Arbeitgeberverantwortung ersetzt, die in Zusammenhang mit den jeweiligen nationalen Bestimmungen zu sehen ist. Zum Maßstab einer Berufszulassung werden somit die national gültigen Qualifikationsanforderungen und -nachweise mit den daraus resultierenden Problemlagen.

86 Der „Beratende Ausschuß" und der „Technische Ausschuß".

5.2.3.2 Die Folgeverordnungen Nr. 38/64/EWG und Nr. 1612/68

Die Umsetzung der vollen Arbeitnehmerfreizügigkeit sollte gemäß dem EWG-Vertrag von 1957 schrittweise erfolgen. Die *„VERORDNUNG Nr. 38/64/EWG DES RATS vom 25. März 1964 über die Freizügigkeit der Arbeitnehmer innerhalb der Gemeinschaft"* (EWG 1964b) leitete nunmehr den zweiten Abschnitt dieses Prozesses ein (ebd., 5. Erwägungsgrund). Inhaltlich erfolgt eine Abkehr von der Voraussetzung, dass nur Stellen, die nicht auf dem nationalen Arbeitsmarkt besetzt werden konnten, für die „Arbeitnehmerfreizügigkeit" zur Verfügung stehen.

> *„Jeder Staatsangehörige eines Mitgliedstaats ist berechtigt,* [...] *eine dem zuständigen Arbeitsamt als offene Stelle bekanntgegebene Beschäftigung im Lohn- oder Gehaltsverhältnis auszuüben. Der somit zur Ausübung einer Beschäftigung im Lohn- oder Gehaltsverhältnis im Hoheitsgebiet eines Mitgliedstaats zugelassene Arbeitnehmer kann vorbehaltlich der Anwendung des Artikels 2 in jedem Gebiet oder jedem Beruf jedes neue Stellenangebot annehmen."* (EWG 1964b, Artikel 1 Absatz 1)

Das Recht auf Freizügigkeit ist durch die 38/64/EWG zusätzlich um das Recht eine Dienstleistung durch einen Arbeitnehmer für einen Arbeitgeber in einem anderen Mitgliedstaat grenzüberschreitenden erbringen zu dürfen erweitert worden (ebd., Absatz 2). Die beiden Aspekte der Personenfreizügigkeit für abhängig Beschäftigte sind somit grundsätzlich in Kraft gesetzt.

Artikel 2 der Verordnung gibt den Mitgliedstaaten der EWG, je nach Perspektive nur oder immer noch, die Möglichkeit die Arbeitnehmerfreizügigkeit „[...] *wegen eines Überangebots an Arbeitskräften in einem bestimmten Gebiet oder einem bestimmten Beruf in diesem Gebiet oder diesem Beruf wie folgt aus*[zu]*setzen"* (ebd., Artikel 2, Absatz 1). Die Anwendung dieser Maßnahme ist jedoch lediglich in sehr eingeschränktem Maße möglich, d. h. für viele Konstellationen nicht zulässig, und verlangt eine Rechtfertigung gegenüber der Kommission der EWG.

Die volle Freizügigkeit kann bereits früher erlangt werden (s. Tab. 6, letzte Zeile). Voraussetzung ist nun „[...] *2 Jahre lang oder 27 Monate lang im Laufe von 3 aufeinanderfolgenden Jahren oder als Saisonarbeitnehmer 20 Monate lang im Laufe von 3 aufeinanderfolgenden Jahren eine ordnungsgemäße Beschäftigung ausgeübt* [zu] *haben"* (ebd. i. V. m. Artikel 6, Absatz, lit. b). Gut sichtbar ist hieran, dass die Rechte auf Freizügigkeit für Arbeitnehmer deutlich erweitert wurden und diese nicht mehr eine Ausnahme von der Regel sind, sondern wie im EWG-Vertrag unter den Mitgliedstaaten vereinbart, selbst zur Regel gewandelt wurden.

Auch die Bestimmungen bzgl. des Diskriminierungsverbotes wurden weiter ausgearbeitet. Darüber hinaus gilt: Die Arbeitsmigranten „[...] *können Berufsschulen und Umschulungseinrichtungen mit dem gleichen Recht und unter den gleichen Bedingungen in Anspruch nehmen wie die inländischen Arbeitnehmer.*“ (ebd., Artikel 12). Damit wurde auch eine Berufsausbildung in einem anderen Mitgliedstaat, als dessen Staatsangehörigkeit man besitzt, möglich.

Zusätzlich zu den vorgenannten Bestimmungen werden sinngemäß Sonderzonen der Arbeitnehmerfreizügigkeit eingerichtet bzw. deren Einrichtung ermöglicht. Diese sogenannten „*Grenzzonen*“ werden nach einem einvernehmlich zwischen zwei benachbarten Mitgliedstaaten gestellten Antrag durch die Kommission per Verordnung festgelegt (EWG 1964b, Artikel 3, Absatz 2). Für Arbeitnehmer, die innerhalb einer dieser in der Regel 20 km breiten Zonen in dem einen Mitgliedsland wohnen und in dem anderen beschäftigt sind, sogenannte „*Grenzarbeitnehmer*“,[87] ist die beschriebene Einschränkung wegen eines Überangebots an Arbeitskräften nach Artikel 2 38/64/EWG nicht zulässig (ebd., Absatz 1). Sobald Grenzzonen bestimmt waren,[88] galt für diese Personengruppe formell bereits die volle Freizügigkeit.

Die „*VERORDNUNG (EWG) Nr. 1612/68 DES RATES vom 15. Oktober 1968 über die Freizügigkeit der Arbeitnehmer innerhalb der Gemeinschaft*“ (EWG 1968) stellt den nächsten Baustein dar, die auf dem Gebiet der Freizügigkeit festgelegten Ziele, die sich die Vertragsstaaten der EWG gesetzt haben, fortschreitend zu erreichen (ebd., dritter Erwägungsgrund). Mit dem Artikel 1 ist, zumindest auf der Rechtsebene der europäischen Verordnungen, die volle Freizügigkeit erreicht:

> „*Jeder Staatsangehörige eines Mitgliedstaats ist ungeachtet seines Wohnorts berechtigt, eine Tätigkeit im Lohn- oder Gehaltsverhältnis im Hoheitsgebiet eines anderen Mitgliedstaats nach den für die Arbeitnehmer dieses Staates geltenden Rechts- und Verwaltungsvorschriften aufzunehmen und auszuüben.*“ (ebd., Artikel 1, Absatz 1).

Im Weiteren legt die Verordnung 1612/68/EWG etliche konkrete Diskriminierungsverbote und Gleichbehandlungsgebote sowohl für den Vorgang der Stellenerlangung als auch dann im Rahmen der Ausübung der beruflichen Tätigkeit im „anderen Mitgliedsstaat“ fest.

---

87 Aktuelle Bezeichnung ist Grenzpendler.

88 Zum 29. Juli 1965 trat die erste Verordnung in Kraft (EWG 1965), die auf 42 Seiten Gemeinden auflistet, die beiderseits der gemeinsamen Grenze zwischen Frankreich und den jeweils angrenzenden Mitgliedstaaten Grenzzonen nach 38/64/EWG bestimmte.

Dies scheint erforderlich zu sein, obwohl der Grundsatz der vollständigen Gleichbehandlung mit Inländern für diese beiden Bereiche eigentlich erschöpfend sein sollte. So ist etwa die Ausübung gewerkschaftlicher Rechte der Arbeitsmigranten (ebd., Artikel 8) oder das Recht auf Teilnahme der „mitwohnenden“ Kinder am Schulunterricht und an einer Berufsausbildung explizit ausgeführt. Eine Beschäftigung[89] mit der einschlägigen Rechtsprechung bzgl. der Grundfreiheit des freien Personenverkehrs zur Ausübung einer beruflichen Tätigkeit bestätigt die Notwendigkeit einer solchen Akribie.

Im Vergleich der drei Verordnungen zur EWG-Freizügigkeit der Arbeitnehmer ist die Entwicklung von sehr restriktiv, schrittweise bis hin zu umfassend erkennbar. Dies kann als exemplarisch für Prozesse der Entwicklung politischer und rechtlicher Normen im Rahmen der europäischen Integration gelten. In Tab. 7 ist die Entwicklung der Dimension der Arbeitnehmerfreizügigkeit von ihren Anfängen in der Montanunion bis zum heute noch gültigen Konzept dargestellt.

Zusammenfassend lässt sich folgende Entwicklung für drei verschiedene Aspekte erkennen:

- Die Gruppe der Berechtigten wurde von qualifizierten Kohle- und Stahlarbeitern auf grundsätzlich alle Staatsangehörigen erweitert.
- Die grenzüberschreitend ausübbaren Tätigkeiten wechselten von den gelisteten Berufsbildern der Kohle- und Stahlindustrie hin zu allen verfügbaren Stellen.
- Die Qualifikationsanforderungen änderten sich von qualifiziert für das Tätigkeitsprofil eines der gelisteten Berufsbilder grundsätzlich nach den für die Arbeitnehmer des Zielstaates geltenden Anforderungen.

Interessant ist darüber hinaus, dass die Verordnung 1612/68/EWG (EWG 1968) ausdrücklich ausführt, dass auch indirekt benachteiligende Rechts- und Verwaltungsvorschriften oder Verwaltungspraktiken, „[…] *die, ohne auf die Staatsangehörigkeit abzustellen, ausschließlich oder hauptsächlich bezwecken oder bewirken, daß Angehörige der übrigen Mitgliedstaaten von der angebotenen Stelle ferngehalten werden*“, nicht erlaubt sind (ebd., Artikel 3, Absatz 1). Diese explizite Anweisung resultiert, wie angenommen werden kann, aus den bis dahin gemachten Erfahrungen mit der Umsetzung der Freizügigkeit der Arbeitnehmer in den

89 Z. B. EUR-Lex unter „Informationen zum Dokument“ EWG 1968, Abschnitt „Die Rechtsakte betreffendes Urteil“. http://eur-lex.europa.eu/legal-content/DE/ALL/?uri=CELEX:31968R1612&qid=1519674624732 (2018-02-26).

Mitgliedstaaten. Die Verordnung war jedoch allein für sich genommen dennoch nicht ausreichend zielführend.

Tab. 7: Die Entwicklung der Dimension der europäischen „Arbeitnehmerfreizügigkeit" im Überblick

Chronologie	Nutznießer und Umfang der „Freizügigkeit"	Sekundärrechtliches Dokument
1957 EGKS	**Arbeitskräfte der Kohle- und Stahlindustrie,** denen zuerkannt wurde, für das Tätigkeitsprofil eines der gelisteten Berufsbilder qualifiziert zu sein.	„BESCHLUSS betreffend die Anwendung des Artikels 69 des Vertrages vom 18. April 1951 über die Gründung der Europäischen Gemeinschaft für Kohle und Stahl" (EGKSV-69 B 1957)
1961 EWG	**Alle Arbeitnehmer sowie Arbeitssuchende,** die die etwaigen nationalen Qualifikationsanforderungen erfüllen, wenn auf dem regulären Arbeitsmarkt des anderen Mitgliedstaats keine geeignete Arbeitskraft verfügbar ist.	„VERORNDUNG Nr. 15 über die ersten Maßnahmen zur Herstellung der Freizügigkeit der Arbeitnehmer innerhalb der Gemeinschaft" (EWG 1961)
1964 EWG	**Jeder Staatsangehörige eines Mitgliedstaats,** der eine dem zuständigen Arbeitsamt als offene Stelle bekanntgegebene Beschäftigung im Lohn- oder Gehaltsverhältnis ausüben will.	„VERORDNUNG Nr. 38/64/EWG DES RATS vom 25. März 1964 über die Freizügigkeit der Arbeitnehmer innerhalb der Gemeinschaft" (EWG 1964b)
1968 EWG	**Jeder Staatsangehörige eines Mitgliedstaats,** der eine Tätigkeit im Lohn- oder Gehaltsverhältnis im Hoheitsgebiet eines anderen Mitgliedstaats nach den für die Arbeitnehmer dieses Staates geltenden Rechts- und Verwaltungsvorschriften aufnehmen und ausüben will.	„VERORDNUNG (EWG) Nr. 1612/68 DES RATES vom 15. Oktober 1968 über die Freizügigkeit der Arbeitnehmer innerhalb der Gemeinschaft" (EWG 1968)

Damit sind die wesentlichen Schritte und Veränderungen hin zur umfassenden Arbeitnehmerfreizügigkeit der EWG herausgearbeitet und im Überblick dargestellt. Über das Erlassen von Verordnungen hinaus, die unmittelbar geltendes Recht schaffen, verfügten die zuständigen Organe der Europäischen Gemeinschaften über das Instrument der Richtlinie, deren Regelungen mittelbar durch die Mitgliedstaaten umzusetzen waren.

5.2.3.3 Die „Freizügigkeits"-Richtlinien im Übergang zum Gemeinsamen Markt

Die Entwicklung der Arbeitnehmerfreizügigkeit durch die schrittweise Umsetzung der Ziele des EWG-Vertrags von 1957 mit den Instrumenten des europäischen Sekundärrechts führte auf dieser Ebene mit der im vorliegenden Abschnitt behandelten „*VERORDNUNG Nr. 1612/68*" (EWG 1968) zur umfassenden Berechtigung aller Staatsbürger auf alle verfügbaren Stellen,[90] soweit die Bewerber jeweils die national geltenden Voraussetzungen erfüllten.

Die geplante Übergangszeit zur Schaffung des tatsächlichen „Gemeinsamen Marktes", zu dem auch die Verwirklichung der Freizügigkeit der Arbeitnehmer zählt, wurde im am 1. Januar 1958 in Kraft getretenen EWG-Vertrags auf 12–15 Jahre[91] festgelegt (EWGV 1957, Artikel 8, Absatz 1 i. V. m. Artikel 48, Absatz 1). In der Übergangszeit sollte der Gemeinsame Markt schrittweise in drei Stufen erreicht werden, wobei galt: „*Jeder Stufe entspricht eine Gesamtheit von Maßnahmen, die zusammen eingeleitet und durchgeführt werden müssen.*" (ebd., Absatz 2).

Abschließende bis heute gültige Zielsetzung war die „[…] *Abschaffung jeder auf der Staatsangehörigkeit beruhenden unterschiedlichen Behandlung der Arbeitnehmer der Mitgliedstaaten in bezug auf Beschäftigung, Entlohnung und sonstige Arbeitsbedingungen.*" (EWGV 1957, Artikel 48, Absatz 2)

Der Zielsetzung der vorliegenden Arbeit folgend soll nun untersucht und dargestellt werden, mit welchen Lösungsansätzen die aus der Diversität der nationalen Qualifikationssysteme resultierenden Probleme in der EWG behandelt wurden (s. a. Teil II 5.2.4). Hierbei ist anzumerken, dass das Problemfeld zunächst im Rahmen der Umsetzung der angestrebten Niederlassungs- und Dienstleistungsfreiheit bearbeitet und das Konzept dann später, ab Inkrafttreten der Verordnung 1612/68/EWG,[92] für die Arbeitnehmerfreizügigkeit übertragen wurde.

Zur Verwirklichung der Niederlassungs- und Dienstleistungsfreiheit wurde tatsächlich, wie im EWG-Vertrag von 1957 vereinbart (EWGV 1957, Artikel 54 und 63), ein „*Allgemeines Programm zur Aufhebung der Beschränkungen der*

---

90 Mit Ausnahme der öffentlichen Verwaltung (EWGV 1957, Artikel 48, Absatz 4).

91 Die Übergangszeit konnte auf gemeinsamen Beschluss hin auf maximal 15 Jahre verlängert werden (EWGV 1957, Artikel 8, Absatz 6).

92 Z. B.: „Diese Richtlinie gilt auch für Staatsangehörige der Mitgliedstaaten, die nach der Verordnung (EWG) Nr. 1612/68 (EWG 1968) eine Tätigkeit im Sinne des Artikels 1 als Angestellte ausüben oder ausüben werden." (EWG 1985a, Artikel 29).

Niederlassungsfreiheit [bzw. der *Dienstleistungsfreiheit*]" (EWG-Rat 201 und 202 1961) entwickelt. Dieses Programm erteilte im Zusammenhang mit der Ausarbeitung von Richtlinien gleichzeitig, den Auftrag zu prüfen,

> „[...], *ob vor, gleichzeitig mit oder nach der Aufhebung der Beschränkungen der Niederlassungsfreiheit eine gegenseitige Anerkennung der Diplome, Prüfungszeugnisse und sonstigen Befähigungsnachweise sowie eine Koordinierung der Rechts- und Verwaltungsvorschriften über die Aufnahme und Ausübung dieser Tätigkeiten erforderlich ist*" (EWG-Rat 202 1961, Abschnitt V, Satz 1, s. a. ebd. 201 Abschnitt VI, Satz 1).

Die sogenannten allgemeinen Programme sollten für den Zeitraum des Übergangs zur vollen Gültigkeit der vereinbarten personenbezogenen Freizügigkeiten diese im Vorwege stufenweise (s. o.) für eine festgelegte Auswahl von Tätigkeiten und Leistungserbringungen entwickeln.

Dabei legten die Programme sehr detailliert fest, wann in welcher der drei Verwirklichungsstufen für welche beruflichen Tätigkeiten, Berufe oder Berufsgruppen die Freizügigkeit durch Richtlinien erreicht werden sollte. In der Umsetzung wurde der in den allgemeinen Programmen festgelegte Plan weitestgehend eingehalten. Der Prozess der Verwirklichung der vollen Freizügigkeit ist allerdings bekanntermaßen bis heute noch nicht abgeschlossen.

Über die Verschiedenheit der durch die jeweiligen Richtlinien erfassten Wirtschaftszweige gibt die, nicht erschöpfende Liste (Tab. 8) einen Überblick. Das grundlegende Konzept zur Verwirklichung personenbezogener Freizügigkeiten, welches in der Gestaltung der Richtlinien deutlich wird und welches dann auch auf die Freizügigkeit der Arbeitnehmer erweitert wurde, besteht aus zwei Aspekten. Zu Beginn der Umsetzung der allgemeinen Programme wurden diese meist jeweils in Form von zwei Richtlinien erlassen, später in einer zusammengefasst.

5.2.3.4 *Richtlinien zu zwei noch getrennten Aspekten der Liberalisierung*

Die Fülle an Richtlinien (s. Tab. 8) zur Umsetzung der beruflichen Verkehrsfreiheiten des Gemeinsamen Marktes der Europäischen Wirtschaftsgemeinschaft lässt sich für den Verlauf der für zwölf Jahre angedachten Übergangszeit grundsätzlich in zwei Kategorien einteilen. Beide setzen damals noch getrennt bearbeitete Aspekte der Liberalisierung des Gemeinsamen Marktes um. Die beiden Kategorien werden zunächst nacheinander allgemein und im Detail vorgestellt und erläutert. Dabei erfolgt auch eine Bewertung der Bedeutung der Weiterentwicklung der Freizügigkeiten im Rahmen der europäischen Integration hinsichtlich der politischen Beweggründe und Probleme, die zu berücksichtigen waren.

Tab. 8: Ausgewählte Richtlinien zur Verwirklichung der personenbezogenen EWG-Freizügigkeit[93]

Nummer der Richtlinie	Wirtschaftszweig	Fundstelle im Amtsblatt der Europäischen Union
63/262/EWG	Landwirtschaft, mehr als zwei Jahre verlassen oder brach	ABl. 62 vom 20.4.1963, S. 1326–1328
64/222/EWG	Großhandel sowie Vermittlertätigkeiten in Handel, Industrie, Handwerk	ABl. 56 vom 4.4.1964, S. 857–863
64/225/EWG	Rückversicherung und Retrozession	ABl. 56 vom 4.4.1964, S. 878–883
64/428/EWG	Bergbau, Gewinnung von Steinen u. Erden (ISIC 11–19)	ABl. 117 vom 23.7.1964, S. 1871–1880
64/427/EWG	Be- und verarbeitendes Gewerbe (ISIC 23–40)	ABl. 117 vom 23.7.1964, S. 1863–1870
66/162/EWG	Elektrizität, Gas, Wasser und sanitäre Dienste (ISIC 5)	ABl. 42 vom 8.6.1966, S. 584–58
67/43/EWG	Immobiliengeschäfte (ISIC 640) und sonstiger Dienste (ISIC 839)	ABl. 10 vom 19.1.1967, S. 140–143
67/654/EWG	Forstwirtschaft und der Holzgewinnung	ABl. 263 vom 30.10.1967, S. 6–10
68/367/EWG	Restaurations- und Schankgewerbe (ISIC 852) Beherbergungsgewerbe und Zeltplatzbetriebe (ISIC 853)	ABl. L 260 vom 22.10.1968, S. 16–19
68/365/EWG	Nahrungs- und Genußmittelgewerbe, Getränkeherstellung (ISIC 20, 21)	ABl. L 260 vom 22.10.1968, S. 9–12
68/363/EWG	Einzelhandel (ISIC 612)	ABl. L 260 vom 22.10.1968, S. 1–5
69/82/EWG	Aufsuchen (Schürfen, Bohren) bei der Erdöl-/Erdgasgewinnung (ISIC 13)	ABl. L 68 vom 19.3.1969, S. 4–6
63/607/EWG	Filmwesen	ABl. 159 vom 2.11.1963, S. 2661–2664
70/522/EWG	Kohlengroßhandel, Vermittlungstätigkeiten im Sektor Kohle (ex ISIC 6112)	ABl. L 267 vom 10.12.1970, S. 14–17

93 ISIC: International Standard Industrial Classification of All Economic Activities (dt: „Internationale Standardklassifikation der Wirtschaftszweige") der Vereinten Nationen. In den Originaldokumenten findet auch die französische Abkürzung CITI Verwendung.

Tab. 8: Fortsetzung

Nummer der Richtlinie	Wirtschaftszweig	Fundstelle im Amtsblatt der Europäischen Union
71/18/EWG	landwirtschaftliche Dienste, die Dienste des Gartenbaus	ABl. L 8 vom 11.1.1971, S. 24–28
71/304/EWG	öffentliche Bauaufträge über Agenturen oder Zweigniederlassungen	ABl. L 185 vom 16.8.1971, S. 1–4
73/183/EWG	Kreditinstitute und andere finanzielle Einrichtungen	ABl. L 194 vom 16.7.1973, S. 1–10
73/239/EWG	Direktversicherung (mit Ausnahme Lebensversicherung)	ABl. L 228 vom 16.8.1973, S. 3–19
74/557/EWG	Handel mit und Verteilung von Giftstoffen	ABl. L 307 vom 18.11.1974, S. 5–9
75/368/EWG	Einige Tätigkeiten (ISIC 01–85)	ABl. L 167 vom 30.6.1975, S. 22–28
75/369/EWG	Reisegewerbe	ABl. L 167 vom 30.6.1975, S. 29–32
77/92/EWG	Versicherungsmakler (ISIC 630)	ABl. L 26 vom 31.1.1977, S. 14–19
77/796/EWG	Beförderung von Gütern u. Personen im Straßenverkehr, Verkehrsunternehmer	ABl. L 334 vom 24.12.1977, S. 37–39
79/267/EWG	Direktversicherung (nur Lebensversicherungen)	ABl. L 63 vom 13.3.1979, S. 1–18
82/470/EWG	Bestimmte Hilfsgewerbetreibende, Verkehr, Reisevermittler (ISIC 718), Lagerhalter (ISIC 720)	ABl. L 213 vom 21.7.1982, S. 1–7
82/489/EWG	Friseure	ABl. L 218 vom 27.7.1982, S. 24–26
85/384/EWG	Architektur	ABl. L 223 vom 21.8.1985, S. 15–25

Die erste Kategorie von Richtlinien diente dazu, allgemeine Aspekte der Liberalisierung[94] zu spezifizieren, und nahm Bezug auf die allgemeinen Umsetzungspläne der Programme (EWG-Rat 201 1961, Abschnitt V, EWG-Rat 202 1961, Abschnitt IV). Sie legte u. a. fest, für welche „Berufszweige" die Richtlinie

94 Die im Rahmen der allgemeinen Programme erlassenen Richtlinien wurden später begrifflich als Liberalisierungsrichtlinien zusammengefasst.

galt, den Umfang des Rechts auf Beitritt einer Berufsorganisation sowie die Modalitäten bei Forderung eines Nachweises der finanziellen Leistungsfähigkeit. Darüber hinaus wurde präzisiert, welche grundsätzlichen Maßnahmen von den Mitgliedstaaten zu ergreifen sind, um die gewünschte „[…] *Abschaffung jeder auf der Staatsangehörigkeit beruhenden unterschiedlichen Behandlung* [[95]] *der Arbeitnehmer der Mitgliedstaaten in bezug auf Beschäftigung, Entlohnung und sonstige Arbeitsbedingungen*" (EWGV 1957, Artikel 48, Absatz 2) zu erreichen. Wesentliches Ziel dieser Richtlinien „erster Art" ist somit die Beseitigung nationaler Bestimmungen, die als direkte und indirekte Beschränkung der angestrebten Freizügigkeiten klassifiziert wurden.

An dieser Stelle ist es für den weiteren Untersuchungsprozess erforderlich, das damalige Verständnis der als Grundfreiheit des Gemeinsamen Marktes proklamierten Nichtdiskriminierung („*Abschaffung jeder auf der Staatsangehörigkeit beruhenden unterschiedlichen Behandlung*"; s. o.) der Begünstigten der personenbezogenen Freiheiten detailliert darzustellen. Als exemplarisch aus dem Bereich der gewerblich-technischen Berufstätigkeiten kann die „*RICHTLINIE* [64/429/EWG] *DES RATES vom 7. Juli 1964 über die Verwirklichung der Niederlassungsfreiheit und des freien Dienstleistungsverkehrs für selbständige Tätigkeiten der be- und verarbeitenden Gewerbe der CITI-Hauptgruppen 23–40 (Industrie und Handwerk)*" (EWG 1964a) herangezogen werden.

Erst einmal lässt sich feststellen, dass das Freiheitsrecht, nicht benachteiligt zu werden, sich noch immer allein darauf begründet, eine Staatsangehörigkeit eines anderen Mitgliedstaates zu besitzen.[96] Zu klären ist, welche Maßnahmen nun in dieser Phase der Entwicklung der EWG durch die Mitgliedstaaten ergriffen werden sollten, um der Verwirklichung der angestrebten Nichtdiskriminierung näherzukommen.

---

95 Diese Formulierung findet sich wortgleich auch in den Zielsetzungen der Verwirklichung der Dienstleistungs- und Niederlassungsfreiheit (s. EWG-Rat 201 und 202 1961).

96 Die 1612/68/EWG sowie die dementsprechende juristische Auslegung sind 1964 noch nicht existent.

„Die Mitgliedstaaten beseitigen vor allem die Beschränkungen:

a) welche die Begünstigten daran hindern, sich unter den gleichen Bedingungen und mit den gleichen Rechten wie die Inländer im Aufnahmeland niederzulassen oder dort Dienstleistungen zu erbringen;
b) welche aus einer Verwaltungspraxis entstehen, die darauf hinausläuft, daß die Begünstigten eine gegenüber Inländern unterschiedliche Behandlung erfahren." (EWG 1964a, Artikel 4, Absatz 1).

Es wird deutlich, dass sich die Forderungen nach Nichtdiskriminierung in Form der genannten Aufforderungen, „gleiche Bedingungen" sowie „keine unterschiedliche Behandlung" zu erfahren, sich aus heutiger Perspektive im Kern widersprechen. Staatsangehörige eines anderen Mitgliedstaates müssen eben genau anders behandelt werden, als die Inländer. Nur so können die im Zusammenhang der Ausübung einer grenzüberschreitenden Tätigkeit entstehenden charakteristischen Hindernisse minimiert werden.

Was in dieser ersten Umsetzungsphase der personenbezogenen Grundfreiheiten genau gemeint ist, verdeutlicht der folgende Auszug:

„Zu den zu beseitigenden Beschränkungen gehören insbesondere diejenigen, die in Vorschriften enthalten sind, welche eine Niederlassung oder Dienstleistung der Begünstigten in folgender Weise verbieten oder beschränken:

a) in der Bundesrepublik Deutschland:
   - *durch das Erfordernis einer Reisegewerbekarte für das Aufsuchen von anderen Personen im Rahmen ihres Geschäftsbetriebs (§ 55 d Gewerbeordnung ; Verordnung vom 30. November 1960);*
   - *durch das Erfordernis einer besonderen Genehmigung für die Zulassung ausländischer juristischer Personen zum Gewerbebetrieb im Inland (§ 12 Gewerbeordnung und § 292 Aktiengesetz)"* (EWG 1964a, Artikel 4, Absatz 2, Satz 1, lit. a).[97]

Somit sind zu diesem Zeitpunkt nur Regelungen angesprochen, die explizit für Ausländer zusätzliche und/oder gesonderte Anforderungen oder Auflagen stellen, wenn es darum geht, eine berufliche Tätigkeit auszuüben. Im Rahmen erstgenannter Richtlinien sind die Mitgliedstaaten also aufgefordert, alle derartigen nationalen Vorschriften für EWG-Ausländer entsprechend den Anforderungen der Nichtdiskriminierung zu überarbeiten.

Der zu Beginn der Umsetzung der beruflichen Grundfreiheiten jeweils in einer weiteren Richtlinie erlassene zweite Aspekt der Liberalisierung referiert zu den Abschnitten der Allgemeinen Programme, die die Grundsätze für die

---

97 Für die EWG-Mitgliedsländer Belgien, Frankreich, Italien, Luxemburg sind jeweils Prägnanzien aufgeführt.

Anerkennung von Qualifikationsanforderungen und die Koordinierung diesbezüglicher nationaler Vorschriften festlegen (EWG-Rat 201 1961, Abschnitt VI, EWG-Rat 202 1961, Abschnitt V). In diesen Richtlinien „zweiter Art" wurden nun Verfahren für die Fälle entworfen, bei denen für die Aufnahme oder Ausübung einer Tätigkeit Qualifikationsanforderungen gestellt werden oder werden sollen.

Zur verständlichen Darstellung der Regelungen bzgl. der Anerkennung von Qualifikationsanforderungen soll an dieser Stelle ebenfalls exemplarisch die „*RICHTLINIE* [64/427/EWG] *DES RATES vom 7. Juli 1964 über die Einzelheiten der Übergangsmaßnahmen auf dem Gebiet der selbständigen Tätigkeiten der be- und verarbeitenden Gewerbe der CITI-Hauptgruppen 23–40 (Industrie und Handwerk)*" (EWG 1964) untersucht werden. Sie stellt das Pendant zur eben behandelten Richtlinie 64/429/EWG (EWG 1964a) dar.

Der folgende Extrakt stellt dabei einen interessanten Zwischenschritt in der Entwicklung, ausgehend von den Ansätzen der EGKS hin zum heutigen System, der Instrumente einer möglichst effektiven Förderung der personenbezogenen Freizügigkeit dar. Es wird insbesondere noch einmal das Kernproblem der divergierenden Reglementierungs- und Qualifikationssysteme deutlich. In der extremen Betrachtung gibt es einerseits Mitgliedstaaten, in denen der Erwerb und der Nachweis von Qualifikationen für eine bestimmte berufliche Tätigkeit bzw. ein definiertes Bündel von Tätigkeiten nur durch das Absolvieren eines formalisierten, institutionalisierten Berufsausbildungsgangs möglich ist sowie andererseits Mitgliedstaaten, in denen die erforderlichen Qualifikationen zur Ausübung der Tätigkeiten ohne formelle Anforderungen durch sogenanntes Anlernen in der beruflichen Praxis erworben werden.

Zunächst wird in der 64/427/EWG in Artikel 3 nun der Fall geregelt, dass eine Person aus einem Land ohne etablierte Regelung in einem Land mit formellen Qualifikationsanforderungen eine selbstständige Tätigkeit, hier im Rahmen einer grenzüberschreitenden Niederlassung und einer Dienstleistungserbringung im Bereich des be- und verarbeitenden Gewerbes, ausüben möchte. Für diesen Fall wird das aufnehmende Land dazu verpflichtet, folgende Konstellationen als ausreichenden Nachweis für die geforderten Kenntnisse und Fertigkeiten anzuerkennen:

„[...]

a) *bei ununterbrochener sechsjähriger Tätigkeit als Selbständiger oder als Betriebsleiter;*
b) *bei ununterbrochener dreijähriger Tätigkeit als Selbständiger oder als Betriebsleiter, wenn der Begünstigte für den betreffenden Beruf eine mindestens dreijährige vorherige Ausbildung nachweisen kann, die durch ein staatlich anerkanntes Zeugnis bestätigt oder von einer zuständigen Berufsinstitution als vollwertig anerkannt ist;*

c) *bei ununterbrochener dreijähriger Tätigkeit als Selbständiger, wenn der Begünstigte in dem betreffenden Beruf eine mindestens fünfjährige Tätigkeit als Unselbständiger nachweisen kann;*

d) *bei ununterbrochener fünfjähriger Tätigkeit in leitender Stellung, einschließlich einer mindestens dreijährigen Tätigkeit mit technischen Aufgaben und mit der Verantwortung für mindestens eine Abteilung des Unternehmens, wenn der Begünstigte für den betreffenden Beruf eine mindestens dreijährige vorherige Ausbildung nachweisen kann, die durch ein staatlich anerkanntes Zeugnis bestätigt oder von einer zuständigen Berufsinstitution als vollwertig anerkannt ist*" (EWG 1964, Artikel 3 ohne letzten Satz).

Es wird deutlich, dass genau dafür eine Lösung gesucht wurde, die beiden o. g. Extreme zusammenzuführen (s. ebd., 4. Erwägungsgrund). Dazu wurde der bereits für die „Arbeitnehmerfreizügigkeit" der EGKS bekannte Ansatz der Gleichstellung der „*Anlernausbildung*" mit der „*systematischen Ausbildung*" in Verbindung mit dem Prinzip der „Erfahrungszeiten" gewählt (s. Teil II 5.1.2). Dieser grundsätzliche Lösungsansatz ist bis heute ein entscheidender Bestandteil der Regelungen, die grenzüberschreitende Berufsausübung zu erleichtern.

Darüber hinaus wurde ein „Anerkennungsverfahren" entworfen, welches ebenfalls bis heute als grundlegend für die Ausgestaltung auch der Arbeitnehmerfreizügigkeit gelten kann. Maßstab dafür, ob eine als gleichwertig anzusehende Qualifikation „mitgebracht" wird, ist fortan das im Zielstaat gültige Berufsbild, welchem die beabsichtigte Tätigkeit bzw. das angestrebte Tätigkeitsspektrum zuzuordnen ist. Von ausschlaggebender Bedeutung ist hierbei, nach welchem Kriterium der Zielstaat[98] die grenzüberschreitende Ausübung der beruflichen Tätigkeit(en) zu erlauben hat. Dies ist bezogen auf die Qualifikationsanforderungen dann der Fall, wenn die nachgewiesenen Berufstätigkeiten mit den wesentlichen Punkten des o. g. Berufsbildes übereinstimmen (Artikel 4, Absatz 3). Dazu ist im Herkunftsland bezogen auf dieses „ausländische" Berufsbild zu bescheinigen „[…], *welche Berufstätigkeiten der Begünstigte tatsächlich ausgeübt hat und wie lange er sie ausgeübt hat.*" (Artikel 4, Absatz 2, Satz 1).

Insgesamt ist darüber hinaus im Zusammenhang mit der Richtlinie 64/427/EWG die Tendenz zu erkennen, bestehende nationale formelle Qualifikationsstrukturen zu schützen. Zum einen wurden auf Vorschlag des Wirtschafts- und Sozialausschusses der EWG die o. a. Bestimmungen zur Anerkennung der Erfahrungszeiten gegenüber dem ursprünglichen Vorschlag des EWG-Rates verschärft, und zwar mit der Intention „[…], *eine zu große Benachteiligung*

98 Im Original auch „Aufnahmeland" (ebd.).

der eigenen Staatsangehörigen des Aufnahmelandes zu vermeiden" (EWG 1964, S. 1809).

Zum anderen wird für den umgekehrten Fall, dass eine Tätigkeit im Zielland ausgeübt werden soll, die dort nicht durch Qualifikationsanforderungen reglementiert ist, jedoch in dem Mitgliedstaat aus dem die Person, die diese Ausüben will, folgende Bestimmung erlassen: Der Mitgliedstaat, in dem die Ausübung frei ist, hat auf Genehmigung der Kommission der EWG hin das Recht „[...] *von den Angehörigen anderer Mitgliedsstaaten, die diese Tätigkeiten in seinem Hoheitsgebiet ausüben wollen, den Nachweis darüber zu verlangen, daß sie die erforderliche Befähigung zur Ausübung dieser Tätigkeit im Herkunftsland besitzen.*" (EWG 1964, Artikel 5, Absatz 1, Satz 1).

Der Wirtschafts- und Sozialausschuss der EWG gab dazu Folgendes zu bedenken:

> „*Angesichts der unterschiedlichen rechtlichen Möglichkeiten der Handwerker, in den einzelnen Mitgliedstaaten einen Handwerksberuf selbständig auszuüben, könnten nach Meinung des Ausschusses Staatsangehörige, die in ihrem Herkunftsland nicht den dort vorgeschriebenen Befähigungsnachweis erbringen, sich in einem Mitgliedstaat, der keine Zulassungsvorschriften kennt, niederlassen.*" (ebd., Anhang: Stellungnahme Wirtschafts- und Sozialausschuss zu Vorschlag Artikel 6, Absatz a, Satz 2).

Beide Elemente der Richtlinien „zweiter Art" beschreiben gleichermaßen Aspekte, die aus den unterschiedlichen nationalen Regelungen für die Voraussetzungen die betreffenden beruflichen Tätigkeiten aufnehmen und/oder ausüben zu dürfen, resultieren. Ersterer greift das Problem der Inländerdiskriminierung auf, bei dem die Inländer mutmaßlich dadurch benachteiligt werden, dass Personen aus anderen Mitgliedstaaten ja weniger Anforderungen zu erfüllen hätten, bevor sie die entsprechende Tätigkeit ausüben dürfen (s. a. Teil II 6.4.2.3).

Der zweite Aspekt suggeriert die Befürchtung, dass einige Personen die nationalen Anforderungen dadurch geschickt umgehen könnten, dass sie sich in einem Mitgliedstaat ohne Anforderungen niederlassen, um dann vielleicht auch die beruflichen Tätigkeiten im ursprünglichen Herkunftsland als grenzüberschreitende Dienstleistung anzubieten. Explizit wird dazu ausgeführt:

> „[...] *damit soll in diesen Staaten vor allem ein unverhältnismäßig großer Zustrom von Personen verhindert werden, die nicht imstande gewesen wären, die in ihren Herkunftsländern bestehenden Bedingungen für die Aufnahme und die Ausübung dieser Berufstätigkeiten zu erfüllen*" (EWG 1964, 7. Erwägungsgrund).

Zur damaligen Zeit wurden diese beiden möglichen Nebeneffekte offensichtlich sehr ernst genommen, allerdings wurden sie als ein Übergangsproblem betrachtet, denn beschlossen war: „*Diese Richtlinie bleibt gültig, bis die Vorschriften über die Koordinierung der einzelstaatlichen Bestimmungen für die Aufnahme der betreffenden Tätigkeiten und ihre Ausübung in Kraft treten.“* (EWG 1964, Artikel 6).

5.2.4 Bewältigung der Divergenz nationaler Qualifizierungssysteme

Die mit der Divergenz der nationalen Qualifizierungssysteme einhergehenden Probleme sind seit der Gestaltung der Arbeitnehmerfreizügigkeit der ersten europäischen Gemeinschaft im Rahmen der europäischen Integration, der Montanunion, bekannt. In der späteren *„VERORDNUNG Nr. 15 über die ersten Maßnahmen zur Herstellung der Freizügigkeit der Arbeitnehmer innerhalb der* [Europäischen Wirtschafts-]*Gemeinschaft“* (EWG 1961) wurde beispielsweise dazu festgestellt:

> *„Zwischen der Freizügigkeit der Arbeitnehmer, der Beschäftigung und der Berufsausbildung, soweit sie darauf abzielt, die Arbeitnehmer in die Lage zu versetzen, sich um konkrete Stellenangebote zu bewerben, die in anderen Gebieten der Gemeinschaft veröffentlicht worden sind, besteht ein enger Zusammenhang; dieser Zusammenhang verpflichtet dazu, die einschlägigen Probleme nicht mehr getrennt, sondern im Hinblick auf ihre wechselseitige Abhängigkeit zu prüfen* […]“ (ebd., letzter Erwägungsgrund).

Das hier angesprochene Problem ist ein bedeutendes. Es besteht darin, dass Berufsausbildungen grundsätzlich ein die Mobilität von Berufsausübenden einschränkendes Moment darstellen.

Dass dies insbesondere dann gilt, wenn entsprechende Zertifikate formeller Ausbildungsgänge als Zugangsvoraussetzung zur Berufsausübung verlangt werden, ist unmittelbar einleuchtend und wurde bereits ausführlich diskutiert. Aber auch unabhängig von einem direkten Reglementierungszusammenhang kann die dargestellte Hinderungswirkung eintreten. Wie häufig wird in Stellenanzeigen eine konkrete Berufsausbildung erwartet, ohne dass es staatlicherseits so gefordert würde? Dies stellt eine nicht zu unterschätzende möglicherweise im Rahmen der fortschreitenden europäischen Integration noch deutlicher heraufziehende weitere Problemdimension dar (s. Teil II 6.1.1.3 u. Teil III 10.1.1.1). Die im Folgenden dargestellten Lösungsansätze gelten beiden Problemdimensionen. In der Regel sind es nämlich Abschlussdokumente formeller Bildungsgänge, die offiziell als Nachweis geforderter Qualifikationen verlangt werden.

Der erste Ansatz zur Lösung der „einschlägigen“ Probleme divergierender nationaler Qualifizierungs- und Reglementierungssysteme geht direkt auf jene Artikel des EWG-Vertrags (EWGV 1957) zurück, die sich mit den personenbezogenen Freizügigkeiten befasst und die den Rat der Europäischen Gemeinschaften auf Vorschlag der Kommission dazu ermächtigt, entsprechende Rechtsverordnungen zu erlassen. Der Ansatz geht nun davon aus, dass es grundsätzlich den Mitgliedstaaten vorbehalten bleiben sollte, die Art und Weise der Qualifizierung, die sie ggf. für die Ausübung eines Erwerbsberufs fordern, festzulegen. Gemeinschaftlich festgelegt wurden nur sogenannte Mindestanforderungen an den Umfang und das Vermittlungsniveau von Kenntnissen und Fähigkeiten. Als gelungen kann dieser Ansatz lediglich für die schon damals in allen Mitgliedstaaten ähnlich reglementierten Gesundheitsberufe gelten. Bei den koordinierten Mindestanforderungen kann im Ergebnis von einem Curriculum für ein europäisches Berufsbild gesprochen werden. Für berufliche Bereiche, die in den Mitgliedstaaten stark divergierende Qualifizierungssysteme aufweisen, wie etwa für den Zugang zur selbstständigen Ausübung eines Handwerks, stellte sich indes heraus, dass der Ansatz nicht geeignet war, die Probleme zu überwinden.

Das zweite Konzept zur Überwindung der nationalstaatlichen Divergenzen weist eine große Ähnlichkeit mit dem ersten Ansatz auf, ist jedoch davon abzugrenzen. Tatsächlich geht es im Gegensatz zum Ersteren auf den Artikel 128 des EWG-Vertrags (EWGV 1957) zurück. Dieser fordert explizit dazu auf, durch eine gemeinsame Politik im Bereich der Berufsausbildung zu einer harmonischen Entwicklung sowohl der einzelnen Volkswirtschaften als auch des Gemeinsamen Marktes zu kommen (ebd., Artikel 128). Im daraus entstandenen Konzept der schrittweisen Angleichung der Ausbildungsniveaus sollten die Entsprechungen nationaler Befähigungsnachweise u. a. mithilfe von gemeinschaftlich verfassten, die Berufsanforderungen spezifizierender Tätigkeitsbeschreibungen festgestellt werden. Hierbei stand insbesondere die Arbeitnehmerfreizügigkeit im Fokus.

Aufbauend auf den Artikel 128 EWGV (1957) wurde ein noch weitergehender Ansatz zur Harmonisierung der europäischen Politiken in Bezug auf die Berufsbildung verfolgt. Es könnte von der nächsten bzw. ultimativen Stufe der Vertiefung der europäischen Integration in diesem Bereich gesprochen werden. Ziel war die Entwicklung von gemeinschaftlichen Bildungsgängen, den sogenannten europäischen Berufsbildern. In Aufbau und Struktur ähnelten diese erstaunlich denjenigen deutscher Ausbildungsberufe. Die Schaffung gemeinschaftlicher Ausbildungsberufe greift allerdings maximal in die Souveränität der Mitgliedstaaten ein. Dies ist vermutlich auch der Grund, warum im weiteren Verlauf der europäischen Einigung kein tragfähiger europaweiter Konsens erzielt werden konnte und aktuell nur noch eine oberflächliche Kooperation im Bereich beruflicher Bildung möglich ist.

Nicht unbeachtet bleiben darf die Fortentwicklung des bereits aus der Umsetzung der Arbeitnehmerfreizügigkeit bekannten Ansatzes der „Anerkennung beruflicher Qualifikationen". Mit dem im Rahmen der EWG-Freizügigkeiten nunmehr begründeten Grundsatz, dass jeder Aufnahmestaat, in dem ein Beruf reglementiert ist, die in einem anderen Mitgliedstaat erworbenen Qualifikationen relativ großzügig zu berücksichtigen hat, wurde die Grundstruktur der aktuellen „Anerkennungsverfahren" etabliert. Das Konzept der „Anerkennung" ermöglicht die Aufrechterhaltung nationaler Berufsbildungssouveränität bei gleichzeitiger Senkung der aus der Divergenz nationaler Qualifikationssysteme resultierender Mobilitätsbarrieren.

Aus aktueller Perspektive muss jedoch die unkritische Übernahme nationaler Abschlüsse formeller beruflicher Bildungsgänge als legitimes Zugangshindernis für Berufsausübung beanstandet werden. So ergibt sich insgesamt ein weiterer Baustein der Erkenntnis zu Entwicklung des angestrebten emanzipatorischen Ansatzes zur Ausgestaltung qualifikationsfordernder Reglementierungen von Berufsausübung.

5.2.4.1 Koordinierungen der reglementierenden Ausübungsvorschriften

Mit der Koordinierung der Ausübungsvorschriften wird ein für die Verwirklichung der personenbezogenen Grundfreiheiten im Zuge der fortschreitenden europäischen Integration bedeutendes Handlungsfeld angesprochen. Ein Feld, welches bis heute ebenfalls weit davon entfernt ist, zufriedenstellend gelöst worden zu sein. In den einführenden Erwägungsgründen der Richtlinien 64/429/EWG (EWG 1964a) sowie 64/427/EWG (EWG 1964) werden die Schwierigkeiten im Zusammenhang mit der geplanten „Koordinierung der Rechts- und Verwaltungsvorschriften" prägnant dargelegt.

Die genannten Richtlinien befassen sich schwerpunktmäßig mit der „*Verwirklichung der Niederlassungsfreiheit und des freien Dienstleistungsverkehrs für selbständige Tätigkeiten der be- und verarbeitenden Gewerbe* […]" (EWG 1964a, Titel) gleichermaßen für den Bereich der industriellen und der handwerklichen Ausübung (ebd.). Folgendes z. T. bekanntes Problemfeld eröffnet sich daraus:

- „[… N]*icht in allen Mitgliedstaaten* [sind] *Bedingungen für die Aufnahme und die Ausübung dieser Tätigkeiten aufgestellt worden.*" (EWG 1964, 2. Erwägungsgrund)
- „[D]*ie Definition des Handwerks und damit dessen Abgrenzung gegenüber der Industrie ist in den einzelnen Mitgliedstaaten unterschiedlich.*" (ebd.)
- „[… G]*erade für die handwerklichen Tätigkeiten* [gilt] *teils Gewerbefreiheit, teils strenge, von einem Befähigungsnachweis abhängige Zulassungsvorschriften.*" (ebd.).

Wie zu erkennen ist, eignen sich die beiden ausgewerteten Richtlinien in exemplarischer Weise die besonderen Gegebenheiten im Bereich der selbstständig ausgeübten gewerblich-technischen Berufstätigkeiten herauszustellen. Der EWG-Rat hält die daraus resultierenden Probleme bzw. deren Lösung für so aufwendig, dass 1964 für diesen Bereich zunächst nur Richtlinien zur Aufhebung der Beschränkungen der Dienstleistungs- und Niederlassungsfreiheit erlassen wurden.

Die Koordinierung der nationalen Ausübungsvorschriften für selbstständig ausgeübte gewerblich-technische Berufstätigkeiten wurde auf später verschoben (EWG 1964a, 1. Erwägungsgrund sowie EWG 1964, 3. u. 4. Erwägungsgrund). Einen Lösungsansatz für dieses Problemfeld, welcher bis heute offen ist, zu finden, ist ein wesentliches Ziel der vorliegenden Arbeit. Ihm wird ein eigenes Kapitel gewidmet, dessen Inhalt es ist, anhand der speziellen Problemlage der selbstständigen gewerblichen Berufsausübung die grundlegende Fragestellung eines Ansatzes für eine zukunftsfähige Ausgestaltung qualifikationsfordernder Berufszugangsregelungen aufzulösen (s. Teil II 7).

An dieser Stelle soll jedoch erst einmal mit einem geeigneten Beispiel vertiefend dargestellt werden, was konkret unter „Koordinierung der Rechts- und Verwaltungsvorschriften über die Aufnahme und Ausübung dieser Tätigkeiten“ grundsätzlich zu verstehen ist. Hierzu ist ein Beispiel aus dem „Zweig“ der Gesundheitsberufe besonders geeignet, da bereits mit Inkrafttreten des EWG-Vertrags (1957) für diese erkannt und beschlossen war:

> *„Die schrittweise Aufhebung der Beschränkungen für die ärztlichen, arztähnlichen und pharmazeutischen Berufe setzt die Koordinierung der Bedingungen für die Ausübung dieser Berufe in den einzelnen Mitgliedstaaten voraus.“* (EWGV 1957, Artikel 57, Absatz 3).

Es wird deutlich, dass, bezogen auf die Verwirklichung der Freizügigkeiten der Berufsausübung, alle anderen allgemeinen Maßnahmen zur Liberalisierung des Gemeinsamenmarktes tatsächlich als Übergangsmaßnahmen anzusehen sind. Die Maßnahme, um die Freizügigkeit abschließend bzw. aus damaliger Perspektive als vollendet zu erreichen, besteht in der Koordinierung der Bedingungen für die Ausübung der Berufe, also die Koordinierung auch der Ausbildungsgänge, wenn diese denn eine obligatorische Zugangsvoraussetzung sind.

Zur exemplarischen Untersuchung der Koordinierung der Ausübungsbedingungen wurde der Beruf der Krankenschwester/des Krankenpflegers[99]

99 Aktuelle Bezeichnung in Deutschland: Gesundheits- und Krankenpflegerin/Gesundheits- und Krankenpfleger.

ausgewählt, da es sich vergleichbar mit vielen gewerblich-technischen ebenfalls um einen, zumindest in Deutschland, „klassischen" dualen Ausbildungsberuf handelt. Grundlage der folgenden Darstellung bildet die *„Richtlinie 77/453/EWG des Rates vom 27. Juni 1977 zur Koordinierung der Rechts- und Verwaltungsvorschriften für die Tätigkeiten der Krankenschwester und des Krankenpflegers, die für die allgemeine Pflege verantwortlich sind"* (EWG 1977b).

Beachtenswert ist zunächst die Tatsache, dass es nach der Vereinbarung des EWG-Vertrags von 1957 noch etwa 20 Jahre gedauert hat, bis diese Richtlinie „[z]*ur Förderung der uneingeschränkten Freizügigkeit der Berufsangehörigen in der Gemeinschaft*" (ebd., Erwägungsgründe, letzter Absatz) erlassen wurde.[100] Einleitend ist in der dazugehörenden Richtlinie 77/452/EWG (EWG 1977a), die sich mit der Anerkennung der Befähigungsnachweise befasst, angemerkt, dass eigentlich aufgrund des Ablaufs der Übergangszeit jede auf der Staatsangehörigkeit beruhende unterschiedliche Behandlung passé ist, gleichwohl wird es aber für erforderlich gehalten zur Erleichterung der tatsächlichen (!) Ausübung der personenbezogenen Freiheiten eben diese beiden Richtlinien zu erlassen (ebd., 1. und 2. Erwägungsgrund).

Ein Grund für die späte Verabschiedung der Richtlinien liegt darin, dass ein großer Abstimmungsbedarf einen längeren Vorlauf erforderlich gemacht hat. Einerseits waren die jeweiligen nationalen Qualifikationssysteme für die Gesundheitsberufe grundsätzlich auf Güte und Vergleichbarkeit zu untersuchen, andererseits eine Lösung für die Koordinierung zu finden, die es allen beteiligten Staaten bzw. ihren demokratischen Repräsentanten ermöglichte, dem Verfahren zuzustimmen. Zu bedenken dabei ist nämlich insbesondere, dass die Koordinierung von Bedingungen für die Ausübung von Berufen gleichbedeutend ist mit einem tiefer gehenden Eingriff in die Selbstbestimmtheit der Länder bzgl. der Gestaltungshoheit historisch gewachsener Berufsbildungssysteme.

Der Abstimmungsprozess hat schließlich zu folgender Erkenntnis bzw. Lösungsansatz geführt:

> *„Die Koordinierung [...] kann in Anbetracht der Vergleichbarkeit der Ausbildungsgänge in den Mitgliedstaaten auf die Forderung der Erfüllung von Mindestbedingungen beschränkt werden, so daß die Mitgliedstaaten im übrigen bei der Gestaltung der Ausbildung freie Hand behalten"* (EWG 1977b, erster Erwägungsgrund).

---

100 Eine adäquate Richtlinie zur Koordinierung der Rechts- und Verwaltungsvorschriften für die Tätigkeiten des Arztes wurde ebenfalls „erst" 1975 erlassen.

Im Zuge des gewählten Ansatzes sind nun für alle EWG-Mitgliedstaaten folgende Kriterien für die „europaweite" Anerkennung der Ausbildungen zur Krankenschwester/zum Krankenpfleger festgelegt worden:

- Für die Aufnahme und/oder Ausübung der Tätigkeiten[101] der Krankenschwester und des Krankenpflegers muss der Besitz eines Diploms oder das Recht, einen entsprechenden Titel zu führen, gesetzlich vorgeschrieben sein (EWG 1977a, 6. Erwägungsgrund).
- *„Die Mitgliedstaaten machen die Ausstellung der Diplome, Prüfungszeugnisse und sonstigen Befähigungsnachweise für Krankenschwestern und Krankenpfleger* […] *vom erfolgreichen Bestehen einer Prüfung abhängig* […]" (EWG 1977b, Artikel 1, Satz 1).
- Darüber hinaus wird verlangt, dass eine Ausbildung erfolgt, bei der festgelegte Mindestanforderungen bezogen auf Umfang und Vermittlungsniveau der Kenntnisse und Fähigkeiten erreicht werden (ebd. und Satz 2).

Vorteil war hier, dass für den Tätigkeitsbereich der allgemeinen Krankenpflege, im Gegensatz zu den o. g. gewerblich-technischen Erwerbstätigkeiten, bereits in allen Mitgliedstaaten eine formelle Ausbildung etabliert war. Berufsbezeichnungen und Befähigungsnachweise sind in der Richtlinie 77/452/EWG (EWG 1977a) namentlich für jedes Land gelistet (ebd., Artikel 1 sowie 3). Es galt im Weiteren „nur noch" – im Vergleich zum gewerblich-technisch Berufsbereich – die zu erwerbenden Qualifikationen sowie die Anforderungen an die durchzuführende Qualifizierung festzulegen, die mindestens einzuhalten waren. Dies ist Inhalt des ersten Absatzes des ersten Artikels der Richtlinie 77/453/EWG (EWG 1977b).

„Kenntnisse und Fähigkeiten", die im Rahmen einer formellen Ausbildung garantiert zu vermitteln seien, so der erste Absatz einleitend, erhielten folgende, wegen ihrer Aussagekraft vollständig wiedergegebene Ausführung:

> *„a) angemessene Kenntnisse der wissenschaftlichen Fachgebiete, die der allgemeinen Krankenpflege zugrunde liegen, einschließlich ausreichender Kenntnisse über den Organismus, die Körperfunktionen und das Verhalten des gesunden und des kranken Menschen sowie*

101 Die Definition „Es ist zu unterscheiden zwischen den Bedingungen der persönlichen Zuverlässigkeit für eine erste Aufnahme des Berufes und denjenigen für die Ausübung des Berufes." (EuGH 77/452/EWG 1977, 10. Erwägungsgrund) kann als Orientierung gelten, wird aber keinesfalls konsequent in den Rechtsvorschriften der europäischen Gemeinschaften verwandt.

über die Beziehungen zwischen dem Gesundheitszustand und der physischen und der sozialen Umwelt des Menschen;
b) ausreichende Kenntnisse in der Berufskunde und in der Berufsethik sowie über die allgemeinen Grundsätze der Gesundheit und der Pflege;
c) angemessene klinische Erfahrung; diese muß der Ausbildung dienen und unter der Aufsicht von qualifiziertem Pflegepersonal an Orten erworben werden, die auf Grund ihrer Ausstattung und wegen des in ausreichender Anzahl vorhandenen qualifizierten Personals für die Krankenpflege geeignet sind;
d) Fähigkeit, an der Ausbildung des mit der gesundheitlichen Betreuung befassten Personals mitzuwirken, und Erfahrung in der Zusammenarbeit mit diesem Personal;
e) Erfahrung in der Zusammenarbeit mit anderen im Gesundheitswesen tätigen Berufsangehörigen." (EWG 1977b, Artikel 1, Absatz 1).

Auffallend ist, dass die Attribute „angemessen" und „ausreichend" relativ sind. Die genannten Kenntnisse und Fähigkeiten geben übergeordnete allgemein gehaltene „Lernbereiche" wieder, die einigermaßen geordnet aufgezählt werden.

Der zweite Absatz des genannten Artikels (ebd., Absatz 2) legt nun strukturelle niveaubezogene Anforderungen an den Ausbildungsgang zur Krankenschwester/zum Krankenpfleger fest:

- Der Ausbildung muss eine erfolgreich abgeschlossene formelle 10-jährige allgemeine Schulausbildung im Niveau der Sekundarstufe I vorausgegangen sein.
- Die anschließende Berufsausbildung muss in Vollzeit mit einem vorgeschriebenen Fächerkanon in Theorie und Praxis, drei Jahre oder 4600 Stunden umfassend, durchgeführt werden. (Ebd.)

Der folgende Absatz des ersten Artikels (ebd., Absatz 3) gibt im Weiteren noch die Anforderungen an die Struktur der Dualität der Berufsausbildung für die allgemeine Krankenpflege vor.

Die vorgegebene Ausbildungsstruktur sieht hierbei einen *„theoretischen und technischen Unterricht"* sowie eine *„klinisch-praktische Krankenpflegeausbildung"*, die im ausgewogenen Verhältnis koordiniert werden sollen. Die praktische Ausbildung muss dabei auch institutionellen und pädagogischen Grundanforderungen genügen (ebd.). Ergänzend sind im Anhang der Richtlinie 77/453/EWG dann für den theoretischen sowie für den praktischen Ausbildungsbestandteil nach Sachgebieten geordnete stichpunktartig genannte übergeordnete Lerninhalte gelistet (s. Abb. 15).

Die Anforderungen an den Aufbau der Ausbildung für die allgemeine Krankenpflege entsprechen den „klassischen" Strukturmerkmalen einer dualen deutschen Berufsausbildung. Mit der Richtlinie 77/453/EWG wurde so gewissermaßen ein europäisches Curriculum[102] für das gleichsam damit geschaffene europäische Berufsbild der Krankenpflege oder besser ein Curriculum für ein europäisches Berufsbild „Krankenpflege" geschaffen.

A. Theoretischer und technischer Unterricht

a) *Krankenpflege*

Berufskunde und Ethik in der Krankenpflege,
allgemeine Grundsätze der Gesundheitslehre und der Krankenpflege,
Grundsätze der Krankenpflege in bezug auf:
— allgemeine Medizin und medizinische Fachgebiete,
— allgemeine Chirurgie und chirurgische Fachgebiete,
— Kinderpflege und Kinderheilkunde,
— Wochen- und Säuglingspflege,
— Geisteskrankenpflege und Psychiatrie,
— Altenpflege und Alterskrankheiten;

b) *Grundwissen*

Anatomie und Physiologie,
Krankheitslehre,
Bakteriologie, Virologie und Parasitologie,
Biophysik, Biochemie und Radiologie,
Ernährungslehre,
Hygiene: — Gesundheitsvorsorge,
— Gesundheitserziehung,
Pharmakologie;

c) *Sozialwissenschaften*

Soziologie,
Psychologie,
Grundbegriffe der Verwaltung,
Grundbegriffe der Pädagogik,
Sozial- und Gesundheitsgesetzgebung,
Berufsrecht.

B. Klinisch-praktische Krankenpflegeausbildung

Krankenpflege auf folgenden Gebieten:
— allgemeine Medizin und medizinische Fachgebiete,
— allgemeine Chirurgie und chirurgische Fachgebiete,
— Kinderpflege und Kinderheilkunde,
— Wochen- und Säuglingspflege,
— Geisteskrankenpflege und Psychiatrie,
— Altenpflege und Alterskrankheiten,
— Hauskrankenpflege.

Abb. 15: Das „Ausbildungsprogramm" für die allgemeine Krankenpflege der Richtlinie 77/453/EWG (EWG 1977b, Anhang B. eingefügt)

Insgesamt sind die Elemente eines umfassenden Curriculums enthalten, allerdings genügen Struktur und Klarheit dieser „Ausbildungsverordnung" noch nicht den Anforderungen moderner „Berufsausbildungen". Bezogen auf die zu untersuchende Problemstellung kann festgehalten werden, dass zur Gewährleistung der grenzüberschreitenden Freiheit der Berufsausübung zunächst der

102 Im weitesten Sinne.

Weg der Europäisierung der Berufsausbildungen – insofern diese Voraussetzung sind, diesbezügliche Tätigkeiten ausüben zu dürfen – eingeschlagen wurde.

Insbesondere im Sektor der Gesundheitsberufe, aber später ebenso z. B. für Berufstätigkeiten auf dem Gebiet der Architektur (EWG 1985a) wurde das Konzept der Europäisierung der Berufsbilder und der dazu gehörigen Berufsausbildungen weiter fortgesetzt. Das Studium der Architektur ist eine akademische Ausbildung, die aus der historisch gewerblich-technischen Berufstätigkeit des Baumeisters erwachsen ist. Die Koordinierung gewerblich-technischer Berufsausbildungen auf der sogenannten Facharbeiterebene ist bisher jedoch nicht vorangekommen, gleichwohl gab es schon früh Versuche, entsprechende europäische Berufsbilder zu etablieren (s. Teil II 5.2.4.3).

5.2.4.2 Die schrittweise Angleichung der Ausbildungsniveaus

Artikel 128 des EWG-Vertrags von 1957 beinhaltete das Ziel, eine gemeinschaftliche Politik in Bezug auf die Berufsausbildung als Baustein einer harmonischen Entwicklung des Gemeinsamen Marktes zu fördern (EWGV 1957, Artikel 128). Hier wurde das Handlungsfeld der „Harmonisierung der Berufsausbildung", die bereits im Rahmen der Umsetzung der Arbeitnehmerfreizügigkeit der Montanunion entwickelt wurde, aufgegriffen. Es stellt einen weiteren grundsätzlichen Ansatz dar, aus der Divergenz der nationalen Reglementierungssysteme resultierende Hindernisse für die Freizügigkeit Erwerbstätiger zu überwinden.

Im aus dem Artikel 128 (EWGV 1957) hervorgegangenen Beschluss des Rats der Europäischen Wirtschaftsgemeinschaft heißt es: *„Die Durchführung einer gemeinsamen Politik wirksamer Berufsausbildung wird die Herstellung der Freizügigkeit der Arbeitnehmer fördern."* (EWG 1963, vierte Erwägung). Die auf den Artikel 128 aufbauenden Maßnahmen sind somit nicht isoliert von denen, die unmittelbar auf diejenigen Artikel aufbauen, die die personenbezogenen Grundfreiheiten festlegen, zu sehen. Vielmehr handelt es sich um flankierende, zum Teil sich in ihren Ansätzen überschneidende Maßnahmen. Sie waren fester Bestandteil der Gesamtheit der Maßnahmen zur Etablierung einer größtmöglichen Freizügigkeit von Erwerbstätigen zwischen den Territorien der Mitgliedstaaten.

Im achten Grundsatz des Beschlusses (ebd.) wurde die *„schrittweise Angleichung der Ausbildungsniveaus"* (ebd., achter Grundsatz, Satz 1[103]) der nationalen

---

103 Der Begriff „Niveau" wurde hier generalisierend verwendet. Dieser wäre sonst nur schwerlich vom Begriff „Ausbildungsstufe" abgrenzbar, der wiederum synonym mit

Berufsausbildungen als Konzept zu deren Harmonisierung entworfen. Hierbei wurden folgende Maßnahmen vorgesehen:

- aufeinander abgestimmte Beschreibungen der Grundanforderungen für den Zugang zu den verschiedenen Ausbildungsstufen;
- eine Angleichung der objektiven Bedingungen für das Bestehen der Abschlussprüfungen;
- gegenseitige Anerkennung der Nachweise über den Abschluss der Berufsausbildung (ebd., Satz 2 und 3).

Die Umsetzung des Ansatzes der „schrittweisen Angleichung der Ausbildungsniveaus" wurde erst relativ spät durch die „*ENTSCHEIDUNG DES RATES vom 16. Juli 1985 über die Entsprechungen der beruflichen Befähigungsnachweise zwischen Mitgliedstaaten der Europäischen Gemeinschaften*" (EWG 1985) eingeleitet.

Besonders interessant an der Entscheidung 85/368/EWG (ebd.) sind nun zunächst die in der Präambel selbst ausgeführten Beweggründe, die zur Entscheidung führten. Um die Einordnung dieses Rechtsaktes in Form einer Anweisung an die Kommission der EWG und den Mitgliedstaaten in den Gesamtkontext zu ermöglichen sowie Denkweisen und den Ansatz selbst transparent zu machen, folgt eine kurze Wiedergabe dieser. Anschließend wird die inhaltliche Gestaltung des Ansatzes der schrittweisen Angleichung der Ausbildungsniveaus dargestellt und bewertet.

In der die Entscheidung begründende Präambel wird einmal mehr das Problem genau benannt, welches mit der Entscheidung 85/368/EWG gelöst werden soll:

> „*Die Freizügigkeit der Arbeitnehmer innerhalb der Gemeinschaft wird durch das Fehlen der genannten gegenseitigen Anerkennung insofern beeinträchtigt, als dadurch die Arbeitnehmer, die in einem Mitgliedstaat eine Beschäftigung suchen, die in einem anderen Mitgliedstaat erworbenen beruflichen Befähigungsnachweise nur in begrenztem Umfang geltend machen können.*" (EWG 1985, dritter Erwägungsgrund).

Die vom Rat der EWG gefasste Entscheidung verfolgt nun explizit „[d]*as Ziel, den Arbeitnehmern die Möglichkeit zu geben, ihre Befähigungsnachweise vor allem für den Zugang zu einer angemessenen Beschäftigung in einem anderen Mitgliedstaat besser zu verwenden*" (ebd., Artikel 1).

---

der Verwendung von „Niveau" in der im vorigen Abschnitt behandelten Richtlinie 89/48/EWG (EWG 1989) ist.

Dies soll dadurch erreicht werden, dass Entsprechungen der beruflichen Befähigungsnachweise in der Gemeinschaft erarbeitet und veröffentlicht werden. Hierbei wird darauf gedrängt, dass insbesondere die gemeinsam festzustellenden Beschreibungen der praktischen beruflichen Anforderungen schneller voranschreiten. (Ebd.). Dies ist dabei nicht das einzige Element zur Erreichung des genannten Ziels. Es wurde mit der Entscheidung 85/368/EWG zusätzlich ein niveaubezogener Referenzrahmen für die Zuordnung nationaler Berufsausbildungen geschaffen. Diese sogenannte *„STRUKTUR DER AUSBILDUNGSSTUFEN"* (EWG 1985, Anhang) stellt eine Rangordnung hinsichtlich der institutionellen und qualifikatorischen Verortung beruflicher Ausbildungsgänge dar.

Die Einordnung des Niveaus einer Ausbildung ist bis heute ein wesentliches Kriterium zur Beurteilung der Vergleichbarkeit von Berufsbildungsgängen bzw. den damit einhergehenden Befähigungsnachweisen, national und international. Die „Struktur der Ausbildungsstufen" ist das erste und einzige im Rahmen der europäischen Integration entworfene Modell dieser Art, da es eine Hierarchie nur für berufliche Bildungsgänge bzw. -abschlüsse, und zwar ausgehend vom Qualifizierungsniveau, d. h. dem generellen Niveau der Tätigkeiten für die ausgebildet wird, aufstellt.

Es sind fünf Stufen definiert worden, wobei die niedrigste einer Ausbildung an einer *„Pflichtschule und Einführung in den Beruf"*[104] (ebd.) entspricht, die höchste dann *„Verlangt [...] die Beherrschung der wissenschaftlichen Grundlagen des Berufes"* (ebd.). Die Stufen 2 und 4 sind nachfolgend zur Veranschaulichung des Klassifizierungsprinzips abgebildet (Abb. 16).

Der Vollständigkeit halber muss erwähnt werden, dass 1979 das Klassifizierungsinstrument ISCED (International Standard Classification of Education) der UNESCO bereits anerkannt und verbreitet war, sodass die vorgenommene Stufung möglicherweise eine angepasste Abwandlung von ISCED darstellt. Das Prinzip der Zuordnung zu den Stufen (Niveaus) durch ergebnisorientierte Beschreibung der erworbenen oder besser zu erwerbenden Fähigkeit (Qualifikationen) findet sich später auch im EQR (Europäische Qualifikationsrahmen für lebenslanges Lernen) wieder. Der Frage, inwieweit die „Struktur der Ausbildungsstufen" oder andere Standardisierungen geeignet sind, zur Lösung des Kernproblems beizutragen, wird dann im letzten Teil der vorliegenden Arbeit nachgegangen.

104 Bildungsgänge der Berufsfachschulen, die eine berufliche Grundbildung vermitteln, hätten hier beispielsweise eingeordnet werden können.

STUFE 2

Zugang : Pflichtschule und Berufsausbildung (einschließlich Lehre)

Auf dieser Stufe wird eine abgeschlossene Qualifizierung für eine bestimmte Tätigkeit und die Beherrschung der entsprechenden Geräte und Verfahren erworben.

Es handelt sich hierbei hauptsächlich um eine ausführende Arbeit, die im Rahmen der erworbenen Kenntnisse und Fähigkeiten selbständig ausgeführt werden kann.

STUFE 4

Zugang : (Allgemein- oder berufsbildende) Sekundarschule und anschließende Fachausbildung

Diese Fachausbildung auf Hochschulniveau erfolgt in Schulen oder anderen Einrichtungen. Damit werden Kenntnisse und Fähigkeiten vermittelt, die an sich zum Hochschulbereich gehören. Nicht gefordert wird im allgemeinen die Beherrschung der wissenschaftlichen Grundlagen der verschiedenen Bereiche. Diese Fähigkeiten und Kenntnisse ermöglichen insbesondere eigenverantwortliche Arbeit im Bereich der schöpferischen Planung und/oder Verwaltung und/oder Betriebsführung.

Abb. 16: Die Stufen 2 und 4 der Ausbildungsstruktur nach Artikel 3 Absatz 2 der Entscheidung 85/368/EWG (EWG 1985, Anhang)

Hier von Bedeutung ist im Weiteren, dass die geleistete Grundlagenarbeit – das Aufstellen einer Struktur der Ausbildungsstufen – tatsächlich ein wesentlicher Baustein für das Projekt der Erarbeitung von Entsprechungen beruflicher Befähigungsnachweise war und zum Zeitpunkt der Inkraftsetzung der Entscheidung 85/368/EWG schon zur Verfügung stand.

Das festgelegte Verfahren wiederum war bereits erfolgreich für ausgewählte Berufsgruppen, die zur Facharbeit zählen, angewandt worden (EWG 1985, siebter und achter Erwägungsgrund) und sollte nun vorrangig auf berufliche Befähigungsnachweise weiterer Berufe oder Berufsgruppen auf Facharbeiterebene ausgeweitet werden (ebd., Artikel 2, Absatz 3). Darüber hinaus wurde die Möglichkeit verankert, die Anwendung des Verfahrens auch auf Berufe anderer Ausbildungsstufen zu erweitern (ebd., Absatz 4).

Artikel 3 der Entscheidung legt das von der Kommission der EWG zu verwendende Verfahren zur Feststellung der Entsprechungen der beruflichen Befähigungsnachweise wie folgt fest:

- Ausarbeitung von gemeinschaftlichen Beschreibungen der praktischen beruflichen Anforderungen;
- Zuordnung der national anerkannten beruflichen Befähigungsnachweise zu diesen Beschreibungen;
- Erstellung von Übersichten mit identifizierenden Angaben zu den Berufen, wie die:

- o Berufskennziffer nach SEDOC,[105]
- o Berufskennziffern gemäß nationalen Systemen,
- o Stufe der Berufsbildung,
- o jeweiligen nationalen Berufsbezeichnungen,
- o entsprechenden beruflichen Befähigungsnachweise,
- o die Ausbildung vermittelnden Organisationen und Einrichtungen,
- o Befähigungsnachweis ausstellende oder anerkennende Behörden. (EWG 1985, Artikel 3).

Darüber hinaus sollte maximale Transparenz durch eine Pflicht zur Veröffentlichung der gemeinschaftlichen Beschreibungen der praktischen beruflichen Anforderungen, zur Erstellung von Informationsblättern für jeden Beruf oder jede Berufsgruppe sowie zur Verbreitung der Informationen über die festgestellten Entsprechungen an alle erdenklichen relevanten Stellen erreicht werden. Auch die Errichtung einer Datenbank auf Gemeinschaftsebene wurde bereits angedacht (ebd.).

Tatsächlich wurde dieses Konzept für eine Vielzahl von Berufen und Berufsgruppen realisiert. So wurde 1991 beispielsweise für den Sektor „Metalltechnik"[106] für insgesamt 20 europäische Berufsbilder, d. h. Erwerbsberufsprofile für die gemeinschaftlichen Berufsanforderungen formuliert wurden, eine den oben gelisteten Vorgaben konforme Übersicht der Entsprechungen veröffentlicht (KOM 1991). Unter den beschriebenen und zugeordneten Metallberufsbildern finden sich viele handwerkliche, wie etwa Modellschlosser, Fluggerätmechaniker oder Lüftungsbauer als auch einige industrielle, wie z. B. Werkzeugmaschinenbediener sowie allgemein Einrichter und Bediener. Von besonderem Interesse ist nun die in der jeweiligen Anlage B zu den Ausbildungsberufen hinterlegte *„Beschreibung der einvernehmlich festgestellten praktischen Berufsanforderungen"* (ebd., S. 2), da diese den Wesenskern des „Ansatzes der schrittweisen Angleichung der Ausbildungsniveaus" ausmacht.

Da dieser Ansatz von grundsätzlicher Bedeutung ist, soll an dieser Stelle exemplarisch die Beschreibung der praktischen Berufsanforderungen, die mit dem Ausbildungsberuf „Werkzeugmaschinenbediener" in Verbindung gebracht

105 Système europeén de diffusion des offres et demandes d'emploi enregistreées en compensation internationale – Europäisches System für die Übermittlung von Stellenangeboten und Arbeitsgesuchen im internationalen Ausgleich (heute EURES).

106 In der Mitteilung 91/C 196/01 (KOM 1991) selbst vorgenommene Einordnung der in ihr behandelten Berufe bzw. beruflichen Befähigungsnachweise.

wurde, ausführlich dargestellt werden (s. Abb. 17). Nach der Nennung der gemeinschaftlichen Berufsbezeichnung folgte:

II. AUFGABENBEREICH: Der Werkzeugmaschinenbediener ist als Fachkraft in der Lage, selbständig, sach- und termingerecht die bei der spanenden Werkstoffbearbeitung (Drehen und/oder Fräsen etc.) anfallenden Arbeiten auszuführen.

Abb. 17: Der Aufgabenbereich des Werkzeugmaschinenbedieners in Anwendung der Entscheidung 85/368/EWG (KOM 1991, S. 84)

Im Weiteren sind dann die praktischen Berufsanforderungen in Form von Tätigkeitsbeschreibungen spezifiziert worden:

„*III. TÄTIGKEITEN: Mit Hilfe von technischen Unterlagen, unter rationellem Einsatz der Werkzeuge und unter Berücksichtigung der Vorschriften der Unfallverhütung, der Arbeitssicherheit und des Umweltschutzes führt er/sie aufgrund von Arbeitsanweisungen vorwiegend folgende Tätigkeiten aus:*

1. *Einrichten seines/ihres Arbeitsplatzes.*
2. *Lesen und Anwenden von technischen Unterlagen.*
3. *Festlegen der Arbeitsschritte, -mittel und -methoden.*
4. *Bestimmen der Schnittparameter und Zusammenstellen der Werkzeuge und Werkstoffe für den Arbeitsprozeß.*
5. *Einrichten des Arbeitsablaufs, Einstellen der Maschinendaten, Spannen und Ausrichten der Werkstücke und der Werkzeuge.*
6. *Einstellen der Werkzeugmaschinen und Ausrichten des Fertigungsablaufs auf die geforderten Toleranzen.*
7. *Überwachen des Einsatzes der Schneidewerkzeuge und Justieren der Maschine mittels entsprechender Bedienungselemente.*
8. *Ablesen verschiedener Meß- und Kontrollinstrumente zur Überprüfung des korrekten Arbeitsablaufs während des Fertigungsbetriebs.*
9. *Entnehmen des Werkstückes und Abbauen der Vorrichtungen.*
10. *Prüfen der gefertigten Gegenstände unter Verwendung verschiedener Meß- und Prüfgeräte.*
11. *Pflegen und Warten der einschlägigen Ausrüstung, Maschinen und Werkzeuge und Durchführen einfacher Instandsetzungsarbeiten.*
12. *Erfassen von technischen Daten über Arbeitsablauf und -ergebnisse.*“ (ebd.).

In der Anlage A der Mitteilung sind die oben gelisteten identifizierenden Angaben in den jeweiligen Landessprachen der damaligen EWG-Mitgliedstaaten veröffentlicht, sodass die Festlegung der grenzüberschreitenden Entsprechungen der gemeinschaftlichen Berufsbildanforderungen über die Zuordnung der dort genannten nationalen Berufsbezeichnungen zu den gemeinschaftlich festgelegten praktischen Berufsanforderungen erfolgt. Für den Werkzeugmaschinenbediener sind für Deutschland die Ausbildungsberufe Zerspanungsmechaniker, Werkzeugmechaniker, Industriemechaniker, Feinmechaniker, Dreher, Maschinenbaumechaniker, Werkzeugmacher, Mechaniker, Universalfräser, Walzendreher, Bohrwerkdreher, Universalschleifer, Automateneinrichter sowie Maschinenbauer genannt.

2008 wurde die Entscheidung 85/368/EWG (EWG 1985) mit der Begründung, „[…] *dass die Entscheidung nicht für die Vergleichbarkeit beruflicher Qualifikationen von Arbeitnehmern, die in einem anderen Mitgliedstaat eine Beschäftigung suchen, sorgen kann.*" (EG 2008, zweiter Erwägungsgrund) aufgehoben. Konkrete Gründe, warum der Ansatz nicht erfolgreich war, wurden nicht genannt. Allgemein wird aber ausgeführt:

> *„Die in der Entscheidung 85/368/EWG vorgesehenen Methoden und Konzepte zur Beschreibung und zum Vergleich von Qualifikationen entsprechen nicht den heute in den Systemen der allgemeinen und beruflichen Bildung angewandten Methoden und Konzepten."* (ebd., dritter Erwägungsgrund).

Das wirft an dieser Stelle die Frage auf, warum statt nur die Beschreibungsmethodik an die aktuellen Erfordernisse anzupassen, das Konzept der Entsprechungen insgesamt verworfen wurde. Auffällig ist dabei, dass indirekt damit gesagt wurde, dass das Konzept der Beschreibung – von erwerbsberuflichen Tätigkeitsprofilen – nicht zu den nationalen Berufsbildungssystemen passt. Vermutet werden kann hier jedoch aufgrund der folgenden Entwicklung, dass grundsätzlich die fortschreitenden Harmonisierungs- bzw. Europäisierungstendenzen national nicht durchsetzbar waren.

5.2.4.3 Der weitergehende Ansatz einer europäischen Berufsausbildung

Obwohl das im Unterabschnitt 5.2.4.1 behandelte Instrument zur Umsetzung personenbezogener Freizügigkeit – die Koordinierung der Ausübungsvorschriften – bereits als ein Curriculum für europäische Berufsbilder aufgefasst werden kann, stellt die Schaffung europäischer Berufsausbildungen eine bezogen auf die europäische Integration noch weitergehende, separat zu betrachtende Maßnahme dar. Wie schon oben ausgeführt (s. S. 150) wurde dem EWG-Rat mit dem Artikel 128 des EWG-Vertrags (1957) ein zusätzlicher Handlungsauftrag erteilt, dessen Zielsetzung zusammengefasst als Harmonisierung der Berufsausbildungen bezeichnet werden kann.

Als Beispiel dafür, wie weitreichend die Koordinierung der Berufsausbildungen damals angedacht wurde, soll nun die *„Empfehlung des Rates vom*

29. September 1970 an die Mitgliedstaaten über die Anwendung des Europäischen Berufsbildes für die Ausbildung von Facharbeitern an spanenden Werkzeugmaschinen" (EWG, 1970) untersucht werden, die auf den bereits genannten Beschluss (EWG 1963) zurückging. Der durchaus als europäische „Ausbildungsverordnung" anzusehende Entwurf ist stringent in drei Teile gegliedert. Der erste Teil soll die Mindestanforderungen an diejenigen „Kenntnisse und Fertigkeiten" angeben, die im Rahmen nationaler Ausbildungsgänge für entsprechende „spanende Berufstätigkeiten" vermittelt werden sollen (ebd., erste Aufzählung). Begonnen wird dabei mit einer Nennung des übergeordneten Kompetenzziels der Ausbildung:

> *„Die Facharbeiter an spanenden Werkzeugmaschinen (Dreher, Universalfräser, Universalschleifer) müssen am Ende ihrer Ausbildungszeit in der Lage sein, auf spanenden Werkzeugmaschinen, insbesondere denjenigen ihrer Fachrichtung, Werkstücke aus Stahl, Gußwerkstoffen, Nichteisenmetallen und Kunststoffen mit normaler Präzision nach Fertigungszeichnungen herzustellen, die alle für die Arbeiten notwendigen Angaben enthalten."* (ebd., Anhang Teil I, Absatz 2).[107]

Dieser einleitende Satz stellt eine kompakte Information dar, für welche beruflichen Tätigkeiten qualifiziert werden soll. Wobei die zusammengefasste Kernaussage „Facharbeiter an spanenden Werkzeugmaschinen müssen in der Lage sein, auf spanenden Werkzeugmaschinen, Werkstücke herzustellen" zunächst auffallend evident erscheint. Interessant und bemerkenswert modern ist hier der Ansatz, ein Ausbildungsberufsbild zu entwerfen, welches übergreifend für mehrere Berufsbezeichnungen (Dreher, Universalfräser, Universalschleifer) und damit Tätigkeitsprofile[108] befähigen soll. Die Nennung der zu bearbeitenden Werkstoffgruppen sowie die adverbiale Präzisierung „mit normaler Präzision nach Fertigungszeichnungen" setzt einen ersten grundlegenden Rahmen für die zu erwerbende Befähigung.

Es folgt eine umfassende stichpunktartige Auflistung der „Kenntnisse und Fertigkeiten", die allerdings als Liste fachsystematischer Begriffe, Lerninhalte und Tätigkeiten daherkommt. Zur Verdeutlichung sind im Folgenden (Tab. 9) Ausschnitte daraus dargestellt.

---

107 Vgl. aktueller Ausbildungsberuf Zerspanungsmechaniker/Zerspanungsmechanikerin.

108 Die ggf. wiederum auch auf nationale Bezeichnungen für Ausbildungsgänge zurückgehen.

Tab. 9: Kenntnisse und Fertigkeiten des europäischen Berufsbilds „Facharbeiter an spanenden Werkzeugmaschinen“ im Auszug

A. Gemeinsame Kenntnisse und Fertigkeiten	
1. GRUNDFERTIGKEITEN	5. ALLGEMEINBILDUNG
1.00 Meßtechnik	5.00 Muttersprache
Anwendung von	5.02 Physikalische Kenntnisse
1.00.00 Haarlineal	5.02.01 Mechanik flüssiger und gasförmiger Körper
1.00.01 Wasserwaage	00 Gesetze von Pascal und Archimedes: Anwendungen
1.02 Sägen	01 atmosphärischer Druck: Barometer
1.02.00 von Hand nach Anriß	5.03 Allgemeine soziale Kenntnisse
2. ARBEITEN MIT MASCHINEN	5.03.00 Arbeitssicherheit
2.02 Senken	00 mittelbare und unmittelbare Ursachen von Arbeitsunfällen
2.02.00 zylindrische Bohrungen	01 Beseitigung der Unfallursachen: Unfallverhütung
2.02.01 konische Bohrungen	5.03.01 Hygiene am Arbeitsplatz
4. TECHNOLOGISCHE KENNTNISSE	5.03.02 Sozialgesetzgebung
4.01 Erwünschte Fachkenntnisse	00 Grundzüge des Arbeits- und Sozialrechts
4.01.00 mechanische Eigenschaften der Metalle	
4.01.01 Korrosionsschutz der Metalle	
4.01.02 Verarbeitung der Werkstoffe	
B. Besondere Kenntnisse und Fertigkeiten	
I. FACHRICHTUNG DREHER	
1. ARBEITEN AN DER MASCHINE	
1.00 Drehen	
1.00.02 Drehoperationen	
00 Langdrehen, außen und innen	
01 Plandrehen, außen und innen	
02 Kegeldrehen, außen	
1.00.03 Qualitätsanforderungen	
2. TECHNOLOGISCHE KENNTNISSE	
[usw.]	

Quelle: EWG 1970, Anhang Teil I, lit. A und B

Der zweite Teil des Entwurfs einer „Verordnung“ eines europäischen Berufsbildes für die Facharbeit an spanenden Werkzeugmaschinen legt Anforderungen und Rahmenbedingungen für die Abschlussprüfung des konzipierten Ausbildungsgangs fest (EWG 1970, Anhang Teil II). „*Die Abschlußprüfung gliedert sich in eine Fertigkeitsprüfung und in eine Kenntnisprüfung*“ (ebd., Absatz 2). Die darin durch die Prüflinge nachzuweisenden „Fertigkeiten und Kenntnisse“ sind in Teil II der „Verordnung“ ebenfalls in Listenform in vergleichbarer Art und Weise, wie für die o. a. Ausbildung (s. Tab. 9), auf mehreren Seiten aufgeführt.

Die Fertigkeitsprüfungen sind nach Fachrichtungen gegliedert. Es wird für diesen praktischen Teil eine Prüfungsdauer von 12 bzw. 16–24 Stunden vorgesehen. Des Weiteren wird für die Kenntnisprüfungen eine Dauer von 8–16 Stunden festgelegt sowie ein detailliertes Bewertungssystem (s. Abb. 18) empfohlen. Darüber hinaus sind die Bedingungen für das Bestehen der Kenntnisprüfung und der Abschlussprüfung insgesamt vorgegeben.

Fächer	Punktzahl (a)	Koeffizient (b)	Erreichbare Höchstpunktzahl (a × b)	Für das Bestehen der Prüfung erforderliche Mindestpunktzahl	
				in den Fächern	insgesamt
Fachkunde	10	4	40	60 (= 60 % in den drei Fächern)	75 (= 60 % der Gesamtpunktzahl)
Technisches Zeichnen	10	3	30		
Mathematische Kenntnisse	10	3	30		
Muttersprache	10	0,5	5	—	
Physikalische Kenntnisse	10	1	10	—	
Allgemeine soziale Kenntnisse	10	0,5	5	—	
Sonstige (¹)	10	0,5	5	—	

(¹) Hierunter sind unter anderem zu verstehen: etwaige schriftliche Unterlagen, die während der Ausbildung zu erarbeiten sind (Berichtsheft, Werkstattbuch usw.) oder die Ergebnisse einer mündlichen Prüfung.

Abb. 18: Das Bewertungssystem der Kenntnisprüfung für den europäischen „Facharbeiter an spanenden Werkzeugmaschinen“ (EWG 1970, Anhang Teil II, lit. B)

In Teil III des Entwurfs sind diejenigen national „anerkannten Qualifikationen“ (Diplome, Prüfungszeugnisse und sonstigen Befähigungsnachweise) aufgeführt, die die im entworfenen europäischen Berufsbild geforderten Mindestanforderungen bereits erfüllen und in den jeweils anderen Mitgliedstaaten als gleichwertig akzeptiert werden sollten (EWG 1970, Anhang Teil III).

Alles in allem wird die ausgesprochene Nähe bzw. die Übereinstimmung des Entwurfs einer europäischen Berufsausbildung für Facharbeit an spanenden

Werkzeugmaschinen zu den damals in Deutschland existierenden Ausbildungsgängen zum Dreher, Universalfräser und Universalschleifer deutlich. Grundsätzlich ist die europaweite Harmonisierung der Berufsausbildungen, insbesondere wenn sie eine Voraussetzung für die Erlaubnis zur Ausübung einer beruflichen Tätigkeit darstellen, eine Lösung des Problems der Diversität der Qualifikations- und Reglementierungssysteme der Mitgliedstaaten der europäischen Gemeinschaften.[109] Jedoch muss dies als „maximalinvasiv" bezogen auf die Souveränität derjenigen Staaten angesehen werden, die bisher über kein derartiges Ausbildungssystem verfügten. Es ist davon auszugehen, dass der Entwurf der Richtlinie 70/449 EWG (1970) daher nicht verwirklicht wurde.

Mit dem Vertrag von Maastricht (EUV 1992) wurde der Handlungsstrang der Harmonisierung vollständig geschlossen. Artikel 128 des EWG-Vertrags von 1957 wurde durch die Artikel 126 und 127 des neuen EG-Vertrages (EUV 1992) ersetzt. Deren geradezu überdeutliche Tenor *„unter strikter Beachtung der Verantwortung der Mitgliedstaaten für die Lehrinhalte und die Gestaltung des Bildungssystems"* sowie *„unter Ausschluß jeglicher Harmonisierung der Rechts- und Verwaltungsvorschriften der Mitgliedstaaten"* (ebd., 126) ist dabei unmissverständlich.

Die Aufgabe der Europäischen Gemeinschaft ist seitdem darauf beschränkt worden, die Zusammenarbeit zwischen den Mitgliedstaaten im Bereich der Bildung insgesamt zu fördern und die eigenverantwortlichen Berufsbildungspolitiken der Mitgliedstaaten zu unterstützen und zu ergänzen (ebd., 126 und 127). Als wesentliches Instrument zur Umsetzung dieser „neuen" europäischen Bildungspolitik sind hier die allgemein bekannten Förderprogramme, wie z. B. ERASMUS oder LINGUA mit dem Ziel der Förderung von Mobilität im Rahmen eines weiten Verständnisses europäischer Berufsbildungspolitik zu nennen. Diese Politik wird bis heute so betrieben.

5.2.4.4 Das Konzept der „Anerkennung beruflicher Qualifikationen"

Für den Bereich der gewerblich-technischen Erwerbsarbeit hat die im EWG-Vertrag (1957) geplante Harmonisierung der Zulassungsvoraussetzungen bis

109 Die Frage der Bewertung, ob das Absolvieren eines formellen Ausbildungsganges als Voraussetzung für die Erlaubnis zur Ausübung einer beruflichen Tätigkeit mit dem Grundrecht auf Berufsfreiheit an sich vereinbar ist, ist hiermit natürlich noch nicht beantwortet.

heute nicht stattgefunden. Das lag und liegt insbesondere an der, im Gegensatz z. B. zum Sektor der ärztlichen und pflegerischen Berufstätigkeiten, beträchtlichen Verschiedenartigkeit der Qualifikationssysteme in den einzelnen Mitgliedstaaten der europäischen Gemeinschaften. Da damit für die gewerblich-technische Facharbeit der Weg der Koordinierung der Mindestanforderungen an die „Kenntnisse und Fertigkeiten", die national für die Aufnahme oder Ausübung der entsprechenden Tätigkeit zu fordern wären, ausscheidet, blieb im Weiteren nur die Möglichkeit, allgemeine Verfahrensgrundsätze für die Anerkennung der in einem anderen Mitgliedstaat erworbenen Qualifikationen aufzustellen. In der Präambel der ersten Richtlinie, die dies – zunächst für mindestens dreijährige akademische Berufsausbildungen – erreichen sollte, heißt es:

> *„Die bisher vom Rat erlassenen Vorschriften […] betreffen wenige Berufe. Niveau und Dauer der Ausbildung, die Voraussetzung für den Zugang zu diesen Berufen war, waren auf ähnliche Weise in allen Mitgliedstaaten reglementiert oder Gegenstand einer Mindestharmonisierung, die zur Einführung dieser sektoralen Regelungen der gegenseitigen Anerkennung der Diplome notwendig war."* (EWG 1989, 2. Erwägungsgrund).

Präzisiert wird auch, was die personenbezogenen Freiheiten im Kontext des Europäischen Binnenmarktes bedeuten und damit wird das Ziel der Richtlinie(n) festgelegt: *„Dies bedeutet für die Angehörigen der Mitgliedstaaten insbesondere die Möglichkeit, als Selbständige oder abhängig Beschäftigte einen Beruf in einem anderen Mitgliedstaat als dem auszuüben, in dem sie ihre beruflichen Qualifikationen erworben haben."* (EWG 1989, 1. Erwägungsgrund; EWG 1992 dito).

Es geht also nicht mehr (nur) darum, welche Staatsangehörigkeit eine „Arbeitskraft" hat, die sich im europäischen Ausland um die Ausübung einer beruflichen Tätigkeit bemüht, sondern quasi um die „Nationalität" oder besser Herkunft der Qualifikationen, die diese für die angestrebte Tätigkeit mitbringt. Das dann im Rahmen der EWG-Freizügigkeiten bei der Bewertung der „mitgebrachten" Qualifikationen angewendete Konzept der „anerkannten Qualifikationen" ist bereits aus der Umsetzung der „Arbeitnehmerfreizügigkeit" der Montanunion bekannt und findet im Rahmen der *„Allgemeine*[n] *Regelung für die Anerkennung von Ausbildungsnachweisen"* bis heute weiterhin genau so Anwendung (Richtlinie 2005/36/EG, Artikel 10).

Diese „allgemeinen" Anerkennungsverfahren sind mit der *„Richtlinie 89/48/EWG des Rates vom 21. Dezember 1988 über eine allgemeine Regelung zur Anerkennung der Hochschuldiplome, die eine mindestens dreijährige Berufsausbildung* *abschließen*" (EWG 1989) zunächst für akademische, später dann mit der „*Richtlinie 92/51/EWG des Rates vom 18. Juni 1992 über eine zweite allgemeine Regelung zur Anerkennung beruflicher Befähigungsnachweise in Ergänzung zur Richtlinie 89/48/EWG*" (EWG 1992) für bisher nicht in Einzelvorschriften geregelte Berufsausbildungen auf „Facharbeiterebene" generell in Kraft gesetzt worden.

Die herausragende Leistung, die sich hinter dem Konzept der „anerkannten Qualifikationen" verbirgt, besteht darin, dass einerseits die Souveränität der Mitgliedstaaten gewahrt bleibt, die Berufsbildungssysteme – hier überwiegend diejenigen der sogenannten Facharbeiterebene – selbstständig zu gestalten und andererseits die Mobilitätsbarriere[110] der Verschiedenartigkeit national geforderter Qualifikationsnachweise und die für ihren Erwerb zu absolvierenden Bildungsgänge in ein überwindbares Hindernis verwandelt wird.

> „*Bei denjenigen Berufen, für deren Ausübung die Gemeinschaft kein Mindestniveau der notwendigen Qualifikation festgelegt hat, behalten die Mitgliedstaaten die Möglichkeit, dieses Niveau mit dem Ziel zu bestimmen, die Qualität der in ihrem Hoheitsgebiet erbrachten Leistungen zu sichern. Sie können jedoch nicht, ohne sich über ihre Verpflichtungen nach Artikel 5 des Vertrages* [[111]] *hinwegzusetzen, einem Angehörigen eines Mitgliedstaats vorschreiben, daß er Qualifikationen erwirbt, die sie in der Regel im Wege der schlichten Bezugnahme auf die im Rahmen ihres innerstaatlichen Bildungssystems ausgestellten Diplome bestimmen, wenn der Betreffende diese Qualifikationen bereits ganz oder teilweise in einem anderen Mitgliedstaat erworben hat. Deshalb hat jeder Aufnahmestaat, in dem ein Beruf reglementiert ist, die in einem anderen Mitgliedstaat erworbenen Qualifikationen zu berücksichtigen und zu beurteilen, ob sie den von ihm geforderten Qualifikationen entsprechen.*" (EWG 1989, 5. Erwägungsgrund; s. a. EWG 1992, 2. Erwägungsgrund)

Interessant ist auch, dass den Mitgliedstaaten für das Privileg, Qualifikationen für die Ausübung beruflicher Tätigkeiten weiterhin innerhalb ihres Herrschaftsbereichs festlegen zu dürfen, der Rechtfertigungsgrund der Qualitätssicherung „mitgeliefert" wird. Als Rechtfertigung zur Einschränkung der Berufsfreiheit ist, wie sich zeigen wird, der Bezug zur Qualität der ausgeführten Arbeiten und Dienstleistungen jedoch nur bedingt geeignet bzw. legitim (s. Teil II 6.1.2).

110 Als Komparativ von Mobilitätshindernis.

111 EWG-Vertrag 1957, hier die Verpflichtung den Binnenmarkt mit seinen Grundfreiheiten zu errichten; in Richtlinie 92/51/EWG (EWG 1992) zusätzlich Bezug auf Artikel 48, 52 und 59.

Im Folgenden soll das für die aktuelle Realisierung der grenzüberschreitenden Berufsfreiheit innerhalb der Gemeinschaft der freien europäischen Länder wegbereitende Konzept der „Anerkennung" beruflicher Qualifikationen in seinen Grundzügen kurz dargestellt und reflektiert werden. Dabei sind insbesondere die Elemente des Konzeptes relevant, die das heutige Verfahren und damit das Verständnis dieser Freizügigkeit geprägt haben. Die detaillierte Auseinandersetzung mit der aktuellen Auslegung und Anwendung der personenbezogenen Freiheiten wird später an geeigneter Stelle erfolgen (s. Teil II 6.1).

Grundlegend für das Konzept der „Anerkannten Qualifikationen" war die Schaffung des Rechtsbegriffs „reglementierter Berufs". „[A]*ls reglementierter Beruf* [gilt] *die reglementierte berufliche Tätigkeit oder die reglementierten beruflichen Tätigkeiten insgesamt, die in einem Mitgliedstaat den betreffenden Beruf ausmachen*" (EWG 1989, Artikel 1, lit. c).

Eine reglementierte berufliche Tätigkeit wiederum ist „[…] *eine berufliche Tätigkeit, deren Aufnahme oder Ausübung oder eine ihrer Arten der Ausübung in einem Mitgliedstaat direkt oder indirekt durch Rechts- oder Verwaltungsvorschriften an den Besitz eines Diploms gebunden ist*" (ebd., lit. d, Satz 1). Im Weiteren wird diese Begriffsbildung auf durch Verbände und Organisationen mit staatlich anerkannten Zielen geregelte berufliche Tätigkeiten erweitert (ebd., Satz 3). Darüber hinaus gilt diese Definition mit Inkrafttreten der Richtlinie 92/51/EWG (EWG 1992) auch für durch *„Ausbildungs- oder Befähigungsnachweis"* reglementierte Berufe (ebd., Artikel 1, lit. f, Satz 1). Ausbildungsnachweise sind in diesem Zusammenhang Nachweise „[…] *die in einem Mitgliedstaat von einer nach dessen Rechts- und Verwaltungsvorschriften bestimmten zuständigen Stelle ausgestellt werden*" (ebd., Artikel 1, lit. a) und in formellen formalisierten Ausbildungsgängen stattfinden. Die Kategorie Befähigungsnachweise hingegen schließt alle übrigen Nachweise ein, die formell als Voraussetzungen für die Ausübung einer beruflichen Tätigkeit gefordert werden.

Deutlich wird hier die Umsetzung des im EWG-Vertrag intendierten Universalgültigkeitsanspruchs der beruflichen Freiheiten als Grundfreiheiten des Europäischen Binnenmarktes. Spätestens mit dieser Ergänzungsrichtlinie sind damit alle beruflichen Qualifikationen, die bisher nicht durch Einzel- oder Sammelrichtlinien geregelt wurden und die direkt oder indirekt, wie etwa dem Führen einer Berufsbezeichnung, als Voraussetzung zur Erlaubnis der Ausübung einer beruflichen Tätigkeit gelten, durch europäisches Sekundärrecht begrifflich als *„reglementierte Berufe"* erfasst und explizit als der personenbezogenen Freiheiten unterliegend eingeordnet.

Über diese grundsätzliche Klärung hinaus, für welche Berufstätigkeiten das Konzept der „anerkannten Qualifikation" Anwendung findet, befasst sich die Richtlinie in den Erwägungsgründen mit weiteren Problemen, die die Vielfalt der nationalen Qualifizierungssysteme mit sich bringt und die diese Richtlinie dann lösen soll. Insbesondere das bereits mehrfach besprochene Problem, dass in den Mitgliedsländern Qualifikationserfordernisse bzw. die dahin führenden Bildungsgänge vielfältig gestaltet sind, wird einleitend nochmals dargestellt. So hieß es:

> *„Einige Mitgliedstaaten verlangen für die Ausübung bestimmter Berufe ein Diplom im Sinne der Richtlinie 89/48/EWG* [[112]], *wohingegen andere Mitgliedstaaten für die Ausübung der gleichen Berufe den Abschluß anders aufgebauter Ausbildungsgänge vorschreiben. Einige Ausbildungsgänge haben keinen postsekundären Charakter mit einer Mindestdauer im Sinne dieser Richtlinie, bieten aber dennoch eine vergleichbare berufliche Qualifikation und bereiten auf ähnliche Verantwortungen und Aufgaben vor."* (EWG 1992, 15. Erwägungsgrund).

Darüber hinaus gibt es allerdings auch den Fall, dass in dem Herkunftsland der Arbeitskraft keine formellen Bildungsgänge und Qualifikationsnachweise für die angestrebte berufliche Tätigkeit existieren.

Zusätzlich wird das „Anerkennungsproblem" mit der *„zweiten allgemeinen Regelung zur Anerkennung beruflicher Befähigungsnachweise"* (EWG 1992) um den Aspekt der von Land zu Land unterschiedlichen Niveaus der geregelten Ausbildungen, d. h. die Zuordnung zu einer Stufe in der Bildungshierarchie, erweitert. Daher ist „[...] [f]*estzulegen, ob und unter welchen Bedingungen eine Person, die ein bestimmtes Ausbildungsniveau besitzt, in einem anderen Mitgliedstaat einen Beruf ausüben kann, für den ein anderes Qualifikationsniveau vorgeschrieben ist"* (ebd., 14. Erwägungsgrund).

Zusammenfassend kann festgestellt werden, dass das grundsätzliche Problem darin besteht, dass die jeweiligen Qualifizierungswege in ihren Zugangsvoraussetzungen, ihrer inneren Struktur, ihrem Niveau innerhalb einer Berufsbildungshierarchie und ihrer Dauer voneinander abweichen. Betroffen davon ist insbesondere eine Vielzahl von gewerblich-technischen Berufen, für deren Ausübung eine Berufsausbildung auf Sekundarschulniveau verlangt wird und die eher manuelle Qualifikationen erfordern (EWG 1992, 17. Erwägungsgrund).

---

112 Hier: „ein mindestens dreijähriges Studium oder ein dieser Dauer entsprechendes Teilzeitstudium an einer Universität oder einer Hochschule oder einer anderen Ausbildungseinrichtung mit gleichwertigem Niveau" (EWG 1989, Artikel 1, lit. a, 2. Strichaufzählung).

Diese besonderen und bis dato nicht nachhaltig gelösten die Freizügigkeit behindernden Schwierigkeiten zu minimieren ist Ziel der „zweiten allgemeinen Regelung zur Anerkennung beruflicher Befähigungsnachweise“ (EWG 1992).

In einer Gesamtbewertung des Lösungsansatzes „Anerkennung beruflicher Qualifikationen“ der EWG lässt sich feststellen, dass beständig das Primat der Durchsetzung der personenbezogenen Freizügigkeiten als Grundfreiheit des Europäischen Binnenmarktes gegenüber dem Anspruch der Mitgliedsländer auf eine strikte Anwendung nationaler Berufsregelungen verfolgt wird. In der Umsetzung bedeutet dies, dass in den o. g. Aspekten ein als großzügig oder tolerant zu bezeichnendes Akzeptieren jener Bedingungen, die in ihrer prinzipiellen Wertigkeit nicht das Maß erfüllen, welches in jenen Ländern in denen die formellen Anforderungen als im Vergleich am umfänglichsten gelten können, vorgegeben wird.

Beispielsweise sind – in Erweiterung der allgemeinen Regelung zur Anerkennung der Hochschuldiplome (ebd.) – als Zugangsvoraussetzungen für Bildungsgänge zum Erwerb des Qualifikationsnachweises „Diplom“ nunmehr neben einem Sekundarabschluss, der zur Aufnahme eines Hochschulstudiums berechtigt, weitere Bildungsbelege, wie in Deutschland etwa der mittlere Schulabschluss, zugelassen. Einher geht damit auch die Anerkennung der entsprechenden Bildungsgänge, die bezogen auf das Niveau innerhalb einer Berufsbildungshierarchie unterhalb eines Hochschulstudiums einzuordnen sind. Hier können exemplarisch insbesondere die Fachschulausbildungen, wie staatlich anerkannter Erzieher oder Kinderkrankenpfleger sowie spezielle Meisterausbildungen, wie Augenoptiker oder Zahntechniker und etliche nautische Ausbildungen genannt werden (ebd., Artikel 1, lit. a i. V. m. Anhang C).

Für Abweichungen bzgl. der inneren Struktur und der Dauer der Ausbildungen gilt Ähnliches. So wurde mit den beiden Anerkennungsrichtlinien der EWG der Bewertungsgrundsatz des „wesentlichen Unterschieds“ festgelegt. Dieser besagt, dass etwaige Ausgleichsmaßnahmen nur dann verlangt werden dürfen, wenn – bezogen auf Struktur und Dauer der mitgebrachten und der verlangten Qualifikation im Vergleich – wesentliche Abweichungen bzw. mindestens eine um ein Jahr kürzere Ausbildungszeit vorliegen (z. B.: ebd., Artikel 4, lit. a und b). Als Ausgleichsmaßnahmen wurden die aktuell weiterhin vorgesehenen und Anwendung findenden Instrumente Anpassungslehrgang und Eignungsprüfung eingeführt. Darüber hinaus ist auch Berufserfahrung – „[…] *die tatsächliche und regelmäßige Ausübung des betreffenden Berufs in einem Mitgliedstaat*“ (ebd., Artikel 1, lit. h) – als Qualifikationselement anerkannt und als anzuerkennen eingeführt. Aktuell wird diese als „*Automatische Anerkennung Berufserfahrung*“ (s. Tab. 10; vgl. 2005/36/EG 2016, Titel III, Kapitel II) deklariert.

Nachfolgend (Tab. 10) ist zur Veranschaulichung der Anerkennungspraxis eine exemplarische Übersicht über einige im Jahre 2010 erfolgte Entscheidungen zur Berücksichtigung „ausländischer" beruflicher Qualifikationen für die Erlaubnis der selbstständigen Ausübung des deutschen Maurer- und Betonbauhandwerks eingefügt. Zu beachten ist, dass in der – hier zugrunde liegenden – von der Europäischen Kommission betriebenen „*Reglementierte Berufe Datenbank*"[113] nur durch deutsche Stellen eingestellte Fälle Berücksichtigung finden.

Tab. 10: Art und Anzahl einiger Entscheidungen zur Anerkennung beruflicher Qualifikationen am Beispiel Maurer- und Betonbauermeister in Deutschland im Jahre 2010 nach Herkunftsland der Qualifikation

Qualifikation erworben in	Entscheidung des Aufnahmelandes	Anzahl
Niederlande	Automatische Anerkennung Berufserfahrung (‚Handwerk')	20
Niederlande	Negativ nach Eignungsprüfung (allgemeine Regelung)	1
Niederlande	Positiv nach Eignungstest (allgemeine Regelung)	2
Niederlande	In Prüfung	1
Niederlande	Positiv automatisch Allgemeine Regelung (keine Ausgleichsmaßnahmen)	3
Polen	Positiv nach Eignungstest (allgemeine Regelung)	4
Polen	Negativ nach Eignungsprüfung (allgemeine Regelung)	4
Polen	Negativ nach Anpassungslehrgang (allgemeine Regelung)	1
Polen	Laufende Absolvierung eines Anpassungslehrganges	4
Polen	Positiv automatisch Allgemeine Regelung (keine Ausgleichsmaßnahmen)	24
Polen	Automatische Anerkennung Berufserfahrung (‚Handwerk')	21
Polen	In Prüfung	8
Portugal	Automatische Anerkennung Berufserfahrung (‚Handwerk')	2
Portugal	Positiv nach Eignungstest (allgemeine Regelung)	1
Rumänien	In Prüfung	4

Quelle: EC 2010, Nr. 76 bis 90)

Auch diese Beispiele tatsächlich vorgenommener Anerkennungsentscheidungen zeigen, dass das Primat Freizügigkeit vor restriktiver Anwendung nationaler Vorschriften konsequent umgesetzt wurde. Dieser Ansatz löst grundsätzlich das Problem, dass die nationalen stark differierenden Systeme insbesondere

113 https://ec.europa.eu/growth/tools-databases/regprof/index.cfm?action=homepage (2019-10-22).

gewerblich-technischer Berufsausbildungen nicht mithilfe einer Harmonisierung der Rechts- und Verwaltungsvorschriften überwunden werden dürfen, gleichzeitig dennoch eine größtmögliche Freizügigkeit erreicht werden soll. Dies wird für das o. a. Anerkennungsverfahren im Detail durch die verbindliche Vorgabe erreicht, dass eine strikte Anwendung der nationalen Bestimmungen nur im Falle wesentlicher Unterschiede, die Ausbildungsstrukturen und/oder -inhalten betreffend, erlaubt ist.

Im Zusammenhang mit dem gewählten Ansatz, der jeweils national geltenden Qualifikationsanforderungen bzw. Ausbildungsgänge zum Maßstab für eine Anerkennung erhebt, ergeben sich damit gleichzeitig jedoch neue ungelöste Aufgaben. Das Kernproblem besteht nun darin, festzustellen, ob wesentliche Unterschiede vorliegen oder nicht. Wesentlich insofern, ob die Zuerkennung der Gleichwertigkeit in Bezug auf die Zulassung zur Ausübung mit denjenigen Qualifikationen bzw. Berufsbildungsabschlüssen, die national dafür Maßstab sind, vorgenommen werden kann.

Die Frage, ob es überhaupt oder unter welchen Voraussetzungen es legitim ist Qualifikationsanforderungen, insbesondere in Form umfangreicher Bildungsgänge zu stellen, wurde zu diesem Zeitpunkt noch nicht beantwortet. Auch entfernt sich der Ansatz der „Anerkennung beruflicher Qualifikationen“ von der Idee, tatsächliche Befähigung für vorhandene erwerbsberufliche Tätigkeiten „anzuerkennen“. Stattdessen werden so, wie schon angesprochen, Abschlüsse formeller beruflicher Bildungsgänge als Berufszugangsnorm festgeschrieben.

5.2.5 Bewertung der Ansätze zur Umsetzung der EWG-Freizügigkeit

Bevor eine Bewertung der Ansätze zur Umsetzung der personenbezogenen Freiheiten für die erwerbsmäßige Ausübung beruflicher Tätigkeiten vorgenommen wird, soll an die Intention, die mit diesen Freizügigkeiten verbunden ist, erinnert werden. Zielsetzung ist, damals als „kleinster gemeinsame Nenner“ der Fortentwicklung der europäischen Integration, der Zusammenschluss der Mitgliedstaaten zu einem Wirtschaftsraum zur Förderung von Wachstum und Wohlstand. Der wirtschaftsliberale Ansatz, der bereits Grundlage für den Zusammenschluss zur Europäischen Gemeinschaft für Kohle und Stahl war, ist damit als ideologisches Fundament der europäischen Einigung fortgeschrieben worden. Die sozialpolitische Komponente erfährt im Rahmen der Europäischen Wirtschaftsgemeinschaft eine Aufwertung zum eigenständigen politischen Handlungsfeld. Dies führte zu einer positiven Weiterentwicklung wichtiger Rahmenbedingungen von Freizügigkeit.

Im Verlauf der Rechtsetzungsgeschichte der EWG zu den personenbezogenen Freizügigkeiten wurde erkannt, dass die Zusammenhänge und Probleme für gelegentliche Dienstleistungserbringung, für abhängige Beschäftigung oder selbstständige Niederlassung im Wesentlichen kongruent sind.[114] Der generelle vertraglich festgelegte Ansatz ist bei allen Freizügigkeiten die gleichberechtigte Behandlung aller Staatsangehörigen der Mitgliedstaaten, die Berufstätigkeiten innerhalb des Herrschaftsraums der EWG über nationale Grenze hinweg ausüben wollen (EWGV 1957, Artikel 48, 52 und 59). „Über nationale Grenze hinweg" heißt hierbei, dass die Qualifikation in einem oder mehreren anderen Ländern erworben wurde, als in welchem sie in „Arbeit" bzw. Erwerb umgesetzt werden soll.

Im Folgenden werden die in den vorigen Unterabschnitten behandelten Konzepte zur Überwindung der Divergenz der nationalen Qualifizierungssysteme resümiert und bewertet. Die zu den drei Ausprägungen der beruflichen Freiheiten erlassenen Rechtsvorschriften und Initiativen ähneln sich im Lauf der Zeit zunehmend, sodass nachfolgend zusammenfassende Bewertungen erfolgen können. Die Umsetzung der personenbezogenen Verkehrsfreiheiten erfolgte schrittweise oder besser etappenweise über einen Zeitraum von mehreren Jahrzehnten. Eine vollendete Umsetzung ist dabei bis heute nicht erreicht. Vielmehr handelt es sich um einen fortlaufenden Prozess, der mit der Weiterentwicklung der europäischen Gesellschaften und ihrer soziokulturellen Standards kontinuierlich voranschreitet.

Der erste wesentliche Schritt zur Verwirklichung der Freizügigkeit lag in der Beseitigung nationaler Bestimmungen, die eine direkte oder indirekte Beschränkung der grenzüberschreitenden Erwerbsausübung aufgrund der Staatsangehörigkeit darstellten, und zwar jener, *„die explizit für Ausländer zusätzliche und/oder gesonderte Anforderungen oder Auflagen stellen, wenn es darum geht eine berufliche Tätigkeit auszuüben"* (Teil II 5.2.3.4). Dieser Schritt ließ sich grundsätzlich problemlos in den nationalen Vorschriften umsetzen, wenn dies auch nicht immer zeitnah oder oft nur als Reaktion auf den Druck, den die Institutionen der EWG ausübten, geschah. Bis heute werden an entsprechender Stelle in nationalen Vorschriften explizit „Staatsangehörige eines Mitgliedstaates der Europäischen Union" als Rechteinhaber mit eingeschlossen – insofern kann hier von einer effektiven und erfolgreichen Maßnahme gesprochen werden.

114 Auf die Besonderheit der Regelung bei vorübergehender Erbringung selbstständiger Tätigkeiten in einem anderen Mitgliedsland wurde bereits eingegangen (s. o. Abschnitt „Die Dienstleistungsfreiheit").

„Schon" im nächsten bedeutenden Schritt zur Umsetzung der EWG-Freizügigkeit wurde sich dem Fall zugewandt, dass für die Aufnahme oder Ausübung einer Tätigkeit Qualifikationsanforderungen gestellt werden oder werden sollen. Dieser eröffnete somit direkt das Kernproblem der „europäischen Integration" von Berufsausübung, und zwar das der Vielfältigkeit der nationalen Qualifikationssysteme. Die Konstellation, dass die Erlaubnis zur Ausübung von beruflichen Tätigkeiten durch Vorschriften an den erfolgreichen Abschluss einer Berufsausbildung gebunden ist, ist dabei ein Spezialfall. Einerseits sind insbesondere im gewerblich-technischen Bereich und auf Ebene der unselbstständigen Facharbeit etliche Berufstätigkeiten dergestalt reglementiert und andererseits wirkt diese Art der Ausübungsreglementierung in der Praxis besonders rigide. Bedeutet dies doch, dass eine oft mehrere Jahre dauernde Ausbildung nach strikt einzuhaltenden Vorgaben zu durchlaufen ist. Aus der Perspektive des Ziels grenzüberschreitender beruflicher Freiheit geriet dieser Spezialfall verständlicherweise besonders in den Fokus Abhilfe versprechender europäischer Regulierungsaktivitäten.

Hierzu wurde dementsprechend ein Ansatz entwickelt, der zunächst nur als Übergangslösung gedacht war. Dieser sah vor, dass eine adäquate mehrjährige praktische Berufsausübung gleichberechtigt als Qualifikationsnachweis für eine sogenannte reglementierte Tätigkeit zu akzeptieren ist. Er entspringt dem aus der EGKS bekannten Ansatz der Gleichstellung der „Anlernausbildung" mit der „systematischen Ausbildung" und hat bis heute dauerhaft in die Systematik der Regelungen zur Anerkennung beruflicher Qualifikationen Eingang gefunden. Für die Bewertung, ob die „angelernten" Fähigkeiten ausreichend den geforderten Qualifikationen entsprechen, wurde hierbei das Kriterium „mit den wesentlichen Punkten des Berufsbildes übereinstimmend" eingeführt. Auch dieses Prinzip ist in den aktuellen Richtlinien zu einem wichtigen Baustein für die Bewertung der Gleichwertigkeit von Qualifikationen geworden. Insgesamt kann dieser Ansatz des zweiten Schrittes also erst einmal als zielführend bewertet werden. Zudem ist die Maßnahme in ihrer Wirkung geeignet, Mobilitätshindernisse erfolgreich zu beseitigen. Es bleibt jedoch die grundsätzliche Kritik, dass unklar ist, ob denn die im Zielland geforderten Qualifikationen zu Recht verlangt werden, d. h., ob sie passend und unentbehrlich für die Ausübung des geplanten Tätigkeitsspektrums sind.

Neben der Beseitigung der offensichtlichsten Hindernisse für eine reibungslose Migration von Berufsausübenden hat sich die EWG der *„Koordinierung der reglementierenden Ausübungsvorschriften"* angenommen. Es wurde insbesondere am Beispiel gewerblich-technischer Berufe deutlich, dass eine Koordinierung sich immer dann als besonders komplex und schwierig darstellt, wenn die

Ausgestaltungen der nationalen Systeme, die den Zugang zur Berufsausübung bestimmen, sehr verschiedenartig sind. Ebenso die Koordinierung der Ausübungsvorschriften war zunächst als Übergangsmaßnahme auf dem Weg hin zu einer Harmonisierung der qualifizierenden Ausbildungsgänge angelegt.

Der Ansatz, der darüber hinaus erarbeitet wurde, ist das insbesondere für Gesundheitsberufe heute noch geltende Prinzip der Festlegung von Mindestanforderungen an alle Ausbildungen, die in den Mitgliedsländern für die entsprechende Berufsausübung qualifizieren sollen. Entscheidendes Kriterium dafür, dass dieser Lösungsansatz umsetzbar ist, ist hierbei, dass in allen Mitgliedsländern einigermaßen vergleichbare und damit koordinierbare formelle Ausübungs- oder Ausbildungsvorschriften existieren. Das wiederum macht deutlich, warum gerade diese Lösung für die überwiegende Mehrzahl gewerblich-technischer Berufe nicht infrage kommt, denn genau daran „mangelt" es ja in diesem Sektor.

Zum Ansatz des Einforderns von Mindestanforderungen gehört auch die Definition von strukturellen Voraussetzungen, wie ein vorhergehender Sekundarschulbesuch oder die theoretisch-praktische Dualität des Ausbildungsganges, die ebenso mindestens erfüllt werden müssen. Die nachhaltige Wirkung dieses Ansatzes besteht darin, einen Beitrag zur curricularen Strukturierung von Qualifikationen im weitesten Sinne geleistet zu haben. Das Verfahren an sich ist quasi als Status quo speziell für Gesundheitsberufe erhalten geblieben. In der Praxis zeigt sich aber aufgrund der Vielzahl von juristischen Auseinandersetzungen, dass die vorzufindende Unschärfe dieser Art von Koordinierung weiterhin als unbefriedigend zu bewerten ist. Darüber hinaus ist sie eben nur für einige Berufe eine Lösung.

Das Konzept der *„Anerkennung beruflicher Qualifikationen"* ist bereits aus den Regelungen zur Arbeitnehmerfreizügigkeit der Montanunion bekannt. Allerdings findet es nunmehr Anwendung auf diejenigen Fälle, bei denen die Zulassung zur Berufsausübung durch den Zielstaat bzw. Aufnahmestaat zwingend an formelle Qualifikationsnachweise gebunden ist und für die keine gemeinschaftlichen Mindeststandards durch die EWG festgelegt wurden. Das Sich-Annehmen dieses Problemfeldes war unabdingbar, soll(te) eine möglichst umfassende Freizügigkeit erreicht werden, da die Hürde, unter Umständen ein weiteres Mal eine komplette Ausbildung durchlaufen zu müssen, ein nicht unerhebliches Mobilitätshindernis darstellt.

Dieser Ansatz der sogenannten allgemeinen Regelung setzt die klare Abgrenzung seines Anwendungsbereichs voraus. Dies ist mit der Einführung des bis heute gültigen Terminus „reglementierter Beruf" geschehen. Die beachtenswerte Errungenschaft des Ansatzes der „anerkannten Qualifikation" besteht insgesamt darin, dass es gelungen ist, auszuarbeiten und zu generalisieren, welche

Voraussetzungen erfüllt sein müssen, damit diese Qualifikationen vergleichbar, d. h. gleichwertig sind in Bezug auf das Ziel, einer zulassungspflichtigen Berufsausübung nachgehen zu dürfen. Dabei werden bis zu einem gewissen Grad vorhandene Abweichungen der eingebrachten Qualifikationen zu den Normvorgaben des Aufnahmelandes bzgl. Zugangsvoraussetzungen, innerer Struktur, Niveau und Dauer des Ausbildungsgangs akzeptiert.

Das im Rahmen der EWG weiterentwickelte Konzept der „Anerkennung beruflicher Qualifikationen" wirft jedoch folgende grundsätzliche Fragen auf:

> Ist die Heranziehung von „anerkannten Qualifikationen" als Qualifikationsmaßstab für erwerbsberufliche Tätigkeitsprofile sachgerecht?

sowie

> Können nationale Berufszugangsbeschränkungen ungeprüft zur Regelung grenzüberschreitender Freizügigkeit akzeptiert werden? (s. a. Teil II 5.2.2.4).

Wird sich das Ziel der personenbezogenen Freizügigkeiten der EWG vergegenwärtigt, nämlich für Berufstätige der EWG-Mitgliedstaaten die Möglichkeit zu schaffen, „[…] *als Selbständige oder abhängig Beschäftigte einen Beruf in einem anderen Mitgliedstaat als dem auszuüben, in dem sie ihre beruflichen Qualifikationen erworben haben*" (EWG 1989, 1. Erwägungsgrund; EWG 1992 dito), so kann geurteilt werden, dass auch der EWG-Ansatz der „anerkannten Qualifikationen" zunächst einmal dazu grundsätzlich geeignet ist, dieses zu verwirklichen.

Die Differenzierung zwischen abhängig beschäftigt ausgeführter Erwerbsarbeit und selbstständig ausgeführter Erwerbsarbeit in Form einer grenzüberschreitenden Dienstleistung oder gar eine Niederlassung, führt indes zu der Frage, ob das Messen mit diesem unterschiedlichen Maß sachlich gerechtfertigt ist. Konkret wäre zu prüfen, ob es Ziele einer Reglementierung von Berufsausübung geben kann, die rechtfertigen, dass hier die Ausübung derselben relevanten Tätigkeit durch eine abhängig beschäftigte Person anders bewertet wird, als durch eine selbstständige.

Insgesamt ist mit dem Ansatz der „anerkannten Qualifikationen" nichtsdestotrotz ein in der Praxis umsetzbarer, konsensfähiger Weg gefunden worden, einerseits die Mobilität Berufsausübender zu fördern und andererseits die nationale Souveränität bzgl. der Berufsbildungssysteme zu erhalten. Insofern handelt es sich um eine pragmatische Lösung, die sich jedoch nicht dem Kern des Problems annimmt oder ihn gar verkennt. Im Gegensatz zu den Regelungen der Montanunion sind nunmehr nationale Qualifikationen, d. h. Ausbildungskonstrukte bzw. die dazu gehörenden Absolvierungszertifikate Maßstab für den Zugang zur Ausübung einer erwerbsberuflichen Tätigkeit. Genau genommen stellt dies eine Kombination aus den diskutierten kritischen Fragen zur Arbeitnehmerfreizügigkeit der EGKS dar (s. Teil II 5.1.5). So gesehen ist der neue „Anerkennungsansatz" aus emanzipatorischer Perspektive, dem Primat einer größtmöglichen Berufsfreiheit, heraus insgesamt als Rückschritt zu bewerten. Nichtsdestotrotz wurde aber ein effektives Instrument entwickelt, dessen grundsätzlicher Ansatz für eine zu findende „bessere" Lösung zu beachten ist.

Schon bei der Gestaltung des EWG-Vertrags (EWGV 1957, Art. 128) sowie mit der ersten Verordnung zur Arbeitnehmerfreizügigkeit (EWG 1961, letzter Erwägungsgrund), stand auch der Handlungsstrang einer Harmonisierung der nationalen Berufsausbildungen auf der Agenda der EWG-Institutionen. Von Beginn der Entwicklung der Arbeitnehmerfreizügigkeit im Rahmen der europäischen Integration an ist tatsächlich nicht außer Acht geblieben, dass allein die Existenz einer formellen Ausbildung an sich bereits freiheitseinschränkende Wirkung entfaltet. Im Unterabschnitt über *„Die Arbeitnehmerfreizügigkeit der Verordnung Nr. 15* der EWG*"* ist einführend der Zusammenhang zwischen einer formellen Berufsausbildung und der Freizügigkeit der Arbeitnehmer dargestellt worden.

Allein das Vorhandensein eines formellen Ausbildungsgangs und -abschlusses, welcher üblicherweise für ein Bündel entsprechender beruflicher Tätigkeiten qualifizieren soll, kann also zu einer Benachteiligung derjenigen Bewerber führen, die zwar die Befähigung besitzen, diese aber nicht formell erworben haben oder nachweisen können. Dies gilt ebenso für ggf. nicht passgenaue im Ausland erworbene Abschlusse. Um letzterem Mobilitätshindernis zu begegnen, wurde basierend auf Artikel 128 des Vertrags zur Gründung der EWG (EWG-Vertrag 1957) eine gemeinsame Berufsausbildungspolitik der Mitgliedstaaten vereinbart. Darauf aufbauend wurde *„Die schrittweise Angleichung der Ausbildungsniveaus"* konzipiert.

Dieser Ansatz kann als Fortentwicklung des Konzeptes zur Umsetzung der Arbeitnehmerfreizügigkeit der EGKS gesehen werden. Hierbei wird das Kernelement der *„gemeinschaftlichen Beschreibungen der praktischen beruflichen Anforderungen"* um weiter klassifizierende Angaben, wie z. B. die Niveaustufe der Berufsbildung, nationale Berufsbezeichnungen oder die Ausbildung vermittelnden Organisationen und Einrichtungen, ergänzt (EWG 1985, Artikel 3). Das Konzept wurde durch eine Transparenzoffensive begleitet, deren Ergebnis insbesondere umfangreiche Entsprechungslisten waren, in denen diesen als europäische Berufsbilder zu bezeichnenden Erwerbsberufen jeweils national dazu korrespondierende Ausbildungsberufe zugeordnet wurden. Die Entsprechungen fungierten somit quasi als Übersetzungsinstrument der nationalen Ausbildungsberufe untereinander.

Die positiv zu bewertende Leistung des Konzeptes der gemeinschaftlichen Erwerbsberufsbilder als Entsprechungsmaßstab für nationale Berufsausbildungen ist darin zu sehen, dass eine Reihe von Klassifizierungsinstrumenten, die auch in aktuellen Bewertungssystemen, wie beim EQR oder in der Struktur hinter EURES[115] zu erkennen sind, als davon profitierend gelten können. Das hier Interessierende an diesem Ansatz ist jedoch, dass das Konzept bei erwerbsberuflichen Tätigkeitsbeschreibungen ansetzt. Geht es um die Bewertung, ob ein Berufstätiger qualifiziert ist, einen Erwerbsberuf auszuüben, so kann nicht abgestritten werden, dass dies ein in sich schlüssiger Ansatz ist. Die spätere Liquidierung dieses Ansatzes erfolgte mit der Begründung, dass dieser Ansatz nicht den heutigen Methoden und Konzepten Systemen beruflicher Bildung (EG 2008, dritter Erwägungsgrund) entspräche. Das führt zur schon mehrfach aufgeworfenen (Gegen-)Frage, ob es aus Perspektive einer grundrechtlich zugesicherten Berufsfreiheit überhaupt legitim ist, Systeme beruflicher Bildung bzw. deren Produkte in Form von Abschlüssen diesbezüglicher Bildungsgänge als Zugangshürde für die Ausübung beruflicher Tätigkeiten heranzuziehen.

Zu guter Letzt muss an dieser Stelle noch *„Der weitergehende Ansatz einer europäischen Berufsausbildung“* (ebd., 5.2.4.3) angesprochen werden. Die Umsetzung dieses Konzeptes sah den Entwurf und die Inkraftsetzung „europäischer“ Berufsbildungsgänge insbesondere für den stark divergierenden Sektor der gewerblich-technischen Handwerks- und Industrieberufe vor. Für den sogenannten *„Facharbeiter an spanenden Werkzeugmaschinen“* (EWG 1970) wurde bereits ein umfassendes Curriculum für einen entsprechenden Ausbildungsgang entworfen. Ohne die Geeignetheit des Systems an sich zu hinterfragen, kann hier festgestellt werden, dass dieser Ansatz die Anerkennungsprobleme bei Qualifikationen in Form formeller Berufsausbildungen und -abschlüssen auf Gemeinschaftsebene löst. Genau genommen stellte dieses Vorgehen den Versuch dar, das Berufsausbildungskonzept aus den Ländern, die ein duales o. ä. System beruflicher Bildung betreiben, auf die EWG zu übertragen.

Für alle anderen Länder, die andere Systeme und Lösungen etabliert haben und favorisieren, stellt dies einen starken Eingriff in die Souveränität des Herrschaftsbereichs der Gestaltung beruflicher Bildung dar. Nicht zuletzt daher scheiterte dieser Ansatz politisch und wurde mit dem Vertrag von Maastricht (EUV 1992) in sein Gegenteil, dem sogenannten Harmonisierungsverbot (ebd., Artikel 126, Absatz 4) verkehrt. Insgesamt ist der Ansatz auch aus o. g., die

115 **EUR**opean **E**mployment **S**ervices (Das europäische Portal zur beruflichen Mobilität, https://ec.europa.eu/eures/public/de/homepage, 2016-08-08).

Grundsätze der Berufsfreiheit verkennenden Gründen, zu hinterfragen. Darüber hinaus wäre er nur für diejenigen Ausbildungsberufe überzeugend gewesen, die europaweit mindestens einigermaßen verbreitet und überhaupt in einem relevanten Umfang von Bedeutung sind.

Im Rahmen eines Gesamtfazits zur Entwicklung der beruflichen Freizügigkeit in der EWG kann grundsätzlich festgehalten werden, dass es gelungen ist, die Arbeitnehmerfreizügigkeit der Montanunion für Kohle- und Stahlarbeiter zu einer personenbezogenen Freizügigkeit für eine Vielzahl Berufsausübender zu erweitern. Hierbei gilt allerdings weiterhin, dass es sich nicht um eine generelle, umfassende Freizügigkeit der Bürger der EWG handelt, sondern im Wesentlichen lediglich die „Freiheit" erreicht wurde, Erwerbstätigkeiten in einem anderen Mitgliedsland bei Nachweis des Erfüllens der gleichen Zulassungsbedingungen, wie sie für Inländer gelten, ausüben zu dürfen.

Dieses Versprechen ist darüber hinaus zudem noch insofern eingeschränkt, als dass eben im Unterschied zu den Inländern in den meisten Fällen ein oft mit nicht unbedeutenden Hindernissen behaftetes Zulassungs- bzw. Qualifikationsanerkennungsverfahren zu durchlaufen ist. Der größte Kritikpunkt ist jedoch der, dass der jeweilige nationale Ausbildungsabschluss des Aufnahmelandes als Maßstab zur Zuerkennung erforderlicher Qualifikationen gemacht wurde. So wird die Berufsfreiheit allein dadurch übermäßig eingeschränkt, dass dieses Verfahren in sich inkonsistent ist (s. Teil II 6.4.2).

Globalpolitisch betrachtet stehen sich so die postulierte selbstregulierende Marktwirtschaft als Fundament der europäischen Gemeinschaft und die natio nalstaatliche, in vielen Staaten rigide Regulierung des Zugangs zur Berufsausübung diametral gegenüber. Die Grundfreiheiten des Binnenmarktes, eben jene die zur Ausübung von Erwerbstätigkeiten, sind die Grundsteine des Fundamentes des Gemeinsamen Marktes und daher unverrückbar. Im nachfolgenden Hauptabschnitt wird deutlich werden, dass dies sowohl in der kontinuierlichen Weiterentwicklung der Verträge und Rechtsverordnungen durch die Gemeinschaft als auch in der Entfaltung der Europäischen Rechtsprechung erkennbar ist.

Die grundlegenden Weichenstellungen für die Entwicklung eines konsistenten Konzeptes zur umfassenden Umsetzung der beruflichen Verkehrsfreiheiten sind in der EWG vorgenommen worden. Um vor dem Hintergrund der zunehmenden Grundrechtsorientierung der Europäischen Union zu einem zukunftsfähigen emanzipatorischen Ansatz zur Ausgestaltung qualifikationsfordernder Reglementierungen von Berufsausübung zu kommen, bedarf es jedoch einiger – teilweise wesentlicher – Korrekturen.

Grundsätzlich sind die in der Europäischen Wirtschaftsgemeinschaft entwickelten Konzepte, bis auf die Harmonisierung der Berufsausbildung, inhaltlich beibehalten und in der folgenden Europäischen Union fortentwickelt worden. Um abschließend ein umfassendes Bild für die Entwicklung des angestrebten freiheitlichen Gestaltungsansatzes zu erhalten, ist es erforderlich, die relevanten Aspekte dieser Weiterentwicklung der personenbezogenen Freizügigkeit ebenso gründlich darzustellen und zu bearbeiten, wie bei denjenigen der EWG.

5.3 Weiterentwicklung der Freizügigkeit im Rahmen der Europäischen Union

Vorbereitet durch die Einheitliche Europäische Akte (EEA 1987) wurde 1992 mit dem Vertrag von Maastricht (EUV 1992) die Gründung der Europäischen Union beschlossen. Die Umsetzung der vier Grundfreiheiten in geltendes Recht und insbesondere darüber hinaus in gelebte Wirklichkeit ist ein sich kontinuierlich entwickelnder Prozess der europäischen Integration.

Um zu veranschaulichen, wie sich dieser Prozess im Rahmen der Europäischen Union bis hin zum aktuellen Stand fortgesetzt hat, werden im Folgenden die diesbezüglich interessierenden Meilensteine ihrer vertraglichen Gestaltung abgebildet. Die weitere Entwicklung der beruflichen Verkehrsfreiheiten spiegelt sich speziell auch in der Ausgestaltung des Sekundärrechtes der Europäischen Union wider. Durch die Beleuchtung der hier stattgefundenen Veränderungen werden einerseits die Probleme im Detail sowie andererseits die Geeignetheit und Ungeeignetheit bisheriger und aktueller Lösungsansätze gleichermaßen deutlich sichtbar.

Auch nach der als umfassend zu betrachtenden Etablierung der Europäischen Union durch den Vertrag von Lissabon (2007) hat eine fortlaufende Entwicklung der Freizügigkeit von Berufsausübung stattgefunden. Hierbei wurden teilweise Änderungen einzelner Bestimmungen im Kleinen vorgenommen, aber auch bedeutende Rahmenbedingungen neu gesetzt. Im zweiten Abschnitt dieses dritten Hauptteils zur Entwicklung personenbezogener Verkehrsfreiheiten im Zuge der europäischen Integration werden die für die Problemstellung interessanten Änderungen und Neuerungen diskutiert.

Für den Bereich der beruflichen Grundfreiheiten ist der Prozess der Einigung bis heute nicht abgeschlossen, sodass von einer Momentaufnahme ausgegangen werden muss. So gibt das abschließende Resümee zur EU-Freizügigkeit insgesamt die für die Entwicklung des emanzipatorischen Ansatzes relevante Entfaltung der letzten Etappe des bisherigen Prozesses wieder und stellt zudem gleichzeitig den aktuellen Sachstand dar.

5.3.1 Vertragliche Meilensteine und Neuordnung des Sekundärrechts

Berücksichtigung finden im Weiteren zunächst die einschlägig bekannten „Verträge über die Europäische Union“, benannt nach den Orten ihrer Unterzeichnung. Den Anfang macht im Jahre 1992 der Vertrag von Maastricht (EUV 1992) – der erste der EU-Verträge – gefolgt von den Verträgen von Amsterdam, Nizza und Lissabon. Letzterer ist für die aktuellen Verhältnisse, auch hinsichtlich der beruflichen Verkehrsfreiheiten, die bedeutendste Grundlage. Seine Besonderheit und Bedeutung für die in der vorliegenden Arbeit aufgeworfene Problemstellung liegt dabei darin, dass hier erstmals Grundwerte rechtlich verbindlich als Bestandteil vertraglicher Vereinbarungen der Mitgliedstaaten aufgenommen wurden.

Durch die Weiterentwicklung des auf die EU-Verträge aufbauenden und auf die fortschreitende Umsetzung der beruflichen Freiheiten zielenden Sekundärrechts ist es zu einer Ausweitung der bereits bekannten Regelungen auf weitere berufliche Tätigkeiten und Erwerbsberufe sowie zu einer Anpassung bestehender „Anerkennungs“-Konzepte gekommen. Darüber hinaus kann die zweite Hälfte des Bestehens der Europäischen Gemeinschaft (EG) als Phase der Kodifizierung[116] bezeichnet werden. Ziel war es dazumal, die Rechtsvorschriften der personenbezogenen Freizügigkeiten in eine geordnete Struktur zu überführen; Vorschriften, die prinzipiell Gleiches regeln, zusammenzufassen und Regelungen, die inhaltlich zusammengehören, stringenter zu formulieren.

Hingegen als neue Verfahrensweise zur Lösung der Diversität der Berufsqualifizierungssysteme innerhalb der Europäischen Union wurde das Prinzip der „Ausübung des Berufs unter der Berufsbezeichnung des Herkunftslandes“ entwickelt. Dieses Verfahren offenbart nochmals den besonderen Charakter der Diversitätsprobleme. Die Erkenntnisse daraus und aus der Entwicklung hin zur Europäischen Union insgesamt sind dann in die Überlegungen zum Entwurf eines freiheitlichen Ansatzes zur Ausgestaltung qualifikationsfordernder Reglementierungen miteinzubeziehen.

5.3.1.1 Die „erste“ Europäische Union

Der nächste große Schritt im Rahmen der europäischen Einigung nach der EWG war der „*VERTRAG ÜBER DIE EUROPÄISCHE UNION*“ (EUV 1992), auch

---

116 Prozess, wenn mehrere Rechtsvorschriften in einem Gesetzeswerk zusammengefasst werden.

Vertrag von Maastricht oder Maastricht-Vertrag genannt. Er ist aufgrund von Ratifizierungsverzögerungen in Deutschland und Dänemark erst zum 1. November 1993 in Kraft getreten. Anlass und Zielsetzung für den neuen Vertrag war es im Wesentlichen einerseits „[…] *den mit der Gründung der Europäischen Gemeinschaften eingeleiteten Prozeß der europäischen Integration auf eine neue Stufe zu heben,*" und andererseits „*EINGEDENK der historischen Bedeutung der Überwindung der Teilung des europäischen Kontinents und der Notwendigkeit, feste Grundlagen für die Gestalt des zukünftigen Europas zu schaffen*" (EUV 1992, Präambel, Rechtfertigung 1 und 2).

Die „erste" Europäische Union von 1993 ist noch nicht die Union in der Verfassung, wie sie aktuell existiert. Sie ist vielmehr eine Erweiterung der Europäischen Gemeinschaften (EGen) EGKS, EURATOM und EWG, wobei die EWG zur Europäischen Gemeinschaft (EG) umbenannt und weiterentwickelt wurde. Zur Erläuterung der Europäischen Union von 1993 wurde das Drei-Säulen-Modell mit der Union als Dach entworfen (Abb. 19).

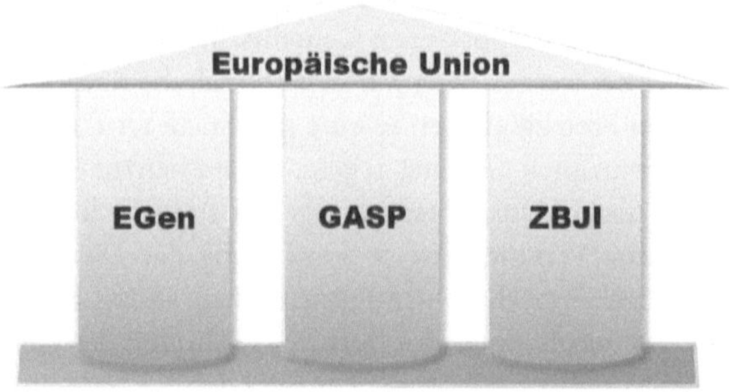

Abb. 19: Das Drei-Säulen-Modell der Europäischen Union von 1993 (eigene Darstellung)

Neben der Säule für die o. g. Europäischen Gemeinschaften (EGen) galten die gemeinsame Außen- und Sicherheitspolitik (GASP) sowie die Zusammenarbeit in den Bereichen Justiz und Inneres (ZBJI) als weitere tragende Pfeiler der Europäischen Union von 1993.

Der Kern der europäischen Integrationsidee der in Europäische Gemeinschaft (EG) umbenannten EWG blieb nach wie vor die Verwirklichung des gemeinsamen Binnenmarktes. Die damit einhergehende Intention wurde indes erweitert. Zur Verdeutlichung der Gedankenführung, die als ideologisches Fundament der fortgeführten europäischen Einigung diente, ist der Leitartikel des Vertrags im Folgenden umfassend wiedergegeben:

> *„Aufgabe der Gemeinschaft ist es, durch die Errichtung eines Gemeinsamen Marktes und einer Wirtschafts- und Währungsunion sowie durch die Durchführung der [...] genannten gemeinsamen Politiken oder Maßnahmen eine harmonische und ausgewogene Entwicklung des Wirtschaftslebens innerhalb der Gemeinschaft, ein beständiges, nichtinflationäres und umweltverträgliches Wachstum, einen hohen Grad an Konvergenz der Wirtschaftsleistungen, ein hohes Beschäftigungsniveau, ein hohes Maß an sozialem Schutz, die Hebung der Lebenshaltung und Lebensqualität, den wirtschaftlichen und sozialen Zusammenhalt und die Solidarität zwischen den Mitgliedstaaten zu fördern.“* (EUV 1992, Artikel 2).

Die Erweiterung mutet aus heutiger Sicht überfrachtet an, da mehrere hehre Ziele leider bisher nicht erreicht wurden. Besonders beachtenswerte Neuerungen innerhalb der Europäischen Gemeinschaft (EG) waren auf Grundlage dieser Leitgedanken, neben der Anpassung der politischen Strukturen, jedoch die Errichtung der Wirtschafts- und Währungsunion sowie die Einführung der Unionsbürgerschaft.

Im durch den Vertrag über die Europäische Union (EUV 1992) geänderten Artikel 3 werden die Tätigkeitsfelder der Europäischen Gemeinschaft spezifiziert. Zur Errichtung des o. g. „Gemeinsamen Marktes“ lässt sich entnehmen, dass die Mitgliedstaaten „[...] *einen Binnenmarkt, der durch die Beseitigung der Hindernisse für den freien Waren-, Personen-, Dienstleistungs- und Kapitalverkehr zwischen den Mitgliedstaaten gekennzeichnet ist*“ (ebd., Titel II Artikel 3, lit. c) anstreben.

Die neu eingeführte Unionsbürgerschaft ist dabei ein wichtiger Schritt im Allgemeinen, aber auch in Bezug auf die Beseitigung von Hindernissen des freien Personenverkehrs zur grenzüberschreitenden Berufsausübung.

> *„Jeder Unionsbürger hat das Recht, sich im Hoheitsgebiet der Mitgliedstaaten vorbehaltlich der in diesem Vertrag und in den Durchführungsvorschriften vorgesehenen Beschränkungen und Bedingungen frei zu bewegen und aufzuhalten.“* (ebd., Titel II Artikel 8a, Absatz 1)

Für Arbeitsuchende sowie Arbeitnehmer und ihren Familienangehörigen bedeutet dies zunächst keine Änderung ihrer Rechte, die bereits mit der Umsetzung des EWG-Vertrags erreicht wurden. Im weiteren Verlauf der Europäischen Union wurden allerdings die Verordnung über die Freizügigkeit der Arbeitnehmer (EWG 1968) und eine Vielzahl von Richtlinien, die die bisherige Arbeitnehmerfreizügigkeit der EWG umsetzten, dann später durch die Richtlinie über das Recht der Unionsbürger und ihrer Familienangehörigen ersetzt (EG 2004, s. a. Teil II 5.2.3).

Das wiederum führte u. a. in Verbindung mit den sogenannten Schengener Übereinkommen[117] bis heute dazu, dass viele das Aufenthaltsrecht betreffende bürokratische Hürden abgebaut werden konnten. Dies stellt zwar nur einen relativ kleinen „Stolperstein" dar, wenn es um die freie grenzüberschreitende Ausübung einer beruflichen Tätigkeit geht, dieser kann jedoch im Einzelfall, je nach persönlicher Situation des Betroffenen, zum Zurücktreten vom Migrationsvorhaben führen.

Der EU-Vertrag von 1992 fügt darüber hinaus das Kapitel „*Allgemeine und berufliche Bildung und Jugend*" ein (EUV 1992, Artikel G, Ziff. 36 mit Artikel 126 und 127). Der Europäischen Gemeinschaft (EG) kommt hierbei allerdings lediglich eine unterstützende Rolle zu:

> „*Die Gemeinschaft trägt zur Entwicklung einer qualitativ hochstehenden Bildung dadurch bei, daß sie die Zusammenarbeit zwischen den Mitgliedstaaten fördert und die Tätigkeit der Mitgliedstaaten unter strikter Beachtung der Verantwortung der Mitgliedstaaten für die Lehrinhalte und die Gestaltung des Bildungssystems sowie der Vielfalt ihrer Kulturen und Sprachen erforderlichenfalls unterstützt und ergänzt.*" (EUV 1992, Artikel 126, Absatz 1).

Der strenge Tenor bezüglich der Gestaltungshoheit der Nationalstaaten wird in Artikel 127 fortgeführt. In diesem wird u. a. folgendes Ziel vereinbart: „*Erleichterung der Aufnahme einer beruflichen Bildung sowie Förderung der Mobilität der Ausbilder und der in beruflicher Bildung befindlichen Personen, insbesondere der Jugendlichen*" (ebd., Artikel 127, Absatz 2, 3. Strichaufzählung).

Auf diese Vertragsvereinbarung aufbauend sind einschlägig bekannte Förderprogramme zum Austausch von Auszubildenden und Ausbildern innerhalb der EU entwickelt worden. Interessant ist aber auch, was nicht genannt bzw. gemeint ist, nämlich der grenzüberschreitende Wechsel innerhalb eines beruflichen Ausbildungsganges sowie die Schaffung von Ausbildungsgängen, die ohne Weiteres europaweit die Ausübung einer Berufstätigkeit ermöglichen. Ausdrücklich wird zudem noch betont, dass jedwede Maßnahmen zur Erreichung der gelisteten Ziele bzw. der gemeinschaftlichen Politik der beruflichen Bildung durch die EG nur erlassen werden dürfen „[...] *unter Ausschluß jeglicher Harmonisierung der Rechts- und Verwaltungsvorschriften der Mitgliedstaaten*" (ebd., Absatz 4).

---

117 Das erste Schengener Abkommen war der sogenannte Schengen-Besitzstand vom 14. Juni 1985 (Schengen 1985). Es folgten eine Vielzahl von Übereinkommen, aus denen sich das heutige Konzept „DER RAUM DER FREIHEIT, DER SICHERHEIT UND DES RECHTS" (AEUV 2012, Titel V) herausgebildet hat.

An den Bestimmungen zur Freizügigkeit von Personen, die einer beruflichen Tätigkeit in einem anderen Mitgliedstaat nachgehen wollen, hat es auf Vertragsebene über die genannten hinaus keine weiteren Änderungen gegeben. Insgesamt handelt es sich beim Vertragswerk zur Gründung der Europäischen Union um eine strukturelle Umgestaltung der bisherigen Gemeinschaft mit gleichzeitiger Erweiterung um die beiden „tragenden Pfeiler" einer gemeinsamen Außen- und Sicherheitspolitik (GASP) und der Zusammenarbeit in den Bereichen Justiz und Inneres (ZBJI) sowie der Errichtung der Wirtschafts- und Währungsunion und die Einführung der Unionsbürgerschaft.

5.3.1.2 Amsterdam - Nizza - Lissabon

Alle drei Verträge, in ihrem Titel benannt nach den Konferenzstädten, in denen sie verhandelt wurden, ändern die bestehenden Verträge über die Europäische Union und einen oder mehrere der Verträge zur Gründung der Europäischen Gemeinschaften. Sie schaffen teilweise einige neue Grundelemente der europäischen Vertragsgemeinschaft, dabei kann der Vertrag von Lissabon (2007) als Reformvertrag gelten und die beiden anderen als vorbereitende Schritte in diese Richtung.

Der **Vertrag von Amsterdam** von 1997 (ebd., in Kraft getreten 1999) fällt zunächst dadurch auf, dass eine Umnummerierung der Artikel stattgefunden hat. Inhaltlich verändert der Vertrag die institutionelle Struktur der Europäischen Union u. a. hin zur mehr Anwendung demokratischer Prinzipien. Für viele Bereiche wurde das Prinzip der qualifizierten Mehrheit statt der Einstimmigkeit bei Abstimmungen im Rat und dem Europäischen Parlament zur Entscheidungsfindung eingeführt. Des Weiteren wurde die bisherige Säule der Zusammenarbeit in den Bereichen Justiz und Inneres (ZBJI) zur Säule der polizeilichen und justiziellen Zusammenarbeit in Strafsachen (PJZS) erweitert. Dies geht zurück auf die Zielsetzung:

> *„ENTSCHLOSSEN, die Freizügigkeit unter gleichzeitiger Gewährleistung der Sicherheit ihrer Bürger durch den Aufbau eines Raums der Freiheit, der Sicherheit und des Rechts nach Maßgabe der Bestimmungen dieses Vertrags zu fördern"* (Vertrag von Amsterdam, Artikel 2, Ziff. 3 als 10. Erwägungsgrund der Präambel).

Bis heute kann das Konzept *„eines Raums der Freiheit, der Sicherheit und des Rechts"* als die bedeutendste Erweiterung des Konzeptes des Gemeinsamen Marktes im Rahmen der Weiterentwicklung der Europäischen Union gelten.

Eine damit einhergehende, für diese Untersuchung wesentliche Änderung des Vertrags betrifft die Freiheit grenzüberschreitenden Arbeitens: *„Innerhalb der Gemeinschaft ist die Freizügigkeit der Arbeitnehmer gewährleistet."* (Vertrag von Amsterdam, Artikel 6, Ziff. 29 als Artikel 48, Absatz 1 des EG-Vertrags). Der Vertrag von Amsterdam (1997) beendet damit formell den bisher vereinbarten schrittweise fortschreitenden Prozess zur Herstellung der Freizügigkeit der Arbeitnehmer und schreibt die Arbeitnehmerfreizügigkeit als einforderbares Recht fest. In der Praxis ist es – wie sich noch herausstellen wird – jedoch ein längerer Weg, bis dieses umfassend umgesetzt sein wird. Beschränkungen des freien Dienstleistungsverkehrs, die bisher schrittweise aufgehoben werden sollten, sind nunmehr verboten (Vertrag von Amsterdam 1997, Artikel 6, Ziff. 34 als Artikel 59, Absatz 1 des EG-Vertrags). Lediglich bei der Niederlassungsfreiheit ist weiterhin die fortgesetzte Verwirklichung angestrebt (ebd., Ziff. 33).

Mit dem **Vertrag von Nizza** von 2001 (ebd., in Kraft getreten 2003) wurde der Demokratisierungs- und Reorganisierungsprozess der Europäischen Union fortgeführt sowie die Zusammenarbeit und Abstimmung in den bestehenden Politikfeldern weiterentwickelt und vertieft. Sowohl der Vertrag von Amsterdam (1997) als auch der von Nizza muss vor dem Hintergrund gesehen werden, dass es Ziel und Notwendigkeit geworden war, die Europäische Union zukunftsfähig für die Zeit nach Ende des Ost-West-Konfliktes zu machen. Die Strukturen waren so anzupassen, dass der mit der beabsichtigten sogenannten Osterweiterung einhergehende Aufwuchs der Anzahl von Mitgliedstaaten organisatorisch verkraftbar war. Die Handlungsfähigkeit der Union sollte erhalten bleiben bzw. effektiver gestaltet werden. Zum 1. Mai 2004 wurden dann im Rahmen der größten Erweiterung seit Bestehen der Europäischen Gemeinschaften nach dem Zweiten Weltkrieg weitere zehn Länder,[118] davon acht ostereuropäische, als neue Mitglieder der Europäischen Union aufgenommen.

Von Interesse für die fortschreitende Entwicklung der europäischen Integration ist darüber hinaus, dass zur Eröffnung der Regierungskonferenz in Nizza die Charta der Grundrechte der Europäischen Union (Charta 2010) verkündet wurde. Auf der Konferenz kam es allerdings zu keinem Entschluss, wie diese einzuordnen wäre. Die Klärung des Status der Charta wurde daher in der von der Konferenz angenommenen Erklärungen als zukünftige Aufgabe festgelegt (Nizza 2001, 23. Erklärung, Ziff. 5, 2. Spiegelstrich).

Dem **Vertrag von Lissabon** (2007) ist der Versuch vorausgegangen, die bestehenden Vertragsvereinbarungen der Europäischen Union und der Europäischen Gemeinschaft sowie die Artikel der Charta der Grundrechte zusammen mit weiteren strukturellen Veränderungen als „Verfassung für Europa" zu

118 Dies sind Estland, Lettland, Litauen, Malta, Polen, Slowakei, Slowenien, Tschechien, Ungarn und Zypern.

installieren. Die abschlägig ausgegangenen Volksentscheide in Frankreich und in den Niederlanden verhinderten indes das Inkrafttreten der 2004 bereits von den Vertretern aller Mitgliedstaaten unterzeichneten Europäischen Verfassung. Der „*VERTRAG VON LISSABON ZUR ÄNDERUNG DES VERTRAGS ÜBER DIE EUROPÄISCHE UNION UND DES VERTRAGS ZUR GRÜNDUNG DER EUROPÄISCHEN GEMEINSCHAFT*“ (Vertrag von Lissabon 2007) war jedoch im zweiten Anlauf[119] mit weiteren Nachbesserungen erfolgreich.

Die strukturellen und noch wichtiger die kennzeichnenden Elemente einer europäischen Verfassung konnten mit dem Vertrag von Lissabon nicht umgesetzt werden. Inhaltlich stimmt der Vertrag von Lissabon aus 2007 (in Kraft getreten 2009) im Wesentlichen mit dem Verfassungsentwurf überein. Formell stellt der Vertrag von Lissabon damit eine Änderung der bestehenden Verträge dar, während die Europäische Verfassung hingegen als neuartiges Vertragswerk gegolten hätte. Im Lissabonner Vertrag sind dann überwiegend diejenigen Elemente entfallen, die üblicherweise bei nationalstaatlichen Herrschaftsgebilden den prägenden Charakter einer Verfassung ausmachen.

So sind z. B. die Artikel der Charta der Grundrechte (Charta 2010, auch Grundrechtscharta) nicht mehr, wie u. a. in der bundesdeutschen Verfassung, als Grundrechte vorne im Vertragswerk integriert, sondern stattdessen in Artikel 6 indirekt eingebunden worden.

> „*Die Union erkennt die Rechte, Freiheiten und Grundsätze an, die in der Charta der Grundrechte der Europäischen Union vom 7. Dezember 2000 in der am 12. Dezember 2007 in Straßburg angepassten Fassung niedergelegt sind; die Charta der Grundrechte und die Verträge sind rechtlich gleichrangig.*“ (Vertrag von Lissabon 2007, Artikel 6, Absatz 1, Satz 1)

Die rechtliche Wirkung ist allerdings dieselbe, als wären die Grundrechte direkt in die Verträge eingearbeitet worden. Dass die Grundrechte nun volle Gültigkeit besitzen – und das ist eine bedeutende Neuerung in diesem Vertrag –, hat unmittelbaren Einfluss auf die Problemstellung dieser Untersuchung. Darüber hinaus ist die Europäische Union mit dem Gültigwerden des Lissabon-Vertrages der Europäischen Konvention zum Schutz der Menschenrechte und Grundfreiheiten beigetreten (ebd., Absatz 2, Satz 1). Hierzu heißt es wörtlich:

119 Durch das ablehnende Ergebnis des ersten Referendums in Irland, in welchem als einziges Land abgestimmt wurde, waren weitere Nachbesserungen erforderlich geworden.

> „*Die Grundrechte, wie sie in der Europäischen Konvention zum Schutz der Menschenrechte und Grundfreiheiten gewährleistet sind und wie sie sich aus den gemeinsamen Verfassungsüberlieferungen der Mitgliedstaaten ergeben, sind als allgemeine Grundsätze Teil des Unionsrechts*“ (ebd., Absatz 3).

Dies stellt eine gewichtige Verbreiterung der Basis für die europäische Integration dar. Zweifach abgesichert wurden hier ausdrücklich rechtsverbindlich Grund- und Menschenrechte in das Wertesystem der Europäischen Union eingebunden.

In seiner Entstehung der modernen europäischen Staatengemeinschaft stand zunächst der gemeinsame „freie“ Markt und die daraus resultierenden Hoffnungen für Prosperität zum Wohle aller als Grundstein im Vordergrund. Nach und nach wurden dann als weiterer Grundpfeiler soziale Werte in die Verträge „hineingewoben“. Durch die Einbindung des grundlegenden Wertekanons wird nun insgesamt der entstandene verfassungsrechtliche Charakter der aktuellen „Europäischen Verträge“ deutlich:

> „*Die Werte, auf die sich die Union gründet, sind die Achtung der Menschenwürde, Freiheit, Demokratie, Gleichheit, Rechtsstaatlichkeit und die Wahrung der Menschenrechte einschließlich der Rechte der Personen, die Minderheiten angehören. Diese Werte sind allen Mitgliedstaaten in einer Gesellschaft gemeinsam, die sich durch Pluralismus, Nichtdiskriminierung, Toleranz, Gerechtigkeit, Solidarität und die Gleichheit von Frauen und Männern auszeichnet*“ (Vertrag von Lissabon 2007, Artikel 1a).

Nicht zuletzt ist auch das Bild des Binnenmarktes erneut überarbeitet worden. So heißt es:

> „*Die Union errichtet einen Binnenmarkt. Sie wirkt auf die nachhaltige Entwicklung Europas auf der Grundlage eines ausgewogenen Wirtschaftswachstums und von Preisstabilität, eine in hohem Maße wettbewerbsfähige soziale Marktwirtschaft, die auf Vollbeschäftigung und sozialen Fortschritt abzielt, sowie ein hohes Maß an Umweltschutz und Verbesserung der Umweltqualität hin. Sie fördert den wissenschaftlichen und technischen Fortschritt.*“ (ebd., Artikel 2).

Über die Orientierung an Grundrechten und sozialen Werten hinausgehend hat der Vertrag von Lissabon den Prozess der Demokratisierung der europäischen Gemeinschaft maßgeblich vorangebracht. Eindrucksvolles Beispiel dafür ist, dass das Europäische Parlament nun gemeinsam mit dem Rat gesetzgeberische Kompetenz[120] und Haushaltsbefugnisse bekommen hat (ebd., Artikel 9c). Die Einführung des Rechts zur Bürgerinitiative (ebd., Artikel 8b, Absatz 4) ist ebenfalls in diesem Zusammenhang bemerkenswert.

---

120 Das Parlament kann allerdings keine eigenen Gesetzesvorschläge einbringen.

Zusätzlich erhält die Europäische Union neue Kompetenzen in weiteren Politikbereichen, wie u. a. durch den „*Hohen Vertreter der Union für Außen- und Sicherheitspolitik*" (Artikel 13, Absatz 3). Zudem wurde die Union strukturell neu aufgestellt. Die Europäische Gemeinschaft und die Säulen GASP und PJZS sind zur Europäischen Union fusioniert[121] worden. Das Drei-Säulen-Modell war damit passé. Redaktionell betrachtet wurde hierzu der Vertrag zur Gründung der Europäischen Gemeinschaft (EG-Vertrag) in den „*VERTRAG ÜBER DIE ARBEITSWEISE DER EUROPÄISCHEN UNION*" (AEUV) überführt.

Mit dem Vertrag von Lissabon wurde also die bisherige Europäische Gemeinschaft tatsächlich reformiert. Mit der Werteorientierung, der Erhöhung der demokratischen Legitimation und der Erweiterung der Kompetenzen ist die Europäische Union ab 2009 zu einem neuen supranationalen Herrschaftsgebilde geworden.[122] Umso erstaunlicher ist allerdings, dass bzgl. der Arbeitnehmerfreizügigkeit und den anderen personenbezogenen Freiheiten so gut wie keine Veränderungen vorgenommen wurde. Obwohl die Entwicklung der europäischen Integration mit dem Vertrag von Lissabon einen großen Schritt nach vorne machen konnte und damit insgesamt ein freiheitlicheres und demokratischeres Gebilde entstanden ist, ist es dennoch, neben weiteren Bereichen, hinsichtlich der beruflichen Bildung bei einem Harmonisierungsverbot geblieben.

5.3.1.3 Ausweitung und Weiterentwicklung bestehender Konzepte

Als ein Beispiel für die Ausweitung des allgemeinen Verfahrens zur Anerkennung von Qualifikationen auf weitere Berufstätigkeiten kann die folgende Rechtsvorschrift gelten:

> „*RICHTLINIE 1999/42/EG DES EUROPÄISCHEN PARLAMENTS UND DES RATES vom 7. Juni 1999 über ein Verfahren zur Anerkennung der Befähigungsnachweise für die unter die Liberalisierungs- und Übergangsrichtlinien fallenden Berufstätigkeiten in Ergänzung der allgemeinen Regelung zur Anerkennung der Befähigungsnachweise.*" (EG 1999).

Diese Richtlinie ergänzt die Richtlinien 89/48/EWG (EWG 1989) und 92/51/EWG (1992) und setzt insgesamt das oben behandelte Konzept der „Anerkennung beruflicher Qualifikationen" für eine lange Reihe im Anhang A gelisteter Tätigkeiten um (EG 1999, 5. Erwägungsgrund und Anhang A). Gleichzeitig

---

121 EURATOM bleib außen vor, die EGKS war bereits 2002 ausgelaufen.

122 Die 2012 in Kraft getretene konsolidierte Fassung des Vertrags von Lissabon bewirkte noch einige redaktionelle, abermals die Nummerierung der Artikel betreffend, und einige wenige hier nicht relevante inhaltliche Änderungen.

werden 35 Liberalisierungs- und Übergangsrichtlinien, die bisher übergangsweise der Verwirklichung des Gemeinsamens Marktes dienten, aufgehoben (ebd., Anhang B, s. Teil II 5.2).

Mit der „*RICHTLINIE 2001/19/EG DES EUROPÄISCHEN PARLAMENTS UND DES RATES vom 14. Mai 2001 zur Änderung der Richtlinien 89/48/EWG und 92/51/EWG des Rates über eine allgemeine Regelung zur Anerkennung beruflicher Befähigungsnachweise* […]" (EG 2001) erfolgt dann darüber hinaus eine Weiterentwicklung des Konzeptes der „Anerkennung beruflicher Qualifikationen". Beide Richtlinien wenden nun konsequent die gleichen bekannten Grundsätze und Regeln an (ebd., 2. Erwägungsgrund). Darüber hinaus wird die ausdrückliche Verpflichtung für den Aufnahmestaat eingefügt, zu prüfen, ob „mitgebrachte" berufspraktische Erfahrung dazu geeignet ist, ggf. als unzulänglich festgestellte Qualifikationen auszugleichen (ebd., 3. Erwägungsgrund, Satz 2).

Hierbei wird deutlich, dass in den Mitgliedstaaten die vermeintlich klaren Regeln des Anerkennungskonzeptes nicht immer zugunsten der Freizügigkeit der Gemeinschaft angewandt wurden. Die 2001/19/EG verweist explizit auf die Auslegung durch den Gerichtshof der Europäischen Gemeinschaften, die hier rechtssicher umgesetzt werden soll. Ziel des Europäischen Parlamentes und des Rates war es u. a., klarzustellen, dass „[…] *die von der betreffenden Person in einem Mitgliedstaat erworbene Berufserfahrung ein gemeinschaftsrelevantes Element darstell*[~~en~~][t], *das die anderen Mitgliedstaaten prüfen soll*[t]*en*" (EG 2001, 3. Erwägungsgrund). Aus dokumentierten Anerkennungsverfahren[123] ist bekannt, dass nach wie vor auch verwaltungsrechtliche Minimalentscheidungen getroffen werden, die der Grundidee des freien Marktes widersprechen, mitgebrachte Befähigungen umfassend anzuerkennen.

Die Richtlinie, die speziell die Erleichterung der grenzüberschreitenden Ausübung der Tätigkeiten als praktischer Arzt[124] sowie die Anerkennung der entsprechenden Qualifikationsnachweise behandelt (EWG 1975), wurde unter Beibehaltung des o. g. Ansatzes der Koordinierung der Ausübungsvorschriften durch festgelegte Mindestanforderungen an die Ausbildung 1993 neu gefasst und mehrfach geändert (93/16/EWG 2007, s. Änderungshistorie), wobei dann vielfach weitere Qualifikationen, wie verschiedene fachärztliche Aus- und Weiterbildungen sowie entsprechende Qualifikationsnachweise, als unter die „automatische Anerkennung" fallend legitimiert wurden.

---

123 https://ec.europa.eu/growth/tools-databases/regprof/index.cfm (2019-09-16).

124 Aktuelle Bezeichnung: Facharzt für Allgemeinmedizin.

Mit dem zweiten Teil der oben angesprochenen Richtlinie 2001/19/EG (EG 2001) wird nun das Verfahren für die Anerkennung der Befähigungsnachweise des praktischen Arztes – welches als ausreichend rechtssicher bezeichnet werden kann (ebd., 5. Erwägungsgrund, Satz 3) – auf Befähigungsnachweise der Krankenschwester und des Krankenpflegers, die für die allgemeine Pflege verantwortlich sind, des Zahnarztes, des Tierarztes, der Hebamme, des Apothekers und anderer Ärzte erweitert. Eingeführt wird auch der Begriff „sektorale Richtlinien", der in der aktuellen „Anerkennungsrichtlinie" 2005/36/EG als „sektorale Berufe" Anwendung findet.

5.3.1.4 Die Kodifizierungsphase

Im weiteren Verlauf der europäischen Integration schloss sich nun eine Phase an, dessen Ziel es war, die „[...] *bereichsspezifischen und fragmentarischen Ansätze des Freizügigkeits- und Aufenthaltsrechts zu überwinden und die Ausübung dieses Rechts zu erleichtern* [...]" (EG 2004, 4. Erwägungsgrund, Satz 1). Die „*RICHTLINIE 2004/38/EG DES EUROPÄISCHEN PARLAMENTS UND DES RATES vom 29. April 2004 über das Recht der Unionsbürger und ihrer Familienangehörigen, sich im Hoheitsgebiet der Mitgliedstaaten frei zu bewegen und aufzuhalten* [...]" (ebd., Titel) machte dabei den Anfang und kodifiziert insgesamt neun der bisher für den im Titel der Richtlinie genannten Bereiche geltenden Richtlinien.

Die Richtlinie 2004/38/EG regelt insbesondere den aufenthaltsrechtlichen Aspekt der Freizügigkeit. Bereits bei der Gestaltung der „Arbeitnehmerfreizügigkeit der Montanunion" hatte dieser Aspekt Berücksichtigung gefunden. Er ist unabdingbarer Bestandteil auch des Rechts und der Freiheit einer grenzüberschreitenden Ausübung beruflicher Tätigkeiten. Im Vertrag von Maastricht (EUV 1992) wurde der Status der Unionsbürgerschaft geschaffen (s. Abschnitt 5.3.1.1), welche zunächst grundsätzlich jedem Unionsbürger ein dreimonatiges Aufenthaltsrecht gewährt (EG 2004, Artikel 6, Absatz 1). Die bisherigen für verschiedenste Ausprägungen beruflicher Tätigkeiten geltenden Regelungen werden nun mit der Richtlinie zu einem grundsätzlich unbefristeten, generellen Aufenthaltsrecht für abhängig Beschäftigte und selbstständige Berufsausübende im Hoheitsgebiet aller Mitgliedstaaten erweitert (ebd., Artikel 7. Absatz 1, lit. a).

Ein weiterer wesentlicher Bestandteil des freien Verkehrs für Personen, die beruflichen Tätigkeiten in einem anderen Mitgliedstaat der Europäischen Union nachgehen wollen, ist, wie mehrfach behandelt, die Berücksichtigung „mitgebrachter" Qualifikationen. Ziel ist, dass die Bürger der Europäischen Union die Möglichkeit haben, „[...] *als Selbstständige oder abhängig Beschäftigte einen*

Beruf in einem anderen Mitgliedstaat als dem auszuüben, in dem sie ihre Berufsqualifikationen erworben haben." (2005/36/EG, 1. Erwägungsgrund).

Diese als Garantie gegebene Zusage ist personenbezogen und damit erst einmal unabhängig von weiteren Kriterien. Sie stellt einen Migranten mit den jeweiligen Inländern des Zielstaates gleich,[125] in dem die Berufstätigkeit aufgenommen und ausgeübt werden soll; „*sie schließt jedoch nicht aus, dass der Migrant nicht diskriminierende Ausübungsvoraussetzungen, die dieser Mitgliedstaat vorschreibt, erfüllen muss, soweit diese objektiv gerechtfertigt und verhältnismäßig sind.*" (ebd., 3. Erwägungsgrund). Der Aspekt des objektiven Gerechtfertigtseins und der Verhältnismäßigkeit, also der Legitimität nationaler Berufszugangsreglementierungen, ist bereits mehrfach als ein entscheidendes, einer allgemeinen Berufsausübungsfreiheit nicht genügendes Detail diskutiert worden.

Die „*RICHTLINIE 2005/36/EG DES EUROPÄISCHEN PARLAMENTS UND DES RATES vom 7. September 2005 über die Anerkennung von Berufsqualifikationen*" (2005/36/EG) kodifiziert insgesamt 15 Richtlinien bisherige Einzelrichtlinien, darunter diejenigen, die bisher die „allgemeinen Regelungen" zur Anerkennung beruflicher Qualifikationen sowie die des Gesundheitssektors betreffen.

Der Begriff der Berufsqualifikationen wird nunmehr generell definiert als „[…] *Qualifikationen, die durch einen Ausbildungsnachweis, einen Befähigungsnachweis nach Artikel 11 Buchstabe a Ziffer i und/oder Berufserfahrung nachgewiesen werden*" (ebd., Artikel 3, Absatz 1, lit. b). Zu beachten ist, dass es sich dabei immer um formell erworbene oder zertifizierte Qualifikationen handelt. „*‚Berufserfahrung‘ ist die tatsächliche und rechtmäßige Ausübung des betreffenden Berufs als Vollzeitbeschäftigung oder als entsprechende Teilzeitbeschäftigung in einem Mitgliedstaat*" (ebd., Absatz 2, lit. f). Auch die Berufserfahrung ist ggf. demgemäß nachzuweisen.

Der Begriff Qualifikation umfasst in diesem Kontext zwei Bedeutungsbereiche:

1. Befähigung, die erworben wurde, um eine bestimmte berufliche Tätigkeit auszuüben.
2. Geforderter Nachweis als Voraussetzung eine berufliche Tätigkeit ausüben zu dürfen.

Ausgangspunkt der Bewertung der mitgebrachten Qualifikationen (Definition 1) sind stets die im Zielland geforderten formellen Qualifikationen (Definition 2). Dies führt zum erweiterten Problem, dass einerseits nicht immer alle

125 Zumindest theoretisch, da ja der „Ausländer" zusätzlich Verfahren durchlaufen muss.

mitgebrachten Qualifikationen formell nachweisbar sind und andererseits nicht immer alle formell geforderten Qualifikationen sicherstellen, dass die erforderliche Befähigung tatsächlich vorliegt.

Die Richtlinie 2005/36/EG entwirft daher keine neuen Ansätze zur Lösung des Problems der Diversität der nationalen Qualifizierungs- und Reglementierungssysteme für die Ausübung beruflicher Tätigkeiten. Die bisher in den durch die 2005/36/EG aufgehobenen Richtlinien vorhandenen Ansätze werden gebündelt und ausgeweitet.

Zunächst ist hier der Ansatz der *„Anerkennung auf der Grundlage der Koordinierung der Mindestanforderungen an die Ausbildung“* (ebd., z. B.: Titel III, Kapitel III) zu nennen, der im Wesentlichen Berufe des Gesundheitssektors behandelt, aber z. B. ebenso für den Architektenberuf in Kraft gesetzt wurde. Wiederzufinden ist auch die *„Allgemeine Regelung für die Anerkennung von Ausbildungsnachweisen“* (ebd., z. B.: Titel III, Kapitel I), die die Berücksichtigung von Berufserfahrungen beinhaltet. (S. a. Teil II 5.2) Ebenso wurde der im nächsten Abschnitt ausgeführte, für die Ausübung des Rechtsanwaltsberufs bereits früher konzipierte, Ansatz der *„Ausübung des Berufs unter der Bezeichnung des Herkunftslandes“* für den Fall der Erbringung von Dienstleistungen unter der Berufsbezeichnung des Niederlassungsmitgliedstaats (2005/36/EG, Titel II) als Erweiterung in die Richtlinie eingefügt.

5.3.1.5 Ausübung des Berufs unter der Bezeichnung des Herkunftslandes

Einer besonderen Beachtung bedarf die *„RICHTLINIE 98/5/EG DES EUROPÄISCHEN PARLAMENTS UND DES RATES vom 16. Februar 1998 zur Erleichterung der ständigen Ausübung des Rechtsanwaltsberufs in einem anderen Mitgliedstaat als dem, in dem die Qualifikation erworben wurde“* (EG 1998).

Einerseits kann diese insofern als exemplarisch gelten, als dass deutlich wird, welche Akribie notwendig sein kann, um eine möglichst umfassende Freizügigkeit zu verwirklichen, und andererseits ist zu erkennen, dass an dieser Stelle eine unterschiedliche Behandlung insbesondere im Vergleich zu anderen u. a. auch gewerblich-technischen Berufen erfolgt. Das bekannte Ziel, dass „[…] *Selbständige oder als abhängig Beschäftigte die Möglichkeit haben, einen Beruf in einem anderen Mitgliedstaat als dem auszuüben, in dem sie ihre berufliche Qualifikation erworben haben“* (ebd., 1. Erwägungsgrund, Satz 3) gilt grundsätzlich für alle beruflichen Tätigkeiten gleichermaßen. Dennoch kann festgestellt werden, dass der Rechtsanwaltsberuf hinsichtlich der Effektivität und Konsequenz, mit der die Freizügigkeit durch Sekundärrecht umgesetzt wurde, eine bemerkenswerte Ausnahmeerscheinung darstellt.

Erst einmal gilt für Rechtsanwälte ebenfalls, dass sie gemäß der oben behandelten „*Richtlinie 89/48/EWG des Rates vom 21. Dezember 1988 über eine allgemeine Regelung zur Anerkennung der Hochschuldiplome, die eine mindestens dreijährige Berufsausbildung abschließen*“ (EG 1989) die Anerkennung ihres Diploms beantragen können, um sich dann in einem anderen Mitgliedstaat zwecks Ausübung des Rechtsanwaltsberufs unter der entsprechenden Berufsbezeichnung des Aufnahmestaates niederlassen zu dürfen (EG 1998, 2. Erwägungsgrund). Weiter heißt es in der Richtlinie 98/5/EG 1998: „*Zweck der genannten Richtlinie ist die Integration des Rechtsanwalts in den Berufsstand des Aufnahmestaats*“ (ebd., Satz 2) und zwar unter den Bedingungen des Aufnahmestaates. Soweit ist für Rechtsanwälte noch keine Sonderregelung zu erkennen. Auch für die Berufsausübung im Rahmen einer vorübergehenden oder gelegentlichen Dienstleistung existiert für den Rechtsanwaltsberuf eine Richtlinie, die zu anderen Berufen korrespondierende Regelungen enthält (EWG 1977).

Ziel der Richtlinie 98/5/EG (EG 1998) ist es darüber hinausgehend jedoch, die „Integration“ in den Rechtsanwalt-Berufsstand des Aufnahmestaates auf einem weiteren Weg zu ermöglichen. Dazu wurde es grundsätzlich erlaubt, dass Rechtsanwälte ihren Beruf unter der Berufsbezeichnung des Landes, in dem die Qualifikation erworben wurde, in allen anderen Mitgliedstaaten der Europäischen Gemeinschaft ausüben. Nach einem gewissen Zeitraum[126] der Berufsausübung in diesem anderen Land soll die Eingliederung in dessen Rechtsanwalt-Berufsstand ermöglicht werden (ebd., 3. und 4. Erwägungsgrund). An diesem Punkt wird das Besondere an der Regelung der 98/5/EG für den Rechtsanwaltsberuf ersichtlich. Das Ausüben des Berufes unter der Berufsbezeichnung des Herkunftslandes ist sonst, insbesondere auch für handwerkliche Berufe, nur im Rahmen einer vorübergehenden oder gelegentlichen Dienstleistung möglich.

Aufgrund der Richtlinie 98/5/EG „[…] *übt der unter seiner ursprünglichen Berufsbezeichnung tätige Rechtsanwalt die gleichen beruflichen Tätigkeiten wie der unter der jeweiligen Berufsbezeichnung des Aufnahmestaats niedergelassene Rechtsanwalt aus* […]“ (EG 1998, Artikel 5, Absatz 5, Satz 1; Ausnahmen s.

---

126 „Nach dreijähriger effektiver und regelmäßiger Tätigkeit im Aufnahmestaat im Recht dieses Mitgliedstaats, einschließlich des Gemeinschaftsrechts, darf angenommen werden, daß der betreffende Rechtsanwalt die erforderliche Eignung erworben hat, um sich voll in den Berufsstand des Aufnahmestaats zu integrieren.“ (EG 1998, 14. Erwägungsgrund, Satz 2).

Absätze 2 und 3). Dies entspricht mit wenigen Ausnahmen einer vollständigen Gleichstellung mit den inländisch erworbenen Qualifikationen bzw. eine vollwertige Berücksichtigung der „mitgebrachten" Qualifikationen.

Es stellt sich damit allerdings sofort die Frage, warum diese sehr weitreichende Ausnahme für Rechtsanwaltsberufe geschaffen wurde. In der Präambel zur Richtlinie selbst wird das Tätigwerden der Europäischen Gemeinschaft begründet. Hierbei wird neben der allgemeinen Förderung der Freizügigkeit angeführt, dass

> „[...] *gleichzeitig den Erfordernissen der Rechtsuchenden entsprochen wird, die aufgrund des zunehmenden Geschäftsverkehrs insbesondere im Zuge der Verwirklichung des Binnenmarktes einer Beratung bei grenzübergreifenden Transaktionen bedürfen, bei denen das internationale Recht, das Gemeinschaftsrecht und nationale Rechtsordnungen häufig miteinander verschränkt sind*" (EG 1998, 5. Erwägungsgrund).

Dies erfordert insofern keine globale Ermächtigung zur Ausübung des Rechtsanwaltsberufs unter der Bezeichnung des Herkunftslandes, als dass das genannte Ziel auch durch eine begrenzte Erlaubnis für eben jene Fälle mit grenzüberschreitender Problemlagen hätte erteilt werden können. Aufschlussreicher scheint da folgende Begründung, die hier wegen ihrer grundsätzlichen Bedeutung ungekürzt wiedergegeben ist:

> „*In den Mitgliedstaaten, in denen diese Möglichkeit gegeben ist, gelten sehr unterschiedliche Modalitäten, beispielsweise was das Tätigkeitsfeld und die Pflicht zur Eintragung bei den zuständigen Stellen betrifft. Solche unterschiedlichen Situationen führen zu Ungleichheiten und Wettbewerbsverzerrungen im Verhältnis zwischen den Rechtsanwälten der Mitgliedstaaten und bilden ein Hindernis für die Freizügigkeit. Nur durch eine Richtlinie zur Regelung der Bedingungen, unter denen Rechtsanwälte, die unter ihrer ursprünglichen Berufsbezeichnung tätig sind, ihren Beruf in anderer Form denn als Dienstleistung ausüben dürfen, können diese Probleme gelöst und in allen Mitgliedstaaten den Rechtsanwälten und Rechtsuchenden die gleichen Möglichkeiten geboten werden.*" (ebd., 6. Erwägungsgrund, Satz 2).

Genau mit dieser Argumentation ließe sich aber gleichermaßen die konsequente Liberalisierung des Zugangs zu einer Vielzahl von weiteren, insbesondere gewerblich-technischen Berufen, mit demselben Ansatz der „Ausübung des Berufs unter der Berufsbezeichnung des Herkunftslandes" rechtfertigen. Dass hierbei Rechtssuchende, die aus denselben Herkunftsländern wie die sie vertretenden Rechtsanwälte stammen, von dieser Regelung profitieren, überzeugt nicht als Begründung, da ja immer das Recht und die Rechtsauslegungen des Aufnahmestaates gelten und somit allenfalls der Vorteil derselben gesprochenen Sprache existent ist.

Nichtsdestotrotz ist der angewandte Ansatz der „Ausübung des Berufs unter der Berufsbezeichnung des Herkunftslandes“ geeignet, das Hauptproblem bei der Verwirklichung der Freizügigkeit, die Diversität der Qualifizierungssysteme, zu lösen. Dabei ist es auch gelungen, den Zielkonflikt zwischen der Gewährleistung nationaler Souveränität berufsständischer Politiken und der Durchsetzung einer möglichst umfassenden beruflichen Freizügigkeit aufzuheben (s. EG 1998, letzter Erwägungsgrund, Satz 3). Aus progressiv emanzipatorischer Sicht muss bedauert werden, dass diese Regelung nicht für weitere Berufe übernommen wurde.

5.3.2 Fortlaufende Weiterentwicklung der berufsbezogenen Freizügigkeit

Geht es um die Weiterentwicklung der beruflichen Freizügigkeit zu Beginn des 21. Jahrhunderts, so spielt die *„RICHTLINIE 2005/36/EG* [...] *über die Anerkennung von Berufsqualifikationen“* (2005/36/EG) eine entscheidende Rolle. Sie stellt das relevante und verbindliche Instrument dar, die aufgrund der Diversität der nationalen Qualifizierungs- und Reglementierungssysteme für und von Berufsausübung auftretenden Beeinträchtigungen zugunsten der grenzüberschreitenden Mobilität zu minimieren oder teilweise gar ganz zu beseitigen.

Von besonderem Interesse ist hierbei, neben der konzeptionellen und inhaltlichen Ausgestaltung der Richtlinie 2005/36/EG, die Frage nach der Motivation der bisher letzten maßgeblichen Überarbeitung dieser. Hat sich doch die Ausrichtung der aktuellen europäischen Gemeinschaft hin in Richtung zu einer an Grundwerten orientierten Union vollzogen. Neu eingeführt wurde im Zuge dessen das auf die Rechtsprechung des Europäischen Gerichtshofes (EuGH) zurückgehende Konzept des partiellen Zugangs zu einer Berufstätigkeit. Dieses Konzept ist ausgesprochen aufschlussreich bezüglich der genannten Diversitätsprobleme und bietet gleichzeitig einen möglichen Ansatz zur Lösung dieser.

Weiterentwickelt wurde zudem das Konzept der „Anerkennung auf der Grundlage gemeinsamer Ausbildungsgrundsätze“. Somit ist es nun repräsentativen Berufsorganisationen auf Unionsebene, einzelstaatlichen Berufsorganisationen und zuständigen nationalen Behörden möglich, dieses Konzept für weitere Berufskonstruktionen zu entwerfen bzw. vorzuschlagen. Dieser Ansatz bedarf einer kritischen Betrachtung, kollidiert er doch höchstwahrscheinlich in der Praxis dann in vielen Fällen mit der geforderten Legitimität und Verhältnismäßigkeit von, die Freizügigkeit und Freiheit von Berufsausübung einschränkenden, Reglementierungen (s. a. Teil II 7.1.1).

Über die formellen rechtsvorschriftlichen Verfahren zur Überwindung der Diversitätsprobleme hinausgehend wurde mit der Weiterentwicklung der Richtlinie 2005/36/EG ein zusätzliches Bündel von Instrumenten zur Verbesserung der grenzüberschreitenden Mobilität Berufsausübender installiert. Diese Instrumente stellen eine wichtige Ergänzung zur Minderung verwaltungstechnischer Hemmnisse der personenbezogenen Verkehrsfreiheiten dar und liefern darüber hinaus weiterführende Erkenntnisse zum bisher bei der Lösung der Diversitätsprobleme verfolgten Grundansatz der „Anerkennung von Qualifikationen".

5.3.2.1 Motivation zur Überarbeitung der Richtlinie 2005/36/EG

An dieser Stelle steht nochmals die *„RICHTLINIE 2005/36/EG […] über die Anerkennung von Berufsqualifikationen"* (2005/36/EG) im Vordergrund. Es gilt zu prüfen, ob im Zuge der erfolgten Änderungen dieser Richtlinien grundlegende Probleme sichtbar geworden sind und ob wesentliche neue Ansätze entwickelt wurden, diesen zu begegnen. Im Rahmen der bisherigen Laufzeit der Richtlinie 2005/36/EG wurde diese allerdings erst einmal über formelle Anpassungen hinausgehend geändert, und zwar durch die Richtlinie 2013/55/EU (EU 2013).[127]

In der Vorgeschichte zu dieser Richtlinie wurde in einem Bericht zur Unionsbürgerschaft mit dem Titel *„Weniger Hindernisse für die Ausübung von Unionsbürgerrechten"* (KOM 2010) festgestellt, dass, obwohl die überwiegende Mehrzahl der Anträge auf „Anerkennung von Qualifikationen" positiv beschieden wurden, die Verfahren aufwendig und unzuverlässig seien (ebd., Absatz 2.3.2, S. 17). Dabei wurde beobachtet: *„Nach dem derzeitigen Recht werden nur sieben von über 800 Berufsqualifikationen automatisch anerkannt."* (ebd., S. 18).

Dies weist darauf hin, dass insbesondere für die Ausübung von Berufstätigkeiten, bei denen die Anerkennung der Qualifikationen unter das allgemeine Verfahren fällt, die grenzüberschreitende Mobilität nach wie vor bedeutend gehemmt ist. Hierbei handelt es sich nicht nur um Fälle, in denen eine Ausbildung im Heimatland absolviert wurde und anschließend eine Arbeitsmigration in ein anderes EU-Land stattfand. Interessant ist insbesondere folgender Fall:

127 Stand 22.3.2018; 2016 und 2017 erfolgten lediglich turnusmäßige Anpassungen des Anhang s V hinsichtlich der Ausbildungsnachweise und Bezeichnungen von Ausbildungsgängen für die eine Anerkennung auf Grundlage der Koordinierung der Mindestanforderungen an die Ausbildung vorgesehen ist (C/2016/0001 u. C/2017/6054).

> *„Junge Bürger, die im Ausland studieren möchten oder nach einem Auslandsstudium in ihr Heimatland zurückkehren wollen, um dort zu arbeiten, haben jedoch noch immer erhebliche Schwierigkeiten bei der Anerkennung ihrer im Heimatland erworbenen Abschlüsse bzw. der Studienzeiten im Ausland."* (ebd., S. 17).

Dies zeigt einmal mehr deutlich, dass im Kontext der garantierten personenbezogenen Freizügigkeit, auch im Rahmen eines Bildungsvorhabens mit dem Ziel der Vorbereitung auf die Aufnahme einer Erwerbstätigkeit, nicht mehr die Herkunft der Person das Objekt der Betrachtung ist, sondern die Herkunft der erworbenen, d. h. der „mitgebrachten", Qualifikation. Ursächlich für die Probleme ist hier, sowohl für akademische als auch auf Ebene der Facharbeit angesiedelte Berufstätigkeit, weiterhin die Diversität der Qualifizierungssysteme der Mitgliedstaaten des Europäischen Binnenmarktes.

Im weiteren Verlauf der Initiative, die Situation zu verbessern, wird nun interessanterweise nicht vornehmlich die Intention genannt, die Freiheit der mittlerweile mit der Unionsbürgerschaft ausgestatteten Bildungsteilnehmer oder Erwerbstätigen der Mitgliedstaaten fortzuentwickeln. Stattdessen wird Kontinuität wahrend auf das ideologische Gründungskonzept des Binnenmarktes zurückgegriffen. So heißt es in einer Mitteilung der Europäischen Kommission mit dem Untertitel *„Gemeinsam für neues Wachstum"* (KOM 2011):

> *„Mobilität und Qualifikation der Arbeitskräfte sind entscheidende Voraussetzungen für die Wiederbelebung des Wachstums in Europa. Eine höhere Mobilität qualifizierter Arbeitskräfte wird der europäischen Wirtschaft eine Steigerung ihrer Wettbewerbsfähigkeit ermöglichen. Allzu viele rechtliche Barrieren hindern die Europäer noch daran, an einem Ort ihrer Wahl in der Europäischen Union zu arbeiten."* (ebd., Absatz 2.2, S. 8).

Im Vordergrund steht also weiterhin die Verwirklichung des Binnenmarktes mit den Zielen der Steigerung der Wettbewerbsfähigkeit und des wirtschaftlichen Wachstums. Arbeitskräftemobilität ist dabei Mittel zum Zweck. Zudem wird in der Begründung zum Ende 2011 von der Europäischen Kommission vorgelegten Vorschlag zur Änderung der Richtlinie 2005/36/EG (KOM 2011a) angeführt, „[...] *dass das Ungleichgewicht am EU-Arbeitsmarkt anhält und das Potenzial der Mobilität von Arbeitskräften nicht in ausreichendem Maße genutzt wird"* (ebd., Abschnitt 1.1, S. 2). Arbeitskräftemobilität ist somit nach wie vor Mittel und Ziel des Binnenmarktes gleichermaßen.

Darüber hinaus wurde in den vorbereitenden Dokumenten der damals bevorzugte Begründungszusammenhang von Demografie und zu erwartendem Mangel an qualifizierten Fachkräften genannt (KOM 2011, S. 8). Aus heutiger Sicht ist allerdings fraglich, ob allein durch Arbeitsmigration die im Verlauf der Finanzkrise insbesondere in den südlichen Mitgliedsländern entstandene hohe Arbeitslosigkeit, die sich auch innerhalb der höher qualifizierten Bevölkerung wiederfindet, gelöst werden kann. Trotz dieser verschiedenen Ansätze zur Begründung der Notwendigkeit der Förderung der Mobilität innerhalb der Mitglieds- und Vertragsstaaten ist jedoch der daraus gefolgerte Schluss der Gleiche: *„Die Anerkennung von Berufsqualifikationen* [ist] *für das effektive Funktionieren der Grundfreiheiten des Binnenmarktes für EU-Bürger von zentraler Bedeutung.“* (KOM 2011a).

5.3.2.2 Das Konzept des partiellen Zugangs zu einer Berufstätigkeit

Anzumerken ist zunächst, dass das Konzept des partiellen Zugangs auf die Rechtsprechung des Europäischen Gerichtshofes (EuGH) zurückgeht. Beachtenswert ist dies deshalb, weil dieser Umstand als beispielhaft für die Entwicklung des Rechts bzw. seiner Auslegung und Anwendung der Binnenmarkt bezogenen Grundfreiheiten im weiteren Verlauf der europäischen Integration gelten kann. Der Europäische Gerichtshof, der immer die europäische supranationale Perspektive einnimmt, legt die europäischen Verträge naturgemäß so aus, wie es mit der Intention, den Gemeinsamen Markt mit entsprechenden Freiheiten zu entwickeln, einhergeht. Das bedeutet, dass im Zweifel meist „zugunsten“ der Grundfreiheiten entschieden wird, da nur so der „freie“ Binnenmarkt seinem Geiste und Wesen nach und unter Minimierung nationalstaatsbedingter Diskriminierung erreicht werden kann. Dabei bezieht der EuGH auch immer die grundrechtlichen Anforderungen aus den Verfassungstraditionen der Mitgliedstaaten mit ein (s. Teil II 6.1.3).

In den Ausführungen des Vorschlags zur Einführung des Konzeptes des partiellen Zugangs zu einer Berufstätigkeit (KOM 2011a, Absatz 4.4, S. 10) wird explizit ein Urteil genannt (EuGH – C-330/03 2006), welches die Auslegung der bereits behandelten Richtlinie 89/48/EWG (EWG 1989) über eine allgemeine Regelung zur Anerkennung der Hochschuldiplome sowie Artikel 39 EG („Arbeitnehmerfreizügigkeit“, Artikel 45 AEUV 2012) und Artikel 43 EG („Niederlassungsfreiheit“, Artikel 49 AEUV 2012) vornimmt. Hierbei geht es um die Frage, ob die Bestimmungen der Richtlinie 89/48/EWG so auszulegen seien, dass immer nur der vollständige Zugang zum gesamten Bündel der beruflichen Tätigkeiten des im Aufnahmestaat konstruierten und reglementierten Berufs[128] möglich ist (EuGH – C-330/03 2006, Rn. 21).

128 Bzw. des Berufsbildes.

Die Folgen wären nicht unerheblich. Es bedeutet, dass ein Antragsteller aus einem anderen Mitgliedstaat ggf. erhebliche Anstrengungen in Form von Anpassungslehrgängen oder Eignungsprüfungen auf sich nehmen muss, auch wenn er lediglich eine oder mehrere berufliche Tätigkeiten aus dem Bündel ausüben möchte, für die der Befähigungsnachweis aus seinem Herkunftsland möglicherweise schon qualifiziert (ebd., Rn. 24). Die Problemstellung ergibt sich dabei aus der bekannten Konstellation, dass aufgrund divergierender nationaler Qualifikationssysteme die „Schneidungen" der konstruierten (Ausbildungs-) Berufe bezüglich des Bündels (erwerbs-)beruflicher Tätigkeiten, für die diese befähigen sollen, meist eher nicht kongruent sind.

Der Lösungsansatz des Konzeptes des partiellen Zugangs zu einer Berufstätigkeit ist nicht ausdrücklicher Bestandteil der Richtlinie 89/48/EWG, sondern wurde vielmehr vom EuGH selbst entwickelt. Dazu stellt er zunächst fest, dass „[...] *eine Entscheidung, die auf Antrag des Betroffenen ergeht und diesen nur zu einem Teil des Tätigkeitsfelds zulässt, das von dem reglementierten Beruf im Aufnahmestaat abgedeckt wird, nicht der Verweigerung des Zugangs zu diesem Beruf gleichgestellt werden kann*" (EuGH – C-330/03 2006, Rn. 18). Dies meint, dass sehr wohl eine partielle Genehmigung zulässig ist und eine getrennte Betrachtung jeder substanziellen der von einem reglementierten Beruf umfassten beruflichen Tätigkeiten möglich ist (ebd., Rn. 20).

Im Rahmen einer teleologischen Auslegung[129] kommt der EuGH darüber hinaus zu folgendem Schluss:

> *„Nach der dritten und der dreizehnten Begründungserwägung der Richtlinie besteht deren vorrangiges Ziel nämlich darin, dem Inhaber eines in einem Mitgliedstaat erteilten Diploms den Zugang zu den entsprechenden beruflichen Tätigkeiten in den anderen Mitgliedstaaten zu erleichtern und das Recht des europäischen Bürgers, seine beruflichen Kenntnisse in jedem Mitgliedstaat zu nutzen, zu stärken."* (ebd., Rn. 23).

Es erfolgt also insofern eine positive Auslegung, dass die Ermöglichung der grenzüberschreitenden Ausübung beruflicher Tätigkeiten das Kernziel ist, nicht die Verhinderung mithilfe der europäischen Rechtsvorschriften. Darüber hinaus wird auch die Anwendung der rechtsstaatlichen Prinzipien, wie die des Grundsatzes der Verhältnismäßigkeit und des Übermaßverbotes – hier im Rahmen der Beurteilung der Rechtmäßigkeit und dem Erfordernis der Anwendung des Konzeptes des partiellen Zugangs zu einer Berufstätigkeit – ausgeführt. Diese Prinzipien werden an späterer Stelle, wenn es um die Erschließung der rechtlichen

---

129 Auslegung dem Sinn und Zweck der Rechtsvorschrift folgend.

Aspekte der Problemstellung dieser Arbeit geht, ausführlich erläutert (s. Teil II 6.1.2.2).

Präzise heißt es im Urteil dazu:

> „*Dagegen verwehren es die Artikel 39 EG und 43 EG einem Mitgliedstaat, diesen partiellen Zugang zu verweigern, wenn der Betroffene ihn beantragt und die Unterschiede zwischen den Tätigkeitsbereichen so erheblich sind, dass in Wirklichkeit eine vollständige Ausbildung absolviert werden müsste, es sei denn, die Verweigerung des partiellen Zugangs ist durch zwingende Gründe des Allgemeinwohls gerechtfertigt, die zur Erreichung des verfolgten Zieles geeignet sind und nicht über das hinausgehen, was zur Erreichung dieses Zieles erforderlich ist.*" (ebd., Urteilspruch, Ziff. 2., Satz 2).

Da die genannten Grundsätze zur Bewertung des Gerechtfertigtseins von Beeinträchtigungen der Grundfreiheiten zur grenzüberschreitenden Ausübung beruflicher Tätigkeiten von besonderer Bedeutung sind, wird an geeigneter Stelle ebenfalls auf diese eingegangen (s. Teil II 6.1.2.2). An dieser Stelle muss jedoch festgehalten werden, dass es sich bei der Gewährung eines partiellen Zugangs zu einer Berufstätigkeit um eine Ausnahmeregelung handelt, und zwar für folgenden Fall:

> „[D]*ie Unterschiede zwischen der rechtmäßig ausgeübten Berufstätigkeit im Herkunftsmitgliedstaat und dem reglementierten Beruf im Aufnahmemitgliedstaat sind so groß, dass die Anwendung von Ausgleichsmaßnahmen der Anforderung an den Antragsteller gleichkäme, das vollständige Ausbildungsprogramm im Aufnahmemitgliedstaat zu durchlaufen, um Zugang zum ganzen reglementierten Beruf im Aufnahmemitgliedstaat zu erlangen;*" (2005/36/EG 2013, Artikel 4 f, Absatz 1, lit. b).

Darüber hinaus gilt die Bedingung: „[D]*ie Berufstätigkeit lässt sich objektiv von anderen im Aufnahmemitgliedstaat unter den reglementierten Beruf fallenden Tätigkeiten trennen.*" (ebd., lit. c).

Es wird deutlich, dass die Hürde, die Möglichkeit des partiellen Zugangs zu nutzen hoch ist bzw. die Entscheidung sie zu verwehren leicht legitimierbar ist. Es bleibt abzuwarten, ob das Konzept zu einer tatsächlichen Verbesserung der personenbezogenen Berufsausübungsfreizügigkeiten führen wird.

5.3.2.3 Anerkennung auf Grundlage gemeinsamer Ausbildungsgrundsätze

Das Konzept der Koordinierung der Mindestanforderungen der Ausbildungsvorschriften,[130] wie es zunächst im Rahmen der automatischen Anerkennung

---

130 Früher: „*Koordinierung der Rechts- und Verwaltungsvorschriften der Mitgliedstaaten über die Aufnahme und Ausübung*" (EWGV 1957, Artikel 57; s. a. o. Abschnitt

für die sogenannten sektoralen Berufe eingeführt wurde, soll nun auf weitere Berufe angewandt werden können. Das Ziel, welches damit verfolgt wurde, ist es, eben genau die automatische Anerkennung vermehrt auf Berufe auszuweiten, die bisher durch das aufwendigere allgemeine System bedient wurden (KOM 2011a, Abschnitt 4.7, S. 12).

Hiermit wird ein Instrument geschaffen, welches insbesondere auch für gewerblich-technische Berufstätigkeiten die Möglichkeit eröffnet, quasi europäische Berufsbilder zu entwerfen und zu etablieren. Zu den gemeinsamen Ausbildungsgrundsätzen gehören ein gemeinsamer Ausbildungsrahmen und eine gemeinsame Ausbildungsprüfung (2005/36/EG, Kapitel III). Die Nähe zu nationalen Ausbildungsstrukturen dualer Systeme ist augenfällig, daher heißt es ausdrücklich: „*Ein gemeinsamer Ausbildungsrahmen darf nationale Ausbildungsprogramme nicht ersetzen sofern nicht ein Mitgliedstaat nach innerstaatlichem Recht eine andere Regelung trifft.*“ (2005/36/EG, Artikel 49a, Absatz 1).

Werden die grundlegenden Bedingungen für den gemeinsamen Ausbildungsrahmen und die gemeinsame Ausbildungsprüfung eingehalten, so entfaltet dieser Ansatz folgende Wirkung:

> „*Das Bestehen einer solchen Prüfung in einem Mitgliedstaat berechtigt den Inhaber einer bestimmten Berufsqualifikation zur Ausübung des Berufs in jedem der betroffenen Aufnahmemitgliedstaaten unter den gleichen Bedingungen, wie sie für Inhaber von in diesem Mitgliedstaat erworbenen Berufsqualifikationen gelten.*“ (2005/36/EG, Artikel 49b, Absatz 1).

Vorschlagsrecht für die Einführung von gemeinsamen Ausbildungsgrundsätzen haben „*Repräsentative Berufsorganisationen auf Unionsebene und einzelstaatliche Berufsorganisationen oder zuständige Behörden, die mindestens einem Drittel der Mitgliedstaaten angehören* [...]“ (ebd., Absatz 3). Erlassen werden kann der entsprechende gemeinsame Ausbildungsrahmen und/oder die gemeinsame Ausbildungsprüfung durch die Europäische Kommission. Grundsätzlich gilt dieser „Ausbildungserlass“ dann für alle Mitgliedstaaten, wobei unter bestimmten begründeten Bedingungen sich einzelne Mitgliedstaaten von der Umsetzung ausnehmen können (ebd., Artikel 49a und 49b, jeweils Absätze 4 und 5).

Dieser Ansatz der automatischen Anerkennung aufgrund gemeinsamer Ausbildungsgrundsätze ist – wie bereits besprochen – grundsätzlich geeignet, die Probleme, die durch die Diversität formeller nationaler Qualifikationen entstehen, zu lösen, wenn es denn gelingt, ihn konsequent auszuweiten. Nichtsdestotrotz

---

„Koordinierungen der reglementierenden Ausübungsvorschriften“).

stellt er lediglich ein Instrument dar, um im Rahmen der personenbezogenen Grundfreiheiten des Gemeinsamen Marktes die grenzüberschreitende Freizügigkeit von qualifizierenden Befähigungsnachweisen zu gewährleisten, welches quasi europäische Bildungsgangsberufsbilder erschafft.

Die Frage, inwieweit es denn überhaupt legitim ist – d. h. mit dem Grundrecht der Europäischen Union auf freie Berufsausübung (Charta 2010, Artikel 15) vereinbar –, einen Qualifikationsnachweis bzw. den diesbezüglichen Ausbildungsgang für die Zulassung für eine Berufsausübung zu fordern, bleibt in diesem Zusammenhang ungeklärt. Tatsächlich ist es durch dieses „neue" Instrument nun möglich geworden, Berufe, deren Ausübung durch Ausbildung und/oder Prüfung in mindestens einem Drittel aller Mitgliedstaaten zulassungsbeschränkt ist, auf die Ebene eines europäisch reglementierten Berufes zu heben.

Zu beachten ist auch, dass ausdrücklich berufsständische Organisationen und Behörden ermächtigt werden, entsprechende Berufe vorzuschlagen (ebd., Artikel 49a und 49b, jeweils Absatz 3, s. a. KOM 2011a, Abschnitt 4.7, S. 12), gesellschaftliche Gruppen, die per se das Interesse haben, Berufskonstruktionen zu erhalten. Unabhängige Verbände wie z. B. der „Berufsverband unabhängiger Handwerkerinnen und Handwerker"[131] oder sich den Grundrechten verpflichtet fühlende Vereinigungen oder Parteien bleiben dabei außen vor. Insofern bleibt es weiter Aufgabe der vorliegenden Arbeit einen emanzipatorischen Ansatz zu finden bzw. zu entwickeln.

5.3.2.4 Ein Bündel von Instrumenten zur Verbesserung der Mobilität

Die Richtlinie 2013/55/EU (EU 2013)[132] führte nicht nur Änderungen der Verfahren zur Anerkennung von Qualifikationen durch, sondern erweitert bestehende und entwirft neue Instrumente, deren Ziel es ist, die Mobilität begleitend zu unterstützen und zu verbessern. Zu diesen Instrumenten gehört u. a. der Europäische Berufsausweis, die Verpflichtung zur Nutzung des Binnenmarkt-Informationssystems (IMI), nationale Beratungszentren als zentrale Online-Zugangsstellen für alle Berufe sowie ein Verfahren zur gegenseitigen Evaluierung des Zugangs zu reglementierten Berufen.

---

131 http://www.buhev.de

132 „Richtlinie 2013/55/EU des Europäischen Parlaments und des Rates vom 20. November 2013 zur Änderung der Richtlinie 2005/36/EG über die Anerkennung von Berufsqualifikationen und der Verordnung (EU) Nr. 1024/2012 über die Verwaltungszusammenarbeit mit Hilfe des Binnenmarkt-Informationssystems" (EU 2013).

Der „**Europäische Berufsausweis**“ (2005/36/EG 2016, Artikel 4a ff.) ist zunächst ein elektronisches Nutzerkonto, welches auf einer internetbasierten Plattform der Europäischen Kommission eingerichtet werden kann. Besteht der Wunsch oder das Erfordernis Qualifikationen für die Ausübung einer Berufstätigkeit in einem anderen Mitgliedstaat der Europäischen Union anerkennen zu lassen, so kann an dieser Stelle das Verfahren initiiert werden. Der Antragsteller selbst und alle beteiligten Behörden dokumentieren die für das Anerkennungsverfahren notwendigen Verwaltungsschritte. Dokumente können per Upload eingereicht werden. Entscheidungen werden hier rechtsverbindlich mitgeteilt.

Der „Europäische Berufsausweis“ (EBA) ändert allerdings nichts am Verfahren selbst oder an dessen Komplexität. Für den Antragsteller stellt er dennoch eine erhebliche Erleichterung dar. Die elektronische Plattform bzw. das entsprechende Benutzerkonto stellt aus seiner Sicht das einzige „virtuelle Büro“ für die Bearbeitung seines Antrags dar, welches er „aufsuchen“ muss. Die Behörden hingegen müssen aktiv und zeitnah zuarbeiten, denn es gilt: *„Sofern die Behörden ihre Entscheidung nicht innerhalb der gesetzlichen Fristen fällen, werden Ihre Qualifikationen stillschweigend anerkannt und ein EBA erteilt.“* (EBA 2014, S. 6).

Der „Europäische Berufsausweis“ löst keines der angesprochenen, die Berufsfreiheit betreffenden grundlegenden Probleme, ist aber ein nennenswertes Beispiel dafür, dass sinnreiche begleitende Maßnahmen grenzüberschreitende Mobilität von Berufsarbeit beeinträchtigende Umstände wirkungsvoll abmildern können. Insofern ist auch dies ein Beitrag zur Sicherstellung grundrechtlich garantierter Berufsfreiheit.

Das **Binnenmarkt-Informationssystem (IMI)** (2005/36/EG 2016, Artikel 4a ff.) ist ein Online-Werkzeug, welches die Mitarbeiter nationaler Behörden nutzen können, um untereinander zu verschiedensten aus dem Binnenmarkt resultierenden Anliegen zu kommunizieren.[133] Für den Fall der Anerkennung von Qualifikationen kann z. B. die zuständige Stelle des Ziellandes der Berufsausübung die Authentizität eines Befähigungsnachweises und die damit korrelierende Legitimation durch die Behörde des Herkunftslandes verifizieren lassen. Auch dieses Instrument reduziert für den Antragsteller monetäre und temporale Belastungen, die ihn gegenüber Berufstätigen, die im angestammten Herrschaftsgebiet verbleiben, schlechterstellen und ist somit ebenso erwähnenswert.

Die bereits im Zuge der Umsetzung der Richtlinie 2006/123/EG (EG 2006) eingerichteten nationalen Beratungszentren (*„einheitliche Ansprechpartner“* (ebd., Artikel 6)) für Verfahren und Formalitäten im Zusammenhang mit der

133 http://ec.europa.eu/internal_market/imi-net/index_de.htm (2016-10-08).

Ausübung einer grenzüberschreitenden beruflichen Tätigkeit im jeweiligen Land werden durch einen verbindlich vorgeschriebenen Online-Zugang erweitert. Dieser **Zentrale Online-Zugang zu Informationen** (2005/36/EG 2016, Artikel 57) hat das Ziel, „[...] *eine einfache Identifizierung der zuständigen Behörde und der erforderlichen Dokumente für einen Antrag auf Anerkennung zu ermöglichen*" (KOM 2011a, Abschnitt 4.10., S. 13). Als „einheitlicher Ansprechpartner" für die Bundesrepublik Deutschland stellt das Bundesinstitut für Berufsbildung das Portal „*Anerkennung in Deutschland*" (s. Abb. 20) bereit.

ANERKENNUNG
IN DEUTSCHLAND
Das Informationsportal der Bundesregierung
zur Anerkennung ausländischer Berufsqualifikationen

Abb. 20: Das Signet des „*einheitlichen Ansprechpartners*" für die Bundesrepublik Deutschland (Quelle: www.anerkennung-in-deutschland.de, 2018-03-23)

Dieses Element des E-Governments stellt ebenfalls eine nicht unerhebliche Erleichterung der europäischen Mobilität von Berufsarbeit dar.

Besonders hervorgehoben werden muss das **Verfahren zur gegenseitigen Evaluierung** des Zugangs zu reglementierten Berufen. Begründet wird das Erfordernis eines solchen Schrittes mit dem Mangel „[...] *an Transparenz hinsichtlich des Geltungsbereichs der Regelung und deren Begründung, wodurch Hindernisse für die Mobilität entstehen können.*" (KOM 2011a, Abschnitt 4.11., S. 13). Wie oben eingangs ausgeführt, wurden die Mitgliedstaaten mit Inkrafttreten der Änderung des Artikels 59 der Richtlinie 2005/36/EG (2013) angewiesen, in ihrem Land vorhandene qualifikationsfordernde Reglementierungen nach rechtsstaatlichen Kriterien zu überprüfen (ebd., Artikel 59, Absatz 3).

Das von der Europäischen Kommission vorgeschlagene Verfahren einer solchen gegenseitigen Evaluierung wird aufgrund der grundsätzlichen Bedeutung für die in der vorliegenden Arbeit nachgegangen leitenden Fragestellung im Folgenden umfassend wiedergegeben:

> „*Aus diesem Grund ist in dem Vorschlag vorgesehen, dass die Mitgliedstaaten ein Verzeichnis von Berufen, die sie reglementieren, übermitteln und ihre Rechtsprechung* [134] *hinsichtlich des Zugangs zu reglementierten Berufen anhand der Grundsätze der Notwendigkeit (öffentliches Interesse) und der Verhältnismäßigkeit sowie des Diskriminierungsverbots*

134 Statt Rechtsprechung muss es hier Rechtsetzung heißen.

> *prüfen. Jeder Mitgliedstaat müsste der Kommission das Ergebnis dieser Prüfung mitteilen. Die gegenseitige Evaluierung würde es den Mitgliedstaaten ermöglichen, ihre rechtlichen Ansätze zu vergleichen und gegebenenfalls ihre nationalen Rechtsrahmen für reglementierte Berufe zu vereinfachen."* (KOM 2011a, Abschnitt 4.11., S. 13 f.).

Das Evaluationsverfahren – so es denn konsequent durchgesetzt werden wird – ist tatsächlich nicht ohne Brisanz, wird doch eine formelle Überprüfung der Notwendigkeit und Legitimität nationaler Rechtsetzung verlangt (s. Teil I 3.2.3).

Für die erläuterten drei durch die Richtlinie 2013/55/EU (EU 2013) umgesetzten Instrumente kann an dieser Stelle folgende Feststellung uneingeschränkt gelten:

> „[Es werden …] *Synergien gefördert und das Vertrauen der zuständigen Behörden untereinander gestärkt sowie gleichzeitig Doppelarbeit bei der Verwaltungsarbeit und den Anerkennungsverfahren bei den zuständigen Behörden beseitigt und mehr Transparenz und Rechtssicherheit für die Berufsangehörigen geschaffen werden*" (2005/36/EG 2016, 5. Erwägungsgrund).

Insgesamt wird eine Reduzierung der verwaltungstechnischen Hemmnisse der bekannten Verfahren zu Umsetzung der personenbezogenen auf die Ausübung einer beruflichen Tätigkeit gerichteten Verkehrsfreiheiten erreicht. Neue Wege zur Bewältigung der aus der Diversität der nationalen Systeme der Berufsausbildung resultierenden grundsätzlichen Probleme des Zugangs zu einer grenzüberschreitenden Aufnahme und Ausübung von Erwerbstätigkeiten werden grundsätzlich nicht beschritten. Aufgezeigt wird jedoch wiederholt, dass die Entwicklung eines Lösungsansatzes zur Überwindung dieser Diversitätsprobleme weiterhin auf der Akzeptanz formeller Bildungsgänge als zugangsreglementierendes Element gründet.

Eine Ausnahme stellt indes der Ansatz der Evaluation der nationalen Reglementierungen dar, der das Ziel verfolgt, zu einem abgestimmten grundrechtsorientierten Rechtsrahmen für reglementierte Berufe in der Europäischen Union zu kommen. Hier deutet sich ein Weg an, welcher geeignet erscheint, dem Problem der ungerechtfertigten Einschränkung von Berufsfreiheit durch Berufszugangsvorschriften grundlegend zu begegnen.

5.3.3 Resümee zur EU-Freizügigkeit

Für Berufsausübende in der Europäischen Union hat sich zunächst die mit dem Vertrag von Maastricht 1992 eingeführte Unionsbürgerschaft und die damit zusammenhängende allgemeine Freizügigkeit positiv ausgewirkt. Durch diese wurde eine Vielzahl von die berufliche Mobilität begleitenden Hürden, wie etwa Einreise- und Aufenthaltsformalitäten, nachhaltig beseitigt.

Die Beseitigung der im Kontext qualifikationsfordernder Reglementierung bestehenden Hinderungen einschneidend erschwerend ist hingegen die Vereinbarung des kategorischen Verbotes der Harmonisierung von Vorschriften der beruflichen Bildung. Fakt ist, dass in allen Mitgliedstaaten Reglementierung speziell auch unter Heranziehung formeller Bildungsgänge gestaltet ist. Mit dem sogenannten Harmonisierungsverbot wurde der Europäischen Union die Möglichkeit genommen, über den Ansatz der umfassenden Abstimmung europäischer Ausbildungsgänge die Mobilität der Berufsausübenden des Europäischen Binnenmarktes zu verbessern. Möglicherweise wirkte diese von den Nationalstaaten gewollte Vereinbarung in der Weise, dass insbesondere die Europäische Kommission nun die Legitimität und Verhältnismäßigkeit der nationalen Vorschriften in den Fokus ihrer Bemühungen zur weiteren Verwirklichung des „freien" Binnenmarktes stellte.

Spätestens mit den nachfolgenden Verträgen bzw. Vertragsänderungen über die Europäische Union sind, auf supranationaler vertragsrechtlicher Ebene, die personenbezogenen Verkehrsfreiheiten als maßgeblich den Charakter der Europäischen Union formendes Element abschließend etabliert. Ein weiteres, sich auf die zukünftige Entwicklung der Europäischen Union auswirkendes Element bzw. Fundament wurde mit dem Abschluss des Vertrags von Lissabon von 2007 gelegt. Die Europäische Union erhält durch die vertraglich feste Einbindung von Grundrechten nunmehr eine Werteorientierung mit verfassungsrechtlichem Charakter. Dies und die daraus resultierenden Konsequenzen wurden bisher in ihrer Wirkung auf die Freizügigkeit von Berufsausübung wenig und insbesondere bezogen auf etliche in Deutschland bestehende Reglementierungen zu wenig beachtet.

Ein im Rahmen des Umsetzungsprozesses der vereinbarten beruflichen Grundfreiheiten zu beobachtendes Phänomen ist derjenige Vorgang, dass politische Veränderungen, auch innerhalb der europäischen Gemeinschaft, oft erst durch eine konsequente Rechtsprechung vorangebracht werden. Aufgrund des aktiven Mitwirkens des Europäischen Gerichtshofs in Form konkreter Gestaltungsvorschläge zur Verwirklichung der Freizügigkeiten wurde z. B. das Konzept der „anerkannten Qualifikationen" um die Berücksichtigung von in einem Mitgliedstaat erworbener Berufserfahrung erweitert.

Dies ist umso erstaunlicher, da dieser Aspekt „eigentlich" evident aus dem vereinbarten Charakter der Freizügigkeiten zu entnehmen gewesen wäre. Aufgezeigt wird dadurch jedoch einerseits, dass nationale Perspektiven und Motivationen oftmals der marktprogressiven Intention der europäischen Integration entgegenstehen und andererseits, dass der Prozess der Einigung im Bereich der personenbezogenen Verkehrsfreiheiten noch lange nicht abgeschlossen ist, sondern fortlaufender Bemühung bedarf.

Ohne das grundlegende konzeptionelle Problem zu lösen, war die Einführung der Richtlinie 2005/36/EG ein wichtiger Schritt zur Ordnung der bis dato erlassenen vielen und vielfältigen Einzelrichtlinien zur „Anerkennung von Berufsqualifikationen". Eine bemerkenswerte, bis heute erhalten gebliebene, Einzelrichtlinie stellt darüber hinaus die Richtlinie 98/5/EG (EG 1998) dar. Hier wurde für den Beruf des Rechtsanwalts quasi als Sonderregelung die Möglichkeit geschaffen, diesen in allen anderen Mitgliedstaaten unter der Berufsbezeichnung des Landes, in dem die Qualifikation erworben wurde, auszuüben und dies sogar mit der Aussicht später dann gleichberechtigt in den dortigen Rechtsanwalt-Berufsstand integriert zu werden.

Diese als singulär zu bezeichnende Regelung ist ein für die Entwicklung eines emanzipatorischen Ansatzes zur Ausgestaltung qualifikationsfordernder Reglementierungen von Berufsausübung äußerst interessantes Verfahren.[135] Im Gesamtüberblick mutet es, im Vergleich zu den Regelungen anderer Berufstätigkeiten, allerdings als einen einzelnen Berufsstand privilegierend und systemwidrig an. Auch gerade im Hinblick auf die Schwierigkeiten der Liberalisierung des Zugangs zu selbstständiger gewerblich-technischer Berufstätigkeit wird an dieser Stelle eine geradezu freigiebige Lösung präsentiert (vgl. Teil II 7.3).

2013 wurde die erste, über formelle Anpassungen hinausgehende, Änderung der Richtlinie 2005/36/EG über die „Anerkennung von Berufsqualifikationen" beschlossen. Begründet wurde dies u. a. damit, dass die bisherigen Anerkennungsverfahren aufwendig und unzuverlässig seien. Als durchgängig ursächliches Element tritt dabei wiederholt die Diversität der Qualifizierungs- und Reglementierungssysteme der Mitgliedstaaten hervor. Mit dem Vertrag von Maastricht und einer entsprechenden Jurisdiktion durch den EuGH erfolgte daher eine klare Tendenz hin zur Interpretation der beruflichen Verkehrsfreiheiten als vertraglich fest vereinbarte und die europäische Gemeinschaft entscheidend begründende Freiheitswerte.

Nichtsdestotrotz blieb auf politischer Ebene die Generierung der Prosperität des Binnenmarktes maßgebliche Motivation für die Verbesserung der Mobilität Berufsausübender. Das ist ein ebenfalls starkes Indiz dafür, dass die grundrechtsbasierte Verbreiterung des Fundaments der Europäischen Union bisher nicht ausreichend wahrgenommen wurde bzw. Berücksichtigung gefunden hat,

---

135 S. a. o. den Vergleich mit Warenverkehrsfreiheit in Abschnitt „Gesamtfazit zur Entwicklung personenbezogener Verkehrsfreiheiten".

und stellte gleichzeitig einen auslösenden Aspekt des Vorhabens der Entwicklung eines freiheitlichen Ansatzes zur Ausgestaltung qualifikationsfordernder Berufszugangsregelungen dar (s. Teil I 3.2.1).

Ein anschauliches weiteres Beispiel für das werteorientierte Denken des EuGH ist dessen Entscheidung, dem Inhaber einer „mitgebrachten" Qualifikation den partiellen Zugang zu den entsprechenden beruflichen Tätigkeiten in den anderen Mitgliedstaaten zu ermöglichen. Hierbei referiert das Gericht aus seiner supranationalen Perspektive heraus darauf, dass dies ja der Wesensart des vertraglich vereinbarten gemeinschaftlichen „freien" Binnenmarktes entsprechen würde. Das Diversitätsproblem der in den Mitgliedstaaten differierenden Schneidung zugangsreglementierender Bildungsabschlüsse betreffend wird klargestellt, dass es mit den fundamentalen Statuten der Europäischen Union nicht vereinbar ist, für die Erlaubnis zur Berufsausübung immer nur den Zugang zum gesamten Bündel der beruflichen Tätigkeiten des im Aufnahmestaat konstruierten und reglementierten „Bildungs"-Berufs zu erwägen.

Die Novellierung der Richtlinie 2005/36/EG von 2013 schafft für repräsentative Berufsorganisationen auf Unionsebene, einzelstaatliche Berufsorganisationen und national zuständige Behörden die Möglichkeit, das Konzept der „Anerkennung von Berufsqualifikationen auf der Grundlage gemeinsamer Ausbildungsgrundsätze", welches bisher ausschließlich für die sogenannten sektoralen Berufe galt, für weitere Berufe zu entwerfen und vorzuschlagen. Faktisch handelt es sich im Erfolgsfalle um die Schaffung formeller Ausbildungsgänge für europäische Berufsbilder, also europäischer Berufsausbildungen.

An diesem Ansatz bleibt die Kritik insofern bestehen, als dass die grundsätzliche Eignung und damit die Legitimität der Reglementierung von Erwerbstätigkeiten durch Ausbildungskonstrukte bisher nicht ausreichend geklärt wurden. Im Ergebnis würde dies, insbesondere in Bereichen, in denen die Verhältnismäßigkeit der Regelung von „überschaubaren" erwerbsberuflichen Tätigkeiten durch umfangreiche Ausbildungen fraglich ist, dann europaweit zu einer ggf. illegitimen Berufsausübungsbeschränkung führen. Die Freizügigkeit, d. h. Ortsunbeschränktheit des Rechts auf Ausübung beruflicher Tätigkeiten würde zwar für das Gebiet des Binnenmarktes erreicht, die Berufsfreiheit an sich jedoch ungerechtfertigt eingeschränkt.

Im Rahmen der mit der Novellierung von 2013 eingeführten weiteren Maßnahmen zur Verbesserung der Mobilität Berufsausübender stellt das Verfahren zur gegenseitigen Evaluierung einen bisher eher unterbewerteten, aber bedeutsamen Schritt im Zuge der europäischen Integration dar. Unter dem Titel „Transparenz" (2005/36/EG 2013, Artikel 59) wurde für die Mitgliedstaaten die Verpflichtung begründet, in ihrem Hoheitsgebiet vorhandene qualifikationsfordernde Vorschriften auf Legitimität und Verhältnismäßigkeit zu überprüfen. Dieses Verfahren wirkt der in der vorliegenden Arbeit kritisierten ungeprüften Verwendung nationaler Regelungen als Referenz für die Anerkennung mitgebrachter Qualifikationen grundsätzlich entgegen.

Dies ist eine im Kontext der Fragestellung der vorliegenden Arbeit mit besonderem Interesse zu betrachtende Entwicklung. Bis dato wurde nämlich aus europäischer Perspektive nicht daran gedacht, zu überprüfen, ob die in den Mitgliedstaaten erlassenen Reglementierungen von Berufsausübung überhaupt legitim sind, d. h. den Anforderungen einer modernen grundrechtsorientierten europäischen Gemeinschaft genügen. Der grundrechtsorientierte Ansatz, der hinter dem Evaluationsverfahren steht, ist Kern der zweiten explorativen Teilfrage der vorliegenden Arbeit.

5.4 Fazit zur Entwicklung personenbezogener Verkehrsfreiheiten

Ziel der Bearbeitung der ersten Teilfrage der vorliegenden Untersuchung war es, die Entwicklung der Ausgestaltung der personenbezogenen Verkehrsfreiheiten der europäischen Gemeinschaften zu untersuchen. Dabei sollten hinsichtlich der für die Entwicklung eines emanzipatorischen Gestaltungsansatzes für qualifikationsfordernde Berufszugangsregelungen relevante Probleme und Problemlösungskonzepte herausgearbeitet und bewertet werden. Dies ist in den vorhergehenden drei Hauptteilen ausführlich durchgeführt worden. Es gilt nun, die jeweiligen Ergebnisse für den in Teil III „Konstruktion" der vorliegenden Arbeit zu entwerfenden freiheitlichen Ansatz zusammenfassend und vorbereitend zur Verfügung zu stellen.

Als maßgebliche Idee für die Gründung und Gestaltung aller europäischen Gemeinschaften konnte das wirtschaftsliberale Konzept des „freien Marktes" identifiziert werden. Das damit einhergehende Denkschema liefert bis heute die wesentliche Motivation für die konsequent, insbesondere auch durch die Europäische Kommission, weiterverfolgte Umsetzung grenzüberschreitender Freizügigkeit von Berufsausübung. Ausgehend von den Vereinbarungen der jeweiligen Gründungsverträge und der fortschreitenden Ausbildung des Sekundärrechts kann der Prozess insgesamt als kontinuierliches Ringen um Abbau von Hindernissen für die Mobilität Erwerbstätiger auf dem freien Binnenmarkt gelten.

Übergeordnet konnte folgender bedeutsamer Wandel im Ansatz zur Lösung der in der Diversität der Qualifikations- und Reglementierungssysteme der Mitgliedstaaten begründeten Probleme beobachtet werden. Ausgangspunkt für die Regelungen der „ersten" Arbeitnehmerfreizügigkeit, die der Montanunion, waren zunächst gemeinsam definierte berufsfachliche Profile der zu reglementierenden beruflichen Tätigkeiten. Durch die Aufnahme von Vereinbarungen zur grenzüberschreitenden gelegentlichen Dienstleistungserbringung und zur dauerhaften Niederlassung in das Vertragswerk der Europäischen Wirtschaftsgemeinschaft (EWGV) wurde die noch sehr begrenzte EGKS-Arbeitnehmerfreizügigkeit dann zu umfassenden beruflichen Verkehrsfreiheiten ausgeweitet. Der Bezugspunkt der hierauf aufbauenden sekundärrechtlichen Regelungen verlagerte sich im Zuge dessen weg von erwerbsberuflichen Tätigkeitsprofilen hin zu formellen Qualifikationen in Form konstruierter Bildungsgänge und -abschlüssen. Hierbei wurde einerseits der Weg über die europaweite Koordinierung dieser Bildungsgänge bzw. der mindestens dafür einzuhaltenden Anforderungen an deren strukturelle und inhaltliche Ausgestaltung beschritten und andererseits nationale Qualifizierungskonstrukte zum Maßstab für das beschriebene Verfahren zur „Anerkennung" mitgebrachter Befähigungen erhoben.

Das mit dem Vertrag von Maastricht 1992 festgelegte explizite Harmonisierungsverbot im Bereich der beruflichen Bildung beendete den Ansatz der Schaffung gemeinsamer europäischer Ausbildungsberufsbilder und machte somit die Entwicklung weiterer Wege zur Begegnung der nach wie vor nicht unerheblichen Beeinträchtigungen der Mobilität Berufsausübender auf dem Binnenmarkt erforderlich. Zu diesen zählen insbesondere das im Rahmen der Weiterentwicklung der EU-Freizügigkeit eingeführte Prinzip des partiellen Zugangs zu den Tätigkeiten eines zur Reglementierung herangezogenen umfangreichen Berufsbildes und die Erlaubnis zu Ausübung eines reglementierten Berufes unter der Berufsbezeichnung des Herkunftslandes. Beachtenswert ist, dass hier zumindest punktuell der Fokus auf die Berücksichtigung der mitgebrachten Befähigungen bzw. Qualifikationen gelegt wurde und nicht nur darauf, ob die nationalen Qualifikationsanforderungen erfüllt werden.

Maßgeblich, wenn es um das gemeinschaftliche Bemühen geht, die Diversitätsprobleme im Zusammenhang mit qualifikationsfordernden Berufszugangsvorschriften zu mindern, ist die Richtlinie 2005/36/EG „[...] *über die Anerkennung von Berufsqualifikationen*" (2005/36/EG). Hauptkritikpunkt an der Ausgestaltung der dort erlassenen allgemeinen Regelung ist, dass genau nicht Befähigungen und Qualifikationen, die durch oder für die Ausübung einer im Ausland nachgegangenen beruflichen Tätigkeit erworben wurden, anerkannt werden. Stattdessen wird geprüft, ob die mitgebrachten Befähigungen denjenigen entsprechen, die Ergebnis eines nationalen formellen Bildungsgangs sein sollen, welcher als ein mehr oder weniger breites Bündel von ähnlichen und oft auch weiteren Tätigkeiten konzipiert ist.[136]

Hierbei wurden bis zur Reform der Richtlinie im Jahre 2013, neben den weiterhin existierenden in der Diversität der Qualifizierungs- und Reglementierungssysteme der Mitgliedstaaten begründet liegenden grundsätzlichen Mobilitätshindernissen, mögliche illegitime nationale Einschränkungen der freien Berufsausübung als gegeben hingenommen. An dieser Stelle trägt die Richtlinie 2005/36/EG insofern zur Konservierung historisch-gewachsener restriktiver Reglementierungsstrukturen bei. Ebenso die Regelungen zu den sektoralen Berufen hinterfragen nicht die grundsätzliche Legitimität des Ansatzes der bildungsorientierten Qualifikationskonstrukte als Zugangsmaßstab für die Ausübung erwerbsberuflicher Tätigkeiten heranzuziehen.

Als bisher bedeutendster Aspekt der Weiterentwicklung der europäischen Integration kann die mit der Einheitlichen Europäischen Akte (EEA 1987) begonnene Einbindung von Grundrechten in die vertraglichen Vereinbarungen der Mitgliedstaaten gelten. Mit der Einbettung und damit Rechtsetzung der Charta der Grundrechte (2012) im Rahmen des Vertrags von Lissabon (2007) wurden die Grundrechte schließlich, neben den vier Grundfreiheiten des Binnenmarktes, nunmehr zu einem festen Bestandteil des ideologischen Fundaments der europäischen Gemeinschaft. Aufgrund dessen und der fortschreitenden Grundrechtsorientierung der europäischen Rechtsprechung wurde im Jahr 2013 mit der Reform der Richtlinie 2005/36/EG ein dazu korrespondierendes progressives Verfahren eingeführt. Wird eine konsequente Umsetzung dieses erfolgen, so ist es geeignet, einen tief greifenden Wandel bei der Ausgestaltung qualifikationsfordernder Reglementierungen auszulösen.

Kern dieser neuen Regelung ist die verbindliche Aufforderung an die Mitgliedstaaten, ihre nationalen Berufszugangsvorschriften einer Überprüfung auf rechtsstaatliche Legitimität zu unterziehen. Dies bedeutet, dass im Zuge der europäischen Einigung perspektivisch ein emanzipatorisch geleiteter Gestaltungsansatz entwickelt werden muss. Nur so kann gewährleistet werden, dass die Reglementierungssysteme den Anforderungen einer grundwerteorientierten Gemeinschaft gerecht werden, und somit zukunftsfähig sind.

Als in der Tendenz einen solchen freiheitlichen Ansatz, d. h. die Freizügigkeit Berufsausübender fördernd, haben sich im untersuchten Verlauf der

136 Dies wird oftmals in alltäglichen Medien verkürzt falsch wiedergegeben (s. z. B. Brechtel 2018, S. 44).

europäischen Entwicklung personenbezogener Verkehrsfreiheiten insbesondere folgende zwei Grundsätze gezeigt:

- Orientierung an erwerbsberuflichen Profilen bei Reglementierung von Erwerbstätigkeiten, da diese ausgeübt werden und nicht an für umfassende berufliche Bildungszwecke gebündelte Befähigungen.
- Berücksichtigung der im und für das Erwerbsleben gewonnenen realen Befähigungen zur Ausübung beruflicher Tätigkeiten, da nur so eine tatsächliche Anerkennung „mitgebrachter" Qualifikationen gegeben ist.

Obwohl diese prinzipielle Ausrichtung dem Grunde nach bereits in den Konzepten der Arbeitnehmerfreizügigkeit der Montanunion so angelegt war, ist sie im weiteren Verlauf der europäischen Integration verloren gegangen. Die historischen Ursachen dafür liegen aus übergeordneter Perspektive betrachtet darin, dass von Beginn an sich die Etablierung der beruflichen Grundfreiheiten im Spannungsfeld zwischen ökonomisch-motiviertem Streben nach Liberalisierung des Binnenmarktes und national-politisch nicht gewolltem Kontrollverlust befand.[137] Das Bestreben, nationale politische Handlungskompetenzen zu bewahren, manifestiert sich insbesondere im vereinbarten Verbot jeglicher Harmonisierung der Rechts- und Verwaltungsvorschriften bezogen auf die Ausbildungssysteme der Mitgliedstaaten.

Dies führte darüber hinaus im Gesamtzusammenhang zu folgender grundsätzlicher Inkonsistenz im System der vier Grundfreiheiten des Binnenmarktes. Die Freiheit des Warenverkehrs tangiert indirekt auch die Freizügigkeit der Berufsausübung. Das Herstellen und Vertreiben von Waren ist Ziel und Ergebnis von Berufsausübung. Auffallend ist nun, dass bei der Warenverkehrsfreiheit von Beginn an das Herkunftslandprinzip galt, nicht so jedoch bei fast allen beruflichen Verkehrsfreiheiten. Die Ausübung der beruflichen Tätigkeit im Rahmen der Warenverkehrsfreiheit – das Herstellen der Waren geschieht im Herkunftsland – während das Ergebnis dieser Tätigkeit ausschließlich oder zusätzlich in einem oder mehreren anderen Mitgliedstaaten vermarktet wird.

Beruflich qualifizierte Personen dürfen also Erzeugnisse in „ihrem" Land produzieren und in andere Länder ohne Hindernisse exportieren. Demgegenüber dürfen sie in vielen Fällen nicht in diese anderen Länder wechseln und dort ohne Weiteres dieselben Produkte herstellen, weil dort ggf. andere und/oder

137 Zum tieferen Verständnis historischer Vorgänge und Ursachen für dieses Spannungsfeld s. a. Abschnitt „Handwerk im Wandel zur liberalen Wirtschaftsordnung" (Teil III 3).

formell nachzuweisende Qualifikationen für die Ausübung dieser Tätigkeit verlangt werden. Analog zur Warenverkehrsfreiheit könnte doch aber gelten, dass, wenn die Person qualifiziert ist, im Herkunftsland verlässlich eine Ware herzustellen oder eine Dienstleistung zu erbringen, sie dies ebenso in jedem anderen Mitgliedsland darf.

Der Binnenmarkt, der einen Raum des freien Verkehrs von Waren, Personen, Dienstleistungen und Kapital darstellen soll, scheint somit nur auf den ersten Blick das Versprechen zu erfüllen, eine freizügige Berufsausübung zu gewährleisten. Die personenbezogenen Freizügigkeiten werden durch die den Verträgen folgenden, konkretisierenden Bestimmungen des Sekundärrechts eingeschränkt. So ist zwar jede auf der Staatsangehörigkeit beruhende unterschiedliche Behandlung Erwerbstätiger verboten, jedoch die unterschiedliche Behandlung „mitgebrachter" Befähigungen zur Ausübung beruflicher Tätigkeiten eben nicht.

Es existiert also bis heute keine allgemeine Freizügigkeit der Berufsausübung und erst recht keine umfassende Berufsfreiheit, auch nicht durch die geänderten bzw. reformierten Gemeinschaftsverträge. Das war und ist aufgrund starker nationaler Souveränitätsinteressen auch nicht zu erwarten. Allerdings müssten, wenn denn Grundrechte als Basis von Gemeinschaft vereinbart werden, zwangsläufig bestehende oder neue Regelungen zur beruflichen Freizügigkeit zumindest langfristig den daraus resultierenden Normen genügen.

Offensichtlich scheint an dieser Stelle zu sein, dass es einen grundlegenden Zielkonflikt gibt, der gelöst werden muss. Prinzipielles Ziel müsste es zunächst sein, dass nationale Reglementierungen von Berufsausübung nur mit einer rechtfertigenden legitimen Intention stattfinden und die dabei notwendig werdenden Einschränkungen der Berufsfreiheit verhältnismäßig gestaltet sind. So fordert es indirekt ebenfalls die aktuelle Richtlinie 2005/36/EG. Darüber hinaus sollte eine Lösung gefunden werden, welche – im Gegensatz zum „Anerkennungsverfahren" der Richtlinie 2005/36/EG – eine tatsächlich freizügige grenzüberschreitende Mobilität ermöglicht. Benötigt wird also ein „neuer", konstitutiv wirkender emanzipatorischer Ansatz zur Ausgestaltung qualifikationsfordernder Berufszugangsregelungen.

Um einen solchen Ansatz entwickeln zu können, bedarf es also einer konsequenten Orientierung an den führenden Grundwerten der europäischen Gemeinschaft. Dies sind die vertraglich vereinbarten Grundfreiheiten des Binnenmarktes und die Grundrechte der Europäischen Union. Im Zusammenhang mit dem Gegenstand der Ausübung erwerbsberuflicher Tätigkeiten kann hier von personenbezogenen Freizügigkeiten als Grundgarantie wirtschaftlicher Freiheit gesprochen werden.

6 Europäische Grundgarantien als Gestaltungsprinzip

Einen emanzipatorischen Ansatz für qualifikationsfordernde Reglementierungen zu entwerfen heißt, eine Grundlage für die Ausgestaltung entsprechender nationaler und supranationaler Regelungen auf Basis der Grundgarantien wirtschaftlicher Handlungsfreiheit zu schaffen. Ziel ist es, eine weitestgehend freie Entfaltung und Selbstbestimmung im Zusammenhang mit der Ausübung beruflicher Tätigkeiten im Geltungsbereich des Binnenmarktes der Europäischen Union zu ermöglichen. Wenn von europäischen Grundgarantien gesprochen wird, so geht es genau um das in den Statuten der aktuellen europäischen Gemeinschaft gegebene Versprechen, sicherzustellen, dass einer Erwerbstätigkeit möglichst frei und freizügig, d. h. ohne ungerechtfertigte Beeinträchtigungen im gesamten Binnenmarkt nachgegangen werden kann.

Dieses Recht auf wirtschaftliche Handlungsfreiheit wird durch die betreffenden Grundfreiheiten und Grundrechte der Europäischen Union, kurz durch die europäischen Grundgarantien, festgeschrieben. Für die Vertragsgemeinschaft der Europäischen Union sind im Kontext erwerbsberuflicher Tätigkeiten zwei wesentliche wirtschaftsliberale Garantien vereinbart worden. Dies sind zum einen die personenbezogenen Verkehrsfreiheiten als ein Kernelement des gemeinsamen Binnenmarktes sowie die Berufsfreiheit als Element einer nunmehr grundwertebasierten Union.

Die von den europäischen Gemeinschaften eingeführten Grundfreiheiten gehen dabei auf das ökonomisch motivierte Ziel der Verwirklichung eines gemeinsamen europäischen Wirtschaftsraumes zur Unterstützung von Wachstum und einer damit erwarteten einhergehenden Mehrung des Wohlstands zurück. Dieses Ziel soll gemeinschaftlich erreicht werden, dirigiert aber auch grundsätzlich die ebenso marktwirtschaftlich ausgerichteten Politiken der einzelnen Mitgliedstaaten der Europäischen Union.

Die Grundrechte hingegen können als historisch gewachsene, in den Verfassungen vieler europäischer Staaten tradierten Rechte des Einzelnen zum Schutz gegen willkürliche, d. h. sachgrundlos und/oder ohne ein dem Allgemeinwohl dienenden Zweck ausgeübte Herrschaftsgewalt gesehen werden. Spätestens in der Antike grundlegend philosophisch angelegt und im Rahmen der Französischen Revolution umfassend real ausgestaltet hat sich im Laufe der europäischen Entwicklungsgeschichte aus den Grundrechten die moderne Rechtsstaatlichkeit entwickelt.

Die Entfaltung einer möglichst freien Berufsausübung im Gesamtgebiet der Mitgliedstaaten der Europäischen Union anzustreben, bedeutet daher beide, die liberal-ökonomischen und fundamental-freiheitlichen Wertvorstellungen gleichermaßen zu berücksichtigen. Dies gilt sowohl auf europäischer Ebene als auch auf der der Nationalstaaten. Im Vertrag von Lissabon (2007) erkennen die Mitgliedstaaten erstmals die Grundrechte als Fundament des Staatenverbunds „Europäischen Union" rechtswirksam und ausnahmslos an (ebd., Artikel 6, Absatz 1). Seitdem findet bei der europäischen Rechtsprechung die Berücksichtigung der europäischen Grundrechte (Charta 2010) in beobachtbarer Konsequenz statt.

Qualifikationsfordernde Reglementierungen stellen eine Beeinträchtigung der beruflichen Freizügigkeit und darüber hinaus immer eine Einschränkung des Rechts auf freie Berufsausübung dar. In Zukunft kann nur die konsequente Berücksichtigung der Grundrechte zu legitimem staatlichem Handeln führen. So hieß es etwa 2014 in einem Urteil der Dritten Kammer des Europäischen Gerichtshofs (EuGH) im Rahmen einer Rechtsauslegung zur Dienstleistungsfreiheit:

> *„Eine im Hinblick auf Art. 56 AEUV* [[138]] *restriktive nationale Regelung wie die in den Ausgangsverfahren in Rede stehende kann auch die Berufsfreiheit, die unternehmerische Freiheit und das Eigentumsrecht, wie sie in den Art. 15 bis 17 der Charta niedergelegt sind, einschränken."* (EuGH 2014, Rn. 57).

Soll die Berücksichtigung der Grundrechte proaktiv erfolgen und nicht der höchsten europäischen Jurisdiktion als nachträgliches Korrektiv überlassen werden, so bedarf es bei der Ausgestaltung von den Berufszugang regelnder Vorschriften insbesondere auch qualifikationsfordernder Regelungen eines adäquaten konstruktiven Ansatzes. Aufbauend auf die im vorhergehenden Kapitel geleistete Vorarbeit zur allgemeinen Entwicklung personenbezogener Freizügigkeiten im Zuge der europäischen Integration wird in diesem Kapitel untersucht, welche Anforderungen die europäischen Grundgarantien in der ihnen jeweils eigenen Systematik an eine konsistente Anlage von entsprechenden Reglementierungen stellen. Dies entspricht so der vorab konzipierten zweiten explorativen Teilfrage der vorliegenden Arbeit.

Im Rahmen der europäischen Einigung waren es die Verkehrsfreiheiten in Form der Arbeitnehmerfreizügigkeit der Montanunion, die zuallererst individuelle Ansprüche auf eine grenzüberschreitende Berufsausübung – wenn auch nur für eine kleine Gruppe – generierten. Beginnend mit dieser erfolgt im Weiteren

---

138 Verbot der Beschränkung der Dienstleistungsfreiheit (AEUV 2012, Artikel 56).

zunächst eine Untersuchung des Rechtsobjekts beruflicher Freizügigkeiten als Grundgarantie wirtschaftlicher Handlungsfreiheit. Hierbei geht es im Ergebnis darum, die gesuchten Anforderungen, die sich aus der Grundgarantie des Rechts auf grenzüberschreitende berufliche Freiheit für eine konsistente, zukunftsfähige Gestaltung qualifikationsfordernder Vorschriften ergeben, grundlegend herauszuarbeiten.

Die Berufsfreiheit ist fester Bestandteil des seit dem Vertrag von Lissabon (2007) erweiterten grundwertebasierten Fundaments der Europäischen Union. Im Falle grenzüberschreitenden beruflichen Handelns tritt diese daher immer zusätzlich zu den personenbezogenen Grundfreiheiten hervor. In der Tendenz – insbesondere in der „europäischen" Rechtsprechung – ist darüber hinaus zu erkennen, dass das Recht auf freie Berufsausübung zunehmend eigene Ansprüche an die Ausgestaltung von Qualifikationsforderungen stellt. Zudem ist sie bereits schon sehr lange, d. h., tradiert in den Verfassungen der Mitgliedstaaten, verankert. Daher ist es erforderlich, dass sich der dann anschließende Hauptabschnitt mit der Berufsfreiheit als Grundgarantie wirtschaftlicher Handlungsfreiheit und den daraus abzuleitenden Erfordernissen befasst.

Im Weiteren stellt sich die Frage, ob und inwiefern die Berufsfreiheit als logischer Ausgangspunkt für die freiheitliche Gestaltung von Reglementierungen geeignet ist. Aufgrund der großen Bedeutung dieses Aspekts, der quasi den Übergang zum konstruktiven Teil der vorliegenden Arbeit diesbezüglich vorbereitet, erfolgt dazu ein ausführliches Fazit in einem separaten Hauptabschnitt. Dabei werden auch die aus den europäischen Grundgarantien wirtschaftlicher Handlungsfreiheit resultierenden Anforderungen für den Entwurf der avisierten Lösung herausgestellt.

Wird hier erst einmal davon ausgegangen, dass der angestrebte Ansatz so gelingt, also Berufsfreiheit als Prämisse für die Entwicklung konsistenter Reglementierungen verwendet werden kann, so wird im letzten Hauptabschnitt dieses Kapitels eine entsprechende Bewertung europäischer Rechtsetzung und Rechtsprechung vorgenommen. Ziel ist es, die daraus gewonnenen tiefer gehenden Erkenntnisse für das weitere Vorgehen zum Entwurf des angestrebten Ansatzes zur Ausgestaltung qualifikationsfordernder Regelungen nutzbar zu machen.

Zu beachten ist für dieses Kapitel insgesamt, dass die folgenden Ausführungen keine rechtswissenschaftliche Auseinandersetzung, die wesentlich umfassender ausfallen würde und müsste, darstellen. Sie geben jedoch für die Lösung der Problemstellung der Arbeit relevante Ergebnisse einschlägiger juristischer Untersuchungen wieder, bringen diese in Bezug zur Fragestellung der Arbeit und binden sie vorbereitend für die Erarbeitung des emanzipatorischen Ansatzes ein.

6.1 Personenbezogene Freizügigkeiten als wirtschaftliche Handlungsfreiheit

Die in den Grundlagenverträgen der europäischen Gemeinschaften bisher und aktuell in denen über die Europäische Union vereinbarten personenbezogenen Freizügigkeiten sind eine Säule des gemeinsamen Marktes, der wiederum die wirtschaftsliberale ideologische Basis der Gemeinschaft schlechthin darstellt. Historisch kam den Freizügigkeiten zunächst nur die Aufgabe zu, die zur Erfüllung der Idee des sich weitestgehend selbstregulierenden freien Marktes notwendige Mobilität der Arbeitskräfte sicherzustellen. Spätestens im Rahmen der Weiterentwicklung der Arbeitnehmerfreizügigkeit hin zu den beruflichen Grundfreiheiten des Binnenmarktes der Europäischen Wirtschaftsgemeinschaft (EWG) wandelte sich deren Bedeutung hin zu einer Garantie grenzüberschreitender wirtschaftlicher Handlungsfreiheit, die auch individuell einforderbar ist.

Die Freizügigkeiten müssen und sollen daher eine erste Grundlage für die Entwicklung des avisierten freiheitlichen Gestaltungsansatzes sein. Die folgende Untersuchung macht zu diesem Zweck im Ergebnis die Anforderungen sichtbar, die eine entsprechend zukunftsfähige, an der Idee der Grundfreiheiten orientierte, Ausgestaltung des Ansatzes ermöglicht. Um den emanzipatorischen Gehalt der beruflichen Freiheiten zu erschließen, wird im Folgenden damit begonnen, das grundsätzliche Wesen des Rechtsobjekts „personenbezogene Grundfreiheit" zu untersuchen und darzustellen.

Qualifikationsfordernde Reglementierungen stellen Beeinträchtigungen der beruflichen Freizügigkeiten dar. Diese können gerechtfertigt sein. Um die Anforderungen, die für eine legitime Gestaltung von Berufszugangsvorschriften zu berücksichtigen sind, zu identifizieren, werden im Weiteren die Bedingungen, die für gerechtfertigte Beeinträchtigungen personenbezogener Grundfreiheiten zu erfüllen sind, herausgearbeitet. Ergebnis ist dabei ein erstes grobes Schema zur Überprüfung von Grundfreiheiten einschränkenden Rechtsvorschriften (vgl. Teil II 6.1.2.3).

Aufgrund der Verfassungstraditionen der Mitgliedstaaten der jeweiligen europäischen supranationalen Gemeinschaften spielte, insbesondere bei juristischer Auslegung der beruflichen Freizügigkeiten, die Berufsfreiheit früh eine Rolle. Die europäische Rechtsprechung hat die Grundrechte aufgrund ihrer konformen Bedeutung in den nationalen Verfassungen insgesamt immer schon als elementaren Bestandteil des Wertefundaments der supranationalen Ebene gesehen. Dies bedeutet, dass auch bei der Ausgestaltung und Anwendung der Freizügigkeiten Grundrechte einzubeziehen sind. So ist es diesen Hauptabschnitt abschließend erforderlich, die Bedeutung der Grundrechte im Kontext der personenbezogenen Grundfreiheiten zu untersuchen.

6.1.1 Das Wesen des Rechtsobjekts beruflicher Grundfreiheit

Die vier Grundfreiheiten wurden als unerlässliche Kernelemente des 1957 mit der Gründung der EWG konstituierten, heute als Binnenmarkt bekannten Gemeinsamen Marktes der europäischen Gemeinschaft begründet. Unter personenbezogenen Freizügigkeiten wird in diesem Sinne die Zusammenfassung derjenigen Verkehrsfreiheiten verstanden, die durch Personen zu dem Zwecke wahrgenommen werden, einer grenzüberschreitenden Erwerbstätigkeit nachzugehen. Dabei sind diejenigen Konstellationen relevant, bei denen die Befähigungen für die beabsichtigten beruflichen Tätigkeiten in einem anderen Mitgliedstaat der Europäischen Union[139] (Herkunftsland) erworben wurden, als in dem, in dem die Tätigkeiten ausgeübt werden sollen (Ziel- oder Aufnahmeland).

Konkret umfassen die personenbezogenen Freizügigkeiten die folgenden Freiheiten: freier Dienstleistungsverkehr und freier Personenverkehr, Letzterer bestehend aus dem Recht auf Freizügigkeit der Arbeitnehmer sowie dem Recht auf freie Niederlassung selbstständig Tätiger. Die grundlegende Gestalt und die Bedeutung dieser Freiheiten wurden in Teil II Abschnitt 5.2.2 ausführlich erläutert. Im Folgenden geht es nun darum, das grundsätzliche Wesen jener beruflichen Grundfreiheiten als Rechtsobjekt zu untersuchen und darzustellen. Hierzu werden einerseits die ideologische Grundlage und die Grenzen dieser sowie andererseits die sie bestimmenden Prinzipien des Diskriminierungs- und des Beschränkungsverbotes aus rechtlicher Perspektive heraus erschlossen.

6.1.1.1 Grundlage und Grenzen der personenbezogenen Verkehrsfreiheiten

Keimzelle der europäischen Integration war, wie zu Beginn der Arbeit ausführlich dargelegt, der ökonomische, den Ideen des Liberalismus zuordenbare Ansatz, dass aus einem freien gemeinsamen Markt vermehrtes Wachstum und Wohlstand erfolgt. Diese Prosperität sollte sich, so die Vorstellung, selbstregulierend gleichermaßen über alle Mitgliedstaaten und Marktteilnehmer verteilen. Auch bei dem mit dem „*VERTRAG ZUR GRÜNDUNG DER EUROPÄISCHEN WIRTSCHAFTSGEMEINSCHAFT*“ (EGWV 1957) eingeführten Konzept der

139 Darüber hinaus sind weitere Staaten, wie etwa die Schweiz oder Norwegen diesbezüglich assoziiert.

vier Grundfreiheiten des Binnenmarktes betreffend kann von einem wirtschaftsbezogenen europäischen Rechtsansatz gesprochen werden (s. Teil II 5.2.1.1 u. a. Frenz 2012, S. 5). Dies wird z. B. im folgenden, aktuell geltenden Vertragsartikel deutlich, der für europäische Gesetzgebungsverfahren, hier Erlass von Richtlinien, zur Liberalisierung von Dienstleistungen (AEUV 2016, Artikel 59, Absatz 1) gilt:

> *„Bei den in Absatz 1 genannten Richtlinien sind im Allgemeinen mit Vorrang diejenigen Dienstleistungen zu berücksichtigen, welche die Produktionskosten unmittelbar beeinflussen oder deren Liberalisierung zur Förderung des Warenverkehrs beiträgt.“* (ebd., Absatz 2).

In der Praxis der europäischen Rechtsprechung wiederum bedeutet dieses klare Bekenntnis zum „freien“ Binnenmarkt, dass die Umsetzung des freien Personenverkehrs und der übrigen Grundfreiheiten grundsätzlich als prioritär gegenüber anderen durch nationale Rechtsvorschriften gesetzten Zielen bewertet wird. Die Einschränkung dieser Freiheiten wird konsequent ausschließlich beim Vorliegen besonderer legitimer Gründe zugelassen. Das heißt indes nicht, dass alle nationalen Reglementierungen, die eine dieser Freiheiten beschränken, per se null und nichtig sind. Nur wenn ein Bezug zu grenzüberschreitendem Waren-, Personen-, Dienstleistungs- oder Kapitalverkehr besteht, entfalten die Grundfreiheiten ihre Wirkung. (Frenz 2012, S. 14)

Zu beachten ist auch, dass – im Zuge der Ermächtigung des Europäischen Parlaments und des Rates zur Angleichung der nationalen Rechts- und Verwaltungsvorschriften mit dem Ziel die Funktionsfähigkeits des Binnenmarkts zu gewährleisten – die Harmonisierung der personenbezogenen Freizügigkeiten ausdrücklich ausgenommen sind (AEUV 2012, Artikel 114, Absatz 1 und 2). Im Kontext dieser beruflichen Verkehrsfreiheiten ist allerdings der Abbau der direkten und indirekten Hindernisse für die grenzüberschreitende Berufsausübung Zielsetzung, soweit dies eben mit der Prämisse des Harmonisierungsverbotes möglich ist (Frenz 2012, S. 15). Erweitert bezogen auf die Wirtschaftspolitik erläutert Frenz:

> *„Dass die Wirtschaftspolitik nicht harmonisiert, sondern lediglich koordiniert wird, belässt den Grundfreiheiten ihre hergebrachte Bedeutung. Wegen fehlender Rechtsvereinheitlichung bestehen weiterhin Unterschiede zwischen den Mitgliedstaaten, deren negative Auswirkungen auf den grenzüberschreitenden Verkehr durch die Grundfreiheiten verhindert werden sollen.“* (ebd., S. 17).

Solange es diese *„Unterschiede“* gibt, wird es auch die *„negativen Auswirkungen“* geben. Es sollte also besser von „vermindern“ statt *„verhindern“* gesprochen werden. Wird der theoretische Fall einer in ferner Zukunft umfassenden

Harmonisierung der Wirtschafts-, Rechts-, Berufsbildungs- und weiterer Systeme gedacht, stellen die Grundfreiheiten eine Übergangslösung dar. Ein Blick auf die föderalen Strukturen beispielsweise der Bundesrepublik, lässt jedoch vermuten, dass eine vollständige Angleichung der Bestimmungen nicht zu erwarten ist.

Um nun die negativen Auswirkungen der Diversität zu vermindern und damit den Binnenmarkt zu fördern sind im Weiteren zwei grundlegende Prinzipien der Grundfreiheiten zu besprechen. Dies sind einerseits das Verbot der Ungleichbehandlung von in- und ausländischen Merkmalen, wie beispielsweise die Staatsangehörigkeit oder Qualifikationen (Diskriminierungsverbot) sowie andererseits das Verbot von Beschränkungen der jeweiligen Freizügigkeit (Beschränkungsverbot). Das Diskriminierungsverbot und das Beschränkungsverbot können nicht völlig unabhängig voneinander gesehen werden. Alle, auch die beruflichen Grundfreiheiten, beinhalten immer beide Elemente. Zur Verdeutlichung des Wesensgehalts der Freiheiten werden dennoch in den beiden folgenden Abschnitten beide Verbote getrennt behandelt.

6.1.1.2 Das Prinzip des Diskriminierungsverbots

Das Diskriminierungsverbot hat seine historischen Wurzeln in der „Arbeitnehmerfreizügigkeit" der Montanunion. Damit begannen die personenbezogenen Freizügigkeiten im Zuge der europäischen Integration durch die Vereinbarung des Ziels, jede auf die Staatsangehörigkeit gegründete Beschränkung hinsichtlich der Beschäftigung zu beseitigen (EGKSV 1951, Artikel 69, § 1; s. a. Teil II 5.1.4.2). Im Konzept der Grundfreiheiten der Europäischen Wirtschaftsgemeinschaft (EWGV 1957) wurde daraus:

> *„Sie umfasst die Abschaffung jeder auf der Staatsangehörigkeit beruhenden unterschiedlichen Behandlung der Arbeitnehmer der Mitgliedstaaten in bezug auf Beschäftigung, Entlohnung und sonstige Arbeitsbedingungen."* (ebd., Artikel 48, Absatz 2; s. a. Teil II 5.2.2.1).

Dies ist bis heute die gültige Formulierung der Freizügigkeit der Arbeitskräfte geblieben, die nun mit *„Innerhalb der Union ist die Freizügigkeit der Arbeitnehmer gewährleistet"* eingeleitet wird (AEUV 2016, Artikel 45, Absatz 1 und 2).

Das Diskriminierungsverbot bzw. das Recht auf Nichtdiskriminierung ist ein sogenanntes Gleichheitsrecht (Frenz 2012, S. 47). Das Prinzip des Diskriminierungsverbots bzw. in seiner Umkehrung das Gleichbehandlungsgebot ist genereller Kernbestandteil der EU-Mitgliedschaft. Bis auf wenige in den Verträgen der Europäischen Union enthaltene besondere Bestimmungen ist jedwede Diskriminierung aus Gründen der Staatsangehörigkeit verboten (ebd., Artikel 18, Absatz 1). Der Grundsatz der Nichtdiskriminierung nimmt darüber hinaus einen grundwertgleichen Stellenwert in den Verträgen der Europäischen Union ein (ebd., Artikel 19 und EUV 2016, Artikel 2) und ist, weit über ein Ungleichbehandlungsverbot aufgrund der Staatsangehörigkeit hinausgehend, ein europäisches Grundrecht (Charta 2016, Artikel 21, Absatz 1). Die Abschaffung der Ungleichbehandlung aufgrund der Staatsangehörigkeit ist somit ein Spezialfall des generellen Nichtdiskriminierungsgebotes der Europäischen Union. Die personenbezogenen Grundfreiheiten stellen wiederum eine Spezifizierung dieses Spezialfalls dar (vgl. Frenz 2012, S. 48). Insofern kann bereits an dieser Stelle festgehalten werden, dass der Aspekt des Diskriminierungsverbotes der beruflichen Freizügigkeit ein kleiner, aber bedeutender Baustein des europäischen Grundrechts auf Nichtdiskriminierung ist (vgl. ebd., S. 1225 f.). Zu beachten ist allerdings, dass das Diskriminierungsverbot nur für Staatsangehörige der Mitgliedstaaten verbindlich festgeschrieben ist.

Das verbindende Element aller Freizügigkeiten ist das sogenannte Schutzgut (auch Rechtsgut) für welches nun die Ungleichbehandlung im Rahmen eines grenzüberschreitenden „Verkehrs" verhindert werden soll (ebd., S. 49). Bei der Arbeitnehmerfreizügigkeit ist es die Ausübung der Arbeitnehmertätigkeiten selbst, die dem Schutz durch die europäischen Verträge unterliegt. Dazu korrespondierend „[…] *umfasst die Niederlassungsfreiheit die Aufnahme und Ausübung selbstständiger Erwerbstätigkeiten sowie die Gründung und Leitung von Unternehmen*" (AEUV 2016, Artikel 49, Absatz 2). Für den freien Dienstleistungsverkehr wiederum geht es um die vorübergehende Ausübung beruflicher Tätigkeiten zur Erbringung einer Leistung (ebd., Artikel 57, Absatz 3).

Damit ist das geschützte Gut bei allen drei personenbezogenen Grundfreiheiten die Ausübung erwerbsberuflicher Tätigkeiten, kurz die Berufsausübung und zwar für den Fall, dass diese grenzüberschreitend ausgeübt werden soll (Frenz 2012, S. 49). Bei der Arbeitnehmerfreizügigkeit steht das Diskriminierungsverbot im Vordergrund (s. Artikel 45, Absatz 1 und 2). Jenes charakterisiert auch die entsprechende Umsetzung in den jeweiligen Rechtsvorschriften der europäischen Gemeinschaft. Bei der Niederlassungs- und Dienstleistungsfreiheit steht hingegen das Beschränkungsverbot im Vordergrund (s. Teil II 6.1.1.3). Konkret ist mit der Arbeitnehmerfreizügigkeit die Abschaffung der unterschiedlichen Behandlung ausländischer Berufsausübender und im Rahmen der Niederlassungs- sowie der Dienstleistungsfreiheit das Recht auf Gleichbehandlung mit den inländischen Berufsausübenden eingeführt worden (s. a. Frenz 2012, S. 48). Dies zielt insgesamt auf dieselben Sachverhalte ab und ist im Ergebnis breit angelegt (s. a. ebd., S. 49). Das Diskriminierungsverbot umfasst die verschiedensten Umstände, wie Fragen der sozialen Absicherung, des

Familiennachzuges, des Einwanderungsrechts und eben auch die Frage nach dem Erfordernis des Nachweises von Qualifikation als Zugang zur Berufsausübung.

Die wichtigste Frage zur Beurteilung des Vorliegens von Gleich- oder Ungleichbehandlung ist der Vergleichsmaßstab.[140] Dieser ist durchgehend für alle beruflichen Verkehrsfreiheiten benannt mit dem Gebot, Bürger aus anderen Mitgliedstaaten der Europäischen Union nicht schlechterzustellen als die eigenen berufsausübenden Bürger (ebd., S. 51) oder genauer: Diskriminierung liegt dann vor, wenn eine Person benachteiligende Sachverhalte durch einen „Grenzübergang" seiner Berufsausübung erfährt.

Das Prinzip des Diskriminierungsverbotes ist nicht vollständig trennscharf von dem im Folgenden dargestellten Grundsatz des Beschränkungsverbotes abgrenzbar. Wie sich ergeben wird, wirken beide gemeinsam, wenn es darum geht, die personenbezogenen Grundfreiheiten des Binnenmarktes der europäischen Gemeinschaft ihrem Wesensgehalt nach zu verwirklichen.

6.1.1.3 Der Grundsatz des Beschränkungsverbotes

Der Gehalt der Grundfreiheiten geht über ein einfaches Diskriminierungsverbot hinaus (s. a. Frenz 2012, S. 47). Das wird bereits in den Ausführungen der Artikel des EWG-Vertrags (EWGV 1957) deutlich. Für die Arbeitnehmerfreizügigkeit ist, neben dem genannten Verbot der Ungleichbehandlung ausländischer Berufsausübender, vereinbart, dass durch Richtlinien oder Verordnungen Hindernisse und Beschränkungen für diese abgebaut werden (AEUV 2016, Artikel 46, lit. b und c). Insbesondere soll dies geschehen

> „[...] *durch die Beseitigung der Verwaltungsverfahren und -praktiken sowie der für den Zugang zu verfügbaren Arbeitsplätzen vorgeschriebenen Fristen, die sich aus innerstaatlichen Rechtsvorschriften oder vorher zwischen den Mitgliedstaaten geschlossenen Übereinkünften ergeben und deren Beibehaltung die Herstellung der Freizügigkeit der Arbeitnehmer hindert*" (ebd., lit. b).

Expliziert ist also der Geltungsbereich der Grundfreiheiten auch auf innerstaatliche Rechtsvorschriften sowie bi- und multilaterale Abkommen festgelegt. Zudem wird das Ziel der tatsächlichen Herstellung der Freizügigkeit genannt, und zwar mit der Anweisung, dass dessen Erreichen durch Abbau aller nicht gerechtfertigten hinderlichen Beschränkungen zu erfolgen hat (s. insgesamt AEUV 2016, Artikel 45 und 46). Im Zusammenhang mit der Beschränkungsfreiheit kann von

---

140 Vgl. Gleichwertigkeit von Qualifikationen im oben dargestellten „Konzept der Anerkennung beruflicher Qualifikationen".

einer Basisfunktion der Grundfreiheiten gesprochen werden (Frenz 2012, S. 67). Es wird hier der freiheitsrechtliche Charakter der Arbeitnehmerfreizügigkeit als Teil des freien Verkehrs von Personen (AEUV 2016, Artikel 26, Absatz 2) sichtbar (vgl. Frenz 2012, S. 62 ff.). Für Niederlassungs- und Dienstleistungsfreiheit steht das Beschränkungsverbot sogar an erster Stelle (AEUV 2016, Artikel 49 und 56) und bildet damit den Schwerpunkt dieser beiden personenbezogenen Freiheiten.

Dass die Grundfreiheiten in ihrer Auslegung nicht nur eng als allgemeines Gleichbehandlungsgebot angesehen werden, sondern außerdem alle indirekten nationalstaatlichen Regelungen mit Hinderniswirkung unter ihren Geltungsbereich fallen, ist nicht zuletzt auf die Rechtsprechung des Europäischen Gerichtshofs zurückzuführen (s. a. Frenz 2012, S. 59 f.). Einschlägig im Anwendungsbereich der Arbeitnehmerfreizügigkeit ist die sogenannte Bosman-Entscheidung (EuGH 1995a)[141] als dahin gehendes wegweisendes Urteil.

Gegenstand der Auseinandersetzung war die dem Gerichtshof vorgelegte Frage nach der Auslegung des EWG-Vertrages (EWGV 1957) im Hinblick auf die Regelung über den Transfer von Berufsspielern (ebd., Rn. 35). Konkret ging es darum, ob es nach den Vertragsvereinbarungen der Europäischen Wirtschaftsgemeinschaft (EWGV 1957), u. a. aufgrund des Artikels 48 zur Arbeitnehmerfreizügigkeit, zu verbieten sei,

> „— *daß ein Fußballverein bei der Verpflichtung eines seiner Spieler, dessen Vertrag endet, durch einen anderen Verein die Zahlung eines Geldbetrags verlangen und entgegennehmen kann;*
> — daß die nationalen und internationalen Sportvereinigungen oder Sportverbände in ihren Regelungen Bestimmungen vorsehen können, die den Zugang ausländischer Spieler, die der Europäischen Gemeinschaft angehören, zu den von ihnen veranstalteten Wettbewerben beschränken?“ (EuGH 1995a, Rn. 49).

Der von Herrn Bosman begehrte Vereinswechsel nach Vertragsablauf sollte von Belgien nach Frankreich stattfinden und war damit grenzüberschreitend, sodass der prinzipielle Geltungsbereich der Arbeitnehmerfreizügigkeit gegeben war. Das gesamte Verfahren ist darüber hinaus von grundlegendem Interesse, führte es doch zu weitreichenden Konsequenzen für den europäischen Profisport.

Von Bedeutung ist – und darauf soll fokussiert werden – die Tatsache, dass der Gerichtshof deutlich machte, dass nicht nur Hindernisse, die keine direkte Diskriminierung sind, sondern für alle Berufsspieler allgemein geltende Regeln, wie die Zahlung einer Ablösesumme nach Vertragsablauf sowie abstrakte

141 Auch Bosman-Urteil.

Bestimmungen, wie die Begrenzung der Anzahl von Berufsspielern mit ausländischer Staatsangehörigkeit für Wettkämpfe, Gegenstand der Arbeitnehmerfreizügigkeit nach Gemeinschaftsrecht sind (EuGH 1995a, Tenor, Absatz 1 und 2).

Durch das Urteil wurde über die Erkenntnis hinaus, dass die Grundfreiheiten auch als ein weitreichendes Freizügigkeit-Beschränkungsverbot zu interpretieren sind, gleichzeitig der Geltungsbereich[142] dieser bis hinein in privatrechtliche Beschäftigungsverhältnisse deutlich. Begründet wurde dies damit,

> „[…] *daß die Beseitigung der Hindernisse für die Freizügigkeit zwischen den Mitgliedstaaten gefährdet wäre, wenn die Abschaffung der Schranken staatlichen Ursprungs durch Hindernisse zunichte gemacht werden könnte, die sich daraus ergeben, daß nicht dem öffentlichen Recht unterliegende Vereinigungen und Einrichtungen von ihrer rechtlichen Autonomie Gebrauch machen* [[143]]" (EuGH 1995a, Rn. 83).

Ein weiterer Aspekt, der deutlich macht, dass die Verkehrsfreiheiten des Binnenmarktkonzeptes im Sinne eines zu erfüllenden gemeinschaftspolitischen Erwartungshorizontes tatsächlich durchzusetzen sind, ist die Konsequenz, mit der indirekt wirkende Beschränkungen durch den Gerichtshof ebenfalls beanstandet werden. So wurde bereits ausgeführt, dass nicht nur die Staatsbürgerschaft der Berufsausübenden eine Rolle spielt, sondern auch die „Nationalität" der Qualifikation, die eingebracht werden soll (s. a. Teil II 5.2.4.2). Die personenbezogenen Verkehrsfreiheiten stellen nämlich

> „[…] *im System der Gemeinschaft grundlegende Freiheiten dar, die nicht voll verwirklicht wären, wenn die Mitgliedstaaten die Anwendung des Gemeinschaftsrechts denjenigen ihrer Staatsangehörigen versagen dürften, die von den im Gemeinschaftsrecht vorgesehenen Erleichterungen Gebrauch gemacht und dank dieser Erleichterungen berufliche Qualifikationen in einem anderen Mitgliedstaat als demjenigen erworben haben, dessen Staatsangehörigkeit sie besitzen*" (EuGH C 1993, Rn. 16[144]).

Auffällig ist an dieser Stelle, dass diese Auslegung dem Wortlaut der Vertragsvereinbarungen so nicht direkt zu entnehmen ist, sondern nur über den Weg einer Reflexion des Wesensgehalts der Intention der Verkehrsfreiheiten eines gemeinsamen Binnenmarktes möglich wird. Nunmehr gilt: *„Damit werden auch solche Regelungen erfasst, die zwar nicht spezifisch auf den Grenzübertritt bezogen sind,*

---

142 Juristisch auch Reichweite.

143 Der Gerichtshof verweist hier auf ein früheres Urteil (EuGH 36–74 1974), in dem dies bereits für sonstige kollektiv geltende Regelungen festgestellt wurde.

144 Unter Bezug auf EuGH 115/78 (EuGH 1979, Rn. 20).

aber auf diesen fassbare negative Auswirkungen haben und damit das Marktzugangsrecht behindern." (Frenz 2012, S. 68). Außerdem stellt Frenz fest:

> „*Insoweit geht es darum, durch die Gewährung eines Freiheitsrechts erst Gleichheit zu schaffen. Über ein Diskriminierungsverbot reicht dieser Inhalt hinaus, da eine Gleichbehandlung erst durch eine spezifische Behandlung grenzüberschreitender Sachverhalte erreicht werden kann.*" (ebd.).

Die beruflichen Grundfreiheiten erzeugen in der Realität demnach erst im Zusammenwirken von Diskriminierungs- und Beschränkungsverbot wirksame grundlegende Freizügigkeiten. So grundlegend, dass diese gegenüber dem Staat, dessen Angehörige die Berufsausübenden sind, individuell in Anspruch genommen werden können (s. a. EuGH 1979, Rn. 20). Die beiden Verbote wirken darüber hinaus gemeinsam mit weiteren grundrechtlich verbrieften Prinzipien. So ist es Wesen des Rechtssatzes der Gleichbehandlung,[145] dass eine erlaubte Ungleichbehandlung ausschließlich beim Vorliegen einer legitimen Rechtfertigung zulässig ist. Das Finden und Anwenden der angemessenen Differenzierungsebene zur Bewertung und Herstellung der konkreten Gleichberechtigung ist dabei oft ein komplexer Vorgang.

Festgehalten werden soll im Ergebnis, dass der Geltungsbereich der personenbezogenen Verkehrsfreiheiten sehr weit in nationale und bi- und multilaterale Bestimmungen hineinreicht. Nur so kann eine effektive Umsetzung der Intention eines „freien" Europäischen Binnenmarktes als „Zielmarke" erreicht werden. Die Frage, die sich hier und stets dann stellt, wenn nationale Bestimmungen indirekt die Grundfreiheiten benachteiligen, ist die, ob dies aufgrund der geltenden supranationalen Bestimmungen des europäischen Staatenverbunds im Falle der „Grenzüberschreitung" hingenommen werden muss oder ob der betreffende Staat seine Rechtsvorschriften ändern muss (s. a. Frenz 2012, S. 52). Dazu kann festgehalten werden, dass Benachteiligungen solcher Art auch durch die beruflichen Freizügigkeiten erfasst werden. Allerdings können gerechtfertigte Beeinträchtigungen zur Erfüllung zwingender Erfordernisse vorliegen (ebd., S. 53). Bei Frenz heißt es: „[…] *so wird doch von einer negativen Betroffenheit der Grundfreiheit zunächst ausgegangen, die dann legitimiert werden muss, damit keine Schutzbereichsbeeinträchtigung*[[146]] *vorliegt.*" (ebd.).

145 Auch Gleichheitssatz, z. B.: „Alle Personen sind vor dem Gesetz gleich." (Charta 2010 Artikel 20, vgl. GG 2010 Artikel 3).

146 Als Schutzbereich kann vereinfacht die jeweilige Freizügigkeit verstanden werden.

Mit den durch die europäische Rechtsprechung anerkannten Rechtfertigungen von Beeinträchtigungen der personenbezogenen Grundfreiheiten, die zunehmend grundrechtsbasiert definiert werden, befasst sich der nachfolgende Abschnitt ausführlich. Das ist insofern für die Bearbeitung der Fragestellung der vorliegenden Arbeit von Bedeutung, als dass im Kontext des Problemfelds dieser Rechtfertigungen relevante Aspekte für den Entwurf des avisierten Ansatzes zur Ausgestaltung qualifikationsfordernder Reglementierungen enthalten sind.

6.1.2 Gerechtfertigte Beeinträchtigungen personenbezogener Grundfreiheiten

Bevor auf Rechtfertigungen an sich näher eingegangen wird, soll erst einmal die Begrifflichkeit „Beeinträchtigung" synonym auch „Einschränkung" von dem in den Vertragsartikeln (AEUV 2016, Artikel 46, 49 und 56) verwendeten Begriff „Beschränkung" abgegrenzt werden. Der Begriff Beschränkung hat dort überwiegend die Konnotation einer unerlaubten Behinderung der Freizügigkeiten, während der Begriff Beeinträchtigung hier neutral zu sein hat. Dies schließt indes nicht aus, dass auch eine Beschränkung eine Beeinträchtigung sein kann, die gerechtfertigt ist (s. u.). Erst das Vorliegen bzw. das Nichtvorliegen einer Rechtfertigung entscheidet, ob die Einschränkung der Freizügigkeit zulässig ist oder nicht. (Vgl. Frenz 2012, S. 172.)

Nicht jede Einschränkung der Freizügigkeit grenzüberschreitender Berufsausübung ist also gleichbedeutend mit einer illegitimen Verletzung einer Grundfreiheit, da es Gründe geben kann, die als rechtfertigend anerkannt werden (s. a. ebd., S. 172). Dabei ist festzuhalten: *„Beeinträchtigungen der Schutzbereiche der Grundfreiheiten erfolgen meistens durch nationale Regelungen."* (ebd.). Beeinträchtigungen durch Organe der Europäischen Union selbst oder durch privatwirtschaftlich Handelnde sind grundsätzlich ebenfalls relevant (s. ebd., S. 140).

Im Weiteren liegt der Schwerpunkt jedoch auf Beeinträchtigungen durch nationale Bestimmungen, da diese wiederum selbst meist für sich genommen, d. h. ohne Unionsbezug, das Grundrecht auf eine freie Berufsausübung beschränken. So stellt z. B. das im o. a. Bosman-Urteil (EuGH 1995a) beanstandete Fordern einer Ablösesumme nach Vertragsablauf eine generelle Beeinträchtigung dar, da dieser Vorgang gleichermaßen international wechselnde Spieler betrifft (vgl. Frenz 2012, S. 174). Auch die später problematisierte Pflicht zum Eintrag in die Handwerksrolle und die Zwangsmitgliedschaft in eine Kammer gehören in die Kategorie einer sowohl die grenzüberschreitende Freizügigkeit als auch generell die Berufsfreiheit beeinträchtigende Reglementierung (ebd., S. 176; s. Teil II 7.1.2).

Insgesamt werden daher im Folgenden zunächst mögliche Gründe der Rechtfertigung von Beeinträchtigungen im Interesse des Allgemeinwohls und daran anschließend wiederum die Schranken für Rechtfertigungen zur Einschränkung personenbezogener Grundfreiheiten diskutiert. Abschließend wird das daraus resultierende grundlegende Schema zur Überprüfung von Grundfreiheiten einschränkenden Rechtsvorschriften in einem Gesamtüberblick dargestellt und erläutert.

6.1.2.1 Gründe der Rechtfertigung im Interesse des Allgemeinwohls

Prinzipiell existieren zwei Kategorien von Rechtfertigungsgründen, sogenannte geschriebene und ungeschriebene.

Die geschriebenen „[…] *Rechtfertigungsgründe sind vertraglich festgelegte Rechtspositionen, aufgrund derer Beeinträchtigungen des Schutzbereiches der betreffenden Grundfreiheit bei Beachtung der Rechtfertigungsschranken zulässig sind*" (Frenz 2012, S. 188). Die Freizügigkeit der Arbeitnehmer ist seit ihrer Einführung durch den „*Vertrag über die Gründung der Europäischen Gemeinschaft für Kohle und Stahl vom 18. April 1951*" (EGKSV 1951) mit einem grundsätzlichen „geschriebenen" Vorbehalt belegt. Dieser ist, gewissermaßen redaktionell verbessert, bis heute bestehen geblieben. So gilt die Arbeitnehmerfreizügigkeit „[…] *vorbehaltlich der aus Gründen der öffentlichen Ordnung, Sicherheit und Gesundheit gerechtfertigten Beschränkungen* […]" (AEUV 2016, Artikel 45, Absatz 3). Dass, wie in Teil II Abschnitt 5.1.3.3 im Rahmen der Arbeitnehmerfreizügigkeit der Montanunion umfassend dargelegt, eine „*gerechtfertigte Beschränkung*" tatsächlich nur für Fälle außergewöhnlicher Verhältnisse zugelassen ist, macht noch einmal deutlich, dass die arbeitnehmerbezogene Verkehrsfreiheit des Binnenmarktes grundsätzlich als umfassendes Recht konzipiert und zu gewähren ist. Dies gilt in gleichem Maße für die Niederlassungs- und Dienstleistungsfreiheit (Frenz 2012, S. 189).

Von besonderer Bedeutung für die Problemstellung dieser Arbeit sind die sogenannten ungeschriebenen Rechtfertigungsgründe. „*Das sind die berechtigten Interessen, die Beeinträchtigungen der Grundfreiheiten legitimieren, ohne eigens gerade zu diesem Zweck für die konkret betroffene Grundfreiheit vertraglich festgelegt worden zu sein.*" (ebd., S. 191). Dies waren immer schon andere Vereinbarungen der europäischen Grundlagenverträge, die von Beginn an im Widerstreit zu den Grundfreiheiten standen sowie auch allgemeine Grundrechte, die bereits vor der Einbindung der Charta der Grundrechte der Europäischen Union dem Grunde nach als verbindende Verfassungselemente der westeuropäischen

Mitgliedstaaten in der Rechtsprechung des EuGH Berücksichtigung gefunden hatten (vgl. ebd., S. 191 sowie S. 203).

Der EuGH ist dabei zudem jene Institution, die den über die Regelungsinteressen der Mitgliedstaaten hinausgehenden Rechtfertigungsgründen Gestalt gegeben hat (ebd., S. 192 f.). Zu beachten ist an dieser Stelle, dass das geltende EU-Recht nicht „von heute auf morgen" entstanden ist, sondern korrespondierend zum Fortschreiten der europäischen Integration sukzessive ausgebildet wurde. *„Das gesamte System des Europarechts ist progressiv-dynamisch und durch die Fortentwicklung der Union ständig im Fluss."* (ebd., S. 192). Als hier grundlegend wegweisend zählt die im betrachteten Themenzusammenhang einschlägige Cassis-Entscheidung (EuGH 1979a; Frenz 2012, S. 191). Diese befasste sich interessanterweise mit der Anwendung der Warenverkehrsfreiheit und wird folgend wegen ihrer besonderen Eignung zur Verdeutlichung der genannten Entwicklung angebracht.

Die grundsteinlegende Feststellung aus diesem Urteil lautet:

> *„Hemmnisse für den Binnenhandel der Gemeinschaft, die sich aus den Unterschieden der nationalen Regelungen über die Vermarktung dieser Erzeugnisse ergeben, müssen hingenommen werden, soweit diese Bestimmungen notwendig sind, um zwingenden Erfordernissen gerecht zu werden, insbesondere den Erfordernissen einer wirksamen steuerlichen Kontrolle, des Schutzes öffentlicher Gesundheit, der Lauterkeit des Handelsverkehrs und des Verbraucherschutzes."* (EuGH 1979a, Rn. 8).

Über die Zeit können drei grundsätzliche Entwicklungen beobachtet werden:

1) Der Grundsatz für das Vorliegen einer Rechtfertigung, nämlich die Notwendigkeit, dass nationale Regelungen zwingenden Erfordernissen dienen, wird fortschreitend auf alle personenbezogenen Freizügigkeiten ausgeweitet (s. Frenz 2012, S. 195).
2) Die Anzahl der akzeptierten und namentlich genannten zwingenden Erfordernisse, wie etwa Umweltschutz, Erhalt der Medienvielfalt und Gefährdung des Systems sozialer Sicherheit, erhöht sich kontinuierlich (ebd., S. 193).
3) Der Anwendungsbereich der Prüfung auf legitime Rechtfertigung wurde fortwährend auf weitere, insbesondere indirekte Erscheinungsformen von Diskriminierung, ausgedehnt (s. ebd., S. 194 ff.).

Neben der aktuellen Begrifflichkeit der „zwingenden Gründe" des Allgemeininteresses wird *„zwingende Erfordernisse"* synonym verwendet (ebd., S. 199, s. a. EG 2006). Allgemein gilt: *„Ein zwingendes Erfordernis ist nur dann gegeben, wenn das betreffende Interesse unionsweit einem normativen Schutz unterliegt."* (ebd.). Welches Erfordernis bzw. zwingender Grund *„einem normativen Schutz* *unterliegt*", also letztendlich eine Beeinträchtigung der Grundfreiheiten rechtfertigt und damit legitimiert, unterliegt dem gesellschaftlichen Wandel, welcher sich sowohl in der kontinuierlichen Veränderung der Rechtsprechung als auch in der Fortentwicklung der Rechtsetzung widerspiegelt. Dabei kann sich ein normativer Schutz u. a. aus europäisch oder nationalstaatlich übergreifend verankerten Grundrechten (s. Teil II 6.1.3.1) ergeben sowie gleichermaßen aus einer impliziten Konvention ableiten. Darüber hinaus gilt: „*Entscheidend sind indes der Gehalt und das Gewicht der tatsächlich im Raum stehenden Gemeinwohlgründe, die vielfach eine normative Regelung erst motivieren.*" (ebd., S. 199 f.).

Eine weitere Entwicklung, die hier von besonderem Interesse ist, ist diejenige, dass sich die kontinuierliche inhaltliche Ausweitung der europäischen Rechtsprechung und die weitere Ausgestaltung der Rechtsetzungen interdependent vollziehen. So fließen einerseits grundlegende Urteile in die Aktualisierung von Verordnungen und Richtlinien ein und andererseits bekommt dadurch die Rechtsprechung mit den nunmehr niedergeschriebenen Regeln eine erweiterte Basis für die Auslegung der Grundfreiheiten. Exemplarisch wird folgend die „*RICHTLINIE 2006/123/EG DES EUROPÄISCHEN PARLAMENTS UND DES RATES vom 12. Dezember 2006 über Dienstleistungen im Binnenmarkt*" (EG 2006) auf Ausführungen zu zwingenden Gründen des Allgemeininteresses als Rechtfertigungen für Beeinträchtigungen des freien Dienstleistungsverkehrs untersucht.

Im 40. Erwägungsgrund zur Richtlinie wird zunächst ausgeführt: „*Der Begriff der zwingenden Gründe des Allgemeininteresses, auf den sich einige Bestimmungen dieser Richtlinie beziehen, ist in der Rechtsprechung des Gerichtshofes zu den Artikeln 43 und 49*[147] *des Vertrags entwickelt worden und kann sich noch weiterentwickeln.*" (ebd., 40. Erwägungsgrund). Daran anschließend wird in der Richtlinie folgende Mindestauswahl an rechtfertigenden Gemeinwohlzielen wiedergegeben:

- „*öffentliche Ordnung, öffentliche Sicherheit und öffentliche Gesundheit* [...];
- *Wahrung der gesellschaftlichen Ordnung;*
- *sozialpolitische Zielsetzungen;*
- *Schutz von Dienstleistungsempfängern;*
- *Verbraucherschutz;*
- *Schutz der Arbeitnehmer einschließlich des sozialen Schutzes von Arbeitnehmern;*

147 Aktuell Artikel 49 „Niederlassungsfreiheit" und 56 „Dienstleistungsfreiheit" (AEUV 2016).

- *Tierschutz;*
- *Erhaltung des finanziellen Gleichgewichts des Systems der sozialen Sicherheit;*
- *Betrugsvorbeugung;*
- *Verhütung von unlauterem Wettbewerb;*
- *Schutz der Umwelt und der städtischen Umwelt einschließlich der Stadt- und Raumplanung;*
- *Gläubigerschutz;*
- *Wahrung der ordnungsgemäßen Rechtspflege;*
- *Straßenverkehrssicherheit;*
- *Schutz des geistigen Eigentums;*
- *kulturpolitische Zielsetzungen einschließlich der Wahrung des Rechts auf freie Meinungsäußerung, insbesondere im Hinblick auf soziale, kulturelle, religiöse und philosophische Werte der Gesellschaft;*
- *die Notwendigkeit, ein hohes Bildungsniveau zu gewährleisten;*
- *Wahrung der Pressevielfalt und Förderung der Nationalsprache;*
- *Wahrung des nationalen historischen und künstlerischen Erbes sowie Veterinärpolitik*" (ebd.).[148]

Diese Liste macht die Mannigfaltigkeit möglicher Rechtfertigungen für beeinträchtigende nationale Berufszugangsregelungen deutlich. Darüber hinaus wird ausgeführt, dass auch berechtigte Interessen Dritter objektiv gerechtfertigte Allgemeininteressen sein können (ebd., 63. Erwägungsgrund).

Dies erweckt erst einmal den Eindruck, dass Grundfreiheiten nahezu beliebig einschränkbar sind, findet sich nur ein passendes Allgemeininteresse. Die personenbezogenen Verkehrsfreiheiten als prioritär gültiges Element des Binnenmarktes bleiben jedoch ganz im Gegenteil vollständig erhalten. Es gilt weiterhin ein umfassendes Diskriminierungsverbot. Außerdem wird das Vorliegen mindestens eines zwingenden Grundes des Allgemeininteresses auch zur Voraussetzung dafür erhoben, dass eine (Berufsausübungs-)Genehmigungsregelung (EG 2006, Artikel 10, Absatz 2, lit. b) oder eine zu prüfende Anforderung (ebd., Artikel 15, Absatz 3, lit. b) in den nationalen Rechtsvorschriften für die Aufnahme und die Ausübung einer Dienstleistungstätigkeit überhaupt existieren darf.

Die zunehmende Entschlossenheit der Europäischen Kommission, die Verwirklichung der beruflichen Freiheiten – hier die der Dienstleistungsausübung – konsequent durchzusetzen, wird insbesondere deutlich durch

148 Im Original sind die Nennungen ohne Aufzählungszeichen im Fließtext aneinandergereiht.

folgende „miterlassene" Verpflichtungen, die durch die Mitgliedstaaten zu erbringen sind:

- Prüfung, ob ihre Rechtsordnung die Aufnahme oder Ausübung einer Dienstleistungstätigkeit von bestimmten nichtdiskriminierenden Anforderungen abhängig macht (ebd., Absatz 1 und 2).
- Prüfung, ob diese Anforderungen den vorgeschriebenen Bedingungen[149] genügen (ebd., Absatz 3).
- Sicherstellung, ggf. durch Änderung der Rechtsvorschriften, dass diese Anforderungen die vorgeschriebenen Bedingungen erfüllen (ebd., Absatz 1).
- Erstellung eines Berichtes über beibehaltene Anforderungen (ebd., Absatz 5).
- Erklärung, warum sie der Auffassung sind, dass die weiterhin gestellten Anforderungen die Bedingungen erfüllen (ebd., Absatz 5).
- Darlegung der Anforderungen, die daraufhin aufgehoben oder gelockert wurden (ebd., Absatz 1).
- Mitteilung und Begründung aller neuen Rechtsvorschriften, die entsprechende Anforderungen vorsehen (ebd., Absatz 7).
- Unterwerfung der neuen Rechtsvorschriften der Zulassungskontrolle durch die Europäische Kommission (ebd., Absatz 7).

Zu erkennen ist, dass diese supranationalen Anforderungen insgesamt einen tiefen Eingriff in die Souveränität der Nationalstaaten darstellen. Dies ist insofern von Interesse, als dass deutlich wird, dass zunehmend die europäische Auffassung zur Verkehrsfreiheit in die Ausgestaltung nationaler Rechtsvorschriften hineingetragen wird. Aus der Perspektive der europäischen Integration kann also konstatiert werden, dass sich die Legitimität einer nationalen Rechtsordnung in vielen Fällen letztendlich an den Konzepten der europäischen Grundfreiheiten und Grundrechte misst (s. a. Teil II 7.1.1). Deutlich wird, dass das Vorliegen zwingender Gründe des Allgemeininteresses bzw. des Allgemeinwohls allein bei Weitem nicht ausreichend für eine umfassende Legitimität von Berufsfreiheit einschränkenden, insbesondere auch qualifikationsfordernden Reglementierungen ist.

149 Siehe Aufzählung der *„nicht diskriminierenden Anforderungen"* (ebd. Absatz 2, lit. a bis h).

6.1.2.2 Schranken für Rechtfertigungen von Einschränkungen

Die Anwendung von Rechtfertigungen unterliegt verfassungsrechtlichen und rechtsstaatlichen Einschränkungen. Einschränkungen werden in juristischer Fachsprache auch Schranken genannt. Präzise liegt eine sogenannte Schranken-Schranke vor, da hier das Einschränken von Grundrechten durch rechtfertigende Sachverhalte wiederum eingeschränkt wird. Oder pragmatisch: Der Einschränkung von beruflichen Grundfreiheiten sind Schranken gesetzt.

Um die wesentlichen Grundsätze dieser Schranken und ihrer Anwendung herauszuarbeiten, wird exemplarisch das einschlägige Urteil EuGH C-390/12 (EuGH 2014) herangezogen. Anhand dieses Urteils lässt sich darüber hinaus die aktuelle Lesart der Dienstleistungsfreiheit aus Sicht der höchsten Gerichtsbarkeit der Europäischen Union erkennen. Die Anwendung der Grundfreiheit des freien Dienstleistungsverkehrs war seit Implementierung der Verkehrsfreiheiten diejenige, deren Umsetzung zum jeweiligen Zeitpunkt am weitesten vorangeschritten war. Das mag zum einen daran liegen, dass die gelegentliche und vorübergehende Ausübung einer beruflichen Tätigkeit durch „ausländische" Berufsausübende als vergleichsweise geringer Eingriff in die Souveränität nationaler Bestimmungen empfunden wurde. Andererseits ist der Aspekt des grenzüberschreitenden Anbietens und Erbringens von Dienstleistungen scheinbar stärker mit der Kernidee des Binnenmarktes verbunden, als dies bei den beiden anderen personenbezogenen Verkehrsfreiheiten der Fall ist. Tatsache ist, dass der Dienstleistungsfreiheit eine gewisse „Vorreiterrolle" zugeschrieben werden kann, deren „Errungenschaften" dann später auch auf die Niederlassungsfreiheit und die Arbeitnehmerfreizügigkeit übertragen wurden.

Ausgangspunkt für das nun herangezogene Urteil waren Rechtsstreitigkeiten um die Aufstellung von Glücksspielautomaten tschechischer bzw. serbischer Anbieter in Österreich, d. h. genauer Differenzen zur Rechtmäßigkeit verwaltungsbehördlicher Sanktionen, die aufgrund des Betriebs ohne das Vorhandensein einer diesbezüglichen Erlaubnis verhängt worden waren (ebd., Rn. 2). Der „Unabhängige Verwaltungssenat des Landes Oberösterreich" hatte dem Europäischen Gerichtshof Fragen zur Anwendung des Artikels 56 AEUV[150] sowie zu weiteren Artikeln der Charta der Grundrechte der Europäischen Union vorgelegt (ebd., Rn. 1 und 13). Zu prüfen war vornehmlich die Vereinbarkeit der nationalen österreichischen Rechtsvorschriften zur Konzessionspflicht für den Betrieb von Glücksspielautomaten und den damit zusammenhängenden

150 Dienstleistungsfreiheit

Strafbestimmungen mit der Grundfreiheit des freien Dienstleistungsverkehrs der europäischen Gemeinschaft.

Zunächst stellte der EuGH fest: *„Eine Regelung eines Mitgliedstaats* […] *die den Betrieb von Glücksspielautomaten ohne vorab erteilte behördliche Erlaubnis verbietet, stellt eine Beschränkung des durch Art. 56 AEUV garantierten freien Dienstleistungsverkehrs dar"* (EuGH 2014, Rn. 39). Dementsprechend ergab sich im Weiteren das Erfordernis, zu untersuchen, ob es etwaige Gründe gibt, die diese Beeinträchtigung rechtfertigen (ebd., Rn. 40). Hierbei wurde durch das Gericht bereits grundsätzlich deutlich gemacht, dass „[…] *Beschränkungen der Glücksspieltätigkeiten durch zwingende Gründe des Allgemeininteresses wie den Verbraucherschutz, die Betrugsvorbeugung und die Vermeidung von Anreizen für die Bürger zu übermäßigen Ausgaben für das Spielen gerechtfertigt sein"* können (ebd., Rn. 41).

Die Betonung liegt auf „können" und dies bedeutet, dass an dieser Stelle eine neue Dimension zur Bewertung von Rechtfertigungen für Einschränkungen von Grundfreiheiten hinzukommt, nämlich die der Grenzen der Anwendbarkeit von Rechtfertigungen, als Legitimation für eben jene Freiheitseinschränkungen. Die ist ein, für die Entwicklung eines emanzipatorischen Ansatzes zur Ausgestaltung qualifikationsfordernder Reglementierungen von Berufsausübung bedeutsamer Aspekt. Auch wenn die angegebenen Ziele der Beschränkung einer Grundfreiheit eine grundsätzlich berechtigende Begründung darstellen, so muss darüber hinaus die Rechtmäßigkeit der Anwendung dieser für den jeweils konkret vorliegenden Sachverhalt untersucht werden. Jenes stellt nun genau das Moment dar, welches in der Folge dazu führt, dass nationale Regelungen durch den EuGH, über den (Um-)Weg der Durchsetzung von Grundfreiheiten, am Maßstab des rechtsstaatlichen Prinzips der Verhältnismäßigkeit überprüft werden. Im Zusammenhang mit einer juristischen Kontrolle der Legitimität von Beschränkungen der Grundfreiheiten, wird auch von der letzten Stufe der Prüfung der Rechtmäßigkeit gesprochen (Frenz 2012, S. 208).

Das Konzept des Verhältnismäßigkeitsprinzips,[151] im Folgenden um die Notwendigkeit des Vorhandenseins eines legitimen Zwecks zum Übermaßverbot erweitert, kann wie folgt zusammengefasst werden: *„Das Übermaßverbot setzt voraus, dass eine beeinträchtigende Maßnahme auf einem legitimen Zweck beruht und zu dessen Erreichung geeignet, erforderlich sowie angemessen ist."* (ebd., S. 10). Hierbei handelt es sich um einen fundamentalen rechtsstaatlichen Grundsatz.

151 Auch Grundsatz der Verhältnismäßigkeit.

Dieser wäre unabhängig von einem grenzüberschreitenden Rechtsfall, d. h. eine Verletzung einer europäischen Verkehrsfreiheit auslösend eigentlich ebenso im Zuge der Schaffung und Auslegung nationalen Rechts anzuwenden. Letztinstanzlich spricht zwar der EuGH europäisches Recht, allerdings müssten die nationalen Gerichtsbarkeiten in einem ähnlichen Verfahren selbstständig zu einer entsprechenden Bewertung kommen, da das in den nationalen Verfassungen verankerte Grundrecht auf freie Berufsausübung eine ebensolche Relevanz entfaltet (EuGH 2014, Rn. 45).

Dem EuGH kommt die Aufgabe zu, die nationale Rechtsprechung u. a. hinsichtlich der Beachtung des Verhältnismäßigkeitsprinzips zu überprüfen bzw. zu unterstützen. Letzteres kommt regelmäßig vor und ist vermutlich einerseits durch die spezielle und komplexe Auslegungspraxis des EuGH und andererseits durch das Erfordernis, richtungsweisende Entscheidungen mit Auswirkungen auf nationale Gesellschaftsstrukturen treffen zu müssen, begründet. Oftmals werden, wie z. B. im hier exemplarisch betrachteten Fall (EuGH 2014), dem EuGH seitens des entscheidenden nationalen Gerichts Fälle zur Vorab-Überprüfung vorgelegt. Generell verlangt der EuGH „[…] *substantiierte, sachliche vertretbare Darlegungen und prüft diese recht gründlich*" (Frenz 2012, S. 210).

Darüber hinaus ist der Grundsatz der Verhältnismäßigkeit bereits beim Verfassen einer Rechtsvorschrift durch die Legislative zu beachten. Leider bleibt dies allzu oft unberücksichtigt, sodass dann im Zuge einer Rechtsstreitigkeit erst durch nationale Verfassungsgerichtsbarkeiten oder wie in dem behandelten Fall spätestens durch den Europäischen Gerichtshof eine sachgerechte Beurteilung vorgenommen wird. Die Abhandlung der Aspekte des Verhältnismäßigkeitsprinzips wird, um im Fluss der Veranschaulichung durch das „Glücksspiel"-Urteil EuGH C-390/12 (EuGH 2014) zu bleiben, im Folgenden parallel, d. h. sowohl grundsätzlich als auch praktisch an eben dem schon betrachteten Fall (ebd.) vorgenommen.

Die Beschränkung einer Verkehrsfreiheit bedarf der Rechtfertigung. Dafür können bzw. müssen durch die erlassenden Organe oder die Mitgliedstaaten selbst zwingende Gründe des Allgemeininteresses benannt werden. Es gilt jedoch: *„Um Missbräuche zu vermeiden, ist dem EuGH ein Nachprüfungsrecht auch hinsichtlich der tatsächlichen Beweggründe zuzubilligen."* (Frenz 2012, S. 211). Die Überprüfung anhand des Prinzips der Verhältnismäßigkeit bzw. hier erweitert auf das Übermaßverbot bringt damit zunächst die Frage nach einem legitimen Zweck, welcher mit der Beschränkung verfolgt werden soll, mit sich.

Im Verfahren EuGH C-390/12 (EuGH 2014) wurde staatlicherseits ausgeführt: Ziel sei es „[…] *die Spieler zu schützen, indem das Angebot von*

Glücksspielen begrenzt wird, und Straftaten im Zusammenhang mit Glücksspielen zu bekämpfen, indem diese im Rahmen einer kontrollierten Expansion reguliert werden" (ebd., Rn. 42). Diese Intention stellt grundsätzlich als Rechtfertigung anerkannte Gründe dar (ebd.). Allerdings wird im Weiteren geprüft, ob es sich um tatsächliche Gründe handelt oder ob diese lediglich vorgeschoben sind. Dass dies vorkommt, soll an dieser Stelle einmal festgehalten werden, da es ein Phänomen ist, welches insbesondere bei Berufszugangsregeln, die auf Betreiben von berufsständischen Organisationen erlassen wurden, festzustellen ist (s. Teil II 7).

Bemerkenswert ist die in diesem Zusammenhang geltende Beweislastzuordnung:

> *„Die Darlegungs- und Beweislast für das Vorliegen der Rechtfertigungsvoraussetzungen bei Beeinträchtigungen einer Grundfreiheit tragen die Mitgliedstaaten, machen sie doch eine Ausnahme von der regelmäßigen Freiheit der Marktbürger geltend.*" (Frenz 2012, S. 210).

Dabei ist die Perspektive der Verwirklichung des Binnenmarktes der Europäischen Union, bzw. der damit zusammenhängenden Rechtsgrundsätzen, Maßstab und nicht etwa rein nationale Sichtweisen (ebd., S. 211). Auch geht es darum, eine sachgerechte *„auf Tatsachen gestützte Wahrscheinlichkeitsbeurteilung*" (ebd.) durchzuführen. Nationale Regelungen unterliegen damit einer strengen letztinstanzlichen Kontrolle durch den EuGH. Tatsächlich wird im vorliegenden Fall bereits durch das vorlegende österreichische Gericht angenommen, dass „[…] *das wahre Ziel der fraglichen restriktiven Regelung nicht in der Kriminalitätsbekämpfung und dem Spielerschutz liegt, sondern in einer bloßen Maximierung der Staatseinnahmen*" (EuGH 2014, Rn. 54).

Damit ist der Fall eigentlich abschließend betrachtet, denn ein reeller legitimer Zweck für die Einschränkung der Grundfreiheit liegt ja nicht vor. Es wird jedoch immer umfassend geprüft, sodass im Weiteren die sogenannte Geeignetheit untersucht wurde. Dazu wird ausgeführt: *„Danach ist eine nationale Regelung nur dann geeignet, die Erreichung des geltend gemachten Ziels zu gewährleisten, wenn sie tatsächlich dem Anliegen gerecht wird, es in kohärenter und systematischer Weise zu erreichen.*" (ebd., Rn. 43). Eine Prüfung auf Geeignetheit bedeutet daher, der Frage nachzugehen, ob das angestrebte Ziel mit der gewählten Maßnahme erreicht wird und im Gesamtkontext der Rechtsetzung systematisch sinnvoll ausgestaltet ist.

Dies muss allerdings nicht zwingend in optimaler Weise erfolgen. Die vorgesehene Maßnahme muss aber geeignet sein, die Erreichung des angestrebten Ziels zu befördern (Frenz 2012, S. 212). Darüber hinaus wird von einem konzeptionellen Aufeinanderbezogensein von Rechtssätzen und Realakten gesprochen (Schorkopf 2019; Rn. 11). Frenz (2012) führt dazu aus:

> *„Eine Maßnahme ist inkohärent, wenn ein Mitgliedstaat ein Sachgebiet im Sinne seiner Schutzziele bestimmten rechtlichen Maßgaben unterwirft, ein hinreichend verwandtes Sachgebiet mit vergleichbaren Gefahren für dieselben Schutzziele hingegen weitaus schwächer reguliert. Gleiches gilt für Ausnahmeregelungen, welche die Gesamtregulierung inkonsistent erscheinen lassen."* (ebd., S. 1042).

Deutlich wird, dass die Ansprüche an eine geeignete Regelung sehr hoch und die zu erfüllenden Vorgaben komplex sind. Die entscheidende Formel „kohärent und systematisch" ist hier originär durch den EuGH (s. z. B. EuGH 2010, div. Rn.) begründet worden.

Allgemein – und ausdrücklich in Deutschland – wird als Beurteilungskriterium für die Geeignetheit eines Rechtsaktes auch dessen Konsistenz geprüft. Das Verständnis von Konsistenz weist dabei eine erkennbare Affinität zu „kohärent und systematisch" auf. Dies ist schon rein aus der Nähe der begrifflichen Bedeutung von „systematisch und kohärent"[152] sowie „konsistent" zu vermuten und lässt sich zudem aus dem juristischen Begriffsverständnis heraus so darstellen. Wagner z. B. spricht in diesem Zusammenhang u. a. davon die *„sachgesetzliche Systematik"* zu berücksichtigen und der Anforderung „[…] *Sachverhalte unter Beachtung des gesetzten Ziels in sich folgerichtige zu regeln*" (Wagner 2006, S. 182).

Für die weiteren Untersuchungen soll, so wie es sich oben für die Kohärenz bereits andeutete, von einem erweiterten zweidimensionalen Verständnis von Konsistenz ausgegangen werden, welches sowohl die interne als auch die externe Konsistenz umfasst. Als Begriffe zur Definition der Komplexität von Rechtsnormen beschreibt Towfigh diese in prägnanter Weise folgendermaßen: Die interne Konsistenz verlangt Bruchlosigkeit innerhalb der Norm, die externe Widerspruchsfreiheit bei der Einbettung in das rechtssystematische Umfeld derselben (Towfigh 2008, S. 6. und 12 f.). Im Weiteren finden die Attribute „konsistent" und „(systematisch und) kohärent" ausgehend von ihrer ausreichenden begrifflichen Synonymität Anwendung.

Im behandelten Fall zum Betrieb von Glücksspielautomaten (EuGH 2014) scheiterte jedoch genau daran die Beschränkung der Dienstleistungsfreiheit. Es war den österreichischen Behörden nicht gelungen, nachzuweisen, dass die Kriminalität und/oder die Spielsucht tatsächlich ein erhebliches Problem darstellten (ebd., Rn. 53) und somit war erst recht nicht nachzuweisen, dass die restriktive Ausübungsregelung in dieser Richtung eine Wirkung hätte.

Auch damit ist die umfassende Prüfung durch den EuGH noch nicht abgeschlossen. Ein nächster Schritt zu Überprüfung der Verhältnismäßigkeit von

152 Systematisch kann dabei für konsequent planmäßig, kohärent für sinnhaft zusammenhängend und konsistent für logisch in der Gedankenführung stehen.

Rechtsvorschrift stellt die Erforderlichkeit dar. In diesem Zusammenhang verweist der EuGH allerdings an die Kompetenz der Mitgliedstaaten:

> „[Es sei] *Sache jedes Mitgliedstaats, zu beurteilen, ob es im Zusammenhang mit den von ihm verfolgten legitimen Zielen erforderlich ist, Tätigkeiten in Bezug auf Spiele und Wetten vollständig oder teilweise zu verbieten, oder ob es genügt, sie zu beschränken und zu diesem Zweck mehr oder weniger strenge Kontrollformen vorzusehen*" (EuGH, Rn. 45).

Dies heißt, dass eine nationale Regelung, die ein legitimes Ziel verfolgt, so ausgestaltet sein muss, dass das angewandte Mittel zur Erreichung des Ziels so gewählt werden muss, dass die Beschränkung der Grundfreiheit am geringstmöglichen ausfällt. Frenz führt dazu aus: *„Die Erforderlichkeit einer Maßnahme ist dann zu verneinen, wenn das angestrebte Ziel durch ein weniger restriktives*[[153]] *Mittel erreicht werden kann."* (Frenz 2012, S. 213). Für den Anwendungsbereich der beruflichen Grundfreiheiten bedeutet dies, dass zur Erreichung eines legitimen Zieles ein Mittel gewählt werden muss, welches die Freizügigkeiten der Berufsausübenden am geringstmöglichen beeinträchtigt (s. a. ebd.).

Als ein Beispiel mit besonderer Relevanz für die behandelte Fragestellung kann das Problem der sogenannten Doppelkontrollen im Zusammenhang mit dem Fordern von Qualifikationsnachweisen genannt werden (ebd.):

> *„Die Überprüfung von Personen […] zu einem legitimen Zweck durch den Aufnahmestaat ist dann nicht mehr erforderlich, wenn vergleichbare Verifikationen bereits im Herkunftsland durchgeführt worden sind und über diese Vorgänge Unterlagen existieren, die dem Aufnahmestaat zur Verfügung gestellt werden können. So ist das erneute Erbringen eines Befähigungsnachweises im Aufnahmestaat nicht nötig, sofern ein äquivalentes Testat bereits im Herkunftsland erworben worden ist."* (ebd.).

Der Grundsatz der Erforderlichkeit wird im Falle einer Rechtsprechung durch den EuGH sehr intensiv und streng zur Prüfung nationaler Vorschriften angewandt (Frenz 2012, S. 213). Beachtlich ist: *„An der Frage der Erforderlichkeit drohen die meisten nationalen Maßnahmen zu scheitern."* (ebd.). Dies ist auch im konkret betrachteten „Glücksspielfall" festgestellt worden, da die gewählte Regelung, das Glücksspiel derart rigide zu reglementieren „[…] *über das hinausgehe, was zur Erreichung der angeführten Ziele erforderlich sei*" (ebd., Rn. 54).

Als letzte Teilprüfung bei der Anwendung des Verhältnismäßigkeitsprinzips gilt es, die Angemessenheit[154] einer Grundfreiheiten einschränkenden nationalen Regelung zu bewerten. Hierbei kann von einer Güterabwägung gesprochen

153 Es wird auch von der Milde eines Mittels gesprochen (Frenz 2012, S. 212).

154 Auch Verhältnismäßigkeit im engeren Sinn genannt.

werden, in der folgende beiden konkurrierenden Rechtsgüter ins Verhältnis zueinander zu setzen sind:

> *„Das sind die nationalen Beweggründe für die Umsetzung des Rechtfertigungsgrundes einerseits und das Interesse an der Verwirklichung der Grundfreiheiten andererseits. Eine nationale Maßnahme ist angemessen, wenn die mit ihr erreichten Vorteile für das angestrebte Ziel die Beeinträchtigung der Grundfreiheit überwiegen.“* (Frenz 2012, S. 214).

Wird bei der Überprüfung der Angemessenheit zu einem negativen Ergebnis gekommen, so verstößt die entsprechende Maßnahme ebenfalls gegen die Rechtfertigungsschranke der Verhältnismäßigkeit (ebd.).

Insbesondere im Zusammenhang mit personenbezogenen Freizügigkeiten ist dieses letzte Prüfelement bisher kaum von Bedeutung (vgl. ebd., S. 214). So auch im bereits näher untersuchten „Glücksspiel“-Urteil (EuGH 2014), da die dort vorgelagert durchgeführten Bewertungen erschöpfend und ausreichend fundiert für die abschlägige Urteilsfindung waren. Der Schwerpunkt der Verhältnismäßigkeitsprüfung liegt an dieser Stelle daher meist auf der Kontrolle der Erforderlichkeit. Die Forderung, dass ein legitimes Ziel nicht durch weniger restriktive Maßnahmen erreicht werden kann, verschmilzt mit dem Anspruch, dass eine Maßnahme in angemessenem Verhältnis zu dem verfolgten Ziel stehen muss (Frenz 2012, S. 214): *„Danach bildet die Angemessenheit keinen eigenen Prüfungspunkt, sondern wird durch die Erforderlichkeit definiert und durch einen für diese typischen Maßnahmenvergleich ausgefüllt.“* (ebd.).

Die Kontrolle der Angemessenheit ist jedoch „[...] *elementar, wenn staatliches Handeln wie zumeist auf Rechte Dritter trifft*“ (ebd., S. 215). Dies bedeutet, dass unter Umständen Einzelfälle zu unterscheiden sind, wenn es auch um die Rechtfertigung staatlichen Handelns geht, bei dem Rechte privater juristischer oder natürlicher Personen betroffen sein können (ebd., S. 215). Ein weiterer Anwendungsfall, wann die Betrachtung der Angemessenheit grundsätzlich von Bedeutung ist, ist immer dann gegeben, wenn Grundfreiheiten und Grundrechte gegen- oder miteinander abzuwägen sind.

Das Verhältnismäßigkeitsprinzip, insbesondere die Beachtung der Geeignetheit stellt die wichtigste Anforderung zur Ausgestaltung und Überprüfung qualifikationsfordernder Reglementierungen dar, wenn es darum geht, einen zukunftsfähigen, emanzipatorischen Ansatz zu finden. Der Grundsatz der Verhältnismäßigkeit ist allerdings nur <u>ein</u> Element der insgesamt komplexen Vorgehensweise einer umfassenden juristischen Prüfung der Legitimität von Rechtsvorschriften bzw. der in ihnen verfassten Maßnahmen. Die Einordnung des Grundsatzes der Verhältnismäßigkeit in ein umfassendes juristisches Prüfungsschema erfolgt im folgenden Abschnitt.

6.1.2.3 *Weitere Aspekte der Überprüfung von Reglementierungen*

Die Überprüfung von die grenzüberschreitende Berufsausübung beeinträchtigenden Reglementierungen durch das EuGH und nationale Gerichtsbarkeiten stellt eine nachgelagerte Qualitätsprüfung europäischer und nationaler Rechtsetzungen dar. Ziel der vorliegenden Arbeit ist es hingegen, einen Ansatz zu entwickeln, der es für den Bereich der qualifikationsfordernden Berufszugangsregelungen ermöglicht, bereits bei der Entstehung neuer Rechtsnormen die Anforderungen, die eine moderne Auslegung personenbezogener Grundfreiheiten stellt, zu erfüllen.

Ein Weg zu geeigneten Ansätzen zu kommen ist es, diejenigen in den vorigen Abschnitten untersuchten Prüfelemente, die regelmäßig zum Verwerfen von zu beanstandende Rechtsvorschriften geführt haben, heranzuziehen. Dies sind die Elemente des sogenannten Übermaßverbots, d. h. das Vorliegen eines oder mehrerer legitimer Rechtfertigungsgründe und das Einhalten des Verhältnismäßigkeitsprinzips mit besonderem Fokus auf dem Nachweis der Geeignetheit. Sie sind Teil einer umfassenden juristischen Bewertung, die üblicherweise anhand eines entsprechend detaillierten Schemas durchgeführt wird (s. Frenz 2012, S. 217). Schwerpunkt dieser Arbeit ist es demgegenüber nicht, ein vollständiges Schema zur Überprüfung von Grundfreiheiten einschränkenden Rechtsvorschriften zu liefern. Das ist auch nicht erforderlich, da ein solches Unterfangen rein juristisch lösbar ist.

Der avisierte Ansatz zur Ausgestaltung qualifikationsfordernder Reglementierungen stellt, wie zum Anfang der vorliegenden Arbeit erläutert, demgegenüber auf das Kernproblem ab, welches eine berufswissenschaftliche Perspektive zu seiner Lösung erfordert (s. Teil I 2.4). Diese Einordnung gilt es, bei einer eventuellen Umsetzung zu berücksichtigen. Im Folgenden sind zudem zwei für das Gesamtverständnis aufschlussreiche Elemente aus dem umfassenden Prüfschema dargestellt.

Bevor das Schema überhaupt zur Anwendung kommen kann, muss geprüft werden, ob eine sogenannte Totalharmonisierung durch sekundäres Unionsrecht vorliegt. Werden Sachverhalte durch Rechtsverordnungen der Europäischen Union abschließend geregelt, so haben die Mitgliedstaaten keine legislative Befugnis mehr in jenen Bereich. Damit wäre eine nationale Rechtsnorm hier schon vorab unzulässig und bedarf keiner weiteren Überprüfung (Frenz 2012, S. 126). Wie dem Prüfungsschema auch zu entnehmen ist, sind mögliche Formen und Verursacher von Beeinträchtigungen der Freizügigkeit vielfältig.

Für die Bearbeitung der Problemstellung dieser Arbeit ist das die Beeinträchtigung auslösende Element, nämlich das Fordern von Qualifikationen bzw.

deren Nachweis, das relevante Kriterium. Dabei sind die Begründungen, die eine Beeinträchtigung rechtfertigen sollen, vielfältig. Insbesondere im Zusammenhang mit Qualifikationsanforderungen treten regelmäßig Inkonsistenzen auf, die eine ggf. sonst geeignete Rechtfertigung konterkarieren. Diesem Kernproblem wird daher nachfolgend ein separater Abschnitt gewidmet.

Interessant ist noch die Rechtfertigungsschranke des Wesensgehaltes. Sie besagt, dass selbst bei Vorliegen eines legitimen Zwecks des Allgemeinwohls die damit einhergehende Beeinträchtigung der Grundfreiheit die Intention der jeweiligen Verkehrsfreiheit im Kern nicht zunichtemachen darf (Frenz 2012, S. 25). Eine zusätzliche Grenze für eine ggf. sonst gerechtfertigte Beeinträchtigung von Grundfreiheiten stellen die Grundrechte, insbesondere die in der Charta Grundrechte der Europäischen Union verbrieften, dar. Das Verhältnis von Grundrechten zu Grundfreiheiten ist von grundlegendem Interesse, baut doch der angestrebte freiheitliche Gestaltungsansatz auf der besonderen Beachtung des Grundrechts auf berufliche Handlungsfreiheit auf. Daher wird im folgenden Abschnitt die Bedeutung der Grundrechte im Kontext der personenbezogenen Grundfreiheit ausführlich untersucht.

6.1.3 Die Bedeutung der Grundrechte im Kontext der Grundfreiheiten

Das Diskriminierungsverbot ist im Zusammenhang mit grenzüberschreitendem wirtschaftlichem, also auch beruflichem Handeln ein Kernelement der Gewährung der Grundfreiheiten des Binnenmarktes der Europäischen Union. Darüber hinaus aber ist der Anspruch auf Nichtdiskriminierung, insbesondere aus Gründen der Staatsangehörigkeit, ebenso als ein allgemeines Grundrecht in der Charta der Grundrechte der Europäischen Union festgeschrieben (ebd. sowie Charta 2016, Artikel 21, Absatz 2). Damit ist auf dieser Ebene eine inhaltliche Verwandtschaft der beiden Grundgarantien – Grundfreiheit und Grundrecht – zu erkennen (s. a. Frenz 2012, S. 26).

Bei der folgenden Untersuchung des Verhältnisses beider zueinander geht es auch um die Vorbereitung der Antworten auf die später zu klärenden Fragen, ob bei der Entwicklung des angestrebten emanzipatorischen Ansatzes strikt zwischen diesen beiden Garantien unterschieden werden muss sowie ob beide Berücksichtigung finden müssen oder ob es ausreicht, die ggf. weiterreichenden Grundrechte, hier insbesondere das Recht auf freie Berufsausübung, als Ausgangspunkt für das Entwerfen des Ansatzes zur Gestaltung qualifikationsfordernder Reglementierungen heranzuziehen.

Um eine umfassende Bearbeitung der Untersuchung zur Bedeutung der Grundrechte im Kontext der beruflichen Grundfreiheiten zu gewährleisten, gliedert sich dieser Abschnitt nachfolgend in Betrachtungen zur historischen und vertraglichen Verwobenheit der Grundgarantien sowie zur Rolle der Grundrechte im Zusammenhang mit Grundfreiheiten im Prozess der Fortentwicklung des Unionsrechts und schließlich zum Verhältnis der europäischen Grundgarantien zu nationalen Rechtsvorschriften.

6.1.3.1 Die historische und vertragliche Verwobenheit der Grundgarantien

Zunächst kann festgestellt werden, dass sich Grundfreiheiten und Grundrechte unabhängig voneinander entwickelt haben (s. Teil II 5.2.2). Mit der Gründung der Europäischen Wirtschaftsgemeinschaft im Jahre 1957 wurden bekanntermaßen die Grundfreiheiten als Säulen des Europäischen Binnenmarktes installiert. Damit entspringen sie dem Grunde nach der Ideologie einer sich zum Wohle aller selbststeuernden „freien“ Marktwirtschaft. „*Die Grundrechte* [auf Gemeinschaftsebene] *wurden demgegenüber in einem längeren Prozess von der Rechtsprechung des EuGH entwickelt.*“ (Frenz 2012, S. 19). Grundlage für die Einbeziehung der Grundrechte in die Entwicklung der Rechtsauslegungen des EuGH waren dabei die „*Europäische Konvention zum Schutz der Menschenrechte und Grundfreiheiten*“ (EMRK 1950) sowie die gemeinsamen Verfassungsüberlieferungen der Mitgliedstaaten (Frenz 2012, S. 19). Das heißt, die europäische Rechtsprechung hat sich ebenfalls der Frage nach der Grundrechtsorientierung der Verkehrsfreiheiten angenommen und bereits vor dem Inkrafttreten des Lissabon-Vertrages, durch ihre Tradition, nationale und europäische Grundrechtswerte miteinzubeziehen, für eine entsprechende Weiterentwicklung der Freizügigkeiten gesorgt.

Zu vermuten ist, dass die Begrifflichkeit „Grundfreiheiten“, welche als fundamental für den Binnenmarkt zu bezeichnen ist, aus der EMRK entnommen wurde. „Grundfreiheiten“ heißen im englischen und französischen Original „*fundamental freedoms*“ bzw. „*libertés fondamentales*“ (EMRK 1950a, Titel), also fundamentale Freiheiten. Dabei ist wiederum zu beachten, dass viele der dort formulierten Grundfreiheiten, wie die „*Freiheit der Meinungsäußerung*“ (EMRK 1950, Artikel 10) oder die „*Versammlungs- und Vereinigungsfreiheit*“ (ebd., Artikel 11) in der Charta der Grundrechte der Europäischen Union (Charta 2016) und in nationalen Verfassungen wie z. B. im deutschen Grundgesetz als Grundrechte tituliert waren und sind.

Einen wichtigen historischen Ursprung der Grundrechte in Europa stellt die Deklaration der Menschen- und Bürgerrechte im Rahmen der Französischen Revolution dar. Zu dieser führt z. B. Herrmann aus:

> *„Die liberalen Menschenrechte wurden vom Bürgertum erkämpft, und das Bürgertum war auch ihr hauptsächlicher Nutznießer. Denn die Aufhebung aller ständischen Schranken, die Bauernbefreiung und die Einführung der Gewerbefreiheit förderten in erster Linie die wirtschaftlichen Interessen des Bürgertums.“* (Herrmann 2007).

Insgesamt wird die historische und die bis heute vorhandene grundsätzliche Vielfältigkeit und Verwobenheit der Relation der beiden Grundgarantien zueinander deutlich. Außerdem ist zu erkennen, dass der Aspekt der wirtschaftlichen Handlungsfreiheit in beiden Grundgarantien eine bedeutende Rolle spielt. Frenz stellt dazu – hier etwas vorgreifend – fest: *„Erst das Zusammenspiel dieser Rechte gewährleistet ein Gesamtsystem wirtschaftlicher Freiheit.“* (Frenz 2012, S. 28)

Vertraglich sind beide Grundgarantien fest mit der Europäischen Union bzw. deren Rechtsgestaltung verknüpft. Im ersten Grundlagenvertrag der Europäischen Union ist explizit festgehalten: *„die Charta der Grundrechte und die Verträge sind rechtlich gleichrangig“* (EUV 2016, Artikel 6, Absatz 1, letzter Satz), und darüber hinaus ist bestimmt:

> *„Die Grundrechte, wie sie in der Europäischen Konvention zum Schutz der Menschenrechte und Grundfreiheiten gewährleistet sind und wie sie sich aus den gemeinsamen Verfassungsüberlieferungen der Mitgliedstaaten ergeben, sind als allgemeine Grundsätze Teil des Unionsrechts.“* (ebd., Absatz 3)

Der Rückbezug auf die Verfassungsüberlieferungen der Mitgliedstaaten kann als Festschreibung des Standes der Entwicklung des Europarechts durch die europäische Rechtsprechung betrachtet werden, bevor die Grundrechte der Charta als rechtlich gleichwertig in den Vertrag integriert wurden. Dieser Rückbezug ist in seiner aktuell festgeschriebenen Form insofern auch von entscheidender Bedeutung, als dass es den souveränen Verfassungsgerichten der Nationalstaaten mit einer grundrechtsorientierten Verfassungsüberlieferung, wie beispielsweise der Bundesrepublik Deutschland,[155] nur so möglich ist, die Rechtsprechung des Europäischen Gerichtshofs vollumfänglich anzuerkennen (Frenz 2012, S. 19 f.).

Die Grundrechte der Charta unterscheiden sich nun in ihrer Bedeutung dahin gehend, dass diese eben „gleichrangig“ mit den Verträgen und nicht allen weiteren EU-Rechtselementen rangmäßig vorgeschaltet sind, wie es etwa in den meisten nationalen Verfassungen der Fall ist (ebd., S. 20). Allgemein

155 Für Deutschland siehe: BVerfG (1974) „Solange I“ sowie BVerfG (1986) „Solange II“.

gilt: „*Grundsätzlich sind die verschiedenen Elemente eines Vertragswerkes ohnehin gleichermaßen in der Wertigkeit zu behandeln und in einen verhältnismäßigen Ausgleich zu bringen.*" (ebd.). In der Praxis bedeutet dies, wie beispielsweise anhand der Auslegung des im letzten Abschnitt behandelten „Glücksspiel"-Falls geurteilt wurde:

> „[Es…] *ist, wenn ein Mitgliedstaat sich auf zwingende Gründe des Allgemeininteresses beruft, um eine Regelung zu rechtfertigen, die geeignet ist, die Ausübung der Dienstleistungsfreiheit zu behindern, diese im Unionsrecht vorgesehene Rechtfertigung im Licht der allgemeinen Grundsätze des Unionsrechts und insbesondere der nunmehr durch die Charta garantierten Grundrechte auszulegen.*" (EuGH 2014, Rn. 35).

Sind also Grundrechte, die durch die Charta garantiert werden, betroffen, so gilt es, eine gleichrangige Abwägung im Rahmen der Überprüfung der Verhältnismäßigkeit der Beeinträchtigung der Grundfreiheiten vorzunehmen. Zudem sind die Grundrechte, der Europäischen Konvention zum Schutz der Menschenrechte und Grundfreiheiten der EMRK und die aus den Verfassungstraditionen der Mitgliedstaaten überlieferten integrativer „Teil des Unionsrechts" (s. o.) und nicht über ihm stehend. Erstere sind jedoch nichtsdestotrotz „oberhalb" der Europäischen Union, am Europäischen Gerichtshof für Menschenrechte (EGMR) einforderbar. (vgl. Frenz 2012, S. 20)

Auch im Sekundärrecht der Europäischen Union bestätigt sich dieses grundlegende Verhältnis von Grundfreiheiten zu Grundrechten. So heißt es beispielsweise im 4. Erwägungsgrund der „*VERORDNUNG (EU) Nr. 492/2011 DES EUROPÄISCHEN PARLAMENTS UND DES RATES vom 5. April 2011 über die Freizügigkeit der Arbeitnehmer innerhalb der Union*" (EU 2011): „*Die Freizügigkeit ist ein Grundrecht der Arbeitnehmer und ihrer Familien*" (ebd., 4. Erwägungsgrund; vgl. Frenz 2012, S. 449). Werden die Grundrechte mit einem Bezug zur Berufsausübung gesichtet, so stellt sich heraus, dass einige sich mit den Grundfreiheiten überschneiden, andere darüber hinausgehen. Hier wird die „Verzahnung" beider Arten von Grundgarantien nochmals deutlich. Für die Bearbeitung der Problemstellung dieser Arbeit von herausragender Bedeutung ist dabei, die Berufsfreiheit und das Recht zu arbeiten (Charta 2016, Art. 15; s. a. Frenz 2012, S. 459; s. Teil II 6.2).

6.1.3.2 Die Rolle der Grundrechte in der Fortentwicklung des Unionsrechts

Zu beachten ist, dass die „Dinge" im Fluss sind (s. Frenz 2012, S. 192). Einen besonderen Einschnitt stellte der Vertrag von Lissabon (2007) dar, der die Grundrechte als Bestandteil des Unionsrechts festgeschrieben hat (s. Teil II

5.3.1.2). Wenn auch schon davor die Tendenz zu erkennen war, dass die Rechtsprechung des EuGH zunehmend grundrechtsorientierter ausfällt, so stellt dies nun eine bindende vertragliche Verpflichtung dar. Das spiegelt sich wiederum ebenso in der Entwicklung der Rechtsprechung des Europäischen Gerichtshofs wider. Konkret geht es darum, dass der Gestaltungsspielraum, der den Legislativorganen sowohl der Europäischen Union als auch ihrer Mitgliedstaaten bisher sehr weitreichend zugebilligt wurde, durch die vertragliche Einbindung der Charta sehr viel strenger gegen die Grundrechte abgewogen werden muss (Frenz 2012, S. 25 f.). Den stattgefundenen Wandel fasst Frenz (2012) folgendermaßen pointiert zusammen:

> *„In dem Maße, in dem sich dies entsprechend der Bezogenheit der Grundrechte auf den Einzelnen, den sie vor dem Zugriff der öffentlichen Gewalt schützen sollen, ändert, können die Gestaltungsfreiheit des Unionsgesetzgebers und gegebenenfalls der Mitgliedstaaten und die sich in ihr entfaltenden Gemeinwohlbelange nicht mehr einseitig die Abwägung dominieren."* (ebd., S. 26).

Als einschlägiges „Schlüsselurteil", welches den Wandel deutlich macht, kann das Urteil Schecke-Eifert (EuGH 2010a) gelten (Frenz 2012, S. 25 f.). In diesem ging es um die Rechtmäßigkeit der Veröffentlichung von Informationen über die Empfänger von Mitteln aus dem Europäischen Garantiefonds für die Landwirtschaft (EGFL) und dem Europäischen Landwirtschaftsfonds für die Entwicklung des ländlichen Raums (ELER) (EuGH 2010a, 1. Urteilsspruch). Dabei war zu prüfen, ob „[...] *die Veröffentlichung von Daten unter Nennung der Namen der betroffenen Empfänger und der genauen Beträge, die sie aus dem EGFL und dem ELER erhalten haben, bei diesen Empfängern eine Verletzung der durch die Art. 7 und 8 der Charta anerkannten Rechte darstellt*" (ebd., Rn. 64) sowie, wenn ja, ob diese dennoch gerechtfertigt ist (ebd.).

Im Ergebnis wurde die Veröffentlichung der Daten von natürlichen Personen als Unrecht erkannt, da nicht „[...] *nach einschlägigen Kriterien wie den Zeiträumen, während deren sie Beihilfen erhalten haben, der Häufigkeit oder auch Art und Umfang dieser Beihilfen*" (ebd., Rn. 89) unterschieden wurde.[156] Der EuGH hat also bemängelt, dass bei der Gestaltung der entsprechenden europäischen Rechtsvorschriften die – durch die Artikel 7 „*Achtung des Privat- und Familienlebens*" und Artikel 8 „*Schutz personenbezogener Daten*" der EU-Grundrechtecharta (Charta 2010) – natürlichen Personen zuerkannten

156 Aktuell sind entsprechende Informationen wieder verfügbar, da die Bestimmungen dazu aufgrund des o. g. Urteils angepasst wurden.

Grundrechte nicht ausreichend Berücksichtigung gefunden haben. Mit der Veröffentlichungspflicht, so wie sie gestaltet worden war, hatte der Rat und die Kommission der Europäischen Union, die durch die Wahrung des Grundsatzes der Verhältnismäßigkeit vorgegebenen Grenzen überschritten (C-92–93/09 2010, Rn. 86).

Für die Bewertung insbesondere die Berufsfreiheit einschränkender Maßnahmen gilt aktuell und in Zukunft: „*Eine solche auf die Beeinträchtigung des Einzelnen bezogene Prüfung erfordert nunmehr generell die individualbezogenen Formulierungen der Grundrechtsverbürgungen in der EGRC,*[157] *die mit ‚jede Person hat das Recht' beginnen.*" (Frenz 2012, S. 26). Im Gegensatz zu den Grundfreiheiten, die den freien Verkehr Berufsausübender gewährleisten sollen, zielen die Grundrechte auf verbriefte gegen herrschaftliche Willkür oder Maßlosigkeit individuell schützende Freiheiten. Sie erfahren im Rahmen der europäischen und auch nationalen Rechtsprechung eine progressiv zu beachtende Relevanz.

Im sachlichen Zusammenhang wirtschaftlicher Tätigkeiten insgesamt, wie gleichermaßen im Rahmen einzelner Berufsausübungen bilden die Grundrechte und Grundfreiheiten gemeinsam ein Garantiekonstrukt zur Gewährleistung größtmöglicher Freiheit innerhalb gerechtfertigter Zwänge, die durch den soziokulturellen Entwicklungsstand der herrschenden Politik bestimmt werden. Das in der Praxis der Rechtsetzung und der Rechtsprechung verbindende Element zwischen beiden Grundgarantien stellt dabei die Anwendung des Grundsatzes der Verhältnismäßigkeit dar (s. a. Frenz 2012, S. 26). Die Rolle der Grundrechte gestaltet sich allerdings vielfältig. Eigenständig oder direkt kommen sie zum Zuge, wenn es um unionsbezogene Sachverhalte, wie beispielsweise im letztgenannten Fall, der Veröffentlichung von Informationen über die Empfänger von Agrarsubventionen, geht (ebd., S. 27). Hier stehen die Grundrechte ohnehin im Vordergrund.

Die Frage, die jedoch noch zu klären ist, ist die nach der Einbeziehung der Grundrechte im Zuge der Gewährleistung personenbezogener Grundfreiheiten. Die Grundfreiheiten sind immer dann vorrangig maßgeblich, wenn es sich um eine Diskriminierung oder Beeinträchtigung im Kontext einer Aufnahme oder Ausübung einer beruflichen Tätigkeit im weitesten Sinne handelt und diese mit einem grenzüberschreitenden Sachzusammenhang assoziiert ist (ebd.). Das Diskriminierungsverbot und das Recht auf berufliche Freizügigkeit stellen im Rahmen der Ausübung wirtschaftlicher Tätigkeiten eine Spezifizierung

157 Europäische **G**rund-**R**echts-**C**harta, genau: Charta der Grundrechte der Europäischen Union (Charta).

von Grundrechten dar. Während europäische Grundrechte den nationalen Souveränitätsbereich nicht unmittelbar anfechten, tun dies die Grundfreiheiten sehr wohl, sobald die genannte Beziehung vorliegt. Frenz erklärt die damit vorhandene indirekte Wirkung von Grundrechten auf die nationale Ebene wie folgt: *„Etwas anderes gilt freilich, wenn die Unionsgrundrechte gerade über die Grundfreiheiten ins Spiel kommen, weil Letztere den Unionsrechtsbezug begründen.“* (ebd., s. a. S. 202 f.).

Die Rollen, die die Grundrechte im Zusammenhang mit der Anwendung von Grundfreiheiten einnehmen, sind damit divergent. Einerseits können die Grundrechte eine gerechtfertigte Beschränkung von Grundfreiheiten durch nationale Maßnahmen begründen, andererseits aber auch eine Schranke für zulässige Rechtfertigungen selbst darstellen (s. Teil II 6.1.2). Darüber hinaus ist der umgekehrte Fall, dass Grundfreiheiten als gerechtfertigtes Ziel zu einer Einschränkung von Grundrechten führen, möglich. Aufgelöst werden kann dies in jedem Fall immer allein durch eine adäquate Verhältnismäßigkeitsprüfung (Frenz 2012, S. 32).

In der Funktion der Rechtfertigungsschranke fordert der EuGH grundsätzlich „[…] *das vorlegende nationale Gericht auf, das grundfreiheitseinschränkende nationale Gesetz auf seine Vereinbarkeit mit dem als einschlägig erkannten Unionsgrundrecht hin zu überprüfen.“* (ebd., S. 203) und dabei gilt: Es „[…] *kann ein Eingriff in eine Grundfreiheit nur dann gerechtfertigt sein, wenn er mit den jeweils einschlägigen Grundrechten vereinbar ist“* (ebd., 205 f.). Zudem kann durch den EuGH dahin gehend eine Prüfung stattfinden, ob das Nichthandeln, d. h. das Unterlassen dieser Abwägung durch einen Mitgliedstaat, bei der Schaffung einer Rechtsvorschrift einer solchen Vereinbarkeit zuwiderläuft. In der Funktion als Rechtfertigungsschranke fungieren die Grundrechte als ein anzuwendender höherrangiger Rechtsmaßstab, an dem nationales Handeln bzw. Nichthandeln zu messen ist (ebd., S. 203 f.).

In der Funktion der Rechtfertigung von Beschränkungen der Grundfreiheiten hingegen können die Grundrechte als gleichrangig betrachtet werden. Sie sind harmonisch mit den Grundfreiheiten in Einklang zu bringen. *„Daher prägen sie deren Gehalt und damit auch die Reichweite der Grundfreiheiten sowie der daraus folgenden Verpflichtungen.“* (ebd., 204). In diesem Kontext zählen sie zu den ungeschriebenen Rechtfertigungsgründen (ebd., S. 205; s. a. Teil II 6.1.2.1). *„Als solche greifen sie vor allem ein, wenn eine unterschiedslose nationale Beschränkung einer Grundfreiheit dazu dient, ein europarechtlich gewährleistetes Grundrecht zu wahren“* (Frenz 2012, S. 2015). Ein anschauliches Beispiel dafür ist das Genehmigen einer Demonstration, die im Zuge ihrer Durchführung aufgrund ihres thematischen Schwerpunktes so geleitet werden darf, dass sie eine vorübergehende

Blockierung eines Grenzübergangs mit sich bringt und damit zu einer zeitweiligen Einschränkung von Verkehrsfreiheiten führt (ebd.; BVerfG 1985).

6.1.3.3 Das Verhältnis zu nationalen qualifikationsfordernden Rechtsvorschriften

Da der komplexe Zusammenhang zwischen unionsbezogener und nationaler Rechtsebene im Bereich der Grundgarantien sich bis hinein in die Ausgestaltung nationaler qualifikationsfordernder Rechtsvorschriften auswirkt, wird dieser im Folgenden ausführlicher skizziert. Erst einmal gilt: Der Europäische Gerichtshof der Europäischen Union spricht Unionsrecht, das bedeutet, dass nur dann die Garantien aus der Charta oder der EMRK herangezogen werden, wenn der Rechtsfall die Union betrifft. Im besagten Fall heißt dies konkret: *„Insoweit hat der Gerichtshof bereits festgestellt, dass er eine nationale Rechtsvorschrift nicht im Hinblick auf die Charta beurteilen kann, wenn sie nicht in den Geltungsbereich des Unionsrechts fällt."* (EuGH 2014, Rn. 33 f.)

Im Falle des Forderns von relevanten Qualifikationsnachweisen für die Ausübung beruflicher Tätigkeiten kann jedoch fast immer ein „grenzüberschreitender" Kontext angenommen werden, da der Binnenmarkt der Europäischen Union eine faktische Realität ist. Bis auf wenige spezielle Ausnahmen kann sich jederzeit ein Unionsbürger, einer anderen Nationalität oder mit einer in einem anderen Mitgliedsland erworbenen Qualifikation, um eine Berufstätigkeit bemühen, sodass damit der „grenzüberschreitende" Fall dann sofort eintritt. Aus diesem Grund sind eine Vielzahl von deutschen Rechtsvorschriften, in denen Qualifikationen zur Voraussetzung für die Zulassung zu einer Berufsausübung gemacht werden, um einen entsprechenden Passus ergänzt worden (s. z. B. HwO 2017, §§ 7, Absatz 2 und 9 Absatz 1 oder auch GewO 2016, §§ 4 und 6b).

Im Zusammenhang mit den beruflichen Verkehrsfreiheiten wird die Verwobenheit der Grundgarantien mit den territorialen Rechtsebenen, Union versus Nation, besonders deutlich. Festzuhalten ist hier zunächst, dass das Grundrecht Berufsfreiheit die entscheidende Basis für alle personenbezogenen Grundfreiheiten darstellt (Frenz 2012, S. 29). *„Denn Arbeitnehmerfreizügigkeit, Niederlassungs- und Dienstleistungsfreiheit sind unlösbar mit der Aufnahme und Ausübung eines Berufes verknüpft."* (ebd.).

Aus der Perspektive beruflicher Aktivitäten im Wirtschaftsraum Europäische Union löst jeder Fall, der ein grenzüberschreitendes Element enthält, den Anspruch auf Grundfreiheit aus. Dabei ist eine Vielzahl von Konstellationen denkbar. So kann es sich beispielsweise um eine Dienstleistung, die ausgehend von einer Niederlassung in einem Mitgliedstaat in einem anderen Land ausgeführt wird, handeln oder um die Aufnahme einer nicht selbstständigen Tätigkeit in einem anderen Staat, als in dem, in dem die Ausbildung dafür absolviert wurde. Im Kontext sowohl des Erwerbens von Qualifikationen bzw. des Zuerkennens von entsprechenden Zertifikaten als auch des Forderns von Qualifikationen bzw. des Nachweises dieser, ist das grenzüberschreitende Element stets evident.

Dies führt nicht nur zu einer Verknüpfung der unionsrechtlichen Grundfreiheiten mit dem „europäischen"[158] Grundrecht der Berufsfreiheit, sondern zudem zur Überprüfung der angemessenen Berücksichtigung des national verfassten Grundrechts der Berufsfreiheit in der nationalen Rechtsetzung und Rechtsprechung ggf. letztlich durch den EuGH. Nationale Regelungen, die dem „nationalen" Grundrecht der Berufsfreiheit nicht angemessene Beachtung schenken,[159] stehen im Zuge der Umsetzung der beruflichen Grundfreiheit des Binnenmarktes unter dem Prüfungsvorbehalt des Unionsrechtes (s. a. Frenz 2012, S. 30). Spätestens nach dem Solange II Urteil von 1986 (BVerfG 1986) ist diese Überprüfung jedoch ebenso Aufgabe nationaler Gerichte, da ggf. „[...] *Restriktionen für die Entfaltung nationaler Grundrechte negativ auf die Ausübung der Grundfreiheiten zurückwirken*" (Frenz 2012, ebd., S. 30). Darüber hinaus kann resümiert werden:

> *„Somit ist die Abgrenzung zwischen unionsrelevanten Bereichen des Grundrechtsschutzes und rein nationalen Sachverhalten außerordentlich schwierig, zumal wenn man den Grundrechten auch jenseits der durch die Grundfreiheiten gewährleisteten Bereiche eine Grundlagenfunktion zuerkennt."* (ebd., S. 30).

Beschränkung der Aufnahme oder Ausübung von Berufstätigkeiten können im Falle eines grenzüberschreitenden Moments sowohl die personenbezogenen Verkehrsfreiheiten, wie etwa die Arbeitnehmerfreizügigkeit als auch das „europäische" Grundrecht auf freie Berufsausübung beeinträchtigen und im Übrigen bereits den national verfassten Anspruch der Berufsfreiheit verletzen (s. a. Frenz 2012, S. 31).

---

158 Die Grundrechte sind von ihrem neutralen Anspruch her betrachtet im Wesentlichen gleich, lediglich die Auslegung und Gewichtung im unionsrechtlichen und den jeweiligen nationalen Kontexten variiert soziokulturell bedingt.

159 Auch die Warenverkehrsfreiheit beinhaltet einen begrenzten Aspekt der Berufsfreiheit (Frenz 2012, S. 29).

6.2 Berufsfreiheit als Grundgarantie wirtschaftlicher Handlungsfreiheit

Die Berufsfreiheit ist ein klassisches Freiheitsrecht und als solches ein sogenanntes subjektives Abwehrrecht (Frenz 2009, S. 97 u. 130 sowie Sasse 2011, S. 379). Seine herausragende Funktion ist die Abwehr ungerechtfertigter staatlicher Eingriffe in das Recht des Einzelnen auf eine ungehinderte berufliche Verwirklichung. Ferner kann die Berufsfreiheit im Rahmen objektiver Betrachtungen als abstrakte Wertentscheidung herangezogen werden. Dies ist z. B. dann der Fall, wenn sie gegen andere, insbesondere grundrechtsbasierte zwingende Gründe des Allgemeininteresses, abgewogen werden muss (ebd., S. 129).

Für die Entwicklung des avisierten emanzipatorischen Gestaltungsansatzes wird, wie eingangs erläutert, eine größtmögliche Berufsfreiheit als objektiv anzustrebende Norm angesehen. Ziel ist es, aus dieser Prämisse in Verbindung mit der der Gerechtigkeit heraus, proaktiv einen Ansatz zur Entwicklung von Qualifikationsanforderungen zu entwerfen, der vor dem Hintergrund der europäischen freiheitlichen Werteordnung nachhaltig Bestand hat.

Die im Folgenden durchgeführte Aufarbeitung der historischen Bedeutung der Berufsfreiheit im Zuge der europäischen Integration und der diesem Freiheitsrecht innewohnenden fundamental-ideologischen Verfasstheit der Berufsfreiheit stellt zunächst die ideelle Grundlage für die Entwicklung des freiheitlichen Ansatzes dar. Darauf aufbauend werden im Weiteren die für die Bearbeitung der Problemstellung relevanten Eigenschaften des Rechts auf freie Berufsausübung konkretisiert sowie die daraus resultierenden grundsätzlichen Anforderungen an die Gestaltung qualifikationsfordernder Reglementierungen herausgearbeitet.

Diesen Hauptabschnitt abschließend erfolgt eine Darstellung der in ihm insgesamt behandelten Elemente für einen konsistenten Entwurf bzw. für eine Überprüfung von Berufsfreiheit beeinträchtigenden Regelungen in einem umfassenden juristischen Prüfungsschema. Dabei wird auch ein erster bewertender Vergleich zu den im vorigen Hauptabschnitt erarbeiteten Anforderungen aus den personenbezogenen Verkehrsfreiheiten gezogen.

6.2.1 Historische und wertorientierte Verfasstheit der Berufsfreiheit

Die Institution, die die Berufsfreiheit – wie weitere wesentliche Grundrechte im Rahmen der europäischen Einigung insgesamt – als Elemente einer verfassungsähnlichen Werteordnung anfangs etabliert hat, ist der Europäische Gerichtshof

(s. a. Teil II 5.3.2.2). Als ein die europäische Berufsfreiheit maßgeblich mitbegründendes Moment kann das EuGH-Urteil „*J. Nold, Kohlen- und Baustoffgroßhandlung gegen Kommission der Europäischen Gemeinschaften.*“ (EuGH 1974) genannt werden (Frenz 2009, S. 733). Auch wenn die Entscheidung zuungunsten der Klägerin ausgefallen ist, so sind doch die Ausführungen des Gerichts zur Bedeutung der Grundrechte für das Gemeinschaftsrecht, zu der die Berufsfreiheit gehört, ausgesprochen aussagekräftig:

> „*Der Gerichtshof hat bereits entschieden, daß die Grundrechte zu den allgemeinen Rechtsgrundsätzen gehören, die er zu wahren hat, und daß er bei der Gewährleistung dieser Rechte, von den gemeinsamen Verfassungsüberlieferungen der Mitgliedstaaten auszugehen hat. Hiernach kann er keine Maßnahmen als Rechtens anerkennen, die unvereinbar sind mit den von den Verfassungen dieser Staaten anerkannten und geschützten Grundrechten. Auch die internationalen Verträge über den Schutz der Menschenrechte, an deren Abschluß die Mitgliedstaaten beteiligt waren oder denen sie beigetreten sind, können Hinweise geben, die im Rahmen des Gemeinschaftsrechts zu berücksichtigen sind.*“ (EuGH 1974, Rn. 13).

Historisch betrachtet ist also das Grundrecht auf Berufsfreiheit durch die Rechtsprechung des EuGH, und zwar unter Rückbezug auf die nationalen Verfassungen und den Bekenntnissen der Mitgliedstaaten zu international anerkannten Menschenrechten bereits früh eingesetzt worden. Der EuGH macht deutlich, dass europäische Grundrechte national verankerte Grundrechte sind. Damit gehen die europäischen Grundrechte nicht über das hinaus, was die Mitgliedstaaten für ihr Herrschaftshandeln aufgrund ihrer eigenen Verfassungen von sich aus schon zu berücksichtigen haben. Dabei ist insbesondere die Berufsfreiheit ein konsensuales Grundrecht, welches in den Verfassungen aller Mitgliedstaaten verankert ist (Frenz 2009, S. 735).

In den weiteren Ausführungen des o. g. Urteils zeigt der EuGH ein weites Verständnis des Grundrechts auf Berufsfreiheit. Er spricht von der „*Freiheit der Arbeit, des Handels und anderer Berufstätigkeiten*“ (ebd., Rn. 14). Aus diesem Verständnis werden später noch andere Teilaspekte, wie etwa die Vertragsfreiheit, die unternehmerische Freiheit sowie generell die wirtschaftliche Betätigungsfreiheit entwickelt (Frenz 2009, S. 734). Klar erkennbar wird der Bezug der Berufsfreiheit zu wirtschaftlichem Handeln. Heute gilt für die Berufsfreiheit: „*Das Grundrecht ist fundamentaler Bestandteil der unionsrechtlichen Wirtschaftsverfassung.*“ (Sasse 2011, S. 93).

Für das Verhältnis von Grundrechten zu den Grundfreiheiten gilt hier das im Abschnitt 6.1.3 dazu ausgeführte (s. a. Sasse 2011, S. 400). Für das Grundrecht auf Berufsfreiheit kann darüber hinaus wiederholend und ergänzend festgehalten werden, dass es einerseits in seiner allgemeinen Bedeutung der letztendlich sinnstiftende Grundwert für die personenbezogenen Verkehrsfreiheiten mit Bezug zur Ausübung einer beruflichen Tätigkeit ist und andererseits eine ergänzende und spezifizierende Rolle bei der Verwirklichung dieser innehat (vgl. Frenz 2009, S. 736). Je nachdem welche der Grundgarantien im Rahmen eines beeinträchtigenden Sachverhalts im Vordergrund steht, ist das Grundrecht oder eben die Grundfreiheit vornehmlich heranzuziehen. Überschneiden sich beide in ihrer Betroffenheit, so sind beide zu betrachten.

Im Weiteren steht die Berufsfreiheit in ihrer Ausprägung als bedeutendes wirtschaftsbezogenes Grundrecht im Vordergrund, denn das Ausüben einer erwerbsberuflichen Tätigkeit ist gleichbedeutend mit Handeln in einer marktwirtschaftlich orientierten Gesellschaftsordnung, wie sie in der Europäischen Union und ihren Mitgliedstaaten vorherrscht.

Das Kernelement der europäischen Integration war von Beginn an die Schaffung einer Wirtschaftsgemeinschaft mit einem gemeinsamen Binnenmarkt. Im Vertrag über die europäische Union ist dem genannten Ziel, einen Binnenmarkt zu errichten, die Definition der Union insbesondere als Wertegemeinschaft und als „Raum der Freiheit“ vorangestellt (EUV 2016, Artikel 3, Absatz 1 bis 3). Die Verwirklichung des Binnenmarktes ist im Rahmen dieser Werteordnung zu betreiben. Auch die Wirtschaftspolitik der Europäischen Union hat sich danach zu richten. Zudem ist festgelegt: „*Die Mitgliedstaaten und die Union handeln im Einklang mit dem Grundsatz einer offenen Marktwirtschaft mit freiem Wettbewerb* […]“ (AEUV 2016, Artikel 120).

Die Europäische Union ist also nicht nur als reine Wirtschaftsunion konzipiert. Im Zuge der europäischen Integration war von Beginn an eine relative fortschrittliche Sozialpolitik fester Bestandteil der europäischen Gemeinschaften. Mit dem Binnenmarkt der Europäischen Union wird explizit eine sich weiterentwickelnde <u>soziale</u> Marktwirtschaft angestrebt (EUV 2016, Artikel 3, Absatz 3). Insofern ist die Differenzierung zwischen wirtschaftlichen und sozialen Grundrechten eine theoretische, die im Rahmen der ganzheitlichen Betrachtung der grundrechtlichen Aspekte der Ausübung einer beruflichen Tätigkeit nicht immer trennscharf vorzunehmen ist.

Einer beruflichen Tätigkeit nachgehen heißt, sich wirtschaftlich zu betätigen. Dennoch können gerade schwierige soziale Rahmenbedingungen dazu führen, dass die beruflichen Entfaltungsmöglichkeiten über die Maßen eingeschränkt werden. Für den zu betrachtenden Problemfall qualifikationsfordernder Reglementierungen von Berufsausübung gilt jedoch, dass eine direkte Beeinträchtigung der „freien“ Berufsausübung vorliegt. Die freie berufliche Entfaltung wiederum wird als Möglichkeit verstanden, in der Rolle eines Wirtschaftsteilnehmers selbstbestimmt die Teilnahme am Wirtschaftsleben zu gestalten.

Insofern ist hier die Fokussierung auf die Berufsfreiheit als Wirtschaftsgrundrecht vertretbar und zielführend.

Die sogenannten Wirtschaftsgrundrechte sichern nun, neben den genannten vier Grundfreiheiten (Teil II 5.2.1.4) und der Wettbewerbsregel (AEUV 2016, Titel VII), das Konzept einer freiheitlich-marktwirtschaftlich orientierten Gesellschaftsordnung verfassungsmäßig ab (s. Frenz 2009, S. 737), d. h. „[s]*ie begrenzen zugleich diejenigen Akteure, die eine freie Wirtschaftsordnung gefährden, nämlich Unionsorgane, Mitgliedstaaten und private Wirtschaftsteilnehmer*" (ebd.). Zu den wesentlichen Grundrechten der wirtschaftlichen Handlungsfreiheit der Europäischen Union können neben der Berufsfreiheit (Charta 2016, Artikel 15) die Eigentumsfreiheit (ebd., Artikel 17) und die zusätzlich separat zuerkannte unternehmerische Freiheit (ebd., Artikel 16) genannt werden (Frenz 2009, S. 737).

Die Eigentumsfreiheit ist bereits seit der Erklärung der Menschen- und Bürgerrechte im Rahmen der Französischen Revolution im Kontext der Gewerbefreiheit fest mit der Berufsfreiheit verknüpft (France 1789). Aktuell gilt: „*Vom Ansatz her schützt* […] *die Berufsfreiheit den Erwerb und die Eigentumsfreiheit das Erworbene*" (Frenz 2009, S. 739). Ist wirtschaftliches Handeln betroffen, so ist die Eigentumsfreiheit grundsätzlich gemeinsam mit der Berufsfreiheit berührt, sodass daraus eine Prüfung der Rechtfertigung der Beeinträchtigung in paralleler Weise resultiert (ebd.). Die unternehmerische Freiheit wird als spezieller Teilaspekt der Berufsfreiheit angesehen, der sich unter der EuGH-Rechtsprechung herauskristallisiert hat und in der Charta der Grundrechte der Europäischen Union expliziert wurde (ebd., S. 740). Somit bestätigt sich die grundlegende Bedeutung der Berufsfreiheit für die europäische Wirtschaftsverfassung.

Oftmals tritt darüber hinaus der Anspruch auf Berufsfreiheit mit weiteren Grundrechtsansprüchen zusammen auf, auch berühren Grundrechte, wie z. B. die Meinungsfreiheit oder die Versammlungsfreiheit häufig die Ausübung beruflicher Tätigkeiten (ebd., S. 739 ff.). Zudem sind im Titel IV „Solidarität" der Charta der Grundrechte der Europäischen Union eine Vielzahl von berufsbezogenen Spezialrechten, wie das Recht auf Bildung und auf Zugang zur beruflichen Aus- und Weiterbildung (Charta 2016, Artikel 14), das Recht auf Zugang zu einem Arbeitsvermittlungsdienst (ebd., Artikel 29) oder das Recht auf gesunde, sichere und würdige Arbeitsbedingungen (ebd., Artikel 31) zuerkannt (s. a. Frenz 2009, S. 742). Hierbei handelt es sich um berufsbezogene soziale Rechte, die eine verfassungsrechtliche Verankerung der Europäischen Union als Sozialunion bzw. der sozialen Marktwirtschaft als Gesellschaftsordnung darstellen. Mit der Spezialisierung auf das Problemfeld der Ausgestaltung qualifikationsfordernder

Berufszugangsregelungen fallen diese jedoch an dieser Stelle aus dem Untersuchungshorizont hinaus.

Die Berufsfreiheit als Wirtschaftsgrundrecht stellt einen bedeutenden Grundwert für die Europäische Union, den Europäischen Binnenmarkt, die Gesellschaftsordnungen der Mitgliedsländer und nicht zuletzt für jeden Einzelnen dar. Als Abwehrrecht gegen unbotmäßige Eingriffe des Staates stellt es ein starkes Gebot im Rahmen der ordentlichen, rationalen Anlage und Systematisierung berechtigter Qualifikationsanforderungen dar:

> *„Damit ist berufliche Entfaltung grundsätzlich nach den Vorstellungen der jeweiligen Wirtschaftsteilnehmer möglich. Staatliche Eingriffe und Regelungen sind demgegenüber rechtfertigungsbedürftig. Die Regel bildet daher die Freiheit, die Ausnahme die staatliche Regulierung. Das aber ist Kennzeichen einer freiheitlichen Wirtschaftsverfassung."* (Frenz 2009, S. 737).

6.2.2 Eigenschaften des Rechts auf freie Berufsausübung

Sollen Reglementierungen, die die Berufsfreiheit einschränken, vorausschauend und nachhaltig ausgestaltet werden, so sind die Anforderungen, die sich aus den Eigenschaften des Rechts auf freie Berufsausübung und der Pflicht zur Rechtfertigung der Einschränkungen ergeben, konsequent zu berücksichtigen. Nur so kann eine emanzipatorische, d. h. grundrechts- bzw. -werteorientierte Gestaltung von Qualifikationsanforderungen entwickelt werden. Im Folgenden werden die grundlegenden Bedingungen, die es zu erfüllen gilt, herausgearbeitet und für den Entwurf des Ansatzes zur Lösung der Problemstellung diskutiert und verfügbar gemacht.

Der Schwerpunkt liegt dabei insgesamt auf der Darstellung der wesentlichen Zusammenhänge, soweit sie für die Bearbeitung der Problemstellung erforderlich sind. Eine umfassende rechtswissenschaftliche Auseinandersetzung mit ihren verschiedenen Auslegungsansätzen[160] erfolgt an dieser Stelle nicht. Zielführend wird im Wesentlichen die „Hauptströmung" der juristischen Interpretationen des Artikels 15 Absatz 1 und 2 der Charta der Grundrechte der Europäischen Union (2016) wiedergegeben[161] sowie die in seiner Rechtsprechung praktizierte Ansicht des EuGH.

---

160 Grammatikalisch, systematisch, historisch-genetisch sowie teleologisch (Sasse 2011, S. 13 ff.).

161 Entsprechend der Fachliteratur aus der im Folgenden zitiert wird.

Als Nächstes wird im Folgenden der Umfang des durch die Berufsfreiheit gewährten Schutzbereiches erläutert. Anschließend wird untersucht, welche relevanten Beeinträchtigungen der „europäischen" Berufsfreiheit vorkommen können und in welcher Form diese auftreten. Nicht zuletzt ist es wesentlich, die Anforderungen an gerechtfertigte Beeinträchtigungen herauszuarbeiten und zu erschließen. Diese stellen die bedeutendste Grundlage für die Erarbeitung des avisierten Gestaltungsansatzes dar.

6.2.2.1 Umfang des durch die Berufsfreiheit gewährten Schutzbereiches

Zunächst heißt es in der Charta der Grundrechte der Europäischen Union: *„Jede Person hat das Recht, zu arbeiten und einen frei gewählten oder angenommenen Beruf auszuüben."* (Charta 2016, Artikel 15, Absatz 1). Der Begriff „Beruf" ist naturgemäß das zentrale Element im Rahmen der Berufsfreiheit, der beachtenswerterweise bisher weder in der Charta noch durch den EuGH explizit definiert wurde (Sasse 2011, S. 183). Einen Beruf ausüben heißt aber nichts anderes als einer beruflichen Tätigkeit nachgehen. In einer Auslegung im Sinne der freiheitlichen Wirtschaftsverfassung der Europäischen Union liegt demnach regelmäßig eine Berufsausübung vor, wenn die Tätigkeit wirtschaftlich motiviert betrieben wird (Frenz 2009, S. 744 f.). So kann auch oder besser sollte von einer Erwerbstätigkeit gesprochen werden. Die Verwendung der Ausdrücke *„wirtschaftliche Erwerbstätigkeit"* (ebd., S. 745) oder *„erwerbswirtschaftliche Betätigung"* (Sasse 2011, S. 183) scheinen überbestimmt, da ja – im Kontext der Beschaffenheit des Rechts auf freie Berufsausübung – dem Begriff „Erwerb" der wirtschaftliche Bezug immanent ist.

Die Berufsfreiheit der Charta umfasst sämtliche so kategorisierbare Tätigkeiten, beispielsweise wird nicht nach selbstständig oder unselbstständig ausgeübt unterschieden (ebd.). Das Vorhandensein eines Erwerbscharakters ist entscheidend. Der Erwerbscharakter wiederum ist dabei ebenso umfassend und darüber hinaus generalisierend zu verstehen. Er ist keinesfalls einzuschränken, mit Ab- oder Eingrenzungen wie etwa durch *„Beitrag zu Lebensunterhalt"*, *„Gewinnerzielungsabsicht"*, *„notwendig kostendeckend"*, *„Gelegenheitsarbeitsverhältnis"* oder *„Abhängigkeit von staatlichen Mitteln"* (Frenz 2009, S. 745). Es gilt also: *„Inwieweit die Tätigkeit das Leben des Einzelnen prägt, ist demgegenüber von untergeordneter Bedeutung. Erforderlich ist nur eine gewisse wirtschaftliche Relevanz für den Einzelnen."* (ebd.).

Der Berufsbegriff umfasst auch den im ersten Absatz des Artikels 15 (Charta 2016; s. o.) zuerst genannten Begriff des Arbeitens. Der Arbeitsbegriff ist auf unselbstständige berufliche Tätigkeiten, d. h. Berufsausübung in abhängiger Beschäftigung begrenzt (Sasse 2011, S. 183). Er ist insofern Teil des Berufsbegriffs und dient hier vermutlich der präventiven Präzisierung, um differenzierende Fehlinterpretationen zu verhindern. Der Absatz 2 des Artikels 15 der Charta (2016): *„Alle Unionsbürgerinnen und Unionsbürger haben die Freiheit, in jedem Mitgliedstaat Arbeit zu suchen, zu arbeiten, sich niederzulassen oder Dienstleistungen zu erbringen."* konkretisiert ebenfalls den Berufsbegriff (Sasse 2011, S. 380). Zudem wird gleichermaßen die Einbindung der personenbezogenen Grundfreiheiten des Binnenmarktes in die „verfassungsrechtlich" garantierte EU-Berufsfreiheit dargestellt. Damit ist der mit dem Verständnis des Begriffs „Beruf" an sich einhergehende Schutzbereich bezogen auf das Untersuchungsziel ausreichend geklärt. Eng mit dem Berufsverständnis verbunden ist die Frage, wie umfänglich nun der Schutz ist, den das Grundrecht auf Berufsfreiheit inhaltlich gewährt.

Wenn es darum geht, eine erwerbsberufliche Tätigkeit ausüben zu wollen, so kann hierbei in verschiedene Aspekte, die damit einhergehen können, differenziert werden. Sowohl im Sekundärrecht der Europäischen Union, insbesondere in Richtlinien zur Regelung der Anerkennung von Qualifikationen als auch in der Rechtsprechung des Europäischen Gerichtshofes (z. B. EuGH 1979b, Rn. 32) wird begrifflich zwischen der Aufnahme und der Ausübung eines Berufes differenziert. In der Richtlinie 77/452 /EWG (1977) findet sich dazu folgende genauere Beschreibung: *„Es ist zu unterscheiden zwischen den Bedingungen der persönlichen Zuverlässigkeit für eine erste Aufnahme des Berufes und denjenigen für die Ausübung des Berufes."* (ebd., 10. Erwägungsgrund, vgl. Frenz 2009, S. 754).

Die Verwandtschaft des Vorgangs der „Aufnahme" eines Berufes mit der freien Wählbarkeit eines Berufes (Charta 2016, Artikel 15, Absatz 1) ist erkennbar. Präzise betrachtet stellt die generelle Wahlfreiheit eine Vorstufe des Rechts auf Aufnahme dar (Sasse 2011, S. 97), der Kontext der persönlichen Zuverlässigkeit wiederum ist davon ein Spezialfall. Die Entscheidung den entsprechenden Beruf anzustreben, ihn also frei zu wählen, ist vor der Aufnahme dieses gefallen. Die Aufnahme kann darauf aufbauend als Vorstufe zur eigentlichen Berufsausübung angesehen werden (ebd.).

Die Differenzierung zwischen der Beeinträchtigung der freien Berufswahl einer selbstständigen Erwerbstätigkeit und der Beeinträchtigung der Aufnahme einer abhängigen Beschäftigung ist in theoretischen juristischen Ausführungen üblich (Sasse 2011, S. 183 f.). Die Abgrenzung der Berufswahl von der Berufsausübung ist dabei ein komplexes Unterfangen, auch in der Rechtspraxis des EuGH. Vereinfacht gilt: *„Die Berufsausübung erstreckt sich auf die näheren Modalitäten* *der beruflichen Tätigkeit. Sie betrifft mithin nicht das „Ob“, sondern das ‚Wie‘ der beruflichen Tätigkeit.“* (Frenz 2009, S. 756). Ferner schützt der Artikel 15 (Charta 2016, Artikel 15, Absatz 1) ebenso die Ausübung eines Berufes, der lediglich durch eine Arbeitsverwaltung vorgeschlagen und angenommen wurde und somit ggf. nicht frei gewählt wurde. Diese Unterscheidungen sind Bestandteil ausführlicher juristischer theoretischer Betrachtung. Für die erforderlichen Analysen der vorliegenden Arbeit kann die Berufsfreiheit als ein ganzheitliches, alle Aspekte und Stufen beruflichen Handelns umfassendes Grundrecht betrachtet werden (s. Frenz 2009, S. 255 sowie Sasse 2011, S. 99).

Die Stufe der Berufsausübung tritt im Falle der konsequenten Differenzierung im Kontext der in dieser Arbeit untersuchten Problemstellung ohnehin in den Hintergrund. Das „Wie“ einer beruflichen Tätigkeit betrifft nämlich Fragen wie etwa die Etikettierungspflicht von Waren oder die Festlegung von Arbeitszeiten (s. Sasse 2011, S. 232 f.). Auch wenn der Ausdruck „qualifikationsfordernde Reglementierungen von Berufsausübung“ dies verdeckt, so handelt es sich präzise dargestellt um Reglementierungen des grundlegenden Berufszugangs. Bezüglich einer höchstrichterlichen Überprüfung einer Beeinträchtigung der Berufsfreiheit gilt jedoch:

> *„Der EuGH benutzt nicht etwa eine Stufenleiter von einer einfachen Berufsausübungsregelung über eine subjektive Berufswahlregelung bis hin zu einer objektiven Berufszulassungsschranke, welche nur zur Abwehr nachweisbarer oder höchstwahrscheinlicher Gefahren für ein überragend wichtiges Gemeinschaftsgut möglich ist.“* (Frenz 2009, S. 755).

Darüber hinaus werden auch im Sekundärrecht, insbesondere in der Richtlinie 2005/36/EG (2016, Artikel 3, Absatz 1, lit. a) bis auf wenige Ausnahmen durchgängig die Ausdrücke „Aufnahme“ und „Ausübung“ als begriffliche Einheit verwendet.

Das Recht auf Berufsausbildung wiederum, welches ja oft eine unabdingbare Vorstufe einer Berufsausübung ist, ist in der Charta der Grundrechte der Europäischen Union im Artikel 14 (Charta 2016) separat noch vor dem Recht auf Berufsfreiheit angeführt und zuerkannt. *„Jede Person hat das Recht auf Bildung sowie auf Zugang zur beruflichen Ausbildung und Weiterbildung.“* (ebd., Artikel 14, Absatz 1). Als Berufsausbildung wird dabei vom EuGH „[…] *jede Form der Ausbildung betrachtet, die auf eine Qualifikation für einen bestimmten Beruf oder eine bestimmte Beschäftigung vorbereitet*“ (Frenz 2009, S. 708). Dieses Recht ist ebenfalls umfassend zu verstehen und in vielen Fällen eine Grundlage für die Wahrnehmung der Berufsfreiheit (ebd., S. 700 f.). Da der Schwerpunkt dieser Arbeit auf der Ausgestaltung qualifikationsfordernder Reglementierungen von Berufsausübung liegt und nicht den Zugang zur Qualifizierung selbst behandelt, bleibt der Artikel 14 *„Recht auf Bildung“* (Charta 2016) im Weiteren unberücksichtigt. Im Zweifelsfall wären indes beide Grundrechte nebeneinander heranzuziehen. Dies erfolgt regelmäßig durch den EuGH dann, wenn mehr als ein Grundrecht für einen Sachverhalt infrage kommt.

Zusammenfassend vor dem Hintergrund der konkreten Problemstellung der vorliegenden Arbeit lassen sich jedoch alle Beeinträchtigungen unter einer allgemeinen Verletzung der zu garantierenden Berufsfreiheit subsumieren. Für die Erarbeitung des angestrebten zukunftsfähigen Gestaltungsansatzes der behandelten Problemstellung kann somit festgehalten werden, dass es bezüglich des Umfangs des durch die Berufsfreiheit gewährten Schutzbereichs legitim wäre, diese als Ausgangspunkt heranzuziehen.

6.2.2.2 Beeinträchtigungen der „europäischen“ Berufsfreiheit

Wie im vorhergehenden Abschnitt dargelegt wurde, kann die Berufsfreiheit als Abwehrrecht kategorisieren werden. Abgewehrt werden sollen dabei Beeinträchtigungen der wirtschaftlichen Handlungsfreiheit des Einzelnen[162] (s. Teil II 6.2 sowie Sasse 2011, S. 289). Unter Berücksichtigung der grundsätzlichen Reichweite der Charta der Grundrechte der Europäischen Union sind zwei Beeinträchtigungstatbestände zu unterscheiden. Zunächst kann durch aktives politisches Handeln relevanter Akteure eine Beeinträchtigung, wie z. B. das Erlassen von Rechtsvorschriften, hervorgerufen werden. Darüber hinaus kann eine Beeinträchtigung der Berufsfreiheit dadurch entstehen, dass durch die dazu Verpflichteten nicht gehandelt wurde, welches auch als Unterlassen bezeichnet wird. In beiden Fällen wird der durch das Grundrecht zugebilligte Schutz nicht gewährleistet (ebd., S. 291).

Die Gewährleistung der „Nicht-Beeinträchtigung“ der Berufsfreiheit ist zuallererst durch die Organe, Einrichtungen und sonstigen Stellen der Union sowie des Weiteren durch die Mitgliedstaaten bei der Durchführung des Rechts der Union sicherzustellen (Charta 2016, Artikel 51, Absatz 1 sowie Sasse 2011, S. 291 f.). Der Absatz 2 des Artikels 15 der Charta (2016) weitet die Verantwortung für die Gewährung der personenbezogenen Grundfreiheiten aufgrund ihres grenzüberschreitenden Wesensgehaltes auf die Mitgliedstaaten aus. *„Daher sind die Grundfreiheiten zu prüfen. Nach deren Regeln bemisst sich daher, inwieweit eine Beeinträchtigung vorliegt.“* (Frenz 2009, S. 770). Die Mitgliedstaaten werden

162 Einzelne sind hierbei sowohl natürliche als auch juristische Personen, wie Unternehmen etc.

so indirekt in die Pflicht genommen, das Einhalten „europäischer“ Grundrechte sicherzustellen. Eine Beeinträchtigung, die Berufsfreiheit der Europäischen Union betreffend kann demnach nur dann vorliegen, wenn sie einem dieser zur Gewährleistung verpflichteten Akteure zuordenbar ist (Sasse 2011, S. 319).

Für die Entwicklung eines Lösungsansatzes im Zusammenhang mit der untersuchten Problemstellung ist im Weiteren von Interesse, inwiefern eine relevante Beeinträchtigung der Berufsfreiheit zustande kommen kann. Hierbei gibt es etliche Beeinträchtigungen, die ganz grundsätzlich die Aufnahme einer beruflichen Tätigkeit erschweren oder unmöglich machen. So sind für die Möglichkeit der Ausübung generell bestimmte Basisvoraussetzungen zu erfüllen, wie in Deutschland etwa das Erreichen des Mindestalters von mindestens 13 Jahren für leichte Arbeiten (JArbSchG 2013, § 5, Absatz 3), von 14 Jahren im Allgemeinen (ebd., § 5, Absatz 1) sowie von 18 Jahren für u. a. gefährliche Arbeiten (ebd., §§ 22–24). Auch das Unterliegen der Vollzeit- oder der Berufsschulpflicht verwehrt die Ausübung einer umfassenden Berufstätigkeit (ebd., § 2, Absatz 3). Beide schränken die Möglichkeit, einer frei gewählten Erwerbstätigkeit vollumfänglich nachgehen zu können, ein. Darüber hinaus gibt es weitere Bestimmungen, die eine Berufsausübung aufgrund von in der Person liegenden Gründen, wie u. a. gesundheitlicher Art oder amtliche oder gerichtliche Ahndungen wegen bestimmten Fehlverhaltens, ausschließen.

Im Weiteren existiert eine Vielzahl von Beeinträchtigungen, in Form von Beschränkungen des Zugangs zu beruflichen Ausbildungsgängen. In Deutschland sind dies beispielsweise die festgelegten Aufnahmevoraussetzungen für den Ausbildungsgang staatlich geprüfter Techniker (KMK 2016, S. 16 f.) oder der Nachweis einschlägiger Hochschulzugangsberechtigungen zu den Studiengängen der Architektur. Diese Art der Beeinträchtigungen schränkt die freie Wahl des Berufes für eine große Anzahl von Personen ein. Damit verbunden ist dann zwangsläufig auch die Ausübung derjenigen Berufe, die das erfolgreiche Absolvieren dieser Ausbildungsgänge voraussetzen, verwehrt. Somit rückt wieder das Kernthema der qualifikationsfordernden Berufszugangsreglementierungen in den Fokus: „*Im Allgemeinen lässt sich jedoch sagen, dass eine Schutzbereichsbeeinträchtigung in jeder belastenden oder nachteiligen Wirkung für den Grundrechtsträger besteht.*“ (Sasse 2011, S. 319).

So umfassend, wie der Schutz der Berufsfreiheit zu verstehen ist, so vielfältig können die Beeinträchtigungen ausfallen. Diese sind sowohl bei direkter oder gar zielgerichteter als auch im Falle einer indirekten möglicherweise gar nicht beabsichtigten Wirkung von Bedeutung (ebd., S. 319 u. 324 f.). Grundsätzlich können, wie im vorherigen Abschnitt ausgeführt, zwei Stufen unterschieden werden. Dies ist zum einen die als Vorstufe zu einer Berufsausübung verstehbare

Wahl bzw. Annahme sowie die Aufnahme einer beruflichen Tätigkeit. Als unmittelbare Folge des Harmonisierungsverbots im Bereich der beruflichen Bildung, welches seit dem Vertrag von Maastricht (EUV 1992, Artikel 127, Absatz 4) gilt, kann nach wie vor festgehalten werden:

> *„Regelungen zur Berufswahl und zum Berufszugang sind grundsätzlich Angelegenheiten der Mitgliedstaaten. Festlegung und Ausgestaltung bestimmter Berufsbilder, Berufsbezeichnungen und Berufsqualifikationen durch den nationalen Gesetzgeber variieren zudem von Mitgliedstaat zu Mitgliedstaat."* (Sasse 2011, S. 320).

Ausnahme bilden hier allein die Regelungen der „sektoralen" Berufe bzw. die diesbezüglichen Qualifizierungsgänge gemäß der Richtlinie 2005/36/EG (2016, s. a. Teil II 5.2.4.4). Relevant im Hinblick auf eine mögliche Beeinträchtigung werden die nationalen Regelungen dann, wenn ein grenzüberschreitendes Element hinzukommt. Hierbei können nicht nur die nationalen Regelungen die Berufsfreiheit beeinträchtigen, sondern auch die „Anerkennungsrichtlinie" 2005/36/EG (2016) selbst. Wird aufgrund der dort enthaltenen Bestimmungen die Auf- oder Annahme einer beruflichen Tätigkeit verweigert, so liegt eine Beeinträchtigung der Berufsfreiheit vor (Sasse 2011, S. 320 f.). Bisher in der Rechtsprechung des EuGH (noch) nicht berücksichtigt worden ist:

> *„Beeinträchtigungen der Berufswahl/Berufsannahme und der Aufnahme einer abhängigen Beschäftigung wiegen im Vergleich zu Beeinträchtigungen der Berufsausübung schwerer, da sie über das „Ob" der erwerbswirtschaftlichen Betätigung des Grundrechtsträgers entscheiden."* (ebd., S. 321 s. a. Frenz 2009, S. 770 u. 754).

Sollte diese Unterscheidung in Zukunft jedoch Berücksichtigung finden, so kann davon ausgegangen werden, dass die Überprüfung der Rechtmäßigkeit von Beeinträchtigung freier abhängig ausgeübter Beschäftigung höheren Anforderungen als bisher unterliegen wird (ebd., S. 322 u. vgl. S. 773 f.). Der Entwurf eines emanzipatorischen Ansatzes zur Ausgestaltung qualifikationsfordernder Reglementierungen von Berufsausübung erhält an dieser Stelle eine zusätzliche Relevanz, da nun explizit auch private Arbeitsverhältnisse betroffen sind.

6.2.2.3 *Anforderungen an gerechtfertigte Beeinträchtigungen*

Die Anforderungen, die an legitime Beeinträchtigungen von „europäischen" Grundrechten gestellt werden, sind in der Charta der Grundrechte der Europäischen Union (2016) selbst gelegt:

> *„Jede Einschränkung der Ausübung der in dieser Charta anerkannten Rechte und Freiheiten muss gesetzlich vorgesehen sein und den Wesensgehalt dieser Rechte und Freiheiten achten. Unter Wahrung des Grundsatzes der Verhältnismäßigkeit dürfen Einschränkungen*

nur vorgenommen werden, wenn sie erforderlich sind und den von der Union anerkannten dem Gemeinwohl dienenden Zielsetzungen oder den Erfordernissen des Schutzes der Rechte und Freiheiten anderer tatsächlich entsprechen." (Charta 2016, Artikel 52, Absatz 1).

Die so auf der europäischen Ebene festgeschriebene Wesensgehaltsgarantie und das Übermaßverbot gelten uneingeschränkt ebenso für das Grundrecht der Berufsfreiheit (Frenz 2009, S. 773). Eine besondere Bedeutung kommt dem im Artikel 52 geforderten Gesetzesvorbehalt („*muss gesetzlich vorgesehen sein*", s. o.) für die Legitimität einer Einschränkung von Grundrechten zu. Auf Unionsebene sind in diesem Zusammenhang als Rechtsgrundlage immer Richtlinien und Verordnungen erforderlich (Sasse 2011, S. 327).

Relevante, d. h. das Recht der Europäischen Union betreffende oder tangierende, die Berufsfreiheit beeinträchtigende nationale Regelungen sind zunächst durch die zuständigen nationalen Gerichte nach den rechtsstaatlichen Grundsätzen des Verfassungsrechts des jeweiligen Mitgliedstaates zu messen (ebd., S. 328). Auch hier gilt uneingeschränkt, dass die die Berufsfreiheit beeinträchtigende Regelungen, wie Qualifikationen fordernde Reglementierungen nicht nur durch eine Rechtsvorschrift klar definiert sein müssen, sondern darüber hinaus gerechtfertigte Gründe für die durch sie stattfindende Grundrechteeinschränkung zu nennen sind (EuGH 1989 Rn. 19, Satz 1; s. a. Frenz 2009, S. 774). Zielsetzung dieses allgemeinen Grundsatzes ist dabei, den Schutz vor unverhältnismäßigen oder gar willkürlichen, d. h. ungerechtfertigten Eingriffen sicherzustellen (EuGH 1989 Rn. 19, Satz 1).

Für die Gründe bzw. Zielsetzungen, die eine Beeinträchtigung rechtfertigen können, gibt der Artikel 52 der Charta (2016, Absatz 1; s. o.) vor, dass diese von der Union anerkannte, dem Gemeinwohl dienende Ziele sein müssen (Frenz 2009, S. 775 sowie Sasse 2011, S. 330). Die Rechtsbegriffe „*dem allgemeinen Wohl*" sowie „*im öffentlichen Interesse*" waren seit Längerem Kern der Rechtsprechung des EuGH zur Berufsfreiheit, wie etwa im bereits behandelten EuGH-Urteil „*J. Nold, Kohlen- und Baustoffgroßhandlung gegen Kommission der Europäischen Gemeinschaften.*" (EuGH 1974, Rn. 13; s. Teil II 6.2.1). Die begriffliche und systematische Verwandtschaft zu der im Rahmen gerechtfertigter Beeinträchtigungen der Grundfreiheiten dargestellten Forderung der „zwingenden Gründe des Allgemeininteresses" ist unverkennbar. Die Rechtsprechung des EuGH kann insgesamt so gedeutet werden, dass zur Legitimation einer Beeinträchtigung im Kontext unionspolitischer Schwerpunktsetzungen ebenso umfangreiche und vielfältige Rechtfertigungsgründe, wie im Zusammenhang mit den personenbezogenen Grundfreiheiten, herangezogen werden können (Frenz 2009, S. 777; s. a. Teil II 6.1.2.1).

Für die Mitgliedstaaten gilt: *„Durch die weite Formulierung die von der Union anerkannten dem Gemeinwohl dienenden Zielsetzungen können auch mitgliedstaatliche Interessen berücksichtigt werden“* (ebd.), wenn diese denn im Interesse des Gemeinwohls der Union liegen. Die weitere Formulierung *„den Erfordernissen des Schutzes der Rechte und Freiheiten anderer* [...] *entsprechen“* im Artikel 52 der Charta (2016, Absatz 1) bezieht sich darauf, dass eine Beeinträchtigung der Berufsfreiheit legitim ist, wenn dadurch andere Grundrechte oder Grundfreiheiten anderer gewährleistet werden und diese sich in einer sorgfältigen sachgerechten Abwägung als zu bevorzugend herausgestellt haben (Sasse 2011, S. 332).

Die Überprüfung der legitimen Zielsetzung einer Berufsfreiheit kann als erster Aspekt der Überprüfung der Verhältnismäßigkeit im umfassenden Sinne gesehen werden (s. Sasse 2011, Gliederung Abschnitt C.IV.2., S. 24). Explizit wird nun im Artikel 52 der Charta der Grundsatz der Verhältnismäßigkeit (Charta 2016, Artikel 52, Absatz 1) als bei einer Einschränkung von Grundrechten zu wahren festgelegt. Dies gilt gleichermaßen für die Berufsfreiheit (s. o.). Allerdings wurden bisher die Wirtschaftsgrundrechte, die Berufsfreiheit sowie auch das Eigentumsrecht durch den EuGH in den Kontext des marktorientierten Gesellschaftsansatzes der Europäischen Union eingeordnet (Frenz 2009, S. 778). Folgender Absatz einer Urteilsbegründung veranschaulicht dieses Konzept erschöpfend:

> *„Ferner können nach der Rechtsprechung des Gerichtshofes weder das Eigentumsrecht noch die freie Berufsausübung uneingeschränkte Geltung beanspruchen, sondern sie müssen im Hinblick auf ihre gesellschaftliche Funktion gesehen werden. Folglich können die Ausübung des Eigentumsrechts und die freie Berufsausübung namentlich im Rahmen einer gemeinsamen Marktorganisation Beschränkungen unterworfen werden, sofern diese Beschränkungen tatsächlich dem Gemeinwohl dienenden Zielen der Gemeinschaft entsprechen und nicht einen im Hinblick auf den verfolgten Zweck unverhältnismäßigen, nicht tragbaren Eingriff darstellen, der die so gewährleisteten Rechte in ihrem Wesensgehalt antastet.“* (EuGH 1994, Rn. 22).

Bemerkenswert ist, dass im Hinblick auf berufliche Verkehrsfreiheiten die von EuGH beförderte Marktorientierung grundsätzlich auf eine Stärkung des Rechts auf freie Berufsausübung hinausläuft und somit an dieser Stelle keine Rechtfertigung für deren Einschränkung ist. Gemeint sind somit lediglich Maßnahmen der Marktorganisation. Der generell zugebilligte Ermessenspielraum für politisches Regulierungshandeln stellt darüber hinaus auf die übergeordnete gemeinschaftspolitische Zielsetzung der Europäischen Union, wie etwa Sozial- oder Umweltpolitik, ab, bei denen eine Einschränkung der beiden Wirtschaftsgrundrechte in

Form von Nachteilen für die wirtschaftlichen Entwicklungs- und Profitmöglichkeiten grundsätzlich hinzunehmen ist (Frenz 2009. S. 778 f.).

Die sogenannten Schranken für Rechtfertigungen von Beeinträchtigungen der Berufsfreiheit gestalten sich im Weiteren in gleicher Art und Weise, wie sie für die personenbezogenen Grundfreiheiten ausgeführt und diskutiert wurden (s. Teil II 6.1.2.2). Nachdem die Legitimität und Gesetzlichkeit der Regelungen geprüft wurden, sind die Kriterien der Geeignetheit, der Erforderlichkeit und der Angemessenheit nacheinander als Maßstab für das Gerechtfertigtsein der erlassenen Maßnahme anzulegen (Sasse 2011, S. 329). Aufgrund der engen Beziehung der Berufsfreiheit zum marktwirtschaftlichen Konzept der Europäischen Union und dem damit einhergehenden großen Ermessensspielraum der Rechtsetzenden, ist davon auszugehen, dass auch hier die Prüfung der Geeignetheit, d. h. die Eignung der beschlossenen Maßnahme zur Zielerreichung, insofern erfolgt, als dass lediglich eine *„evidente Ungeeignetheit"* (Frenz 2009, S. 780) beanstandet wird (ebd.). Frenz meint dazu: *„Am ehesten fehlt die Eignung noch dann, wenn Ziele nur vorgetäuscht werden, in Wahrheit aber etwa eine bestimmte Gruppe sachwidrig zulasten der Konkurrenz privilegiert werden soll."* (ebd.). Das in Kapitel 7 behandelte Beispiel für eine nationale Berufszugangsreglementierung, das die Bestimmungen zur Zulassungspflicht der Ausübung eines selbstständigen Handwerks erläutert, fällt im Laufe seiner Geschichte mehrfach in diese Kategorie.

Die konsequente Überprüfung der Erforderlichkeit, als die Frage nach dem mildesten Mittel, das legitime Ziel zu erreichen, ist auch im Rahmen der Einschränkung der Berufsfreiheit vollumfänglich geboten. Bisher findet dies im Zusammenhang mit dem Recht auf freie Berufsausübung jedoch vom EuGH unzureichend statt (Frenz 2009, S. 781 sowie Sasse, S. 334 f.). Dasselbe gilt ebenso für die Kontrolle der Angemessenheit, also die Abwägung der Bedeutung der Vorteile der getroffenen Regelungen mit der Schwere der Beeinträchtigung der Berufsfreiheit, die eine konkrete ggf. individuelle Betrachtung erfordert (Frenz 2009, S. 781 f. sowie Sasse 2011, S. 335 f.).

Im Zusammenhang mit den Grundrechten der Europäischen Union ist, genau wie bei den Grundfreiheiten, die Wesensgehaltsgarantie als gemeineuropäisches Verfassungsprinzip zu achten (Charta 2016, Artikel 52, Absatz 1 sowie Sasse 2011, S. 339). Das ist insbesondere mit dem angeführten Ermessenspielraum (s. o.) recht unspezifisch. Frenz führt dazu aus: *„Es darf der Bestand des Rechtes selbst nicht gefährdet werden. Es muss der Kern des beeinträchtigten Grundrechts erhalten bleiben."* (Frenz 2009, S. 784). Im Rahmen qualifikationsfordernder Reglementierungen kann dies insofern von Relevanz sein, als dass – wie oben genannt – einerseits die Schwere der Beeinträchtigung[163] zu berücksichtigen ist und andererseits die Auswirkung im Kontext weiterer Einschränkungen der wirtschaftlichen Handlungsfreiheit betrachtet werden muss (ebd. sowie Sasse 2011, S.340). Für einen zukunftsfähigen Gestaltungsansatz ist es daher angebracht, diesbezüglich von erhöhten Anforderungen auszugehen.

6.2.3 Das juristische Prüfungsschema zur Berufsfreiheit im Überblick

In der Praxis sind je nach Konstellation des zu bewertenden Sachverhaltes Grundrechte und Grundfreiheiten gemeinsam, sich verstärkend oder in ihrer Garantiewirkung sich gegenseitig begrenzend, anzuwenden. Bezogen auf den Untersuchungsgegenstand bedeutet dies, dass zunächst grundsätzlich beide Grundgarantien bzw. die daraus sich ergebenden Anforderungen für die Entwicklung des avisierten Ansatzes zu berücksichtigen sind. Der Berufsfreiheit aus der Charta der Grundrechte der Europäischen Union (EGRC, s. Fn. 158) ist, als Bestandteil der zwischen den Mitgliedstaaten vertraglich vereinbarten grundlegenden Werteordnung, für den avisierten Ansatz von besonderer Bedeutung. Im Folgenden wird daher das von Frenz dargestellte juristische Prüfungsschema im Überblick wiedergegeben:

»

1. *Schutzbereich*
   a) *Jedermann-Recht auch für Drittstaatsangehörige[[164]] sowie öffentliche Unternehmen bei erwerbswirtschaftlicher Aktivität*
   b) *Beruf: jede selbstständige oder unselbstständige Tätigkeit von gewisser Dauer und gewissem wirtschaftlichen Wert, gegen Entgelt erbracht und nicht völlig untergeordnet oder unwesentlich*
   c) *Berufswahl und Berufsausübungsfreiheit*
   d) *Freiheit von, aber kein Recht auf Arbeit*
   e) *Maßgeblichkeit Arbeitnehmerfreizügigkeit, Niederlassungsfreiheit und Dienstleistungsfreiheit gem. Art. 15 Abs. 2 i.V.m. Art. 52 Abs. 2 EGRC*
   f) *Diskriminierungsverbot für Drittstaatsangehörige gem. Art. 15 Abs. 3 EGRC auch zulasten Privater*

---

163 Z. B. Verbot einzelner Tätigkeiten oder einer vollumfänglichen Berufsausübung.

164 Wegen der fehlenden Relevanz bzw. des nicht zu erwartenden Erkenntnis-Mehrwertes wurde der Teilaspekt der Drittstaatenherkunft in den bisherigen Ausführungen ausgelassen.

2. *Beeinträchtigung*
   a) *jede unmittelbare oder mittelbare Regelung, die einen Nachteil für den Grundrechtsinhaber bewirkt, unabhängig von der formalen Gestalt oder Wirkungsweise der Maßnahme*
   b) *Berufswahlfreiheit ist als schwerwiegendste Berufsbeeinträchtigung vor der Berufsausübungsfreiheit zu prüfen*
   c) *Art. 15 Abs. 2: Prüfung der jeweiligen Grundfreiheit*
   d) *Art. 15 Abs. 3 EGRC: Schlechterstellung von Drittstaatsangehörigen in Bezug auf die Arbeitsbedingungen bei gleicher oder gänzlich vergleichbarer Tätigkeit*
3. *Rechtfertigung*
   a) *einheitlicher Rechtfertigungsmaßstab des Art. 52 Abs. 1 EGRC für Berufswahl- und Berufsausübungsregelungen*
   b) *gesetzliche Grundlage*
   c) *Gemeinwohlziel: parallel zu den Grundfreiheiten auch Verbraucherschutz, Volksgesundheit, völkerrechtliche Verpflichtungen*
   d) *Verhältnismäßigkeit mit enger werdendem Beurteilungsspielraum; ggf. Übergangsbestimmungen*
   e) *Wesensgehaltsgarantie*" (Frenz 2009, S. 784 f.).

Deutlich wird, dass sich die Zielrichtungen beider Grundgarantien klar voneinander unterscheiden. Während die Berufsfreiheit ein Recht ist, welches Ein- oder Angriffe auf die freie berufliche Handlungsfähigkeit umfassend abwehrt, so sollen die Grundfreiheiten diese zur Verwirklichung des Binnenmarkts der Europäischen Union „grenzüberschreitend" absichern. Es muss also weiterhin zwischen Grundrechten und Grundfreiheiten unterschieden werden (Sasse 2011, S. 400 u. 403).

Bei der Anwendung und Auslegung des Rechts sind jedoch gleichermaßen jedwede Formen von Beeinträchtigungen zu berücksichtigen. Auch die Rechtfertigungskriterien, wie legitimer Zweck des allgemeinen Interesses, die konsequente Berücksichtigung der Elemente des Grundsatzes der Verhältnismäßigkeit sowie die Unverletzlichkeit des Wesensgehaltes der gegebenen Garantien sind bei beiden anzuwenden. Dieses kann als <u>ein</u> gemeinsames Ergebnis aus der Untersuchung der Berufsfreiheit und der personenbezogenen Verkehrsfreiheiten festgehalten werden.

Klar erkennbar ist darüber hinaus, dass die erwerbsbezogenen Verkehrsfreiheiten im umfassenden Verständnis der „europäischen" Berufsfreiheit inkludiert sind. Im Hinblick auf den angestrebten Ansatz zur freiheitlichen Gestaltung qualifikationsfordernder Reglementierung ist dies eine wesentliche Erkenntnis.

6.3 Fazit zur Berufsfreiheit als Ausgangspunkt für Reglementierungen

Intention der beruflichen Grundfreiheiten ist es, Hindernisse für die Freizügigkeit Berufsausübender soweit wie möglich aus dem Weg zu räumen oder diese mindestens zu minimieren. In der Praxis steht dabei die Reduzierung der, aufgrund der nicht in allen Bereichen stattfindenden Angleichung nationaler Bestimmungen an europäische Standards, vorhandenen Behinderungen im Vordergrund. Als bedeutendste „Instrumente" zur Gewährleistung dieses europäischen „Rechtsschutzes" stehen die Prinzipien des Diskriminierungs- und des Beschränkungsverbotes zur Verfügung. Beide führen gemeinsam dazu, dass ein effektiver Schutz der wirtschaftlichen Freizügigkeit, im Zweifelsfall durchgesetzt durch den Europäischen Gerichtshof, im Europäischen Binnenmarkt gegeben ist.

Gleichzeitig stellt die konsequente Verwirklichung der Grundfreiheiten jedoch ein massives Eingreifen in die Souveränität nationalen und multilateralen Legislativ- und Exekutivhandelns dar. Handeln, welches eine Beeinträchtigung der Freizügigkeiten mit sich bringt, muss gerechtfertigt werden. Hier ist eine Vielzahl von Rechtfertigungsgründen denkbar, die trotz des Primats der Freizügigkeit einen umfangreichen politischen Gestaltungsspielraum zulassen. Grundvoraussetzung ist allerdings, dass das mit der beschlossenen politischen Maßnahme verfolgte Ziel mindestens einem in der Union anerkannten zwingenden Erfordernis entspricht und somit ein sogenannter zwingender Grund des Allgemeininteresses für die jeweilige Einschränkung der Grundfreiheiten „ehrlich" existent ist.

Den Instanzen der Europäischen Union, insbesondere der Kommission und dem Gerichtshof, kommt nun die Aufgabe zu, sowohl europäische als auch nationale Rechtsetzung mit europarechtlichem Bezug auf eben solch einen legitimen Grund hin zu überprüfen. Im Falle einer Bejahung dieser Grundfrage wird darüber hinaus untersucht, ob im Rahmen der Umsetzung der berechtigten Ziele der Grundsatz der Verhältnismäßigkeit, nämlich die Geeignetheit, die Erforderlichkeit und die Angemessenheit, beachtet wurde.

Der Geeignetheit kommt dabei eine besondere Bedeutung zu. Die mit der Rechtsnorm festgelegten Maßnahmen müssen in kohärenter und systematischer Weise, d. h. in sich schlüssig, das Erreichen der beabsichtigten Ziele anstreben und somit im Kontext der Problemlage eine zielgerichtete Lösung darstellen (s. insb. EuGH 2014, Rn. 43). Mit anderen Worten: „Es ist Ratio walten zu lassen."

Hierbei soll davon ausgegangen werden, dass nur konstruktives politisches Handeln zu nachhaltigen Ergebnissen führt. Das unbedachte Erlassen von nationalen Berufszugangsregeln, die dann ggf. erst nach einem Rechtsstreit durch den Europäischen Gerichtshof nachträglich revidiert werden, entspricht nicht dem Standard, der von einer modernen rechtsstaatlichen Vorgehensweise erwartet werden kann.

Das Verhältnis der Grundgarantien zueinander ist von Beginn des Prozesses der europäischen Integration an in vielfältiger Art und Weise miteinander verwoben. Je nach Konstellation sind sie miteinander oder gegeneinander abzuwägen. Im Falle eines „grenzüberschreitenden" Sachverhalts treten sie immer gemeinsam auf; lediglich mit verschiedener Intensität und Wahrnehmbarkeit. Die bereits konstatierte historisch inhaltliche Verwandtschaft der beiden Grundgarantien spiegelt sich zudem darin wider, dass in dem Verhältnis von Grundfreiheiten und Grundrechten eine subsidiäre Konstruktion gesehen werden kann (Frenz 2012, S. 1224).

Diese besondere Beziehung der beiden Grundgarantien findet sich auch in den Verträgen sowie im Sekundärrecht der derzeitigen europäischen Gemeinschaft, der Europäischen Union. Insgesamt ergibt sich ein Bild grundsätzlich gleichrangiger Gewichtigkeit. In der Anwendung beider Grundgarantien im konkreten Einzelfall ist sachlich begründet, verhältnismäßig bewertend vorzugehen. Der entscheidende Unterschied zwischen ihnen besteht in der jeweiligen Zielrichtung von personenbezogenen Verkehrsfreiheiten und Grundrechten. Während Erstere einen möglichst reibungslosen freien Personenverkehr innerhalb des Binnenmarktes der Europäischen Union gewährleisten sollen, indem sie Berufsausübenden Rechte zuerkennen, zielen die Grundrechte auf die individuelle Abwehr von Eingriffen auf grundlegende Rechte von Menschen, in ihrer Ausprägung als Rechtssubjekt.

Die Rolle, die die Grundrechte einnehmen – als Subsidium oder Komponente der Grundfreiheit oder als Legitimation für eine Beschränkung dieser oder beides – ergibt sich aus dem zugrunde liegenden Sachverhalt. Im Zusammenwirken beider sollte im Ergebnis die für den konkreten Fall verhältnismäßig freiheitlichste Lösung ermittelt werden. Im Rahmen der Betrachtung der Konstellation, die sich aus der supranationalen Konstruktion der Europäischen Union ergibt, sind die Reichweiten der nationalen und supranationalen Grundrechte sowie auch der jeweiligen legislativen und judikativen Organe ebenso divergent.

Ein „grenzüberschreitender" Sachverhalt, welcher im Zusammenhang mit einer Berufszugangsregelung mit Bezug zum Binnenmarkt stets mitgedacht werden muss, ruft automatisch die Belange der supranationalen Ebene hervor. Außerdem haben Organe der nationalen Ebenen grundsätzlich Entscheidungen der supranationalen Rechtsprechung zu beachten, zudem unterliegt ihr Handeln sehr ähnlichen national-rechtsstaatlichen Anforderungen. Dies gilt insbesondere für das in den Verfassungen der Mitgliedstaaten tradierte Recht auf freie Berufsausübung.

Ein vereinfachendes aber dennoch zielführendes Fazit kann an dieser Stelle sein, dass beide Grundgarantien vielfach miteinander verflochten sind. Sowohl die Grundrechte mit den Grundfreiheiten als auch das nationale Rechtssystem mit dem der Unionsebene. In der juristischen Praxis ist die genaue Spezifizierung der Anwendung und Auslegung dieses Gesamtsystems wirtschaftlicher Freiheitsrechte, wie oben dargelegt, ein ausgesprochen komplexer Vorgang. Im Kontext beruflicher Grundfreiheiten kann jedoch festgestellt werden, dass dem Grundrecht „Berufsfreiheit" in jeder denkbaren Konstellation einer Beeinträchtigung von Berufsausübung, auch und gerade, wenn diese national begründet ist, eine grundlegende Bedeutung zukommt. Das gilt umso mehr, da ferner grundsätzlich festgehalten werden kann, dass die Freizügigkeit oder genauer die Ortsunbeschränktheit des Rechts auf Ausübung beruflicher Tätigkeiten ein wesentlicher Bestandteil der individuellen wirtschaftlichen Handlungsfreiheit ist.

Zugangsreglementierungen schränken sowohl die personenbezogenen Grundfreiheiten als auch das Grundrecht auf freie Berufsausübung ein. Dies bedarf, egal welche Grundgarantie hier die rechtstheoretische Führung übernimmt, der Rechtfertigung. Freiheitliche Intention für die Entwicklung eines Ansatzes zur Ausgestaltung qualifikationsfordernder Vorschriften ist nun genau, dass die mit ihnen einhergehenden Einschränkungen der Grundgarantien gerechtfertigt sind. Gerechtfertigt heißt hier: aus der Perspektive der freiheitlich orientierten Werteordnung der Europäischen Union heraus legitim, und zwar gemessen an den rechtsstaatlichen Prinzipien, deren Einhaltung Voraussetzung für ein friedliches und Stabilität gebendes gesellschaftliches Miteinander ist.

Darüber hinaus wurde festgestellt, dass – für die beruflichen Freiheiten ebenso wie für die Grundgarantie des Rechts auf freie Berufsausübung – die Kernelemente der Überprüfung des Gerechtfertigtseins einer Einschränkung das Vorhandensein eines tatsächlichen zwingenden Grundes des Allgemeininteresses und die Einhaltung des Grundsatzes der Verhältnismäßigkeit verlangt. Im übergeordneten Kontext der „europäischen" Berufsfreiheit der Charta der Grundrechte der Europäischen Union sind zudem die erwerbsbezogenen Verkehrsfreiheiten inkludiert. Daher kann gelten:

> Für die Entwicklung eines zukunftsfähigen theoretischen Ansatzes, der die konsequente Ausgestaltung von Berufsausübung reglementierender Vorgaben mit größtmöglichem Freiheitsgrad zum Ziel hat und sich als Beitrag zu Weiterentwicklung einer emanzipatorischen Gesellschaftsordnung versteht, können und müssen die Kernanforderungen, die sich aus der national und supranational verbrieften Berufsfreiheit ergeben, zum grundlegenden Ausgangspunkt genommen werden.

Insgesamt bestätigt sich somit, dass es für die weitere Bearbeitung der Fragestellung vertretbar, schlüssig und zielführend ist, die Berufsfreiheit als umfassendes ganzheitliches Grundrecht zum Ausgangspunkt für den zu entwickelnden Ansatz heranzuziehen. *„Entscheidend sind letztlich die tatsächlichen Auswirkungen auf die beruflichen Möglichkeiten“* (Frenz 2009, S. 757).

Dies gilt umso mehr, als vor allem Qualifikationsanforderungen sowohl Einfluss auf eine Berufswahl als auch auf die Zugangsmöglichkeiten und Chancen für die Aufnahme und Ausübung einer beruflichen Tätigkeit haben (vgl. ebd., S. 756 f.). Da im Übrigen der Absatz 2 des Artikels 15 (Charta 2016) als Spezifizierung der Berufsfreiheit für wirtschaftlich handelnde Bürger der Europäischen Union angesehen werden kann, sind insofern die personenbezogenen Grundfreiheiten und die dazu gehörenden Rechtsakte als deren Verwirklichung unter der Berufsfreiheit subsumierbar (s. a. Sasse 2011, S. 277).

Bevor darauf aufbauend ein grundsätzliches Handlungskonzept zur Gestaltung qualifikationsfordernder Reglementierungen von Berufsausübung entwickelt wird, erfolgt eine Darstellung mit der Grundgarantie des Rechts auf freie Berufsausübung kollidierender aktueller europäischer Rechtsetzung und Rechtsprechung. Die Ausarbeitung dieses speziellen, durch das Fordern von Qualifikationen im Kontext grenzüberschreitender Berufsausübung auftretenden Phänomens ermöglicht es, die besonderen Anforderungen an eine legitime Rechtfertigung für die Einschränkung der freien Berufsausübung vertiefend zu begreifen.

6.4 Bewertung europäischer Rechtsetzung und Rechtsprechung

Die europäische Rechtsprechung und Rechtsetzung gestalten auf supranationaler Ebene die Bemühungen, die in den Grundlagenverträgen zur Europäischen Union (AEUV und EUV 2016) vereinbarten Grundgarantien zu verwirklichen. Den Grundgarantien, die eine möglichst freie und grenzüberschreitende Berufsausübung sicherstellen sollen, kommt im angestrebten liberalen Binnenmarkt eine besondere Bedeutung zu. Der Konstruktion der Europäischen Union als Staatenverbund, die mit einer weitreichenden Souveränität der verbundenen Staaten einhergeht, ist jedoch eine Vielzahl von Beeinträchtigungen dieser Freiheit inhärent. Insbesondere divergierende qualifikationsfordernde Berufszugangsregelungen stellen eine solche dar.

Im Folgenden gilt es nun die dargestellte Entwicklung der beruflichen Freizügigkeiten im Rahmen der europäischen Integration, d. h. ihre Umsetzung in Rechtsetzung und Rechtsprechung, in Bezug zur vereinbarten Grundgarantie der Berufsfreiheit als Ausgangspunkt emanzipatorischer Ausgestaltung von Reglementierungen zu setzen. Zu diesem Zweck erfolgt zunächst eine kurze Einordnung europäischer Rechtsetzung und Rechtsprechung im Problemkontext qualifikationsanfordernder Vorschriften im „freien" Binnenmarkt der Europäischen Union. Dabei wird auch der sich systematisch ergebende Ausgangspunkt für die weitere Vorgehensweise sichtbar werden.

Es schließt sich eine Überprüfung des Konzeptes der Anerkennung von Qualifikationen als Ansatz für „grenzenlose" Berufsfreiheit auf Vereinbarkeit mit den Grundsätzen aus den garantierten Rechten auf freizügige bzw. freie Berufsausübung an. Hierbei steht die Richtlinie 2005/36/EG (2016) als diesbezüglich maßgebliche europäische Rechtsetzung im Vordergrund. Insbesondere werden im Zuge dessen die Unverträglichkeiten, resultierend aus der Festlegung nationaler Qualifikationen als Maßstab für eine Gleichbehandlung, die ungelösten Probleme, die sich aus der Nichtübereinstimmung nationaler Qualifikationen ergeben, sowie die durch die Richtlinie 2005/36/EG erzeugte Inländerdiskriminierung durch Anerkennung von im Ausland erworbenen Qualifikationen herausgearbeitet.

Neben der Rechtsetzung hat die europäische höchstrichterliche Rechtsprechung eine entscheidende Rolle inne, wenn es darum geht, den vereinbarten Grundgarantien wirtschaftlicher Handlungsfreiheit Geltung zu verschaffen. Die Wechselwirkung von Rechtsetzung und Rechtsprechung wurde bereits dargelegt. Insofern ist es weiterführend das Ziel, die Schwierigkeiten einer konsistenten Reflexion der Ausgestaltung qualifikationsfordernder Reglementierungen von Berufsausübung im Bereich der europäischen Rechtsprechung zu veranschaulichen. Anhand eines Urteils des EuGH zur Betreibung des Apothekergewerbes werden diese Probleme exemplarisch dargestellt und eine mögliche Ursache für sie angegeben.

Diesen Hauptabschnitt und das Kapitel insgesamt abschließend werden die gewonnenen Erkenntnisse zu den vorhandenen ungelösten Schwierigkeiten und Inkonsistenzen innerhalb der untersuchten europäischen Rechtsetzung und Rechtsprechung zusammengefasst und für den Fortgang der Untersuchung eingeordnet, sodass sich dem Entwurf des avisierten Gestaltungsansatzes weiter systematisch genähert werden kann.

6.4.1 Europäische Rechtsetzung und Rechtsprechung im Problemkontext

Jedwede Forderung, die als Voraussetzung zu erfüllen ist, bevor eine berufliche Tätigkeit aufgenommen oder ausgeübt werden darf, ist gleichzusetzen mit einer grundsätzlichen Beeinträchtigung der Berufsfreiheit. Im Bemühen des Voranbringens der europäischen Integration war von Beginn an offenkundig, dass das Fordern von Qualifikationen bzw. deren Nachweise ein Hindernis für die angestrebte Freizügigkeit des gemeinsamen Marktes ist. Qualifikationsanfordernde Reglementierungen können beispielsweise das einfache Erfüllen der Schulpflicht, das etwas aufwendigere Bestehen eines Fachlehrganges[165] oder das Absolvieren eines anspruchsvollen und langjährigen ggf. universitären Bildungsganges sein. Bei allen drei Beispielen ist der Nachweis des Vorliegens der genannten Voraussetzung durch ein behördliches Dokument zu erbringen.

Insbesondere das Scheitern der Harmonisierungsansätze im Bereich der beruflichen Bildung erforderte einen separaten Ansatz zur Überwindung der aus der Vielfältigkeit der europäischen Bildungs- und Reglementierungssysteme resultierenden Hindernisse für eine freie Berufsausübung. Um die angestrebte Gleichbehandlung aller Unionsbürger zu gewährleisten, wurde die Anerkennung von Qualifikationen, unabhängig, in welchem Mitgliedstaat diese erworben wurden, verfügt (aktuelle 2005/36/EG 2016). Als Maßstab für die in den jeweiligen Ländern vorzunehmende Gleichbehandlung wurde dabei der jeweilige rein nationale Qualifikationsweg definiert.

In der bereits angeführten Richtlinie 2006/123/EG über Dienstleistungen im Binnenmarkt wurde der Aspekt der Beeinträchtigung durch das Stellen von Qualifikationsanforderungen ebenfalls noch vollständig ausgeklammert. So heißt es zur Richtlinie in dieser selbst:

> „*Sie behandelt andere Fragen als diejenigen im Zusammenhang mit Berufsqualifikationen, z. B. Fragen der Berufshaftpflichtversicherung, der kommerziellen Kommunikation, multidisziplinärer Tätigkeiten und der Verwaltungsvereinfachung.* [...] *Somit werden keine gemäß der Richtlinie 2005/36/EG*[[166]] *im Mitgliedstaat der Dienstleistungserbringung anwendbaren Maßnahmen von den Bestimmungen der vorliegenden Richtlinie über die Dienstleistungsfreiheit berührt.*“ (EG 2006, 31. Erwägungsgrund).

Hieraus kann im Kontext der untersuchten Problemstellung der vorliegenden Arbeit zunächst festgehalten werden, dass die im Zusammenhang mit dem Stellen von Qualifikationsanforderungen durch nationale Behörden im Einklang mit der „Anerkennungsrichtlinie“ (2005/36/EG 2016) durchgeführten „*anwendbare*

165 Z. B. ein Führerschein der Fahrerlaubnisklasse B, aber auch Sachkundenachweise aufgrund arbeitsschutzrechtlicher Vorschriften.

166 Richtlinie 2005/36/EG des Europäischen Parlaments und des Rates vom 7. September 2005 über die Anerkennung von Berufsqualifikationen.

Maßnahmen" grundsätzlich eine Beeinträchtigung der europäischen Verkehrsfreiheiten darstellen (s. a. Frenz 2012, S. 628).

Im Weiteren wird klar, dass, wenn es um qualifikationsfordernde Reglementierungen geht, die zuletzt 2013 grundlegend reformierte „Anerkennungsrichtlinie" (2005/36/EG) die bedeutendste Rechtsetzung zur Sicherstellung der grenzüberschreitenden Berufsfreiheit darstellt. Sie genauer zu untersuchen kann und muss ein nächster Schritt sein, um zielführend die fortbestehenden Probleme für das Vorhaben der Verwirklichung der beruflichen Freizügigkeit herauszuarbeiten (s. Teil II 6.4.2). Darauf aufbauend kann dann später der angestrebte emanzipatorische Gestaltungsansatz entworfen werden.

Im Zusammenhang mit Qualifikationsanforderungen stellt die pauschal genannte Intention, ein entsprechendes Bildungsergebnis gewährleisten zu wollen, einen dem Gemeinwohl fördernden Grund dar. In der europäischen Rechtsprechung genügte dies bisher grundsätzlich auch den Anforderungen des EuGH an eine gerechtfertigte Beeinträchtigung der Verkehrsfreiheit. Frenz (2012) führt dazu aus:

> *„Insgesamt hält der EuGH im Bereich der beruflichen Qualifikationen aber die Nennung eines gesonderten Schutzgutes für jeden einzelnen Beruf offenbar nicht für notwendig, sondern hier scheint allgemein die Gewährleistung einer ordnungsgemäßen Berufsausübung zu genügen."* (ebd., S. 661).

In Anbetracht der bisherigen Entwicklung der europäischen Rechtsprechung, die u. a. die Anerkennungsmodalitäten der Richtlinie 2005/36/EG fortlaufend im Sinne der in den Grundlagenverträgen vereinbarten Grundgarantien nachgebessert hat, ist jedoch davon auszugehen, dass sich der EuGH diesem Aspekt nur noch nicht hinreichend zugewandt hat. Das mag darin begründet liegen, dass die bisher anliegenden Fälle eine Prüfung in dieser Richtung und Tiefe nicht erforderten (s. Frenz 2012, S. 661). Darüber hinaus ist der EuGH, wie sich zeigen wird, in seiner bisherigen Rechtsprechung, wenn es um Qualifikationsanforderungen ging, nicht immer konsistent im Vergleich zur Bewertung von Rechtfertigungsgründen anderer Einschränkungen der Berufsfreiheit.

In der Rückschau auf die bisherige Entwicklung der europäischen Rechtsprechung ist jedoch zu erwarten, dass in der Zukunft striktere Auslegungen und damit Vorgaben auch für die nationale Legislative erfolgen. Insofern ist eine proaktive Lösung der folgenden Probleme im Zusammenhang mit dem Stellen von Qualifikationsanforderungen angebracht. Die Entwicklung der Rechtsprechung der höchsten Gerichtsbarkeit der Europäischen Union und die Wechselwirkung, die diese mit der europäischen Rechtsetzung entfaltet, ist bereits begleitend, an den relevanten Stellen ausführlich dargestellt worden.

Einige Urteile können dabei als wegweisend für die Weiterentwicklung der Berufsfreiheit im Zuge der europäischen Integration gelten. Besonders geeignet die noch bestehenden Inkonsistenzen aufzuzeigen, wenn es darum geht, die Berufsfreiheit als Anforderung an die Gestaltung qualifikationsfordernder Reglementierungen zu berücksichtigen, ist allerdings ein Urteil, bei dem eben dies weniger gut gelungen ist (s. Teil II 6.4.3). Eine exemplarische Betrachtung eines entsprechend geeigneten Urteils trägt ebenfalls dazu bei, den angestrebten zukunftsfähigen Gestaltungsansatz fundiert entwickeln zu können.

6.4.2 Anerkennung von Qualifikationen und „grenzenlose" Berufsfreiheit

Dass Qualifikationsanforderungen die Arbeitnehmerfreizügigkeit behindern, ist spätestens seit Beginn der europäischen Einigung, d. h. seit der Ausgestaltung der Arbeitnehmerfreizügigkeit der Kohle- und Stahlarbeiter im Rahmen der Montanunion – als Problem erkannt und bearbeitet worden. Zielsetzung war dort die Beseitigung „[…] *jede auf die Staatsangehörigkeit gegründete Beschränkung hinsichtlich der Beschäftigung* […]" (EGKSV 1951, Artikel 69, § 1) für die definierte Gruppe der qualifizierter Arbeiter der Kohle- und Stahlindustrie (ebd.). Qualifikationsanforderungen waren bereits hier der Schlüssel zum Zugang dieser ersten europäischen Freizügigkeit berufstätiger Bürger der Mitgliedstaaten. Das Konzept unterschied sich jedoch insofern vom heute gültigen, als dass das Recht auf Freizügigkeit generell nur für einen festgelegten, nämlich definierte Qualifikationsprofile besitzenden Personenkreis Geltung besaß.

Als Mittel zur Beurteilung, ob der Zugang zu einer beruflichen Tätigkeit, dessen freie Ausübung eingeschränkt sein soll, gewährt werden kann, wurde das bis heute verbindliche Werkzeug der „anerkannten Qualifikationen" eingeführt. Wesentlicher Kritikpunkt an dem Ansatz der „anerkannten Qualifikationen" der EGKS war u. a., dass eine Qualifizierung gefordert wird, weil diese eben nötig ist, um für eine Tätigkeit qualifiziert zu sein oder anders ausgedrückt: Das Metier muss beherrscht werden. Dies ist im allgemeinen Kontext natürlich unmittelbar einleuchtend. Die Frage, die dabei indes unbeantwortet bleibt, ist, warum es denn notwendig sein soll, hierfür ein behördliches Verfahren zur formellen Prüfung des Vorliegens der geforderten Qualifikationen zu installieren, gibt es doch eine Vielzahl von beruflichen Tätigkeiten, bei denen der Arbeitgeber bzw. von ihnen beauftrage Personen oder die Adressaten der angebotenen Produkte und Leistungen, also die Marktteilnehmer, über die Güte der abgelieferten Arbeit entscheiden und damit indirekt beurteilen, ob die vorhandenen oder besser die eingebrachten Befähigungen ausreichend sind.

Unabhängig davon, dass diese Art der Berufszugangsreglementierung der Europäischen Gemeinschaft für Kohle und Stahl einer Freizügigkeit bereits konzeptionell zuwiderlaufend war (s. Teil II 5.1.2.1), stellt sich diese Frage genauso auch im Kontext der aktuellen europäischen Grundfreiheiten. Die Richtlinie 2005/36/EG „über die Anerkennung von Berufsqualifikationen" (2016) ist aktuell die bedeutendste europäische Rechtsetzung zur Überwindung derjenigen Probleme, die sich aus der Diversität der nationalen Qualifizierungs- und Reglementierungssysteme durch „Anerkennung" von Qualifikationen ergeben. Die grundsätzliche Frage im Rahmen der Wahrnehmung des Rechts auf ortsungebundene freie Berufsausübung innerhalb des Binnenmarktes der Europäischen Union ist somit im Weiteren die, ob die Handhabung von Qualifikationsanforderungen durch die „Anerkennungsrechtlinie" (2005/36/EG 2016) im Einklang mit der europäischen Grundgarantie auf freie Berufsausübung steht.

Der folgenden Untersuchung muss dabei vorangestellt werden, dass „vereinfachend", d. h. um die Frage separieret bearbeiten zu können, davon ausgegangen wird, dass für das Fordern der jeweiligen Qualifikationen ein aktuell anerkannter zwingender Grund des Allgemeininteresses vorliegt. Die Untersuchung behandelt dann zunächst das Problem der nationalen versus supranationalen Qualifikationen als Reglementierungsmaßstab, gefolgt von einer Betrachtung der Nichtübereinstimmung nationaler Qualifikationen als ungelöstes Problem sowie abschließend dem Aspekt der Inländerdiskriminierung durch Anerkennung von im Ausland erworbenen Qualifikationen.

6.4.2.1 Nationale versus supranationale Qualifikationen als Maßstab

Die extreme Diversität der Qualifikations- und Reglementierungssysteme in den Mitgliedstaaten der europäischen Gemeinschaften war von Beginn an das größte Problem für die Schaffung einer möglichst weitreichenden Freizügigkeit für Berufsausübende. Die Einführung des Instruments der „anerkannten Qualifikationen" stellt einen Lösungsansatz für dieses Problem dar. Im Zuge des „Anerkennungsverfahrens" der Arbeitnehmerfreizügigkeit der EGKS waren Maßstab für die Prüfung des Vorliegens der qualifikatorischen Voraussetzungen, zu diesem Zwecke formulierte „europäische (Erwerbs-)Berufsbilder". Entscheidendes Kennzeichnen dieser Lösung ist einerseits, dass europaweit einheitliche Voraussetzungen zu erfüllen waren und andererseits, dass die gemeinschaftlich definierten Berufsbilder sich am Profil der beabsichtigen Berufsausübung orientiert haben (s. Teil II 5.1). Dies ist bei den heute geltenden Regeln, insbesondere der Richtlinie 2005/36/EG (2016) nicht mehr der Fall.

Zu Beginn der Ausweitung der Arbeitnehmerfreizügigkeit auf eine große Anzahl weiterer Berufstätigkeiten durch den EWG-Vertrag (1957) wurde zur Problemlösung das Ziel einer Harmonisierung beruflicher Bildung durch den Ansatz der schrittweisen Angleichung der Ausbildungsniveaus sowie den Ansatz der Entwicklung einer europäischen Berufsausbildung angestrebt (s. Teil II 5.2.4). Bekanntermaßen wurde später mit dem Abschluss des Vertrags von Maastricht (EUV 1992) der Handlungsstrang der Harmonisierung beendet, sodass im Ergebnis heute die Richtlinie 2005/36/EG (2016) als das Hauptinstrument zur Minderung der Beeinträchtigung der personenbezogenen Verkehrsfreiheiten durch Qualifikationsanforderungen bezeichnet werden kann.

Das Diskriminierungsverbot der aktuellen Verträge der Europäischen Union verlangt für die Ausübungsbedingungen einer beruflichen Tätigkeit mit grenzüberschreitenden Elementen eine Gleichbehandlung, auch hinsichtlich des Forderns von Qualifikationen bzw. deren Nachweise. Der Bezugspunkt zur Beurteilung des Vorliegens einer Gleichbehandlung ist nach aktueller europäischer Rechtslage gemäß der Richtlinie 2005/36/EG (2016) der jeweilige rein nationale Qualifikationsweg, d. h. der mit ihm in Verbindung zu bringende geforderte Qualifikationserwerb bzw. dessen Nachweis. Maßstab für das Vorliegen einer Diskriminierung wiederum ist, dass von Berufsausübenden unabhängig von der Herkunft ihrer Qualifikationen höchstens solche Qualifikationen gefordert werden, die gleichwertig mit den von Inländern geforderten sind. Präzise formuliert gelten Qualifikationen dann als gleichwertig, wenn sie denjenigen entsprechen, die von Berufstätigen, die inländische Bildungswege absolviert haben für den selben Marktzugang nachgewiesen werden müssen.

Es werden also die jeweils national geltenden Qualifikationsanforderungen zum Maßstab für eine Zugangsbeschränkung gemacht. Dies führt nur scheinbar zu einer Gleichbehandlung, wenn rein nationale Märkte für die Ausübung einer beruflichen Tätigkeit in den Fokus genommen werden. Dabei werden jedoch die realen Vorgänge bei der Aufnahme einer reglementierten Tätigkeit in einem anderen Mitgliedsland als in dem, in dem die Befähigung erworben wurde, verkannt. Es ist nämlich so, dass obwohl die Befähigung „mitgebracht" wird bzw. vorliegt, hier im Gegensatz zu Bewerbern mit inländischen Qualifikationen ein zusätzlicher Aufwand zu erbringen ist. Liegt eine grenzüberschreitende Berufsausübung und keine sonstige Ungleichbehandlung aufgrund der Staatsangehörigkeit eben z. B. bei der Anforderung von Qualifikationen vor, so erfährt ein Berufsausübender mit ausländischen Befähigungsnachweisen allein schon dadurch eine Benachteiligung, dass er im Gegensatz zu einem Inhaber inländischer Nachweise ggf. ein kosten- und zeitintensives Bewertungsverfahren durchlaufen muss. Das stellt faktisch eine Hürde für die grenzüberschreitende freie Berufsausübung dar.

Darüber hinaus wird im Vergleich mit der Arbeitnehmerfreizügigkeit der EGKS deutlich, dass hier ein Systembruch vorliegt. Im Zuge der Arbeitnehmerfreizügigkeit der EGKS waren die Anforderungen gemeinschaftsweit gleich und für alle Mitgliedstaaten bzw. Arbeitnehmer der Gemeinschaft gültig. Im aktuellen Binnenmarkt hingegen sind die Bedingungen in jedem Mitgliedsland unterschiedlich und damit im Prinzip jeweils das Prüfungsverfahren neu zu durchlaufen. Jenes im Rahmen der Zielsetzung der Schaffung eines gemeinsamen Europäischen Binnenmarktes so zu regeln, produziert nicht nur einen Widerspruch in sich selbst, sondern ignoriert auch all jene realen Probleme, die dieser Ansatz mit sich bringt.

Aus der Zielperspektive eines gemeinsamen Europäischen Binnenmarktes heraus ist festzuhalten, dass die Wahl nationaler Qualifikationsanforderungen als Zugangsbeschränkung für reglementierte Berufstätigkeiten für eben diesen supranationalen Markt nicht geeignet ist, die bruchlose Umsetzung des auf Nichtdiskriminierung basierenden Grundkonzeptes von personenbezogenen erwerbsberuflichen Verkehrsfreiheiten zu gewährleisten. Dies steht damit einem wesentlichen Aspekt der Grundgarantie auf freie Berufsausübung entgegen.

Die Richtlinie 2005/36/EG (2016) sowie alle weiteren durch die Europäische Union im Zusammenhang mit dem System der „anerkannten Qualifikationen" erlassenen Maßnahmen stellen letztendlich Versuche dar, die Folgen der mangelnden Bereitschaft der Mitgliedsländer der Europäischen Union, in diesem Bereich zu einer Gemeinschaftslösung zu gelangen, zu mindern. Wie zu Beginn der europäischen Integration gezeigt wurde, existieren jedoch Ansätze auf supranationale Ebene, die dazu geeignet waren und sind, die vorhandenen Inkonsistenzen auszuräumen.

6.4.2.2 Nichtübereinstimmung nationaler Qualifikationen als ungelöstes Problem

Die Nichtübereinstimmung dessen, was als entsprechender Beruf in den jeweiligen Mitgliedstaaten in Form eines Bündels von Befähigungen und/oder Tätigkeiten definiert ist, war von Beginn an die größte Herausforderung für die Verwirklichung des gemeinsamen Marktes. Die Abkehr von gemeinsam entwickelten für den gesamten Europäischen Binnenmarkt gültigen Qualifikationsstandards,[167] wie bereits im Rahmen der Arbeitnehmerfreizügigkeit der

167 Im weitesten Sinne. Eine Abgrenzung zu Berufsstandards etc. erfolgt später im

Montanunion initiiert, bis zum Heranziehen nationaler Zertifikate formeller, institutionalisierter Bildungsgänge als Zugangsvoraussetzung für Berufsausübung, erzeugte eine Reihe von Problemen. Als Bedeutendstes kann die unterschiedliche berufsfachliche Schneidung in Breite und Niveau der jeweils geforderten formellen Bildungsgänge genannt werden. Die Richtlinie 2005/36/EG „über die Anerkennung von Berufsqualifikationen" (2016) soll dieses Problem durch „Anerkennung" von Qualifikationen überwinden helfen.

Für die Zwecke der Feststellung der niveaubezogenen Gleichwertigkeit von „mitgebrachten" Qualifikationen mit denjenigen im Zielland für die Berufsausübung geforderten wurden bei Ersterlass der Richtlinie Qualifikationsniveaus eigens festgelegt. Diese sind bis heute maßgebend, wenn es um die Anerkennung von Berufsqualifikationen geht.[168] Vergleichbar wie in der „*International Standard Classification of Education*" (ISCED) wird hier eine hierarchische Klassifizierung formeller Nachweise von allgemein- und berufsbildenden Qualifikationen vorgenommen.

Für die sektoralen Berufe, die einer automatischen Anerkennung unterliegen und weitere, bei denen die Mindeststandards für die entsprechenden Bildungsgänge gemeinschaftsweit vereinbart wurden, ist das vorzusehende Qualifikationsniveau und die institutionelle und inhaltliche Gestaltung der Ausbildung festgelegt. Für Ausbildungsnachweise reglementierter Berufstätigkeiten, deren Anerkennung der allgemeinen Regelung der Richtlinie unterliegt, wurde durch die grundlegende Reform eine als vertrauensbasiert zu bezeichnende Lösung eingeführt. Während anfangs noch gefordert wurde, „[…] *dass das Berufsqualifikationsniveau des Inhabers zumindest unmittelbar unter dem Niveau nach Artikel 11 liegt, das der Aufnahmemitgliedstaat fordert*" (2005/36/EG, Artikel 13, Absatz 2, lit. b), genügt es nunmehr, dass bescheinigt wird, „[…] *dass der Inhaber auf die Ausübung des betreffenden Berufs vorbereitet wurde*"[169] (2005/36/EG 2016, ebd.).

Für den Aspekt der Niveauunterschiede von Ausbildungsnachweisen national divergierender Qualifikationssysteme kann festgestellt werden, dass die aktuelle Richtlinie eventuelle Beeinträchtigungen der grenzüberschreitenden freien Berufsausübung grundsätzlich beseitigt. Hier ist eine Hinwendung zum

---

Abschnitt „Funktionale Basistätigkeiten als Grundlage für die Reglementierung von Berufsausübung" (Teil II 3).

168 Der Europäische Qualifikationsrahmen für lebenslanges Lernen (EQR) besitzt hier faktisch keine Relevanz.

169 Einzige Ausnahme: Es liegt Niveau a vor und e wird verlangt (ebd., Absatz 4).

Herkunftslandprinzip auch für den Bereich der niedergelassenen Ausübung einer beruflichen Tätigkeit zu erkennen, denn es genügt für Bewerber nun, „[…] *wenn sie den Befähigungs- oder Ausbildungsnachweis nach Artikel 11 besitzen, der in einem anderen Mitgliedstaat erforderlich ist, um in dessen Hoheitsgebiet die Erlaubnis zur Aufnahme und Ausübung dieses* [im Zielland reglementierten] *Berufs zu erhalten.*" (2005/36/EG 2016, Artikel 13, Absatz 1). Dies ist bemerkenswert, da mit der Klassifikation nach Artikel 11 nicht nur das Qualifikationsniveau beschrieben ist, sondern ebenfalls die dahinterstehenden jeweils national divergierenden Qualifikationswege.

Das Problem der inhaltlichen Schneidung von Bildungsgängen bezogen auf die thematische Auswahl und den Umfang der mit der Qualifikation abgedeckten Bereiche – kurz die berufsfachliche Breite der Ausbildung – ist von größerer Komplexität. Ausgangspunkt für eine „Anerkennung" mitgebrachter Qualifikationen ist nach wie vor das Berufskonstrukt des Ziellandes. Mitgebracht werden jedoch Qualifikationen, die nach den Bestimmungen des Herkunftslandes geordnet sind. Trotz der europaweit abgestimmten sektoralen und der durch Grundsätze für die Ausbildung koordinierten Berufe sind die Reglementierungen einer Vielzahl angestrebter Erwerbstätigkeiten in ihrer Breite äußerst heterogen.

Zur Abmilderung des mobilitätshemmenden Nachteils, dass, wenn die mitgebrachten Befähigungen nicht der Breite der geforderten Qualifikation genügen, ein vollständiges Absolvieren der Ausbildung nach den Vorgaben des Ziellandes verlangt werden könnte, wurde bereits in den Vorläufern der Richtlinie 2005/36/EG eine Lösung gefunden (s. Teil II 5.2.4.4). Aktuell ist, konkret für den Fall, dass ein oder mehrere fachliche oder tätigkeitsbezogene wesentliche Abweichungen der mitgebrachten Qualifikationen zum Ausbildungsgang des Aufnahmestaates vorliegen, das Instrument der Ausgleichsmaßnahme in Form einer Eignungsprüfung oder eines Anpassungslehrgangs eingerichtet (2005/36/EG 2016, Artikel 14, Absatz 1). Die Frage, warum eine beabsichtigte Berufstätigkeit, für die eine Befähigung vorliegt, nur deswegen verweigert wird, weil das Qualifizierungssystem des Ziellandes diese „zufällig" anders einordnet, bleibt unbeantwortet.

Ein weiterer in der „Anerkennungsrichtlinie" der Europäischen Union (2005/36/EG 2016) verwirklichter Lösungsansatz ist der, des partiellen Zugangs zu einer Erwerbstätigkeit eines umfassenderen Berufsbildes im Hoheitsgebiet des Zielstaates (ebd., Artikel 4 f; s. Teil II 5.3.2.2). Dieser Lösungsansatz ist in seiner Anlage und Wirkung divergent. Einerseits geht er auf die zwischen den Mitgliedstaaten vertraglich vereinbarten personenbezogenen Verkehrsfreiheiten zurück, deren Grundgedanke es ist, den Unionsbürgern grundsätzlich das Recht einzuräumen, einmal erworbene berufliche Befähigungen in allen Mitgliedstaaten durch ein diesbezügliches erwerbsberufliches Handeln wirtschaftlich verwerten zu können.

Die faktische Umsetzung in der Richtlinie erklärt diesen Ansatz allerdings ausdrücklich zu einem Ausnahmefall, der an das Vorliegen restriktiver Voraussetzungen geknüpft ist, der jeweils wiederum einer umfangreichen Auslegung nach dem Übermaßverbot bedarf (2005/36/EG 2016, Artikel 4 f, Absatz 1). Der Ansatz des partiellen Zugangs – bei dem ebenfalls zumindest tendenziell das Herkunftslandprinzip anzuwenden ist – ist geeignet, die entsprechenden in der Diversität der Qualifizierungs- und Reglementierungssystem liegenden Beeinträchtigungen der Berufsfreiheit abzumildern. Die restriktive Ausgestaltung der Anwendung, die sich erkennbar dem Grundsatz Qualifikationsanforderungen des Ziellandes als Maßstab einer „Gleichwertigkeit" heranzuziehen unterordnet, verhindert jedoch einen allgemeingültigen Anspruch auf eben eine freie Berufsausübung.

6.4.2.3 Inländerdiskriminierung durch Anerkennung von „Auslandsqualifikationen"

Bereits mit der Errichtung der „Arbeitnehmerfreizügigkeit" der Europäischen Gemeinschaft für Kohle und Stahl ist das Grundprinzip des Diskriminierungsverbots formuliert worden (EGKSV 1951, Artikel 69, § 1). Im Zuge der Weiterentwicklung zur Grundfreiheit folgte daraus, dass jede Diskriminierung, die den Zugang zur Ausübung einer beruflichen Tätigkeit von der Staatsangehörigkeit abhängig macht, zu beseitigen war und ist. Nicht zu diskriminieren heißt dabei, sachbezogen gleichzubehandeln. Eine vielfach thematisierte, dennoch bisher ungelöste Ungleichbehandlung, die aus dem Ansatz der „Anerkennung von Qualifikationen" am Maßstab nationaler Reglementierungen von Berufsausübung resultiert, ist die sogenannte Inländerdiskriminierung.

Folgende Begriffsbestimmung kann hier Verwendung finden: *„Inländerdiskriminierungen sind benachteiligende Ungleichbehandlungen eigener gegenüber fremden Staatsangehörigen durch einen Mitgliedstaat im Geltungsbereich einer nationalen Rechtsordnung."* (Frenz 2012, S. 109).

Als Ausgangspunkt zur Bewertung etwaiger Diskriminierungen durch die beruflichen Grundfreiheiten ist das ökonomische Ziel des freien Zugangs zum Markt zu berücksichtigen. Der Marktzugang kann hierbei durch eine Berufsausübung in Form einer abhängigen Beschäftigung, einer Niederlassung oder im Rahmen der Erbringung einer Dienstleistung erfolgen. Die Grundfreiheiten beinhalten über das Gleichbehandlungsgebot hinaus die Intention, sicherzustellen, dass die gewünschte Verwirklichung eines „freien" Binnenmarktes erreicht wird (s. a. Teil II 6.1.1.3). Dies führte dazu, dass formell zwar die national geforderten Qualifikationen Maßstab für eine Gleichbehandlung sind, jedoch nicht der Aufwand, der für deren Erwerb und Nachweis zu erbringen ist.

So kommt es zwar häufig vor, dass Berufsausübende, die im Ausland Qualifikationen erworben haben, diese in aufwendigen Verfahren nachweisen müssen – was Inländern erspart bleibt –, allerdings können dabei Qualifikationen eingebracht werden, die ggf. mit weniger Aufwand erworben wurden, als dies bei inländisch zu durchlaufenden formellen Bildungsgängen der Fall ist. Darüber hinaus sind bei EU-Ausländern die Anerkennungsbehörden verpflichtet auch informell und non-formal erworbene Qualifikationen „anzurechnen" – bei Inländern indes nicht. Die Richtlinie 2005/36/EG (2016) schafft also Situationen, die zu einer Diskriminierung von Inländern führen können (s. a. Frenz 2012, S. 109).

Um diesem Effekt entgegenzuwirken, wurden früh schon, wie z. B. in der Richtlinie 64/427/EWG (EWG 1964), die sich mit den Übergangsmaßnahmen auf dem Gebiet der selbstständigen Tätigkeiten des be- und verarbeitenden Gewerbes in Industrie und Handwerk befasste, die Bestimmungen zu den sogenannten Erfahrungszeiten zur Zuerkennung der Befähigung verschärft. Besonders deutlich wird die faktische Ungleichbehandlung von In- und Ausländern jedoch bei der gelegentlichen oder vorübergehenden grenzüberschreitenden Erbringung von Dienstleistungen. Es gilt zunächst nämlich das sogenannte Herkunftslandprinzip, welches festlegt, dass für die Zulassung zur Berufsausübung grundsätzlich die Bestimmungen des Landes gelten, aus dem heraus die Dienstleistung angeboten wird. Außerdem ist es unzulässig, spezielle, für inländische Anbieter verbindliche Auflagen und Bestimmungen, wie etwa der zusätzliche Eintrag in ein Berufsregister oder die Mitgliedschaft in einer berufsständischen Organisation, von ausländischen Bewerbern zu fordern (EG 2006, Artikel 14, Ziff. 2, vgl. Artikel 6, Absatz 1, lit. a).

Die primäre Bestimmung der Grundfreiheiten ist es, die Umsetzung des Binnenmarktes durch die Beseitigung vorhandener Hindernisse für einen möglichst freien Verkehr von Waren, Kapital, Dienstleistungen und Personen zu erreichen. Es wird insofern versucht, für Gleichberechtigung zu sorgen, als dass allen Marktteilnehmern grundsätzlich das gleiche Recht zusteht, nämlich Zugang zu eben diesem Markt zu haben. Im Falle der personenbezogenen Verkehrsfreiheiten geht es um das Recht, eine berufliche Tätigkeit auszuüben. Gleichberechtigung bedeutet hier dennoch auf keinen Fall vollkommene Gleichbehandlung. Diese wäre ja auch nicht möglich. Zugunsten der Freizügigkeit wird bisher im Zweifelsfall stattdessen sogar eine Benachteiligung, also eine Diskriminierung Berufsausübender mit inländischen Qualifikationen, in Kauf genommen.

Der Anspruch auf Gleichbehandlung resultierend aus den Grundfreiheiten der Europäischen Union kommt nur dann zum Tragen, wenn das Element der Grenzüberschreitung vorhanden ist (Frenz 2012, S. 50 f.). Daraus folgt nun, dass die Grundfreiheiten reines Unionsrecht darstellen und es gilt:

> *„Behandelt ein Mitgliedstaat also seine eigenen Staatsangehörigen oder Marktgüter schlechter als diejenigen aus anderen EU-Mitgliedstaaten, fehlt es an einer unionsrechtlich relevanten Diskriminierung.“* (ebd., S. 51).

Exemplarisch für die Ansichten des EuGH zur Inländerdiskriminierung kann das Urteil EuGH C-19–35/94 (EuGH 1995) herangezogen werden (Frenz 2012, S. 110). In diesem wurde die Frage der Anwendbarkeit der Richtlinie „[...] *über Maßnahmen zur Erleichterung der tatsächlichen Ausübung des Niederlassungsrechts und des Rechts auf freien Dienstleistungsverkehr für Friseure*“ (EWG 1982) auf Inländer behandelt. Konkret wurde von den hier als Angeklagte auftretenden französischen Staatsbürgern sinngemäß argumentiert, dass die nationale Forderung nach einer fachmännischen[170] Geschäftsführung für den Betrieb eines Friseursalons eine nach der Richtlinie 82/489/EWG (EWG 1982) unzulässige Diskriminierung sei (EuGH 1995, Rn. 6).

Der EuGH legt nun hierzu grundlegend seine Auffassung dar, deren Leitsätze aufgrund seiner grundlegenden Bedeutung zur Beurteilung auch der aktuellen Verhältnisse ausführlich wiedergegeben werden:

> *„Da die Vertragsbestimmungen über die Freizügigkeit nicht auf Betätigungen anwendbar sind, deren Merkmale sämtlich nicht über die Grenzen eines Mitgliedstaats hinausweisen, und da die Richtlinie 82/489 über Maßnahmen zur Erleichterung der tatsächlichen Ausübung des Niederlassungsrechts und des Rechts auf freien Dienstleistungsverkehr für Friseure nicht bezweckt, die in den nationalen Regelungen vorgesehenen Voraussetzungen für den Zugang zum Beruf und dessen Ausübung zu harmonisieren, steht das Gemeinschaftsrecht einer nationalen Regelung nicht entgegen, mit der ein Mitgliedstaat für den Betrieb eines Frisiersalons von seinen eigenen Angehörigen, die im Inland ausgebildet wurden, den Besitz eines Diploms verlangt* [...]“ (EuGH 1995, Leitsätze).

Für die aktuelle Richtlinie 2005/36/EG (2016) gilt ebenso, dass sie auf einen grenzüberschreitenden Sachverhalt abzielt und ebenso nicht nationale Regelungen europäisch harmonisieren soll. Festgehalten werden muss daher: „*Den Mitgliedstaaten ist danach europarechtlich nicht verboten, ausländische EU-Bürger besser zu behandeln als die eigenen Staatsangehörigen.*“ (Frenz 2012, S. 112).

---

170 Abschlusszeugnis der Friseurfachschule oder Meisterbrief (EuGH 1995, Rn. 2).

Diese Einschätzung mag rein unionsrechtlich plausibel sein, jedoch bezogen auf das Recht auf eine freie Berufsausübung, welches über die Einbindung der Charta der Grundrechte der Europäischen Union (Charta 2016) als Grundwert für die europäische Gemeinschaft hinzugekommen ist, ist sie zumindest aus freiheitlicher Sicht unzureichend. Eine Abhilfe scheint allerdings faktisch nur durch die nationalen Grundgerichtsbarkeiten möglich. Für die Situation der Ausübung einer zulassungspflichtigen selbstständigen beruflichen Tätigkeit im Bereich des deutschen Handwerks hat das deutsche Bundesverfassungsgericht bereits Zweifel an der Zumutbarkeit der nationalen Regelungen geäußert. Es sind hier die „Inländer" gegenüber ausländischen Wettbewerbern deutlich benachteiligt (Frenz 2012, S. 113).

Dennoch kommt das Bundesverfassungsgericht nicht zu der Einschätzung, dass nun die nationalen Anforderungen fallen müssten. Zwar wird erkannt, dass ohne das Unionsrecht eine Inländerdiskriminierung gar nicht existieren würde, dies führt aber nicht dazu, dass Unionsrecht ohne Weiteres auf das nationale Verfassungsrecht ausweitbar ist (ebd., f.). Es werden also zwei Rechtsebenen gesehen, die nur dann ineinandergreifen, wenn im Unionsrecht, d. h. in den Verträgen zur Europäischen Union selbst, die Zuständigkeit für die entsprechenden Bereiche vereinbart wurde. *„Das nationale Berufsqualifikationsrecht gehört dazu indes gerade nicht. Dieser Bereich steht daher noch nationalen Regelungen offen."* (ebd., S. 114).

Die Verträge der Europäischen Union lassen den Mitgliedstaaten eine *„weite legislative Gestaltungsmacht"* (ebd., S. 183) bei rein interstaatlichen Sachverhalten. Für die Zukunft ist jedoch nicht auszuschließen, dass es hier zu einer Veränderung der Rechtsansicht des EuGH kommt. So ist es denkbar, dass das vertraglich vereinbarte allgemeine Freizügigkeitsrecht (AEUV 2016, Art. 21), welches an die Unionsbürgerschaft, d. h. die Staatsbürgerschaft eines Mitgliedstaates der Europäischen Union, und nicht an einen Grenzübertritt geknüpft ist, erweitert ausgelegt wird. Unionsbürgerschaft beinhaltet den Anspruch auf Gleichbehandlung, welches die personenbezogenen Verkehrsfreiheiten betreffend als Spezialfall einer allgemeinen Freizügigkeit bedeuten könnte, dass eben daraus keine Inländerdiskriminierung entstehen darf. Freizügigkeit im Zuge der Ausübung einer beruflichen Tätigkeit ist immer auch ein Aspekt der Berufsfreiheit.

6.4.3 Inkonsequenzen in der europäischen Rechtsprechung

Aufgrund seines exemplarischen Gehaltes für die Lösung der Problemstellung der vorliegenden Arbeit soll an diese Stelle das Urteil EuGH C-171/07 (2009) ausführlich ausgewertet werden. In diesem Urteil ging es um die Frage, ob die

Knüpfung der Erlaubnis des Besitzes von Apotheken an die Qualifikationsanforderung in Form einer Approbation der Niederlassungsfreiheit des Europäischen Binnenmarktes entgegensteht. Im geurteilten Fall sind u. a. die Apothekerkammer des Saarlandes sowie Deutsche Apothekerverband e. V. gegen einen Bescheid des saarländischen Ministeriums für Justiz, Gesundheit und Soziales vorgegangen, in welchem der in den Niederlanden ansässigen Aktiengesellschaft DocMorris NV erlaubt wurde, unter der Auflage *„einen Apotheker für die persönliche Leitung der betreffenden Apotheke unter eigener Verantwortung einzustellen“* (EuGH C-171/07 2009, Rn. 11), in Saarbrücken eine Filialapotheke zu betreiben. Obwohl das deutsche Apothekengesetz (aktuell: ApoG 2016), auf den sich die Kläger beriefen, den Betrieb einer Apotheke durch eine Aktiengesellschaft ausschließt, hatte das Ministerium die o. g. Erlaubnis mit Berufung auf die Niederlassungsfreiheit erteilt (EuGH C-171/07 2009, Rn. 13 f.).

Einleitend für die Besprechung der Urteilsfindung muss angemerkt werden, dass weder das Apothekengesetz noch der EuGH zwischen dem Besitz und dem Betrieb einer Apotheke unterscheiden. Der Ausbau und die Ausführungen des Apothekengesetzes legen nahe, dass der Betrieb einer Apotheke untrennbar mit dem Besitz dieser verbunden ist und dieser wiederum mit der Approbation des oder der Besitzenden (s. insbesondere ApoG 2016, § 8). Dieser nicht differenzierenden Lesart hat sich in dem behandelten Urteil der EuGH angeschlossen. Das die Fragen dem EuGH zur Prüfung vorlegende Gericht, das Verwaltungsgericht des Saarlandes, spricht im Zusammenhang des vorliegenden Falles von einem Fremdbesitzverbot (EuGH C-171/07 2009, Rn. 15). Unstrittig ist nun, dass der Ausschluss von Kapitalgesellschaften, wie eben z. B. Aktiengesellschaften, vom Apothekenmarkt eine Beschränkung der Niederlassungsfreiheit darstellt, da dieser Marktteilnehmer aus anderen Mitgliedstaaten davon abhält, der Ausübung einer wirtschaftlichen Tätigkeit mittels einer Betriebsstätte nachzugehen (ebd., Rn. 22–24).

Der legitime Zweck zur Rechtfertigung für Beschränkungen der Niederlassungsfreiheit im Kontext der Versorgung der Bevölkerung mit Arzneimitteln liegt jedoch hierbei auf der Hand. *„Im Einzelnen lassen sich Beschränkungen der genannten Verkehrsfreiheiten mit dem Ziel rechtfertigen, eine sichere und qualitativ hochwertige Arzneimittelversorgung der Bevölkerung sicherzustellen“* (ebd., Rn. 28[171]). Der Schutz vor Gefahren für die Gesundheit und das Leben der Menschen stellt dabei einen „erstklassigen“ zwingenden Grund des Allgemeininteresses dar und es liegt im Ermessen des jeweiligen Mitgliedstaates diesen

171 Ohne Verweise zu weiteren Rechtsquellen.

Schutz innerhalb einer gewissen Bandbreite soziokulturell adäquat für seine Bürger zu gewährleisten (s. ebd., Rn. 19 u. 27).

Im Rahmen der Überprüfung der Verhältnismäßigkeit (s. Teil II 6.1.2.2) geht der EuGH im Weiteren der Frage nach, „[…] *ob die Regel des Ausschlusses von Nichtapothekern zur Erreichung eines derartigen Ziels geeignet ist*“ (EuGH C-171/07 2009, Rn. 29). Das Ziel, welches im vorhergehenden Absatz dargelegt wurde, kann zusammengefasst werden, als Bestreben möglichst alle im Zusammenhang mit der Versorgung der Bevölkerung mit Arzneimittel wägbaren Gesundheitsgefährdenden zu beseitigen oder mindestens angemessen zu minimieren. Der EuGH erkennt nun den Mitgliedstaaten das Recht zu, zu verlangen „[…] *dass die Arzneimittel von Apothekern vertrieben werden, die über tatsächliche berufliche Unabhängigkeit verfügen.*“ (ebd., Rn. 35). Die Betonung liegt hier auf der beruflichen Unabhängigkeit des betreibenden Apothekers. Maßnahmen diese sicherzustellen seien geeignet, *„das Niveau der Sicherheit und der Qualität der Arzneimittelversorgung der Bevölkerung“* (ebd.) zu gewährleisten.

Der berechtigende Grund, warum diese Unabhängigkeit schutzbedürftig sei, liegt nach Ansicht des EuGH in der Gefahr, dass das Gewinnstreben zum über die Maßen bestimmenden Fokus des Betriebs einer Apotheke wird. Er erkennt, dass jedem Betreiber eine Gewinnerzielungsabsicht zu eigen ist, meint aber, dass bei *„Berufsapothekern“* die Gefahr der übermäßigen Fokussierung auf wirtschaftlichen Erfolg abgemildert sei. (Ebd., Rn. 37–39).

> *„Sein privates Interesse an Gewinnerzielung wird* […] *durch seine Ausbildung, seine berufliche Erfahrung und die ihm obliegende Verantwortung gezügelt, da ein etwaiger Verstoß gegen Rechtsvorschriften oder berufsrechtliche Regeln nicht nur den Wert seiner Investition, sondern auch seine eigene berufliche Existenz erschüttert.*“ (ebd., Rn. 37).

Der EuGH benennt diesen Aspekt aus beruflich-fachlichem Blickwinkel (ebd.), die zitierte Argumentation zielt jedoch letztendlich auf die dem „Berufsapotheker“ drohende Entziehung der Approbation ab. Die zur Erreichung der Approbation als Apotheker zu erwerbenden Qualifikationen stellen ein Bündel von Fähigkeiten dar, welches selbstverständlich mit sich bringt, dass erkannt werden kann, welche Folgen ein Verstoß gegen einen ordnungsgemäßen Betrieb einer Apotheke haben könnte. Das Hauptziel der Qualifikation zum Apotheker liegt allerdings darin, die fachgerechte Beschaffung, Bevorratung, Lagerung, Beratung und Abgabe von Arzneimitteln zu gewährleisten.

Bezweifelt werden muss an dieser Stelle jedenfalls, dass es im Rahmen einer Ausbildung zuverlässig gelingen kann, einen, wie auch immer gearteten nachhaltigen „Apothekerethos“ anzulegen, der sicherstellt, dass nicht doch wirtschaftliche Belange über die Maßen die Oberhand gewinnen. Anzumerken ist noch, dass der EuGH selbst offensichtlich die Gefahren abwendende Wirkung insbesondere in der Sanktionierung eines Verstoßes gegen die Anforderungen an einen ordnungsgemäßen Betrieb einer Apotheke durch finanzielle Strafen und/oder ein Berufsausübungsverbot sieht und nicht in der Approbation an sich. Der EuGH billigt in diesem Urteil den Mitgliedstaaten zudem den Spielraum zu, sich ohne Nachweispflicht darauf berufen zu können, dass die Gefahr eines schädlichen Einflusses aufgrund wirtschaftlicher Erwägungen durch Hersteller und Großhändlern pharmazeutischer Produkte um so viel größer sei als bei selbstständigen Apothekern. Und somit sei dann auch der Ausschluss von Nichtapothekern vom Betrieb und Besitz von Apotheken trotz der Betriebsführung durch einen Apotheker gerechtfertigt (ebd., Rn. 40).

Wird an dieser Stelle zum Vergleich das oben ausgeführte aktuellere „Glücksspielurteil" EuGH C-390/12 (EuGH 2014; s. Teil II 6.1.2.2) herangezogen, so fällt auf, dass der EuGH demgegenüber Folgendes festgelegt hat. Bezogen auf die Darlegung der Verhältnismäßigkeit der beeinträchtigenden Regelung gilt, dass ...

> „[...] *es dem Mitgliedstaat, der sich auf ein Ziel berufen möchte, mit dem sich eine Beschränkung des freien Dienstleistungsverkehrs rechtfertigen lässt, obliegt, dem Gericht, das über diese Frage zu entscheiden hat, alle Umstände darzulegen, anhand deren dieses Gericht sich vergewissern kann, dass die Maßnahme tatsächlich den sich aus dem Grundsatz der Verhältnismäßigkeit ergebenden Anforderungen genügt*" (EuGH 2014, Rn. 50).[172]

Aufgabe des zuständigen nationalen Gerichts ist es im Weiteren zu prüfen, ob die vorgenommene Regel schlüssig zweckdienlich ist (ebd., Rn. 52). Hier hätte also bereits das saarländische Verwaltungsgericht selbstständig zu einem anderen Ergebnis kommen können. So existieren schon seit einer längeren Zeit frei zugängliche Veröffentlichungen,[173] die nahelegen, dass dem Kundenwohl verpflichtete selbstständige Apotheker nicht automatisch hinreichend zuverlässig handeln. Auch sie müssen und wollen kaufmännische Ziele verfolgen.

Darüber hinaus hat die Monopolkommission schon 2006 den sogenannten Fremdbesitz von Apotheken, u. a. durch Kapitalgesellschaften und in Form von Apothekenketten, grundsätzlich unbeschränkter Größe befürwortet (BT 2010, S. 60). Die Monopolkommission erteilt diesen Rat aus wettbewerbspolitischen Gründen. Dazu ist zu beachten, dass Wettbewerb und die Grundfreiheiten des Europäischen Binnenmarktes in einem interdependenten Verhältnis zueinander stehen (Frenz 2012, S. 9 f.). In ihren Ausführungen wägt sie also

---

172 Diesen Grundsatz verlangt der EuGH für alle Grundfreiheiten (s. Frenz 2012, S. 213).
173 Z. B. test 2004.

wettbewerbspolitische Zielsetzungen insbesondere gegen das o. g. Argument, „[…] *dass die berufliche Sorgfalt des Apothekers hinter den Gewinnmaximierungsinteressen der Eigentümer zurückstehen wird*“ (BT 2010, S. 60), ab. Die Monopolkommission hält diese Behauptung nicht für evident und kommt ebenfalls zu dem Ergebnis, dass es die Sanktion ist, die ggf. ihre Wirkung entfaltet (ebd.).

Frenz macht darauf aufmerksam, dass der EuGH schon in früheren Urteilen zum Glücksspiel (EuGH 2003) diese Art der Argumentation insbesondere bezogen auf Kapitalgesellschaften kritisiert hat (Frenz 2012, S. 843 f.). Auch findet im „Glücksspielurteil“ die Tatsache Berücksichtigung, dass die Gesellschaft im Herkunftsland bereits unter reglementierten Bedingungen wirtschaftet (EuGH 2003, Rn. 74), was ja ebenso bei der DocMorris NV bzgl. der Abgabe von Medikamenten der Fall ist.

Der EuGH befasst sich im Urteil EuGH C-171/07 (2009) abschließend noch mit der Frage,

> „[…] *ob die Beschränkung der Niederlassungsfreiheit nicht über dasjenige hinausgeht, was zur Erreichung des genannten Ziels erforderlich ist, ob es also keine die von Art. 43 EG garantierte Freiheit weniger beschränkenden Maßnahmen gibt, die es erlauben würden, dieses Ziel ebenso wirksam zu erreichen*“ (ebd., Rn. 52).

Auch hier gilt nun im Vergleich mit dem späteren „Glücksspielurteil“ (EuGH 2014), dass im „Apothekenurteil“ die Beweislast demgegenüber bei den Vertretern für mehr Berufsfreiheit lag. Dies bedeutet, dass die Beklagten darlegen müssten, dass eine weniger beeinträchtigende Maßnahme, als der Ausschluss von Nichtapothekern nicht zum angestrebten Ziel der angemessenen Sicherheit der Arzneimittelkonsumenten führe (ebd., Rn. 57). Auf den Vorschlag der Beklagten, ein System angemessener Kontrollen einzuführen (ebd., Rn. 53), wurde durch den EuGH leider nicht eingegangen.

Zu vermuten wäre aber gewesen, dass Kontrollen im Zusammenhang mit empfindlichen Strafen bei profitbedingtem Fehlverhalten Wirkung entwickeln würden. Konsequent wäre, wenn denn die Konsumentensicherheit von so überragender Bedeutung sein soll, nur noch die Einführung staatlicher Abgabestellen für Medikamente zu gestatten. So bleibt das Gericht jedoch auch im Zuge der Prüfung der Verhältnismäßigkeit im engeren Sinne, bei der Auffassung, dass es im Ermessen des Mitgliedstaates liegt, davon auszugehen, ob diese gewahrt bleibt (EuGH C-171/07 2009, Rn. 54).

Warum es genau zu der im vorhergehenden Abschnitt dargestellten Divergenz in der bisherigen Rechtsprechung des EuGH gekommen ist, kann lediglich vermutet werden. So könnte das emotionale Potenzial der großen Bedeutung der Arzneimittel und ihre Versorgung für die menschliche Gesundheit sowie deren großes Gefährdungspotenzial für diese durch menschliches Fehlverhalten dazu geführt haben, dass die sonst streng rationale Betrachtungsweise in den Hintergrund geraten ist. Eine mögliche Ursache liegt darüber hinaus in der hohen Komplexität des Verhältnisses von Berufskonstruktionen zum Zwecke des Qualifikationserwerbs und der klaren Identifikation von Gefährdungen im Rahmen einer erwerbspraktischen Ausübung beruflicher Tätigkeiten.

Die angebrachte Hauptargumentation, der vermeintlich erforderlichen berufsethischen Einstellung des wirtschaftlichen Eigentümers einer Apotheke, fällt allerdings schon deshalb in sich zusammen, da demnach Krankenhäuser, deren Geschäftsfeld ja in einem noch viel größeren Umfang die menschliche Gesundheit betrifft, nur durch Ärzte besessen werden dürften. Das ist aber gerade nicht der Fall. Es existieren vielmehr etliche Klinikkonzerne, bei denen Gewinnstreben offenkundig die oberste Maxime ist. Dies hat bekanntermaßen bereits in zahlreichen Fällen negative Folgen für die Patientensicherheit bei Therapie und Pflege. Auch das fallbezogene Abrechnungssystem in Deutschland steht immer wieder in der Kritik zu bewirken, dass ökonomische Zielsetzungen zu Entscheidungen führen, die aus medizinischer Sicht allein so nicht fallen würden.

Das Urteil, welches die Regelungen des ApoG (2016) bzgl. des Ausschlusses von Nichtapothekern für vereinbar mit der Niederlassungsfreiheit hält (EuGH C-171/07 2009, Urteilsspruch), wirkt insofern tendenziell konstruiert. Die sonst gewohnte Stringenz fehlt in den genannten Kritikpunkten. Im Kontext der Problemstellung wird damit einerseits deutlich, dass Qualifikationsanforderungen bzw. berufliche Zugangsregeln keine automatische Garantie für mehr Sicherheit sind und andererseits erkennbar, dass ein Defizit darin besteht, gestellte Qualifikationsanforderungen sachgerecht auf Gerechtfertigtsein zu überprüfen oder dahin gehend zu entwickeln. Es kann im Bereich der Regelung der sogenannten Gesundheitsberufe von einer internen und externen Inkonsistenz gesprochen werden, die als exemplarisch für viele weitere Berufszugangsregelungen zu bezeichnen ist. Bei qualifikationsfordernden Reglementierungen grundlegend zu einem mit den Ansprüchen der Berufsfreiheit korrelierenden Ansatz zu kommen, ist Ziel der vorliegenden Arbeit.

6.4.4 Resümee für den Fortgang der Untersuchung

Der Wandel im Umfang der Garantien wirtschaftlicher Handlungsfreiheit verlief sukzessive. Begonnen wurde im Zuge der Arbeitnehmerfreizügigkeit der Montanunion für Angehörige der Stahlindustrie und des Kohlen-Eisenerzbergbaus mit der Einführung des Gebotes der Nichtdiskriminierung aufgrund der Staatsbürgerschaft. Den Kulminationspunkt stellt bis heute die mit dem Vertrag von

Lissabon (2007) erfolgte Einbindung der Berufsfreiheit der Charta der Grundrechte der Europäischen Union, inklusive der darin garantierten grenzüberschreitenden beruflichen Freiheit, dar. Diese Entwicklung erforderte eine ebenso sukzessive Anpassung der Rechtsetzung und Rechtsprechung der Gemeinschaft. Die aktuell maßgebende, schrittweise an diese Entwicklung angepasste Rechtsetzung zur Umsetzung der angestrebten möglichst freien grenzüberschreitenden Berufsausübung ist die Richtlinie 2005/36/EG (2016).

Bei der Untersuchung, ob der dort verankerte Ansatz der „Anerkennung von Qualifikationen" für die Gewährleistung einer „grenzenlosen" Berufsfreiheit zielführend ist, stellte sich heraus, dass insbesondere der Maßstab nationaler Qualifikationsanforderungen zu Erreichung der geforderten Nichtdiskriminierung von Bewerbern mit im Ausland erworbenen Befähigungen dem Grunde nach konzeptionell ungeeignet ist. Mögliche Beeinträchtigungen, die sich ggf. aus den Niveauunterschieden der jeweiligen national geforderten Qualifikationen ergeben, werden zwar durch die aktuellen Regelungen der Richtlinie neutralisiert; die Auflösung der Beeinträchtigungen resultierend aus der divergierenden berufsfachlichen Breite nationaler Berufsqualifikationen gelingt hingegen lediglich unzureichend.

Die teilweise Abhilfe schaffenden Ansätze „Ausgleichsmaßen" und „partieller Zugang" lösen ebenfalls nicht das aus freiheitlicher Perspektive bedeutende grundsätzliche Problem, dass die Ausübung einer beherrschten erwerbsberuflichen Tätigkeit nur deswegen verweigert wird, weil im Zielland diese Tätigkeit einem umfassenden Berufsbild zugeordnet ist. Darüber hinaus schafft der Ansatz der „Anerkennung von Qualifikationen" aufgrund nationaler Anforderungen nicht unerhebliche Fälle von Inländerdiskriminierung. Dies ist zurzeit noch europarechtlich zulässig, jedoch inkonsistent und aus freiheitlicher emanzipatorischer Sicht nicht haltbar.

An dieser Stelle wird deutlich, was bereits in Artikel 1 der Richtlinie (2005/36/EG 2016) als ihr Gegenstand beschrieben wird:

> *„Diese Richtlinie legt die Vorschriften fest, nach denen ein Mitgliedstaat, der den Zugang zu einem reglementierten Beruf oder dessen Ausübung in seinem Hoheitsgebiet an den Besitz bestimmter Berufsqualifikationen knüpft* […], *für den Zugang zu diesem Beruf und dessen Ausübung die in einem oder mehreren anderen Mitgliedstaaten* […] *erworbenen Berufsqualifikationen anerkennt, die ihren Inhaber berechtigen, dort denselben Beruf auszuüben."* (ebd., Artikel 1, Satz 1).

Die mitgebrachten Befähigungen werden genau nicht anerkannt, denn sonst könnte ja die Erwerbstätigkeit, die im Herkunftsland legitim betrieben wurde oder werden durfte, ohne Weiteres in allen Mitgliedsländern des Binnenmarktes ausgeübt werden. Stattdessen werden lediglich die – im besten Fall de facto – vorhandenen Befähigungen bei derjenigen Beurteilung berücksichtigt, bei der geprüft wird, ob diese jenen genügen, die durch das Absolvieren der zur Reglementierung herangezogenen formellen Qualifikation des Ziellandes erworben werden sollen. Die Komplexität dieser Zusammenhänge steht klar im Gegensatz zum somit fehlleitenden Kurztitel der Richtlinie „[…] *über die Anerkennung von Berufsqualifikationen*" (ebd., Titel).

Ursächlich für die daraus entstehende Unklarheit über den tatsächlichen Gegenstand der Richtlinie ist das mehrdeutig verwendete begriffliche Konstrukt „Beruf" und die damit verbundenen Denkmuster. Einerseits meint *„reglementierten[r] Beruf"* (s. o.) eine berufliche Tätigkeit oder eine Gruppe beruflicher Tätigkeiten, deren Existenz als „Beruf" durch einen Rechtsakt an eine formelle Qualifikation gebunden ist (2005/36/EG 2016, Artikel 3, Absatz 1, lit. a). Andererseits bezieht sich *„denselben Beruf auszuüben"* (s. o., ebd., Artikel 1, Satz 1) auf das Objekt einer real ausgeübten oder ausübbaren erwerbsberuflichen Tätigkeit. Das, was reglementiert ist, und das, was ausgeübt wird, kann zwar wird aber in einer Vielzahl relevanter Fälle nicht übereinstimmen. Hier stößt der Ansatz der „Anerkennung von Qualifikation" zur Lösung der Diversitätsprobleme an die Grenzen, die durch die Grundgarantie auf freie Berufsausübung gezogen werden.

Im oben besprochenen Urteil des EuGH (C-330/03 2006, s. Teil II 5.3.2.2), welches zur Einführung des Ansatzes des „partiellen Zugangs zu einer Berufstätigkeit" (2005/36/EG 2016, Artikel 4 f) geführt hat, wird interessanterweise festgestellt, dass die Verweigerung eines Teilzugangs grundsätzlich gegen die Freizügigkeit des Binnenmarktes der Europäischen Union verstößt und somit auch gegen das Recht auf freie Berufsausübung.

Dabei macht die Formulierung „partieller Zugang zu einer Berufstätigkeit" selbst noch einmal das Kernproblem des Ansatzes der „Anerkennung von Qualifikation" und die Folgen der unpräzisen Verwendung des Berufsbegriffs deutlich. Wörtlich heißt es: *„Die zuständige Behörde des Aufnahmemitgliedstaats gewährt auf Einzelfallbasis partiellen Zugang zu einer Berufstätigkeit im Hoheitsgebiet dieses Staates* […]" (ebd., Absatz 1). Eine Berufstätigkeit kann nur ausgeübt werden oder nicht ausgeübt werden. Eine teilweise (partiell) ausgeführte Tätigkeit führt zu keinem sinnvollen Ergebnis. Gemeint ist stattdessen die Zulassung zur Ausübung einer beruflichen Tätigkeit, die Bestand<u>teil</u> eines Berufsbildes als Konstruktion eines institutionalisierten Bildungsganges zum Zwecke des Erwerbs einer formellen Qualifikation ist.

Zu beanstanden ist so insgesamt einerseits, dass das Gerechtfertigtsein des Forderns beruflicher Qualifikationen als Beschränkungen des Berufszugangs auf europäischer Ebene bisher nicht angemessen problematisiert worden ist und andererseits, dass nationale Standards ohne kritische Reflexion als Referenz im Rahmen eines multinationalen Konzeptes personenbezogener Grundfreiheiten Verwendung finden. Dies führt neben grundsätzlichen systematischen Inkonsistenzen auch zu den vorgenannten Problemen in der praktischen Umsetzung. Darüber hinaus hat die exemplarische Untersuchung des Urteils zum deutschen Apothekengesetz gezeigt, dass in der europäischen Rechtsprechung diesbezügliche ebenfalls Defizite vorhanden sind.

Die strittige Regelung des ApoG hätte eigentlich als inkonsistent bzw. inkohärent bewertet werden müssen. Wenn nicht davon ausgegangen wird, dass hier eine vielleicht indirekte Beeinflussung durch vorherrschende gesellschaftliche „Ansichten" – die ja nie sicher ausgeschlossen werden kann, da Gerichtshöfe Teil der Gesellschaft sind – stattgefunden hat, liegt die Vermutung nahe, dass das Verständnis bezogen auf reglementierende Qualifikationsanforderungen sowie deren Verhältnis zu erwerbsberuflichen Tätigkeiten und deren Abgrenzung zueinander nicht hinreichend vorhanden ist. So kann es im Kontext europäischer Rechtsprechung schlechterdings nicht gelingen, die Prüfung gerechtfertigter, die Berufsfreiheit einschränkender Maßnahmen durchgängig kohärent zu bewerten.

Aktuell genügen also insgesamt weder die europäische Rechtsetzung noch die europäische Rechtsprechung hinreichend verlässlich den sich aus der Grundgarantie des Rechts auf freie Berufsausübung ergebenden Erfordernissen. Die beschriebenen Probleme und Inkonsistenzen sind allerdings nicht allein durch die supranationale europäische Ebene begründet. Vielmehr sind deren Ursprünge in den nationalen Regelungen zu suchen. Das im europäischen Kontext an den Tag gelegte Verständnis zu beruflichen Qualifikationen und die damit verknüpften Zugangsregelungen stellen quasi ein Abbild derjenigen Systeme und Denkweisen dar, wie sie in denjenigen Mitgliedstaaten mit entsprechend strukturierten Qualifizierungssystemen historisch gewachsen sind. Besonders deutlich wird dies in denjenigen Lösungsansätzen der Richtlinie 2005/36/EG, die auf eine Anerkennung auf Grundlage gemeinsamer Ausbildungsgrundsätze, wie etwa in den Berufen des Gesundheitssektors, bauen.

Dass nun gerade in der Richtlinie 2005/36/EG (2016) eine Überprüfung der nationalen Berufszugangsvorschriften nach streng rechtsstaatlichen Kriterien gefordert wird, zeigt zunächst das Dilemma, in welchem sich diejenigen befinden, die für die supranationale Ebene verantwortlich sind. Dies sind namentlich die Europäische Kommission, aber ebenso die Regierungen der Mitgliedstaaten selbst als Teil der Vertragsgemeinschaft Europäische Union. Darüber hinaus lässt sich daraus, wie auch aus der zunehmend liberaleren höchstrichterlichen europäischen Rechtsprechung, für die Zukunft eine Entwicklung hin zu einem erweiterten zugestandenen Anspruch auf freie Berufsausübung für alle erwerbsberuflich aktiven Teilnehmer des Binnenmarktes der Europäischen Union erwarten. Das wiederum erfordert einen weitergehenden „neuen“, emanzipatorischen Ansatz.

Um zu einer kohärenten und systematischen Anlage und Überprüfung von qualifikationsanfordernden Reglementierungen zu kommen, ist ein grundlegendes berufswissenschaftliches Verständnis der Zusammenhänge von Qualifikationen, beruflicher Tätigkeiten und des dafür Befähigtseins erforderlich (s. a. Teil III 10.2). Dabei ist u. a. zu prüfen, ob und ggf. unter welchen Voraussetzungen Qualifikationsnachweise bzw. die dahinterstehenden formellen Bildungsgänge überhaupt als zu diesem Zwecke ausreichend konsistent und im Gesamtkontext kohärent gelten können, um eine Einschränkung der Berufsausübungsfreiheit zu rechtfertigen.

Bevor diese Erkenntnisse insgesamt zu dem Entwurf des angestrebten freiheitlichen Gestaltungsansatzes für qualifikationsfordernde Reglementierungen führen können, ist es erforderlich, sich dem Kern des Problems, durch eine exemplarische Untersuchung der Zusammenhänge auf nationaler Ebene abschließend vertiefend zu nähern. Nur so ist sichergestellt, dass auch die festgestellte Bedeutung nationaler Vorschriften ausreichend Berücksichtigung findet und der avisierte Ansatz hinreichend fundiert entwickelt werden kann.

7 Nationale Qualifikationsanforderungen als Hemmnis

Seitdem Grundgarantien wirtschaftlicher Handlungsfreiheit im Rahmen der fortschreitenden kulturellen Entwicklung staatlich organisierter Gemeinschaften effektiv formuliert wurden, sind diese immer durch interessengeleitete Bestrebungen einflussreicher gesellschaftlicher Gruppen und Parteien beeinträchtigt worden. Dieser Zusammenhang besteht unabhängig davon, auf welcher Herrschaftsebene politisches Handeln in Rechtsnormen umgesetzt wird. Im Kontext der behandelten Problemstellung sind nationale Qualifikationsanforderungen demnach erst einmal grundsätzlich als Hemmnis freier Berufsausübung innerhalb des Geltungsbereichs des Binnenmarktes der Europäischen Union anzusehen. Dabei stellt, wie im vorhergehenden Kapitel herausgearbeitet, nicht nur die Diversität der Qualifizierungs- und Reglementierungssysteme der Mitgliedstaaten ein Problem dar, sondern oftmals auch die nationalen Regelungen selbst. Nicht ohne Grund hat die Europäische Kommission die Überprüfung dieser per Richtlinie angeordnet.

Soll ein fundierter, emanzipatorischer Gestaltungsansatz für qualifikationsfordernde Berufszugangsregelungen entworfen werden, so gilt es nunmehr, als dritte explorative Teilfrage die Bedeutung nationaler Qualifikationsanforderungen als Hemmnis freier Berufsausübung zu untersuchen. Aus den bisher erarbeiteten Erkenntnissen über die Zusammenhänge von freier Berufsausübung einschränkenden Reglementierungen darf vermutet werden, dass die bereits identifizierten „Gesetzmäßigkeiten" und Probleme bzw. die daraus zu abzuleitenden Anforderungen einen wichtigen Beitrag für den angestrebten Ansatz leisten werden. Ohne die Lösung der in den nationalen Vorschriften zur Berufsausübung vorzufindenden Unstimmigkeiten bezüglich ihrer mit der Berufsfreiheit konformen Ausgestaltung kann für den Binnenmarkt allerdings keine ausreichende Freizügigkeit erreicht werden.

Im ersten Hauptabschnitt dieses Kapitels wird zu diesem Zwecke zunächst einleitend die besondere Bedeutung nationaler Vorschriften für die Mobilität von Berufsausübenden im Kontext der werteorientierten europäischen Integration ausgeführt. Hierbei wird das besondere Konfliktpotenzial nationaler Reglementierungen vertiefend aufgezeigt werden. Im Weiteren wird erläutert, warum eine exemplarische Untersuchung anhand einer realen Zugangsregelung erfolgt, und warum das Beispiel der in Deutschland geltenden Zulassungspflicht im Handwerk als besonders aufschlussreich angesehen werden kann. Auch wird die

Aktualität und Relevanz dieser Problemstellung für die nationale Ebene deutlich werden.

Das doppelte Konfliktpotenzial, liberal vs. dirigistisch sowie national vs. supranational im Zusammenhang mit nationalen Zugangsvorschriften ist keine neuzeitliche Erscheinung. Die im zweiten Hauptabschnitt folgende Auseinandersetzung mit der historischen Entwicklung der Zulassungspflicht im Handwerk ermöglicht weiterführende Erkenntnisse über einige zugrunde liegende gesellschaftliche und staatspolitische Prozesse, die letztendlich zu den aktuellen Regelungen geführt haben. Dazu werden für die Bearbeitung der Problemstellung relevante entwicklungsgeschichtliche „Meilensteine" auf dem Weg vom Spätmittelalter bis zum heutigen Binnenmarkt der Europäischen Union dargestellt und ausgewertet. Im Zuge dessen wird das charakteristische, fortwährende „Ringen" zwischen einerseits denen, die für die selbstständige Ausübung handwerklicher Erwerbstätigkeiten eine umfassende Berufs-, bzw. Gewerbefreiheit anstreben, und andererseits jenen, die restriktive Zugangsregelung vertreten, sichtbar werden.

Im dritten Hauptabschnitt werden nunmehr die aktuellen Regelungen der Zulassungspflicht zum selbstständigen Handwerk in Deutschland untersucht. Diese sind nach wie vor vom Widerstreit zwischen „tradiertem" berufsständischem Dirigismus und „modernem"[174] wirtschaftsliberalistischem Denken geprägt. Ziel ist ein erweiterter Erkenntnisgewinn über Art und Struktur der kritischen Aspekte derartiger Reglementierungen, wie sie insbesondere bei der Anwendung des von der Europäischen Kommission geforderten Überprüfungsverfahrens hervortreten würden und somit dann bei dem Entwurf eines emanzipatorischen Ansatzes zu beachten sind.

Abschließend werden zusammenfassend die hier aus der Bearbeitung der dritten und letzten explorativen Teilfrage gewonnenen Schlussfolgerungen zu nationalen Qualifikationsanforderungen als Hemmnis freier Berufsausübung dargestellt. Dabei wird nochmals die Notwendigkeit eines „neuen" Gestaltungsansatzes deutlich, welcher im darauf folgenden Teil III „Konstruktion" der vorliegenden Arbeit schließlich entworfen wird.

174 „Tradiert" und „modern" sind je nach vertretener Meinung sowohl positiv als auch negativ konnotiert.

7.1 Die besondere Bedeutung nationaler Berufszugangsreglementierungen

Aktuell kann bei der Berufsfreiheit der Europäischen Union von einem allgemeingültigen Element des gemeinsamen europäischen Wertekanons gesprochen werden. Dennoch ist bisher in vielen Bereichen das nationale soziokulturell bedingte Verständnis der Berufsfreiheit maßgebend. Insbesondere den Berufszugang regelnde Gesetze und Vorschriften, die formell erworbene Qualifikationen fordern, werden aufgrund des für die Europäische Union vereinbarten Harmonisierungsverbots für den Bereich der beruflichen Bildung (EUV 1992, Artikel 127, Absatz 4) nach wie vor durch die Mitgliedstaaten gestaltet und erlassen.

Der Ansatz der „Anerkennung von Qualifikationen" der Richtlinie 2005/36/EG stieß, wenn es darum geht, die durch qualifikationsfordernde Reglementierungen vorhandenen Hemmnisse grenzüberschreitender Mobilität von Berufsausübung zu mindern, hier bisher an seine Grenzen. Als problemlösende Maßnahme verlangt die Richtlinie daher nunmehr eine stringente Prüfung der Legitimität nationaler Regelungen. Unabhängig von dieser Forderung durch die Europäische Union kann eine solche Prüfung auch deshalb als äußerst notwendig erachtet werden, da in allen Mitgliedstaaten die Berufsfreiheit gleichermaßen ein zu achtendes Gut darstellt. Eine entsprechende Überprüfung ist aus freiheitlich-progressiver Sicht damit per se überfällig.

Über dies hinausgehend sind nationale Regelungen zusätzlich von besonderem Interesse. An ihnen wird das Konfliktpotenzial im Kontext der behandelten Problemstellung in zweierlei Hinsicht deutlich. Zum einen stehen hier die freiheitlichen Bestrebungen der Idee eines wirtschaftsliberalen Marktgeschehens den Interessen derjenigen gegenüber, die eine dirigistischere Wirtschaftsstruktur befürworten.[175] Zum anderen tritt an den Bemühungen der EU um die nationalen Vorschriften der durchaus als klassisch zu bezeichnende Prozess der Integration von Strukturen mehrerer einzuordnender Herrschaftsgebiete in das System eines neu entstandenen übergeordneten Herrschaftsgebietes zutage. Dieser zeichnet sich insbesondere dadurch aus, dass die Europäische Kommission – als Vertreterin der supranationalen Ebene – dessen Fortgang konsequent und mit Nachdruck einfordert.

---

175 Es gibt ebenfalls legitime Gründe diesen Ansatz zu verfolgen (s. z. B. Akerlof/Shiller/Gebauer 2016).

Die Wahl des Beispiels einer konkreten Reglementierung ist auf die, umfangreiche Erkenntnisse versprechende, *„Berechtigung zum selbständigen Betrieb eines zulassungspflichtigen Handwerks“* (HwO 2017, Erster Abschnitt) gefallen. Sie kann insofern als exemplarisch gelten, als dass sie einerseits für einen Bereich gilt, in dem der Reglementierungsgrad innerhalb des Binnenmarktes besonders stark voneinander abweicht und andererseits die Zusammenhänge und Widersprüche von qualifikationsfordernden Vorschriften im Kontext einer wirtschaftsliberal orientierten Wertgemeinschaft besonders klar hervortreten lässt. Zudem sind die Berufszugangsregelungen des Handwerks schon seit Langem umstritten, sodass bereits eine Vielzahl von juristischen Untersuchungen und einschlägigen höchstrichterlichen Urteilen dazu vorliegt. Somit können durch die Untersuchung der Zulassungspflicht im Handwerk als aufschlussreiches Exempel gehaltvolle vertiefende Erkenntnisse zum Entwurf des avisierten Gestaltungsansatzes erwartet werden.

7.1.1 Das Konfliktpotenzial nationaler Reglementierungen

In den nationalen Gesetzgebungen existiert eine Vielzahl von Regelungen, die die Ausübung beruflicher Tätigkeiten und damit auch die marktwirtschaftliche Prosperität durch das Fordern von Qualifikationen, in Form amtlicher Nachweise absolvierter formeller Bildungsgänge, erheblich beeinträchtigt. Dieses Problem offenbart sich nicht zuletzt bei „grenzüberschreitenden“, die personenbezogenen Verkehrsfreiheiten betreffenden Sachverhalten und ist ein unvermindert relevantes Thema. Insbesondere in einschlägigen Berichten und Veröffentlichungen der Europäischen Kommission als „Hüterin der Verträge“ wird sich seit Längerem regelmäßig damit auseinandergesetzt. So ist in einer Mitteilung der Kommission an das Europäische Parlament, den Rat und den Europäischen Wirtschafts- und Sozialausschuss aus dem Jahre 2013 zur „Bewertung der nationalen Reglementierungen des Berufszugangs“ (COM 2013) etwa zu lesen:

> *„Um das Wachstumspotenzial zu fördern und den Weg zum wirtschaftlichen Aufschwung zu festigen, sollte die Überprüfung der reglementierten Berufe ein vorrangiges Vorhaben sein. Die Kommission fordert die Mitgliedstaaten daher nachdrücklich auf, nicht bis zum offiziellen Inkrafttreten der überarbeiteten Berufsanerkennungsrichtlinie (Ende 2013) zu warten, sondern bereits jetzt mit der Überprüfung der auf nationaler Ebene geltenden Qualifikationsanforderungen für reglementierte Berufe und des Umfangs der vorbehaltenen Tätigkeiten zu beginnen.“* (ebd., Abschnitt 1)

In einem weiteren Bericht der Kommission zu den verbliebenen Hindernissen beruflicher Freiheit in den Mitgliedstaaten (COM 2013a) weist diese indirekt, jedoch sehr konkret u. a. Deutschland daraufhin, zu prüfen, „[…]

ob die einschlägigen Ziele von öffentlichem Interesse [176] *auch ohne Beschränkungen des Marktzugangs und des Wettbewerbs erreicht werden können*" (ebd., Abschnitt 2.2.). Obgleich hier die ökonomischen Aspekte beruflicher Grundfreiheiten im Vordergrund stehen, wächst erkennbar der Druck auf die Mitgliedstaaten, einen nachhaltigen Ansatz zur Gestaltung qualifikationsfordernder Reglementierungen zu entwickeln und umzusetzen.

Zukunftsfähig wiederum heißt hier, die ausführlich dargelegten Anforderungen, die sich aus den Grundgarantien und der dazu geführten Rechtsprechung des EuGH ergeben, zu erfüllen. Die Kommission beabsichtigte dazu, u. a. ein Analyseraster zur Überprüfung der Verhältnismäßigkeit von Berufsregulierungen vorzulegen. Hierbei soll speziell auch der Nachweis der Erforderlichkeit erbracht werden: „*Die Mitgliedstaaten müssen nachweisen, dass die Gemeinwohlziele ausschließlich durch Zugangsbeschränkungen oder Verhaltensregeln für die betreffenden beruflichen Tätigkeiten erreicht werden können.*" (COM 2015, S. 10, Hervorhebung durch Autor).

Die bis zum 18. Januar 2016 unter Androhung eines Vertragsverletzungsverfahrens vorzulegenden nationalen Aktionspläne, in denen Entscheidungen zur Beibehaltung oder Änderung von Berufszugangsvorschriften beschrieben und begründet werden sollten, sind von fast allen Staaten vorgelegt worden (ebd., sowie [14]). Die Bundesregierung bzw. das Bundesministerium für Wirtschaft und Energie hat pflichtgemäß einen „*Aktionsplan im Rahmen der Transparenzinitiative zu reglementierten Berufen nach Art. 59 der Richtlinie 2005/36/EG über die Anerkennung von Berufsqualifikationen*" (ec-de 2016) vorgelegt. Dieser stellt im Wesentlichen politische Argumentationen und unbedingt zu ziehende oder bereits gezogene Konsequenzen aus Entscheidungen des Bundesverfassungsgerichts oder des Europäischen Gerichtshofs dar (s. a. COM 2017, S. 53).

Der vorgelegte Aktionsplan ist damit weit davon entfernt, dem Prüfauftrag gerecht zu werden. Zu kontrollieren war insbesondere die Vereinbarkeit mit folgendem Grundsatz „[D]*ie Anforderungen müssen zur Verwirklichung des mit ihnen verfolgten Ziels geeignet sein und dürfen nicht über das hinausgehen, was zur Erreichung dieses Ziels erforderlich ist.*" (2005/36/EG Artikel 59, Absatz 3, lit. c). Eine grundlegende, systematische Überprüfung der in Deutschland existenten Berufszugangssysteme, u. a. auch qualifikationsfordernder Reglementierungen, hat jedoch nicht stattgefunden. Dies stellt letztendlich eine Missachtung

176 Welches die Beschränkungen des Zugangs und der Ausübung beruflicher Tätigkeiten vermeintlich rechtfertigt.

der sich aus den eingegangenen Verträgen zur Europäischen Union ergebenden Erfordernisse zur Umsetzung der vereinbarten Wertegemeinschaft dar.

Darüber hinaus kann diese Art der Handlungsweise als kurzfristiges Denken und Handeln eingeordnet werden, denn sicher ist, dass die Europäische Kommission das Ziel der Umsetzung der Vereinbarungen besonders vor dem Hintergrund der Verwirklichung des Binnenmarktes nicht aus den Augen lassen wird. So wurde wiederholt im Januar 2017 betont: *„Alle reglementierenden Mitgliedstaaten sollten die Rechtfertigung und die Verhältnismäßigkeit der Reglementierung des Berufs prüfen."* (COM 2017a, Empfehlung am Textende).

Die Berufsfreiheit hat ihren Ursprung in den Verfassungstraditionen der Mitgliedstaaten. Die Mitgliedstaaten wiederum haben die aus der Berufsfreiheit resultierenden Anforderungen sowohl bei der legislativen Ausgestaltung als auch bei der höchstrichterlichen Überprüfung vollumfänglich zu beachten haben. Dennoch wird von der Europäischen Kommission die Notwendigkeit einer sorgfältigen Revision der nationalen Berufszugangsregelungen gesehen. Dies macht zum einen deutlich, dass die Grundrechtsbindung der Europäischen Union über die supranationale Wirkebene hinaus Bedeutung erhält. Sie hat bereits eine indirekte Bildungswirkung für nationale Rechtsvorschriften entfaltet.

Zum anderen wurde erkannt, dass die Verwirklichung einer umfassenden personenbezogenen Verkehrsfreiheit, insbesondere mit dem Konzept der „Anerkennung von Qualifikationen" der Richtlinie 2005/36/EG (2016), nur möglich ist, wenn die nationalen Vorschriften ebenfalls den Erfordernissen des Verständnisses von Berufsfreiheit als Bestandteil einer modernen Grundwertegemeinschaft genügen. An dieser Stelle bestätigt sich, dass ein freiheitlicher Ansatz zur Gestaltung qualifikationsfordernder Reglementierungen von Berufsausübung hilfreich wäre und notwendig ist.

7.1.2 Die Zulassungspflicht im Handwerk als aufschlussreiches Exempel

Im Rahmen des vorzulegenden nationalen Aktionsplans zu reglementierten Berufen im Kontext der Richtlinie 2005/36/EG über die Anerkennung von Berufsqualifikationen teilte die deutsche Bundesregierung mit *„In Bezug auf das Handwerk sind Änderungen des Berufszugangs oder der Berufsausübung derzeit nicht geplant."* (ec-de 2016, II.2.). Speziell für den Bereich der zulassungspflichtigen Handwerke ist dieses Ergebnis jedoch beachtenswert, da in Deutschland die dementsprechenden Regelungen bezüglich ihrer Vereinbarkeit mit den o. g. anzuwendenden Prüfmaßstäben der „Geeignetheit" und der „Erforderlichkeit" sowohl durch die eigene Verfassungsgerichtsbarkeit als auch durch die, für die Überwachung der Umsetzung der freiheitlichen Marktwirtschaft zuständige, deutsche Monopolkommission als besonders kritisch gesehen werden.

Anstelle eines Berichts über eine gemäß dem Prüfauftrag angemessene kritische Auseinandersetzung mit der Problematik gibt die Bundesregierung die im Bundestag zum geforderten Aktionsplan beschlossenen politisch-intendierten Positionen wieder (ebd., I.). Im Folgenden sind die zwei Gründe, die der Kommission nach Ansicht des Bundestages für die Zugangsreglementierung im Handwerk genannt werden sollen, zusammengefasst wiedergegeben:

1. Das duale Ausbildungssystem sei nur dann in seiner Leistungsfähigkeit aufrechtzuerhalten, wenn Betriebsleiter über meisterliche Fähigkeiten verfügen.
2. Die Zulassungspflicht von Handwerksberufen ist ein zentrales Element einer präventiven Gefahrenabwehr zwecks Absicherung eines hohen Verbraucherschutzniveaus (ebd.).

„Ausbildungsleistung“ und „Gefahrenabwehr“ sind nun genau die beiden Gemeinwohlziele,[177] die sich im Rahmen einer Auswertung des Gesetzgebungsverfahrens für die ab 2004 geltende „neue“ Handwerksordnung (HwO-3.Ä 2003 i. V. m. HwO-Ä 2003) als Rechtfertigung der Reglementierung erkennen lassen (Wagner 2006, S. 167 f.). Allerdings weist demgegenüber die Monopolkommission unter Berufung auf die Rechtsprechung des Bundesverfassungs- und des Bundesverwaltungsgerichts seit Längerem darauf hin, dass sie der Meinung ist, dass „[…] *weder die Gefahrengeneigtheit noch die Ausbildungsleistung als hinreichende Gründe für die Marktzutrittsbeschränkung durch das Erfordernis des Meisterbriefs in einem Handwerk anzusehen* [sind]“ (BT 2006, Absatz 134; s. a. 127).

An dieser Stelle zeichnet sich bereits die beträchtliche Kontroverse zwischen einerseits den politischen Akteuren der legislativen und exekutiven Verfassungsorgane sowie andererseits den qua Amtes liberal gesinnten Experten, die sich auf die Berufsfreiheit und die Auslegungen dieser durch die Judikative stützen, ab. Dies lässt erkennen, dass durch die Bearbeitung des Beispiels der Regelungen zur *„Berechtigung zum selbständigen Betrieb eines zulassungspflichtigen Handwerks“* (HwO 2017, Erster Abschnitt) ein relevanter vertiefender Erkenntnisgewinn zu erwarten ist.

Tatsächlich sind die Prüfkriterien für eine Rechtfertigung, wie sie schon für die europäische Perspektive erarbeitet worden sind, in mehreren umfangreichen rechtswissenschaftlichen Arbeiten auf die Berufszugangsregeln des Handwerks

177 Präziser auch als „zwingende Gründe des Allgemeininteresses“ bezeichnet.

angelegt worden (s. Bulla 2009, Wagner 2006, Buchmann 2007). Im Ergebnis kommen diese übereinstimmend zu dem Schluss, dass, so wie die Regelungen zum selbstständigen Betrieb eines zulassungspflichtigen Handwerks aktuell angelegt sind, diese einer adäquat durchgeführten gründlichen juristischen Überprüfung nicht Stand halten.

Bevor jedoch die zu einem modernen Verständnis von Berufsfreiheit widerstreitenden Elemente der aktuellen Regelungen im Handwerk dargestellt werden, wird sich ausführlich der Entstehungsgeschichte der handwerklichen Zulassungspflicht zugewandt. Die bisher besprochenen Zusammenhänge und Probleme im Zusammenhang mit qualifikationsfordernden Reglementierungen sind nämlich keineswegs neu. Wie sich herausstellen wird, kann davon ausgegangen werden, dass die Ursachen für die herausgearbeiteten Inkonsistenzen der aktuellen Regelungen weit zurückliegen. Darüber hinaus finden die gesellschaftlichen Prozesse, wie sie die fortschreitende europäische Integration mit sich bringt, ihre Entsprechungen in einigen historischen Entwicklungen der Reglementierung handwerklicher Berufsausübung.

7.2 Historische Entwicklung der Zulassungspflicht im Handwerk

Die Ursprünge der Reglementierung handwerklicher Berufsausübung in den mitteleuropäischen Herrschaftsgebieten werden bekannterweise im mittelalterlichen Zunftwesen gesehen. Die historische Entwicklung der Zulassungspflicht im Handwerk stellt jedoch keinen Prozess dar, dessen Verlauf sich bruchlos von den genannten Zünften und ihren strengen Regelungen zu den heutigen Innungen und Handwerkskammern und der aktuellen Handwerksordnung als durchlaufende Gerade nachziehen ließe. Vielmehr handelt es sich, bildhaft dargestellt, um eine wellenförmige Entwicklung bestimmt durch das Hin und Her zwischen dem Streben nach größtmöglicher Gewerbefreiheit und ständisch-autoritärem Kartell.

Maßgeblich bestimmt wurde dieser Prozess durch die jeweiligen gesellschaftlichen Veränderungen wirtschaftlicher und politischer Art ihrer Zeit. Auch die Entwicklungen der technischen Möglichkeiten beeinflussten das Geschehen. Die im Folgenden ausführlichere Darlegung der Zusammenhänge und Probleme im Rahmen der historischen Entwicklung der Berufszugangsregelungen des Handwerks geschieht dabei mit der Intention, ein besseres Verständnis für die gegenwärtigen politischen Vorgänge zu gewinnen und erweitertes Wissen über die möglichen Ursachen für die Inkonsistenz der aktuellen Regelungen zu erlangen.

Um die historische Entwicklung der Zulassungspflicht im Handwerk systematisch nachvollziehen zu können, sind die folgenden Ausführungen in drei Epochen unterteilt. Die erste beginnt im Spätmittelalter und reicht bis in die Zeit des aufkommenden europäischen Absolutismus hinein. Die zweite Epoche legt den Fokus auf den aufkommenden Liberalismus und greift abschließend die bereits als modern zu bezeichnende Gewerbeordnung des Königreichs Preußens auf. Mit der gescheiterten deutschen Revolution leitet die letzte Epoche dann den bis heute sich auswirkenden Prozess der Nationenbildung ein, sodass über die Gründung des Deutschen Reiches und die Zeit des Nationalsozialismus der Bogen bis zur Herausbildung der aktuellen Ordnung des Handwerks geschlagen wird.

7.2.1 Das mittelalterliche Gefüge des Handwerks im Umbruch zur Neuzeit

Die Konzepte und Regelungen der mittelalterlichen Handwerkszünfte bestimmen bis heute die politische Ordnung des handwerklichen Gewerbes. Die folgenden Darstellungen beginnen daher mit derjenigen Phase des Spätmittelalters, in der die gesellschaftliche Gestaltungsstärke des berufsständisch organisierten Handwerks besonders ausgeprägt und einflussreich war (s. Abb. 21).

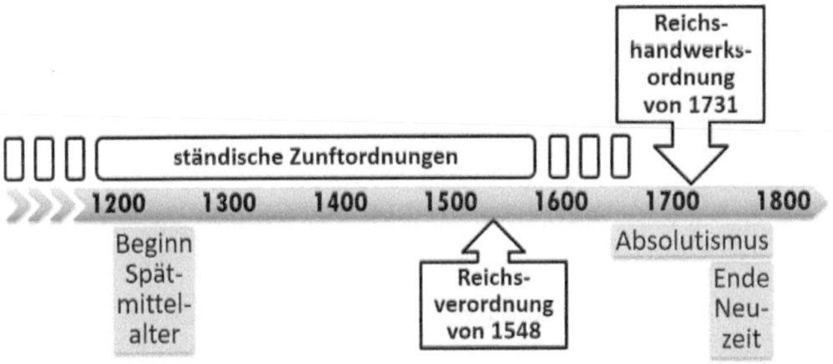

Abb. 21: Das mittelalterliche Gefüge des Handwerks im Zeitverlauf

Die ständischen Zunftordnungen waren lange Zeit das vorherrschende System für die Organisation der Ausübung handwerklicher Erwerbstätigkeit. Erst mit dem Aufkommen des Absolutismus und den damit einhergehenden regelungsstarken Nationalstaaten begann ein Zeitabschnitt der Neuordnung des Handwerkswesens.

7.2.1.1 Zünfte als handwerkliche Interessengemeinschaften

Die grundlegenden Elemente der Reglementierungen des Berufszugangs im Handwerk finden ihr Pendant in den, insbesondere im Spätmittelalter vorzufindenden, Regulierungen der damaligen Handwerkszünfte. Zunächst waren es im frühen 12. Jahrhundert zumeist freiwillige, genossenschaftliche Zusammenschlüsse freier städtischer Handwerker, die als Urform der mittelalterlichen Zünfte gesehen werden können (Bulla 2009, S. 29). Im Kontrast zur Leibeigenschaft und Grundhörigkeit unter einer Grundherrschaft sind hier ansatzweise Elemente einer freien Gewerbeausübung und Ansätze bürgerlicher Rechte erkennbar, obwohl die Erlangung dieser Privilegien sehr restriktiv gehandhabt wurde.

Der Zusammenschluss von Personen ist immer von Interessen geleitet, so auch im Handwerk. Die Tiefe der Gemeinschaft einer damaligen Zunft ging jedoch in den meisten Fällen weit über die gemeinsamen gewerblichen Interessen heutiger Handwerksinnungen hinaus. Den derzeitigen gesellschaftlichen Verhältnissen entsprechend hatten die Zünfte eine Vielzahl von Funktionen (Wagner 2006, S. 27). Sie waren Solidargemeinschaft zur Abmilderung der Unwägbarkeiten des Lebens, sozialer Mittelpunkt und Heimat ihrer Mitglieder und deren Familien sowie darüber hinaus, soweit mit diesen Kompetenzen durch die jeweilige Obrigkeit versehen, mit eigenen Gewalten bis hin zur Rechtsprechung ausgestattete Regulierungsorgane (ebd., S. 26 und 31).

Insgesamt war das Zunftwesen allerdings weder zeitlich noch räumlich homogen ausgestaltet:

> *„Im hohen Mittelalter variierten die Verhältnisse* […] *regional beträchtlich, und selbst innerhalb einer Stadt wechselten sich Perioden strengen Zunftzwangs mit solchen relativer Gewerbefreiheit ab, die Handwerker fanden sehr unterschiedliche Arbeits- und Absatzbedingungen.“* (ebd., S. 27).

Dasselbe galt für den Freiheitsgrad, welcher den Zünften selbst zugebilligt wurde. Je größer dieser war, desto konsequenter konnten ggf. restriktive Berufszugangsregeln nach innen durchgesetzt werden. Eine straffe Organisation und ein hoher Reglementierungsgrad waren dem Zeitgeist entsprechend insgesamt aber kennzeichnend für alle Zünfte (ebd.). Im Rahmen einer diesbezüglichen qualitativen Bewertung des Zunftwesens sollte dies jedoch immer auch im Kontext einer unter den damals vorherrschenden autoritären Herrschaftssystemen meist „überlebenswichtigen“ Solidar- und Sozialgemeinschaft gesehen werden (Bulla 2009, S. 30).

Zunächst war die Mitgliedschaft in der jeweiligen Zunft freiwillig, dennoch wurde von Beginn an die Forderung durch die Zünfte aufgestellt, diese zur Pflicht zu machen, da sich so die sozialen, politischen und wirtschaftlichen Ziele der Gemeinschaft noch besser erreichen ließen. Durch die hohe Attraktivität einer Mitgliedschaft gewannen die Zünfte so mehr und mehr an Einfluss und Bedeutung, übernahmen im Weiteren zunehmend behördliche Aufgaben, sodass bald auch der sogenannte Zunftzwang durch die städtische Obrigkeit angeordnet wurde. Dies stellt den Zeitpunkt dar, an dem die Erlaubnis der Ausübung eines selbstständigen handwerklichen Gewerbes von der Bedingung der Mitgliedschaft in einer Zunft abhängig gemacht wurde.

Die Vorteile der genossenschaftlichen Errungenschaften, wie gemeinschaftlicher Rohstoffeinkauf oder gemeinschaftliche Nutzung teurer großtechnischer Produktionsanlagen, wie Mühlen oder Sägewerke, wurde schnell durch eine konsequente wettbewerbsfeindliche Politik zum Vorteil der vorhandenen Mitglieder überlagert. Dabei wurden nicht nur außerstädtische und „freie" Konkurrenten vom freien Markt ausgeschlossen, sondern auch versucht, Konkurrenz zwischen den Gewerben zu unterbinden (ebd.). Interessanterweise gab es damals aufgrund der zunehmenden Leistungsdiversifikation schon ähnliche Abgrenzungsprobleme der einzelnen Handwerke untereinander, wie sie heute zu einem Rechtfertigungsproblem im Rahmen der Zugangsreglementierung zum Handwerksberuf führen.

Selbst der Wettbewerb der jeweiligen Zunftbetriebe untereinander war meist klar bis ins Kleinste geregelt: *„Im Besonderen strebten die Innungen aber danach, den Wettbewerb unter ihren Mitgliedern unter Berufung auf die Grundsätze der Solidarität und Gleichheit durch eine Angleichung der Einkaufs-, Produktions und Verkaufsbedingungen zu reglementieren."* (Bulla 2009, S. 31)

Hieraus wird ein weiterer besonderer Charakter der mittelalterlichen Zünfte erkennbar. Ziel der Zünfte war es insbesondere, die Wertschöpfung, die auf dem städtischen Markt zu erlangen war, nicht nur zu maximieren, sondern auch deren Verteilung so zu gestalten, dass alle Mitglieder einer Zunft ihr *„standesgemäßes Auskommen"* hatten (ebd., S. 30). Es könnte von einer geschlossenen Produktionsgenossenschaft gesprochen werden, die in dieser Form aus heutiger Sicht jedoch als wettbewerbsfeindlich und fortschrittshemmend eingestuft werden müsste.

Der Zunftzwang für sich genommen stellte solange ein relativ geringes Hindernis für die selbstständige Ausübung eines Handwerks dar, solange keine oder lediglich niederschwellige Bedingungen an die Aufnahme in die Zunft geknüpft wurden. Der zunehmende Einfluss der Zünfte führte – speziell vor dem Hintergrund einer zunehmenden Wanderung in die Städte – dazu, dass Strategien entwickelt wurden, die Anzahl der Betriebe zu begrenzen (Bulla 2009, S. 32). Ob dabei tatsächlich die Erhaltung des „standesgemäßen Auskommens" die alleinige

Triebfeder war oder darüber hinaus das dem „wirtschaftenden" Menschen eigene Prosperitätsstreben die Oberhand gewonnen hat, sei dahingestellt (vgl. ebd.). Tatsache ist, dass mit der Zeit zunehmend strengere Anforderungen an persönlich-soziale Merkmale des Bewerbers sowie an seinen qualifikatorischen Werdegang gestellt wurden, bis im Verlauf des Spätmittelalters letztendlich dann eine umfassende Meisterpflicht etabliert war.

7.2.1.2 Eskalierende Anforderungen für den Zugang zum Handwerksberuf

Die zu erfüllenden Anforderungen für den Zugang zur selbstständigen Ausübung eines Handwerksberufs variierten ebenso zeitlich wie räumlich. So stellt Bulla (2009) fest: *„Meister konnte vielerorts nur werden, wer von freier, echter*[178] *und deutscher Geburt war."* (ebd., S. 32). Ferner gab es die Bedingung, dass keiner der Angehörigen des Bewerbers einem *„unehrlichen"* Beruf, wie Henker, Totengräber etc. nachgegangen sein durfte sowie die Forderung, das Bürgerrecht der jeweiligen Stadt innehaben zu müssen (ebd.). Diese Anforderungen stellen ggf. unüberwindbare persönlich-soziale Merkmale dar, deren Erfüllung fast ausschließlich nicht durch den Bewerber selbst zu erfüllen oder zu beeinflussen war.

Diese aus heutiger Sicht klar diskriminierenden Zugangsbedingungen sind nicht ohne Weiteres, d. h. unüberlegt, ohne eine sachliche Zielsetzung erhoben, worden. Intention war es, möglichst im Vorwege ausschließlich solche Kandidaten zuzulassen, die sich voraussichtlich konfliktfrei und als tragende Mitglieder in die Zunftgemeinschaft einordnen würden (Wagner 2006, S. 29). Heute kann hier der Ausdruck „Sie müssen ins Team passen." zur Veranschaulichung genannt werden. Die Grenze hingegen, wann die Anforderung noch als rein sachlich begründet gelten kann oder bereits ein Instrument zur Sicherstellung der Exklusivität der „Meistergilde" darstellt, ist eine fließende (s. u.).

Der zu absolvierende qualifikatorische Werdegang bestand in seiner umfassendsten Erscheinungsform aus sechs Abschnitten. Zu Beginn stand ggf. eine *„Probezeit"* die zwischen 8 Tagen oder einem halben Jahr dauern konnte, wobei der Sinn und Zweck etwa der heutigen Probezeit innerhalb der geregelten Berufsbildung in Deutschland entspricht (Wagner 2006, S. 28). Die eigentliche Ausbildung begann dann mit der *„Lehrzeit"*. Sie wurde im weiteren Verlauf des Spätmittelalters durch die Zünfte institutionalisiert, die Pflicht zum Nachweis der Qualifikation durch eine Abschlussprüfung kam später hinzu (ebd., S. 29).

---

178 Von echter Geburt bedeutete, ehelich verbundene Eltern zu haben.

Die Lehrzeit dauerte zwischen drei bis fünf Jahre (Bulla 2009, S. 31). Die Bedeutung der Lehrzeit liegt in der fachlichen Qualifizierung des Nachwuchses und erfüllte eine doppelte Funktion: *„Sie lag im Interesse der Konsumenten an der Versorgung mit hochwertigen Produkten und Dienstleistungen sowie andererseits im Interesse der Zunft an ihrer Konkurrenzfähigkeit."* (Wagner 2006, S. 29).

Nach erfolgreich absolvierter Lehrzeit schlossen sich die ähnlich lange dauernden *„Gesellenjahre"* an, innerhalb derer auch die *„Wanderpflicht"* abzuleisten war (ebd.). Die legitime Intention bestand darin, einerseits den Austausch von Wissen, Techniken und Innovationen überregional zu ermöglichen sowie andererseits eine bedarfsorientierte Verteilung der Handwerksmeister „im Lande" zu ermöglichen (ebd., S. 30 sowie Bulla 2009, S. 33). Hatte der Geselle nach seiner Wanderschaft einen geeigneten Ort für die Aufnahme einer selbstständigen Handwerkstätigkeit gefunden, musste er noch die sogenannte *„Mutzeit"* absolvieren. Der Zweck dieser dem „Meisteramt" vorgeschalteten Anwärterphase bestand darin, einmal mehr die fachliche und charakterliche Eignung diesmal für die Mitgliedschaft in der angestrebten Zunft nachzuweisen (Bulla 2009, S. 33).

Die letzte qualifikatorische Anforderung, die erfüllt werden musste, war die Anfertigung eines für gut befundenen *„Meisterstücks"*, welches mit erheblichem Aufwand verbunden war (Wagner 2006, S. 30). Dies diente sicherlich der Qualitätssicherung und der Sicherung des Ansehens der jeweiligen Zunft insgesamt, stellt jedoch auch ein willkommenes Instrument dar, einen zukünftigen Konkurrenten intensiv zu „beäugen" und ggf. abzulehnen (vgl. ebd.).

An dieser Stelle wird die Zweischneidigkeit der Wirkung von Berufszugangsreglementierungen deutlich. Gelichwohl es für jeden dieser Abschnitte des qualifikatorischen Werdegangs eines Handwerksmeisters nachvollziehbar legitime, d. h. sachliche, objektiv gerechtfertigte Gründe, die zumindest indirekt dem Allgemeinwohl dienen, gab, so bergen sie doch ein nicht unbeachtliches Potenzial der Instrumentalisierbarkeit für rein eigennützige Zwecke. Dabei liegt die stattgefundene Entwicklung vermutlich in der Natur der Sache. Zunächst war es erklärtes Ziel der Zünfte, ein „standesgemäßes" Auskommen ihrer Mitglieder zu erhalten. Eine zu hohe Zahl von Mitgliedern läuft dem indes zuwider, sodass sich langfristig eine Politik der Abschottung durchsetzte. Neben den qualifikatorischen Anforderungen waren auch monetäre Auflagen verbreitet und geeignet, den Zugang zu Lehre und Meistertitel stark zu behindern oder ganz unmöglich zu machen. So war bereits vor Eintritt in die Lehrzeit meist eine unverhältnismäßig hohe Aufnahmegebühr an die Zunftkasse zu entrichten (Wagner 2006, S. 29 f.).

Im weiteren Verlauf des Spätmittelalters wurden die Zünfte und das Recht, die sie betreffenden „Dinge“ selbst regulieren zu dürfen, mehr und mehr dazu benutzt, in erster Linie wirtschaftliche Eigeninteressen durchzusetzen (ebd., S. 34). Es ist davon auszugehen, dass „die Interessen der Zunft“ hier im Wesentlichen durch und für einen führenden inneren Zirkel bestimmt wurden. Durch die zunehmende Verschärfung der Zugangshürden wird das Hauptziel, nämlich die Verhinderung erheblicher innerer und äußerer Konkurrenz sichtbar. Im Selbstverständnis der Zünfte, bzw. ihrer Führungsgremien, wurde dies als selbstverständlich legitime Aufgabe gesehen (ebd.).

Folgende Reglementierungsbeispiele verdeutlichen die Entwicklung der mittelalterlichen Handwerkszünfte hin zu einer kartellartigen Interessenvereinigung:

- deutliche Abweichung vom Grundsatz der Gleichheit und Solidarität durch eine faktisch erhebliche ungleiche Vermögensverteilung innerhalb der Meisterschaft und zwischen den Zünften;
- Schaffung ausufernder monetärer Hürden für das „Meisteramt“ wie,
  - hohe Eintrittsgelder für die Zunftmitgliedschaft,
  - Verlangung hochwertiger teurer Materialien für das Meisterstück,
  - Pflicht zur Übernahme der Kosten für Inaugurierungsfeierlichkeiten,
  - kostspielige Auflagen für Werkstatt und Rohstofflager;
- Erlauben von Ausnahmeregelungen für Söhne und Schwiegersöhne;
- Zulassen der Möglichkeit des Freikaufens von Auflagen. (Bulla 2009, S. 34 f.).

Diese Aufzählung zur Veranschaulichung der eskalierenden interessengeleiteten Zunftregelung im Mittelalter ließe sich durch eine Vielzahl von Bestimmungen zur Steuerung der inneren Konkurrenz erweitern. Oft wurde bis ins Kleinste vorgeschrieben, wie, in welchem Umfang, mit welchen Techniken etc. die selbstständige Ausübung des Handwerks durchzuführen war (s. ebd., S. 31).

7.2.1.3 Ordnung des Handwerks im neuzeitlichen Absolutismus

Die Entwicklungen, die im Verlauf des Spätmittelalters durch die fortschreitende Entfaltung und Einflussnahme der Handwerkszünfte stattfanden – speziell die zu erfüllenden umfassenden und langwierig zu erwerbenden Anforderungen für die Erlaubnis einen Meisterbetrieb führen zu dürfen –, können als ausufernd bezeichnet werden (s. o.). Die Übertreibung einer gesellschaftlichen Entwicklung in die eine Richtung ruft oftmals eine Gegenbewegung in die andere hervor. So auch in diesem Fall. Das zunehmend offensichtlich werdende, unausgewogene und eigennützige Gebaren der Handwerksvereinigungen und andere Zünfte behinderte massiv die Entfaltungsmöglichkeiten anderer potenzieller und tatsächlicher Marktteilnehmer. Dies gefährdete immer mehr die gesamtgesellschaftliche Prosperität. Diese Zusammenhänge haben wesentlich dazu beigetragen, dass der Binnenmarkt der Europäischen Union so „freiheitlich" ausgestaltet worden ist.

Auch damals ist bereits der Widerstreit zwischen den angestrebten wirtschaftlichen Vorteilen einzelner Wirtschaftsakteure und einer gewünschten florierenden gesamtwirtschaftlichen Entwicklung erkannt worden. Die Veränderungen im Handwerk waren und sind stets eingebunden in die jeweiligen gesellschaftlichen Ereignisse und Entwicklungen ihrer Zeit. Der Übergang vom Spätmittelalter zur Neuzeit ist weniger ein genauer Zeitpunkt, als eher eine längere, je nach historischer Perspektive festgelegte Phase der europäischen Geschichte. Als auch das handwerkliche Zunftwesen direkt oder indirekt negativ beeinflussende Momente können für diese Übergangsphase u. a. die hohen Importe von Edelmetall aus der „Neuen Welt", das starke Bevölkerungswachstum und die, mit jenem nicht mithaltende, Produktion von Nahrungsmitteln genannt werden (Bulla 2009, S. 37). Der Dreißigjährige Krieg verschärfte die Situation und machte erkennbar, dass ein die eigenen Vorteile protegierendes, den Wettbewerb extrem beeinträchtigendes Zunftwesen für die handwerkliche Produktion einer progressiven, d. h. den gesamtgesellschaftlichen Entwicklungen gerecht werdende Politik, entgegenstand (ebd., f.).

Schon vor dem Dreißigjährigen Krieg gab es Bestrebungen durch einige den Städten übergeordneten Herrschaftsebenen, aber auch einigen Stadtobrigkeiten selbst, die „Auswüchse" des Zunftwesens zugunsten einer in größeren Zusammenhängen agierenden Wirtschaftspolitik regulierend einzuschränken. Diese können jedoch als punktuelle und wenig erfolgreiche Versuche, selbst im Falle von Reichsgesetzen, gelten. (Ebd., S. 38 f.). Die Neuordnung der politischen Verhältnisse durch den Westfälischen Frieden hin zu absolutistischen Herrschaftsgebieten und -strukturen und des damit stattfindenden Aufbaus eines moderneren Staatsapparates führte zur Etablierung des Kameralismus[179] als vorherrschende Wirtschaftspolitik.

Neben einem Konzept zur Förderung des Wiederaufbaus nach dem Kriege ist Kameralismus …

„[…] *als Sammelbegriff wirtschaftspolitischer Grundsätze und Maßnahmen zu verstehen, welche die inländische Wirtschaftskraft zulasten der anderen Staaten stärken, die*

179 Auch als deutsche Spielart des in Europa sich verbreitenden Merkantilismus bezeichnet (Bulle 2009, S. 39 f.), der wiederum als frühkapitalistisches Wirtschaftskonzept angesehen werden kann.

> *Staatsfinanzen kraft des wachsenden Wohlstands und der Steuerkraft der Bevölkerung konsolidieren und damit letztlich die eigene Machtposition festigen und ausbauen sollten"* (Bulla 2009, S. 40).

Eine so ausgerichtete staatliche Wirtschaftspolitik ist mit der zuletzt ausgebildeten regional- und sektoral-protektionistischen Politik des handwerklichen Zunftwesens nicht in Einklang zu bringen. So wurde vom Kaiser Karl VI. im Jahre 1731 eine Reichshandwerksordnung erlassen, die ausdrücklich den *„vielfältig eingeschlichenen Mißbräuchen"* (GHI 1731, Titelseite) bei den Handwerkszünften Einhalt gebieten sollte. Damit wurden den Handwerkszünften grundsätzlich die legislativen und rechtsprechenden Kompetenzen genommen und den staatlichen oder je nach Herrschaftsstruktur den regionalen oder lokalen Obrigkeiten zugewiesen. Übergeordnete Intention ist es dabei gewesen, das handwerkliche Zunftwesen in die kameralistische Staatsordnung zu integrieren.

Bezogen auf die Reglementierungen, den Zugang zur Berufsausbildung oder -ausübung betreffend, bedeutet dies, dass die – in vielen Fällen als überzogen einzuordnenden – Anforderungen für die Aufnahme einer Lehre, der Gesellenzeit oder des Meisteramtes durch objektivere Kriterien ersetzt wurden. Das ökonomisch motivierte besondere Interesse der Territorialstaaten lag in einer größtmöglichen Freizügigkeit der Gesellen. Ist diese doch diejenige Gruppe, die zahlenmäßig am größten und die Haupterbringerin der Handwerksleistung war. Die hier exemplarisch dargestellten Änderungen für die Ausübung des Gesellenhandwerks werden in der Reichshandwerksordnung von 1731 wie folgt eingeleitet:

> *„Damit nun bey solchen Handwerks-schädlichen Mißbräuchen auch das bißhero fast gemein, und zur Gewohnheit wordene Auftreiben der Gesellen, wie auch derselben unvernünftiges Aufstehen, und Austreten inskünftige gänzlich hinweg falle, und hiedurch die Wurzel alles bey denen Handwerkern eingerissenen Unwesens aus dem Grund gehoben werde."* (GHI 1731, Abschnitt II.).

In Zukunft musste, unter Strafandrohung im Falle der Nichtbeachtung, jeder Geselle bei Vorlage eines Abstammungs- oder Geburtsnachweis als Identitätsnachweis und des Gesellenbriefes als Befähigungsnachweis bzw. entsprechender beglaubigter Abschriften von allen Meistern mit Bedarf an Arbeitskräften angenommen werden. Zentraler Verwaltungsort war dabei die jeweilige Meister-Lade derjenigen Zunft, in der die Lehrzeit erfolgreich abgeschlossen wurde.

Für Gesellen sind die neuen Regelungen am liberalsten gefasst, aber der Eintritt in eine Lehrzeit oder in das Meisteramt ist nun ebenfalls sachgerechten Bedingungen, genau *„nach vorgängiger genugsamer Erweg- und Einrichtung, nach der Sachen gegenwärtigem Zustand confirmirt"* (GHI 1731, Abschnitt I.), zu unterwerfen. Bezüglich des Zugangs von Kindern von Eltern mit „unehrlichen" Berufen bekräftigt die Reichshandwerksordnung von 1731 Bestimmungen, die bereits in einer Reichsverordnung von 1548[180] vorgegeben waren (ebd., Abschnitt IV.). Der Zugang zum Meistertitel war jedoch nach wie vor durch das Anfertigen eines Meisterstücks und dem Nachweis des Wohlverhaltens abhängig. Darüber hinaus wurde allerdings, als ein in seiner Wirkung sehr bedeutender Schritt, die zunfteigene Gerichtsbarkeit konsequent aufgehoben.

Insgesamt muss, auch wenn die Neuerungen für ihre Zeit als sehr fortschrittlich hinsichtlich der Gestaltung des Berufszugangs und der Freizügigkeit gelten können, beachtet werden, dass diese Reform der Ordnung der Handwerkszünfte nicht einer emanzipatorisch-freiheitlichen Intention folgte, sondern klaren ökonomisch-politischen Machtinteressen diente. Hierbei gilt aus heutiger Sicht im negativen Sinne, dass die Staatsräson Vorrang vor etwaigen wirtschaftlichen Individual- oder Kollektivrechten hatte. So galt etwa bezüglich eines Streikes oder anderen *„rebellischen Unfugs"* (ebd., Abschnitt V.):

> „[D]*ergleichen grosse Frevler oder Missethäter sollen nicht alleine* [...] *mit Gefängniß- Zuchthauß- Vestungs-Bau- und Galeeren-Strafe beleget, sondern auch, nach Beschaffenheit der Umstände, und hochgetriebener Renitenz, nicht minder würklich verursachten Unheils, am Leben gestraft werden."* (ebd.).

Für die Reichshandwerksordnung von 1731 galt, was für alle gesetzlichen Regelungen gilt, sie stehen zunächst nur „schwarz-auf-weiß" auf dem Papier. Es bedurfte einer effektiven und motivierten Exekutive, diese durchzusetzen. Die Durchsetzung der Reichshandwerksordnung oblag den Territorialstaaten und deren untergeordneten Obrigkeiten, deren Präferenz und Möglichkeiten – insbesondere denen der städtischen Magistrate – bestand jedoch oftmals darin, überhaupt eine Ordnung aufrechtzuerhalten. Die Zünfte hatten zu der Zeit einen Status erreicht, der sie insbesondere aufgrund ihrer Fach- und Selbstverwaltungskompetenz eben genau dafür unabdingbar gemacht hatte, sodass auf keinen Fall von einer flächendeckenden und umfassenden Umsetzung ausgegangen werden kann. Daran änderte auch die 1772 erlassene Erweiterung der Regelungen der Reichshandwerksordnung nichts (vgl. Bulla 2009. S. 41).

---

180 Dies zeigt die weit zurückgehende historische Bedingtheit vieler gesellschaftlicher Normen und ihre enorme Beharrlichkeit, trotz anderslautender Vorgaben.

7.2.2 Handwerk im Wandel zur liberalen Wirtschaftsordnung

Die Industrialisierung und die sie begleitenden politischen und sozialen Umbrüche brachten u. a. die Ideen des Liberalismus hervor. Die stattfindenden gesellschaftlichen Veränderungen erzeugten diesbezüglich auch einen für den Bereich des Handwerks effektiven Handlungsdruck für die Regierenden, sodass eine Phase der zunehmenden Liberalisierung der Regelungen handwerklicher Berufsausübung einsetzte (s. Abb. 22).

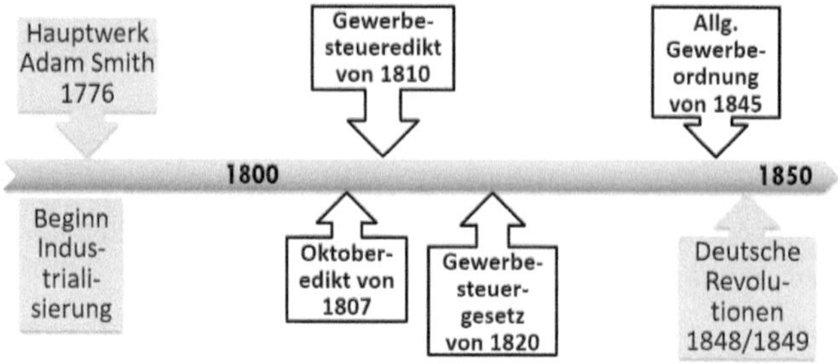

Abb. 22: Das Handwerk im Wandel zur liberalen Wirtschaftsordnung im Zeitverlauf

In Mitteleuropa fand diese Entwicklung im Vergleich zu der in England, dem „Mutterland" der Industrialisierung, zeitverzögert statt. Im Folgenden werden exemplarisch die Vorgänge im Königreich Preußen verfolgt, da die Ergebnisse dort in die Rechtsetzung des später gegründeten Deutschen Reichs eingingen. Das vorläufige Maximale hinsichtlich des Freiheitsgrades der Gewerbeausübung im Handwerk wurde mit der *„Allgemeinen Gewerbeordnung. Vom 17. Januar 1845."* (Preußen 1845) erreicht. Insgesamt fanden die Freiheitsbestrebungen ihren Höhepunkt in den deutschen Revolutionen, deren Scheitern dann auch die Periode zunehmender Liberalisierung handwerklicher Berufszugangsreglementierungen beendete.

7.2.2.1 Die Ideen des ökonomischen Liberalismus nach Adam Smith

Zum Ende des 18. und im weiteren Verlauf des 19. Jahrhunderts fand eine Vielzahl von zivilisatorischen Entwicklungen statt, für die sich zunehmend offenbarte, dass die mittelalterliche Zunftordnung als Wirtschaftskonzept für diese nicht geeignet war. Die Wandlung hin zur Moderne vollzog sich sukzessive und erstaunlich übergreifend, d. h. diverse gesellschaftlichen Bereiche betreffend. Es gab u. a. bedeutende Fortschritte im Verkehrswesen, in der Maschinen- und

Antriebstechnik, in der Arbeitsorganisation und den Produktionskonzepten sowie nicht zuletzt eine zunehmende Internationalisierung der Märkte. Dies alles führte zu einem Anpassungsdruck und zu einer weiteren Veränderung der Strukturen im produzierenden Gewerbe, weg von städtischen kartellartigen Genossenschaften mit einer Produktion für konkrete Kundenbedarfe, hin zu arbeitsteilig organisierten industriellen Betrieben mit einer Produktion für eine abstrakte Marktnachfrage. (Wagner 2006, S. 36 f.)

Die umfangreiche technische und gesellschaftliche Entwicklung hat Berufsarbeit und Berufstätigkeit im Rahmen der Güterproduktion tief greifend und umfassend verändert. Ein lokales rigides Zunftwesen ließ sich auf einem immer größer werdenden Markt für Produkte und Arbeitskräfte nicht mehr aufrechterhalten, insbesondere da es zudem den Interessen der über größere Territorien Herrschenden zuwiderlief. Diese Veränderungen erklären indes nicht, warum der Zugang zur selbstständigen Ausübung eines Handwerks liberalisiert worden ist, da bis heute neben der industriellen Produktion handwerkliche Produktion ja Handwerk geblieben ist und es auch wieder den sogenannten Meisterzwang gibt.

Die entscheidende für die Bearbeitung der Problemstellung interessierende Wandlung ist zwar durch den beschriebenen technischen und gesellschaftlichen Fortschritt ausgelöst worden, jedoch von diesem abzugrenzen. Ursächliches und treibendes Moment hin zu einer fortschreitend freiheitlicheren Entwicklung war ein grundlegender Paradigmenwechsel, dessen bekanntester Vertreter Adam Smith genannt wird. Er vertrat die Ideen des Liberalismus[181] als Wirtschafts- und Staatsordnung, die bis heute fester Bestandteil des weltanschaulichen Ausgangspunkts der Gesellschaftsordnungen der Europäischen Union und ihre Mitgliedstaaten sowie der sogenannten „westlichen Welt“ ist. Als eines seiner wichtigsten Hauptwerke, in dem er seine Überlegungen und Schlussfolgerungen zu einer Vielzahl von ökonomischen Zusammenhängen darlegt, gilt „*An Inquiry into the Nature and Causes of the Wealth of Nations*“[182] (Smith 1776).

Im ersten Buch fragt Smith nach den Ursachen für die von ihm beobachtete Steigerung der Leistungsfähigkeit von Arbeit sowie darüber hinaus nach den Mechanismen, die bei der Verteilung ihrer Früchte je nach Schichtzugehörigkeit und Stellung der Menschen in der Gesellschaft wirken (ebd., Introduction and plan of work).

---

181 Auch „*Liberalkapitalismus*“ (Wagner 2006, S. 38) oder „*Wirtschaftsliberalismus*“ (Bulla 2009, S. 42).

182 Eine Untersuchung über die Wesensart und Ursachen für den Wohlstand von Nationen.

Verkürzt dargestellt lassen sich seine Überlegungen wie folgt zusammenfassen: Die treibende Kraft für die Steigerung der Leistungsfähigkeit, der vom Menschen organisierten Arbeit, liegt in der natürlichen Anlage des Menschen, zu seinem eigenen Nutzen zu agieren. Daraus resultiert die Neigung tauschen zu wollen, d. h. Handel zu treiben, da auch hier der eigene Vorteil erkannt wird. Das Erkennen, dass eine Spezialisierung weitere Vorteile bringt, führte über einen langen Zeitraum, schrittweise bzw. letzten Endes dann dazu, dass die Arbeitsteilung entsteht (ebd., Book I., Chapter II.). Die Arbeitsteilung hat für Smith bis dato die größte Steigerung der Produktivkraft von Berufsarbeit und den Großteil der damit einhergehenden Fähigkeiten bewirkt:

> *„The greatest improvements in the productive powers of labour, and the greater part of the skill, dexterity, and judgment, with which it is anywhere directed, or applied, seem to have been the effects of the division of labour.“* (ebd., Chapter I.).

Im Weiteren entwirft Smith ein Modell, in welchem u. a. der heute in der Sozialökonomie verwendete sogenannte vollkommender Markt erkennbar ist. Vereinfacht zusammengefasst geht er in seiner darauf aufbauenden Theoriebildung davon aus, dass im Zusammenspiel mit der „freien“ Entscheidungsfähigkeit des Einzelnen „freie“ Märkte ein insofern ideales Gleichgewicht erzeugen, als dass sich die Verteilung von Arbeit, Lohn, Produkten, Kapital etc. zum Wohle aller inkl. der „Nationen“ einstellt (Wagner 2006, S. 39).

Smith führt in seinem Hauptwerk von 1776 vertiefend aus, dass die realen Verhältnisse in Europa weit davon entfernt sind, diesem Idealbild gerecht zu werden (Smith 1776, Chapter X.). Unter einer Reihe von dargelegten Zusammenhängen, die diese *„Ungleichheiten“*, wie er sie bezeichnet, hervorrufen, nennt er die Manipulation des freien Wettbewerbs (*„restraining the competition“* and *„increasing it“*) sowie die eingeschränkte Berufsfreiheit (*„circulation of labour“*) (ebd., Part II.). Über mehrere Seiten stellt er ausführlich die o. g. und viele weitere Sachverhalte und Umstände dar, die das Zunftwesen und seine damals verbreiteten ausufernden Reglementierungen als Gegenentwurf des „freien“ Marktes und damit dem Wirtschaftswachstum und dem „Wohlstand der Nationen“ abträglich erscheinen lassen (ebd.).

Das „liberale“ Wirtschaftsmodell, welches Smith entworfen hat, geht dabei weit über das hinaus, was heute negativ konnotiert mit „Marktfundamentalismus“ bezeichnet wird. Seine Ausführungen darauf zu reduzieren, dass der Staat sich heraushalten und es dem Markt überlassen soll, die „Dinge“ zum Guten zu wenden, greift zu kurz. Auf ein Mindestmaß haben sich staatliche Eingriffe, die selbst den „freien“ Markt gefährden, zu beschränken, jedoch soll der Staat dort aktiv werden, wo durch andere Kräfte oder Akteure dieser gefährdet sei (Bulla 2009, S. 42). Darüber hinaus hat er entstehende Ungerechtigkeiten, wie etwa das heute als Lohndumping titulierte strategische „Drücken" der Löhne insbesondere in vorgelagerten Gliedern der Produktionskette zugunsten des Profits des Unternehmens, kritisiert:

> „*They* [Die britische Textilindustrie für Leinenwebstoffe] *are as intent to keep down the wages of their own weavers, as the earnings of the poor spinners; and it is by no means for the benefit of the workmen that they endeavour either to raise the price of the complete work, or to lower that of the rude materials. It is the industry which is carried on for the benefit of the rich and the powerful, that is principally encouraged by our mercantile system. That which is carried on for the benefit of the poor and the indigent is too often either neglected or oppressed.*" (Smith 1776, Book IV. Chapter VIII.).

Elemente des „modernen" Ansatzes der Sozialen Marktwirtschaft waren also bereits in Smiths Theorien enthalten.

Insgesamt kann Smith für den sich in Europa wandelnden Zeitgeist hin zu einer liberaleren Wirtschaftsordnung stehen. Eine Ordnung, die die Freiheit der Gewerbeausübung und der Berufswahl sowie die Wettbewerbsfreiheit als politische Notwendigkeit ansieht (Wagner 2006, S. 38; Frenz 2009, S. 733 ff.). Der stattfindende gesellschaftliche Wandel manifestierte sich u. a. nicht zuletzt auch in der Erklärung der Menschen- und Bürgerrechte als Ergebnis der Französischen Revolution (s. a. Teil II 6.1.3.1).

7.2.2.2 Der Weg zur umfänglichen Gewerbefreiheit in den deutschen Landen

In der deutschen Geschichte setzte die Verwirklichung progressiver wirtschaftlicher Freiheitsrechte einige Jahrzehnte verzögert ein. Maßgeblich und richtungsweisend später für ganz Deutschland war die Entwicklung im Staat Preußen. Insbesondere infolge der Auseinandersetzung mit dem napoleonischen Frankreich war der Druck für das Königreich besonders groß, die ökonomische Situation zu verbessern (Bulla 2009, S. 44). Durch die als Stein-Hardenberg-Reformen bekannten politischen Umgestaltungen wurde eine Reihe von Liberalisierungen in verschiedenen Wirtschaftsbereichen vorgenommen (Wagner 2006, S. 39).

Das sogenannte Oktoberedikt von 1807 (GHI 1807) beendete in Preußen das feudalistische Gesellschafts- und Wirtschaftssystem. Dies hat eine große Bedeutung, da dadurch alle zu „freien" Bürgern wurden und zumindest formell die Standesgrenzen aufgehoben worden sind und theoretisch nun jeder jeden „bürgerlichen" Beruf annehmen konnte (ebd., § 2., vgl. dazu Bulla 2009, S. 44).

Interessanterweise werden der Anlass, das Ziel und die Strategie zu dessen Erreichung im Edikt einleitend ausführlich dargelegt:

> *„Nach eingetretenem Frieden hat Uns die Vorsorge für den gesunkenen Wohlstand Unserer getreuen Unterthanen, dessen baldigste Wiederherstellung und möglichste Erhöhung vor Allem beschäftigt. Wir haben hierbei erwogen, daß es, bei der allgemeinen Noth, die Uns zu Gebot stehenden Mittel übersteige, jedem Einzelnen Hülfe zu verschaffen, ohne den Zweck erfüllen zu können, und daß es eben sowohl den unerlaßlichen Forderungen der Gerechtigkeit, als den Grundsätzen einer wohlgeordneten Staatswirthschaft gemäß sey, Alles zu entfernen, was den Einzelnen bisher hinderte, den Wohlstand zu erlangen, den er nach dem Maaß seiner Kräfte zu erreichen fähig war* […]" (GHI 1807, Präambel).

An dieser Stelle wird nicht nur die kriegsbedingte wirtschaftliche Notlage als Motiv für die Reform genannt, sondern ausdrücklich auch wirtschaftliche Gerechtigkeit als Staatsziel. Gerechtigkeit wird hierbei bereits sehr modern verstanden als Schaffung von Chancengleichheit durch Beseitigung der Hindernisse, die die freie wirtschaftliche Entfaltung des Einzelnen beschränken (s. ebd., letzter Satz).

Im Rahmen der weiteren Liberalisierungen wurde 1810 durch das sogenannte Finanzedikt zusammen mit dem Gewerbesteueredikt die Gewerbefreiheit schlussendlich eingeführt (Benda 1815; s. a. Wagner 2006, S. 41). Bis auf wenige Ausnahmen mussten alle selbstständigen Gewerbeausübenden, insbesondere die Handwerksmeister, nun einen Gewerbeschein beantragen (Abb. 23).

§. 1.

Ein Jeder, der im Staat ein Gewerbe, es bestehe im Handel, Fabriken, Handwerk, oder es gründe sich auf Kunst oder Wissenschaft, fortsetzen, und ein neues unternehmen will, müß einen Gewerbeschein nachsuchen. Weder das schon erlangte Meisterrecht, noch der Besitz einer Concession befreit von dieser Verbindlichkeit.

(§ 1. des Edicts über die Einführung einer allgemeinen Gewerbesteuer vom 2ten November 1810).

Abb. 23: § 1 der Gewerbesteuerverfassung des Preußischen Staates (Benda 1815)

Die Bestimmungen zur Gewerbesteuer und Gewerbefreiheit enthalten zahlreiche Elemente, die den beabsichtigten „[…] *Einfluß der Gewerbe=Steuer=Verfassung auf die Verhältnisse der Zünfte,* […]" (Benda 1815, Abschnitt XI.) in Form von klaren Vorgaben deutlich machen. Wegen ihrer Bedeutung für den Zugang zur Handwerksausübung sind zwei wesentliche Regelungen dieser Art nachfolgend vollständig wiedergegeben (Abb. 24).

§. 212.

Niemand kann fortan aus irgend einem Grunde gezwungen werden, einem Zunftverbande beizutreten, vielmehr jedes Gewerbe auf den Grund eines Gewerbescheins betreiben.

(§. 6. des Edicts vom 7ten Septemb. 1811).

§. 213.

Jeder Inhaber eines Gewerbescheins ist berechtigt Lehrlinge und Gehülfen anzunehmen, in welchem Falle Lehrzeit, Dauer des Dienstes, Lohn, Kost und Behandlung bloß durch freien Vertrag bestimmt wird.

(§. 7 und 8. des alleg. Edicts.)

Abb. 24: §§ 212 und 213 der Gewerbesteuerverfassung des Preußischen Staates (Benda 1815)

Es folgen noch einige Einzelbestimmungen mehr, die weitere Regeln und Privilegien des bisherigen Zunftrechts explizit aufheben. Klar wird, dass auch das Handwerk und seine Belange nun unter die polizeiliche Obrigkeitsordnung des preußischen Staates fallen und diese ggf. mit den ebenfalls erlassenen Zwangsmaßnahmen durchgesetzt wird.

Obwohl damit eine allgemeine Gewerbefreiheit eingeführt ist, existieren jedoch weiterhin *„Gewerbe, zu deren Betriebe es besonderer Qualificationen und Genehmigung bedarf"* (Benda 1815, Abschnitt V.; s. Abb. 25). Dabei handelt es sich um Berufe, bei denen ein begründetes Interesse daran unterstellt werden kann, dass deren besonders zuverlässige Ausübung gewährleistet werden soll. Hierfür gilt es natürlich, die damaligen Maßstäbe anzusetzen.

Zu den Gewerben, deren Betriebe besondere Qualifikationen und Genehmigungen bedurften, gehörten unter anderen: Ärzte, Apotheker, Architekten, der Betrieb von Brauer- und Brennereien, Buchdrucker, Dolmetscher, Gastwirte, Hausierer, Hebammen, Kammerjäger, Landschlachter, Marionettenspieler, Maurer, Reisemusikanten, Notare, Pfandverleiher, Schiffzimmerleute, Scherenschleifer, Schornsteinfeger, Schreib- und Rechenmeister, Seiltänzer, Tierführer, Töpfer und Ofenfabrikanten, Trödler, Topfbinder und Kesselflicker sowie Zimmerleute.

§. 40.

Zu Gewerben, bei deren ungeschicktem Betriebe gemeine Gefahr obwaltet, oder welche eine Beglaubigung, oder besondere Unbescholtenheit erfordern, können nur dann Gewerbescheine ertheilt werden, wenn die Nachsuchenden den Besitz der erforderlichen Eigenschaften auf die vorgeschriebene Art darthun.

(§. 21. des Edicts vom 2ten November 1810.)

Abb. 25: § 40 der Gewerbesteuerverfassung des Preußischen Staates (Benda 1815)

Insgesamt folgt dem oben abgebildeten § 40 der Gewerbesteuerverfassung (Benda 1815) eine Liste von 77 Berufen, für die jeweils besondere Anforderungen gestellt werden. Die Anforderungen variieren von dem Vorlegen von „einfachen" polizeilichen Führungszeugnissen, über die Verpflichtung sich speziellen Vorgaben für die Berufsausübung zu unterwerfen sowie über die Darbringung von Regierungskonzessionen bis hin zum Nachweis von Qualifikationen im Sinne eines Befähigtseins für die Ausübung des Berufs durch Ausbildung oder Prüfung.

Einige dieser Bestimmungen zur Gewerbeausübung enthielten sehr spezielle Regelungen, wie etwa für das Zimmererhandwerk. Allgemein galt: „*Zimmerleute, bedürfen eines Attestes der Regierung oder der von ihnen niedergesetzten Prüfungs-Commission*" (Benda 1815, § 125, 76stens; s. Abb. 26). In diesem Falle existierte beachtenswerterweise eine Regelung, die einerseits eine Auflistung konkreter beruflicher Tätigkeiten enthält, deren Gefahrengeneigtheit wohl minder eingestuft wurde und andererseits das aktuell auch angewandte Kriterium für ein vermutetes Vorhandensein der erforderlichen Befähigung, in Form der qualifizierten Ausübung dieser für einen bestimmten Zeitraum.

§. 127.

Auf Zimmerstückarbeiten, nämlich Reparaturen der Dachlatten, Legung und Reparatur von Fußböden, Anfertigung von Thüren, und Fensterladen, Treppen vor den Häusern, in kleinen Städten und dem platten Lande; Anfertigung von Bretter- und Stakket-Zäunen; Anfertigung und Reparatur einzeln stehender kleinen Ställe und ähnlicher Landwirthschaftlichen kleinen Behälter; so wie zur Reparatur des Belages der Brücken, und deren Geländer, kann der Gewerbeschein für Gesellen auf ein Attest des Kreisbaubedienten ertheilt werden, wenn der Nachsuchende wenigstens zwei Jahre bei einem oder mehreren geprüften Meistern zu deren Zufriedenheit gearbeitet hat.

Abb. 26: § 127 der Gewerbesteuerverfassung des Preußischen Staates (Benda 1815)

Diese Regelungen erinnern sehr an die Elemente, die im Rahmen der Arbeitnehmerfreizügigkeit der Europäischen Gemeinschaft für Kohle und Stahl für die Zuerkennung der Facharbeitereigenschaft angewandt wurden (s. Teil II 5.1.2). Ziel war hier ebenso die Freiheit der Berufsausübung zum Wohle der gesamtwirtschaftlichen Entwicklung zu stärken.

Wird die Metapher des wellenförmigen Hin und Her zwischen umfassender Gewerbefreiheit und autoritärer Zugangsbeschränkung der selbstständigen

Berufsausübung herangezogen, so lässt sich feststellen, dass mit dem nachfolgenden *„Gesetz wegen Entrichtung der Gewerbesteuer. Vom 30sten Mai 1820."* (Preußen 1820) der bis dahin größte Ausschlag hin zu einer umfänglichen Gewerbefreiheit im preußischen Königreich vollzogen war. Für ortsfesten Gewerbebetrieb waren die Gewerbescheine nunmehr abgeschafft. Lediglich eine Anzeige des Gewerbes bei der zuständigen Kommunalbehörde war vorzunehmen. Gewerbescheine wurden nur noch für steuerpflichtige Gewerbe, die „umherziehend" betrieben wurden, ausgestellt. (Ebd., S. 150, §§ 19 u. 20 i. V. m. § 2).

7.2.2.3 Entwicklung einer modernen Gewerbeordnung

Die bis dato vorgenommene Bindung der Gewerbefreiheit an die Gesetzgebung zur Gewerbesteuer stellte einen ausgeprägten Ansatzpunkt dar, an dem die „natürlichen" Gegner der Reformen, insbesondere die nun erheblich schlechter gestellten Mitglieder der kartellartig ausgestalteten berufsständischen Vereinigungen, einen Erfolg versprechenden Hebel ansetzen konnten (Wagner 2006, S. 42 f.). Darüber hinaus gab es etliche prominente und einflussreiche, nicht aus den Handwerkskreisen stammende Verfechter der Wiedereinführung von Reglementierungen. Hierbei wurden eine Reihe von Argumenten vorgebracht, von denen einige heute ebenfalls noch angeführt werden, wenn es um die Begründung der Zulassungspflicht zur selbstständigen Ausübung eines Handwerks geht (s. Teil II 7 sowie ec-de 2016, I.).

So wurde damals schon auf die qualitätssichernde Bedeutung und die erzieherische Wirkung von formalisierter Qualifizierung und Ausbildung hingewiesen. Auch auf die Funktion der Zunftordnung als Einrichtung zur Sicherung des Auskommens durch Schutz gegen Billigkonkurrenz sowie allgemein auf die Aufrechterhaltung von Sitte und Moral wurde abgestellt (Wagner 2006, S. 43 f.). Ob diese Begründungen haltbar oder gerechtfertigt waren, wird an dieser Stelle nicht bewertet. Politisch waren sie nachvollziehbar und argumentativ wirksam. Die Prüfung von Rechtfertigungen nach heutigen Kriterien erfolgt im nachfolgenden Hauptabschnitt anhand der aktuell gültigen Bestimmungen.

Auch aufgrund von notwendig gewordenen weiteren ordnungspolitischen Reformen kam es dann im Folgenden zum Erlass der *„Allgemeinen Gewerbeordnung. Vom 17. Januar 1845."* (Preußen 1845) für das Königreich Preußen. Dabei handelt es sich um eine umfangreiche Neuordnung mit 190 Paragraphen, die bereits relevante Elemente enthält, die auch Bestandteil der aktuell gültigen Gewerbeordnung sind. Damals wurden zunächst sämtliche hier und dort noch bestehenden lokalen bzw. separaten Rechte, den Gewerbebetrieb zu beschränken oder Konzessionen zu erteilen, sowie alle privatwirtschaftlichen Zwang- und Bannrechte[183] aufgehoben (ebd., Titel I.).

Ab der Gültigkeit der Gewerbeordnung wurden im Rahmen der erforderlichen Anzeige eines beabsichtigten selbstständigen Betriebs eines Gewerbes bei der Kommunalbehörde persönliche Voraussetzungen, wie die Geschäftsfähigkeit, das Vorhandensein eines festen Wohnsitzes sowie das Besitzen einer nicht ehrlosen Gesinnung[184] nunmehr ausschließlich polizeilich streng geprüft (ebd., §§ 16 und 21). Des Weiteren werden zwei Kategorien von besonderen Anforderungen an die Genehmigung zur Gewerbeausübung eingeführt. Zum einen ist dies die erforderliche besondere polizeiliche[185] Genehmigung für die Errichtung von Anlagen, die entsprechende Gefahren oder negative Auswirkungen mit sich bringen (ebd., § 26; Abb. 27).

§. 26.

Eine besondere polizeiliche Genehmigung ist nur erforderlich

1) zur Errichtung gewerblicher Anlagen, welche durch die örtliche Lage oder die Beschaffenheit der Betriebsstätte für die Besitzer oder Bewohner der benachbarten Grundstücke, oder für das Publikum überhaupt erhebliche Nachtheile, Gefahren oder Belästigungen herbeiführen können.

Abb. 27: § 26, Absatz 1 der Allgemeinen Gewerbeordnung Preußens von 1845 (Preußen 1845)

Exemplarisch seien Schießpulverfabriken, Hochöfen, Metallgießereien, chemische Fabriken, Dampfmaschinen, durch Wasser oder Wind bewegte Triebwerke sowie Brennereien und Brauereien genannt (ebd., § 27). Hier ist ausschließlich den Regierungsbehörden die Genehmigung vorbehalten (ebd., § 29). Bei der Entscheidung sind insbesondere feuer-, bau- und gesundheitspolizeiliche Anforderungen zu berücksichtigen, aber auch sonstiges relevantes mögliches Gefahren- und Belästigungspotenzial (ebd., § 32).

Die andere interessierende Kategorie von speziellen Anforderungen an die Genehmigung zur Gewerbeausübung sind die, bereits in der Gewerbesteuerverfassung von 1815 verlangten (Benda 1815; s. o.), und nun wieder in ähnlicher

183 In den meisten Fällen eine Verpflichtung innerhalb eines bestimmten Gebietes, Produkte und Leistungen ausschließlich oder zum Teil bei einem Erzeuger bzw. Anbieter abnehmen zu müssen.

184 Insbesondere wegen eines Verbrechens verurteilt (ebd., § 21).

185 Bedeutung hier: behördliche.

und erweiterter Form eingesetzten, besonderen qualifikatorischen Voraussetzungen für eine ganze Reihe von überwiegend nichthandwerklichen Berufen und beruflichen Tätigkeiten (Preußen 1845 §§ 42–57). Hierbei handelt es sich in mehreren Fällen um formelle Befähigungsnachweise wie z. B. Prüfungszeugnisse (Abb. 28).

§. 44.

Baumeister, welche aus der Leitung von Bau-Unternehmungen ein Gewerbe machen, bedürfen eines Prüfungszeugnisses der Ober-Baudeputation.

Abb. 28: § 44, Absatz 1 der Allgemeinen Gewerbeordnung Preußens von 1845 (Preußen 1845)

Im Rahmen der Einführung der Allgemeinen Gewerbeordnung von 1845 wurde auch das Innungswesen neu geordnet, welches jetzt durchgängig der staatlichen, insbesondere der kommunalbehördlichen Aufsicht unterstellt war (ebd., Titel VI.). Klar wurden zudem der Zweck bzw. die Obliegenheiten der Innungen benannt. Der Schwerpunkt sollte dabei in der Übernahme sozialpolitischer Aufgaben, wie die Aufsicht über Ausbildung und der Administration von Versorgungseinrichtungen sein (Abb. 29).

§. 104.

Der Zweck der neu zu gründenden Innungen (§. 101.) besteht in der Förderung der gemeinsamen gewerblichen Interessen; insonderheit sollen die Innungen

1) die Aufnahme, die Ausbildung und das Betragen der Lehrlinge, Gesellen und Gehülfen der Innungsgenossen beaufsichtigen,
2) die Verwaltung der Kranken-, Sterbe-, Hülfs- und Sparkassen der Innungsgenossen leiten,
3) der Fürsorge für die Wittwen und Waisen der Innungsgenossen, namentlich durch Förderung der Erziehung und des gewerblichen Fortkommens der Waisen sich unterziehen.

Abb. 29: § 104, Absatz 1 der Allgemeinen Gewerbeordnung Preußens von 1845 (Preußen 1845; Spaltenumbruch zusammengefügt)

Im Bereich des Handwerks durfte die Befugnis zum Betrieb eines Gewerbes nicht von der Mitgliedschaft in einer Innung abhängig gemacht werden (ebd., §§ 94 und 96). Um Mitglied einer Innung zu werden, musste eine behördlicherseits organisierte und geleitete Prüfung absolviert werden (ebd., § 108, Absatz 1;

§ 132, Absatz 1 und § 166). Die Anforderungen, die an den Bewerber gestellt wurden, waren wie folgt beschrieben: *„Der zu Prüfende muß durch Lösung von Aufgaben darthun, daß er befähigt sei, die gewöhnlichen Arbeiten seines Gewerbes selbstständig auszuführen."* (ebd., § 164, Absatz 1, Satz 1).

Von Interesse ist darüber hinaus, dass grundsätzlich zunächst jeder reguläre Gewerbetreibende befugt war *„Lehrlinge zu halten"*, es jedoch einige gelistete Berufe, wie z. B. Gerber, Schumacher, Beutler, Tischler, Drechsler, Schlosser Messerschmiede, Glockengießer oder Klempner gab, die jene o. g. Prüfung absolvieren mussten, um ausbilden zu dürfen (ebd., § 131). Dieses Verfahren ähnelt dem sogenannten „kleinen Befähigungsnachweis". Beachtenswert ist, dass hier lediglich die „gewöhnlichen" Arbeiten des entsprechenden Gewerbes beherrscht werden mussten.

Der Zugang zu einem Lehrverhältnis, wie auch zu einer Anstellung als Gehilfe oder Geselle, ist grundsätzlich frei und wird durch *„Übereinkunft"* mit den selbstständigen Gewerbetreibenden begründet (ebd., § 134). Im Rahmen des Lehrverhältnisses galt es eine Reihe von ordnenden Vorgaben einzuhalten, die als Ansätze der in der heutigen Handwerksordnung geregelten *„Berufsbildung im Handwerk"* (HwO 2017, zweiter Teil) angesehen werden können. Die Lehrzeit endet mit einer Prüfung des Vorliegens der für einen Gesellen notwendigen Kenntnisse und Fertigkeiten vor der Innung oder ggf. vor der zuständigen Prüfungsbehörde (Preußen 1845, § 157, Satz 1 und 2).

Der freie Zugang zu einer Berufsausbildung als Aspekt der Berufswahlfreiheit, die wiederum ein bedeutender Bestandteil der Berufsfreiheit darstellt, ist nunmehr in der *„Allgemeinen Gewerbeordnung. Vom 17. Januar 1845."* (Preußen 1845) festgeschrieben worden. Allerdings sind in Elementen, wie der Innungsaufnahmeprüfung in Kombination mit der Ausbildungserlaubnis, bereits Ansätze wieder hin zu restriktiven Regelungen zu erkennen. Jedoch wurden sowohl die Gesellenprüfungen als auch die Prüfungen zur Aufnahme in eine Innung transparent formalisiert und unter staatliche Aufsicht gestellt. Die Allgemeine Gewerbeordnung von 1845 kann daher insgesamt als eine moderne Gewerbeordnung bezeichnet werden.

7.2.3 Die Ordnung des Handwerks zwischen Gewerbefreiheit und Dirigismus

Nach den erfolglosen deutschen Revolutionen gelang es, den konservativ orientierten Kräften erst einmal wieder mehr Reglementierung für die Ausübung handwerklicher Berufe einzubringen. Der Erfolg dieser Bemühungen wurde indes durch die Gründung des Deutschen Reiches und der damit einhergehend eingeführten umfassenden Gewerbefreiheit abrupt zunichtegemacht. Durch konsequente und kontinuierliche Arbeit berufsständischer[186] handwerklicher Interessengruppen gelang es diesen, in einem anschließenden Zeitraum von über 50 Jahren die Legislative sukzessive mehr und mehr zu den „alten", d. h. zunftähnlichen Regelungen zurückzubringen (s. Abb. 30).

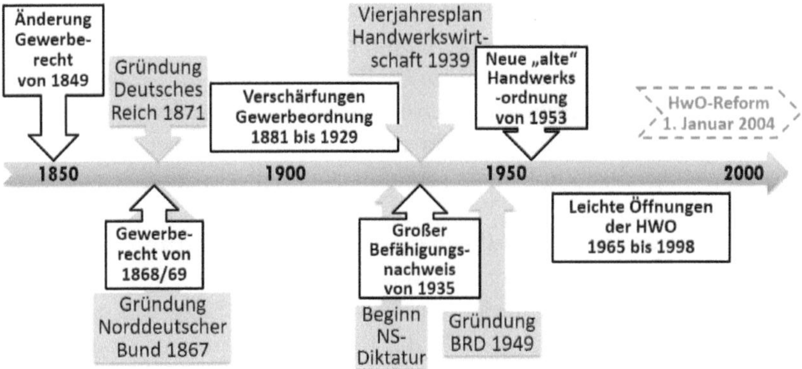

Abb. 30: Das Handwerk zwischen Gewerbefreiheit und Dirigismus im Zeitverlauf

So wurde in der Gewerbeordnung von 1908 erst der „kleine Befähigungsnachweis" und 1935 dann im Zuge der Gleichschaltung für die Kriegswirtschaft der „große Befähigungsnachweis", also der unbedingte Meistervorbehalt, wiedereingeführt. Unter dem Besatzungsstatut wurde federführend durch die Vereinigten Staaten 1953 die zunächst ausgesetzte „alte" Ordnung des Handwerks vorläufig wiederhergestellt. Die geforderte Überprüfung durch das bundesdeutsche Verfassungsgericht leitete anschließend eine wiederum mehr als 50 Jahre dauernde Phase der schrittweisen leichten Öffnung der handwerklichen Berufszugangsreglementierung ein. Diese mündete aufgrund fortschreitender freiheitlicherer Auslegung des deutschen Grundgesetzes durch das Bundesverfassungsgericht in eine grundlegende Reform der Handwerksordnung zum 1. Januar 2004.

186 Gesellenverbände vertraten durchaus gegenteilige Positionen als die selbstständigen Handwerksunternehmer.

7.2.3.1 Von der gescheiterten deutschen Revolution zum Norddeutschen Bund

Die Entwicklung der Gewerbeordnung wurde weiterhin durch die fortschreitenden technischen und sozialen Umbrüche bestimmt. Die Folgen der Industrialisierung, insbesondere die Entstehung eines massiven Überschusses an Arbeitskräften in Kombination mit der Ausweitung der Freiheitsrechte, wirkten sich einschneidend auf all jene Handwerke aus, die mit ihren Produkten in Konkurrenz zu den Fabriken standen (Bulla 2009, S. 48). Im Verlauf der wirtschaftlich und sozial unruhigen Zeiten der deutschen Revolution von 1848/1849 gelang es, den selbstständigen Handwerkern bzw. der von ihnen konstituierten Bewegung einige dem Zunftwesen entnommene Privilegien zurück zu erlangen (ebd., S, 49 f.).

In Preußen wurde zur Bewältigung der Revolution, mit dem Ziel der Herrschaftssicherung, die konstitutionelle Monarchie eingerichtet und im Zug dessen einigen Forderungen verschiedener Gruppierungen nachgegeben. So können die neu eingeführten Privilegien für die Handwerksmeister als Gegenleistung für die Loyalität gegenüber dem reformierten Herrschaftssystem angesehen werden (Bulla 2009, S. 50). Im Ergebnis wurden das Handwerkswesen betreffend zwei bedeutende Verordnungen (Preußen 1849 I und II) erlassen. Neu installiert wurden sogenannte Gewerberäte, denen als einflussreiche Interessenvertretungen – den heutigen Handwerkskammern ähnlich – insbesondere die Aufgaben der Aufsicht über das Handwerk und Fabrikarbeit auferlegt wurden (Preußen 1849 I, § 2). Bemerkenswert ist dabei, dass diese Räte nahezu, bei einem Vorteil von einer Stimme arbeitgeberseitig, paritätisch besetzt waren (ebd., § 5).

Für eine große Anzahl von Handwerken wurde darüber hinaus nun erneut der Nachweis der Befähigung durch eine Meisterprüfung obligatorisch, bevor die dazu gehörenden Tätigkeiten selbstständig ausgeübt werden durften (ebd., § 23 i. V. m. § 35). Welche Arbeiten bzw. Tätigkeiten unter das jeweilige Handwerk fallen, entscheidet der zuständige Gewerberat (ebd., § 28). Die grundsätzlichen Rahmenbedingungen zum Erwerb, sowohl der Lehrlings-, der Gesellen- als auch der Meisterqualifikationen, ähneln den aktuell gültigen. Weitere Bestimmungen stellen einen Versuch der schützenden Abgrenzung gegen die Konkurrenz aus den Fabriken und aus dem Verlagswesen[187] dar (ebd., §§ 30–34 sowie Abschnitt IV.). Eine Konkurrenz der Handwerke verschiedener Gewerbe um Gesellen,

187 Einem Verleger zum zentralen Vertrieb für überregionale Märkte unterworfene handwerkliche Produktion mehrerer Betriebe.

Gehilfen und Lehrlinge wird unterbunden. Für die Beschäftigung „*weiblicher Personen*" zur Ausführung nichttechnischer Arbeiten gibt es ausdrücklich keine Beschränkungen. (Ebd., § 47).

Ausländer dürfen nur in besonders begründeten Ausnahmefällen und erst nach der Anhörung von Innung und Gewerberat zur Ausübung eines selbstständigen Gewerbes zugelassen werden. Insgesamt ist die Tendenz hin zur Wiedererrichtung einer kartellartigen Kontrolle des Handwerks erkennbar. Dennoch geht ein Vergleich, der eine sehr große Nähe zu den mittelalterlichen Zünften feststellt, zu weit, da mittlerweile ein klarer durch die legislative Gewalt des Königreichs Preußen erlassener verbindlicher Rechtsrahmen besteht, der die damaligen Auswüchse unterbindet (s. a. Bulla 2009, S. 50). Auch sind die für die Durchsetzung einer Gewerbeordnung erforderlichen behördlichen Strukturen installiert. Eine aus heutiger Sicht rechtsstaatliche Schwachstelle stellen allerdings die ebenfalls neu geschaffenen, bei einem Vorteil von einer Stimme arbeitgeberseitig nahezu paritätisch besetzten Gewerbegerichte dar, die nun jedoch wiederum an die mittelalterliche Machtfülle des Handwerks erinnern.

Neben der fortschreitenden Industrialisierung Deutschlands, die langsam für eine allgemeine wirtschaftliche Verbesserung sorgte, gewann eine neue Phase der Erstarkung der Idee der Liberalisierung sowie der sich in Europa weiterverbreitenden nationalen Identität als Staatsdoktrin zunehmend an Einfluss (s. a. Bulla 2009, S. 51). Im Jahr 1866 entstand der Norddeutsche Bund unter der Führung Preußens. Die „liberale Idee" wurde dabei weiterhin verfolgt. Bereits 1868 wurde in diesem Zusammenhang das „*Gesetz, betreffend den Betrieb der stehenden Gewerbe*" (NDB 1868) erlassen.

Dieses beseitigte „kurzerhand" das Privilegium der kaufmännischen und handwerklichen Vereinigungen und Institutionen, die Kontrolle über den Zugang zur und die Aufnahme der Berufsausübung innezuhaben. Es handelt sich tatsächlich nur um ein zweiseitiges, sechs Paragraphen enthaltendes Gesetz, welches diesem einen Zweck diente und mit einem Schlag eine Vielzahl von Paragraphen der Allgemeinen Gewerbeordnung von 1845 (Preußen 1845; s. Abb. 31) außer Kraft setzte.

Weiter heißt es „*Für den Betrieb ist ein Befähigungsnachweis nicht mehr erforderlich.*" (NDB 1868, § 2, Satz 1), ausgenommen waren lediglich einige Gesundheits-, Rechts- und Seefahrtberufe (ebd., Satz 2). Darüber hinaus wurden sämtliche Beschränkungen des Verkaufs selbstgefertigter Waren und des Betriebs mehrerer Gewerbe sowie Betriebsstätten aufgehoben (ebd., § 3). Auch die Anstellung von Gesellen, Gehilfen und Lehrlingen war wieder vollständig freigestellt (ebd., § 4).

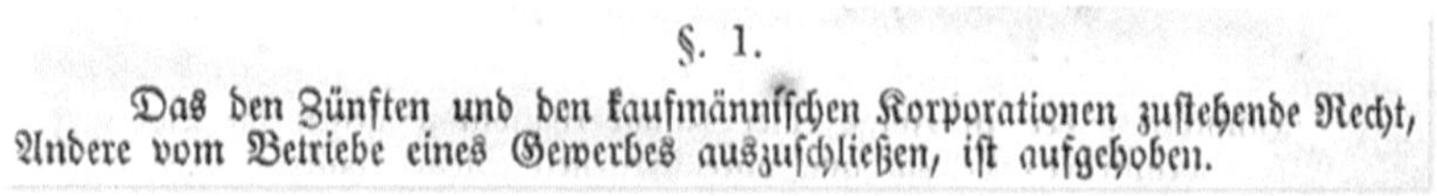

§. 1.

Das den Zünften und den kaufmännischen Korporationen zustehende Recht, Andere vom Betriebe eines Gewerbes auszuschließen, ist aufgehoben.

Abb. 31: Die Aufhebung des Privilegs des reglementierten Berufszugangs 1868 (NDB 1868, § 1)

Die nachfolgend am 21. Juni erlassene *„Gewerbeordnung für den Norddeutschen Bund."* (NDB 1869) spezifiziert das Gesetz, hebt weitere frühere gewerbeeinschränkende Bestimmungen, wie etwa Zwangs- und Bannrechte mit Wirkung zum 1. Januar 1873 auf (ebd., § 7 f.). Bemerkenswert ist an dieser Stelle noch, dass die Gewerbefreiheit damals ausdrücklich, zumindest rein rechtlich, Frauen völlig gleichberechtigt zugesprochen wurde (NDB 1869, § 11).[188] In der Vergangenheit bezogen sich, insbesondere im Handwerk, die besprochenen Aspekte der Berufsfreiheit bisher tatsächlich immer nur auf männliche Berufsausübende.

Aufrechterhalten und ausgeweitet werden die Regelungen zu gefährlichen oder beeinträchtigenden Anlagen sowie u. a. die bau-, feuer- und gesundheitspolizeilichen Bestimmungen (ebd., Titel II., Kapitel II., Abschnitt 1.). Dasselbe gilt für Gewerbe, für welche eine besondere Qualifikation verlangt wird. Dies betrifft einige Gesundheits- und Seefahrtsberufe, Schauspielunternehmen, Gastwirtschaften, Spirituosenhandel, Tanz-, Turn- und Schwimmunterricht, Händler für Gebrauchttextilien, Pfandleiher sowie einige weitere Berufe, bei denen ein berechtigtes Allgemeininteresse daran angenommen werden kann, dass diese verlässlich ausgeübt werden (ebd., Abschnitt 2). Auch das bereits länger existierende Konzept separater Regelungen für Reise- und Marktgewerbe wird ebenfalls aufrechterhalten (ebd., Titel III. und IV.).

Die Innungen bleiben im Norddeutschen Bund bestehen, allerdings als reine Interessenvereinigungen ohne zusätzliche Aufgabenzuteilung. Aufnahmeprüfungen dürfen ebenfalls nach wie vor gefordert werden, diese müssen auf den *„Nachweis der Befähigung zur selbstständigen Ausübung der gewöhnlichen Arbeiten des Gewerbes"* (ebd., § 84, Satz 2) gerichtet sein. Einen Innungszwang gibt es nicht, auch muss die Prüfung entfallen, wenn das Gewerbe mindestens für ein Jahr selbstständig betrieben wurde (ebd., Satz 3). Damit ist der formelle Druck Innungsmitglied und meistergeprüft zu sein gemindert.

188 Im Gegensatz z. B. zum Wahlrecht.

Zudem enthält die neue Gewerbeordnung (NDB 1869) etliche Reglungen, die erkennen lassen, dass Liberalisierung oder sogar erste Tendenzen einer Demokratisierung der damaligen Zeit entsprechend Einzug gefunden haben (Abb. 32).

§. 152.

Alle Verbote und Strafbestimmungen gegen Gewerbetreibende, gewerbliche Gehülfen, Gesellen oder Fabrikarbeiter wegen Verabredungen und Vereinigungen zum Behufe der Erlangung günstiger Lohn- und Arbeitsbedingungen, insbesondere mittelst Einstellung der Arbeit oder Entlassung der Arbeiter, werden aufgehoben.

Abb. 32: Das Koalitions- und Streikrecht in der Gewerbeordnung des Norddeutschen Bundes (NDB 1869, § 152, Satz 1)

Darüber hinaus wurde die Aufgabe, bei Streitigkeiten zu entscheiden, wieder in behördliche Hände gelegt. Insgesamt zeugt das Dargestellte also davon, dass nicht nur der Grundsatz einer möglichst großen gewerblichen Freiheit beabsichtigt war, sondern dass auch Rechtsstaatlichkeit als Voraussetzung für eine gewünschte wirtschaftliche Entwicklung des Staates gesehen wurde.

7.2.3.2 In fortschreitender Nationenbildung zum kleinen Befähigungsnachweis

Im weiteren Verlauf der deutschen Geschichte, die 1871 zur Gründung des Deutschen Reiches führte, wurde die liberale Gewerbeordnung von 1869 (NDB 1869) durch erfolgreiche Lobbyarbeit, entsprechender Vereinigungen selbstständiger Handwerker und weiterer konservativer (partei-)politischer Kräfte, sukzessive wieder hin zu restriktiveren Regelungen verändert (Bulla 2009, S. 61). Im Jahr 1881 erhielten die Innungen durch das „*Gesetz, betreffend die Abänderung der Gewerbeordnung*“ (DR 1881) den Status einer Staatsaufgabe wahrnehmenden Behörde. U. a. fiel ihnen, wie den mittelalterlichen Zünften, die Aufgabe bzw. Befugnis zu, „*die nähere Regelung des Lehrlingswesens und der Fürsorge für die technische, gewerbliche und sittliche Ausbildung der Lehrlinge*“ (ebd., § 97, Ziff. 3) vorzunehmen, inkl. des Rechts über diesbezüglich auftretende Streitigkeiten selbst zu entscheiden (ebd., Ziff. 4).

Nach mehreren, auch parlamentarischen, erfolglosen Anläufen gelang es dann schließlich 1897, mit dem „*Gesetz, betreffend die Abänderung der Gewerbeordnung*“ (DR 1897) nochmals weitere Rechte für die Innungen zu erhalten (Bulla 2009, S. 61 f.). Zur Verdeutlichung der damit einhergehenden Ausweitung, der behördlichen Machtbefugnisse dieser, können hier die Einrichtung von Innungsschiedsgerichten mit erweiterten Entscheidungsbefugnissen (ebd., § 81 b) sowie die Zuteilung von ebenfalls erweiterten Aufsichtsrechten, inkl. dem Anrecht auf Betriebszugang und Auskunft (ebd., § 94 c), genannt werden. Ein weiterer bedeutender Machtzuwachs ist die eingeführte Möglichkeit, auf Antrag der Mehrheit der Gewerbetreibende einen Anspruch auf Einführung einer Zwangsinnung für das entsprechende Gewerbe zu haben (ebd., § 100).

Der neu oder wieder zugestandenen Machtfülle wurde zusätzlich die Einrichtung von Handwerkskammern, die den Innungen vorgesetzt waren, beigefügt (ebd., §§ 103 und 103 f.). Die innungsübergreifenden Aufgaben der Handwerkskammer sind denen der heutigen sehr ähnlich. Die nähere Regelung und Überwachung der Ausbildung und der Prüfungen, dem sogenannten „*Lehrlingswesen*", zählte zu den wesentlichen Hauptaufgaben der neu eingerichteten Kammern (ebd., § 103e, Ziff. 1, 2 und 5). Dies stellt bezogen auf die Rahmenbedingungen qualifikationsfordernder Reglementierungen von Berufsausübung einen bedeutenden Schritt dar. So wurde die Berufszugangsphase, als wichtigstes Element einer freien Berufswahl und -ausübung – nämlich das Lehrverhältnis sowie die Meisterausbildung (ebd., § 129 ff.) – dem Einfluss und der Aufsicht einer übergeordneten Behörde unterworfen. Die Kammern können dabei jedoch nicht als neutrale Instanz gelten, da sich ihre Mitglieder allein aus handwerklichen Unternehmern rekrutieren.

Die Befugnisse zur Anleitung von Lehrlingen waren an Mindestanforderungen, wie: „[…] *mindestens eine dreijährige Lehrzeit zurückgelegt und die Gesellenprüfung bestanden haben* […] *oder fünf Jahre hindurch persönlich das Handwerk selbständig ausgeübt haben*" (ebd., 3 129), geknüpft. Interessant ist auch insbesondere die verschärfte Regelung zum Meistertitel, die besagt: „*Den Meistertitel in Verbindung mit der Bezeichnung eines Handwerkes dürfen nur Handwerker führen, wenn sie in ihrem Gewerbe die Befugniß zur Anleitung von Lehrlingen erworben (§ 129) und die Meisterprüfung bestanden haben.*" (ebd., § 133). Das stellt quasi eine Umkehrung der früher und später existierenden Regelung dar, die den Meistertitel erforderlich macht, um ausbilden zu können.

Insgesamt können die erreichten Regelungen als ein bedeutender Schritt hin zu den eigentlich angestrebten noch umfassenderen Vorgaben für das Handwerk angesehen werden. Zudem wird deutlich, dass sich zunehmend ein spezielles Handwerksrecht herauskristallisiert. Die eingeführten Grundstrukturen kommen dem mit der aktuellen Handwerksordnung (HwO 2106) festgelegten System schon sehr nahe (s. a. Bulla 2009, S. 62). Dies gilt insbesondere für das Prüfungswesen für Gesellen und Meister sowie festgelegte Ordnung mit Handwerkskammern und Innungen.

Der nächste Schritt zur Umsetzung der „eigentlich angestrebten" Reglementierungen erfolgte dann 1908 mit der Abänderung des § 129 der Gewerbeordnung (DR 1908) insofern, als dass nun der „kleine Befähigungsnachweis" gesetzlich vorgeschrieben wurde: *„In Handwerksbetrieben steht die Befugnis zur Anleitung von Lehrlingen nur denjenigen Personen zu, welche* [...] *eine Meisterprüfung (§ 133) bestanden haben."* (ebd., Satz 1). Darüber hinaus galt es einige Zusatzbedingungen zu erfüllen, wie etwa ein Mindestalter von 24 Jahren und mindestens drei aktive Gesellenjahre in dem entsprechenden Gewerbe (ebd., § 133, Absatz 1 und 3).

Möglich wurde diese Regelung, nicht zuletzt auch durch die neu etablierten Handwerkskammern, die sehr kurzfristig ihre Lobbyarbeit für das deutsche Handwerk aufnahmen. Eine entscheidende Rolle spielte der 1900 gegründete „Deutsche Handwerks- und Gewerbekammertag" (Bulla 2009, S. 63). Die Gesamtheit der zum 1. Oktober 1908 in Kraft getretenen Regelungen führte zu einer erheblichen Erschwerung der selbstständigen Ausübung eines Handwerks, da ohne Meistertitel dem Betrieb keine Lehrlinge mehr als Arbeitskräfte zur Verfügung standen (ebd., S. 63), bzw. sie erzeugte einen nicht unerheblichen Druck, eben doch die Meisterqualifikation zu erwerben.

Das damals angeführte Argument ist das schon bekannte und aktuell immer noch genannte, nämlich „[...] *das Ziel eine*[r] *guten Ausbildung des Nachwuchses im Interesse des Handwerks und der Allgemeinheit*" (Wagner 2006, S. 51). Zusätzlich wurden die gestiegenen Anforderungen an die Ausbildung als Grund genannt. Es sollte mit der Regelung des „kleinen Befähigungsnachweises" explizit der Anreiz geschaffen werden, den vorgezeichneten „ordentlichen" handwerklichen Qualifizierungsweg vom Lehrling bis zum Meistertitel zu absolvieren (ebd.). Ob dies ein legitimer Zweck des Allgemeininteresses wäre, inwiefern dieser überhaupt mit der kleinen bzw. aktuell mit der großen Befähigung zu erreichen ist und ob es mit dem Grundsatz der Verhältnismäßigkeit vereinbart werden kann, ist später Gegenstand der Untersuchung (s. Teil II 7.3).

7.2.3.3 Der „große Befähigungsnachweis" als NS-Instrument

Im Jahr 1909 kam es zur Gründung einer weiteren handwerklichen Interessenvertretung, die zunehmend politischen Einfluss gewinnen konnte, dem „Reichsverband des deutschen Handwerks" (RDH). Der oben bereits genannte „Deutsche Handwerks- und Gewerbekammertag" wurde 1922 darüber hinaus zu einer öffentlich-rechtlichen Zwangskörperschaft, die dem Reichswirtschaftsministerium aufsichtsrechtlich unterstellt war (Bulla 2009, S. 70). Über den RDH und auch mithilfe des Kammertages war es den selbstständigen Handwerksbetrieben bzw. -meistern nun möglich auf politische Entscheidungen noch direkter einwirken zu können (Wagner 2006, S. 53). So wurde dann 1929 mit dem „*Gesetz zur Änderung der Gewerbeordnung*" (DR 1929), der sogenannten Handwerks-Novelle (ebd.), die Handwerksrolle eingeführt (Abb. 33).

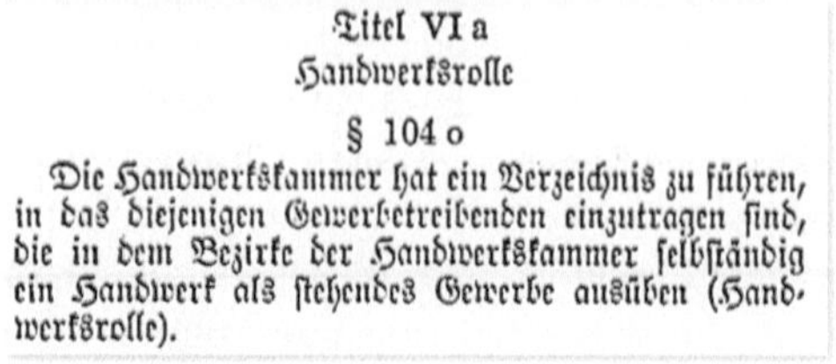

Titel VI a

Handwerksrolle

§ 104 o

Die Handwerkskammer hat ein Verzeichnis zu führen, in das diejenigen Gewerbetreibenden einzutragen sind, die in dem Bezirke der Handwerkskammer selbständig ein Handwerk als stehendes Gewerbe ausüben (Handwerksrolle).

Abb. 33: Die Einführung der Handwerksrolle durch die Handwerksnovelle von 1929 (DR 1929, § 104 o, Satz 1)

Somit ist einerseits schließlich ein eigenständiges nur das Handwerk betreffendes Recht geschaffen. Explizit sind Handwerksbetriebe, die für und innerhalb eines Industrie-, Handels- oder eines landwirtschaftlichen Unternehmens handwerkliche Berufstätigkeiten ausüben, von den Regelungen ausgenommen. Andererseits wird mit der Handwerksrolle ein Instrument geschaffen, welches es erlaubt, den Zugang zur selbstständigen beruflichen Handwerksausübung zunächst zu überwachen und später ggf. weiter zu reglementieren.

Mit der Machtübernahme der Nationalsozialisten 1933 begann in Deutschland eine Entwicklung, die zu der bis dahin stattfindenden sukzessiven Gestaltung einer zunehmend sozialeren, demokratischeren und freiheitlicheren Gesellschaft konträr verlief. Die Wirtschaft und damit ebenso das Handwerkswesen hatten vollständig den Zielsetzungen der Nationalsozialisten zu dienen. Die Sicherstellung der Herrschaft erfolgte durch die Einführung des autoritären, dirigistischen Führerstaates. Hierbei steht die Erfüllung der vorgegebenen „Ziele der Volksgemeinschaft" im Vordergrund. Demokratische oder die Individualität berücksichtigende Wirtschaftskonzepte wie die Gewerbefreiheit standen dem diametral entgegen (Bulla 2009, S. 73 ff., s. a. Buchmann 2007, S. 23 f.).

In den Jahren nach der Machtergreifung wurden dementsprechend eine Reihe von Gesetzen und Verordnungen erlassen, die die „Gleichschaltung" der Wirtschaft inkl. des Handwerks bzw. seiner Institutionen verwirklichten (s. Bulla 2009, S. 76 f.). Durch die *„Dritte Verordnung über den vorläufigen Aufbau des deutschen Handwerks. Vom 18. Januar 1935"* (3. HwVO 1935) wurde nun unter Ausnutzung der bereits installierten Handwerksrolle schlussendlich ein genereller Meistervorbehalt – der sogenannte große Befähigungsnachweis – als Zugangsschranke für die selbstständige Ausübung eines Handwerks eingeführt (ebd., § 1 und § 3, Absatz 1, Satz 1).

Das Konzept der Zulassungspflicht über den Weg der reglementierten Eintragung in die Handwerksrolle in Verbindung mit der dafür benötigten Meisterqualifikation ist erkennbar so auch noch in der heute gültigen Handwerksordnung (vergl. HwO 2017, § 1 und 7) vorzufinden (Abb. 34):

§ 1

Der selbständige Betrieb eines Handwerks als stehendes Gewerbe ist nur den in der Handwerksrolle eingetragenen natürlichen und juristischen Personen gestattet.

[...]

§ 3

(1) In die Handwerksrolle wird nur eingetragen, wer die Meisterprüfung für das von ihm betriebene oder für ein diesem verwandtes Handwerk bestanden hat oder die Befugnis zur Anleitung von Lehrlingen in einem dieser Handwerke besitzt. [...]

Abb. 34: Die Struktur der wiedereingeführten Zulassungspflicht zum selbstständigen Handwerk (3. HwVO 1935, §§ 1 und 3, Satz 1)

Seit 1935 war der selbstständige Betrieb eines Handwerks also nur noch unter Nachweis der Meisterqualifikation möglich.[189] Dieser Schritt ist jedoch im vorliegenden besonderen historischen Gesamtkontext zu betrachten.

Konstatiert werden muss, dass die entsprechende Verordnung (3. HwVO 1935) Bestandteil der Umsetzung der nationalsozialistischen Strategie der Ordnung des gesamten gesellschaftlichen und politischen Lebens nach dem sogenannten Führerprinzip (s. Abb. 35) einerseits und die Optimierung der gesamten deutschen Wirtschaft hin zur Kriegswirtschaft andererseits war (s. Abb. 36).

---

189 Seit 1908 war der Meistervorbehalt für die Lehrbefugnis bereits eingeführt (DR 1908, § 133), sodass alle, die ab 1908 diese erhielten, einen Meisterbrief vorweisen mussten.

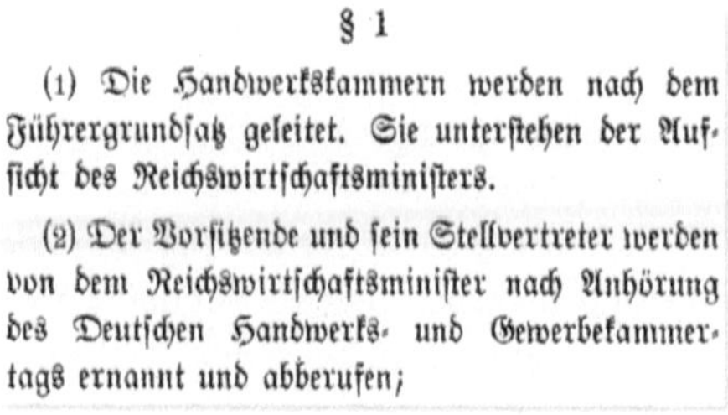

§ 1

(1) Die Handwerkskammern werden nach dem Führergrundsatz geleitet. Sie unterstehen der Aufsicht des Reichswirtschaftsministers.

(2) Der Vorsitzende und sein Stellvertreter werden von dem Reichswirtschaftsminister nach Anhörung des Deutschen Handwerks- und Gewerbekammertags ernannt und abberufen;

Abb. 35: Die Ausrichtung der Handwerkskammern auf den „Führergrundsatz“ (2. HwVO 1935, § 1 ohne letzten Satz)

Ob nun die Einführung des sogenannten Meistervorbehalts[190] im Rahmen der Einrichtung eines hierarchischen Ranggefüges erfolgte, da der Meister für die untere Gefolgschaftsebene naturgemäß bzw. historisch eine adäquate Führungsfigur war, oder dies ein Zugeständnis an die Handwerkskammern gewesen ist, um diese für die Veränderungen, die den Verlust der Selbstverwaltung mit sich brachten, gefügiger zu machen, sei dahin gestellt.

Wenn auch keinesfalls geschlussfolgert werden kann, dass der Meistervorbehalt allein auf die nationalsozialistische Ideologie zurückzuführen ist, so ist er doch im Zuge der Umsetzung des autoritären „Führergrundsatzes“ ein dem Handwerk willkommenes Instrument (Bulla 2009, S. 75). Das entscheidende Steuerungselement war und ist hierbei allerdings nicht der Meistertitel – denn es gab darüber hinaus andere den Eintrag begründende Umstände und Ausnahmen – sondern die Einführung der Reglementierung an sich. Dies bedeutete eine Abwendung von einer Anzeige- und Registrierungspflicht hin zur Pflicht, ein restriktives Zulassungsverfahren durchlaufen zu müssen, um ein handwerkliches Gewerbe selbstständig ausüben zu dürfen.

Diese Veränderung im Handwerksbereich passt sich ein in das konsequente Eingliedern sämtlicher Wirtschaftsbereiche in das System des zentralistischen Führerstaates, dessen Ziel es ist, zu jeder Zeit an jeder Stelle unmittelbar durchgreifen zu können und alle für das Erreichen einer größtmöglichen Kriegsfähigkeit der Volkswirtschaft notwendig erscheinenden Maßnahme verzugslos umsetzen zu können. Ein prägnanter Beleg, welcher die Unterordnung etwaiger eigener Interessen der Handwerksverbände unter dieses Diktat verdeutlicht, ist die *„Verordnung über die Durchführung des Vierjahresplans auf dem Gebiet der Handwerkswirtschaft. Vom 22. Februar 1939“* (DR 1939).

190 Der Meistertitel war nur eine Möglichkeit, es gab weiter spezielle Eintragungsmöglichkeiten und Ausnahmen.

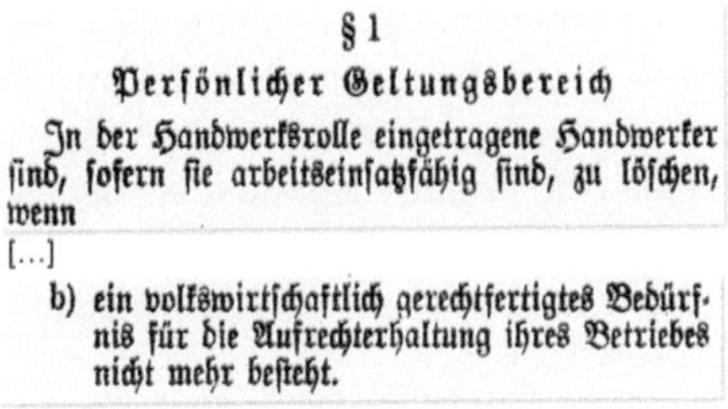

§ 1

Persönlicher Geltungsbereich

In der Handwerksrolle eingetragene Handwerker sind, sofern sie arbeitseinsatzfähig sind, zu löschen, wenn

[...]

b) ein volkswirtschaftlich gerechtfertigtes Bedürfnis für die Aufrechterhaltung ihres Betriebes nicht mehr besteht.

Abb. 36: Die Unterordnung der Erlaubnis zum selbstständigen Handwerk unter die „volkswirtschaftlichen Bedürfnisse“ (DR 1939, § 1 ohne lit. a)

Ziel war es, so ohne Weiteres Fachkräfte aus nicht kriegswichtigen Handwerken der Rüstungsindustrie zur Verfügung stellen zu können (Wagner 2006, S. 55). Auffällig ist auch, dass es sich bei den „Verordnungen über den vorläufigen Aufbau des deutschen Handwerks“ eben um eine vorläufige Maßnahme handelt. Dass es sich hier nur um einen Zwischenschritt in der beschriebenen Entwicklung handelte, wird bei der Betrachtung des „endgültig“ angestrebten Ergebnisses deutlich. Durch die *„Erste Verordnung zur Durchführung der Verordnung über die Vereinfachung und Vereinheitlichung der Organisation der gewerblichen Wirtschaft“* (DR 1942) wurde nämlich 1942 die Einordnung in die Wirtschaft für den „totalen Krieg“ vorgenommen (Bulla 2009, S. 82; s. Abb. 37):

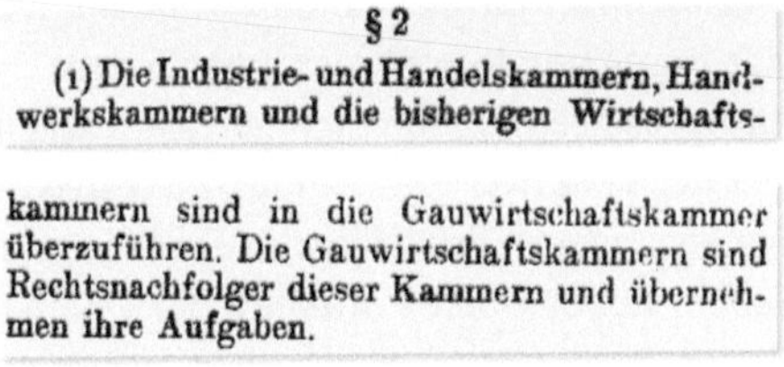

§ 2

(1) Die Industrie- und Handelskammern, Handwerkskammern und die bisherigen Wirtschaftskammern sind in die Gauwirtschaftskammer überzuführen. Die Gauwirtschaftskammern sind Rechtsnachfolger dieser Kammern und übernehmen ihre Aufgaben.

Abb. 37: Die weitere Straffung der Wirtschaftsverwaltung nach dem „Führerprinzip“ (DR 1942, § 1; Spaltenumbruch zusammengefügt)

Mag es so sein, dass die Handwerksverbände 1935 lediglich die Gunst des Augenblicks genutzt haben und dabei vielleicht das ideale Ziel eines qualitativ hochwertigen Handwerks im Blick hatten, so lässt sich dennoch als gesicherte Erkenntnis festhalten, dass weder die zugrunde liegenden Intentionen noch die herrschenden wirtschaftspolitischen Rahmenbedingungen aktuell anerkannte zwingende Gründe des Allgemeininteresses für die Einführung einer umfassenden

Zulassungspflicht für die selbstständige Ausübung eines Handwerks darstellen. Stattdessen stellt diese Reglementierung im beschriebenen Kontext ein geradezu gegenläufiges Konzept zum bürgerlichen Freiheitsrecht der freien Berufsausübung dar. Auch sind mit dem Handwerksrecht unter der nationalsozialistischen Herrschaft in Deutschland die seit der Zeit der Zünfte des Spätmittelalters striktesten Zugangsregelungen im Handwerk entwickelt worden.

7.2.3.4 Ausgestaltung des Handwerks nach 1945 – ein Neuanfang?

In der sogenannten Nachkriegszeit, also die Zeit, in der das Gebiet der heutigen Bundesrepublik durch die vier Besatzungsmächte beherrscht wurde, wurde die Lobbyarbeit der Handwerksvereinigungen bzw. Institutionen mit unterschiedlichem Erfolg fortgeführt. In der britischen und französischen Zone bewirkten die Interessenvertreter bereits für 1946, dass die zunächst außer Kraft gesetzte Ordnung das Handwerk umfassend und grundsätzlicher Ausrichtung der NS-Handwerksordnung entsprechend wiedereingeführt wurde (Bulla 2009, S. 84 f.). In der sowjetisch besetzten Zone wurden die Berufszugangsregeln für die selbstständige Ausübung eines Handwerks ebenfalls beibehalten (Wagner 2006, S. 56). Als es 1947 zur Vereinigung der US-amerikanischen und britischen zur sogenannten Bizone kam, setzte sich jedoch die amerikanische Position einer liberaleren Wirtschaftsordnung durch, sodass dort dann generell die volle Gewerbefreiheit galt. Gleichwohl wurden in den Fällen einer Gefahrengeneigtheit für öffentliche Gesundheit, Sicherheit und Wohlbefinden Ausnahmen zugelassen (Bulla 2009, S. 85).

Mit der 1949 erfolgten Gründung der Bundesrepublik Deutschland galt erst einmal die Gewerbeordnung bundesweit, der Zugang zum Handwerksberuf war allerdings durch Sondergesetze uneinheitlich geregelt (Wagner 2006, S. 57). So blieb es erklärtes Ziel der Handwerksverbände, die restriktiven Zugangsregeln und weitere „verloren gegangene" Privilegien in ein Bundesgesetz umgesetzt zu wissen. Nach jahrelanger Lobbyarbeit wurde mit der Unterstützung einflussreicher führender Politiker dieses Ziel erreicht, nicht zuletzt auch, weil es gelang, daraus eine Frage der nationalen Souveränität zu konstruieren (Bulla 2009, S. 86 f.). Tatsächlich mussten aus der Besatzungszeit stammende Direktiven zur Gewerbefreiheit aufgehoben werden. Dies erfolgte schließlich durch den amerikanischen Hochkommissar,[191] jedoch bemerkenswerterweise unter der eingeforderten und erfolgten Zusage, die erlassenen Regelungen zeitnah durch das Bundesverfassungsgericht prüfen zu lassen. (Bulla 2009, S. 87 f.)

---

191 Von 1949–1955 besaß die Bundesrepublik Deutschland nur Teilsouveränität. Die Alliierte Hohe Kommission nahm in dieser Zeit die den Alliierten vorbehaltenen Rechte wahr.

Im Jahr 1953 wurde schließlich das „*Gesetz zur Ordnung des Handwerks*" (HwO 1953) erlassen, welches fortan als Handwerksordnung ein Rechtsgut für das Handwerkswesen in der Bundesrepublik Deutschland schaffte. Die Grundstruktur, die Begrifflichkeiten und fast alle Regelungen entsprachen denen von 1935 (3. HwVO 1935). Die Einbindung in die Kriegswirtschaft und das Führerprinzip war selbstverständlich nicht mehr Bestandteil der Ordnung. Für die Innungen und Handwerkskammern waren nunmehr demokratischere Organisationsstrukturen und Verfahren festgelegt (HwO 1953, IV. Teil). Die Mitgliedschaft in der Innung wurde freigestellt (ebd., § 53, Absatz 1). Die Mitglieder der Handwerkskammer wurden von allen in der Handwerksrolle eingetragenen natürlichen[192] und juristischen Personen gewählt und vertraten dann das gesamte Handwerk (ebd., § 89 Absatz 1 und § 87).

Bezüglich der qualifikationsfordernden Reglementierungen der selbstständigen Ausübung des Handwerks gelang es sogar, eine weitere Verschärfung zu erreichen. Generell wurden nur noch Personen mit Meisterqualifikation bzw. Betriebe mit einer dergestalt qualifizierten Person aufgenommen (s. Abb. 38). Alle vorab vorhandenen Ausnahmen (3. HwVO 1935) wurden entfernt.

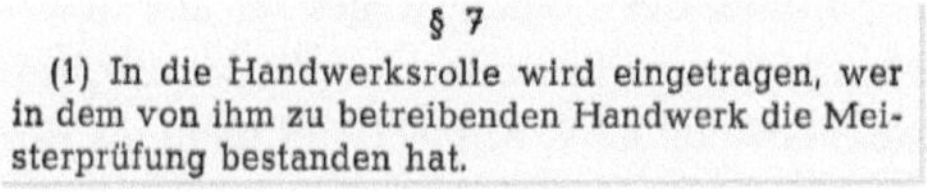
§ 7

(1) In die Handwerksrolle wird eingetragen, wer in dem von ihm zu betreibenden Handwerk die Meisterprüfung bestanden hat.

Abb. 38: Der Eintrag in die Handwerksrolle in der jungen Bundesrepublik (HwO 1953, § 7, Absatz 1)

Der höheren Verwaltungsbehörde war es indes vorbehalten, eine Ausnahmebewilligung für die Aufnahme in die Handwerksrolle zuzuerkennen, wenn eine Person „[…] *die zur selbständigen Ausübung des von ihm zu betreibenden Handwerks als stehendes Gewerbe notwendigen Kenntnisse und Fertigkeiten nachweist* […]" (HwO 1953, § 7, Absatz 2). Der selbstständige stehende Betrieb eines der ca. 120 Berufe, der in der Anlage A als Handwerk gelisteten Gewerbe, war dementsprechend ausschließlich den in der Handwerksrolle eingetragenen Personen gestattet (ebd., § 1 i. V. m. A).

Eine solche restriktive Berufszugangsregelung, die in der Nachkriegszeit, d. h. im Rahmen der Phase der Demokratisierung Westdeutschlands durchaus

192 Müssen das 21. Lebensjahr vollendet haben und ggf. weitere Beschränkungen (HwO 1953, § 89, Absatz 2 und 3).

umstritten war, bedurfte im Gesetzesentwurf einer klaren Rechtfertigung. Tatsächlich wurde ein klares Bekenntnis zur Gewerbe- und Wettbewerbsfreiheit abgegeben, diese im Handwerk allerdings erst nach Ausbildung und Eignungsprüfung zugestanden. Als dem Allgemeinwohl dienende Zwecke wurden vom Gesetzgeber die „[…] *Erhaltung des Leistungsstandes und der Leistungsfähigkeit des Handwerks und* [… die] *Sicherung des Nachwuchses für die gesamte gewerbliche Wirtschaft* […]" (BVerfG 1961, Gründe A, IV) angeführt. Dies bedeutet: „*Der Bundesgesetzgeber hat das Handwerk als einen volkswirtschaftlich unentbehrlichen Zweig der gewerblichen Wirtschaft und einen besonders wichtigen Teil des Mittelstandes angesehen.*" (ebd., C, IV, Ziff. 1).

Im Jahr 1961 bestätigte das Bundesverfassungsgericht (BVerfG) diesen Ansatz (noch) uneingeschränkt und billigte dem Gesetzgeber die entsprechende Regelungsbefugnis zu. Auch sieht es die Belange der in Art. 12 Grundgesetz Abs. 1 garantierten Berufsfreiheit ausreichend aufgrund der o. g. vorhandenen Ausnahmeregelung gewahrt (ebd., S. 1).

Die o. g. Regelung, in Ausnahmefällen beim Vorliegen der notwendigen Kenntnisse und Fertigkeiten die Zulassung zur selbstständigen Ausübung des Handwerks zu erhalten, (HwO 1953, § 7, Absatz 2) versteht das Bundesverfassungsgericht als Öffnung des Zugangsweges für alle Bewerber, „[…] *die die notwendige fachliche Befähigung besitzen, aber die Meisterprüfung nicht abgelegt haben*" (BVerfG 1961, Gründe C, V, Ziff. 6.) und nicht als Ermächtigung dafür, erschwerte Bedingungen geltend zu machen. Auch bzgl. der Beurteilung der Schwere der Umstände, die im Einzelfall den Erwerb des Meistertitels verhindert haben, fordert das Gericht eine in der Verwaltungspraxis weite Auslegung (ebd.). Darüber hinaus weist es ausdrücklich darauf hin, dass die Intention der Zugangsregelung der Handwerksordnung kein „[…] *Selbstzweck oder ein Mittel zum Schutz vor unerwünschter Konkurrenz* [sei], *sondern den Weg dar*[stellt], *auf dem die qualitative Auslese der Handwerker im Regelfalle vorgenommen werden soll.*" (ebd.).

Das Bundesverfassungsgericht regt damit indirekt an, zusätzliche Regelfälle außerhalb des Meistertitels zuzulassen. Die Enge der Reglementierung stellt dabei einen der wesentlichen damaligen Kritikpunkte an der Handwerksordnung von 1953 dar (Wagner 2006, S. 60). 1965 wurde dieser Punkt dann tatsächlich in einer entsprechenden Änderung (HwO-Ä 1965) berücksichtigt. Nun konnten Personen, die andere der Meisterprüfung mindestens gleichwertige Prüfungen oder Prüfungen verwandter Handwerke bestanden hatten, ebenfalls für den Eintrag in die Handwerksrolle per Verordnung vorgesehen werden (ebd., § 7, Absatz 1 und 2). Als anerkannter Grund für eine Ausnahmegenehmigung wird auch der vom Bundesverfassungsgericht angesprochene Fall, bei dem „[…]

die Ablegung der Meisterprüfung für […] *eine unzumutbare Belastung bedeuten würde*" (ebd., § 8, Absatz 1, Satz 2) aufgenommen. Ferner sind einige weitere sehr spezielle Regelungen, z. B. für den Fall des Erbens eines Betriebes, eingefügt worden (ebd., § 7, Absatz 4 ff.).

Im Zuge der Änderung wurde die Definition, wann denn ein Handwerksbetrieb vorliegt, zu „[…] *wenn er handwerksmäßig betrieben wird und vollständige oder in wesentlichen Teilen ein Gewerbe umfaßt, das in der Anlage* […] *aufgeführt ist*" (ebd., § 1, Absatz 2) präzisiert. Dies war nunmehr als Abgrenzung notwendig geworden, da in der gänzlich neuen Anlage B (ebd.) ein „*Verzeichnis der Gewerbe, die handwerksähnlich betrieben werden können*" (ebd.) angelegt wurde, für die kein Eintrag in die Handwerksrolle und damit keine Meisterprüfung mehr erforderlich war. Viele sind Erwerbsberufe mit einem begrenzteren Produkt- oder Dienstleistungsspektrum, wie beispielsweise Metallschärfer, Holzschuhmacher oder Fleckteppichhersteller (ebd.), aber auch solche mit umfangreicheren Tätigkeitsbereichen, wie etwa Gerüstbauer oder Bestatter. Gleichzeitig mit dieser Veränderung wird die Befugnis zur Kontrolle handwerklicher Gewerbe auf solche ausgedehnt, die als handwerksähnliche Betriebsformen bezeichnet werden (ebd., 16 a, Absatz 2) und nicht das erwartete volle Spektrum eines in der Anlage A gelisteten Handwerks erfüllen.

Im Weiteren sind bis heute nur noch relativ geringfügige Änderungen vorgenommen worden, die jedoch in der Folge im ungünstigsten Falle im Rahmen der aktuellen Rechtfertigungssystematik zu erheblichen Problemen führen. So war es bis zur Änderung von 1993 (HwO-Ä 1993) lediglich erlaubt, „*technisch oder fachlich zusammenhängende Arbeiten*" (HwO 1953, § 5), die eigentlich einem anderen Handwerk zuzuordnen waren, auszuführen. Seit 1993 sind – bis heute unverändert – nunmehr ferner Arbeiten erlaubt, die das Leistungsangebot des genehmigten Handwerks „*wirtschaftlich ergänzen*" (HwO-Ä 1993, § 5 i. V. m § 7, Absatz 6). Mit der Änderung von 1993 wird der Begriff der „*wesentlichen Tätigkeiten*", der zunächst dazu dient, „*verwandte Handwerke*" zu identifizieren, eingeführt (ebd., § 7, Absatz 1, Satz 2). Dieser findet ab 1998 auch im Zusammenhang mit der Feststellung, ob denn ein „vollwertiger" Handwerksbetrieb vorliegt, Anwendung (HwO 1998, § 1, Absatz 2).[193]

Als für einen Eintrag in die Handwerksrolle qualifizierend werden im Weitern Abschlüsse deutscher Hochschulen und diesen gleichwertige europäische namentlich angeführt (HwO-Ä 1993, § 7, Absatz 2). Die Tendenz, hier das

193 Ursprünglich bereits durch BGBl. I. Nr. 19 vom 25. März 1998, S. 596–606, Artikel 1 zum 1. April 1998 geändert.

Spektrum der Qualifikationen und/oder Bedingungen zu erweitern, die eine Zulassung zur Ausübung eines selbstständigen Handwerks erlauben, ist klar erkennbar. Dies wurde auch so in der dann 1998 neu gefassten Handwerksordnung (HwO 1998), die zudem eine Vielzahl durch andere Gesetze und Verordnungen notwendig gewordene Änderungen berücksichtigt, fortgesetzt. So sind nun Industriemeister und Absolventen vergleichbarer technischer Bildungsgänge als Ausnahme ebenfalls zugelassen (ebd., § 8, Absatz 1, Satz 3 s. a. Wagner 2006, S. 66).

7.2.4 Schlussfolgerungen aus der Historie der Zulassungspflicht

Interessengruppen, ob freiwillig entstanden oder aufgrund gesetzlicher Auflage gebildet, entwickeln Aktivitäten, die dem Ziel dienen, für die sie gegründet worden sind und darüber hinaus. Sie vertreten die Interessen ihrer Mitglieder. Das gilt ebenso für Vereinigungen von Handwerkern, wobei im Rahmen gesellschaftlicher Prozesse nahezu ausschließlich die Zusammenschlüsse von Personen, die selbstständig, d. h. als Betriebsinhaber ein Handwerk ausüben oder einen Handwerksbetrieb leiten, eine Rolle gespielt haben bzw. spielen.

Aus den Entwicklungen der Zünfte im Spätmittelalter lässt sich erkennen, dass ohne höherinstanzliche Normen, Kontrollen und eine entsprechende Durchsetzungsfähigkeit diese Vereinigungen eine eskalierende Dynamik entwickeln, die durch das Ziel der Erlangung von Vorteilen zugunsten der eigenen Gruppe dominiert wird. Oft handelt es sich dabei um Vorteile, die insbesondere einer kleinen Gruppe von Entscheidungsträgern und nicht allen Mitgliedern der Vereinigung zum Wohle gereichen. Demokratische Strukturen, wie sie heutzutage für eine Vielzahl von Vereinigungen Pflicht sind, können helfen, zumindest Letzteres zu verhindern oder abzumildern.

Für qualifikationsfordernde Reglementierungen als Zugangsvoraussetzung für die selbstständige Ausübung eines Handwerks bedeutet dies nun, dass die Mittel einer Vereinigung gezielt eingesetzt werden können und auch eingesetzt werden und wurden, um sich unlautere Vorteile – oft eben jene des Wettbewerbs – zu verschaffen. Insgesamt ist die Entwicklung hin zu einem Kartell, als Vereinigung zur Schaffung und Sicherung ökonomischer Vorteile zuungunsten des freien Wettbewerbs, kein spezielles Problem des Mittelalters oder das der Handwerkszünfte. Nicht ohne Grund ist das Prinzip der Wettbewerbsfreiheit in der heutigen Wirtschaftsordnung verankert und Institutionen mit dem Zweck geschaffen worden, diese zu überwachen.

Profitmehrung und Sicherung sind Kernziel wirtschaftlichen Handelns von Menschen. Unlautere Methoden wurden immer und werden auch heute regelmäßig insbesondere von denjenigen, die wie die Handwerkszünfte über den dafür nötigen Einfluss verfügen, angewandt. So werden Patente als Druckmittel für rein wirtschaftliche Zielsetzungen zweckentfremdet, technische Standards durchgesetzt, die die eigenen Verfahren und Produkte übervorteilen sowie amtliche Prüf- und Kontrollverfahren manipuliert, um nur einige aktuelle Beispiele zu nennen. Schlussfolgerung sollte hier einerseits sein, entsprechend kritisch die bestehenden Strukturen und Berufszugangsregelungen zu hinterfragen und andererseits die Anforderungen an die Ausgestaltung zukünftiger Reglementierung so umzusetzen, dass einer eventuellen Instrumentalisierung von vornherein entgegengewirkt werden kann.

Die beschriebene historische Entwicklung hin zur Ordnung des Handwerks im neuzeitlichen Absolutismus mit dem Kameralismus als bevorzugte Wirtschaftspolitik ist insofern besonders interessant, als dass eine gewisse Parallele zur aktuellen Entwicklung in der Europäischen Union zu erkennen ist. Die Instanz des übergeordneten Herrschaftsbereichs, hier das Heilige Römische Reich Deutscher Nation, war zwar bestrebt, objektive und fortschrittliche Grundsätze eines politischen Konzeptes umzusetzen, stieß aber auf erhebliche Schwierigkeiten, dies in den Territorialstaaten durchzusetzen. Die konsequente, für die angestrebte wirtschaftliche Entwicklung als wirkungsvoll angesehene, Umsetzung eines freiheitlicheren Zugangs zur Berufsausübung, sowie dessen erhöhte Freizügigkeit, scheitert dabei an der konservativen Kraft der über Jahrhunderte gewachsenen Strukturen. Erst später, z. B. im Königreich Preußen (1845) mit dem Vorhandensein weiterentwickelter, insbesondere technischer Infrastruktur, die die Durchsetzung von Herrschaft in größeren Räumen ermöglichte, wie etwa Telegraphie oder Eisenbahn, konnten wirtschaftsliberale Ansätze im Handwerk flächendeckend umgesetzt werden.

Wirtschaftliches Handeln findet immer im Kontext der vorherrschenden gesellschaftlichen Rahmenbedingungen statt. Alle Wirtschaftsbereiche, ebenso das Handwerk, können nur innerhalb des vergebenen Rahmens agieren. Die Auseinandersetzung mit den historischen Vorgängen um die Industrialisierung und den Liberalismus haben gezeigt, dass sowohl technische Entwicklungen mit ihren Folgen für Berufsarbeit als auch ideologische Konzepte, die das postulierte Wirtschaftssystem begründen, maßgeblich die Ausgestaltung qualifikationsfordernder Reglementierungen von Berufsausübung mitbestimmen.

Ausgehend von den Ideen des wirtschaftlichen Liberalismus über die Bürgerrechte der Französischen Revolution und weiter im Rahmen der preußischen Reformen entwickelten sich schließlich die ersten „freien" Gewerbeordnungen. Ausgangspunkt war das moderne Verständnis, dass Gerechtigkeit Grundlage für ein Wirtschaftssystem sein sollte, in welchem eine freie wirtschaftliche

Handlungsfähigkeit des Einzelnen ermöglicht wird (Preußen: Oktoberedikt von 1807; GHI 1807, Präambel). Dies war ein bedeutsamer Fortschritt, da es damit nunmehr um eine Bewertung der Legitimität von Berufsreglementierungen vor dem Hintergrund einer angestrebten freiheitlichen wirtschaftlichen Entfaltungsmöglichkeit Einzelner ging. Zugangsregelungen wurden in diesem Zusammenhang als hinderlich angesehen und zunächst fast vollständig abgeschafft und eine umfassende Gewerbefreiheit eingeführt.

Schnell wurde jedoch klar, dass es ganz ohne Regelungen nicht geht, da es legitime Gründe gibt, die es erfordern, dass eine berufliche Tätigkeit qualifiziert, d. h. mit der erforderlichen Befähigung der Ausübenden, ausgeführt wird. Im Rahmen der Weiterentwicklung der Gewerbeordnung (Preußen 1845) wurden insbesondere bezogen auf qualifikationsfordernde Reglementierungen einige Elemente eingeführt,[194] die als modern gelten können. So wurde eine Genehmigungspflicht gezielt für das Errichten gefahrengeneigter Anlagen eingeführt, um nur für eine Reihe von Berufen, bei denen es erkennbar als sinnvoll angesehen werden kann, besondere qualifikatorische Voraussetzungen festzulegen. Darüber hinaus wurde für die „neue" Innungsprüfung für eine freiwillige Mitgliedschaft lediglich vorgeschrieben, dass die Befähigung für die selbstständige Ausführung gewöhnlicher Arbeiten des Handwerks vorliegt.

Dies alles zeigt, dass es bereits damals möglich war, ausgehend von der Prämisse einer möglichst großen wirtschaftlichen Handlungsfreiheit, konsistente und stringente Berufszugangsvorschriften zu gestalten. Die Regelungen waren transparent formalisiert und deren Umsetzung unterlag staatlicher Aufsicht. Ob es gelingt, eine zeitgemäße Ausgestaltung qualifikationsfordernder Reglementierung umzusetzen, ist bei Vorliegen eines schlüssigen Ansatzes tatsächlich allein eine Frage der politischen Einstellung und Verhältnisse. Allerdings ist es auch damals nicht gelungen, das Einfließen von durch legitime Ziele kaschierten Regelungen, die vornehmlich Vorteil suchenden partiellen Interessen dienten, ganz zu verhindern. Die „moderne" Allgemeine Gewerbeordnung von 1845 stellte im Hinblick auf ihre Veränderung im weiteren historischen Verlauf den Ausgangspunkt für ein bis heute andauerndes Hin und Her zwischen größtmöglicher Gewerbefreiheit und interessengeleiteter dirigistischer Intervention dar.

Aus dem sich anschließenden, bis heute andauernden Ringen der politischen Kräfte, die eine möglichst freie Berufsausübung befürworten, und denjenigen, die die Notwendigkeit restriktiver Zugangskontrolle vertreten, können einige übergreifende Schlussfolgerungen gezogen werden. So ist erkennbar, dass die

---

194 Z. T. wiedereingeführt.

jeweils geltenden Reglementierungen nicht allein aus einer rein sachgerechten systematischen oder gar rechtswissenschaftlichen Vorgehensweise entstanden sind. Betreffend der Wirksamkeit der Arbeit der jeweiligen Interessenvertretungen des Handwerks kann festgestellt werden, dass insbesondere Zeiten gesellschaftlicher Umbrüche, die mit politischen Unsicherheiten verbunden waren, oftmals erfolgreich genutzt wurden, um wieder restriktivere Regelungen zu erreichen.

Regelungen hingegen, die für eine größere Freiheit der Berufsausübung sorgten, wurden immer dann geschaffen, wenn die jeweils vorherrschenden politischen Strömungen selbst vornehmlich freiheitlicher ausgerichtet waren. Bezogen auf qualifikationsfordernde Reglementierungen bedeutet dies, dass zwischen der ideologischen Ausrichtung hin zur Wirtschaftsliberalität und niedrigeren Zugangshürden ein Zusammenhang vermutet werden kann. Die Entwicklung in der Bundesrepublik indiziert diese Schlussfolgerung in deutlicher Weise. So sind die strengen Regelungen, die aus der Zeit des dirigistisch ausgerichteten Nationalsozialismus stammen, sukzessive einhergehend mit dem zunehmend liberaleren Verständnis von Gesellschaft in Westdeutschland durch Änderungsgesetze in Richtung eines freien Berufszugangs geöffnet worden.

Angesichts der bisher beobachteten Entwicklung der Regelungen der Handwerksordnung der Bundesrepublik Deutschland liegt allerdings die Vermutung nahe, dass die fortlaufenden Anpassungen ein Symptom dafür sind, dass der Ansatz zur Ausgestaltung der Zugangsregelungen im Handwerk, über Handwerksrolle und Meisterprüfungen, grundsätzlich im Missverhältnis zu den Anforderungen steht, die aus einem fortgeschrittenen Verständnis von Berufsfreiheit als Element eines grundwertorientierten Gemeinwesens resultieren. Daraus ergibt sich nicht zuletzt das Erfordernis, die aktuelle Zulassungspflicht zum selbstständigen Handwerk einer entsprechenden Untersuchung zu unterziehen, und im Falle der Bestätigung dieser Annahme, dass ein „neuer“ emanzipatorischer Gestaltungsansatz tatsächlich benötigt wird.

7.3 Die „aktuelle“ Zulassungspflicht zum selbstständigen Handwerk

Die Zulassungspflicht für die Ausübung eines selbstständigen Handwerks hat, wie im vorherigen Hauptabschnitt umfassend dargestellt, eine lange Entwicklungsgeschichte durchgelaufen.

Abb. 39: Die „aktuelle“ Zulassungspflicht zum selbstständigen Handwerk im Zeitverlauf

Das Besondere in der Ausgestaltung der im Folgenden untersuchten aktuellen deutschen Handwerksordnung (HwO 2017, s. Abb. 39)[195] ist, dass diese einerseits Regelungen enthält, die dirigistisch tradiert sind und andererseits Elemente beinhaltet, die nach und nach eingefügt wurden, um den Vorgaben moderner freiheitlich orientierter Rechtsstaatlichkeit gerecht zu werden. Zu klären ist, inwiefern die reformierten Qualifikationsanforderungen der aktuellen Ordnung sich in Einklang mit denjenigen Anforderungen befinden, die aus dem europäischen Grundwert des Rechts auf freie Berufsausübung hervorgehen. Ziel ist es dabei auch, diese Anforderungen in praktischer Anwendung an der gewählten nationalen Vorschrift darzustellen und zu präzisieren. Erwartet wird insgesamt vertiefende Erkenntnis über die erforderlichen Modalitäten des Entwurfs eines freiheitlichen Ansatzes zu Gestaltung qualifikationsfordernder Reglementierungen von Berufsausübung.

Die weitere Untersuchung des aufschlussreichen Beispiels „Zulassungspflicht im Handwerk“ beginnt mit der Darstellung und Bewertung der Neuerungen der reformierten HwO zum 1. Januar 2004 (HwO-3.Ä 2003). Hierbei wird auf den Ansatz der Liberalisierung geforderter qualifizierender Voraussetzungen eingegangen, der u. a. zu einer erheblichen Erweiterung des Spektrums an erwerbsberuflichen Tätigkeiten, die ohne Zulassungspflicht ausgeübt werden dürfen, führte. Zudem erfolgt eine Betrachtung des vorgenommenen Wandels in der Legitimierung des „großen Befähigungsnachweises“. Die Abwehr von Gefahren durch unsachgemäße Ausübung handwerklicher Tätigkeiten für Dritte ist nunmehr der gültige, aber umstrittene dem Gemeinwohl dienende Zweck der Reglementierung.

---

195 Bezogen auf die untersuchte Fragestellung bzw. Teilfrage sind keine relevanten Änderungen seit 2004 vorgenommen worden. Übergeordnet von Interesse ist die Umsetzung des BQFG (2012) in der HwO, insofern, als dass die EU-Anerkennungsregelungen auf Drittländer erweitert wurden.

Kern der Novellierung der Handwerksordnung ist die Beschränkung der Berufszugangsregelung auf diejenigen Handwerke, deren Ausübung eine diesbezüglich große Gefährdung mit sich bringt. Die Zuordnung dieser Handwerke geschieht durch den Eintrag in die Handwerksrolle. Die vorzunehmende Untersuchung der Rechtmäßigkeit der Regelung dieses Konzeptes orientiert sich am juristischen Prüfverfahren zur Verhältnismäßigkeit (s. Teil II 6.1.2.2). So wird im Weiteren mit der Überprüfung der Geeignetheit des Eintrags in die Handwerksrolle begonnen. Einleitend erfolgt eine Eingrenzung des Umfangs der vorgenommenen Überprüfung, bevor dann zunächst die Eignung der Gefahrengeneigtheit als Element der Rechtfertigung und danach die Meisterausbildung als geeignete Maßnahme zur Gefahrenabwehr untersucht werden. In ihrer reglementierenden Funktion stellen diese beiden Teilaspekte zusammen das durch die Handwerksordnung konstituierte den Zugang gewährende oder verweigernde Moment dar. Somit darf eine abschließende Bewertung der Geeignetheit im Zusammenspiel von Gefahrengeneigtheit und Meisterprüfungsberufsbild nicht fehlen.

Um weitere Anforderungen an das Gerechtfertigtsein der Zulassungspflicht für die selbstständige Ausübung eines Handwerks zu identifizieren, wird – dem Prüfverfahren zur Verhältnismäßigkeit folgend – auch die Erforderlichkeit der Eintragungspflicht zur Abwehr von Gefahren untersucht. Im Kontext einer emanzipatorisch motivierten, d. h. eine an Grundwerten orientierte, Betrachtung der Zusammenhänge muss zudem eine Problematisierung der Angemessenheit der handwerklichen Zulassungsregelung vorgenommen werden. Dabei gilt, dass die Angemessenheit eng mit der Geeignetheit und Erforderlichkeit einer Reglementierung verwoben ist, eine theoretische Trennung hier jedoch tiefer gehende Erkenntnisse verspricht.

Weitergehende Erkenntnisse werden im Weiteren noch durch die schließlich folgende theoretische differenzierte Überprüfung der inneren und externen Konsistenz angestrebt. Das angewandte Konsistenzverständnis geht hierbei auf die vom EuGH[196] geprägte Anforderung zurück, dass der Gemeinwohl dienende Zweck, der die Rechtsverordnung legitimiert und auf den diese abzielt, kohärent und systematisch – auch im Kontext ähnlicher Regelungen vergleichbarer Kasus – sinnvoll erreicht werden können muss (s. Teil II 6.1.2.2). Dies erfordert überdies eine letzte Gesamtbewertung der Systemstimmigkeit der Regelungen zum „Meistervorbehalt“ insgesamt, mit der dann die Untersuchung der aktuellen Zulassungspflicht für die Ausübung eines selbstständigen Handwerks abschließt.

196 Siehe z. B. EuGH 2010.

7.3.1 Neuerungen der reformierten HwO zum 1. Januar 2004

Die Neuerungen der reformierten HwO zum 1. Januar 2004 (HwO-3.Ä 2003) stellen den vorläufigen Höhepunkt einer Entwicklung dar, die seit der Einführung der ersten bundesdeutschen Handwerksordnung von 1953 bzw. nach Beurteilung dieser durch das Bundesverfassungsgericht (BVerfG 1961) einsetzte. Quasi im Gleichklang mit der zunehmend liberaleren Ausgestaltung der bundesrepublikanischen Gesellschaft, im Zuge dessen den Grundrechten des Einzelnen ein größerer Stellenwert beigemessen wurde, kann eine sukzessive Öffnung der Regelungen im Handwerk festgestellt werden.

Im Verlauf dieser Phase der „leichten" Öffnung des Meistervorbehaltes wurden von Beginn an Regelungselemente in die Handwerksordnung eingefügt, die eine Liberalisierung qualifizierender Voraussetzungen zur Folge hatten. Dies ist in Verbindung mit obiger Beobachtung ein klares Indiz dafür, dass rigide und undifferenzierte qualifikationsfordernde Reglementierungen nicht mit einem zunehmend freiheitlicheren Gesellschaftsverständnis vereinbar sind. Mit der Reform der Handwerksordnung zum 1. Januar 2004 wurde der Weg der schrittweisen Öffnung der Zugangsvoraussetzungen für die selbstständige Ausübung handwerklicher Erwerbstätigkeiten erneut beschritten.

Der Wandel, der zur Notwendigkeit der Reformierung der Handwerksordnung führte, war jedoch wesentlich grundlegender, als dass nur eine weitere leichte Öffnung der Zulassungsvoraussetzungen genügt hätte. Der entscheidende Kritikpunkt, der vom Bundesverfassungsgericht angeführt wurde, war nämlich derjenige, dass der bisherige dem Allgemeinwohl dienende Rechtfertigungsgrund ob der bis dato stattgefundenen Entwicklungen keinen Bestand mehr haben könne. Zu untersuchen ist also im Folgenden erst einmal, wie sich dieser stattgefundene Wandel in der Legitimierung des „großen Befähigungsnachweises" darstellte.

Als „neuer" Ausgangspunkt der Berufszugangsreglementierung im Handwerk wurde nunmehr der dem Allgemeinwohl dienende Zweck der Gefahrenabwehr herangezogen. Von besonderem Interesse ist in diesem Zusammenhang die im Vorfeld der Gesetzesreform zur Ordnung des Handwerks vorgetragene Argumentation, da es allen Beteiligten aufgrund des sich ankündigenden Urteils des Verfassungsgerichtes klar war, dass die Zulassungsregelungen der „neuen" Handwerksordnung solide zu begründen seien. Zu erkunden ist also, warum „Gefahrenabwehr" überhaupt ein relevantes Ziel darstellt und welche Schlüsse für die Gestaltung der reformierten Zugangsvorschrift daraus gezogen wurden.

Somit wird im Folgenden als Erstes der Prozess der Entstehung der aktuellen Ausgestaltung des Meistervorbehaltes insgesamt aufgezeigt und diskutiert.

Darauf aufbauend wird sich in den nachfolgenden Abschnitten dann der Überprüfung des Ergebnisses dieses Prozesses zugewandt, um so weitere wertvolle Erkenntnisse für den angestrebten emanzipatorischen Gestaltungsansatz im Kontext der Entstehung und Anlage einer nationalen qualifikationsfordernden Reglementierung von Berufsausübung zu gewinnen.

7.3.1.1 Liberalisierung qualifizierender Voraussetzungen

Die sukzessive Novellierung der deutschen Handwerksordnung unter fortschreitender Liberalisierung der qualifizierenden Voraussetzungen für die Zulassung zur selbstständigen Ausübung eines Handwerks führte 2003 mit zwei Gesetzen zur Änderung der Handwerksordnung (HwO-Ä und HwO-3.Ä 2003) schließlich zur aktuell vorliegenden Ausgestaltung.

Eine zunächst hervorstechende wesentliche Änderung ist, dass nun nicht mehr zwischen *„Gewerbe, die als Handwerk* [...]*“* und *„Gewerbe, die handwerksähnlich betrieben werden können“* (HwO 1998, Anlage A und B) unterschieden wird, sondern zwischen *„Gewerbe, die als zulassungspflichtige Handwerke“* und *„Gewerbe, die als zulassungsfreie Handwerke oder handwerksähnliche Gewerbe betrieben werden können“* (HwO-3.Ä 2003, Anlage A und B).

Somit wurde eine neue Kategorie geschaffen, nämlich das als vollwertiges, umfassendes Handwerk anzusehende handwerksmäßige Gewerbe, welches ohne Nachweise von beruflichen Qualifikationen zulassungsfrei betrieben werden kann. Zudem erfolgte erstmals eine Festlegung, welche Sachverhalte das Vorliegen von nicht „wesentlichen Tätigkeiten“ ergibt, deren Ausübung die Zulassungspflicht ebenfalls nicht auslöst.

> *„Keine wesentlichen Tätigkeiten sind insbesondere solche, die*
>
> 1. *in einem Zeitraum von bis zu drei Monaten erlernt werden können,*
> 2. *zwar eine längere Anlernzeit verlangen, aber für das Gesamtbild des betreffenden zulassungspflichtigen Handwerks nebensächlich sind und deswegen nicht die Fertigkeiten und Kenntnisse erfordern, auf die die Ausbildung in diesem Handwerk hauptsächlich ausgerichtet ist, oder*
> 3. *nicht aus einem zulassungspflichtigen Handwerk entstanden sind.“* (HwO-Ä 2003, § 1, Absatz 2, Satz 2).

Im Weiteren gab es eine fortgesetzte Ausweitung des Personenkreises, der über Qualifikationen verfügt, die zu Eintragung in die Handwerksrolle berechtigen. So sind nun auch *„Ingenieure, Absolventen von technischen Hochschulen und von staatlichen oder staatlich anerkannten Fachschulen für Technik und für Gestaltung“* (HwO-3.Ä 2003, § 7, Absatz 2, Satz 2) explizit genannt, die ggf. für das zulassungspflichtige Handwerk, welches ihrem Fachgebiet entspricht, in die Handwerksrolle einzutragen.

Die erfolgten Änderungen erweitern erheblich das Spektrum an erwerbsberuflichen Tätigkeiten und Tätigkeitsbündeln, die ohne die Zulassung durch die Handwerkskammer, d. h. als freies Gewerbe, ausgeübt werden können. Aus der Perspektive der Legitimität der Ausgestaltung qualifikationsfordernder Reglementierungen von Berufsausübung führen die zum 1. Januar 2004 in Kraft getretenen Änderungen und Lösungsansätze allerdings zu erheblichen Rechtfertigungsproblemen. Darüber hinaus wurde mit der vorgenommenen Novellierung nunmehr ein neu definiertes strategisches, die Legitimität der Zulassungspflicht für die Ausübung eines selbstständigen Handwerks insgesamt begründendes Ziel genannt.

7.3.1.2 Der Wandel in der Legitimierung des „großen Befähigungsnachweises“

Im Jahr 1953 wurde die erste bundesdeutsche Handwerksordnung (HwO 1953) erlassen. Es war damit die erste Handwerksordnung, die sich an den Grundsätzen des grundrechtsbasierten demokratischen Gemeinwesens der Bundesrepublik Deutschland messen lassen musste. 1961 wurde diese Prüfung höchstrichterlich durch das Bundesverfassungsgericht (BVerfG 1961) vorgenommen. Vornehmlich galt es hierbei, auch die Legitimität des politischen Ziels, welches mit dem sogenannten Meistervorbehalt angestrebt wurde, zu beurteilen. Konkret hieß es damals:

> *„Die hier zu prüfende Regelung der Handwerksordnung beruht auf der Grundanschauung, an der Erhaltung des Leistungsstandes und der Leistungsfähigkeit des Handwerks und an der Sicherung des Nachwuchses für die gesamte gewerbliche Wirtschaft bestünden so wichtige Interessen der Gemeinschaft, daß der Zugang zur selbständigen Ausübung eines handwerklichen Berufs nicht jedem freistehen könne.“* (BVerfG 1961, Abschnitt C, IV, Absatz 1).

Die entsprechende Bedeutung des Handwerks als Ganzes und damit die Rechtmäßigkeit der damit verbundenen Einschränkung der Berufsfreiheit wurden durch das Bundesverfassungsgericht ausführlich dargelegt und festgestellt. Außerdem wurde bemerkenswerterweise explizit ausgeführt:

> „[Damals …] *kam es dem Gesetzgeber nicht darauf an, Gefahren für die Gesamtheit oder die Einzelnen aus einer unsachgemäßen Berufsausübung abzuwenden, die bei zahlreichen Handwerkszweigen drohen, etwa beim Bauhandwerk oder den Gruppen der Kraftfahrzeugmechaniker und Elektroinstallateure“* (ebd., 2.).

Für die Bedeutung des Handwerks wurden damals durch das Bundesverfassungsgericht vier Gründe gesehen bzw. anerkannt:

1) seine grundlegende Wichtigkeit für die volkswirtschaftliche Gesamtleistung durch die geleisteten handwerklichen Arbeiten und Dienstleistungen,
2) seine soziale Stabilität gebende Funktion durch mittelständischen handwerklichen Unternehmergeist,
3) die Leistung, einen erheblichen Anteil des gesamten Nachwuchses für Handwerk und Industrie auszubilden,
4) das gesellschaftliche Ansehen des Handwerksmeisters als Garant für Qualität handwerklicher Arbeit (ebd., 3).

Zusammengefasst zielen diese Begründungen, für die qualifikationsfordernden Reglementierungen der Ausübung eines selbstständigen Handwerks in Form des „großen Befähigungsnachweises“ im Tenor, auf die außerordentliche Bedeutung des Handwerks für die Wirtschaft in der Bundesrepublik Deutschland ab. Das Ziel des Erhalts des handwerklichen Leistungsspektrums legitimierte grundsätzlich die Beeinträchtigung der Berufsfreiheit durch die Zugangsregelung, einen Meistertitel vorweisen zu müssen. Im Weiteren hat das BVerfG 1961 ausführlich dargelegt, warum es der Meinung war, die getroffene Zugangsregelung in Form des Meistervorbehaltes sei hinreichend geeignet, erforderlich und angemessen, d. h. insgesamt verhältnismäßig bezogen auf die mit ihr einhergehende Beeinträchtigung des Rechts auf freie Berufsausübung.

Spätestens ab dem Jahrtausendwechsel wurden jedoch allgemein und auch in der Rechtsprechung zunehmend Zweifel am Gerechtfertigtsein der bisherigen Argumentation bzw. der ihr zugrunde liegenden Begründungen geäußert. Als vorläufig abschließendes Ergebnis eines längeren Prozesses kann das Urteil aus dem Jahre 2005 der 3. Kammer des Ersten Senats des Bundesverfassungsgerichts (BVerfG 2005) gelten. In diesem wurde zu einer Verfassungsbeschwerde betreffend die Auferlegung einer Geldbuße wegen einer unzulässigen selbstständigen Handwerksausübung entschieden (ebd., Rn. 1). Im Rahmen dieser Verfassungsbeschwerde wurde direkt die Regelung zum „großen Befähigungsnachweises“ des § 7 der bis Ende 2003 geltenden Handwerksordnung (HwO 1998) angegriffen (BVerfG 2005, Rn. 15). Das Bundesverfassungsgericht bezweifelte in seiner Urteilsbegründung, dass, mit Blick auf die mittlerweile eingetretene Veränderung der wirtschaftlichen und rechtlichen Rahmenbedingungen, die angefochtene Regelung der Handwerksordnung noch dem Grundsatz der Verhältnismäßigkeit genüge (ebd., Rn. 18).

Zum einen hielt das Gericht aufgrund der fortschreitenden Entwicklung des Europäischen Binnenmarktes ein Festhalten am „großen Befähigungsnachweis“

als Zulassungsvoraussetzung zur selbstständigen Ausübung eines Handwerks in Abwägung zum mittelbaren Ziel der Qualitätssicherung für unzumutbar. Diese qualifikationsfordernde Reglementierung stehe nicht mehr in einem angemessenen Verhältnis zur Schwere der damit einhergehenden Einschränkung der Berufsfreiheit (ebd., Rn. 21, 22). Die Schwere wurde – wie schon in früheren Urteilen – im großen zeitlichen, fachlichen und finanziellen Aufwand, den die Meisterprüfung erfordert, gesehen (ebd., Rn. 20). Das damit einhergehende Problem formulierte der BGH schon 1952 so: *„Die Zulassung hängt [...] nicht mehr allein von der gleichen Befähigung der Bewerber ab, sondern von ihren wirtschaftlichen und sozialen Lebensbedingungen“* (BGH 3 1952, Rn. 23), was wiederum nur zum Schutz anderer Rechtsgüter von überragender Bedeutung zulässig wäre.

Zum anderen stellte das BVerfG fest: *„Für das daneben vom Gesetzgeber verfolgte Ziel der Ausbildungssicherung steht die Erforderlichkeit des Meisterzwangs nicht außerhalb jeden Zweifels.“* (ebd., Rn. 23). Dem Argument für die Nachwuchsgenerierung sei die Meisterqualifikation unabdingbar, konnte das Gericht nicht folgen, da sich aus seiner Sicht dieses Ziel, durch ein milderes, aber ebenso wirksames Mittel erreichen ließe. Darüber hinaus wurde bereits in der seit 2004 geltenden Fassung der Handwerksordnung eine entsprechende Öffnung vorgenommen, und die Ausbildungserlaubnis weiterer anderweitig qualifizierten Personenkreisen zugesprochen (ebd., Rn. 24).

Zu beachten ist übergeordnet, dass aus Sicht des BVerfG (2005) sowohl die Qualitäts- als auch die Ausbildungssicherung die Einschränkung der Berufsfreiheit rechtfertigende Gründe darstellen, d. h. anerkannte dem Gemeinwohl dienende Zwecke verfolgen. Angezweifelt wurde indes, dass das Erreichen dieser Ziele durch das Fordern des großen Befähigungsnachweises noch die Kriterien der Angemessenheit bzw. der Erforderlichkeit erfüllen. Damit stand die Verhältnismäßigkeit des Meistervorbehalts insgesamt infrage (ebd., Rn. 19). Eine weitergehende umfassende Kritik an den bisherigen Rechtfertigungsgründen kann z. B. in Gutachten der Monopolkommission (z. B. BT 1998, insbesondere MK 2001) oder in den detaillierten Ausführungen des o. g. Urteils (BVerfG 2005) vertiefend nachvollzogen werden. Die Monopolkommission ging dabei über die Ausführungen des Bundesverfassungsgerichts hinaus und hält das Argument der Qualitätssicherung grundsätzlich für nicht haltbar (MK 2001, S. 25), während sie die Sinnhaftigkeit einer Einschränkung der Berufsfreiheit durch den „kleinen Befähigungsnachweis“, also den Meisterbrief als Voraussetzung ausbilden zu dürfen, zu der Zeit noch nachvollziehen kann (BT 1998, S. 17 u. 56).

Im Weiteren von Interesse sind jedoch die nunmehr gewandelten Gemeinwohlziele, die die aktuellen Regelungen, speziell die Aufrechterhaltung des

„großen Befähigungsnachweises“, rechtfertigen sollen. Die „Politik“ hat allerdings vor dem abschließenden Urteil des Bundesverfassungsgerichts (BVerfG 2005) gehandelt. So wurde 2003 der Entwurf für eine Reform der Handwerksordnung (BT 2003) in den Bundestag eingebracht. Die damals schon bekannten verfassungsrechtlichen Bedenken wurden darin ausdrücklich wahrgenommenen und benannt. Sie waren die Begründung für den Wandel in der Legitimation: *„Daher soll die Anlage A*[[197]] *der HwO auf den Kreis der Handwerke beschränkt werden, bei deren Ausübung Gefahren für die Gesundheit oder das Leben Dritter entstehen können.“* (ebd., S. 1).

Festgelegtes gemeinwohlorientiertes Ziel zur Rechtfertigung der Einschränkung der Berufsfreiheit durch das Fordern des „großen Befähigungsnachweises“ bzw. adäquater Qualifikationen für die selbstständige Ausübung eines Handwerks ist somit derzeit die Gefahrenabwehr. Konkret ist die Abwehr von Gefahren durch unsachgemäße Ausübung handwerklicher Tätigkeiten allgemein für Dritte und insbesondere für die Kunden der Handwerksleistungen gemeint (ebd., S. 22). Dazu wird ausgeführt, dass der Kunde hier einer besonderen staatlichen Fürsorge bedürfe und zudem keine einfacheren[198] Möglichkeiten bestünden, die entsprechenden Gefahren abzuwehren (ebd.). In diesem Kontext wird die Begrifflichkeit der gefahrgeneigten Tätigkeiten bzw. des gefahrengeneigten Handwerks (ebd.) und der *„Gesichtspunkt der Gefahrgeneigtheit“* zur Beurteilung der Notwendigkeit der Zuordnung zum zulassungspflichtigen Handwerk (ebd., S. 23) eingeführt.

Neben dieser verfassungsrechtlich relevanten Begründung der Gesetzesnovelle werden noch andere politische Ziele dargelegt. So soll u. a. die wirtschaftliche Entwicklung und Wettbewerbsfähigkeit des Handwerks durch Erleichterung der selbstständigen Ausübung für weitere Zielgruppen und Gewerbe gefördert werden oder auch eine notwendige Anpassung an die aus dem Europäischen Binnenmarkt resultierenden Veränderungen auf dem Markt vorgenommen werden (ebd., S. 20 ff.). Dies hat jedoch bezüglich des „großen Befähigungsnachweises“ keine rechtfertigende Funktion, sondern erklärt, warum die Anlage B erweitert wurde und erinnert in der Gedankenführung doch sehr an die Ausführungen im zeitlich nachfolgenden Urteil des Verfassungsgerichtes von 2005 (BVerfG 2005).

---

197 „Verzeichnis der Gewerbe, die als zulassungspflichtige Handwerke betrieben werden können“ (HwO-3.Ä 2003, Titel Anlange A).

198 Gemeint ist hier sicher kein minderstark die Berufsfreiheit einschränkendes Mittel.

Im Zusammenhang mit der Anlage B, dem „*Verzeichnis der Gewerbe, die als zulassungsfreie Handwerke oder handwerksähnliche Gewerbe betrieben werden können*“ (HwO-3.Ä 2003, Titel Anlange B), wird in der Gesetzesbegründung nunmehr von der Meisterprüfung als einem fakultativen Qualitätssiegel gesprochen (BT 2003, S. 2) und nicht mehr die Notwendigkeit gesehen, die Ausbildungsleistung durch diese zu abzusichern. Ganz im Gegenteil heißt es: „*Vielmehr soll durch die Überführung zahlreicher Handwerksgewerbe in die Anlage B einschließlich der dazu gehörigen Ausbildungsverordnungen, die erhalten bleiben, die Ausbildungsleistung innerhalb der Anlage B erheblich verbessert werden.*“ (ebd., S. 2).

Somit bleibt die Gefahrenabwehr als einziges rechtfertigendes, dem Gemeinwohl dienendes Ziel. Nahezu umgehend hat die Monopolkommission darauf reagiert und bereits in ihrem 2006 vorgelegten sechszehnten Hauptgutachten für 2004/2005 (BT 2006) erklärt:

> „*Damit steht die Frage nach der Verfassungsmäßigkeit des Meisterzwangs als Grundsatzfrage erneut im Raum, denn zur Gefahrengeneigtheit und zur Ausbildungsleistung als Begründungen für eine Beschränkung der in Artikel 12 Abs. 1 GG garantierten Freiheit der Berufswahl hat sich das Bundesverfassungsgericht bisher noch nicht geäußert.*“ (BT 2006, Absatz 133).

Zur Ausbildungsleistung hat sich das Bundesverfassungsgericht allerdings bereits, wie o. a., in der Form geäußert, dass kein zweifelsfreier kausaler Zusammenhang zwischen Ausbildungsleistung einerseits und dem „großen Befähigungsnachweis“ andererseits gegeben ist und dieser somit als unverhältnismäßig einzuordnen wäre (BVerfG 2005 Rn. 23 f.).

Die Monopolkommission geht in ihrem o. g. Hauptgutachten darüber hinaus und stellt deutlich heraus:

> „*Auch die Ausbildungsleistung eines Handwerks ist kein hinreichender Grund für eine Beschränkung der in Artikel 12 Abs. 1 GG garantierten Freiheit der Berufswahl durch das Erfordernis des Meisterbriefs. Zwischen dem Erfordernis des Meisterbriefs und der Ausbildungsleistung besteht kein unmittelbarer sachlicher Zusammenhang.*“ (BT 2006, S. 89).

Zu beachten ist, dass die Änderung der Handwerksordnung (HwO-3.Ä 2003) zwar auch grundsätzlich mit der Ausbildungsleistung des Handwerks begründet wird, nicht jedoch die Beibehaltung des „großen Befähigungsnachweises“. So bleibt als legitimer Grund und Ausgangspunkt für die folgende weitere Untersuchung der Verhältnismäßigkeit dieser Reglementierungen tatsächlich nur die Gefahrenabwehr.

In drei nachfolgenden Urteilen[199] zum Dachdecker-, Friseur- und dem Maler- und Lackiererhandwerk hat bisher das Bundesverwaltungsgericht (BVerwG) die Gefahrenabwehr grundsätzlich als legitimen Beeinträchtigungsgrund anerkannt und den „Eintrag in die Handwerksrolle“[200] als verhältnismäßig angesehen. Indes wird sowohl durch die Monopolkommission (BT 2006) als auch in mehreren neueren fachwissenschaftlichen Untersuchungen (z. B. Buchmann 2007, Bulla 2009, Wagner 2006) gerade die Eignung bzw. Verhältnismäßigkeit der darauf aufbauenden qualifikationsfordernden Regelungen der reformierten Handwerksordnung (HwO 2003) als kritisch gesehen.

7.3.1.3 Gefahrenabwehr als Ausgangspunkt der Berufszugangsreglementierung

Ausgangspunkt der Auseinandersetzung mit der aktuellen Zugangsreglementierung von selbstständiger Handwerksausübung ist das verbriefte, dem Gemeinwohl dienende Ziel der Abwehr von *„Gefahren für die Gesundheit oder das Leben Dritter“* (BT 2003, S. 1). Dass die Gefahrenabwehr ein legitimes Ziel staatlichen Handelns darstellt, ist schon seit Längerem unstrittig (s. z. B. Wagner 2006, S. 170). So stellte der Bundesgerichtshof (BGH) bereits 1952 im Zusammenhang mit der Prüfung der Verfassungsmäßigkeit einer Regel des Güterfernverkehrsgesetzes fest: *„Bestimmten Berufen ist es wegen der besonderen Gefahren, die ihre Ausübung mit sich bringt oder wegen der besonderen Kenntnisse, die ihre Ausübung verlangt, wesenseigen, daß nur der sie wählen kann, der die für ihre Ausübung nötigen Voraussetzungen besitzt.“* (BGH 2 1952, Rn. 10, s. a. Bulla 2009, S. 230). Als evidentes Beispiel können hier insbesondere ärztliche Tätigkeiten genannt werden.

Damit fällt der allererste Schritt zur Überprüfung der Rechtmäßigkeit der Einschränkung der Berufsfreiheit positiv aus. Gefahrenabwehr ist ein legitimer dem Allgemeinwohl dienender Zweck und explizit genannter Grundsatz der gesetzlichen Regelung für die Einordnung als zulassungspflichtiges Handwerk (BT 2003, S. 1). Abweichungen von diesem Grundsatz führen zur Anfechtbarkeit der Verordnung (HwO 2017) insgesamt (BGH 3 1952, Rn. 26). Der Bundesgerichtshof stellte ebenfalls bereits 1952 ausdrücklich klar:

---

199 BVerwG 8 C 8.10 u. BVerwG 8 C 9.10 beide v. 31.08.2011 sowie BVerwG 8 C 50.12 v. 09.04.2014.

200 Synonym zu „großer Befähigungsnachweis“, jedoch meint dieser historisch lediglich den Meisterbrief.

> *„Handwerkszweige, bei denen der Nachweis technisch-fachlicher Fertigkeiten zum vorbeugenden Schutz gegen Gefahren für Leib und Leben Dritter nicht erforderlich ist, können hiernach auch dann nicht dem grossen Befähigungsnachweis unterstellt werden [...]“* (ebd., Rn. 25).

Bezüglich der Anforderungen an die Ausgestaltung qualifikationsfordernder Berufszugangsregelungen kann festgehalten werden, dass der legitime Rechtfertigungsgrund nicht nur ernsthaft intendiert worden sein muss, sondern auch tatsächlich zwingend eingehalten werden muss. Für das Maurerhandwerk hat der Bundesgerichtshof 1952 grundsätzlich, d. h. ohne weitergehende Prüfung der Verhältnismäßigkeit nach heutigen Maßstäben, im Detail festgestellt, dass es *„[...] wegen der Gefahren, die seine Ausübung für die Allgemeinheit mit sich bringt, wesenseigen ist, dass diesen Beruf nur derjenige wählen kann, der über die für seine Ausübung erforderlichen Fachkenntnisse verfügt.“* und kommt zu dem grundsätzlichen Schluss: *„Bei diesem Handwerkszweig verstösst es nicht gegen Grundrechtsnormen, wenn die Berufsfähigkeit durch die gesetzliche Regelung eines Ausbildungs-, Prüfungs- und Zulassungsverfahrens sichergestellt wird.“* (BGH 3 1952, Rn. 26).

Mit der Prämisse, die Gefahrenabwehr sei ein sogenannter *„verfassungsrechtlich unbedenklicher Gesetzeszweck“* (Wagner 2006, S. 185), ist die Prüfung allerdings erst eingeleitet. Das Ziel der Sicherheit lässt sich nämlich erst einmal ohne Weiteres anführen. Auf dieser Grundlage aufbauend Regelungen zu entwickeln, bedarf zur Erfüllung der Anforderung des Gerechtfertigtseins jedoch einer differenzierten Herleitung, soll die Gefahrenabwehr nicht bloß ein Postulat oder gar ein ideologisches Argument sein.

Dem Gesetzgeber steht grundsätzlich ein relativ großer Ermessensspielraum bei der Gestaltung der von ihm angestrebten Gesellschaftsordnung zu. Insbesondere die Schwere des Eingriffs in die Berufsfreiheit durch die Berufszugangsregelung der Handwerksordnung verlangt indes den Nachweis eines Kausalzusammenhanges zwischen dem angeführten Zweck und der ergriffenen Maßnahme, in diesem Fall also zwischen der Gefahrenabwehr und der „Meisterhürde“.[201]

> *„Die Beschränkung des Zugangs zu einer bestimmten Berufsgruppe wie dem Handwerk kann nicht mit [...] der bloßen Unterstellung eines Zusammenhangs zwischen der geforderten Mindestqualifikation und einer effektiven Gefahrenabwehr für Leib oder Leben Dritter [...] gerechtfertigt werden“* (Bulla 2009, S. 205).

---

201 Auch Meistervorbehalt. Meisterzwang hingegen ist ein negativ belegter Begriff und außerdem fehlleitend, da andere Qualifikationen als der Meistertitel regelmäßig ebenfalls zur Zulassung führen.

Da eine hinreichende Vorabprüfung dieses Zusammenhangs nicht stattgefunden hat (Bulla 2009, S. 205), bleibt nur Raum für eine entsprechende nachträgliche Prüfung. Auch in der aktuellen Handwerksordnung (HwO 2017) findet die Gefahrenabwehr keinerlei Erwähnung (s. a. Wagner 2006, S. 167 f.). Der Zweck der Handwerksordnung insgesamt ist ebenfalls nicht angegeben.

Bei der reformierten Handwerksordnung (HwO 2003) führte dieser Mangel dann dazu, dass der Zweck, wie im vorhergehenden Abschnitt dargelegt, erst hergeleitet werden musste. Dabei muss unterschieden werden zwischen dem Zweck bzw. den Zwecken, die der Novellierung der Handwerksordnung dienten und dem legitimen Zweck für die Zulassungspflicht zum selbstständigen Handwerk. Übergeordnet wurden folgende Ziele der Reform genannt:

- Erhöhung der Akzeptanz bei Existenzgründern und Verbrauchern,
- Reduzierung verfassungsrechtlicher Risiken,
- Anpassung an europarechtliche Regelungen (BT 2003, S. 22 f.).

Auf der Ebene der Begründung der Zulassungspflicht zum selbstständigen Handwerk erfolgte argumentativ die Bindung des „großen Befähigungsnachweises“ bzw. der Eintragungspflicht in die Handwerksrolle, an die Gefahrenabwehr.

Fokus der weiteren Untersuchung liegt auf die verfassungsrechtliche Zielsetzung im Ergebnis die Zuordnung einer Reihe von handwerklichen Berufsausübungen in das Verzeichnis der zulassungspflichtigen Handwerke (HwO 2017, Anlage A) mit der Abwehr von Gefahren für die Gesundheit oder das Leben Dritter zu rechtfertigen (BT 2003, S. 1). Im Gesetzesentwurf zur neuen Handwerksordnung (BT 2003) wird dazu ausdrücklich festgestellt: *„Kern der Handwerksnovelle ist die Beschränkung des Meisterbriefs in seiner Funktion als Berufszugangsschranke auf den unbedingt erforderlichen Bereich, nämlich der Abwehr von Gefahren für Gesundheit oder Leben Dritter.“* (ebd., S. 22). Das bedeutet, dass die Ergebnisse der folgenden näheren Untersuchung der Verhältnismäßigkeit, trotz der zielgerichteten Fokussierung auch einen Rückschluss auf das Gerechtfertigtsein der Handwerksnovelle insgesamt zulassen.

7.3.2 Überprüfung der Geeignetheit des Eintrags in die Handwerksrolle

Der Eintrag in die Handwerksrolle ist der administrative Vorgang, mit dem die Erlaubnis zur selbstständigen Ausübung eines zulassungspflichtigen Handwerks mit fester Betriebsstätte erteilt wird. *„Der selbständige Betrieb eines zulassungspflichtigen Handwerks als stehendes Gewerbe ist nur den in der Handwerksrolle* *eingetragenen natürlichen und juristischen Personen und Personengesellschaften gestattet.*" (HwO 2017, §1, Absatz 1, Satz 1).

Wie im Rahmen der Untersuchung der historischen Entwicklung der Zulassungspflicht im Handwerk dargelegt wurde, geht die Ausgestaltung des deutschen Handwerks durch die Handwerksordnung auf eine mittelalterliche berufsständische Organisationsstruktur zurück, die stark von den Partikularinteressen der Gilde etablierter Handwerksmeister geprägt worden ist. Die Wiedereinführung des „großen Befähigungsnachweises" fiel nach einer längeren Phase propagierter und verwirklichter möglichst freier Gewerbeausübung in eine Zeit von totalitärer Herrschaft und Kriegswirtschaft. Entsprechend der gewandelten Zeiten haben sich auch die Begründungszusammenhänge für die Zulassungspflicht im Handwerk von u. a. „soziale Stabilität und gesellschaftliches Ansehen gebend" über „dem Führerprinzip folgend" bis zuletzt hin zu „den Leistungsstand und die Leistungsfähigkeit zur Sicherung der Qualität und des Nachwuchses erhaltend" gewandelt.

Wird nun die derart begründete, historisch gewachsene Struktur des Handwerks im Grundsatz unverändert beibehalten, obwohl durch die gesellschaftlichen Veränderungen, hin zu einem freiheitlicheren Verständnis von staatlicher Herrschaft, nunmehr ein grundwerteorientierter zu verfolgen wäre, so stellt sich die grundsätzliche Frage nach der Geeignetheit dieser Regelungsstruktur. Darüber hinaus muss die Strukturierung der Ordnung des Handwerks in einer gewissen Relation zu dem sie legitimierenden Ziel stehen.

Die für die reformierte Handwerksordnung von 2003 angeführte Intention ist die Gefahrenabwehr. Diese Begründung unterscheidet sich in ihrer Art deutlich von den bisherigen, da sie weder aus dem Handwerksstand selbst hervorgehende Ziele, wie etwa Solidarität, noch gesamtgesellschaftliche Wirkungen, wie z. B. volkswirtschaftlich relevante Leistungsfähigkeit, anführt. Die Abwehr von Gefahren für die Gesundheit oder das Leben Dritter stellt hingegen eine abstrakte, d. h. eine zu konkretisierende, sowie eine sich auf die dem Handwerk zugeordneten beruflichen Tätigkeiten beziehende Zielsetzung dar. Zusammengefasst ergibt sich daraus folgende Notwendigkeit:

> *„Da der Meisterzwang aber 50 Jahre lang explizit nicht der Abwehr von Gefahren dienen sollte, muss der Reformgesetzgeber überzeugend auf die naheliegende Frage antworten, warum der Große Befähigungsnachweis nun hierzu erforderlich bzw. überhaupt geeignet sein soll.*" (Bulla 2009, S. 233).

Beides, das veränderte Verständnis von Gesellschaft und der Wandel in der Legitimation der Berufszugangsbeschränkung, kann zusammengenommen durchaus als Systembruch gesehen werden. Die Vermutung, dass die aktuellen

„althergebrachten" Regelungsstrukturen und Instrumente, wie namentlich die Handwerksrolle und der „große Befähigungsnachweis", nicht den aktuellen wertebezogenen Anforderungen entsprechen, liegt daher ebenso nahe.

Im Folgenden geht es also darum, die aktuelle Regelungsstruktur (HwO 2017) zur Beschränkung des Zugangs zur selbstständigen Ausübung eines Handwerks, mit ihrer Intention Gefahren abzuwehren, auf die Vereinbarkeit mit einem modernen emanzipatorischen Verständnis von Berufsfreiheit zu überprüfen. An dieser Stelle sei hierzu allerdings ausdrücklich darauf hingewiesen, dass nicht die Meisterausbildung an sich kritisiert wird und auch nicht jener Beitrag in Abrede gestellt werden soll, den diese für eine fachgerechte Qualifizierung zur Führung eines Meisterbetriebes und damit für die wirtschaftliche Entwicklung insgesamt leistet. Es gibt vielfältige Argumente, die belegen, dass die Meisterausbildung ihre volle Berechtigung hat. Zu beachten ist also unbedingt, dass der Fokus der folgenden Darstellungen allein darauf liegt, zu prüfen, ob das verpflichtende Verlangen des Meistertitels oder vergleichbarer Qualifikationen vernünftig ist. „Vernünftig" bedeutet hierbei, zu fragen, ob es nach heutigen Maßstäben gerechtfertigt ist, die in der Anlage A der Handwerksordnung gelisteten Agglomerate handwerklicher Erwerbstätigkeiten mit dem Argument der Gefahrenabwehr zu reglementieren.

7.3.2.1 Umfang der Überprüfung der Geeignetheit

Die Kritik an der Argumentation zur Rechtfertigung der aktuellen Regelungen gestaltet sich äußerst vielschichtig und umfangreich. Umfassend ist diese beispielsweise in einschlägigen Untersuchungen, wie etwa von Buchmann (2007), Bulla (2009) und Wagner (2006) oder die der Monopolkommission (BT 2006) vorgenommen worden. Das Interesse im Kontext der vorliegenden Arbeit richtet sich auf die Herausarbeitung von Anforderungen an eine zukunftstaugliche Ausgestaltung qualifikationsfordernder Reglementierungen von Berufsausübung. Insofern erfolgt im Weiteren keine vollumfängliche Darstellung der Rechtfertigungskritik am „großen Befähigungsnachweis", sondern eine an den Kernanforderungen des Grundsatzes der Verhältnismäßigkeit angelehnte Erarbeitung seiner, für den Entwurf des angestrebten Gestaltungsansatzes relevanten, wesentlichen kritischen Elemente (s. Teil II 6.1.2.2).

Die Überprüfung der Geeignetheit der Handwerksordnung im weiten Sinne ginge also über den Fokus, der auf die Entwicklung von emanzipatorisch-freiheitlichen Ansätzen zur Reglementierungsgestaltung liegt, hinaus. Die Begrenzung auf eine Darstellung der Geeignetheit des „großen Befähigungsnachweises" im engeren grundsätzlichen Sinne wäre für ein gehaltvolles Ergebnis nicht umfassend genug. Korrespondierend zum Untersuchungsziel ist daher der Frage nachzugehen, inwiefern das Kernelement der aktuellen Berufszugangsregelung der Handwerksordnung, der „großen Befähigungsnachweis" sowie die dahinterstehende Konstruktion geeignet sind, das Ziel der Abwehr von *„Gefahren für die Gesundheit oder das Leben Dritter"* (BT 2003, S. 1) rational und nachvollziehbar zu verfolgen.

Im Gesetzesentwurf zur neuen Handwerksordnung (BT 2003) wird der entscheidende Indikator für einen positiven Befund dazu selbst genannt:

> *„Die verfassungsrechtlichen Vorgaben sind jedenfalls erfüllt, wenn lediglich solche Handwerke, bei deren unsachgemäßer Ausübung Gefahren für Gesundheit oder Leben Dritter drohen, im Berufszugang beschränkt werden, soweit hierfür einfachere Möglichkeiten nicht bestehen."* (ebd., S. 22).

Die Beurteilung, ob einfachere Möglichkeiten bestehen, das angestrebte Ziel zu erreichen, gehört im Zuge der Verhältnismäßigkeitsprüfung zur Überprüfung der Erforderlichkeit der Regelung der Handwerksordnung und wird in einem späteren Abschnitt umfassend vorgenommen.

Im Rahmen des Kriteriums der Geeignetheit muss jedoch noch geprüft werden, ob die gewünschte Kategorisierung in gefahrengeneigte und nicht bzw. weniger gefahrengeneigte Handwerke sinnvoll gelingen kann. Betont sei hier: „gelingen kann", da jenes der Maßstab für die grundsätzliche Zulässigkeit der Maßnahme ist. Dass in der Rechtsetzungspraxis dies offensichtlich nicht eingehalten wird, ficht zwar das Gerechtfertigtsein der Handwerksordnung in der aktuellen Fassung an, aber ggf. nicht die Verfassungsmäßigkeit des Ansatzes an sich.

Im Gesetzesentwurf wurde im Weiteren nun das wesentliche Kriterium zur Einordnung wiederum benannt zu:

> *„Wesentliches Kriterium für die Aufrechterhaltung von Gewerben in der Anlage A oder aber deren Übernahme in Anlage B soll das Gefahrenpotenzial der Tätigkeit für das überragend wichtige Gemeinschaftsgut des Schutzes von Leben und Gesundheit Dritter sein."* (BT 2003, S. 41).

Ausgangspunkt für die Überprüfung der qualifikationsfordernden Reglementierung von selbstständiger Ausübung handwerklicher Erwerbstätigkeit ist damit das Gefahrenpotenzial der Tätigkeit für Leben und Gesundheit Dritter. Weiter ist im Gesetzesentwurf dazu ausgeführt: *„Wesentliche Anhaltspunkte für die Gefahrengeneigtheit der Tätigkeit in diesem Sinn ergeben sich aus den Meisterprüfungsverordnungen* […]." (BT 2003, S. 41). Es muss also nicht nur gelingen, die Gewerbe hinsichtlich der Gefahrengeneigtheit zuzuordnen, sondern darüber hinaus gilt: *„Für derartige „gefahrgeneigte" Tätigkeiten muss sichergestellt sein,* *dass sie nur von Personen mit entsprechenden Qualifikationsnachweisen ausgeübt werden.“* (BT 2003, S. 22). „Entsprechende Qualifikationsnachweise“ können hier tatsächlich ausschließlich solche sein, bei denen die dahinterstehende Ausbildung und Prüfung für die gefahrengeneigten Tätigkeiten zuverlässig befähigt. Demgemäß ist auch die Meisterausbildung anhand der Meisterprüfungsverordnungen[202] zu analysieren.

Damit sind im Sinne des Untersuchungsschwerpunktes die beiden wesentlichen Elemente zur Überprüfung der Geeignetheit des vom Gesetzgeber gewählten Ansatzes zur Erreichung des legitimen Zwecks der Gefahrenabwehr benannt: die Eignung des Kriteriums der Gefahrengeneigtheit der dem jeweiligen Handwerk innewohnenden Tätigkeiten als Entscheidungsgrundlage für die Zuordnung in die Anlage A sowie die Eignung der Meisterausbildung für die Qualifizierung zur sicheren Ausübung der diesbezüglich gefahrengeneigten Tätigkeiten.

Auf den ersten Blick scheint es evident zu sein, dass eine berufliche Qualifizierung, hier die Meisterausbildung und -prüfung, geeignet ist zur „Sicherheit“ bei der Ausübung von beruflichen Tätigkeiten und damit auch von jenen Tätigkeiten, die gefahrengeneigt sind, beizutragen. Wie sich im Weiteren zeigen wird, liegt hier jedoch kein trivialer Zusammenhang vor. Beide genannten Prüfungselemente sind im Rechtfertigungsansatz des Gesetzgebers fest miteinander verbunden. Für eine eingehend systematische Untersuchung der Geeignetheit des Ansatzes wird „Gefahrengeneigtheit“ erst einmal getrennt betrachtet. Anschließend wird der Befähigungsnachweis selbst genauer untersucht, um ihn schließlich wieder in Beziehung zur Gefahrengeneigtheit zu setzen.

7.3.2.2 Die Eignung der Gefahrengeneigtheit als Element der Rechtfertigung

Bezüglich der Gefahrengeneigtheit gilt zunächst, dass eine Vielzahl von handwerklichen Tätigkeiten mögliche Gefahren für Dritte mit sich bringt. Zur näheren Eingrenzung, wann denn ein Handwerk als gefahrengeneigt im Sinne der Rechtfertigung gilt, wird im Gesetzesentwurf festgestellt: *„Die Gefahrgeneigtheit muss für das betreffende Gewerbe prägend sein. Dabei sind Häufigkeit und Wahrscheinlichkeit des Gefahreneintritts zu berücksichtigen.“* (BT 2003, S. 41) (vgl. „wesenseigen“ BGH 2 1952, Rn. 10).

202 Z. B. Metallbauermeisterverordnung (MetallbMstrV 2011).

In der Kombination mit der Regelung aus der Handwerksordnung (HwO 2017), die festlegt, dass ein zulassungspflichtiges Handwerk nach Anlage A vorliegt, wenn mindestens „[…] *Tätigkeiten ausgeübt werden, die für dieses Gewerbe wesentlich sind (wesentliche Tätigkeiten)*" (HwO 2017, § 1 Absatz 2, Satz 1), bedeutet dies, dass die Ausübung dieser wesentlichen, dem Handwerk[203] Profil gebenden erwerbsberuflichen Tätigkeiten, bei nicht ausreichender Befähigung überwiegend und höchstwahrscheinlich unverhältnismäßig häufig einen Schaden für die Gesundheit und das Leben Dritter herbeiführt.

Wird die Ausführung des Gesetzesentwurfs zur Zuordnung zur Anlage B, also zu Gewerben, die als zulassungsfreie Handwerke oder handwerksähnliche Gewerbe betrieben werden können (HwO 2017, Anlage B), in seiner Aussage umgekehrt, so ergibt sich darüber hinaus die Präzisierung, dass eine „*erhebliche*" Gefahr dann angenommen werden kann, wenn „*Tätigkeit und/oder Leistung insgesamt* [~~nicht~~] *von der Gefährlichkeit für das Rechtsgut Gesundheit und Leben Dritter geprägt sind*" oder „*weil bestehende Gefahren* [~~nicht~~] *über Häufigkeit und Grad des allgemeinen Lebensrisikos hinausgehen*" (BT 2003, S. 41, Streichungen durch Autor). Ist hier die Rede von Tätigkeit oder durch Tätigkeit entstandene Leistung, so ist das Bündel an erwerbsberuflichen Tätigkeiten und daraus entstandene Leistungen gemeint, welches dem entsprechenden Handwerk Profil gibt.

Für die Überprüfung der Geeignetheit des Ansatzpunktes der Gefahrengeneigtheit, dem ersten bzw. grundlegenden Element der Berufszugangsreglung für ein selbstständiges Handwerk, stellt sich die Frage, ob es denn überhaupt gelingen kann, das Gefahrenpotenzial handwerklicher Tätigkeiten im Einzelnen oder im Bündel zu ermitteln und zu bewerten. Im Gesetzentwurf zur Novellierung der Handwerksordnung (BT 2003) werden konkrete Beispiele für Gefahren bzw. Gefahrenquellen im Zusammenhang mit der Ausübung eines zulassungspflichtig eingeordneten Handwerks genannt:

- herabstürzende Bauteile durch fehlerhafte Arbeiten bei der Montage und Instandsetzung von Bauwerken und Bauteilen aus Beton und Stahlbeton,
- unsachgemäße Überprüfung von Feuerungs- und Lüftungsanlagen und Fehler bei Dachabdeckungen,
- anspruchsvollen Gerüstbauten,
- Standfestigkeit von Treppen,

203 Als konstruiertes Bündel erwerbsberuflicher Tätigkeiten.

- Einsturz von Bauteilen und Unfällen bei Fahrzeugen durch unsachgemäß konstruierte Aufbauten,
- Gefahr von Stromschlägen und Explosionen,
- Gesundheitsschäden durch fehlerhafte Behandlungen, falsche Messungen oder Fehlanpassungen (Gesundheitshandwerke) (BT 2003, S. 42).

Zu erkennen ist, dass es sich um pauschal dargestellte Gefahrenpotenziale handelt (s. a. Bulla 2009, S. 235 f.). Dass hier im Gesetzesentwurf eher vermutet und konstruiert statt gewusst wird, wird insbesondere durch die Ausführung zum Tischler deutlich: „*Beim Tischler sind Gefahren vor allem in Bezug auf die Standfestigkeit von Treppen denkbar.*“ (ebd., S. 42). Die Oberflächlichkeit der begründeten Darlegung, warum denn nun das jeweilige Handwerk gefahrengeneigt sei, bleibt sowohl weit hinter den Anforderungen einer juristisch belastbaren Überprüfung der Geeignetheit als auch dem selbstgesetzten Anspruch, die Gefahrengeneigtheit einer handwerklichen Tätigkeit anhand der Häufigkeit und Wahrscheinlichkeit des Gefahreneintritts in Bezug auf ein allgemeines Lebensrisiko abzuwägen, zurück (s. o.).

Erforderlich wäre es stattdessen, etwa vorhandene Statistiken und Untersuchungen geeigneter Institutionen, die Rückschlüsse auf die Gefahrengeneigtheit ermöglichen, heranzuziehen oder entsprechend zielgerichtete Untersuchungen in Auftrag zu geben (s. a. Bulla 2009, S. 235 f.). Der vom Gesetzgeber vorgegebene Fokus liegt erkennbar auf Gefahren, die sich aus den Ergebnissen der Tätigkeiten der Handwerker für Kunden oder Nutzer der erstellten Werke ergeben. Darüber hinaus kommen zur Rechtfertigung Gefahren infrage, die – bei der Erbringung der Handwerksleistung selbst – für im Arbeitsumfeld befindliche Dritte bestehen. So würde streng dem genannten dem Gemeinwohl dienenden Zweck, der Abwehr von Gefahren durch unsachgemäße Ausübung handwerklicher Arbeiten für Gesundheit oder Leben Dritter, gefolgt.

Zu beachten ist, dass im Weiteren zielgerichtet untersucht werden sollte, ob eine diesbezügliche Gefahrengeneigtheit schlüssig festgestellt werden kann. Dies ist zwar mit größerem Aufwand verbunden, aber erkennbar der Fall. Ansatzpunkt muss, wie sich aus der dargelegten Gesetzesbegründung ergibt, die berufliche Tätigkeit bzw. das Tätigkeitsbündel der jeweiligen Handwerke sein. Auch Buchmann (2007), die sich ausführlich mit der „Gefahrengeneigtheit als Rechtsbegriff“ befasst hat (ebd., insbesondere Kapitel F), kommt zu dem Schluss, dass sich „Gefahrgeneigtheit“ stets auf Tätigkeiten bezieht (ebd., S. 199). Ein fehlerhaftes „gefährliches“ Ergebnis ist ja genau durch unsachgemäße Ausübung der beruflichen Tätigkeit entstanden.

Im Übrigen muss bei der Beurteilung der Gefahrgeneigtheit der Zusammenhang zum auslösenden Moment der unsachgemäßen, d. h. nicht fachgerechten Ausführung der Tätigkeit beachtet werden. Hierbei ist der umfassende Kontext der jeweiligen handwerksspezifischen Tätigkeitsausübung zu betrachten. Tätigkeiten werden mit Werkzeugen und Arbeitsgeräten, durch den Einsatz von Maschinen und technischen Anlagen sowie weiteren Arbeitsmitteln, unter Verwendung von Werk- und Arbeitsstoffen und/oder vorgefertigter Komponenten oder Produkten, mit bestimmten Arbeitsverfahren und Arbeitsabläufen in einer entsprechend eingerichteten Arbeitsumgebung durchgeführt (Buchmann 2007, S. 182 ff. sowie ArbSchG 2009, § 5). Die fachgerechte Ausführung umfasst demgemäß ein breites Spektrum handwerklicher Kompetenzen, wie etwa die Auswahl und die funktionsgerechte Verwendung geeigneter Arbeitsmittel, den sicheren Umgang mit Werk- und Arbeitsstoffen, die einwandfreie Anwendung maßgebender Arbeitsverfahren.

Zuvorderst wäre also zu untersuchen, welche Gefahren nun von den jeweiligen Tätigkeiten im Einzelnen ausgehen. Anschließend wäre, dem Gewerkeansatz folgend, das Gefahrenpotenzial zu betrachten, welches durch Agglomerationen und Kombinationen in den einzelnen Handwerken hervorgerufen wird. Dies ist mit dementsprechend angelegten, aufwendigen Studien, die beispielsweise auf Statistiken über vergangene Schadensfälle zurückgreifen, sicherlich ermittelbar. Eine entscheidende Schwierigkeit liegt dabei darin, herauszuarbeiten, welche nicht fachgerechte Ausführung ursächlich für den Schadensfall ist und in welchem Umfang. Hierbei kann darüber hinaus dann nur auf die Fälle der unsachgemäßen Ausführung Bezug genommen werden, die auf unzureichende Befähigung der Person zurückzuführen sind. So kann beispielsweise die Gefährlichkeit zuvorderst im zu verwendenden Arbeitsmittel oder Werkstoff selbst liegen. Weitere persönliche oder situative Ursachen müssten ausgeklammert bleiben, da die Gefahrengeneigtheit ja mit dem Zweck bestimmt werden soll, dass sichtbar wird, ob generell eine diesbezügliche Qualifikation erforderlich wäre (s. Buchman 2007, S. 199 f.).

Eine zusätzliche Schwierigkeit besteht abschließend darin, nachfolgend sachlich begründet und transparent zu entscheiden, welche dieser Gefahren bzw. Gefahrenhäufungen höchstwahrscheinlich, unverhältnismäßig oft einen erheblichen Schaden für die Gesundheit und das Leben Dritter herbeiführen, der über das Maß des allgemeinen Lebensrisikos dieser hinausgeht (s. o.). Hierzu müssten diesbezügliche Verfahren und Bewertungskriterien wahrscheinlich erst entworfen werden. Eine Möglichkeit wäre etwa der Vergleich von Gefährdungen verschiedener beruflicher Tätigkeiten untereinander.

Als Zwischenfazit kann festgehalten werden, dass die Ermittlung des Gefahrenpotenzials der unsachgemäßen Ausübung beruflicher Tätigkeiten oder Tätigkeitsbündeln – in Form von Handwerken – komplex, aufwendig, aber möglich ist. Die besondere Schwierigkeit besteht darin, herauszuarbeiten, in welchem Umfang die nicht fachgerechte Ausführung auf eine unzureichende berufsfachliche Befähigung der mit der Aufgabe befassten Personen zurückzuführen ist. Die Bewertung, ob der Grad und die Wahrscheinlichkeit eines Schadens für die Gesundheit und das Leben Dritter das Maß des allgemeinen Lebensrisikos übersteigt, ist ebenfalls ein mögliches, allerdings ein ebenso komplexes Unterfangen.

Diesbezügliche Zusammenhänge wären für die Tätigkeitsbündel betreffender Gewerbe oder für wesentliche, d. h. das Gewerbe prägende Einzeltätigkeiten – zwar nicht bis ins Einzelne – jedoch generell schlüssig, nachvollziehbar und konkret darlegbar. Insbesondere deswegen kann festgestellt werden, dass der Ansatz der Gefahrengeneigtheit hier grundsätzlich zur Rechtfertigung qualifikationsfordernder Reglementierung von selbstständiger Handwerksausübung als geeignet erscheint (s. a. Bulla 2009, S. 237). Hierbei handelt es sich um eine konstruktive Bewertung. Es ist demgegenüber alternativ möglich zu der Erkenntnis zu gelangen, dass das Kriterium „Gefahrengeneigtheit“ im Zusammenhang mit dem Berufskonstrukt Handwerk derart unbestimmt ist, dass sich eine zuverlässige begründete Einordnung nach zulassungspflichtig und zulassungsfrei gar nicht vornehmen lässt (Buchmann 2007, S. 199 f., Wagner 2006, S. 181). Dies hätte die Feststellung der fehlenden Geeignetheit der gesamten Reglementierung schon an dieser Stelle zufolge.

7.3.2.3 *Die Meisterausbildung als geeignete Maßnahme zur Gefahrenabwehr*

Das zweite Element zur Erreichung des legitimen Zwecks der Gefahrenabwehr ist die mit der Meisterprüfung abgeprüfte Befähigung als beabsichtigtes Ergebnis der Meisterausbildung. Ob der gesamte Ansatz der Berufszugangsvorschrift für die selbstständige Ausübung eines Handwerks geeignet ist, muss auch im Kontext mit der Meisterprüfung (HwO 2017, §§ 45 und 51a) beurteilt werden. Bereits der Bezug der Gefahrengeneigtheit zum Konstrukt zulassungspflichtiges Handwerk[204] als „Gewerk“, dessen Kern das Meisterprüfungsberufsbild ist,

204 Handwerk könnte begrifflich ja auch die Bezeichnung für alle handwerklich ausgeführten beruflichen Tätigkeiten sein (s. z. B. HwO 2017, Anlage B, „Handwerksähnliche Gewerbe“).

beeinflusst die Geeignetheit der Regelungen. Aufgabe ist es nun, zu überprüfen, ob das oben beschriebene Ziel der Gefahrenabwehr mit der Meisterprüfung stringent verfolgbar ist.

Tatsächlich referiert die Reglementierung lediglich auf die Prüfung, nicht aber auf das Absolvieren eines adäquaten Ausbildungsganges. Regelmäßige[205] Zulassungsvoraussetzung für die Meisterprüfung ist eine einschlägige Gesellenprüfung oder adäquate Qualifikation, die demgegenüber jedoch grundsätzlich auch das Absolvieren eines formellen Ausbildungsganges voraussetzt (HwO § 49 i. V. m. 36 und 37). Entscheidende Qualifikation, an der sich die Befähigung zur Ausübung eines zulassungspflichtigen Handwerks bemisst, ist die Meisterprüfung (HwO § 7, Absatz 1a; § 45, Absatz 2 und § 50b). In der Handwerksordnung ist dazu bestimmt:

> *„Der Prüfling hat in vier selbständigen Prüfungsteilen nachzuweisen, dass er wesentliche Tätigkeiten seines Handwerks meisterhaft verrichten kann (Teil I), die erforderlichen fachtheoretischen Kenntnisse (Teil II), die erforderlichen betriebswirtschaftlichen, kaufmännischen und rechtlichen Kenntnisse (Teil III) sowie die erforderlichen berufs- und arbeitspädagogischen Kenntnisse (Teil IV) besitzt.“* (ebd., § 45, Absatz 3).

Die detaillierten Inhalte der Prüfungsteile I und II sind in der jeweiligen gewerkespezifischen „*Meisterverordnung*“ (z. B. MetallbMstrV 2011), die Teile III und IV in der „*Allgemeine*[n] *Meisterprüfungsverordnung*“ (AMCO 2001) festgelegt.

Zu beachten ist nun, dass es im Verständnis des Gesetzgebers bei der Ausübung eines selbstständigen Handwerks grundsätzlich um die Führung eines Betriebes geht. Die Zugangsregelung lautet präzise:

> *„Als Inhaber eines Betriebs eines zulassungspflichtigen Handwerks wird eine natürliche oder juristische Person oder eine Personengesellschaft in die Handwerksrolle eingetragen, wenn der Betriebsleiter die Voraussetzungen für die Eintragung in die Handwerksrolle mit dem zu betreibenden Handwerk oder einem mit diesem verwandten Handwerk erfüllt.“* (HwO 2017, Absatz 1, Satz 1).

Der Eintrag in die Handwerksrolle setzt die Qualifikationen der Meisterprüfung oder entsprechende Nachweise voraus.

Wird das Handwerk nun als Einzelunternehmung betrieben, so muss mit der Meisterprüfung zunächst die Überprüfung der Befähigung zur sicheren Ausübung gefahrengeneigter Tätigkeiten durch den Unternehmer selbst gewährleistet werden. Maßgeblich dafür sind die Prüfungsteile I und II.

---

205 Der § 49 HwO sieht weitere berufliche Konstellationen als qualifizierend an. Darüber hinaus können Sonderfälle und Befreiungen angewandt werden.

Der Teil I besteht aus der Anfertigung eines einem Kundenauftrag nachzuempfindenden Meisterprüfungsprojektes inklusive eines darauf bezogenen, vertiefenden Fachgesprächs sowie aus der Ausführung einer weitere wesentliche Grundkenntnisse und -fertigkeiten abprüfenden praktischen Situationsaufgabe (z. B. MetallbMstrV 2011, §§ 3 bis 6).

Durch die Beschreibung des sogenannten „Meisterprüfungsberufsbildes“ (ebd., § 2) werden dem jeweiligen Handwerk „[…] *zum Zwecke der Meisterprüfung* […] *Tätigkeiten, Kenntnisse und Fertigkeiten als ganzheitliche Qualifikationen zugerechnet*“ (ebd., Absätze 2 und 3, jeweils 1. Satz). Es erfolgt ggf. eine Unterscheidung zwischen gemeinsamen und schwerpunktspezifischen Qualifikationen. Im Gesetzentwurf wird dazu ausgeführt: „*Bei einer Schwerpunktbildung soll das Hauptgewicht der Prüfung im Teil I in den schwerpunktspezifischen Bereichen liegen.*“ (BT 2003, S. 36). Im Meisterprüfungsberufsbild des Metallbauerhandwerks (MetallbMstrV 2011) finden sich beispielsweise entsprechend gelistete „Qualifikationen“, die grundsätzlich geeignet erscheinen, einer o. g. Gefährdung etwa durch „*herabstürzende Bauteile*“ oder „*Einsturz von Bauteilen*“ zu begegnen (s. vorheriger Abschnitt). Exemplarisch können aus dem ausgewählten Prüfungsbild auszugsweise genannt werden:

Für alle Schwerpunkte gemeinsam:

- Aufträge durchführen unter Berücksichtigung von Fertigungstechniken, Normen, Vorschriften,
- Festigkeit, Statik und Dynamik bei der Anfertigung von Metallbauarbeiten berücksichtigen,
- manuelle, maschinelle und programmgesteuerte Be- und Verarbeitungsverfahren sowie Füge-, Umform- und Montagetechniken beherrschen (ebd., § 2 Absatz 2 und 3).

Für den Schwerpunkt Konstruktionstechnik spezifisch:

- Vorschriften zur Bautechnik und bauordnungsrechtliche Vorschriften bei der Planung, Konstruktion und Fertigung berücksichtigen,
- Stahl- und Metallbaukonstruktionen planen, herstellen, montieren, in Betrieb nehmen, umbauen und Instand halten,
- Verbindungen an Bauwerken und Konstruktionen unter Berücksichtigung von Befestigungsverfahren, Befestigungselementen, lösbaren und unlösbaren Befestigungssystemen, insbesondere Schweiß- und Klebeverbindungen sowie des Montageuntergrunds planen und herstellen (ebd.).

Im Teil II der Meisterprüfung findet eine theoretische Auseinandersetzung mit den Aufgaben des Handwerks statt. Hier „[…] *soll der Prüfling* […] *nachweisen, dass er Probleme analysieren und bewerten sowie geeignete Lösungswege aufzeigen und dokumentieren kann*" (MetallbMstrV 2011, § 7, Absatz 1). Dabei ist die Prüfung im Weiteren in drei Prüfungsfächer: einem gewerkebezogenen Fach – die Metallbautechnik – dem Fach Auftragsabwicklung und dem Fach Betriebsführung und Betriebsorganisation unterteilt (ebd., Absatz 2).

Aus dem gewerkebezogenen Fach können als relevant für eine eventuelle Gefahrenabwehr beispielsweise „*Konstruktionen entwerfen und berechnen, Konstruktionsentwürfe bewerten und korrigieren*" sowie „*Probleme der Materialbe- und -verarbeitung sowie des Fügens beschreiben; Lösungen erarbeiten*" benannt werden (ebd., Absatz 3, Ziff. 1.). Darüber hinaus zählen in den beiden weiteren Fächern „*qualitätssichernde Aspekte*" im Rahmen der Auftragsabwicklung sowie im Rahmen der Betriebsführung und Betriebsorganisation „*Gefahren beurteilen und Maßnahmen zur Gefahrenabwehr festlegen*" zu den in der Meisterprüfung nachzuweisenden Qualifikationen (ebd., Ziff. 2. und 3.).

Letzteres Zitat ist die einzige Stelle, jedenfalls in der exemplarisch herangezogenen Metallbauermeisterverordnung (MetallbMstrV 2011), an der eine „Gefahr für Dritte" und deren Abwehr thematisiert werden. Auch wenn insgesamt die Qualifikationen, die eine Abwehr der Gefahren für Dritte mit sich bringen oder möglicherweise intendieren, eher diffus in der Verordnung verteilt sind, so kann doch festgestellt werden, dass im Kontext der selbstständigen Umsetzung der beruflichen Handlungskompetenz des Meisterberufsbildes (ebd., § 2, Absatz 1) als Einzelunternehmer erwartet werden kann, dass eine Minderung der Gefährdung gegenüber Dritten damit einhergeht.

Voraussetzung ist dabei allerdings, dass die Qualifikationen, die in der Prüfung nachgewiesen wurden, am Ziel einer berufspraktischen Ausübung, insbesondere unter Realisierung der Aspekte entsprechender Gefahren und ihrer Abwehr, ausgerichtet wurden. Zudem bedarf es, wenn denn der Gefahrenabwehr eine solche entscheidende Bedeutung zukommt, einer zuverlässigen Absicherung des Beherrschens dieser Aspekte. Ein fünfzigprozentiges oder dreißigprozentiges[206] „ausreichendes" Bestehen der Meisterprüfungsteile I und II bzw. relevanter Teilbereiche von diesen muss generell als nicht hinreichend zielgerichtet Gefahren abwehrend bewertet werden.[207] Für die einzelunternehmerische, selbstständige

---

206 MetallbMstrV 2011, § 3, Absatz 4 u. § 7, Absatz 5 sowie AMVO 2011, § 3, Absatz 3 u. § 5, Absatz 3.

207 Zum Vergleich: Die theoretische Fahrerlaubnisprüfung erfordert mehr als neunzigprozentige Zuverlässigkeit, die praktische eine ähnlich hohe (FeV 2010, Anlage 7, Ziff. 1.2.2 f. und 2.5).

Ausübung des Metallbauhandwerks kann eine generelle Geeignetheit der Meisterprüfungsteile I und II in Verbindung mit dem Meisterprüfungsberufsbild als Berufszugangsregelung zur Erreichung des Ziels der Gefahrenabwehr (nur) bei mindestens „gutem“ Abschneiden festgestellt werden.

Die im Weiteren noch zu vertiefende Perspektive ist die Bewertung der Geeignetheit der Meisterprüfung bzgl. einer Reduzierung der Gefährdung von Dritten im Rahmen der Verantwortung für die betreffende Handwerksausübung durch Anleitung und Aufsicht dieser in der Funktion eines Betriebsleiters.

Der Teil III der Meisterprüfung bereitet mit den Handlungsfeldern „*Wettbewerbsfähigkeit*“, „*Gründungs- und Übernahmeaktivitäten*“, „*Unternehmensführungsstrategien*“ (AMVO 2011, § 2, Absatz 2) zwar auf die betriebswirtschaftlichen, kaufmännischen und rechtlichen Aufgaben eines Betriebsinhabers (ebd., Absatz 1) vor, jedoch nicht auf Inhalte, die zielgerichtet dem Zweck der Gefahrenabwehr dienen.

Allenfalls in den Themenbereichen: „*Bedeutung der Aufbau- und Ablauforganisation für die Entwicklung eines Unternehmens beurteilen; Anpassungen vornehmen*“ oder „*Konzepte für Personalplanung, -beschaffung und -qualifizierung erarbeiten und bewerten sowie Instrumente der Personalführung und -entwicklung darstellen*“ (ebd., Ziff. 3) könnten dazu verwendet werden, entsprechende Strategien der Gefahrenabwehr zu integrieren. Die Rolle eines Betriebsinhabers ist von der des technischen, berufsfachlichen Betriebsleiters nach § 7 HwO (2017, Absatz 1) zu unterscheiden. Es ist der „handwerkliche“ Betriebsleiter, bei dem die Kompetenz und Verantwortung für die Ausführung der handwerklichen Arbeit, die Beurteilung des Gefahrenpotenzials und das Wissen um Maßnahmen zur adäquaten Minimierung liegen und er ist derjenige, der die Meisterqualifikation innehaben muss. In der Praxis ist die Personalunion von Betriebsinhaber und Betriebsleiter häufig anzutreffen.

Intention des Teils IV ist es, berufs- und arbeitspädagogische Kenntnisse und die zur ordnungsgemäßen Ausbildung von Auszubildenden erforderliche Kompetenz zum selbstständigen Planen, Durchführen und Kontrollieren der Berufsausbildung nachzuweisen (AMVO 2011, § 4, Absatz 1). Dies schließt nicht aus, dass auch Kompetenzen zur Anleitung von Mitarbeitern bzgl. einer Gefahrenabwehr nebenbei mit erworben werden, die Prüfung ist allerdings eindeutig nur auf den Nachweis der „Ausbildereignung“ ausgerichtet (s. a. HwO 2017, § 22b, Absatz 2).

Insofern verbleiben die sich auf eine Betriebsführung beziehenden Inhalte der Teile I und II der Meisterprüfung, um Qualifikationen zu identifizieren, die die Befähigung beinhalten, Mitarbeiter entsprechend einzuschätzen, einzusetzen, anzuleiten und zu kontrollieren. Aus der exemplarisch gewählten

Metallbauermeisterverordnung (MetallbMstrV 2011) ergeben sich dazu insbesondere folgende ggf. Gefahren abwehrende Prüfungsinhalte:

Aus dem Meisterprüfungsberufsbild:

> *„Aufgaben der technischen und kaufmännischen Betriebsführung, der Betriebsorganisation, der Personalplanung und des Personaleinsatzes wahrnehmen, insbesondere unter Berücksichtigung der betrieblichen Aus- und Weiterbildung, des Qualitätsmanagements, der Haftung sowie des Arbeitsschutzes, der Arbeitssicherheit und des Umweltschutzes“* (ebd. § 2, Absatz 2, Ziff. 2).

Aus der theoretischen Prüfung im Fach „Auftragsabwicklung“:

> *„unter Berücksichtigung der Fertigungstechnik, der Montage sowie des Einsatzes von Material, Geräten und Personal Methoden und Verfahren der Arbeitsplanung und -organisation bewerten, dabei qualitätssichernde Aspekte darstellen sowie die Vor- und Nachkalkulation durchführen“*(ebd. § 7, Absatz 3, Ziff. 2, lit. b).

Aus der theoretischen Prüfung im Fach „Betriebsführung und Betriebsorganisation“:

> *„betriebliches Qualitätsmanagement planen und darstellen“* (ebd., Ziff. 3, lit. c).

Zu erkennen ist, dass für die Meisterprüfung grundsätzlich Qualifikationen verlangt werden, die begründet vermuten lassen, dass im Rahmen eines betrieblichen Qualitätsmanagements, einer qualifizierten Personaleinsatz- und Arbeitsplanung sowie eines betrieblichen Aus- und Weiterbildungskonzeptes auch die Befähigung erworben wurde, als verantwortlicher Betriebsleiter Mitarbeiter bei der Auftragsausführung so zu leiten und zu unterstützen, dass Gefahren für Dritte adäquat minimiert werden. Dies setzt allerdings wiederum voraus, dass die Prüfung entsprechend mindestens mit „gutem“ Ergebnis absolviert wurde.

Insofern kann festgehalten werden, dass mit den genannten Einschränkungen die Konstruktion der Meisterprüfung, hier für das Metallbauhandwerk, dem Grunde nach nachvollziehbar geeignet erscheint, das dem Allgemeinwohl dienenden Ziel der Gefahrenabwehr zu fördern (s. a. Buchmann 2007, S. 128 f.). Das gilt sowohl für eine eigene selbstständige Ausübung der diesbezüglichen beruflichen Tätigkeiten als auch die Verantwortung dieser als Betriebsleiter im Falle der Ausführung durch Mitarbeiter. Sich ergebende Grundvoraussetzung ist dabei, dass die in den einzelnen Meisterverordnungen festgelegten gefahrenabwehrrelevanten Qualifikationen der Teile I und II der Meisterprüfung derart mit den besonderen Gefahren gegenüber Dritter abgestimmt sind, als dass eine ebensolche Gefahren mindernde Befähigung zu erwarten ist.

Diese Feststellung gilt für eine grundsätzliche Geeignetheit der Meisterprüfung als Maßnahme zur Gefahrenabwehr, wie dies ebenso grundsätzlich für die Gefahrengeneigtheit als Element der Rechtfertigung konstatiert wurde. Eine Nachjustierung der Ausgestaltung im Detail wäre in den angesprochenen Punkten jedoch mindestens erforderlich, da es für die Gefahren abwehrende Wirkung der Reglementierung in der aktuell vorhandenen Form mehr als deutliche Hinweise gibt, dass diese eher nicht erfüllt wird (s. Wagner 2006, S. 171 u. MK 2001, S. 25).

Im folgenden Abschnitt gilt es nun, die Geeignetheit des Gesamtansatzes der Gefahrenabwehr durch Feststellung gefahrengeneigter Tätigkeiten bzw. Gewerbe und dem Entwurf von Meisterberufsbildern als geforderte Qualifikation für den Berufszugang zu überprüfen. Erst im Zusammenspiel beider Elemente entfaltet die Reglementierung „Meistervorbehalt“ in der Praxis ihre Funktion.

7.3.2.4 Zusammenwirken von Gefahrengeneigtheit und Meisterprüfungsberufsbild

Wie in der Gesetzesbegründung dargelegt (BT 2003) und in der Realität so vorstellbar, entstehen gewichtige Gefahren – vor denen zu schützen ist – durch die unsachgemäße Ausführung einer konkreten beruflichen Tätigkeit, die ggf. Teil eines erwerbsberuflich bedingten Tätigkeitsbündels ist. Dabei spielt es für die Gefahrengeneigtheit keine Rolle, ob eine „gefährliche“ Tätigkeit prägend für ein Handwerk ist, oder ob ein gefahrenrelevanter Verbund mehrere Tätigkeiten für ein Gewerbe, ein Berufsbild oder ein zulassungspflichtiges Handwerk, welches durch ein Meisterprüfungsberufsbild definiert ist, wesentlich ist oder nicht (s. HwO 2017, § 1).

Im Falle der Bündelung beruflicher Tätigkeiten, bei denen die Bündelung ursächlich für das besondere Gefahrenpotenzial ist, können allein die in der erwerbsberuflichen Realität tatsächlich vorzufindenden Agglomerate ausschlaggebend sein. Vor Gefahren theoretischer Berufsbilder, die so gar nicht praktiziert werden, braucht nicht geschützt werden. Unabdingbar für die Geeignetheit qualifikationsfordernder Reglementierungen von Berufsausübung ist darüber hinaus, dass die zu erwerbenden Befähigungen am Zweck für die sie erlassen wurden, hier der Abwehr von Gefahren, orientiert sind. Jenes bedeutet, dass für die Zusammenfassung beruflicher Tätigkeiten zu Handwerken[208] die in der

208 Was als Handwerk gilt, wird letztendlich „par ordre du mufti“ durch die Handwerksordnung definiert.

Praxis, d. h. realbetrieblichen vorzufindenden, „gefährlichen" Tätigkeitsbündel ausschlaggebend sein müssten. Nur so kann sichergestellt werden, dass die Konzeption der Maßnahme zur Verfolgung des dem Allgemeinwohl dienenden Zwecks – die Konstruktion zulassungspflichtiger Handwerke – schlüssig auf die Erreichung dieses ausgerichtet ist.

Die Ordnung des Handwerks erfolgt historisch und aktuell grundsätzlich der realen Bündelung erwerbsberuflicher Tätigkeiten. Ob dies bei den Gewerken, die in der Anlage A der Handwerksordnung (HwO 2017) als *„Gewerbe, die als zulassungspflichtige Handwerke betrieben werden"* (ebd.) klassifiziert sind, der Fall ist, bedarf einer entsprechenden Überprüfung. Als problematisch stellt sich dabei die schon immer vorhandene Schwierigkeit heraus, einerseits Tätigkeiten valide einem Handwerk zuzuordnen und andererseits die so entstehenden Gewerbe untereinander abzugrenzen (s. a. Teil II 7.3.3.3). Ferner muss beachtet werden, dass die Struktur des Meisterkonzeptes und die Tatsache, dass dieses im Kern unverändert geblieben ist, darauf hindeuten, dass das vornehmliche Ziel der Meisterausbildung nicht der Gefahrenabwehr dient. In der aktuellen Handwerksordnung heißt es tatsächlich auch: *„Durch die Meisterprüfung ist festzustellen, ob der Prüfling befähigt ist, ein zulassungspflichtiges Handwerk meisterhaft auszuüben und selbständig zu führen sowie Lehrlinge ordnungsgemäß auszubilden."* (HwO 2017, § 45, Absatz 2). Damit bestätigt sich insbesondere im historischen Kontext die Erkenntnis, dass dem „Meistervorbehalt" die Geeignetheit für die Gefahrenabwehr nachträglich zugeschrieben wurde, als dass diese aus der Gefahrengeneigtheit entwickelt worden ist.

Fraglich ist somit, ob Meisterprüfungsberufsbilder überhaupt geeignet sind, den erforderlichen Schutz sicherzustellen. Nur wenn eine sehr große Übereinstimmung zwischen den real vorhandenen „gefährlichen" Tätigkeitsbündeln und den für das Handwerk definierten vorhanden ist, wäre eine Orientierung an einem Meisterberufsbild sachgerecht. Zudem bedeutet dies, dass dann die relevanten Tätigkeiten oder Tätigkeitsbündel grundsätzlich ausnahmslos von entsprechend befähigten Personen ausgeübt werden dürften (s. a. Teil II 7.3.3.3). Eine Beurteilung des Gefahrenpotenzials von erwerbsberuflichen Tätigkeiten oder Tätigkeitsbündeln und auf dessen Reduzierung abgestellte Maßnahmen können stringent allein aus den Tätigkeiten selbst ermittelt werden.

Wird nun zu dem Ergebnis gelangt, dass die mit der Tätigkeit einhergehenden Gefahren für die Gesundheit oder das Leben so erheblich sind, dass Maßnahmen zum Schutz Dritter ergriffen werden müssen, so sind diese zu ergreifen, unabhängig davon, ob diese sich prägend in einem Meisterberufsbild wiederfinden. Auch wenn die einem Handwerk zugeordneten Tätigkeiten stringent aus der Gefahrengeneigtheit real vorherrschender Betriebspraxis ermittelt wurden, so existieren mit Sicherheit von der so festgelegten betrieblichen Normkonstellation abweichende betriebliche Realitäten, die ebenfalls relevante „gefährliche“ Tätigkeiten beinhalten. Ob eine tatsächlich in einer betrieblichen Praxis anzutreffende Konstellation oder Anhäufung von gefahrengeneigten beruflichen Tätigkeiten einem zulassungspflichtigen Handwerk nach Anlage A (HwO 2017) zuordenbar ist oder nicht, darf ja nicht ausschlaggebend dafür sein, ob Schutzmaßnahmen durch den Gesetzgeber vorzunehmen sind.

Die bis heute vorgenommenen Änderungen zur Verbesserung der Abgrenzung dessen, was eigentlich reglementiert werden soll, wie u.a. die Begriffe und Sachverhalte „wesentliche Tätigkeiten“, „Tätigkeiten in unerheblichem Umfang“, „handwerklicher Nebenbetrieb“ aber auch „verwandtes Handwerk“ und „handwerksähnliche Gewerbe“ (HwO 2017), dienten alle insbesondere dem Zweck das Gerechtfertigtsein des Meistervorbehalts aufrechtzuerhalten. Der Wechsel in der Begründung des „großen Befähigungsnachweises“ hin zum legitimen Zweck der Gefahrenabwehr, die eben ausdrücklich bisher nicht Intention der Handwerksordnung war (BVerfG 1961, Gründe C, IV, Ziff. 2 u. Bulla 2009, S. 230), bewirkt nun das Gegenteil. Alle nachträglich eingefügten Regelungen, die eine Abschwächung der Sicherstellung der Befähigung derjenigen, die die „gefährlichen“ Tätigkeiten ausüben dürfen, mit sich bringen, stehen der Geeignetheit des Konstrukts des Meistervorbehalts nunmehr entgegen.

Die insgesamt o. g. Anforderungen an die Ausgestaltung der qualifikationsfordernden Reglementierung „Meistervorbehalt“ ergeben sich stringent aus dem eine Einschränkung der Berufsfreiheit rechtfertigenden Kriterium der Geeignetheit. Es wird allerdings deutlich, dass die tradierte Gestaltung der Zugangsvorschrift für die selbstständige Ausübung eines Handwerks in ihrer aktuellen Form insgesamt nicht geeignet ist, das Ziel der Gefahrenabwehr ausreichend zielgerichtet zu erreichen (s. a. Teil III 9.3). Dies ist neben den bisher angeführten Gründen allein schon deswegen der Fall, da eine systematische Erfassung der Gefahren, die Bewertung ihrer „Gefahrengeneigtheit“ und die Beurteilung, ob dieser durch ein „meisterhafte“ Qualifizierung erfolgreich begegnet werden kann, nicht erfolgt ist (s. a. Bulla 2009, S. 233 f.). Die Hauptursache für das Problem könnte darin liegen, dass die Handwerksordnung in ihrer Anlage eine Berufsstand begründende Rechtskonstruktion ist und weniger eine gewerberechtliche, hauptsächlich der Gefahrenabwehr dienende Rechtsnorm (s. a. Bulla 2009, S. 230).

Eine wesentliche weitere Grundvoraussetzung, die über das Gerechtfertigtsein einer Reglementierung entscheidet, ist die Frage der Erforderlichkeit, also hier die Überprüfung, ob weniger intensive Maßnahmen als die Meisterprüfung nicht ausreichend für eine effektive Gefahrenabwehr sind. Diesem wird nun im Folgenden nachgegangen.

7.3.3 Weitere Anforderungen an das Gerechtfertigtsein der Zulassungspflicht

Mit dem Absprechen der Geeignetheit ist formell eine weitere Prüfung des Gerechtfertigtseins der Zulassungspflicht im Handwerk eigentlich nicht erforderlich. Allerdings besteht die Zielsetzung im Kontext der vorliegenden Arbeit nicht darin, eine abschließende Überprüfung der Rechtmäßigkeit der Handwerksordnung vorzunehmen. Intention ist es hingegen nach wie vor, aus der am juristischen Prüfungsschema orientierten durchgeführten Bewertung des sogenannten „großen Befähigungsnachweises“ vertiefende Erkenntnisse für den Entwurf eines freiheitlichen Ansatzes zur Ausgestaltung qualifikationsfordernder Reglementierungen von Berufsausübung zu gewinnen.

Den Anforderungen, die sich aus der Erforderlichkeit ergeben, kommt dabei eine besondere Bedeutung zu. In der Erforderlichkeit wird der Kernansatz einer möglichst freien Berufsausübung deutlich. Hat sie doch gerade den Anspruch, dass allein immer solche Maßnahmen zur Erreichung des legitimen Zwecks der Reglementierung zur Anwendung kommen, die einen geringstmöglichen Eingriff in das betroffene Grundrecht, hier die individuelle Berufsfreiheit, mit sich bringen.

Auch die Frage nach der Angemessenheit der handwerklichen Zulassungsregelung, also die Abwägung zwischen dem zu erwartenden Erfolg zum Wohle der Allgemeinheit und dem Aufwand bzw. den Beschwerungen, die die Regelungen für die Betroffenen mit sich bringt, verspricht weitere Erkenntnisse für den Entwurf des avisierten Gestaltungsansatzes. Nur wenn Berufszugangsvorschriften diesbezüglich in einem ausgewogenen Verhältnis zueinanderstehen, können sie als europatauglich und zukunftsfähig gelten.

Einer besonderen Bedeutung kommt nachfolgend noch der inneren und der äußeren Konsistenz einer Reglementierung zu. Die zweifelhafte Sinnhaftigkeit, d. h. die Widerspruchsfreiheit der Zulassungsregelungen innerhalb der Handwerksordnung, wurde bereits teilweise angesprochen, bedarf aber einer tiefer gehenden systematischen Betrachtung. Die Eingliederung des Meistervorbehalts in ein umfangreicheres, das Rechtsumfeld der Handwerksordnung berücksichtigendes Konzept zur Erreichung der legitimierenden Zielsetzung „Gefahrenabwehr“ ist bisher vernachlässigt worden. Innere und äußere Konsistenz sind jedoch ebenso unabdingbar, um zu einer aus rechtsstaatlicher Perspektive emanzipatorischen Ausgestaltung qualifikationsfordernder Reglementierungen zu kommen.

7.3.3.1 Die Erforderlichkeit der Eintragungspflicht zur Abwehr von Gefahren

Um zu einer umfassenden Erkenntnis über die Anforderungen zu gelangen, die sich aus dem aktuellen gesellschaftlichen Anspruch des Gerechtfertigtseins von Einschränkung der Berufsfreiheit für die nachhaltige Gestaltung von Berufszugangsvorschriften ergeben, wird nun die Untersuchung mit der Überprüfung der Erforderlichkeit am Beispiel der Maßnahme der Meisterprüfungsqualifikation fortgesetzt. Im Gesetzesentwurf von 2003 wird der Rechtsbegriff Erforderlichkeit zutreffend wie folgt erläutert:

> *„Die Maßnahme muss erforderlich sein, d. h. die geforderten Voraussetzungen dürfen nicht außer Verhältnis zu dem angestrebten Zweck stehen, und es muss sich um die am geringsten belastende Möglichkeit zur Erreichung des Zwecks handeln.“* (BT 2003, S. 21).

Ausgangspunkt der hier vorgenommenen Betrachtung der Eignung des Konzepts des „Meistervorbehalts“ als Reglementierung des Zugangs zur selbstständigen Ausübung von handwerklichen Tätigkeiten ist der legitime dem Allgemeinwohl dienende Zweck. Dieser besteht nach wie vor in der Abwehr solcherlei Gefahren, die dadurch entstehen, dass eine unsachgemäße Ausübung gefahrengeneigter Tätigkeit oder Tätigkeitsbündeln, hervorgerufen durch mangelnde Befähigung zu einer relevanten Gefährdung Dritter führt. Dabei wird auf der bei der vorausgehenden Untersuchung der Geeignetheit gewonnenen Einsicht, dass ein eventuelles besonderes Gefährdungspotenzial einer nicht fachgerechten Ausübung beruflicher Tätigkeiten – egal ob einzeln oder im Verbund – unabhängig von einer Zuordnung zu einem konstruierten Tätigkeitsbündel oder der Zugehörigkeit zu einem realen betrieblichen Geschäftsfeld vorhanden ist, aufgebaut.

Im Gesetzesentwurf zur „neuen“ Handwerksordnung (HwO 2003) wurde angebracht: *„Im Interesse der Abwehr von Gefahren für Gesundheit und Leben Dritter ist es erforderlich, Zugangsvoraussetzungen zur Handwerksausübung für einschlägige Gewerbe zu erhalten.“* (BT 2003, S. 22). Gemeint ist, dass nur die Meisterprüfung für die entsprechenden Gewerbe das angestrebte Ziel der Gefahrenabwehr sicherstellen kann. Um diese Aussage im Weiteren zu überprüfen, soll zunächst der obligatorische der Meisterprüfung vorgelagerte Bildungsgang der Berufsausbildung näher betrachtet werden. Dieser ist grundlegender Bestandteil des Gesamtkonzepts der handwerklichen Qualifizierung. Ziel der Berufsausbildung ist es

„[…] *die für die Ausübung einer qualifizierten beruflichen Tätigkeit in einer sich wandelnden Arbeitswelt notwendigen beruflichen Fertigkeiten, Kenntnisse und Fähigkeiten (berufliche Handlungsfähigkeit) in einem geordneten Ausbildungsgang zu vermitteln.*“ *sowie „den Erwerb der erforderlichen Berufserfahrungen zu ermöglichen*“ (BBiG 2017, § 1, Absatz 3).

Für alle berufsfachlichen und damit auch für alle inkludierten gefahrenrelevanten Tätigkeiten des jeweiligen „Berufs“ wird auf Grundlage des Ausbildungsberufsbildes, abgesichert durch die Gesellenprüfung, entsprechend qualifiziert. Wird nun – exemplarisch ausgewählt – das Ausbildungsberufsbild für die Berufsausbildung zum Metallbauer (MetallbAusbV 2008) ins Verhältnis zum bereits untersuchten, damit korrelierenden Meisterprüfungsberufsbild für das Metallbauerhandwerk (MetallbMstrV 2011) gesetzt, so ergeben sich folgende zusätzliche „meisterhafte“ Qualifikationen, die für die oben angesprochene Gefährdung durch *„herabstürzende Bauteile*“ oder *„Einsturz von Bauteilen*“ noch zu erwerben sind:

- *Festigkeit, Statik und Dynamik bei der Anfertigung von Metallbauarbeiten berücksichtigen,*
- *Vorschriften zur Bautechnik und bauordnungsrechtliche Vorschriften bei der Planung, Konstruktion und Fertigung berücksichtigen,*
- *Stahl- und Metallbaukonstruktionen planen, in Betrieb nehmen, umbauen,*
- *Verbindungen an Bauwerken und Konstruktionen unter Berücksichtigung von Befestigungsverfahren, Befestigungselementen, lösbaren und unlösbaren Befestigungssystemen, insbesondere Schweiß- und Klebeverbindungen sowie des Montageuntergrunds planen.* (MetallbMstrV 2011, § 2 Absatz 2 und 3; vgl. Teil II 7.3.2.3).

Geht es nun um die selbstständige Ausübung des Metallbauhandwerks in Einzelunternehmung, so ist erkennbar, dass die verbleibenden meisterspezifischen Qualifikationen auch durch einen geeigneten Fachlehrgang erwerbbar wären. Dies wird umso deutlicher, wenn berücksichtigt wird, dass die hier gelisteten Qualifikationen lediglich einen Bruchteil der insgesamt für die Meisterprüfung zu beherrschenden Fähigkeiten ausmachen. Bezogen auf die o. g. Gefährdung kann die Zuordnung des Metallbauhandwerks zu Anlage A, dem Verzeichnis der Gewerbe, die ausschließlich als zulassungspflichtige Handwerke betrieben werden dürfen, als nicht erforderlich eingestuft werden.

Im Gesetzesentwurf heißt es nämlich ausführlich und ausdrücklich:

„Ein Verbleib von Gewerben in der Anlage A ist nur dann gerechtfertigt, wenn die Abwägung ergibt, dass durch oder bei Ausübung der Tätigkeit oder der Erbringung der Leistung Gefährdungen für Leben und/oder Gesundheit Dritter entstehen, gegenüber denen

das Grundrecht der Berufsfreiheit zurückstehen muss, weil einfachere Möglichkeiten zur Sicherung dieses überragend wichtigen Gemeinschaftsgutes nicht bestehen, nicht geschaffen werden können oder zu seiner Sicherung nicht ausreichen […]“ (BT 2003, S. 41).

Die Qualifikation der Meisterprüfung für eine Betriebsleitung hingegen wurde bereits dahin gehend untersucht, welche Inhalte tatsächlich darauf vorbereiteten, Gefahren zu mindern. Ergebnis war, dass Inhalte, die von Bedeutung für eine Gefahrenabwehr aus der Leitungsperspektive heraus sind, allenfalls einen marginalen Bestandteil des Meisterprüfungsberufsbildes für den Metallbau ausmachen (s. Teil II 7.3.2.3). Somit muss hier nicht nur zu dem Schluss gekommen werden, dass „einfachere Möglichkeiten“ denkbar sind, die gefahrenrelevanten Qualifikationen sicherzustellen, sondern dass, wenn denn die Gefahren so bedeutend sind, andere wirkungsvollere Maßnahmen sogar dringend erforderlich sind.[209]

Auf jeden Fall ist die, im Gesetzesentwurf (BT 2003) und im Gesetz (HwO 2017) selbst durchgängig nicht vorgenommene, Unterscheidung zwischen der einzelunternehmerischen Ausübung sicherheitsbedeutender Handwerke und der Verantwortung als Betriebsleiter für die fachgerechte Ausübung durch Mitarbeiter geboten. Für das Gefahrenpotenzial der Ausübung beruflicher Tätigkeiten spielt es grundsätzlich keine Rolle, ob diese selbstständig oder unselbstständig beschäftigt ausgeübt werden. Sie müssen eben lediglich fachgerecht ausgeführt werden. Einen Unterschied macht es jedoch, ob die Tätigkeit oder das Tätigkeitsspektrum eines Gewerbes selbst ausgeübt oder durch Anleitung und Kontrolle verantwortet wird. Es ist also möglich und daher zwingend erforderlich, jenes bei der Konstruktion einer Berufszugangsreglementierung für das Handwerk zu unterscheiden.

Zur Bewertung der Erforderlichkeit im Einzelnen ist es allerdings notwendig, mehr über die konkrete Beschaffenheit der „Gefahrengeneigtheit“ zu wissen. Es gibt eine Vielzahl von Gefahren auslösenden Momenten, wie etwa das Arbeiten mit umweltgefährdenden Stoffen, die Handhabung kritischer Arbeitsgeräte oder auch das Errichten potenziell fehleranfälliger Konstruktionen. Nur wenn die Beschaffenheit der Gefährdung bekannt ist, kann beurteilt werden, welche geringste Maßnahme hier zielführend ist, um die betreffende Tätigkeit oder das entsprechende Tätigkeitsbündel ausreichend abzusichern. Ebenso wie für die Geeignetheit wurden für die Rechtfertigung der Ausgestaltung der aktuellen Handwerksordnung keine adäquaten Analysen vorgelegt.

---

209 Die vorgenommene Zuordnung zur Anlage A bzw. B ist zudem in hohem Maße unsystematisch (s. a. Bulla, S. 234 ff.).

Dies führt im Weiteren noch zu dem Punkt, dass es eine Vielzahl von anderen Maßnahmen gibt, die möglich sind, die Sicherheit der Ausübung gewerblich-technischer Tätigkeiten oder ihrer Produkte zu erhöhen. Im bereits angeführten Kontext des Baugewerbes sind dies z. B. nicht zuletzt die Regelungen der Bauvorlageberechtigung (s. Anhang 2) und die Bauabnahme. Im Übrigen existieren etliche gesetzliche Bestimmungen, die Regelungen zur Abwehr von Gefahren für Dritte enthalten, wie etwa das Bundes-Immissionsschutzgesetz, das Produktsicherheitsgesetz aber auch das umfangreiche Arbeitsschutzrecht mit z. B. der Gefahrstoffverordnung. Darüber hinaus sind die allermeisten dieser Regelungen mittlerweile auf Vorgaben des Sekundärrechts der Europäischen Union zurückzuführen. Im Falle des Metallbauhandwerks wäre es daher möglich, die Tätigkeiten, die die Planung und Konstruktion von statisch und bauordnungsrechtlich relevanten Metallbaukonstruktionen betreffen, unter den Vorbehalt einer diesbezüglich zielgerichteten Qualifikation zu stellen und die übrigen Tätigkeiten dann freizugeben. Gleiches gilt für eine effektive Umsetzung von Zielen, die für den Arbeits- oder Umweltschutz von Bedeutung sind.

Als Argument für die Erforderlichkeit einer umfassenden Meisterausbildung wird hingegen angeführt: „*Als elementare existentielle Rechte sind Gesundheit und Leben von derart hohem Rang, daß effektive Schutzmaßnahmen ihre Beeinträchtigung von vornherein ausschließen müssen.*“ (Buchmann 2007, S. 131). Dies verkennt wiederum, dass die dazu nötige Qualifizierung genau mit der Meisterausbildung nicht erreicht wird (s. Teil II 7.3.2.3). Es kann stattdessen daher davon ausgegangen werden, dass etwa ein entsprechender Lehrgang oder ein regelmäßiger Nachweis der Befähigungen inkl. deren Aktualisierung und Erneuerung, der gezielt auf die jeweiligen gefahrengeneigten Aspekte der beruflichen Tätigkeiten fokussierte und vorbereitet, sogar geeigneter ist.

Zusätzlich existieren neben der Vielzahl von Gesetzen, die direkte oder indirekte Gefahren für den Menschen abwehren sollen (s. o.), weitere Rechtsvorschriften, die durch Festlegung und Sanktionierung ordnungswidrigen oder strafbaren Handelns sowie der Bestimmung von zivilrechtlicher Haftung bereits entsprechend präventiv wirken (Bulla 2009, S. 250 f.). Auch ist ein wirksames gewerbeaufsichtliches Überwachen und Eingreifen besonders gefahrengeneigter Tätigkeiten oder deren Leistungsergebnisse weniger in die Freiheit der Berufsausübung eingreifend. Bulla kommt in diesem Zusammenhang zu dem Schluss:

> „*Letztlich zeigt gerade der vergleichende Blick auf die Rechtslage in den europäischen Nachbarstaaten, dass eine wirksame Gefahrenabwehr auch ohne den Großen Befähigungsnachweis als Eröffnungskontrolle allein durch die repressiven gewerbeaufsichtlichen Eingriffsbefugnisse und das Regelungsgeflecht von Gewährleistungs- und Haftungsvorschriften,*

Straftat- und Ordnungswidrigkeitstatbeständen gewährleistet werden könnte.“ (Bulla 2009, S. 258).

Insbesondere die positiven Erfahrungen in den Niederlanden (ebd., S. 256 f.) werfen an dieser Stelle die Frage auf, ob eine Regelung der Zulassungspflicht zur selbstständigen Ausübung von Handwerk überhaupt erforderlich ist.

Im Weiteren ist dabei problematisch, dass die Zuordnung der Handwerke zur Anlage A und B aus Sicht der Erforderlichkeit nicht gelingt. Das relevante Gefährdungspotenzial ergibt sich aus den durchzuführenden Tätigkeiten, nicht daraus, welchem ordnungsrechtlichen Konglomerat es zugeordnet wurde. So führt die aktuelle Einordnung der Handwerke, in „zulassungsbedürftig“ und „frei ausübbar“ zu der Situation, dass dieselben oder ähnliche Tätigkeiten mit vergleichbarem Gefährdungspotenzial mal einem zulassungspflichtigen Handwerk zugeordnet sind und mal eben nicht (s. a: Wagner 2006, S. 174; Buchmann 2007, S. 182 ff.; Bulla 2009, S. 234 ff.).

Damit bestätigt sich insgesamt, dass der Ausgangspunkt zur Beurteilung der Erfüllung des Kriteriums der Erforderlichkeit einer Regelung auch die realen erwerbsberuflichen Tätigkeiten und ihre eventuelle Gefährlichkeit sein muss. Ebenso steht hier infrage, dass die Zugangsreglementierung „Meistervorbehalt“ überhaupt erforderlich ist, das legitime Ziel der Gefahrenabwehr intentional zu erreichen.

7.3.3.2 Die Angemessenheit der handwerklichen Zulassungsregelung

Ein weiterer zu berücksichtigender Aspekt bei der Beurteilung, ob eine Beeinträchtigung der Berufsfreiheit durch eine qualifikationsfordernde Reglementierung gerechtfertigt ist, ist die Angemessenheit dieser. Es gilt: „*Eine nationale Maßnahme ist angemessen, wenn die mit ihr erreichten Vorteile für das angestrebte Ziel die Beeinträchtigung der Grundfreiheit überwiegen.*“ (Frenz 2012, S. 214). Die Angemessenheit kann dabei nicht losgelöst von der Geeignetheit und Erforderlichkeit betrachtet werden. Einerseits wird das angestrebte Ziel ja nur erreicht, wenn die Maßnahme dazu geeignet ist und andererseits scheidet die Angemessenheit zwangsläufig aus, wenn eine geringere Maßnahme möglich wäre, da dann die Nachteile überwiegen und ein Regelungsübermaß an vorliegt.

Im Jahre 2005 hatte das Bundesverfassungsgericht nachträglich[210] über die Angemessenheit der davor geltenden Handwerksordnung bzw. den für die

210 Die Handwerksordnung wurde bereits 2003 reformiert (HwO-3.Ä 2003).

Zugangsreglementierung angegebenen Rechtfertigungsgrund der Qualitätssicherung folgendermaßen geurteilt: *„Daher könnte die Schwere des Eingriffs, den der große Befähigungsnachweis für ihren beruflichen Werdegang bedeutete, zu dem – zunehmend verwischten – Ziel der Qualitätssicherung nicht länger in einem angemessenen Verhältnis gestanden haben*“ (BVerfG 2005, Rn. 22). Die Schwere des Eingriffs liegt im Rahmen der Zulassungspflicht für die selbstständige Ausübung eines Handwerks darin, dass ein beträchtlicher zeit- und kostenintensiver Ausbildungsweg durchlaufen werden muss (s. Teil II 7.3.1.2). Insbesondere im Vergleich zu den weniger restriktiven Anforderungen in den übrigen Mitgliedstaaten des Binnenmarktes der Europäischen Union erschien dies dem Bundesverfassungsgericht zunehmend unangemessen (BVerfG 2005, Rn. 22).

Wird nun, wie vom Gesetzgeber vorgegeben, die Gefahrenabwehr als legitimer dem Allgemeinwohl dienender Zweck angenommen sowie die Zulassungspflicht hier theoretisch als geeignet und erforderlich vorausgesetzt, so müssen im Weiteren nun die mit der Reglementierung zu erreichenden Vorteile ins Verhältnis zu der genannten Schwere der Beeinträchtigung der Berufsfreiheit durch das Fordern des „Meistervorbehalts“ gesetzt werden. Im Gesetzesentwurf zur „neuen“ Handwerksordnung (HwO-3.Ä 2003) wurde das Kriterium des Minderns einer *„erheblichen Gefahr“* bzw. einer *„erheblichen Gefährdung“* (BT 2003, 41 f.) dafür genannt, dass die mit der Zulassungspflicht erreichten Vorteile ausreichend seien, die Zulassungspflicht zu begründen. Eine genaue Beschreibung dessen, was eine „erhebliche Gefahr“ ausmacht, wurde bereits ausgearbeitet: Eine „erhebliche Gefahr“ kann dann angenommen werden, wenn Tätigkeit und/oder Leistung insgesamt von der Gefährlichkeit für das Rechtsgut Gesundheit und Leben Dritter geprägt sind oder weil bestehende Gefahren über Häufigkeit und Grad des allgemeinen Lebensrisikos hinausgehen (ebd., S. 41; s. a. Teil II 7.3.2.2).

Dies bedeutet zur Gewährleistung der Angemessenheit wiederum zweierlei:

1) Es muss bekannt sein, welche der handwerklichen Tätigkeiten konkret derart gefahrengeneigt sind, dass sie einer Reglementierung bedürfen, damit anschließend ermittelt werden kann, wie groß der tatsächliche Aufwand ist, die erforderlichen Qualifikationen formell (mit) zu erwerben.
2) Es bedarf der Bestimmung, inwieweit die mit der Ausübung der entsprechenden Tätigkeit einhergehende Gefährdung in Häufigkeit und Grad über das allgemeine Lebensrisiko hinausgeht.

Nur mit dem Wissen dieser beiden Aspekte ist die Beurteilung, ob die Einschränkung der Ausübung der Tätigkeiten im Verhältnis zur erreichbaren Gefährdungsminderung steht, möglich. Grundlage für die zu treffende Entscheidung kann darüber hinaus wiederum nur eine fundierte Auswertung vorhandener oder erhobener zuverlässiger Informationen sein.

Die im vorigen Abschnitt mit Hinweis auf die Situation in den europäischen Nachbarstaaten und insbesondere auf die Entwicklung in den Niederlanden genannte Erkenntnis, dass eine adäquate Gefahrenabwehr auch ohne den großen Befähigungsnachweis möglich bzw. existent ist (Bulla 2009, S. 256 ff.), weist darauf hin, dass der Ansatz des „Meistervorbehalts“ – allein schon aufgrund dieser nachgewiesenen Unwirksamkeit – als nicht angemessen eingestuft werden muss.

7.3.3.3 Innere Inkonsistenz der Berufszugangsreglementierung

Ein übergreifendes Kriterium zur Beurteilung der Vereinbarkeit einer Rechtsvorschrift mit den Anforderungen, die sich aus einem modernen Verständnis der Pflichten der Legislative in einem rechtsstaatlich fundierten Staatswesen ergeben, ist die Frage nach ihrer Konsistenz. Innere Konsistenz meint hierbei, dass die Regelungen einer Rechtsverordnung systematisch das beabsichtigte Ziel verfolgen muss. Der Gesetzgeber ist gehalten, „[...] *Sachverhalte unter Beachtung des gesetzten Zieles in sich folgerichtig zu regeln*“ (Wagner 2006, S. 182).[211] Dabei gilt insbesondere, dass Ausnahmeregelungen, die der Zielsetzung in einem solchen Maß zuwiderlaufen, dass sie die Gesamtregulierung als inkonsistent erscheinen lassen, als Inkonsistenz abzulehnen sind (Frenz 2012, S. 1042 i. V. m. S. 1061).

Ausgangspunkt für die Bewertung der inneren Konsistenz der vorliegenden Regelungen der novellierten Handwerksordnung (HwO-3.Ä 2003) muss der legitime Zweck der Gefahrenabwehr sein. Darauf aufbauend gilt es, die Konstruktion der Berufszugangsreglementierung mit Eintragungspflicht und Meisterprüfung dahin gehend zu hinterfragen, ob dieser angegebene Zweck systematisch erreicht werden kann. Eine entsprechend vorgenommene Überprüfung der Verordnung führt zur Offenlegung eine Reihe von Inkonsistenzen. Als eine wesentliche muss hier die Tatsache genannt werden, dass neben den Absolventen der Meisterprüfung auch eine Vielzahl anderweitig qualifizierter Personen, wie z. B. *„Ingenieure, Absolventen von technischen Hochschulen und von staatlichen oder staatlich anerkannten Fachschulen für Technik und für Gestaltung“* und weitere Personengruppen (HwO-3.Ä 2003, § 7, Absatz 2) in die Handwerksrolle eingetragen werden dürfen.

---

211 Ausführliche Darlegung des „Gebots der Folgerichtigkeit“ siehe Bulla 2009, S. 212 ff. sowie „Systemstimmigkeit“ S. 307 ff.

Daraus entsteht folgender Widerspruch: In der Begründung der Zugangsvorschrift wurde ausgeführt, dass die Verringerung der besonderen Gefahrengeneigtheit der Gewerbe der Anlage A (ebd.) ein derart bedeutendes Erfordernis ist, als dass dafür die nicht unerhebliche Anforderung der Meisterqualifikation zu verlangen sei. Die beispielhaft o. g. weiteren als eintragungsberechtigt anerkannten Qualifikationen befähigen indes gerade nicht zielgerichtet auf die sachgerechte Ausübung bzw. Ausführung der sich in dem jeweiligen Handwerk bündelnden gefahrengeneigten Tätigkeiten. Es mag sein, dass in Einzelfällen, wie etwa bei der Ermittlung und Berücksichtigung von statischen Risiken für zu errichtende Gebäude, eine thematische Überschneidung mit den Aufgaben eines, hier baugewerblichen, Handwerks vorliegt. Für die effektive Sicherstellung der Befähigung zur verlässlichen Ausübung der gefahrengeneigten Tätigkeiten des Handwerks – und nur die kann bei der angenommenen Schwere der Gefahr Maßstab sein – reicht jedoch die pauschale Annahme, diese würde in o. g. Bildungsgängen wohl miterworben, keinesfalls aus (s. a. Bulla S. 336 f.). Wagner spricht davon, dass der Gesetzgeber sich damit von seiner eigenen Zielsetzung distanziert (Wagner 2006, S. 184).

Eine weitere wesentliche Inkonsistenz stellt das bereits beschriebene Problem dar, dass keine stringente Zuordnung der Handwerke zur Anlage A, dem Verzeichnis der zulassungspflichtigen Handwerke vorgenommen wurde und dies vermutlich auch nicht abschließend gelingen wird (s. Teil II 7.3.3.1). Der Widerspruch besteht in diesem Falle darin, dass es etliche als zulassungspflichtig eingeordnete Handwerke gibt, die ein ähnliches Leistungs- und Tätigkeitsspektrum aufweisen, wie vergleichbare zulassungsfreie Handwerke (z. B. Steinmetz und Steinbildhauer vs. Fliesen-, Platten- und Mosaikleger). Diese Handwerke sind sich bis auf einige wenige Tätigkeitsbereiche sehr ähnlich. Entscheidend ist nun, dass es unklar bleibt, welches die gefahrengeneigten Tätigkeiten sind bzw. sein sollen, die die Einschränkung der Berufsfreiheit bei den zulassungspflichtigen Handwerken rechtfertigen. Für eine Reihe von weiteren Handwerken wurde nachgewiesen, dass sie systematisch betrachtet – entgegen ihrer aktuellen Einordnung – der bzw. nicht der Zulassungspflicht bedürften (Wagner 2006, S. 179 f.; Bulla 2009, S. 349 f.; Buchmann 2007, S. 157 und 182 ff.). Bulla kommt zu dem Ergebnis: Die tatsächlich unsystematische Zuordnung der Handwerke „[…] *erodiert nicht nur die verfassungsrechtliche Grundlage der legislativen Einschätzungsprärogative in Bezug auf die Meisterpflicht als Berufszugangsschranke, sondern führt auch zu Wertungswidersprüchen und gefährdet die Systemstimmigkeit.*“ (Bulla 2006, S. 349).

Eine letzte im Folgenden aufgeführte wesentliche Inkonsistenz innerhalb der Handwerksordnung selbst besteht in den Ausnahmen für einige Varianten der Art und Weise der Ausübung eines als gefahrengeneigten, mit einer Zulassungspflicht belegten Handwerks. Durch den § 3 der Handwerksordnung (HwO 2017) werden die Rechtsbegriffe „handwerklicher Nebenbetrieb“ und „Hilfsbetrieb“ festgelegt. Die Ausübung eines sonst zulassungspflichtigen Handwerks im Nebenbetrieb, wenn dieser in unerheblichem Umfang stattfindet, sowie als Hilfsbetrieb ist vom Eintrag in die Handwerksrolle ausgenommen (ebd., § 2). Damit wird hier die Ausübung von sonst reglementierten gefahrengeneigten Tätigkeiten und Tätigkeitsbündeln ohne Weiteres gestattet.

Als Beispiel für einen Nebenbetrieb kann die Instandhaltung von landwirtschaftlichen Maschinen, Fahrzeugen und Anlagen dienen, die „nebenbei“ von einem Unternehmen der Landwirtschaft für Dritte angeboten wird. Die Unterscheidung zum Hilfsbetrieb ist schwimmend. Ein Indiz für das Vorliegen eines Hilfsbetriebes soll die Kategorisierung, der *„wirtschaftlichen Zweckbestimmung des Hauptbetriebs“* dienender Handwerksbetrieb, sein (ebd., § 3, Absatz 3). Die weiteren Abgrenzungen zu einem zulassungspflichtigen selbstständigen Handwerksbetrieb (ebd., und Absatz 2) sind nun derart „großzügig“ (s. Bulla S. 364), dass es regelmäßig nicht nur möglich ist, eben jene gefährlichen Tätigkeiten anzubieten und zu verrichten, sondern dies auch ohne Weiteres in einem Umfang, wie es von einem vergleichbaren selbstständigen der Zulassungspflicht unterliegenden Handwerksbetrieb zu erwarten ist. Die Gefahrenabwehr scheint in diesem Zusammenhang nicht nur unverständlicher, und damit in inkonsistenter Weise keine Rolle mehr zu spielen, sondern sie wird regelrecht konterkariert (2006, S. 173 bzw. Bulla 2009, S. 364 f.).

Die exemplarisch aufgeführten Inkonsistenzen führen in Summe und Schwere dazu, dass die innere Konsistenz der HwO als nicht gegeben betrachtet werden kann. Die schon durch die festgestellte Nicht-Verhältnismäßigkeit geschlussfolgerte Nicht-Vereinbarkeit der Ausgestaltung der Handwerksordnung in ihrer aktuellen (HwO 2017) Form mit einem modernen grundwerteorientierten Rechtsverständnis findet hier ihre Bestätigung.

7.3.3.4 Externe Inkonsistenz und Gesamtbewertung der Systemstimmigkeit

Bei der Überprüfung der Systemstimmigkeit der Regelungen der Handwerksordnung soll zwischen der im vorhergehenden Abschnitt behandelten internen und der im Folgenden besprochenen externen Konsistenz unterschieden werden. Externe Inkonsistenz einer nationalen Rechtsnorm liegt u. a. in Anlehnung an Frenz dann vor, „[…] *wenn ein Mitgliedstaat ein Sachgebiet im Sinne seiner Schutzziele bestimmten rechtlichen Maßgaben unterwirft, ein hinreichend verwandtes Sachgebiet mit vergleichbaren Gefahren für dieselben Schutzziele hingegen weitaus schwächer reguliert*" (Frenz 2012, S. 1042). Das Schutzziel der Handwerksordnung ist bekannterweise die Abwehr von Gefahren für die Gesundheit oder das Leben Dritter durch unsachgemäße Ausübung gefahrengeneigter Handwerkstätigkeiten.

Ausgangspunkt für die Beurteilung der externen Konsistenz stellen, auch hier, die gefahrengeneigten Tätigkeiten bzw. deren Bündel dar. Wie bereits oben ausgeführt ist die mit diesen Tätigkeiten verbundene Gefährdung unabhängig von eventuellen Zuordnungen zu Berufsbildern, wie etwa Handwerken, vorhanden. Während die unterschiedliche Behandlung ähnlicher Gefahren durch den Gesetzgeber im Rahmen industrieller Produktion noch nachvollziehbar ist – *„Nur das Handwerk lässt sich unter den Oberbegriff der gefahrgeneigten, durch individuelle Arbeitsleistungen geprägten Einzelfertigung fassen."* (Bulla 2009, S. 354) – ist es demgegenüber die zulassungsfreie Ausübung sämtlicher handwerklicher Tätigkeit als Reise- oder Marktgewerbe nicht.

Beim Reisegewerbe besteht der wesentliche Unterschied zum „stehenden Gewerbe" darin, dass die Vertragsanbahnung über spontane Kontaktaufnahme durch den „reisenden" Handwerker zustande kommt (ebd., S. 355 f.). Ein Einfluss auf die Gefährdung für Dritte in Häufigkeit und Grad hat die Art des Zustandekommens des Auftrags sicherlich nicht, zumal dieselben Tätigkeiten ausgeführt werden, die sonst „stehend" betrieben der Zulassungspflicht unterliegen. Gleiches gilt für die Ausübung gefährlicher Tätigkeiten im Rahmen eines Marktgeschehens, sei es beispielsweise das Herstellen von Backwaren oder Glasbläserprodukten. Die externe Inkonsistenz zwischen Regelungen der Handwerksordnung (HwO 2017) und derjenige der Gewerbeordnung (GewO 2017) wird an dieser Stelle offensichtlich.

Insgesamt kann festgestellt werden, dass die aktuellen Regelungen der Handwerksordnung (HwO 2012) nicht hinreichend kohärent und systematisch angelegt sind. Dabei lässt sich dies nicht unabhängig von den Kriterien der Verhältnismäßigkeit bewerten. Ist eine Regelung im Ergebnis ungeeignet, nicht erforderlich oder unangemessen, so liegt gleichzeitig Inkonsistenz vor. Finden sich Widersprüche in den Details der Regelung, so ergibt sich daraus letztendlich ein inkonsistenter, d. h. im Ergebnis willkürlicher Verstoß gegen mindestens einen der Aspekte der Verhältnismäßigkeit.

Ganz besonders problematisch ist die Vielzahl an „Ausnahmen" bezogen auf den eigentlichen Gefahren mindernden Ansatz des Eintrags in die Handwerksrolle in Verbindung mit dem Meisterprüfungsberufsbild. Wagner (2006) urteilt dazu: *„Das ganze System erscheint dadurch wenig durchdacht und willkürlich. Gleiches gilt für die inkonsequente Zuordnung der Berufsbilder zu den jeweiligen*

Anlagen." (ebd., S. 186). Die Hauptursache dieser immensen Ungereimtheiten ist darin zu finden, dass eine historisch gewachsene, berufsständische ausgerichtete Ordnung handwerklicher Tätigkeiten bzw. Gewerbe nachträglich mit einer neuen ihren Bestand vermeintlich sichernden Rechtfertigung ausgestattet wurde. Bulla fasst dies wie folgt zusammen „*Es ist vielleicht der größte ‚handwerkliche' Fehler des Reformgesetzgebers, die HandwO nur punktuell geändert und zahlreiche Implikationen seines Systemwandels übersehen zu haben.*" (Bulla 2009, S. 372).

Übersehen wurde allerdings insbesondere, dass das Meisterprüfungsberufsbild eben vornehmlich nicht das legitime, dem Allgemeinwohl dienende Ziel der Gefahrenabwehr verfolgt, sondern auf die umfangreiche berufliche Tätigkeit der Leitung eines umfassenden handwerklichen Betriebes vorbereiten soll. Dass beide Intentionen nicht konsistent zueinanderpassen, kann mit folgender Feststellung Wagners begründet werden: „*Das Dilemma rührt daher, daß übersehen wird, daß sich die Gefährlichkeit nicht nur abstrakt bestimmen läßt, sondern auch nach der jeweils zu verrichtenden Tätigkeit richtet.*" (Wagner 2006, S. 180). Somit bestätigt sich wiederum, dass bei der Entwicklung eines emanzipatorischen Ansatzes zur Ausgestaltung qualifikationsfordernder Reglementierungen eine Betrachtung der erwerbsberuflichen Tätigkeiten am Anfang stehen muss.

7.4 Gesamtbilanz zum Hemmnis nationaler Qualifikationsanforderung

Auf europäischer Ebene ist nicht nur erkannt worden, dass nationale Qualifikationsforderungen ein Hindernis der grenzüberschreitenden Freizügigkeit beruflichen Handels zur Folge haben, sondern dass diese für sich selbst genommen schon eine illegitime Beeinträchtigung des Rechts auf freie Berufsausübung darstellen können. Nationale Berufszugangsregelungen bergen ein hohes Konfliktpotenzial, und zwar bezogen auf die Interaktion zwischen einerseits der supranationalen, den liberalen Binnenmarkt der Europäischen Union vertretenden Ebene und andererseits den, die entsprechenden Vorschriften legislativ erlassenden nationalen Souveränitäten. Der Druck auf die Mitgliedstaaten, Reglementierungen nachhaltig auszugestalten, nimmt dabei zu, da die Mitgliedstaaten bereits mehrfach mit allenfalls mäßigem Erfolg aufgefordert wurden, ihre vorhandenen Vorschriften unter Ansetzung der strengen juristischen Kriterien des Übermaßverbots bzw. des Grundsatzes der Verhältnismäßigkeit zu überprüfen (s. Teil II 6.1.2.2).

Innerhalb der Mitgliedstaaten findet dieser Konflikt zwischen den am politischen Prozess der nationalen Gesetzgebung Beteiligten – einerseits den dirigistisch, vermeintlich konservativ orientierten Akteuren und andererseits den liberal gesinnten, sich auf die Berufsfreiheit und die Auslegungen dieser durch die Judikative stützenden Vertretern – statt. Im Rahmen des Gesetzgebungsverfahrens zur „neuen" Handwerksordnung (HwO-3.Ä 2003) trat diese Konfliktlinie besonders hervor, sodass sich die Regelungen zur *„Berechtigung zum selbständigen Betrieb eines zulassungspflichtigen Handwerks"* (ebd., erster Abschnitt) als aufschlussreiches Beispiel erwiesen haben. Im Zuge der historischen Auseinandersetzung mit der Zulassungspflicht im Handwerk konnte darüber hinaus ein tiefer gehendes Verständnis zu den Ursachen und Zusammenhängen der aktuellen Situation und ihrer Probleme gewonnen werden.

So wurde durch die Analyse der gesellschaftlichen Prozesse im Kontext der Entwicklungsgeschichte der handwerklichen Zugangsbeschränkung nachgewiesen, dass gerade berufsständische Vereinigungen nicht bestrebt sind, Freiheiten zu fördern, sondern verständlicherweise konsequent die Interessen der Vereinigung an sich oder ihrer führenden Mitglieder zu vertreten. Die Schlussfolgerung, die daraus mit Hinblick auf die Zielsetzung einer nachhaltigen Überprüfung aktueller Reglementierungen zu ziehen ist, ist folgende: Gerade Regelungen, die aus einer Epoche stammen, deren Gesellschaftsentwurf und Herrschaftsverständnis sich erheblich vom freiheitlich-demokratischen Grundkonzept der Europäischen Union und ihrer Mitgliedstaaten unterscheiden, sind besonders kritisch zu hinterfragen.

Bezüglich des Entwurfs einer diesbezüglich zu reformierenden Ausgestaltung qualifikationsfordernder Berufszugangsregelungen gilt, dass hier einer eventuellen einseitigen Instrumentalisierung durch Interessengruppen entgegengewirkt werden muss. Insofern fällt auf, dass im Rahmen des vorzulegenden Aktionsplans zur grundwerteorientierten Modernisierung nationaler Reglementierungen die zu überprüfenden Vorschriften ausgerechnet vornehmlich berufsständischen Interessenverbänden zur politischen Bewertung vorgelegt wurden (s. ec-de 2016; s. a. Teil II 7.1.1).[212] Festgestellt wurde insbesondere auch, dass in der Vergangenheit die faktischen Schritte hin zu einer liberaleren Ordnung der Gewerbeausübung einhergingen mit einem zunehmend moderner werdenden gesellschaftlichen Verständnis von einem gerechten Wirtschaftssystem, welches dem Einzelnen das Recht auf eine möglichst freie berufliche Entfaltung zubilligte.

212 Zu beachten ist hier insbesondere die Neutralitätspflicht der Legislative (s. a. Bulla 2009, S. 204).

Die Tatsache, dass es bereits früh[213] gelang, qualifikationsfordernde Reglementierungen zu schaffen, die stringent und konsistent dem Grundsatz der Verhältnismäßigkeit genügten, hat gezeigt, dass es bei entsprechend gegebenen politischen Rahmenbedingungen möglich ist, eine zeitgemäße Ausgestaltung von Regelungen zu realisieren. Die kontinuierlich vorgenommene Nachbesserung bzw. Anpassung der bundesdeutschen, zu Beginn noch sehr dirigistisch ausgerichteten Handwerksordnung an ein fortschreitend liberaleres Verständnis von Berufsfreiheit als Element eines grundwertorientierten Gemeinwesens, bestätigte die Notwendigkeit einer vertiefenden Untersuchung der aktuellen Regelungen. Nicht zuletzt deswegen, da bezogen auf die Reform zum 1. Januar 2004 (HwO-3.Ä 2003) Zweifel daran bestehen, dass die althergebrachte Regelungssystematik des Meistervorbehalts mit der aktuellen Interpretation der Anforderungen aus Übermaßverbot und Verhältnismäßigkeitsgebot in Einklang zu bringen ist.

Im ersten Abschnitt der ausführlichen Untersuchung der aktuellen Zulassungspflicht zum selbstständigen Handwerk hat sich herausgestellt, dass es einen unvermittelten Wandel in der, die Beeinträchtigung der freien Berufsausübung legitimierenden Begründung für den Meistervorbehalt, gegeben hat. Ausgangspunkt für die dann folgende Überprüfung des Gerechtfertigtseins der qualifikationsfordernden Zulassungsvorschrift im Handwerk konnte somit nur das Ziel der Abwehr von Gefahren, verursacht durch unsachgemäße Ausübung handwerklicher Tätigkeiten, sein. Ferner war dessen vernünftiges, d. h. unter Beachtung des Grundsatzes der Verhältnismäßigkeit, Erreichen der im Weiteren anzulegende Maßstab.

Im Ergebnis hat sich allerdings der Eindruck verstärkt, dass schon der im Zuge der Reform der Handwerksordnung (HwO-3.Ä 2003) genannte legitime, dem Gemeinwohl dienende Zweck eher mit der „wahren" Intention angebracht wurde, die Zulassungspflicht auf jeden Fall aufrechtzuerhalten und es eben nicht Ziel war, eine systematische Erreichung der Gefahrenabwehr anzustreben. So wäre auch die nicht zielführende Berichterstattung der Bundesregierung zum geforderten nationalen Aktionsplan (ec-de 2016) zu erklären. Hier ist es, zumindest argumentativ, den Vertretern der Interessengruppe des deutschen Handwerks gelungen, aus einer sachlichen Überprüfung des Gerechtfertigtseins der Zugangsbeschränkung (wieder) eine nationale Frage, wie u. a. der der *„Leistungs- und Wettbewerbsfähigkeit des deutschen Mittelstands"* (ebd., I.) zu generieren. Darüber hinaus wurden Ziele, wie etwa Qualitätssicherung und Ausbildung,

213 Siehe: „Allgemeine Gewerbeordnung. Vom 17. Januar 1845." (Preußen 1845).

einfach mit der Behauptung verknüpft, dass diese nur durch ein umfassendes Ausübungsverbot bei fehlender Meisterqualifikation erreicht werden könnten, obwohl deren Eignung als Rechtfertigung bereits widerlegt wurde.

Dieses Vorgehen zieht sich historisch betrachtet wie ein roter Faden durch das politische Wirken der jeweiligen berufsständischen Interessenvertreter und der sie unterstützenden Gruppierungen ihrer Zeit. So kann festgehalten werden, dass allein die Nennung legitimer Gründe nicht bedeutet, dass diese tatsächlich dem Allgemeinwohl dienen oder dass diese überhaupt den wahren Zielen entsprechen, die mit der so gerechtfertigten Regelung erreicht werden sollen.[214] Nicht zu verkennen sind auch die stattfindenden Prozesse, wenn einer Organisation, deren Aufgabe es ist, die Belange ihrer Mitglieder, d. h. gesamtgesellschaftlich betrachtet partikulare Interessen zu vertreten, einseitig die Einflussnahme auf eine ihnen präsumtiv Vorteile verschaffende Regelung überlassen wird.

Die weiter durchgeführte, dem gebotenen Prinzip der Verhältnismäßigkeit folgende, Überprüfung des Gerechtfertigtseins des „Meistervorbehalt" in seiner aktuellen Form (HwO 2017) setzte sich mit der Frage nach der Eignung der Gefahrengeneigtheit als Entscheidungsgrundlage für die Zuordnung zu einem zulassungspflichtigen Gewerbe sowie nach der Eignung der Meisterausbildung für die Qualifizierung zur sicheren Ausübung der entsprechenden gefahrengeneigten Tätigkeiten fort. Während der Rechtsbegriff „Gefahrengeneigtheit" grundsätzlich als Kriterium zur Einordnung der Reglementierungsbedürftigkeit selbstständiger Handwerksausübung geeignet erscheint, hat die detaillierte Überprüfung der Meisterprüfungsberufsbilder am Ziel der Gefahrenabwehr ergeben, dass erhebliche Zweifel daran bestehen können, dass diese überhaupt geeignet sind, den beabsichtigten Schutz wirksam sicherzustellen.

Die Überprüfung der Erforderlichkeit und der Angemessenheit hat dann im Weiteren bestätigt, dass die Zulassungsregelungen der Handwerksordnung nicht das Ergebnis einer systematischen Schaffung einer auf das legitimierende Ziel der Gefahrenabwehr ausgerichtete Reglementierung sind. Hierzu notwendige Untersuchungen und Differenzierungen wurden nicht vorgenommen. Als zusammenfassendes Ergebnis kann hierzu festgehalten werden, dass für eine adäquate Ausgestaltung der Berufszugangsvorschrift vorab fundiert hätte analysiert werden müssen, welche konkreten handwerklichen Tätigkeiten und Tätigkeitsbündel denn nun derart gefahrengeneigt sind, dass die mit ihrer Ausübung einhergehende Gefährdung in Grad und Häufigkeit über das allgemeine

---

214 S. a. die Ausführungen zur Reglementierung des Ausstellens von Glücksspielautomaten im Abschnitt „Schranken für Rechtfertigungen von Einschränkungen" (Teil II 2).

Lebensrisiko hinausgeht. Nur unter Berücksichtigung dieses Wissens ist einerseits die Entscheidung, ob die umfängliche Qualifikation Meisterprüfungsberufsbild überhaupt erforderlich ist und andererseits die Einschätzung, ob der mit dessen Erwerb verbundene erhebliche Aufwand im Verhältnis zur erreichbaren Gefährdungsminderung steht, möglich.

Die in der vertiefenden Betrachtung festgestellten internen und externen Inkonsistenzen der Regelungen der Handwerksordnung bestätigen im Gesamtbild das Ergebnis, dass das beabsichtigte Ziel, hier das Erreichen der Gefahrenabwehr, weder systematisch noch kohärent verfolgt wurde. Dieses ist aber eine wesentliche übergreifende Anforderung[215] an die Rechtmäßigkeit einer Rechtsvorschrift, auch für jene, die durch qualifikationsfordernde Reglementierung die freie Berufsausübung einschränken. Als ursächlich für diesen Zustand wurde zuvorderst das Faktum, dass die Handwerksordnung lediglich oberflächlich geändert wurde und der mit dem Wechsel des Rechtfertigungsgrundes einhergehende Systemwandel übersehen wurde, ermittelt (s. a. Bulla 2009, S. 372). Darüber hinaus fehlte die Berücksichtigung der Tatsache, dass Gefahrengeneigtheit nicht nur abstrakt zu vermuten ist, sondern sich die Gefahrengeneigtheit eines Handwerks konkret anhand der zu verrichtenden Tätigkeit ermitteln lässt (s. a. Wagner 2006, S. 180).

Als abschließende Schlussfolgerung ergibt sich, dass es für eine zukunftsfähige bzw. emanzipatorisch-orientierte Ausgestaltung nationaler Reglementierungen mindestens notwendig ist, den Anforderungen aus Übermaßverbot und Verhältnismäßigkeitsgebot zu folgen und insgesamt entsprechend systematisch und kohärent, am gesetzten Ziel ausgerichtete Regelungen und Maßnahmen zu erarbeiten. Deutlich wurde zudem, dass die Zukunft der Berufsfreiheit in der Europäischen Union von der Gestaltung der nationalen Vorschriften abhängt. Verstärkt hat sich auch der Zweifel an der Geeignetheit von beruflichen Bildungsgängen als Maßstab für eine Berufszugangsregelung zur Verfolgung eines speziellen dem Allgemeinwohl dienenden Zweckes, wenn diese mit einem ebensolchen Bildungsgangberufsbild eigentlich vornehmlich für den Erwerb einer breit angelegten Befähigung zur Ausübung eines Bündels von mehreren erwerbsberuflichen Tätigkeiten konzipiert worden sind.

Die Bedeutung einer „vernünftigen“, d. h. einer an Grundwerten und Rechtsstaatlichkeit orientierten Ausgestaltung nationaler Reglementierung ist insgesamt auch für die Weiterentwicklung der Idee des Binnenmarktes der Europäischen Union als Raum größtmöglicher wirtschaftlicher Handlungsfähigkeit

215 Siehe z. B. EuGH 2010.

des Einzelnen immens. Historisch begründet berufsständisch ausgerichtete Zugangsvorschriften haben bereits Einzug in die europäischen Regelungen der „Anerkennungsrichtlinie" 2005/36/EG gefunden. Einerseits sind, als „ständische" europäische Berufsbilder benennbare Konstrukte im Rahmen der sektoralen Berufe etabliert worden, andererseits wurden entsprechende nationale Reglementierungen als Norm für die „Anerkennung" im Falle einer grenzüberschreitenden Berufsausübung definiert.

Es bestätigt sich somit wiederum, dass ohne eine Lösung der Probleme, die in der nicht kohärenten und systematischen Anlage nationaler Vorschriften zur Berufsausübung liegen, die angestrebte berufliche Handlungsfreiheit und Freizügigkeit nicht erreicht werden kann. Der eingangs aufgestellten Hypothese folgend, wird abschließend festgestellt, dass ein „neuer" sich von Gerechtigkeit leiten lassender Ansatz erforderlich ist. Dies ist der nun im dritten und letzten Teil der vorliegenden Arbeit entwickelte freiheitliche Ansatz zur Ausgestaltung qualifikationsfordernder Reglementierungen von Berufsausübung.

Teil III Konstruktion

Regelungen, die für die Zulassung zur Ausübung einer Erwerbstätigkeit Qualifikationen fordern, schränken die Freiheit der Ausübung erwerbsberuflicher Tätigkeiten ein. Der Grundidee der europäischen Integration – die Entwicklung einer wirtschaftsliberalen Gemeinschaft mit offenem Binnenmarkt – folgend muss es Ziel sein, dass die freie Berufsausübung den Regelfall darstellt. Regelungen, die dazu führen, dass durch umfassende Anforderungen Menschen im Zweifelsfall von einer Erwerbstätigkeit abgehalten werden, müssen eine Ausnahme bleiben (s. z. B. EuGH – C-330/03 2006, Rn. 23). Übermäßige Reglementierungen stehen darüber hinaus konträr zum garantierten Recht auf individuelle Entfaltung der wirtschaftlichen Handlungsfreiheit, als Element der seit geraumer Zeit zur Wertegemeinschaft profilierten Europäischen Union.

Allerdings existieren demgegenüber eine Reihe von legitimen dem Allgemeinwohl dienende Ziele, die ebenso auf, durch die Nationalstaaten und die Union zu schützende, Grundgarantien zurückgehen und somit es rechtfertigen, die Freiheit der Berufsausübung einzuschränken. Hat Emanzipation das Ziel, größtmögliche individuelle Freiheit innerhalb eines Herrschaftssystems zu erreichen, so bedeutet dies, für die konsequente Befreiung von nicht gerechtfertigten Beschränkungen einzutreten. Dafür eintreten heißt im Kontext der vorliegenden Arbeit wiederum, die theoretischen Grundlagen dafür zu entwickeln, dass dieses Ziel systematisch und kohärent erreicht werden kann.

Ausgehend von der Forschungsfrage, ob und wie es gelingen kann, mithilfe eines emanzipatorisch geleiteten berufswissenschaftlichen Gestaltungsansatzes, qualifikationsfordernde Reglementierungen von Berufsausübung europatauglich und damit zukunftsfähig auszugestalten, gilt es nun im Folgenden unter Berücksichtigung der im Teil II „Exploration" gewonnen Erkenntnisse, den avisierten Ansatz zu entwickeln (Abb. 40).

Als Erkenntnisse stehen dabei zunächst die Ergebnisse der vorgenommenen Untersuchung der im Rahmen der Verwirklichung der personenbezogenen Verkehrsfreiheiten der europäischen Einigung aufgetretenen Probleme und die bis dato durch die europäischen Organe dafür umgesetzten Lösungskonzepte zur Verfügung. Im Weiteren sind die identifizierten Anforderungen aus den europäischen Grundgarantien wirtschaftlicher Handlungsfreiheit an die Gestaltung von Berufsfreiheit einschränkenden Vorschriften und nicht zuletzt die Schlussfolgerungen, die sich aus der exemplarischen Untersuchung der Hemmnisse nationale Qualifikationsanforderung ergeben haben, umzusetzen.

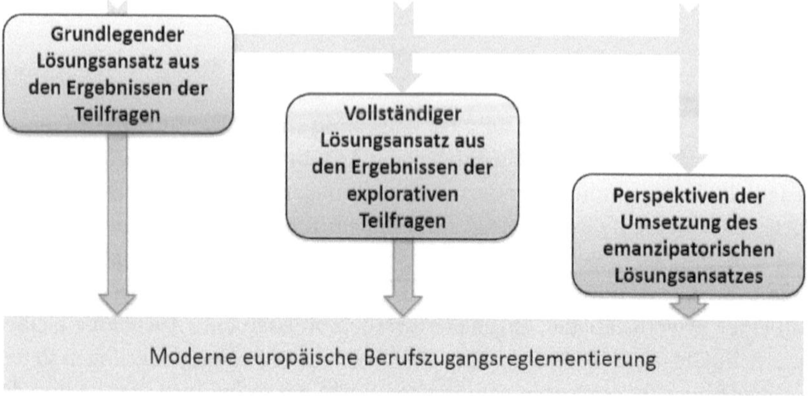

Abb. 40: Der elementare Aufbau der „Konstruktion"

Die Umsetzung erfolgt insgesamt in drei Schritten. Als Erstes wird der grundlegende Ansatz zur freiheitlichen Ausgestaltung von Berufszugangsregelungen hergeleitet. Er entsteht aus der systematischen Auswertung der Ergebnisse der o. g. Untersuchungsteile und stellt die Kernidee für die Bewältigung der Problemstellung dar. Der vollständige Gestaltungsansatz wird darauf aufbauend aus den Implikationen, die sich aus den Anforderungen der gemeinschaftlich vereinbarten garantierten wirtschaftlichen Handlungsfreiheit ergeben, entworfen. Die vorliegende Arbeit abschließend werden ferner relevante Perspektiven der Umsetzung des erarbeiteten Ansatzes vorgestellt. Diese betreffen einerseits bereits im Kontext der Exploration aufkommende Ideen und Aspekte seiner praktischen Verwirklichung und geben andererseits außerdem noch als dafür förderlich angesehenen weiteren berufswissenschaftlichen Forschungsbedarf an.

8 Herleitung des grundlegenden Gestaltungsansatzes

In demokratisch-rechtsstaatlich organisierten Gemeinschaften ist der Ausgangspunkt jeder gerechtfertigten Berufszugangsregelung ein anerkanntes Gemeinwohlziel. Es legitimiert die legislativen Maßnahmen, die mit der Reglementierung getroffen werden. Daher leitet die Auseinandersetzung dieser bedeutenden Vorbedingung die Entwicklung des angestrebten emanzipatorischen Ansatzes ein.

Im explorativen Teil II der vorliegenden Arbeit wurde eine Reihe von Anforderungen herausgearbeitet, die es für die Konstruktion des freiheitlichen Gestaltungsansatzes zu berücksichtigen gilt. Insofern ist es zur Erreichung einer hinreichenden Nachvollziehbarkeit des Entstehungsprozesses des Ansatzes zunächst erforderlich, die für seine Ausarbeitung zu berücksichtigenden Komponenten aus den Ergebnissen der Teilfragen abzuleiten und auszuführen.

Darauf aufbauend wird nunmehr der grundlegende Gestaltungsansatz aus den Ergebnissen der explorativen Teilfragen systematisch konstruiert und erläutert. Er stellt das Fundament dar, auf dem der im Weiteren zu entwickelnde vollständige emanzipatorische Ansatz für die Ausgestaltung qualifikationsfordernde Reglementierung gründet. Der Bedeutung des grundlegenden Gestaltungsansatzes gerecht werdend erfolgt zudem anhand bereits existierender, sich entsprechend unterscheidender Zugangsvorschriften einer konkreten Erwerbstätigkeit eine exemplarische Vertiefung.

8.1 Das anerkannte Gemeinwohlziel als notwendige Vorbedingung

Dem Entwurf eines avisierten Ansatzes vorausgehend ist die Anforderung, dass überhaupt zwingende Gründe des Allgemeinwohls vorliegen, welche die Notwendigkeit mit sich bringen, dass etwas zu regeln sei (s. Teil II 6.1.2). Grundlegend konsequent gedacht bedeutet dies, dass Sachverhalte, die die Realisierung eines im allgemeinen Interesse liegenden Zieles verwehren oder beinträchtigen, Auslöser für das Bestreben sein müssen, legislativ Maßnahmen zu ergreifen. Für Maßnahmen, die dann derart gerechtfertigt die Berufsfreiheit einschränken, gilt grundsätzlich, dass diese in einem Gesetz oder durch eine aufgrund eines

Gesetzes konkret erteilte Befugnis[216] legislativ verfasst sein müssen (Charta 2010, Artikel 52, Absatz 1, Satz 1; s. a. GG 2010, Artikel 12, Absatz 1).

Die Untersuchung der Entwicklung der personenbezogenen Verkehrsfreiheiten der europäischen Integration hat ergeben, dass im Zuge des Konzeptes der „Anerkennung von Berufsqualifikationen" erst spät erkannt wurde, dass jene zum Maßstab der Gleichwertigkeitsprüfung erhobenen nationalen gesetzlichen Berufszugangsreglementierungen selbst häufig nicht den Anforderungen des modernen Verständnisses individueller beruflicher Handlungsfreiheit genügen. Ausdrücklich wurde die Transparenz hinsichtlich der Begründung der verfassten Regelungen bemängelt (KOM 2011a, Abschnitt 4.11, S. 13). Dies geschah de facto zu Recht, denn ohne bekannte Zielsetzung von Maßnahmen kann die von der Europäischen Kommission verlangte, notwendige Überprüfung der Verhältnismäßigkeit nicht erfolgen.

Die exemplarische Untersuchung der nationalen Zugangsanforderung des „Meistervorbehalts" (Teil II 7) hat, insbesondere auch in ihrer historischen Betrachtung, zudem deutlich gemacht, dass ein von gesellschaftlichen Interessengruppen unbeeinflusster Entwurf gesetzlicher Regelungen zur Berufsausübung in der Realität so gut wie nie erwartet werden kann. Die Überprüfung der 2003 reformierten Handwerksordnung (HwO-3.Ä 2003) hatte zudem zum Ergebnis, dass der im entsprechenden Gesetzesentwurf (BT 2003) zur Rechtfertigung des „Meistervorbehalts" vorgebrachte legitime Zweck der „Gefahrenabwehr" ein nachträglich konstruierter war. Dies bestätigt, dass sich aus dem grundlegenden Sachverhalt bzw. des aus ihm ergebenden zu fördernden legitimen Zwecks selbst eine Notwendigkeit zur Reglementierung ergeben müsse und dass die jeweilige damit verbundene Zielsetzung transparent, d. h. konkret und nachvollziehbar zu formulieren sei.

Im Weiteren erfolgt daher die Darstellung der aus diesen Erkenntnissen resultierenden Anforderungen an die Herausbildung und Benennung legitimer Zwecke als Grundlage für die Entwicklung einer emanzipatorisch orientierten Ausgestaltung von Berufszugangsregelungen, u. a. anhand eines eingängigen Beispiels. Die Bedeutung eines hinreichend herausgearbeiteten legitimen Zwecks geht dabei jedoch weit über die Funktion des rationalen Erkennens der Notwendigkeit einer regelnden Maßnahme hinaus. Im Rahmen einer aus freiheitlicher Sicht gebotenen laufenden verfassungsrechtlichen Pflege erlassener Rechtsvorschriften stellt der verlautbarte legitime Zweck einer Reglementierung den Ausgangspunkt einer wirksamen Qualitätssicherung von Recht dar. Diese

216 Auch: Eingriffsermächtigung.

besondere Funktion des legitimen Zwecks im Kontext der Entwicklungsphasen einer Rechtsvorschrift wird separat ausgearbeitet. Sie zu kennen ermöglicht die systematische und kohärente Entwicklung des grundlegenden und später auch des vollständigen emanzipatorischen Gestaltungsansatzes.

8.1.1 Herausbildung und Benennung des legitimen Zwecks

Der Vorgang des Sich-Herausbildens legitimer Zwecke aus relevanten Sachverhalten und das transparente Benennen dieser stehen in Korrelation zueinander. Ohne die konkrete Benennung und Beschreibung der zugrunde liegenden Sachverhalte kann die Herleitung des Zwecks einer Reglementierung nicht erfolgen (s. d. Bulla 2009, S. 204). Ohne eine konkrete und nachvollziehbare Darstellung des Zwecks einer Regelung wiederum kann dessen Relevanz für die Bearbeitung der Sachverhalte nicht beurteilt werden. Die Anforderung, Ziele einer gesetzlichen Regelung klar zu benennen, gilt für alle Grundgarantien einschränkenden Gesetze. Sollen nunmehr die europäischen Grundgarantien wirtschaftlicher Handlungsfreiheit als Gestaltungsprinzip für gerechtfertigte Berufszugangsvorschriften herangezogen werden, so stellt sich die Frage, was im Zusammenhang mit dem Hervorbringen von zwingenden Gründen des Allgemeinwohls für den Fall zu beachten ist, dass qualifikationsfordernde Regelungen erforderlich sind.

Formelle Qualifizierung ohne Zielsetzung ist grundsätzlich undenkbar. Unabhängig davon, ob sie einer juristischen Verhältnismäßigkeitsprüfung standhalten soll oder nicht, kann keine sinnvolle Gestaltung dieser erfolgen, ohne zu wissen, welchem Ziel die Befähigung dienen soll. Werden formelle Qualifikationen zur Reglementierung von Berufsausübung herangezogen, muss dies – wie oben dargelegt – erst recht gelten. Oft werden die Zwecke einer Vorschrift explizit benannt. In der für das deutsche Berufskraftfahrerqualifikationsgesetz (BKrFQG 2017) zugrunde liegenden EU-Richtlinie[217] heißt es beispielsweise: „*Speziell die Pflicht zu einer Grundqualifikation und zur Weiterbildung stellt auf die Verbesserung der Straßenverkehrssicherheit und der Sicherheit des Fahrers ab* […]“ (EG 2003, 5. Erwägungsgrund, s. a. BKrFQG 2017, Absatz 1). Damit ist die Hauptzielsetzung der Richtlinie offiziell benannt.[218]

---

217 2003/59/EG: Über die Grundqualifikation und Weiterbildung der Fahrer bestimmter Kraftfahrzeuge für den Güter- oder Personenkraftverkehr (EG 2003).

218 Nebenher wird noch indirekt das Ziel der Verminderung negativer Umweltauswirkung, hier durch einen Kraftstoff sparenden Fahrstil, angesprochen (ebd., 10. Erwägungsgrund).

Hierbei ist allerdings *„Verbesserung der Straßenverkehrssicherheit“* (ebd.) erkennbar zunächst nur ein Schlagwort. Dass die Verbesserung der Straßenverkehrssicherheit grundsätzlich einen sinnvollen, legitimen Zweck darstellt, ist dabei evident unbenommen. Welche Bedeutung hat aber nun die o. g. Forderung, dass sich die Notwendigkeit einer Reglementierung aus Sachverhalten, die die Realisierung dieses Zwecks verwehren, tatsächlich auch ergeben muss? – Für das verwendete exemplarische Beispiel bedeutet sie, dass im Kontext von Berufskraftfahrten konkrete, die Qualifikationsforderung auslösende Sachverhalte eingetreten oder vorhanden gewesen sowie valide erfasst worden sein müssen. Relevant sind solche Sachverhalte im Weiteren, wenn in deren Auswertung eine kausale Gefährdung der Straßenverkehrssicherheit über ein allgemeingesellschaftlich akzeptierbares Maß hinaus festgestellt wurde. Erst das Vorhandensein dieser Zusammenhänge löst die Notwendigkeit des Ergreifens von Maßnahmen aus.

Der genannte Zweck der Straßenverkehrssicherheit ist ohne weitere Ausführungen zu unkonkret, um darauf eine gerechtfertigte grundrechtseinschränkende Regelung aufzubauen. Es ist an dieser Stelle – ohne in die nachgelagerte Bewertung der Verhältnismäßigkeit einzusteigen – noch völlig unklar, ob überhaupt eine Maßnahme in Form einer Qualifikation des Fahrpersonals erforderlich ist. Ohne Kenntnis und Benennung der konkreten Konstellationen der Gefährdungen der Straßenverkehrssicherheit, deren Verminderung oder Vermeidung Ziel von Maßnahmen sein soll, fehlt die Grundlage für weitere rationale Entscheidungen bezüglich der Ausgestaltung einer Regelung, insbesondere dann, wenn es sich um qualifikationsfordernde Reglementierungen von Berufsausübung handelt.

Ohne für den konkreten Fall der exemplarisch herangezogenen Zugangsvorschrift genauer zu untersuchen und zu bewerten, ob im Entstehungsprozess etwaige Evaluierungen stattgefunden haben, können folgende Anforderungen an die Entstehung des legitimen Zwecks formuliert werden:

> Vorauszusetzende Grundlage für die Entwicklung einer emanzipatorisch-orientierten Ausgestaltung von Berufszugangsreglementierungen ist ein konkreter, nachvollziehbarer legitimer Zweck, der sich aus der valide ermittelten Notwendigkeit ergeben hat, dass zu dessen Erreichen Maßnahmen ergriffen werden müssen. Die Ergebnisse der dazu erforderlichen Untersuchungen und die dabei aufgedeckten kausalen Zusammenhänge, zwischen den auslösenden Sachverhalten und dem verfolgten Zweck, stellen die Grundlage für die hinlänglich konkrete und erschöpfende Nennung der Zielsetzungen der Reglementierungsmaßnahme dar.

Zur weiteren Verdeutlichung sei hier, innerhalb des bereits verwendeten Kontextes der Qualifikation für Berufskraftfahrten, das konkrete Problem bzw. das

Teilziel einer sachgerechten Ladungssicherung genannt. Ist nicht bekannt, dass dieses einen Schwerpunkt der Gefährdung der Straßenverkehrssicherheit darstellt, so kann es als Teilziel weder benannt noch erreicht werden. Ist es nicht klar, wie Entstehung und Auswirkung der Gefahr im Detail aussehen, so kann nicht nur nicht die Entscheidung getroffen werden, ob eine Qualifikationsmaßnahme Abhilfe versprechend ist oder vielleicht eher eine technische Lösung, sondern auch erst recht nicht, welche Art von Befähigung erforderlich ist und in welcher Weise etwa theoretisch oder praktisch die Qualifikation durchzuführen wäre.

Treten relevante Sachverhalte, die eine oder mehrere anerkannte Zielsetzungen des Allgemeininteresses berühren, im Kontext der Ausübung beruflicher Tätigkeiten auf, so gilt es darüber hinaus, diese mit brauchbaren berufswissenschaftlichen Methoden zu erschließen, die sicherstellen können, dass eine erforderlichenfalls zu konzipierende Bildungsmaßnahme sachgerecht und zielführend ausgestaltet werden kann (s. a. Teil III 10.2.2). Wie bei der exemplarischen Untersuchung der nationalen Vorgabe des „Meistervorbehalts" herausgearbeitet wurde, sind die Konstellationen erwerbsberuflicher Tätigkeiten nämlich ausgesprochen vielfältig und damit auch die der ggf. wirksamen Bildungsbemühungen. Obendrein gilt hier ebenfalls, dass lediglich bei einer adäquaten Erfassung der Rahmenbedingungen, die den die Reglementierung auslösenden Sachverhalt umgeben, überhaupt erst beurteilt werden kann, ob sich das Erfordernis einer Qualifizierung aus der Wesensart der zwingenden Gründe des Allgemeininteresses ergibt.

Die umfassende Darstellung der rational-schlüssigen Herausbildung und die detailliert transparente Benennung des Zwecks einer qualifikationsfordernden Reglementierung von Berufsausübung ist insgesamt nicht nur Grundvoraussetzung für das Vorliegen ihrer Legitimität, sondern auch eine unentbehrliche Grundlage für die darauf aufbauende europazukunftsfähige, emanzipatorische Ausgestaltung dieser.

8.1.2 Legitimer Zweck als Ausgangspunkt für Reglementierungsqualität

Im Rahmen qualifikationsfordernder Reglementierung trat „Qualität" bisher vornehmlich als Rechtfertigung für die mit ihnen einhergehende Beeinträchtigung der freien Berufsausübung hervor. Als Argument galt und gilt dabei bis heute, dass es legitim sei, Qualität als Kriterium einer bestimmten Güte der Ausführung beruflicher Tätigkeiten bzw. dessen Ergebnisse sicherstellen zu wollen. So wurde „leistungssichernde" Qualität etwa im Konzept der erweiterten Freizügigkeit der Europäischen Wirtschaftsgemeinschaft als Grund für die

Festlegung von Mindestniveaus verlangter Qualifikation genannt (EWG 1989, 5. Erwägungsgrund). Auch wurde explizit im neueren „Apothekenurteil“ von 2009 u. a. die *„Qualität der Arzneimittelversorgung der Bevölkerung“* (EuGH C-171/07 2009, Rn. 35) als verhältnismäßige Zielsetzung für den Ausschluss von Nichtapothekern vom Besitz von Apotheken anerkannt. Ferner wurde durchgehend von den Zünften bis zu den aktuellen politischen Argumentationen (ec-de 2016, I.) die Notwendigkeit der Wahrung von Qualität als Begründung für eine Zulassungspflicht für die selbstständige Ausübung handwerklicher Tätigkeiten angeführt (s. z. B. Teil II 7.2.1.2 u. Teil II 7.4).

Aus freiheitlicher Perspektive heraus auf qualifikationsfordernde Reglementierungen von Berufsausübung angewandt entfaltet der Aspekt der Qualität eine weitere Dimension. Im Rahmen der zunehmend werteorientierten Entwicklung der europäischen Integration wurde dazu bezüglich der Bedeutung der zwischen den Mitgliedstaaten der Europäischen Union vereinbarten Grundgarantien festgestellt, dass die Überprüfung von Berufszugangsvorschriften durch den EuGH und nationale Gerichtsbarkeiten eine nachgelagerte Qualitätsprüfung europäischer und nationaler Rechtssetzungen darstellt (s. Teil II 6.1.2.3). Die von der Europäischen Union in der Richtlinie 2005/36/EG (2013, Artikel 59) geforderte Überprüfung nationaler Zugangsregelungen in Anlehnung an das rechtsstaatliche Prinzip der Verhältnismäßigkeit legt den maßgebenden Qualitätsstandard für die Verfassung nationaler Reglementierung fasslich und verbindlich fest.

Im Zusammenhang mit einer, grenzüberschreitende Wirkung entfaltenden, Reglementierung ist ausdrücklich festgestellt worden, dass die Beweisführung für das Vorliegen von Rechtfertigungsvoraussetzungen durch den jeweiligen Mitgliedstaat zu leisten ist (s. Teil II 2.1.2.B). Werden die personenbezogenen Grundfreiheiten des Binnenmarktes der Europäischen Union eingeschränkt, so ist demgemäß immer der Nachweis der rechtsstaatlichen Qualität der beschlossenen Rechtsvorschrift zu erbringen. Auch in einem neueren Urteil des EuGH wurde dies so gefordert, wobei eine „ausreichende Qualität“ ebenfalls dann erreicht ist, wenn den sich aus dem Grundsatz der Verhältnismäßigkeit ergebenden Anforderungen genüge getan wird (EuGH 2014, Rn. 50). Insofern handelt es sich bei dem jeweils genannten legitimen, dem Gemeinwohl dienenden Zwecke tatsächlich um den Ausgangspunkt der Qualitätssicherung einer qualifikationsfordernden Regelungsmaßnahme.

Dies gilt insgesamt auch aus nationaler, deutscher Rechtsperspektive heraus. Hier ist der legitime, die Berufsfreiheit einschränkende Zweck ebenfalls Grundlage für die weitere Beurteilung insbesondere der Geeignetheit und der Erforderlichkeit der beabsichtigten Maßnahmen (Bulla 2009, S. 203). Ziel einer Qualitätssicherung sollte es allerdings sein, bereits im Vorwege, d. h. im Entstehungsprozess einer Rechtsvorschrift, die gegebenen Anforderungen zu berücksichtigen und zu erfüllen. Aus einer entsprechenden emanzipatorischen ausgerichteten Sichtweise kommt Bulla zu dem Schluss: „*Mithin müsste er* [der Gesetzgeber] *sich schon beim Erarbeiten der Gesetzesbegründung über die verfassungsrechtlichen Implikationen seiner Regelung Klarheit verschaffen* [...].“ (Bulla 2009, S. 217).

Darüber hinaus ist der legitime Zweck für eine nachgelagert durchzuführende Qualitätsprüfung heranzuziehen. Die Verantwortung des Gesetzgebers für eine gerechtfertigte Ausgestaltung einer Rechtsvorschrift endet nicht mit dem ordnungsgemäßen Erlassen dieser. So ist es einerseits denkbar, dass sich im Rahmen seines Ermessensspielraums[220] die getätigten Annahmen zur Zielerreichung als unrichtig erwiesen haben oder andererseits, dass Veränderungen in der Realität eingetreten sind, die das Erreichen des Ziels unmöglich oder obsolet gemacht haben.

> „*Einem grundrechtsbeschränkenden Gesetz wird damit auch dann die verfassungsrechtliche Grundlage entzogen, wenn es auf einer ursprünglich vertretbaren Einschätzung des Gesetzgebers basiert, die sich im Nachhinein mit hinreichender Gewissheit als falsch herausgestellt hat.*“ (Bulla 2009, S. 209)

Abb. 41: Der Qualitätszyklus des Europäischen Bezugsrahmens für die Qualitätssicherung in der beruflichen Aus- und Weiterbildung (EQUAVET 2010[219])

Zur Entwicklung eines Konzeptes zur Sicherung der Qualität von Reglementierungen könnten im Übrigen die vier Phasen des einschlägig bekannten

219 Vgl. Demingkreis oder PDSA-Cycle (Plan-Do-Study-Act, https://deming.org/explore/p-d-s-a, 2018-09-19).

220 Ein Nachweis der hundertprozentigen Wirksamkeit von geplanten Maßnahmen muss vorab nicht nachgewiesen werden.

Qualitätszyklus – Planung, Umsetzung, Evaluation und Überprüfung – herangezogen werden (s. Abb. 41).

Wird im Weiteren dieses, auch für Zwecke der beruflichen Qualifizierung als etabliert geltende, Grundmuster von Qualitätssicherung auf die Entwicklungsphasen einer Rechtsvorschrift angewandt, so ergibt sich nachfolgendes Schema zur systematischen Qualitätssicherung qualifikationsfordernder Reglementierungen (Abb. 42). Hierbei ist zu beachten, dass allein schon die Entstehungsphase einer Rechtsvorschrift einen komplexen Prozess mit vielen beteiligten Akteuren, Gremien und Interessengruppen darstellt, sodass für eine Realisierung eines entsprechenden vollständigen Konzeptes weitere Detailabläufe zu entwickeln und zu implementieren wären.

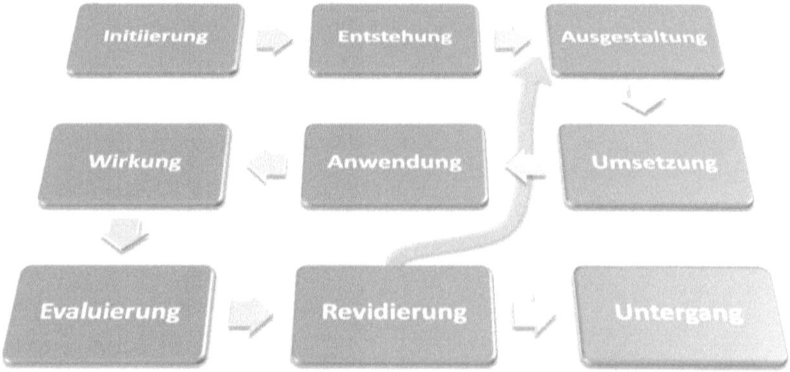

Abb. 42: Die Phasen einer qualitätsorientierten Entwicklung einer Rechtsvorschrift

Der Fokus der vorliegenden Arbeit liegt auf den Aspekten, die sich für die emanzipatorische Gestaltung von notwendigen Regelungen aus dem Sachzusammenhang des legitimen Zwecks und den Anforderungen aus der Einhaltung des Verhältnismäßigkeitsgrundsatzes für die Einschränkung der Berufsfreiheit ergeben.

Ausgangspunkt für die Bewertung der freiheitlichen Qualität einer die freie Berufsausübung einschränkenden Vorgabe ist der ihr zugeschriebene dem Allgemeinwohl dienende Zweck. Initiiert durch relevante Sachverhalte im Kontext der Ausübung erwerbsberuflicher Tätigkeiten muss er Grundlage für die Entstehung der konkreten Rechtsvorschrift sein. Zielsetzung ist eine Ausgestaltung, die den Anforderungen des rechtsstaatlichen Prinzips der Verhältnismäßigkeit als Qualitätsstandard genügt. Der verlautbarte legitime Zweck ist zudem Grundlage für die pflichtgemäße nachgelagerte Überprüfung der Wirksamkeit der getroffenen Regelungsmaßnahmen.

Darüber hinaus ist festzuhalten, dass – in allen für die Sicherung der Qualität einer Rechtsvorschrift bedeutenden Phasen – eine hinreichend ergiebige Darstellung des legitimen Zwecks der angeordneten Maßnahmen grundlegende Voraussetzung für das Erreichen einer ausreichenden Güte von Reglementierung ist. Aufbauend auf dem Wissen um diese herausragende Bedeutung des legitimen Zwecks für die emanzipatorische Anlage qualifikationsfordernder Regelungsmaßnamen kann nun die Entwicklung eines zielführenden Ansatzes zur Lösung der aufgeworfenen Problemstellung erfolgen.

8.2 Konstruktion des grundlegenden Gestaltungsansatzes

Die Ausgangssituation für das zu lösende Problem stellt sich, wie im Folgenden noch einmal zusammengefasst wiedergeben, grundsätzlich zweidimensional dar.

So ist zum einen, von Beginn der europäischen Integration an, die Diversität der nationalen Qualifizierungs- und Reglementierungssysteme im Kontext der Schaffung supranationaler Freizügigkeit von Berufsausübung zu überwinden gewesen. Der für die Arbeitnehmerfreizügigkeit der Montanunion gewählte Ansatz zur Lösung dieser Problemdimension bestand darin, gemeinsam definierte berufsfachliche Profile der zu reglementierenden erwerbsberuflichen Tätigkeiten als Ausgangspunkt für eine grenzüberschreitende „Anerkennung" vorhandener Qualifikation heranzuziehen.

Mit der Gründung der Europäischen Wirtschaftsgemeinschaft verlagerte sich der Bezugspunkt für eine „Anerkennung" dann hin zu in nationaler Zuständigkeit konstruierten und erlassenen Bildungsgängen bzw. deren nachgewiesenen Abschlüssen. Auch wenn durch eine Vielzahl von Maßnahmen die Freizügigkeit hindernde Wirkung der Diversität der nationalen Qualifizierungs- und Reglementierungssysteme gemindert werden konnte, so bleibt das Kernproblem weiter ungelöst. Das vereinbarte Harmonisierungsverbot im Bereich der beruflichen Bildung verhindert allein bereits den erhofften Effekt des Ansatzes der „Anerkennung" nationaler Qualifikationskonstrukte.

Die zweite Problemdimension betrifft die nationalen Berufszugangsvorschriften selbst. Die von den Mitgliedstaaten vertraglich vereinbarte und von den Organen der Europäischen Union konsequent fortentwickelte ideologische Ausrichtung der europäischen Gemeinschaft als liberale Marktwirtschaft mit entsprechend garantierter personenbezogenen Freizügigkeiten verlangt nämlich eine stichhaltige Begründung und stringente Anlage qualifikationsfordernder Reglementierungen. Mit dem Fortschreiten der europäischen Einigung rückte darüber hinaus die Weiterentwicklung der Europäischen Union hin zu einer werteorientierten Gemeinschaft in den Vordergrund.

Länger schon, im Rahmen europäischer Rechtsprechung und durch zunehmend konsequenterer Rechtsetzung, bekommen die Grundrechte und damit ebenfalls das Recht auf freie Berufsausübung konstituierenden Charakter. Die steigende Bedeutung der beiden Grundgarantien – die beruflichen Grundfreiheiten des Binnenmarktes und die Grundrechte der wirtschaftlichen Handlungsfreiheit aus dem verbrieften Wertekanon der Europäischen Union – spiegelt sich so auch in den jüngst entwickelten Anforderungen an die Überprüfung bzw. Ausgestaltung nationaler Vorschriften wider.

Diese über die „Anerkennungsrichtlinie“ 2005/36/EG eingeforderte Evaluierung nationaler Regelungen streng nach dem rechtsstaatlichen Prinzip der Verhältnismäßigkeit muss allerdings bisher eher als ineffektiv beurteilt werden (s. Teil II 7.1.1). Es ist jedoch davon auszugehen, dass langfristig der Handlungsdruck auf die Mitgliedstaaten, ggf. nicht zuletzt durch eingeleitete Vertragsverletzungsverfahren, steigen wird. Indes konserviert die Richtlinie durch die Festlegung nationaler Bildungsnachweise als Maßstab für eine „Anerkennung“ des Vorhandenseins der geforderten Befähigung für eine reglementierte Erwerbstätigkeit eher die unzureichenden Ansätze zur Lösung beider Problemdimensionen, als dass sie zu einer grundsätzlichen Bewältigung dieser beiträgt.

Die vorliegende Arbeit hat es sich daher zur Aufgabe gemacht, einen „neuen“ grundlegenden Ansatz herzuleiten. So gilt es im Folgenden, die zur Entwicklung des grundlegenden Gestaltungsansatzes für eine emanzipatorische Ausgestaltung von Berufszugangsreglementierungen erforderlichen Komponenten aus den im Rahmen der Bearbeitung der explorativen Teilfragen gewonnenen Erkenntnissen abzuleiten.

8.2.1 Aus der Entwicklung der europäischen Verkehrsfreiheiten

Wie bei der Untersuchung der ersten Teilfrage, der Entwicklung personenbezogener Verkehrsfreiheiten im Zuge der europäischen Integration, festgestellt, sind die divergierenden bzw. diskrepanten nationalen Qualifikations- und Reglementierungssysteme von Beginn an ein zu lösendes Problem gewesen. Hinweise auf einen für die aktuellen Rahmenbedingungen geeigneten, insbesondere das Harmonisierungsverbot berücksichtigenden Ansatz ergaben sich aus dem zur Umsetzung der Arbeitnehmerfreizügigkeit entwickelten Konzept des „anerkannten qualifizierten Facharbeiters“. Der entwickelte Ansatz der Zuerkennung einer berufsfachlichen Zugehörigkeit beruflicher „Facharbeitertätigkeiten" unter Verwendung eines konstruierten Berufsbildes war in diesem Zusammenhang von besonderem Interesse (s. Teil II 5.1.2). Entscheidendes Element dieses Ansatzes ist die Erstellung tätigkeitsbezogener Beschreibungen der reglementierten Berufe, die als Schaffung von grenzüberschreitenden EGKS-Berufsbildern durch die Definition Profil gebender Bündel erwerbsberuflicher Tätigkeiten bezeichnet werden könnten.

Mit der Listung der Profile dieser reglementierten Berufe wurde tatsächlich das Kernproblem der divergierenden nationalen Qualifikations- und Reglementierungssysteme gelöst, welches – auch aktuell – darin besteht, dass diesbezügliche Tätigkeitsbündel in den jeweiligen Ländern mal umfassend, mal teilweise oder eben gar nicht geregelt sind. Das Problem der national unterschiedlichen ggf. „anerkannten" Art und Weise der Qualifizierung für die Ausübung der so definierten Berufsbilder wurde damit ebenfalls behoben. Dabei musste letztendlich nur sichergestellt werden, dass für die jeweiligen Tätigkeiten die erforderliche Befähigung vorlag (s. Teil II 5.1.2.4). Festgestellt wurde bei der durchgeführten Exploration allerdings auch, dass der notwendige Zwischenschritt der Bestimmung der für die sichere Ausübung der reglementierten Tätigkeiten erforderlichen Fähigkeiten in dem Konzept der EGKS weder vorgenommen noch angelegt wurde.

Als übergeordnete Erkenntnis konnte darüber hinaus festgehalten werden, dass eine Orientierung an erwerbsberuflichen Profilen bei Reglementierung von Erwerbstätigkeiten zielführend für einen freiheitlichen Gestaltungsansatz ist. Sichergestellt werden soll durch eine Regelungsmaßnahme ja genau eine sachgerechte Ausführung der entsprechenden Tätigkeiten.

Das oben bereits angesprochene spätere Harmonisierungsverbot für den Bereich der beruflichen Bildung bewirkte dann, dass im Rahmen der Entwicklung der erweiterten personenbezogenen Freizügigkeit der Europäischen Wirtschaftsgemeinschaft damals als Übergangslösungen entworfene und umgesetzte Ansätze bis heute beibehalten wurden. Als beispielhaft kann hier der Ansatz der „Koordinierung der Ausübungsvorschriften" mit seinem wichtigsten Instrument, der Festlegung von Mindestanforderungen an die Ausbildung bzw. Qualifizierung, genannt werden (s. Teil II 5.2.4.1). Dieser findet aktuell insbesondere in den Bestimmungen zur „Anerkennung" von sektoralen Berufen Anwendung.

Das ursprüngliche Ziel, zu einem abgestimmten europäischen Qualifikations- und Reglementierungssystem zu kommen, konnte indes nicht weiterverfolgt werden. Sichtbar wurde insbesondere am Beispiel gewerblich-technischer Berufe auch, dass eine Koordinierung der Ausübungsvorschriften immer dann kein gangbarer Lösungsweg ist, wenn die nationalen Systeme, die den Zugang zur

Berufsausübung bestimmen, sich sehr voneinander unterscheiden. So kam es im Folgenden zur Konsolidierung des fortentwickelten „Ansatzes der Anerkennung beruflicher Qualifikationen". Er konnte als praktikabler und pragmatischer Weg zur Umsetzung der personenbezogenen Freizügigkeiten des Europäischen Binnenmarktes identifiziert werden, der die nationalen Souveränitäten im Bereich der beruflichen Bildung bestehen lässt (s. Teil II 5.2.4.4). Allerdings sind in diesem, wie oben angesprochen, nun die nationalen Qualifikationen Maßstab für die Bewertung der Gleichwertigkeit etwaiger mitgebrachter Befähigungen.

Tatsächlich, so wurde herausgearbeitet, führt dieser Ansatz nicht zu der eigentlich angestrebten umfassenden grenzüberschreitenden Freizügigkeit von Berufsausübung und auch nicht zur Achtung des mittlerweile als fester Bestandteil der Statuten der europäischen Gemeinschaft eingebundenen Grundrechts auf freie Berufsausübung. Festgestellt werden konnte insgesamt ebenfalls, dass im Verlauf der europäischen Integration der hierzu erforderliche emanzipatorische Lösungsansatz bisher noch nicht entwickelt worden ist (s. Teil II 5.4). Erkannt wurde jedoch, dass sich mit dem EGKS-Ansatz, tätigkeitsbezogene Beschreibungen der zu reglementierten erwerbsberuflichen Profile als Ausgangspunkt für eine grenzüberschreitende Berufszulassung zu verwenden, eine mögliche Lösung andeutet.

Für die weitere Betrachtung steht zudem fest, dass der gesuchte Ansatz die europäischen Grundgarantien wirtschaftlicher Handlungsfreiheit als Gestaltungsprinzip berücksichtigen muss.

8.2.2 Aus den europäischen Grundgarantien wirtschaftlicher Handlungsfreiheit

Der Begriff der Grundgarantien wirtschaftlicher Handlungsfreiheit wurde eingeführt, da ein zukunftstauglicher Ansatz zur Ausgestaltung qualifikationsfordernder Reglementierungen sowohl an den für den Binnenmarkt der Europäischen Union vertraglich vereinbarten personenbezogenen Freizügigkeiten als auch an der Berufsfreiheit als europäisches Grundrecht auszurichten ist. Während die Grundfreiheiten als Instrumente zur Verwirklichung der politisch gewollten und beschlossenen Ausrichtung des europäischen Staatenverbundes hin zu einem marktliberal organisierten Wirtschaftsraum verstanden werden können, geht die Berufsfreiheit als wirtschaftliches Grundrecht einerseits auf die europahistorische Entwicklung der Bürgerrechte und andererseits auf die Verfassungstraditionen der europäischen Staaten selbst zurück.

Schon die Beachtung der vereinbarten Grundfreiheit, d. h. des Anspruchs auf umfassende grenzüberschreitende berufliche Freiheit der Unionsbürger,[221] bringt es mit sich, dass für eine Berufszugangsreglementierung mindestens ein legitimer Rechtfertigungsgrund vorliegen muss und dass bei deren Gestaltung das Verhältnismäßigkeitsprinzip einzuhalten ist (s. Teil II 6.1.2.2). Im Verhältnis zum Grundrecht auf freie Berufsausübung kann dabei von einer Verwobenheit beider Grundgarantien miteinander gesprochen werden. Zum einen löst jeder Fall von Berufsausübung bereits mit einem einzigen grenzüberschreitenden Aspekt, wie etwa aus einem anderen Mitgliedsland mitgebrachte Qualifikationen, die Einbindung in den Geltungsbereich der durch die Charta der Grundrechte der Europäischen Union garantierten Berufsfreiheit aus. Zum anderen gilt es, aus rein nationaler Perspektive heraus, das in den jeweiligen Mitgliedsland verfasste Recht auf freie Berufsausübung und die daraus erwachsenen Anforderungen an die Ausgestaltung von Reglementierungen zu berücksichtigen (s. Teil II 6.1.3.3).

Für die Herleitung des grundlegenden Gestaltungsansatzes muss darüber hinaus berücksichtigt werden, dass nicht nur nationale Regelungen der Berufsfreiheit entgegenstehen können, sondern dass auch das Sekundärrecht der Europäischen Union und die darauf aufbauenden nationalen Bestimmungen diese beeinträchtigen können. So stellen Entscheidungen, die auf Grundlage der in der „Anerkennungsrichtlinie" (2005/36/EG) festgelegten Regelungen gefällt werden, immer dann, wenn diese mit Nachteilen für den Betroffenen verbunden sind, mindestens eine Behinderung der freien Berufsausübung dar (s. Teil II 6.2.2.2). Ein geeigneter Lösungsansatz muss sich also für den Fall einer beabsichtigten Berufsausübung mit grenzüberschreitendem Aspekt als tatsächlich zielführend erweisen.

Übergeordnet betrachtet wurde in der zweiten Teiluntersuchung herausgearbeitet, dass der grundlegende Ansatz zur Verwirklichung einer emanzipatorisch ausgestalteten Reglementierung die Anforderungen, die sich aus der national und supranational verbrieften Berufsfreiheit ergeben, zum grundlegenden Ausgangspunkt haben muss. Dies bedeutet, dass für das erwerbsberuflich aktive Individuum eine größtmögliche Handlungsfreiheit erhalten bleiben soll.

Bei der Bewertung europäischer Rechtsetzung und Rechtsprechung bezogen auf die Grundgarantie der Berufsfreiheit hat sich im Weiteren herausgestellt, dass die „Anerkennungsrichtlinie" (2005/36/EG) die bedeutendste ist, wenn es um die Sicherstellung grenzüberschreitender Berufsfreiheit im

221 Als eingeführter Status für Staatsbürger eines Mitgliedstaates der Europäischen Union.

Kontext geforderter Qualifikationen für Berufsausübung geht. Der in der Richtlinie angewandte Ansatz der „Anerkennung“ von Qualifikationen steht, wie bereits oben angeführt, allerdings unter dem Vorbehalt etwaige ungerechtfertigte Beeinträchtigung der Berufsfreiheit durch nationale Zugangsvorschriften zumindest zu „begünstigen“. Maßstab für die „Anerkennung“, d. h. präzise die Bewertung der Gleichwertigkeit mitgebrachter Qualifikationen, sind dabei diejenigen Qualifizierungsgänge, die in dem Mitgliedland zu absolvieren sind, in dem die Erwerbstätigkeit ausgeübt werden soll (s. Teil II 6.4.2.1).

Wesentlicher, für die Herleitung des grundlegenden Ansatzes zur Ausgestaltung qualifikationsfordernder Berufszugangsregelungen zu berücksichtigender, Kritikpunkt ist an dieser Stelle die Diskrepanz zwischen Erwerbsberufen und formellen Ausbildungsgängen. Es kann davon ausgegangen werden, dass in den meisten Fällen die ausgeübte Erwerbstätigkeit bzw. die Agglomeration der mit der beabsichtigten Berufsausübung einhergehenden Tätigkeiten nicht mit dem zur Reglementierung herangezogenen institutionalisierten Berufsbildungsgebilde übereinstimmt. Es ist so quasi dem Zufall überlassen, ob ein für die geplante Erwerbstätigkeit „mitgebrachtes“ Befähigungsprofil der Schneidung des nationalen bildungsorientierten Berufskonstruktes – insbesondere in seiner berufsfachlichen Breite – entspricht. Dies ist dem Grunde nach nicht mit den Anforderungen und dem Wesensgehalt der europäischen Grundgarantien wirtschaftlicher Handlungsfreiheit vereinbar. Ein geeigneter Lösungsansatz muss auch diesem Zusammenhang Rechnung tragen.

Wegen der grundlegenden Bedeutung nationaler Reglementierungen für die Verwirklichung der europäischen Grundgarantien wurde im zweiten Untersuchungsteil zudem festgestellt, dass im Weiteren die vertiefte Betrachtung der diesbezüglichen Zusammenhänge anhand einer exemplarisch ausgewählten nationalen Vorschrift erforderlich ist.

8.2.3 Aus den nationalen Qualifikationsanforderungen als Hemmnis

Nationale Zugangsregelungen erschweren nicht nur ggf. die grenzüberschreitende Berufsfreiheit, sie stellen für sich genommen grundsätzlich immer ein Hindernis sowohl für die wirtschaftliche Handlungsfreiheit des Einzelnen als auch für die Prosperität der nationalen Teilmärkte und damit insgesamt für die des Binnenmarktes der Europäischen Union dar. Dies konsequent weitergedacht fordert die Richtlinie 2005/36/EG von den Mitgliedstaaten der Europäischen Union und damit ebenfalls von Deutschland eine grundlegende, systematische Überprüfung der in nationaler Verantwortung existierenden

Berufszugangsregelungen. Darüber hinaus gebieten bereits die nationalen Verfassungen durch ihre Grundrechts- und Rechtsstaatsbindung, dass die daraus folgenden freiheitlich orientierten Anforderungen bei der Gestaltung von Reglementierungen erfüllt werden.

Ein diesbezüglich gültiger Ansatz muss insbesondere für die Lösung der spezifischen Probleme im Zusammenhang mit Reglementierung auf nationaler Ebene geeignet sein. Aus der exemplarischen Untersuchung der Entwicklungsgeschichte des aufschlussreichen Beispiels – der deutschen Vorschrift für die selbstständige Ausübung eines Handwerks – hat sich ergeben, dass qualifikationsfordernde Regelungen in ihrer Ausgestaltung meist der Einflussnahme von Interessengruppen ausgesetzt sind. Jenes bedeutet, dass der zu findende grundlegende Ansatz die gebotene staatliche Neutralität bei der Festlegung zielführender Maßnahmen zu Erreichung des verfolgten Gemeinwohlziels der Reglementierung ermöglichen muss. Im Übrigen gilt es, aufmerksam konservative Denkansätze zu hinterfragen und ggf. dabei für die Lösungsfindung hinderliche zu überwinden. Im Vordergrund muss für einen modernen emanzipatorischen Ansatz insgesamt das Ziel der geringstmöglichen Beeinträchtigung der freien wirtschaftlichen Entfaltungsmöglichkeiten des Einzelnen stehen. (s. Teil II 7.2.4)

Wie oben ausgeführt, bildet immer ein legitimer dem Allgemeinwohl dienender Zweck die Grundlage für eine den modernen, d. h. den freiheitlich-rechtsstaatlichen Anforderungen genügende Reglementierung. Die Überprüfung der 2003 reformierten deutschen Handwerksordnung (HwO-3.Ä 2003) hat ergeben, dass die mit ihr einhergehende Einschränkung der Berufsfreiheit summa summarum nicht gerechtfertigt ist. Insbesondere die Geeignetheit und Erforderlichkeit, aber auch die Angemessenheit der Berufszugangsvorschrift – im Zusammenwirken der Eintragungspflicht in die Handwerksrolle mit der Vorgabe des Meisterprüfungsberufsbildes – sind nicht stringent darstellbar (s. Teil II 7.3.2 f.). Ein diesbezüglich effektiver grundlegender Gestaltungsansatz muss sicherstellen, dass die gewählten Qualifikationsforderungen sich schlüssig aus der Verfolgung des legitimen Zwecks als geeignet und erforderlich ergeben können.

Für das aufschlussreiche Beispiel der handwerklichen Zulassungsregelung wurde darüber hinaus festgestellt, dass die aktuellen Regelungen (HwO 2017) insgesamt kein systematisches und kohärentes Erreichen des legitimen Ziels – hier die Gefahrenabwehr durch unsachgemäße Ausübung entsprechender Tätigen – gewährleisten. Die mögliche Hauptursache wurde darin gesehen, dass die mit dem Meisterprüfungsberufsbild definierte Qualifikation von ihrer Grundintention her tatsächlich das Ziel verfolgt, für ein breites erwerbsberufliches Profil mit der Perspektive der Leitung eines Handwerksbetriebes mit umfassendem Leistungsangebot zu befähigen.

Die Gefahrenabwehr hingegen stellt im Zusammenhang mit handwerklichen Tätigkeiten und deren Ergebnissen im Vergleich dazu ein relativ überschaubares und konkretes Ansinnen dar. Die wird insbesondere im gewerblich-technischen Bereich üblicherweise durch eine gewerberechtliche Regelung verwirklicht (s. Teil II 7.3.2.4). Dies bestätigte die im vorhergehenden Untersuchungsteil aufgeworfenen Zweifel, dass Bildungsgangskonstrukte, die auf eine Qualifizierung für ein umfassendes Bündel von erwerbsberuflichen Tätigkeiten oder gar für einen weitergehenden beruflichen Werdegang abzielen, grundsätzlich nicht als Referenzobjekt zur Erreichung eines speziellen dem Allgemeinwohl dienenden Zweckes geeignet sind.

Diese zusammengefassten Ergebnisse stellen mit denen aus den vorhergehenden Abschnitten insgesamt die zu berücksichtigten Erkenntnisse für den im Folgenden dargestellten grundlegenden emanzipatorischen Ansatz für die Ausgestaltung qualifikationsfordernder Berufszugangsregelungen dar.

8.3 Der grundlegende emanzipatorische Gestaltungsansatz

Für die Erarbeitung des vollständigen emanzipatorischen Ansatzes bedarf es, wie bereits ausgeführt, zunächst eines vorgeschalteten grundlegenden Gestaltungsansatzes. Die ausführlich untersuchten historischen und sachlichen Zusammenhänge der Reglementierung von Berufsausübung im nationalen und supranationalen Kontext haben deutlich gemacht, dass ein „neuer" bzw. anderer Denkansatz erforderlich ist. Nur so kann es gelingen, die trotz jahrzehntelanger und vielfältigster Entwicklungen weiterhin bestehenden Probleme grundlegend zu beheben.

Der Kern des zu lösenden Problems tritt insbesondere an der stattfindenden Zuspitzung des Konflikts zwischen der supranationalen Ebene einerseits und dem Herrschaftsbereich der Nationalstaaten andererseits deutlich hervor. Erstere strebt eine konsequente Verwirklichung einer größtmöglichen Berufsfreiheit zur Sicherung der Prosperität des Europäischen Binnenmarktes an, Letztere sind die Urheber der die Berufsfreiheit einschränkenden Reglementierungen (s. a. Teil II 7.1.1). Übergeordnet betrachtet treffen die grundwerteorientierten Vorstellungen der modernen europäischen Integration auf traditionelle nationale Qualifikations- und Reglementierungsstrukturen. Der aktuelle Status in diesem Konflikt stellt sich derart dar, dass die Mitgliedstaaten der Europäischen Union explizit aufgefordert sind, ihre nationalen Vorschriften zu überprüfen. Dies war allerdings bisher überwiegend erfolglos (s. Teil I 3.2.3).

Die Zielrichtung dieser Maßnahme wird dabei besonders durch die Europäische Kommission fortwährend und transparent beispielsweise – wie bereits im dritten Untersuchungsteil zitiert – formuliert: *„Die Mitgliedstaaten müssen nachweisen, dass die Gemeinwohlziele ausschließlich durch Zugangsbeschränkungen oder Verhaltensregeln für die betreffenden beruflichen Tätigkeiten erreicht werden können.“* (COM 2015, S. 10).

Sinn und Zweck einer qualifikationsfordernden Reglementierung muss – wie o. g. – immer sein, dass eine dem angestrebten Gemeinwohlziel dienende sachgerechte Ausführung der betreffenden beruflichen Tätigkeiten erfolgt. Betreffende berufliche Tätigkeiten wiederum sind jene erwerbsberuflichen Tätigkeiten, deren sachgerechte Ausübung das Erreichen des angestrebten Gemeinwohlziels befördert. Für ein spezielles Gemeinwohlziel relevante berufliche Tätigkeiten bzw. Tätigkeitsbündel können jedoch erst aus dem ausreichend definieren angestrebten Gemeinwohlziel heraus ermittelt werden. Wie aus der Untersuchung der nationalen Qualifikationsanforderungen als Hemmnis freier Berufsausübung hergeleitet wurde, erfüllen Bildungsgangskonstrukte, deren Ziel es demgegenüber ist für ein umfassendes Bündel von erwerbsberuflichen Tätigkeiten oder gar für den beruflichen Werdegang zu qualifizieren, diesen systematischen Zusammenhang nicht.

Im Rahmen der Analyse der Arbeitnehmerfreizügigkeit der Montanunion war festgestellt worden, dass das dort entwickelte Konzept der tätigkeitsbezogenen Beschreibungen für zu reglementierende erwerbsberufliche Profile ein geeignetes Verfahren zur Lösung der Diversitätsprobleme war. Wird nun diese Erkenntnis ebenfalls berücksichtigt, so ergibt sich folgender grundlegender Ansatz:

> Mit einer gerechtfertigten Reglementierung muss stets auf das Erreichen einer auf ein Gemeinwohlziel ausgerichteten sachgerechten Ausübung beruflicher Tätigkeiten abgestellt werden. Nur eine konsequente systematische Differenzierung zwischen einerseits qualifikationsfordernden Regelungsmaßnahmen zur Erreichung eben jenes speziellen dem Allgemeinwohl dienenden Zweckes und andererseits formellen berufsbildenden Bildungsgängen, die allgemein für eine erwerbsberufliche Tätigkeit oder ein Tätigkeitsbündel qualifizieren sollen,[222] kann daher zu einer modernen europäischen an Grundgarantien orientierten Rechtsetzung führen.

Dieser Ansatz setzt systematisch und kohärent auf den ermittelten notwendigen legitimen Zweck als unbedingt zu identifizierenden Ausgangspunkt für Reglementierungen auf. So wird der grundlegende Kausalzusammenhang, der

222 S. d. auch Benner 1996, S. 35.

zwischen den auslösenden Sachverhalten und dem verfolgten Zweck vorzuliegen hat und der die Grundlage für die konkret zu formulierenden Zielsetzungen der Maßnahme darstellt, als Fundament für die Ausgestaltung qualifikationsfordernder Regelungen expandiert.

In der Praxis bedeutet dies, dass alle diejenigen formellen Qualifikationen, die primär dem Erwerb der Befähigungen zur Ausübung eines umfassenden Berufsbildes dienen, grundsätzlich nicht für eine Reglementierung herangezogen werden dürfen. „Grundsätzlich" bedeutet in diesem Kontext: immer dann, wenn nicht nachgewiesenermaßen für das Erreichen eines Gemeinwohlziels unabdingbar eine Ausbildung in entsprechender Berufsbildbreite geboten ist. Für den „Ausnahmefall" einer erforderlichen breiten Berufsausbildung muss demnach gelten, dass bei der theoretischen Herleitung dieser notwendigen Regelungsmaßnahme der Fokus auf die Erreichung des speziellen dem Allgemeinwohl dienenden Zwecks gelegt wird.

Im Folgenden wird nun der entwickelte grundlegende emanzipatorische Ansatz zur gerechtfertigten Gestaltung von Berufszugangsreglementierungen anhand eines realen Beispiels vertiefend erläutert.

8.4 Explikation des Grundansatzes an einem Beispiel

Eine Vielzahl von Zugangsvorschriften – national und supranational – ist derart ausgestaltet, dass gerade umfassende Berufsausbildungen Teil der Regelungssystematik sind. Insbesondere die Konstruktion der „Erlaubnis des Führens einer Berufsbezeichnung"[223] in Verbindung mit dem Erfordernis, eine ebensolche Ausbildung absolviert zu haben, häufig auch mit dem zusätzlichen Kontrollelement einer Eintragungspflicht in eine diesbezügliche Berufszulassungsliste versehen, ist ein häufig angewandtes Reglementierungsverfahren. Für die sogenannte Fachkräfteebene können beispielsweise „Berufe"[224] aus dem Pflegebereich, wie für die Gesundheits- und Krankenpflege (KrPflG 2017) oder dem oben ausführlich behandelten Handwerksbereich die Meisterberufe (HwO 2017[225]) genannt werden. Stellvertretend für über die Berufsbezeichnung reglementierte Berufe mit akademisch erworbenen Berufsqualifikationen seien hier die „Berufe" der Architektur (ArchIngKG-SH 2016) und der Rechtsanwaltschaft (BRAO 2017 i. V. m. DRiG 2017) angeführt.

---

223 Auch als „Schutz der Berufsbezeichnung" bekannt.

224 Eigentlich „Ausbildungsgangskonstrukte".

225 I. V. m. der jeweiligen Verordnung über das Meisterprüfungsberufsbild.

Deutlich wird, dass bei der Ausgestaltung vieler qualifikationsfordernder Regelungen der im vorherigen Abschnitt hergeleitete grundlegende Ansatz – der erforderlichen Differenzierung zwischen Berufszugangsregelungen und Berufsbildungsgängen – keine Berücksichtigung gefunden hat. Es wurden stattdessen entsprechende Berufsausbildungen ohne Weiteres herangezogen. Dieses Vorgehen hat nicht zuletzt auch zur Auferlegung der pflichtgemäßen Überprüfung derartiger Reglementierungen geführt. Mithin ergibt sich an dieser Stelle die Notwendigkeit den grundlegenden Gestaltungsansatz, der Fokussierung auf Gemeinwohlziele im Kontext der Ausübung beruflicher Tätigkeiten, anhand eines vergleichenden Exempels darzustellen.

Zu diesem Zweck werden die verschiedenen Zugänge zum Erwerbsberuf des Berufskraftfahrers untersucht. Zunächst muss allerdings festgestellt werden, dass die „Berufs"-Bezeichnung „Berufskraftfahrer" bzw. „Berufskraftfahrerin" grundsätzlich[226] nicht geschützt ist. Sie kann hingegen als Benennung für eine Vielzahl von beruflichen Tätigkeiten Verwendung finden, bei denen der Transport von Personen oder Gütern durch Führen eines Kraftfahrzeugs, üblicherweise im Straßenverkehr im Vordergrund steht.

Die Vielfalt der existierenden Vorschriften korrespondiert dabei zum Umfang des Spektrums möglicher Erwerbstätigkeiten. So gibt es z. B. spezielle Transporttätigkeiten bei denen die Erlaubnis zu deren Ausübung zusätzlich an die Erfüllung besonderer Anforderungen geknüpft ist. Als Beispiele können hier aus der Güterbeförderung etwa der Gefahrguttransport oder aus der Personenbeförderung das Führen von Taxis genannt werden. Zur Veranschaulichung der angestrebten Differenzierung zwischen institutionalisierter Ausbildung und qualifikationsfordernder Reglementierung wird aus der vorhandenen Fülle an Qualifikationen in diesem Bereich nachfolgend die „gezielte" Regelung des bereits oben angeführten deutschen Berufskraftfahrerqualifikationsgesetzes (BKrFQG 2017) herangezogen und zweien in Deutschland staatlich anerkannten Berufsausbildungen zum Führen von Kraftfahrzeugen gegenübergestellt.

8.4.1 Die Reglementierung „Berufskraftfahrerqualifikationsgesetz"

Als spezieller dem Gemeinwohl dienender Zweck war für das Berufskraftfahrerqualifikationsgesetz schon die Verbesserung insbesondere der Sicherheit im Straßenverkehr identifiziert worden (BKrFQG 2017 § 1, Absatz 1). Als

226 Das missverständliche Vorgeben der Absolvierung der gleichnamigen Berufsausbildung ist allerdings verboten.

legislativ festgelegte Maßnahme wurde darauf aufbauend bestimmt, dass zuerst eine adäquate Grundqualifikation nachzuweisen und dann turnusmäßig eine Weiterbildung zu absolvieren ist (ebd., §§ 4 und 5). In der entsprechenden Durchführungsverordnung (BKrFQV 2017) sind nun eine Reihe von Kenntnissen (ebd., Anlage 1) und Fertigkeiten (ebd., Anlage 2) gelistet, die – ohne an dieser Stelle die Geeignetheit oder Erforderlichkeit dieser Regelung im Detail zu beurteilen – erkennbar vornehmlich an dem genannten Zweck der Verbesserung der Straßenverkehrssicherheit ausgerichtet sind. Die Teilnahme an einem Lehrgang ist dabei bemerkenswerterweise nicht vorgeschrieben. Die theoretische Prüfung der Kenntnisse beträgt 240 Minuten, die praktische Prüfung der Fertigkeiten 210 Minuten. Insgesamt ist also eine 7,5 Stunden dauernde Prüfung zu absolvieren.

Wird hingegen die zweite Variante, der sogenannte *„Erwerb der beschleunigten Grundqualifikation“* (ebd., § 2) gewählt, so sind 140 Unterrichtseinheiten zu je 60 Minuten und zehn „Fahrstunden“ zu durchlaufen sowie abschließend eine schriftliche Prüfung von 90 Minuten Dauer zu bestehen (ebd.). Vor Aufnahme der angestrebten Tätigkeit muss auch spätestens der Erwerb der Fahrerlaubnis der jeweils relevanten Kraftfahrzeugklasse erfolgt sein. Darüber hinaus sind ggf. weitere persönliche Zulassungsbedingungen zu erfüllen. Die Qualifikationsanforderungen für die Aufnahme der erwerbsberuflichen Tätigkeit als Fahrer von entsprechenden Kraftfahrzeugen für den allgemeinen Güterkraft- oder Personenverkehr sind mit dem Nachweis einer der beschriebenen Grundqualifikationen und dem Erwerb der dazugehörigen Fahrerlaubnis jedoch abschließend erfüllt.[227]

Nachfolgend sind aus der *„Liste der Kenntnisbereiche“* (BKrFQV 2017, Anlage 1) die übergeordneten Lernziele für die Grundqualifikation aufgeführt:

- Kenntnis der Eigenschaften der kinematischen Kette für eine optimierte Nutzung (1.1),
- Kenntnis der technischen Merkmale und der Funktionsweise der Sicherheitsausstattung des Fahrzeugs (1.2),
- Fähigkeit zur Optimierung des Kraftstoffverbrauchs (1.3),
- Fähigkeit zur Gewährleistung der Sicherheit der Ladung (1.4 u. 1.6),

227 Für die Ausübung des Berufs des Kraftverkehrsunternehmers gibt es weitere Zulassungsanforderungen (z. B. 1071/2009/EG 2009).

- Fähigkeit zur Gewährleistung der Sicherheit und des Komforts der Fahrgäste (1.5),
- Kenntnis der [sicherheitsrelevanten] sozialrechtlichen Rahmenbedingungen und Vorschriften für den Güterkraft- oder Personenverkehr (2.1),
- Kenntnis der Vorschriften für den Güterkraft- und Personenverkehr (2.2 u. 2.3),
- Bewusstseinsbildung für Risiken des Straßenverkehrs und Arbeitsunfälle (3.1),
- Fähigkeit, der Kriminalität und der Schleusung illegaler Einwanderer vorzubeugen (3.2),
- Fähigkeit, [eigenen] Gesundheitsschäden vorzubeugen (3.3),
- Sensibilisierung für die Bedeutung einer guten körperlichen und geistigen Verfassung (3.4),
- Fähigkeit zu richtiger Einschätzung der Lage bei Notfällen (3.5),
- Fähigkeit zu einem Verhalten, das zu einem positiven Bild des Unternehmens in der Öffentlichkeit beiträgt (3.6),
- Kenntnis des wirtschaftlichen Umfelds des Güterkraft- und des Personenverkehrs und der Marktordnung (3.7 und 3.8) (ebd., Ziff. jeweils in Klammern).

Ohne Bewertung der Konsistenz im Einzelnen kann festgehalten werden, dass für den Zweck der Verbesserung der Straßenverkehrssicherheit[228] zielgerichtet ein entsprechender Qualifikationsnachweis bzw. -erwerb entworfen wurde. Zielgerichtet insbesondere insofern, als dass der Aufwand, der zu Erlangung der geforderten Qualifikation zu erbringen ist, als relativ gering im Verhältnis zum beabsichtigten Zweck der Vorschrift eingeordnet werden kann.

Der Eingriff in das Recht auf freie Berufsausübung kann insgesamt also als verhältnismäßig eingeschätzt werden. Im Vergleich zu vielen anderen Berufszugangsreglementierungen wird hier nicht das Absolvieren einer umfassenden Berufsausbildung verlangt. An dieser Stelle bzw. im Vergleich zum Folgenden wird nun aber die Notwendigkeit der strikten Anwendung des erarbeiteten grundlegenden Gestaltungsansatzes deutlich.

228 Die Optimierung des Kraftstoffverbrauchs stellt ein Ziel des Nebenzwecks der Reglementierung dar. Ferner sind die Ziff. 3.7 und 3.8 mit Kenntnissen über das wirtschaftliche Umfeld des Güter- bzw. Personenverkehrs nicht ohne Weiteres dem Zweck der Verkehrssicherheit zuordenbar.

8.4.2 wei Berufsausbildungen zum Führen von Kraftfahrzeugen

Während die o. a. berufsqualifizierende Grundqualifikation in der „beschleunigten" Variante beispielsweise in einem vierwöchigen Lehrgang erworben werden kann, existieren darüber hinaus zwei staatlich anerkannte berufliche Bildungsgänge, die ebenfalls zum gewerblichen Führen von Kraftfahrzeugen im Güter- und Personenverkehr befähigen: die *„Berufsausbildung zum Berufskraftfahrer/zur Berufskraftfahrerin"* (BKV 2017) und die *„Berufsausbildung zur Fachkraft im Fahrbetrieb"* (FKrFBAusbV 2017), deren Dauer jeweils auf drei Jahre festgelegt ist. Nicht nur in der Dauer, sondern auch in Umfang und Ausrichtung der zu erwerbenden Kenntnisse und Fertigkeiten unterscheiden sich diese erheblich von der vorgeschriebenen oben vorgestellten Grundqualifikation für Berufskraftfahrer nach dem BKrFQG (2017).

Das Onlineportal für Berufsinformationen der Bundesagentur für Arbeit[229] beschreibt den erwerbsberuflichen Tätigkeitsbereich eines Berufskraftfahrers wie folgt: *„Berufskraftfahrer/innen arbeiten im Güterverkehr oder in der Personenbeförderung. Sie transportieren Güter mit Lkws aller Art. Im Personenverkehr führen sie Linien- bzw. Reisebusse."*[230] Das sogenannte Ausbildungsberufsbild für die Ausbildung zum Berufskraftfahrer legt dementsprechend *„mindestens die Vermittlung der folgenden Fertigkeiten und Kenntnisse"* (BKV 2017, § 3) fest:

- Berufsbildung, Arbeits- und Tarifrecht,
- Aufbau und Organisation des Ausbildungsbetriebes,
- Sicherheit und Gesundheitsschutz bei der Arbeit,
- Umweltschutz,
- Kontrollieren, Warten und Pflegen der Fahrzeuge,
- Vorbereiten und Durchführen der Beförderung,
- Verkehrssicherheit, Führen von Fahrzeugen auf öffentlichen Straßen,
- Rechtsvorschriften im Straßenverkehr,
- Kundenorientiertes Verhalten,
- Verhalten nach Unfällen und Zwischenfällen,
- Betriebliche Planung und Logistik,
- Beförderungsbezogene Kostenrechnung und Vertragsabwicklung,
- Qualitätssichernde Maßnahmen (ebd., Ziff. 1 bis 13).

---

229 https://berufenet.arbeitsagentur.de (2018-07-28).
230 https://berufenet.arbeitsagentur.de „Berufskraftfahrer" (2018-07-28).

Für die Fachkraft im Fahrbetrieb wird nun der Tätigkeitsbereich wie folgt beschrieben: „*Fachkräfte im Fahrbetrieb führen Verkehrsmittel des öffentlichen Personennahverkehrs (ÖPNV) und sorgen für die sichere Beförderung der Fahrgäste. Sie wirken auch an der Fahrzeugdisposition und Personalplanung mit.*“[231]

Das Tätigkeitsspektrum ist darüber hinaus im Vergleich zum Berufskraftfahrer im Bereich Personenbeförderung erweitert, da neben dem Führen von Bussen auch das Führen von Straßen- und U-Bahnen zu den möglichen Erwerbstätigkeiten zählt, für die die Ausbildung qualifizieren soll. Das Ausbildungsberufsbild der Fachkraft im Fahrbetrieb (FKrFBAusbV 2017, § 3) stellt sich mit folgenden mindestens zu vermittelnden Fertigkeiten und Kenntnissen dementsprechend umfangreich dar:

- Berufsbildung, Arbeits- und Tarifrecht,
- Organisation des Ausbildungsbetriebes,
- Sicherheit und Gesundheitsschutz bei der Arbeit,
- Umweltschutz,
- Arbeitsorganisation, Informations- und Kommunikationssysteme: […],
- Qualitätsmanagement,
- Verkehrsträger und Verkehrsmittel im Personenverkehr: […],
- Marketing und Vertrieb: […],
- Umgang mit Kunden: […],
- Kaufmännische Betriebsführung: […],
- Planung und Disposition: […],
- Betriebssicherheit und Einsatzbereitschaft der Fahrzeuge und Anlagen: […],
- Verkehrssicherheit und Führen von Fahrzeugen im öffentlichen Verkehrsraum: […],
- Rechtsvorschriften im Verkehr,
- Einweisung in den Fahrbetrieb: […],
- Umgang mit Störungen im Fahrbetrieb: […],
- Fitness im Fahrdienst, Stressbewältigung (ebd., Ziff. 1 bis 17).

Deutlich wird das erheblich breitere Spektrum der Ausbildungsinhalte der Berufsausbildungen im Vergleich zu den geforderten Inhalten nach Berufskraftfahrerqualifikationsgesetz (BKrFQG 2017). Ziel der Berufsausbildungen ist nämlich nicht die „zielgerichtete“ Verbesserung der Straßenverkehrssicherheit, sondern die Vorbereitung auf ein breites Spektrum an Tätigkeiten, die Bestandteile mehrerer berufsfachlich affiner Erwerbsberufe sind. Benner führt

231 https://berufenet.arbeitsagentur.de „Fachkraft im Fahrbetrieb“ (2018-07-28).

grundsätzlich dazu aus: „*Ein anerkannter Ausbildungsberuf stellt vielmehr ein Bündel von Qualifikationen dar, das zur Ausübung mehrerer Berufstätigkeiten auf Facharbeiter-/Fachangestellten-Niveau befähigt.*" (Benner 1996, S. 35).

8.4.3 Die Praxistauglichkeit des Grundansatzes

An dem aufgeführten Beispiel wird der Unterschied zwischen einer Berufszugangsreglementierung und Berufsbildungsgängen einmal mehr sichtbar. Erstere, das Berufskraftfahrerqualifikationsgesetz, zielt auf die Erreichung des Gemeinwohlzwecks der Verbesserung der Straßenverkehrssicherheit ab. Letztere, die beiden genannten Berufsausbildungen, sollen umfassend für diverse berufliche Tätigkeiten in Verkehrsunternehmen qualifizieren. Bei ihnen entsteht jeweils ein Ausbildungsberufsbild, welches weit über die qualifizierte Tätigkeit des reinen Fahrens von Fahrzeugen hinausgeht. Zudem bereiten die Ausbildungen auf einen längeren beruflichen Werdegang in der Branche vor.

Dieses Beispiel zeigt einerseits, dass eine zielgerichtete Gefahren abwehrende Qualifikation realisierbar ist sowie andererseits, dass beides – eine Reglementierung und ein Bildungsgang – nebeneinander Bestand haben kann. Damit bestätigt sich zunächst in evidenter Weise die Praktikabilität des erarbeiteten grundlegenden Ansatzes zur Anlage gerechtfertigter Zugangsvorschriften. Um eine erfolgreiche Realisierung dieses Ansatzes sicherzustellen, ist ferner eine konsequente Herangehensweise bzw. ein Umdenken – auch in Expertenkreisen – erforderlich. Im Rahmen der später folgenden Betrachtung konstitutiver Elemente der praktischen Umsetzung des vollständigen Gestaltungsansatzes werden zwei weitere relevante Aspekte der genannten erforderlichen Differenzierung vertiefend behandelt (s. Teil II 7.1.1).

An dieser Stelle ist allerdings festzuhalten, dass ohne die Fokussierung auf den Ausgangspunkt des legitimen Gemeinwohlziels eine zielgerichtete Gestaltung einer ggf. erforderlichen Qualifikationsmaßnahme schwerlich gelingen kann. Soll gesetzgeberisches Handeln den Anforderungen der demokratischen Grundordnung gerecht werden, so ist – wie oben ausgearbeitet – schon in seiner initialen Phase systematisch und planmäßig vorzugehen. In der Praxis kollidiert dieser Anspruch oft mit nachdrücklich vertretenen Interessen einflussreicher gesellschaftlicher Gruppen, nicht zuletzt denen von berufsständischen Verbänden. Wie oben festgestellt, hat das behandelte Exempel jedoch gezeigt, dass beide – Berufszugangsreglementierung und Berufsausbildung – nebeneinander Bestand haben können.

Darüber hinaus können beide ihre Berechtigung im gesellschaftlichen Kontext nachweisen. Dies spricht dafür, dass neben der Tauglichkeit des

Grundansatzes auch eine realistische Chance besteht, die für seine erfolgreiche Umsetzung notwendige Akzeptanz zu erreichen. Die jeweilige Bedeutung beider Qualifizierungsarten hängt wiederum mit der ihnen zugrunde liegenden Zielsetzung zusammen. Einer zielgerichteten Befähigung zur Ausübung konkreter, etwa gefahrenrelevanter, Tätigkeiten ist eine Berechtigung nicht abzusprechen. Die Zielgerichtetheit spricht hier für sich. Eine breit konzipierte Berufsausbildung erfüllt diese Anforderung demgegenüber so ohne Weiteres nicht (s. a. Teil III 9.3).

Eine fundierte Berufsausbildung hat die Intention, für einen erfolgreichen Berufsweg – im Falle des Meisterprüfungsberufsbildes sogar für das Aufbauen und Führen eines Handwerkbetriebes mit umfassendem Leistungsangebot – zu qualifizieren. Dies stellt ebenso, wie z. B. die Gefahrenabwehr, eine bedeutende gesellschaftliche Funktion dar. Dieser tatsächliche Stellwert, den viele Berufsausbildungen – ob auf Ebene der Facharbeit oder akademisch – für sich in Anspruch nehmen können, korrespondiert eben genau mit der o. g. Intention. Wird auf jene Stärke fokussiert, so führt dies in der Praxis bereits zu einer ausreichenden Anerkennung des Bildungsganges. Somit erweist sich der entwickelte Grundansatz zur freiheitlichen Ausgestaltung qualifikationsfordernder Reglementierungen insgesamt als praxistauglich.

9 Entwicklung des vollständigen Gestaltungsansatzes

Aufbauend auf dem vorhergehend hergeleiteten grundlegenden Gestaltungsansatz erfolgt nunmehr die Entwicklung des vollständigen Ansatzes zur Ausgestaltung qualifikationsfordernder Reglementierungen von Berufsausübung. Hierfür werden zunächst diejenigen Implikationen herausgearbeitet, die sich aus den im explorativen Teil der vorliegenden Arbeit identifizierten Anforderungen an eine die garantierte wirtschaftliche Handlungsfreiheit gerechtfertigt einschränkende Rechtsvorschrift ergeben.

Dies sind insbesondere die unabdingbaren Elemente der Verhältnismäßigkeitsprüfung, Geeignetheit, Erforderlichkeit und Angemessenheit sowie darüber hinaus, im Sinne einer ganzheitlichen Betrachtung, die externe Konsistenz (s. Teil II 6.1.2.2). Hierbei werden jeweils die entsprechenden Grundsätze speziell für die sie auslösenden Anforderungen an qualifikationsfordernde Regelungen interpretiert.

Es folgt ein modellhafter Überblick des so erarbeitenden vollständigen und ganzheitlichen Ansatzes, schematisch dargestellt nebst einer vertiefenden Einordnung seiner wesentlichen Elemente. Die Ausführung eines hypothetischen Beispiels zur Anwendung des vollständigen Gestaltungsansatzes rundet die Bearbeitung der gestellten Aufgabe ab.

9.1 Implikationen der garantierten wirtschaftlichen Handlungsfreiheit

Sowohl national als auch auf Ebene der Europäischen Union ist, wie herausgearbeitet, der dem Gemeinwohl dienende Zweck idealerweise der legitimierende Ausgangspunkt jedweder Reglementierung. Darauf aufbauend ist, den Verfassungstraditionen der Mitgliedstaaten folgend, das Verhältnismäßigkeitsprinzip die rechtsstaatliche Grundlage für die konkrete Ausgestaltung von allen grundrechtseinschränkenden Rechtsnormen. In der „Anerkennungsrichtlinie" (2005/36/EG 2016) sind die beiden bedeutendsten Grundsätze des Verhältnismäßigkeitsgrundsatzes ebenfalls genannt. Dies sind insbesondere diejenigen, nach denen die Mitgliedstaaten bis zum 18. Januar 2016 aufgefordert waren, die in ihrem Herrschaftsbereich bestehenden Zugangsvorschriften zu überprüfen (s. Teil II 7.1.1).

Das Gerechtfertigtsein der gestellten Anforderungen in Form von Berufsqualifikation durch übergeordnete Gründe des Allgemeininteresses ist dabei immer zwingende Voraussetzung für die grundsätzliche Legitimität der jeweiligen Berufszugangsregelung (ebd., Artikel 59, Absatz 3, lit. b). In der o. g. Richtlinie heißt es darauf aufbauend: „[D]*ie Anforderungen müssen zur Verwirklichung des mit ihnen verfolgten Ziels geeignet sein und dürfen nicht über das hinausgehen, was zur Erreichung dieses Ziels erforderlich ist.*" (ebd., lit. c).

Hat sich im Kontext der Ausübung bestimmter beruflicher Tätigkeiten die Notwendigkeit ergeben, ein solches Ziel verfolgen zu müssen, so können bei der hier angestrebten konsistenten Vorgehensweise nur dieselben Tätigkeiten Ausgangspunkt eine Reglementierung sein. Intention muss es dann im Weiteren wiederum sein, sicherzustellen, dass die entsprechenden Tätigkeiten sachgerecht ausgeführt werden. Das Fordern von Qualifikationen ist hierbei ein Instrument von mehreren, um ein diesbezügliches Ergebnis zu erzielen.

Insgesamt bedeutet dies, dass es im Folgenden darum geht, darzustellen, welche Voraussetzungen es zu erfüllen gilt und welche Bedingungen eingehalten werden müssen, damit die Ausgestaltung einer Regelungsmaßnahme dem Grundsatz der Verhältnismäßigkeit genügt. Darüber hinausgehend muss zusätzlich die Anforderung der externen Konsistenz Berücksichtigung finden, damit eine die Berufsfreiheit einschränkende Regelungsmaßnahme in der ganzheitlichen Betrachtung als zu rechtfertigen angesehen werden kann.

9.1.1 Schlussfolgerung für die Geeignetheit von Qualifikationsanforderungen

Auf Grundlage der sich aus den europäischen Grundgarantien wirtschaftlicher Handlungsfreiheit ergebenen Anforderungen an Reglementierungen, die die freie Berufsausübung einschränken, wurde eine Überprüfung der Geeignetheit des Konzepts des Meistervorbehalts im deutschen Handwerk durchgeführt. Bei der exemplarischen Anwendung des Gestaltungserfordernisses „Geeignetheit" auf diese konkrete Zugangsregelung wurden Erkenntnisse gewonnen, die es im Folgenden bei der weiteren Entwicklung des emanzipatorischen Ansatzes zur Gestaltung qualifikationsfordernder Reglementierungen einzubeziehen gilt.

Insbesondere wurde festgestellt, dass der den Meistervorbehalt legitimierende Zweck, die Abwehr von Gefahren, mit der Novellierung der Handwerksordnung (HwO-3.Ä 2003) im Nachhinein angegeben wurde. Auch wenn davon ausgegangen wird, dass die Zuordnung der einzelnen Gewerbe in zulassungspflichtig, d. h. vermeintlich gefahrengeneigt, erfolgte, ist festgestellt worden: Weder die Grundanlage der Handwerksordnung noch die einzelnen Zuordnungen der

Gewerbe lassen eine systematisch entwickelte Zugangsregelung erkennen und es bleibt unbestätigt, dass diese überhaupt dazu geeignet ist, das Allgemeinwohlziel zu erreichen. (s. Teil II 7.3.2.4)

Ausgehend von der bereits formulierten zu erfüllenden zwingenden Voraussetzung, dass ein fundiert hergeleitetes spezielles Gemeinwohlziel Auslöser und Ausgangspunkt für die Reglementierung der entsprechenden beruflichen Tätigkeit sein muss, gelten ergriffene Maßnahmen als geeignet, wenn diese in kohärenter und systematischer Weise, d. h. in sich schlüssig, das Erreichen der beabsichtigten Ziele anstreben und somit im Kontext der Problemlage, eine zielgerichtete Lösung darstellen (s. a. EuGH 2014, Rn. 43).

Dieser Grundsatz, angewandt auf qualifikationsfordernde Regelungen, ergibt unter Berücksichtigung o. g. Erkenntnisse aus der überprüften nationalen Berufszugangsvorschrift folgende zu erfüllende Bedingungen für deren Geeignetheit:

> Aufbauend auf den legitimen Zweck der Reglementierung müssen die für den Qualifikationserwerb erlassenen Maßnahmen dazu führen, dass eine hinreichende Befähigung zur sachgerechten Ausübung der relevanten Tätigkeiten erlangt werden kann. Relevant sind diejenigen beruflichen Tätigkeiten bzw. deren Ergebnisse, die das Verfolgen des legitimen Zwecks erforderlich gemacht haben. Eine hinreichende Befähigung liegt dann vor, wenn die Qualifizierung dazu führt, dass diese höchstwahrscheinlich zielführend bzw. zweckerfüllend ausgeübt werden.

Die beabsichtigten oder schon beschlossenen Maßnahmen zur Sicherung der Befähigung der Berufsausübung müssen insgesamt also Erfolg versprechend sein. Dies stellt unmittelbar Anforderungen sowohl an die Konzeption der befähigenden „Ausbildung" als auch an die Ausgestaltung eventueller das Lernergebnis absichernder Prüfungen. Von „einfachen" Unterweisungsauflagen, über Sachkundenachweise, Zertifikatslehrgänge, Berufsausbildungen, Hochschuldiplome etc. steht dabei eine Vielzahl von Qualifizierungsmaßnahmen zur Verfügung (s. Anhang 1).

Die Frage nach der Eignung einer konkreten Qualifikationsanforderung als Zugangsbeschränkung für die Ausübung der entsprechend maßgeblichen Tätigkeiten ist jeweils differenziert und im Einzelfall zu bewerten. Hierzu ist ein systematisches Vorgehen möglichst auf Basis berufswissenschaftlicher Methoden erforderlich (s. Teil III 10.2). Den hohen Ansprüchen der europäischen Grundgarantien bezüglich der Anforderungen an die Geeignetheit einer die Berufsfreiheit einschränkenden verpflichtenden Qualifikation zu genügen, bedeutet stets, der Intention des zuverlässigen Erwerbs der als notwendig erachteten, zielführenden Befähigung konsistent zu folgen.

9.1.2 Resultierende Bedingungen für die Erforderlichkeit

Auch die sich aus der Erforderlichkeit ergebenen Anforderungen an gerechtfertigte, die freie Berufsausübung einschränkende Reglementierungen stammen aus der Beachtung europäischer Grundgarantien individueller wirtschaftlicher Handlungsfreiheit. Diese wurden ebenso zur exemplarischen Überprüfung des Gerechtfertigtseins der deutschen Vorschrift für die selbstständige Ausübung eines Handwerks herangezogen. Im Folgenden gilt es somit auch hier, die daraus gewonnenen Erkenntnisse für die weitere Entwicklung des avisierten Ansatzes zur Ausgestaltung qualifikationsfordernder Regelungen zu nutzen.

Zuvor wird jedoch noch einmal auf die große Bedeutung der Erforderlichkeit hingewiesen. Sie unterliegt einer besonders strengen Prüfung und ist am häufigsten der Grund dafür, dass Berufszugangsreglementierungen einer höchstrichterlichen Bewertung nicht standhalten (Frenz 2012, S. 213; s. a. Teil II 6.1.2.2). Während es in vielen Fällen relativ leicht sein dürfte, begründet darzulegen, dass eine Qualifizierungsmaßnahme zumindest grundsätzlich geeignet ist, eine zuverlässige Ausübung beruflicher Tätigkeiten zu erreichen, so stellt demgegenüber das Unterfangen des Nachweises der Erforderlichkeit eine deutlich komplexere und anspruchsvollere Aufgabe dar.

Als (ein-)gängiger Ausgangspunkt für die Bewältigung dieser Aufgabe kann die Negierung des Vorliegens der Erforderlichkeit dienen: *„Die Erforderlichkeit einer Maßnahme ist dann zu verneinen, wenn das angestrebte Ziel durch ein weniger restriktives Mittel erreicht werden kann.“* (Frenz 2012, ebd.). An diesem Kriterium ist u. a. auch das Gerechtfertigtsein der untersuchten Zulassungspflicht für die selbstständige Ausübung eines Handwerks gescheitert. Eine umfassende „meisterhafte“ Qualifizierung als Vorbereitung auf das Führen eines ggf. größeren Handwerksbetriebes mit mehreren Mitarbeitern und einem breiten oder gar mehreren Geschäftsfeldern ist nicht erforderlich, um zu gewährleisten, dass einige spezielle berufliche Tätigkeiten zielführend sachgerecht ausgeübt werden (s. Teil II 7.3.3.1).

Im Kontext von qualifikationsfordernden Reglementierungen führt dies insgesamt zu folgenden Bedingungen für die Erforderlichkeit:

> Zunächst ist es notwendig, fundiert festzustellen, dass weniger beeinträchtigende nichtqualifikatorische Maßnahmen, wie z. B. technische Vorgaben oder amtliche Kontrollen, nicht in ausreichendem Maße das Erreichen des legitimen Ziels sicherstellen können. Im Weiteren müssen, für den zielgerichteten Erwerb der Befähigung, dann der Umfang und die fachliche Komplexität der so begründet geforderten Qualifikationsmaßnahme in einem adäquaten Verhältnis zu Umfang und Komplexität der, zur sachgerechten Ausübung der relevanten Tätigkeiten, erforderlichen Fähigkeiten stehen.

Um im Zuge der Umsetzung dieser beiden Bedingungen zu gesicherten Ergebnissen zu kommen, ist ein valides methodisches Vorgehen, ggf. im Rahmen umfassender wissenschaftlicher Untersuchungen, erforderlich. Die Berufsfreiheit ist ein hohes Gut. Das korreliert hier insofern mit dem beträchtlichen Aufwand, der mit dem Nachweis verbunden ist, dass die verlangte Qualifikationsmaßnahme zum Erreichen des legitimen Zieles auch tatsächlich nur mindestens erforderlich ist.

Aus der bereits im vorhergehenden Abschnitt zur Geeignetheit von Qualifikationsanforderungen angeführten Vielzahl von Maßnahmen, die eine zielführende Befähigung der Ausübung wichtigen Tätigkeiten sicherstellen sollen, muss nun diejenige gewählt werden, die am wenigsten aufwendig ist. Lässt sich beispielsweise gleichermaßen die notwendige Befähigung durch einen oder ggf. mehrere Sachkundenachweise mit abschließender Sachkundeprüfung zuverlässig erreichen, so ist ein mehrjähriger Ausbildungsgang eben nicht zu verlangen.

Nur bei einer gründlichen Prüfung der Erforderlichkeit ist der Vorgabe, die Freiheit der Berufsausübung maximal zu gewähren, Genüge getan. Eine entsprechende fundierte Bewertung erfordert fast immer eine Einzelfallprüfung, die insbesondere durch den Einsatz berufswissenschaftlicher Methoden erreicht werden kann.

9.1.3 Ergebnisse für die Angemessenheit von Qualifikationsanforderungen

Auch wenn in der bisherigen europäischen Rechtsprechung die Angemessenheit in ihrer Bedeutung für die Feststellung der Verhältnismäßigkeit insbesondere hinter der Erforderlichkeit zurücksteht und z. B. Frenz die Ansicht vertritt, dass mit der Beurteilung der Erforderlichkeit dieser zusätzliche Prüfungspunkt schon impliziert sei (Frenz 2012, S. 214), so spielt sie im Zusammenhang mit qualifikationsfordernden Reglementierungen nichtsdestotrotz eine zu berücksichtigende Rolle. Aus der durchgeführten Untersuchung der europäischen Grundgarantien individueller wirtschaftlicher Handlungsfreiheit sowie der exemplarischen Überprüfung der Angemessenheit der deutschen Vorschrift für die selbstständige Ausübung eines Handwerks ergeben sich relevante Erkenntnisse zur weiteren Entwicklung des vollständigen Gestaltungsansatzes.

Während die Geeignetheit und die Erforderlichkeit einer Reglementierung grundsätzlich durch eine systematische Herleitung, gestützt durch empirische Betrachtung hergestellt werden können, so ist für die Berücksichtigung der Angemessenheit ein Abwägungsprozess erforderlich. *„Eine nationale Maßnahme ist angemessen, wenn die mit ihr erreichten Vorteile für das angestrebte Ziel die*

Beeinträchtigung der Grundfreiheit überwiegen." (Frenz 2012, S. 214; s. a. Teil II 6.1.2.2). Dies bedeutet, dass, auch wenn die Geeignetheit und die Erforderlichkeit einer verordneten Qualifizierungsmaßnahme gegeben sind, dennoch die Verhältnismäßigkeit der Regelung aufgrund fehlender Angemessenheit nicht erfüllt sein kann.

Im Zusammenhang mit der Überprüfung der deutschen Handwerksreglementierung über den Eintrag in die Handwerksrolle in Verbindung mit den Meisterprüfungsberufsbildern hatte das Bundesverfassungsgericht mit Hinblick auf die Entwicklung des Binnenmarktes der Europäischen Union geurteilt: „*Daher könnte die Schwere des Eingriffs, den der große Befähigungsnachweis für ihren beruflichen Werdegang bedeutete, zu dem – zunehmend verwischten – Ziel der Qualitätssicherung nicht länger in einem angemessenen Verhältnis gestanden haben*" (BVerfG 2005, Rn. 22; s. Teil II 7.3.3.2). Bei dieser rückwärtigen Beurteilung der vor 2004 gültigen handwerklichen Berufszugangsvorschrift durch das Gericht stand die Geeignetheit und Erforderlichkeit zur Erreichung des damals genannten Gemeinwohlziels der Qualitätssicherung noch nicht infrage.

Insbesondere bei einer Forderung nach einer derartig aufwendigen Qualifizierung wie den Erwerb des Meistertitels, ist eine Abwägung der europäischen Grundgarantien wirtschaftlicher Handlungsfreiheit mit dem definierten Zweck der Reglementierung immer erforderlich. Insgesamt ergeben sich aus den Erkenntnissen der beiden im Teil II der vorliegenden Arbeit vorbereitend durchgeführten Untersuchungen folgende Bedingungen für die Angemessenheit:

> Ausgangspunkt für die Beurteilung der Angemessenheit einer qualifikationsfordernden Reglementierung ist ebenfalls der dem Allgemeinwohl dienende Zweck, welcher mit den verordneten Maßnahmen angestrebt wird. Darauf aufbauend gilt es abzuwägen, ob der mindestens erforderliche qualifikatorische Aufwand zur Sicherstellung der sachgerechten Ausübung der relevanten beruflichen Tätigkeiten im Verhältnis zum legitimen Zweck, den die Regelung verfolgen soll, steht. Als angemessen gilt eine Reglementierung dementsprechend dann, wenn das für das gesetzte Gemeinwohlziel Erreichte höher zu gewichten ist, als die durch den geforderten Aufwand erfolgende Einschränkung der individuellen wirtschaftlichen Handlungsfreiheit derjenigen, die von den Vorgaben betroffen sind.

Wie auch die anderen beiden Anforderungen des Grundsatzes der Verhältnismäßigkeit unterliegt die konkrete Bewertung der aktuellen soziokulturellen Perspektive der Bewertenden. Eine besondere Bedeutung des Grundsatzes der Angemessenheit liegt allerdings darin begründet, dass – würde dieser nicht angewandt – sich im Zweifelsfall beliebig Gemeinwohlgründe herausgreifen ließen. So wäre es, motiviert durch Interessen einzelner gesellschaftlicher Gruppen, auf diesem Wege möglich, simpel legitimierte Maßnahmen durchzusetzen.

Sowohl die Grundgarantie auf grenzüberschreitende Freizügigkeit aus den personenbezogenen Grundfreiheiten nach den Verträgen der Europäischen Union als auch die europäisch und in den Nationalstaaten tradierte Grundgarantie des Rechts auf freie Berufsausübung haben jedoch das Ziel, eine möglichst große individuelle wirtschaftliche Handlungsfreiheit gegen übermäßige regulatorische Bestrebungen zu verteidigen.

Dies bedeutet für Berufszugangsreglementierungen allgemein, dass durchaus als sinnvoll und notwendig erachtete Maßnahmen bei fehlender Angemessenheit hinter dem hohen Gut der Berufsfreiheit zurückzutreten haben. Für die emanzipatorische Ausgestaltung qualifikationsfordernder Regelungen ergibt sich daraus dann die Notwendigkeit, Qualifikationsmaßnahmen zu ergreifen, deren Wirksamkeit hinter der gewünschten zuverlässigen Zielerreichung zurückbleibt.

9.1.4 Abschließende Ableitung aus den Anforderungen der externen Konsistenz

Die innere Konsistenz einer Regulierung wird im Allgemeinen durch die Einhaltung der bereits vorausgeführten Bedingungen zur verhältnismäßigen Gestaltung von Regelungsmaßnahmen gewährleistet. Aus dem sich als notwendig erachteten legitimen Zweck, d. h. ausgehend von den ihn auslösenden problembehafteten beruflichen Tätigkeiten, werden so die erforderlichen Maßnahmen zur Sicherstellung einer ausreichenden Befähigung für die sachgerechte Ausführung dieser innerhalb des Reglementierungsansatzes insgesamt konsistent entwickelt. Das Vorliegen der externen Konsistenz hingegen wird maßgeblich von dem rechtssystematischen Umfeld beeinflusst, welches das erfolgreiche Erreichen des Gemeinwohlziels in vielfältiger, relevanter und meist entscheidender Weise mitbestimmt. (s. Teil II 6.1.2.2)

Im Zusammenhang mit der exemplarischen Untersuchung der Berufszugangsvorschrift des deutschen Handwerks wurde im Kontext der externen Konsistenz die Tatsache kritisiert, dass weitere Zugänge zu gleichen oder ähnlichen beruflichen Tätigkeiten bzw. Tätigkeitsprofile ungeregelt geblieben sind. Das mit der Reglementierung des Meistervorbehalts vorgeblich intendierte Ziel der Gefahrenabwehr wird – übergreifend betrachtet – somit nicht konsequent genug verfolgt. Ist das Ziel jedoch von solch einer Gewichtigkeit, dass es derartig starke Einschränkungen der Berufsfreiheit, wie es bei dem Meistervorbehalt der Fall ist, rechtfertigt, so dürfen legislative Maßnahmen nicht nur selektiv wirkend und damit willkürlich anmutend erlassen werden.

In der Praxis stellen qualifikationsfordernde Regelungen aller Qualifikationsniveaus (s. Anhang 1) keine isolierten Rechtsnormen dar. So ist z. B. die

Pflicht zum Nachweis der Fachkunde für den Umgang mit explosionsgefährlichen Stoffen von Airbag- und Gurtstraffereinheiten für Kraftfahrzeuge, welcher durch die Bescheinigung einer erfolgreichen Teilnahme an einem anerkannten Lehrgang nachzukommen ist (SprengG 2016, § 9, Absatz 1), nicht eine für sich allein stehende Maßnahme. Sie ist vielmehr ein Element eines umfassenden Sicherheitsansatzes, im Zuge dessen eine Vielzahl von Regelungen in weiteren Rechtsnormen zur Herstellung, zur Be- und Verarbeitung, zur Lagerung, zum Transport, zur Verwendung und nicht zuletzt zur Vernichtung von Explosivstoffen ein umfangreiches Bündel an Maßnahmen zur Gefahrenvermeidung ergibt.

Darüber hinaus existieren ebenso Bestimmungen, die die Überwachung des Umgangs und des Verkehrs mit explosionsgefährlichen Stoffen sowie ihre Einfuhr, Durchfuhr oder ihr Verbringen, inklusive auch die Benennung der dafür zuständigen Behörden, regeln.[232] Neben der Qualifizierungsmaßnahme des Fachkundelehrgangs gibt es hier im Sinne eines ganzheitlichen Ansatzes also Regelungen, die u. a. die Sicherheit des Produktes, den konkreten Umgang sowie die Überwachung und Kontrolle der Einhaltung der Vorgaben vorschreiben.

Erkennbar wird, dass der dem Allgemeinwohl dienende Zweck grundsätzlich in der Gänze der rechtssystematisch relevanten Regelungen erkennbar zielgerichtet angestrebt werden muss. Das führt zu folgenden Bedingungen für die externe Konsistenz qualifikationsfordernder Reglementierungen von Berufsausübung:

> Ein potenziell starker Eingriff in die europäischen Grundgarantien, wie es Qualifikationsanforderungen als Zugangsvoraussetzung für Berufsausübung darstellen können, verlangt ein ganzheitliches Gesamtkonzept zur Erreichung der gesetzten Gemeinwohlziele. Neben der eigentlichen Regelung der Qualifizierungsmaßnahmen gilt es, begleitende Rahmenbedingungen im rechtssystematischen Umfeld dieser ebenso zielorientiert zu regulieren. Dies ist umso mehr zu verlangen, je umfassender sich die Qualifikationsanforderung gestaltet und je größer der Aufwand ist, mit der das Absolvieren der, ggf. obligatorischen, Qualifizierungsmaßname verbunden ist.

Zu beachten ist also, dass allein eine konsistente zielführende Gestaltung und Forderung von geeigneten, erforderlichen Qualifizierungsmaßnahmen nicht automatisch zum Erreichen eines Gemeinwohlziels führt (s. a. Teil II 6.4.3). Ist das Ziel jedoch von solcher Bedeutung, dass die Berufsfreiheit entsprechend eingeschränkt wird, so muss dessen Erreichen durch flankierende Maßnahmen sichergestellt werden. Wird das Ziel trotz der Zugangsregelung, wegen des Fehlens solcher nicht adäquat erreicht, so ist diese insgesamt ungerechtfertigt.

232 Siehe insbesondere SprengG 2016.

In der Praxis existiert eine Reihe umfassend berufsqualifizierender Bildungsgänge, bei der für spezielle berufliche Tätigkeiten, für die eigentlich im Rahmen der Ausbildung die Befähigung als erworben gelten kann, zusätzlich behördliche Überwachungen und Sanktionsandrohungen verordnet sind. Exemplarisch kann hier das Studium der Architektur einerseits und andererseits die Notwendigkeit, einen Bauantrag stellen und durch ein Bauamt genehmigen lassen zu müssen, sowie diesbezügliche Bußgeldvorschriften in den jeweiligen Landesbauordnungen genannt werden.

Als ein prägnantes aktuelles „Negativbeispiel", bei dem die Wirksamkeit der Qualifikationsanforderung aufgrund fehlender Begleitregelungen länger schon infrage zu stellen gewesen wäre, kann die Zugangsreglementierung zur Ausübung der beruflichen Tätigkeit der Krankenpflege in Krankenhäusern genannt werden. Im Gesetz über die Berufe in der Krankenpflege (KrPflG 2017) ist über den Umweg der Erlaubnis die ebenjene Berufsbezeichnung führen zu dürfen (ebd., § 1, Absatz 1) festgelegt, dass neben weiteren Anforderungen eine diesbezüglich qualifizierende Ausbildung von drei Jahren zu absolvieren ist (ebd., § 2, Absatz 1, Ziff. 1). Es soll davon ausgegangen werden, dass durch diese Ausbildung grundsätzlich eine hinreichende Befähigung zur Ausübung aller gefahrengeneigten krankenpflegerischen Tätigkeiten erreicht wird. Das dem Allgemeinwohl dienende Ziel der Reglementierung ist dabei offenkundig die Gewährleistung einer adäquaten Patientensicherheit.

Wenn allerdings – so das aktuelle Problem – zu wenig Fachpersonal[233] auf den Stationen vor Ort dazu führt, dass für die Patientensicherheit relevante berufsfachliche Tätigkeiten nicht zuverlässig auch von derart fachlich dafür qualifizierten Personen ausgeführt werden, ist die Regelungsmaßnahme nicht ausreichend wirkungsvoll. Der Einsatz von „angelernten" Hilfskräften führt ebenfalls zu keinem anderen Ergebnis (s. z. B. BGH 1979, Rn. 11). Dass sich erst seit Kurzem mit der Einführung von Pflegepersonaluntergrenzen in Krankenhäusern befasst wird, ist an dieser Stelle bemerkenswert (s. BGM 2017) und zeigt, dass eine bruchlose Einbettung qualifikationsfordernder Reglementierungen in das rechtssystematische Umfeld von großer Bedeutung ist, wenn es darum geht, die legitime dem Allgemeinwohl dienende Zielsetzung systematisch verlässlich zu erreichen.

Ist der dem Allgemeinwohl dienende Zweck von solch einer Gewichtigkeit, dass es erforderlich ist, dafür eine entsprechend aufwendige Qualifizierung zu

---

233 An dieser Stelle unerheblich ob aus Mangel an geeigneten Bewerbern oder aufgrund betriebswirtschaftlicher Entscheidungen.

verlangen, dann ist erforderlichenfalls durch begleitende, das gesamte Rechtsumfeld betreffende Regelungen sicherzustellen, dass dieses Ziel auf Grundlage eines konsistenten ganzheitlichen Konzeptes tatsächlich erreicht wird.

9.2 Der vollständige Ansatz im modellhaften Überblick

Im Folgenden wird eine modellhafte Darstellung des vollständigen Ansatzes zur emanzipatorischen Herleitung und Ausgestaltung qualifikationsfordernder Reglementierung entwickelt (s. Abb. 43). Das im Ergebnis präsentierte Schema gibt einen Gesamtüberblick über die notwendigen Schritte des Ansatzes, auch werden die Grundvoraussetzung und die wichtige Schlussprüfung für eine gerechtfertigte Regelungsvorschrift wiedergegeben. Das erarbeitete Schema geht dabei über die von der Europäischen Kommission im Rahmen der empfohlenen *„Reformempfehlungen für die Berufsreglementierung“* entworfene Verhältnismäßigkeitsprüfung (COM 2017a, S. 6; s. a. Teil I 3.2.2) hinaus.

Aus der eingenommenen berufswissenschaftlichen Perspektive heraus wurden zuallererst für die geforderten „übergeordneten Gründe des Allgemeininteresses“ – als Grundlage von Reglementierung (ebd., Artikel 59, Absatz 3, lit. b) – berufliche Tätigkeiten in den Mittelpunkt des Denkens gestellt. Die entscheidende hier vorgenommene Weiterentwicklung besteht darin, dass Qualifikationsforderungen – die den Zugang zur Ausübung beruflicher Tätigkeiten steuern sollen – nicht auf jedwede Art hervorgerufene Gemeinwohlziele zum Ausgangspunkt haben dürfen.

Soll nämlich ein streng emanzipatorisches Vorgehen erfolgen, so muss – wie oben ausgeführt – die Notwendigkeit, überhaupt Maßnahmen ergreifen zu müssen, sich grundsätzlich im Kontext der Ausübung erwerbsberuflicher Tätigkeiten ergeben haben. Nur so kann bereits während des grundlegenden Entstehungsprozesses des Reglementierungsvorhabens erreicht werden, dass nicht – wie in der Vergangenheit regelmäßig geschehen – Allgemeinwohlziele lediglich vorgegeben werden. Berufsfreiheit einschränkende Qualifikationsanforderungen können auf diesem Weg dann nur noch schwerlich für tatsächliche interessenpolitisch betriebene Zielsetzungen instrumentalisiert werden.

Auch die in der reformierten „Anerkennungsrichtlinie“ (2005/36/EG 2013) nachfolgend geforderten beiden herausragenden Elemente der Verhältnismäßigkeitsprüfung nationaler Vorschriften – die Geeignetheit und die Erforderlichkeit (ebd., lit. c) – wurden im entwickelten Lösungssatz um wesentliche Komponenten erweitert. Zunächst wurde die Angemessenheit als ebenfalls bedeutender Bestandteil der umfassenden juristischen Prüfung der Verhältnismäßigkeit aufgenommen.

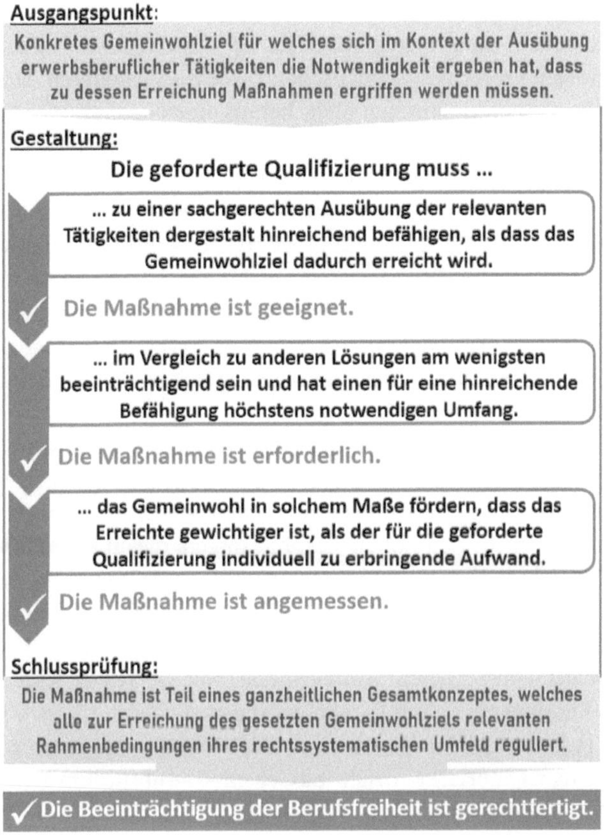

Abb. 43: Der vollständige Gestaltungsansatz zur Entwicklung moderner europäischer Berufszugangsreglementierungen im Überblick

Steht im Rahmen der angestrebten freiheitlichen Ausrichtung eine größtmögliche Berufsfreiheit im Vordergrund, so darf die Abwägung zwischen der mit der Qualifikationsforderung angestrebten Zielsetzung und der Schwere der Beeinträchtigung der wirtschaftlichen Handlungsfreiheit für den Einzelnen nicht fehlen. Für die Fälle, dass die Geeignetheit und die Erforderlichkeit vorhanden und konsistent nachweisbar sind, die Maßnahmen jedoch im engen Sinne unverhältnismäßig wären, kommt der Überprüfung der Angemessenheit hier die entscheidende Rolle zu, entsprechend überzogene Eingriffe abzuwehren.

Von besonderer Bedeutung ist ferner die ausgearbeitete übergeordnete Anforderung, Reglementierung systematisch durch zielorientierte begleitende Rahmenbedingungen im rechtssystematischen Umfeld zu flankieren. Dies ist schon aus einer allgemeinen politischen Sicht heraus einleuchtend. Wenn zudem die dem Gemeinwohl dienenden Ziele als unbedingt zu verfolgen erachtet werden, sollten diese auch derart systematisch und konsequent verfolgt werden, dass deren Erreichen in der Realität ausreichend sichergestellt ist. Legitimieren Gemeinwohlziele eine Einschränkung der freien Berufsausübung und werden diese trotz der qualifikationsfordernden Regelung nicht erreicht, so verliert diese ihre Rechtfertigung. Sie behält lediglich ihren Selbstzweck, nämlich der Qualifizierung allein des Erreichens einer Befähigung wegen. Das ist möglicherweise aus berufsbildungspolitischer Sicht sinnvoll, legitimiert dann indes genau nicht mehr eine Grundrechtseinschränkung.

Für berufliche Tätigkeiten zu qualifizieren stellt grundsätzlich ein wertvolles anzustrebendes allgemeines Ziel dar. Im Zusammenhang mit dem Entwurf der Ausgestaltung einer modernen europäischen Berufszugangsregelung genügt dies jedoch nicht mehr den hohen Anforderungen, die an eine Einschränkung der wirtschaftlichen Handlungsfreiheit gestellt sind, weder im Kontext der Grundgarantie der personenbezogenen Grundfreiheiten des Binnenmarktes der Europäischen Union noch aus Sicht der Grundgarantie der Berufsfreiheit als Element der europäischen Wertegemeinschaft (s. Teil II 6.4.1). Wäre der allgemeine Bildungswert einer Qualifizierungsmaßnahme für sich genommen bereits ein rechtfertigender Zweck einer Reglementierung, so würde der ausgearbeitete emanzipatorische Ansatz ins Gegenteil ad absurdum geführt werden.

9.3 Hypothetische Anwendung des vollständigen Gestaltungsansatzes

Wie mehrfach angesprochen, kann es im Einzelfall einen erheblichen Aufwand bedeuten, den ausgearbeiteten Gestaltungsansatz konsequent anzuwenden. Die Gründlichkeit und Ausführlichkeit, mit der die Gestaltung einer Zugangsreglementierung nach o. g. Prinzipien vorgenommen werden muss, richtet sich dabei nach dem Ausmaß der mit ihr einhergehenden Einschränkung der wirtschaftlichen Handlungsfreiheit. Ist mit dem Erwerb der geforderten Qualifizierung ein hoher Aufwand verbunden, so ergibt sich umso mehr das Erfordernis, bei ihrer Herleitung sorgfältig vorgehen zu müssen. Wie im explorativen Teil der vorliegenden Arbeit ausgeführt, stellt der Meistervorbehalt eine solche umfassend zu rechtfertigende Vorschrift dar. Aus diesem Bereich wird für die folgende hypothetische Anwendung des vollständigen Gestaltungsansatzes ein Beispiel entnommen.

Der Treppen- und Geländerbau aus dem Meisterprüfungsberufsbild im Metallbauerhandwerk (MetallbMstrV 2011) wurde eingangs als ein Beispiel für eine ggf. separat zu reglementierende erwerbsberufliche Tätigkeit angeführt (s. Abb. 3). Im Weiteren wird nun für den Bau von Treppen eine hypothetische Qualifikationsanforderung entworfen. Diese muss insofern hypothetisch bleiben, als dass für eine valide Betrachtung fundierte berufswissenschaftliche Untersuchungen notwendig wären (s. a. Teil III 10.2). Dies ginge jedoch über die Zielsetzung dieser Arbeit weit hinaus. Ungeachtet dessen, ermöglicht die Einbeziehung sonst bereits verfügbarer gesicherter Informationen und Erkenntnisse die Entwicklung eines aussagekräftigen Gestaltungsbeispiels.

9.3.1 Minderung von Unfallgefahren als Ausgangspunkt

Legitimer Ausgangspunkt und Anlass für eine Reglementierung muss, wie für den Gestaltungsansatz herausgearbeitet, das Vorliegen zwingender Gründe des Allgemeininteresses sein. Tatsächlich beinhalten Treppen ein beträchtliches Gefährdungspotenzial. So hat das Statistische Bundesamt für das Jahr 2015 in Deutschland 1.271 Todesfälle erfasst, die ursächlich auf einen *„Sturz auf oder von Treppen oder Stufen“* zurückgeführt wurden (Destatis 2015, S. 29). Der Verband „Deutsche Gesetzliche Unfallversicherung“ (DGUV)[234] wiederum zählte für 2015 46.027 Unfälle, die im Zusammenhang mit Treppen standen (ebd., 2016, S. 8). Hierbei handelte es sich um Unfälle, die während einer betrieblichen Tätigkeit passiert sind, also ohne Treppenunfälle im Bereich der privaten Lebensführung oder sogenannte Wegeunfälle (ebd., S. 53). Von diesen waren drei tödlich und 757 haben zu einer Unfallrente geführt (ebd., S. 8).

Werden diese Zahlen zu einer Abschätzung des Ausmaßes der mit der Nutzung von Treppen zusammenhängenden Gefährdung herangezogen, so ergibt sich ein klares Bild. Wird zudem nicht davon ausgegangen, dass entsprechende Unfälle in diesem Umfang dem hinzunehmenden allgemeinen Lebensrisiko zuzuordnen sind, muss der Gesetzgeber allein schon aus seiner verfassungsrechtlichen Schutzpflicht heraus für Gefahren abwendende bzw. mindernde Regelungen sorgen. Der Nachweis eines Gemeinwohlinteresses für adäquates gesetzgeberisches Handeln ist hiermit bereits erbracht. Im Weiteren bedarf es dennoch einer genaueren Untersuchung. Dem grundlegenden Gestaltungsansatz folgend muss ferner geprüft werden, ob ein Zusammenhang zwischen dem

234 Der Spitzenverband der gewerblichen Berufsgenossenschaften und der Unfallversicherungsträger der öffentlichen Hand.

das Reglementierungserfordernis auslösenden Sachverhalt „Treppenunfälle“ und der nicht sachgerechten Ausübung erwerbsberuflicher Tätigkeiten vorliegt.

Für die 1.271 erfassten Todesfälle ist nicht bekannt, ob evtl. weitere Ursachen den Unfall primär ausgelöst haben. Dies kann z. B. das Einwirken Dritter sein oder etwa vorhandene motorische Einschränkungen der Verunfallten durch Krankheit oder Wirkstoffeinfluss. Einen tiefer gehenden Aufschluss ermöglicht dennoch die Darstellung der DGUV zu den o. g. Arbeitsunfällen. Bei den erfassten Treppenunfällen handelt es sich zwar um Ereignisse, die Beschäftigten in Ausübung ihrer Arbeit widerfahren ist, das Benutzen von Treppen bei der Arbeit entspricht jedoch als Vorgang – bis auf spezielle Ausnahmen – dem alltäglichen Handeln Dritter[235] (s. BAuA 2003, S. 3). Generell ergibt sich das Gefahrenpotenzial daraus, dass Treppen einen Höhenunterschied überwinden. Einerseits existiert dabei die Niveaudifferenz als Gefahr an sich und andererseits ist eine Konstruktion vorhanden, die im Gegensatz zu einer ebenen Wegstrecke erhöhte Anforderungen an die Motorik ihrer Nutzer stellt.

Treppenspezifische Unfallereignisse sind demnach Stürzen, Abstürzen, Stolpern, Umknicken, Ab- oder Ausrutschen sowie erhebliche körperliche Anstrengung (DGUV 2010, S. 10). Als ursächlich für die Unfälle wurden folgende Aspekte des Geschehens identifiziert:

- „*Persönliche Ursachen wie Hast, abgelenkt sein oder ungeeignetes Schuhwerk;*
- *Organisatorische Ursachen wie auf der Treppe abgestellte Gegenstände, Glätte infolge der Reinigung während der Betriebszeiten, Transport von Gegenständen, die die freie Sicht behindern;*
- *Technische Ursachen in Form von baulichen Mängeln wie ungleichmäßige Steigung von Stufe zu Stufe (Störung des Gangrhythmus), zu geringe Auftrittsfläche der Stufen, unzureichende Rutschhemmung der Auftrittsfläche, ungeeignete Treppenkantenprofile, schlechte Erkennbarkeit der Stufen und fehlende oder falsch angebrachte Handläufe*“ (ebd., S. 10 f.).

Letzterer Aspekt kann der nicht sachgerechten Ausführung der Treppe bzw. Treppenanlage zugeschrieben werden. Hierbei ist grundsätzlich zwischen den beiden beruflichen Tätigkeiten des Planens bzw. Konstruierens von Treppen sowie des Erstellens dieser zu unterscheiden. Die Erstellung unterteilt sich wiederum in die Herstellung der Treppenbauteile und -elemente sowie die Montage dieser vor Ort zu einer fertigen Treppenanlage. Die nicht fehlerhafte Ausführung

235 Dritte sind hier Personen, die Treppen weder planen noch bauen oder als expliziten Arbeitsbereich haben.

jeder dieser Arbeitsaufgaben ruft mindestens einen entsprechenden o. g. baulichen Mangel hervor.

Die Notwendigkeit hier regulatorisch aktiv zu werden entspringt also direkt den Folgen von nicht sachgerecht ausgeübtem beruflichem Handeln. Somit ist nunmehr der erforderliche Ausgangspunkt für eine qualifikationsfordernde Reglementierung, ein konkretes berechtigtes Gemeinwohlziel im Kontext der Ausübung erwerbsberuflicher Tätigkeiten, insgesamt nachgewiesen.

9.3.2 Entwicklung einer geeigneten Qualifikationsmaßnahme

Die Minderung der Unfallträchtigkeit von Treppen durch das Sicherstellen sachgerechter Ausübung o. g. beruflicher Tätigkeiten ist das zu einer diesbezüglichen Regelung berechtigende Ziel. Der nächste Schritt ist gemäß dem entwickelten Ansatz die Konzeption einer geeigneten Qualifikationsmaßnahme. Die Geeignetheit liegt dabei dann vor, wenn es gelingt, durch die Maßnahme eine hinreichende Befähigung der Berufsausübenden zu erreichen. Diese muss wiederum dazu führen, dass die o. g. baulichen Mängel signifikant zurückgehen. Nur so ist die Einschränkung der Berufsfreiheit durch eine qualifikationsfordernde Maßnahme überhaupt gerechtfertigt.

An dieser Stelle wird zunächst die grundsätzliche Annahme getroffen, dass es mit entsprechendem Fachwissen und der Anwendung geeigneter berufswissenschaftlicher Methoden gelingt, eine effektive zielgerichtete Qualifikationsmaßnahme zu entwickeln (s. a. Teil III 10.2.2). Dies betrifft die Identifizierung der relevanten Tätigkeiten selbst und die der für ihre sachgerechte Ausübung erforderlichen Kompetenzen sowie darüber hinaus die Entwicklung eines Lehrganges o. ä., welcher den hinreichenden Erwerb dieser sicherstellt. Folgende konkrete Tätigkeiten, deren fehlerhafte Ausführung zu Treppenunfällen geführt haben, ergeben sich aus o. g. Aufzählung:

Im Rahmen der normgerechten Konstruktion von Treppen:

- Dimensionieren von Auftritt und Steigung der Trittflächen,
- Festlegen von Steigungsverhältnis und Schrittmaß,
- Gefahren mindernde Gestaltung der Stufen,
- Planen der Ausführung von Handläufen.

Im Rahmen der Erstellung von Treppen:

- Herstellung der Treppenstufen nach gegebenen Maßen,
- Umsetzung der geplanten Ausführung von Handläufen,
- Montage der Treppenelemente nach bautechnischen Unterlagen.

Zudem existieren noch eine Reihe von anderen Vorgaben, die der Funktionsfähigkeit der Treppenanlage dienen und damit letztendlich sicherheitsrelevant sind. Fokussiert werden hier jedoch die aus der vorliegenden Dokumentation stringent herleitbaren Tätigkeiten. Dies ist für eine geeignete Reglementierung erforderlich, da auf die konkrete Gefährdung zu referieren ist (s. a. Teil II 7.3.2).

Das weitere Vorgehen, die Entwicklung konkreter Lerninhalte zur zielgerichteten Ausgestaltung der Maßnahme, wird im Folgenden exemplarisch vorgenommen. Bei tiefer gehenden Untersuchungen von Treppenunfällen wurde festgestellt, dass die Bereiche des Treppen An- und Auslaufes besonders unfallträchtig sind (s. Abb. 44).

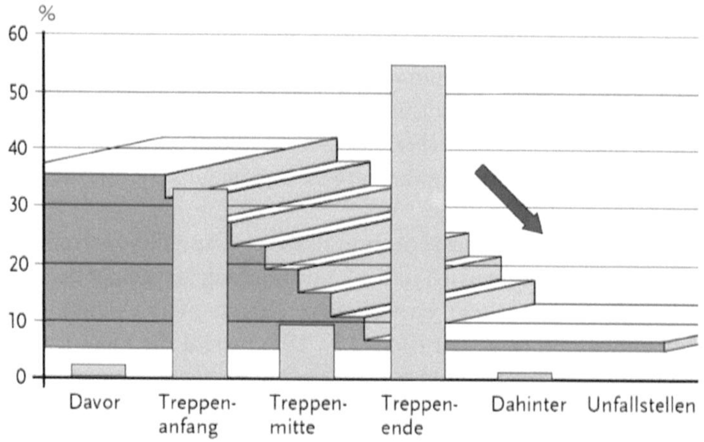

Abb. 44: Unfallhäufigkeiten im Verlauf einer Treppe (BAuA 2003, S. 4)[236]

In der o. g. Darstellung des Unfallgeschehens durch die DGUV wurde zudem berichtet: „*Fast alle Unfallursachen haben jedoch eines gemeinsam: Ihre Auswirkungen, nämlich die Verletzungen, hätten vermieden werden können, wenn der Handlauf benutzt worden wäre*" (DGUV 2010, S. 11). Die Fokussierung auf

236 In der Quelle Verweis auf: „nach Dworschak, W.: Sicherheitstechnische Gestaltung von Stufenkanten an Treppen, Die BG, März 2000, 138–141".

die sachgerechte Gestaltung von Handläufen im An- und Auslauf der Treppe repräsentiert somit einen relevanten Inhalt der zu entwerfenden Qualifikationsmaßnahme. Auch die Funktion des Handlaufes, nämlich Unterstützung der Aufrechterhaltung oder Wiederherstellung der Stabilität des Treppennutzers, spricht für diesen Themenschwerpunkt (s. a. BAuA 2003, S. 16).

An diese Stelle wird nun – wiederum hypothetisch – davon ausgegangen, dass die Vielzahl der zur sachgerechten Ausführung von Handläufen herausgegebenen technischen Regeln und Standards in Bauordnungen, Normen, Veröffentlichungen der DGUV etc. bereits hinreichend die Funktion von Handläufen als Element zur Reduzierung von Treppenunfällen berücksichtigt (s. z. B. ebd. f. u. DGUV 2010, S. 16 f.). Ist das der Fall, so darf vermutet werden, dass eine demgemäß zielgerichtete Schulung hier zu weniger baulichen Mängeln und einen Rückgang der diesbezüglichen Unfallzahlen führt. Entsprechend diesem Beispiel könnten alle übrigen relevanten Inhalte der Qualifizierungsmaßnahme entwickelt werden. Dies gilt sowohl für den Tätigkeitsbereich der Konstruktion als auch den der Erstellung von Treppenanlagen.

Für die weitere Anlage der Qualifizierungsmaßnahme ist es darüber hinaus grundsätzlich erforderlich, …

- den Fokus der an der Qualifizierungsmaßnahme Teilnehmenden explizit auf die unfallbedeutenden Gestaltungsaspekte einer Treppe zu lenken,
- die besondere Gefahren abwehrende Bedeutung einer sachgerechten Ausführung dieser im Kontext konkreten Unfallgeschehens zu vermitteln sowie
- durch geeignete konzeptionelle und methodische Ausgestaltung der Qualifizierungsmaßnahme den Erwerb der erforderlichen beruflichen Handlungsfähigkeit sicherzustellen und
- sich mithilfe einer entsprechend konzipierten Prüfung zu vergewissern, dass die erforderlichen Kompetenzen tatsächlich erworben worden sind.

Auf Grundlage der insgesamt in diesem Abschnitt ausgeführten Gestaltungsaspekte lässt sich eine qualifikationsfordernde Reglementierung entwerfen, die dann jedenfalls das Kriterium der Geeignetheit erfüllt. Diese könnte als eigenständige vollwertige umfassende Ausbildung konzipiert werden, die zum Bau von Treppen auch grundlegend befähigt oder als Zertifikatslehrgang, der in die bestehenden Qualifizierungssysteme integriert werden könnte. Ein Aspekt, der dabei außerdem zu berücksichtigen wäre, ist derjenige, dass ein hinreichendes Maß an Erfahrung erforderlich ist, welches nur durch eine adäquate betriebspraktische Tätigkeit von angemessener Dauer erreicht werden kann (s. a. Teil II 5.1.2.4). Hier könnten bereits vorhandene Erfahrungszeiten anerkannt werden oder, in Anlehnung an die duale Berufsausbildung, diesbezügliche praktische

Phasen bei geeigneten ggf. zertifizierten Betrieben in die Qualifizierungsmaßnahme eingebaut werden.

Ergänzend ist in diesem Zusammenhang anzumerken, dass obwohl der Treppenbau –Konstruktion wie Erstellung – dem Zimmerer-, Tischler-, Metallbauer- sowie dem Maurerhandwerk als eine zulassungspflichtige wesentliche Tätigkeit zugeschrieben wird (DIHK 2017, S. 35), die oben genannten baulichen Mängel zum Treppenunfallgeschehen beitragen. Durch eine zuverlässigere Sicherstellung der sachgerechten Ausübung der entsprechenden Tätigkeiten wären diese zweifelsohne verminderbar. Auffallend ist, dass in den Meisterprüfungsberufsbildern für das Metallbauerhandwerk sowie für das Maurer- und Betonbauerhandwerk der Bau von Treppen kein explizit genannter oder obligatorischer Bestandteil der geforderten Qualifikation ist (MetallbMstrV 2011 sowie MauBetbMstrV 2011). Jene sind von ihrer Anlage her also gar nicht geeignet, die erforderliche Befähigung zum Treppenbau hinreichend zuverlässig zu erreichen.

In der Meisterprüfung zum Tischler ist dagegen das Gestalten, Planen, Konstruieren, Fertigen, Einbauen, Montieren und Instandhalten von Treppen als *„als ganzheitliche Qualifikationen zu berücksichtigen“* (TischlMstrV 2011, §2 Absatz 2). Diese Vorgabe ist indes diffus. Treppen stellen lediglich <u>ein</u> Element aus der umfangreichen Produktpalette der Ergebnisse handwerklicher Arbeit eines Tischlers dar, für welches die Befähigung in der Meisterprüfung nachgewiesen werden soll. Eine ganzheitliche Treppenbauaufgabe ist also nur zufällig bzw. durch fakultative Festlegung des Prüfungsausschusses Teil der Meisterprüfung (ebd., § 4 f.). So ist jedoch für das Tischlerhandwerk ebenfalls nicht sichergestellt, dass durch dessen Meisterprüfungsberufsbild zuverlässig zur sachgerechten Konstruktion und Erstellung von Treppen befähigt wird.

Für die Prüfung zum selbstständigen Zimmererhandwerk ist demgegenüber die Erstellung von Zeichnungen und statischen Nachweisen ausdrücklich auch für Treppen als Element eines Bauwerks zwingend vorgegeben (ZimMstrV 2011, § 4, Absatz 3, Ziff. 2). Darüber hinaus finden sich weitere optionale auf den Treppenbau bezogene Prüfungselemente (ebd., §§ 6 und 8). Für das Zimmererhandwerk kann bei einer entsprechend qualifizierten Vorbereitung auf die Meisterprüfung somit von einer hinreichenden Befähigung zum Treppenbau ausgegangen werden. Dies gilt allerdings nur dann, wenn die diesbezüglichen Fähigkeiten im Ergebnis tatsächlich beherrscht werden. Ein Bestehen der Prüfung mit lediglich ausreichendem Resultat in diesem Teilbereich genügt dafür nicht.

Im Rückblick bestätigen sich damit die im Untersuchsteil der vorliegenden Arbeit gewonnenen Erkenntnisse zum Gerechtfertigtsein der Zulassungspflicht für die selbstständige Ausübung handwerklicher Tätigkeiten. Das pauschale

Heranziehen des Meisterprüfungsberufsbildes zur Abwehr einer konkreten Gefahr, hier die Minderung der Unfallgefahr bei der Treppennutzung, ist nicht zielführend. Der sogenannte Meistervorbehalt ist, mit Ausnahme des Zimmererhandwerks, nicht geeignet, die notwendige Befähigung zur sachgerechten Ausübung der relevanten Tätigkeiten sicherzustellen (s. a. Teil II 7.3.2.4). Ähnliches gilt für Bildungsgänge, die zur Ausübung der reglementierten Tätigkeit der Bauplanung bzw. der Vorlage bautechnischer Nachweise befähigen sollen, wie etwa das Studium der Architektur oder die Technikerausbildung. Auch diese Regelungen führen nicht systematisch dazu, dass das exemplarisch ausgewiesene Gemeinwohlziel zuverlässig erreicht wird.

9.3.3 Erreichen der erforderlichen Befähigung

Für die Bearbeitung des zweiten Gestaltungsschrittes gerechtfertigter Berufszugangsvorschriften, der Erforderlichkeit, wird zunächst das grundsätzliche Ziel einer evtl. Reglementierung noch einmal festgehalten. Erreicht werden soll im Ergebnis, dass fertiggestellte Treppenanlagen sachgerecht, d. h. unter Berücksichtigung sämtlicher technischer Vorgaben, ausgeführt worden sind. Vorausgesetzt wird dabei nach wie vor, dass die Einhaltung des aktuell geltenden Standes der Technik eine hinreichende Minderung konstruktiv bedingter Unfallgefahren auf Treppen bewirkt. Ob die beabsichtigten Qualifizierungsmaßnahmen das am geringsten in die wirtschaftliche Handlungsfreiheit des Einzelnen eingreifende Mittel zur Erreichung des Gemeinwohlziels ist, lässt sich ohne eine Untersuchung der Wirkung anderer Lösungen nicht sicher beantworten.

Das folgende reale Beispiel soll jedoch dazu dienen, sich einer konsistenten Beurteilung der Erforderlichkeit der o. a. Qualifikationsmaßnahme für den Bau von Treppen zu nähern. Ein in den Medien viel Aufmerksamkeit auf sich ziehendes Ereignis, stellten die Treppenunfälle in der neu errichteten Elbphilharmonie der Freien und Hansestadt Hamburg dar. Für die Saisons 2017/2018 und 2018/2019 wurden allein im Foyer des Großen Saals jeweils 13 Stürze gemeldet, bei denen ein Rettungsdienst zum Einsatz gekommen ist (HH 2019, S. 1). Unabhängig davon, ob dies eine relativ hohe oder eine im Normalbereich liegende Zahl ist, wurden bauliche Mängel bei der Treppenanlage festgestellt.[237] Verschiedene Nachrichtenmagazine habe dazu berichtet, dass durch einen ausgewiesenen Experten für Treppenbau diverse Abweichungen von den o. g. technischen

237 Ob die konstruktiven Mängel primär ursächlich waren oder andere Gründe, wie z. B. ungeeignetes Schuhwerk oder Alkoholkonsum, ist nicht bekannt.

Vorgaben ermittelt wurden.[238] Insbesondere wurden mehrere jener Vorgaben genannt, deren Nichtberücksichtigung in obiger Aufzählung als ursächlich für Treppenunfälle angegeben sind.

Die Erforderlichkeit betreffend lässt sich an diesem Beispiel zunächst festhalten: Soll die Anzahl der Treppenunfälle reduziert werden, müssen Maßnahmen eingeleitet werden. Zu fragen ist dann weiter: Welche Maßnahmen wären zielführend gewesen, die sachgerechte Ausführung der betroffenen Treppen in der Elbphilharmonie sicherzustellen? Wird nun davon ausgegangen, dass nicht bewusst, z. B. aus ästhetischen Gründen gegen die Vorgaben verstoßen wurde, ergeben sich wiederum folgende Möglichkeiten:

- Die bestehenden technischen Vorgaben wurden bei der Treppenplanung nicht berücksichtigt, da sie nicht bekannt waren.
- Die Vorgaben waren bekannt, wurden jedoch aufgrund ihrer Komplexität nicht korrekt in der Planung umgesetzt.
- Die erstellten bautechnischen Unterlagen waren korrekt, wurden aber falsch umgesetzt, weil sie nicht richtig verstanden wurden.
- Die technische Dokumentation wurde korrekt erfasst, jedoch die praktische Ausführung war mangelhaft.

Hieraus ergibt sich unmittelbar die Erforderlichkeit, dass die genannten Fähigkeiten beherrscht werden müssen. Nur so wird es überhaupt erst möglich, dass entsprechende berufliche Tätigkeiten sachgerecht ausgeführt werden können. Es muss also zweifelsohne sichergestellt werden, dass die Personen, die Treppen bauen, auch qualifiziert sind. Ob dies durch eine der im vorherigen Abschnitt vorgeschlagenen qualifikationsfordernden Reglementierungen erfolgen soll oder andere weniger eingreifende Maßnahmen ausreichend sind, ist nicht ohne Weiteres zu beurteilen.

Tatsache ist in der realen Situation, dass bereits Berufszugangsregelungen und etliche technische Vorschriften für die erwerbsberufliche Tätigkeit des Treppenbaus existieren. Zudem sind in vielen Fällen durch die jeweilige Landesbauordnung eine Antragspflicht im Zuge von Gebäudeplanungen sowie die Erstellung technischer Bauvorlagen für Treppen vorgeschrieben. Ob des nicht zufriedenstellenden Ergebnisses kann konstatiert werden, dass andere oder zusätzliche Maßnahmen als erforderlich angesehen werden müssen. Neben oder anstatt der vorgeschlagenen gezielten Qualifikation könnten etwa verschärfte Kontroll- und

---

238 Z. B. https://www.handwerk.com/elbphilharmonie-verstoesst-die-treppe-gegen-din-normen (2019-10-05).

Sanktionierungsinstrumente zur Sicherung der vorgeschriebenen Ausführung der Arbeiten Wirkung zeigen. Sie würden ggf. den Druck erhöhen, sich selbstständig auch ohne formelle Qualifizierung die notwendigen Fähigkeiten anzueignen.

Auch ist es denkbar, eine Meldepflicht für relevante Treppen einzuführen, diese amtlich überprüfen zu lassen und neue Treppen einer ebenfalls amtlichen Abnahmeprüfung zu unterziehen. In der Tat scheint es angesichts der vorhandenen Regelungsdichte ein Defizit in der Kontrolle der Arbeitsergebnisse zu geben.[239] Die Organisation einer effektiven Kontrolle ist somit als ein weiterer alternativer Ansatzpunkt zu erkennen. Da es offensichtlich Defizite in der Planung von Treppenanlagen gibt, könnte zudem die Nutzung zertifizierter Planungssoftware vorgegeben werden. Bei der Konstruktion von Treppen sind vornehmlich mathematisch-geometrische Anforderungen und Zusammenhänge sowie überschaubare Gestaltungsgrundsätze zu berücksichtigen. Diese sind leicht in geeignete Anwendungsprogramme umsetzbar.

Sollte eine Qualifikationsmaßnahme dennoch als erforderlich bewertet werden, so gilt – wie oben bereits formuliert – dass deren Umfang und Komplexität im angemessen Verhältnis zu dem Ziel, der Befähigung zur sachgerechten Ausübung der relevanten Tätigkeiten, stehen muss. Wird davon ausgegangen, dass bei denjenigen, die Treppen bauen wollen, grundlegende planerische bzw. handwerkliche Kompetenzen vorhanden sind, so wäre der vorgeschlagene Zertifikatslehrgang mindestens notwendig. Geht es um eine Befähigung zur Konstruktion oder zum Erstellen von Treppen von Grund auf, wird eine umfangreiche Ausbildung erforderlich. Wie umfangreich diese sein muss, hängt auch davon ab, welche Tätigkeiten genau ausgeführt werden sollen.

Für die Montage von Elementen, die von sachkundiger Seite geplant und hergestellt wurden, sind weniger Kompetenzen erforderlich, als wenn eine Treppe frei entworfen und individuell gestaltet werden soll. Der maximal erforderliche Umfang einer umfassenden Treppenbau-Ausbildung bliebe jedoch deutlich hinter der z. B. aktuell geforderten umfassenden Befähigung nach der Zimmerermeisterverordnung (ZimMstrV 2011) oder dem Studium der Architektur zurück. Diese sind im Kontext des hypothetischen Beispiels als klar nicht erforderlich einzuordnen. Zudem bestätigen sich rückblickend die im Untersuchungsteil der

239 An der Planung und Überprüfung der o. g. Treppe der Elbphilharmonie waren mindestens folgende Parteien mit Bauexpertise beteiligt: Das federführende Architekturbüro, ein extra beauftragtes Fachbüro, ein auf Theatersicherheit spezialisiertes Büro, die Bauaufsichtsbehörde (HH 2019).

Arbeit gewonnenen Erkenntnisse zur Erforderlichkeit einer handwerklichen Zugangsreglementierung (s. Teil II 7.3.3.1).

Weitergehende Aussagen sind in einem realen Fall nur durch entsprechende vertiefende Forschungsanstrengungen zu gewinnen. Hier ist ein experimenteller Ansatz, bei dem die Wirkung verschiedener Reglementierungsmaßnahmen evaluiert wird, als eine effiziente Vorgehensweise einzustufen. Insbesondere eine ggf. erfolgte Falsifikation ist dabei ein brauchbares Ergebnis.

9.3.4 Angemessene Anforderung im konsistenten Gesamtkonzept

Die Berücksichtigung der Angemessenheit im Rahmen der Konzeption einer Qualifikationsmaßnahme verlangt umfangreiche Kenntnisse über den aktuellen soziokulturell bestimmten Stellenwert des angestrebten Gemeinwohlziels und der gesellschaftlichen Akzeptanz von Bildungsreglementierungen. Hierbei handelt es sich nicht um Positionen einzelner Interessengruppen oder einflussreicher politischer Akteure. Die Abwägung hat möglichst neutral zu erfolgen. Im Kontext höchstrichterlicher Entscheidungen, sowohl auf europäischer als auch auf nationaler Ebene, ist die Angemessenheit qualifikationsfordernder Regelungen tatsächlich bisher zu wenig betrachtet worden (s. Teil II 6.2.2.3).

Um die Angemessenheit im exemplarisch behandelten Fall des Baus von Treppen bewerten zu können, muss zunächst – abermals hypothetisch – vorausgesetzt werden, dass die entworfenen Qualifikationsmaßnahmen tatsächlich zu einem signifikanten Rückgang der o. g. Unfällen führen. Welchen Stellenwert nun die Vermeidung einer bestimmten Anzahl von Verletzten, Schwerverletzten oder gar Todesfällen in einem ggf. durch Untersuchungen und Medienberichte hervorgerufenen gesellschaftlichen Diskurs einnehmen würde, ist nicht vorhersagbar. Selbst höchstrichterliche Betrachtungen sind nicht frei von gesellschaftlichen Einflüssen durch verbreitete allgemeine Ansichten, Bräuche etc. (s. Teil II 6.4.3). Es gibt eine Reihe von im Vergleich miteinander im hohen Maße inkonsequent erscheinende gesellschaftliche Positionen und entsprechendes irrational anmutendes politisches Handeln. So bleibt beispielsweise die Zahl der von Hunden gefährlich verletzten Menschen deutlich hinter der Anzahl derjenigen durch Passivrauch lebensgefährlich Erkrankten zurück. Dennoch sind, bezogen auf die absoluten Zahlen, die ergriffenen regulatorischen Maßnahmen zur Vermeidung von „Hundeunfällen" erheblich wirksamer, als diejenigen, die gegen die Folgen des Passivrauchens gerichtet sind.

Unfälle werden dabei grundsätzlich eher dem zu akzeptierenden allgemeinen Lebensrisiko zugeordnet. Im Straßenverkehr z. B. werden Unfälle, insbesondere jene mit tödlich Verunglückten, schon immer für den Vorteil der schnellen und individuellen Fortbewegung in Kauf genommen (Destatis 2019, S. 16 f.). Ist ein bestimmtes Maß an Unfällen überschritten, werden die negativen Folgen als unverhältnismäßig gewertet. Das Thema wird gesellschaftlich relevant und es kommt schließlich zu gesetzgeberischem Handeln. Seit Jahren werden erhebliche Anstrengungen unternommen, die Zahl der sogenannten Verkehrstoten zu senken. Im Jahre 2018 sind 3.275 Menschen als im deutschen Straßenverkehr getötet dokumentiert (ebd., S. 17). Dies ist im Vergleich zum Maximum im Jahre 1970 von 21.332 Verkehrstoten ein durch Reglementierungsmaßnahmen bewirkter deutlicher Rückgang (ebd., S. 16). Nach wie vor werden für den Bereich des Straßenverkehrs weitere Reglungen zur Reduzierung unfallbedingter Todesfälle erlassen, wie etwa das jüngst vorgeschriebene automatische Notrufsystem eCall.

Wird hierzu die o. g. Zahl von über tausend tödlich bei der Benutzung von Treppen Verunglückten in Relation gesetzt, so kann festgestellt werden, dass auch zur Vermeidung von Treppenunfällen Reglementierung ein angemessenes Instrument ist. Für die Erlaubnis am Straßenverkehr teilzunehmen ist es vorgeschrieben, sich durch die Absolvierung einer theoretischen und praktischen Ausbildung sowie das Bestehen einer theoretischen und praktischen Prüfung zu qualifizieren. Hierbei wird ein mehr als neunzigprozentiges Beherrschen der erforderlichen Fähigkeiten verlangt (FeV 2010, Anlage 7, Ziff. 1.2.2 f. und 2.5). Der zeitliche Aufwand für den Erwerb einer Fahrerlaubnis liegt bei mittlerer Begabung und hoher zeitlicher Verfügbarkeit des Teilnehmers zwischen vier bis sechs Wochen.[240]

Wird dieses Beispiel insgesamt auf die entworfenen Qualifizierungsmaßnahmen projiziert, so ergibt sich, dass diese angemessen gestaltbar sind. Voraussetzung ist, dass – wie in den vorherigen Abschnitten hergeleitet – stringent für die sachgerechte Ausübung der relevanten Tätigkeiten qualifiziert wird. Ein umfassender beruflicher Bildungsgang wäre demnach sowohl nicht erforderlich als auch nicht angemessen (s. a. Teil II 7.3.3.2); eine strenge Überprüfung der tatsächlich durch die Qualifikationsmaßnahme erworbenen Fähigkeiten jedoch sehr wohl. Ohne den Umfang der notwendigen Lerninhalte genauer zu ermitteln, wäre, wie oben vorgeschlagenen – von einem einwöchigen Zertifikatslehrgang als Aufbauqualifizierung bis hin zu einer umfassenden, mehrere Monate dauernden Ausbildung zum „Treppenbauer" –, das jeweils Erforderliche denkbar. Die durch solch eine Reglementierung erfolgte Einschränkung der

240 Berücksichtigt ist hierbei auch der Aufbau einer angemessene Fahrerfahrung.

Berufsfreiheit stünde somit in einem angemessenen Verhältnis zum hier hypothetisch für die „Treppensicherheit“ Erreichten.

Schließlich gilt es noch, die entworfenen Qualifikationsmaßnahmen in das sogenannte rechtssystematische Umfeld des zu regulierenden Sachverhalts – die Minderung von Treppenunfällen – einzuordnen. Wie oben ausgeführt, existieren etliche dem Ziel der Gefahrenabwehr dienende Rechtsvorschriften, die für die Ausführung von Bauten allgemein oder für den Bau von Treppen speziell gelten. Dies sind zum einen die bautechnischen Vorgaben, die den bei der Konstruktion und der Erstellung von Treppen einzuhaltenden Stand der Technik wiedergeben. Darüber hinaus gibt es eine Reihe von qualifikationsfordernder Berufszugangsvorschriften, die für die Erlaubnis zur Ausübung von Tätigkeiten im Bauwesen, die Absolvierung formeller Bildungsgänge voraussetzen. Die externe Konsistenz verlangt nun eine Gestaltung des rechtssystematischen Umfeldes, die insgesamt sicherstellt, dass das anerkannte Gemeinwohlziel in der Wirklichkeit hinreichend erreicht wird.

Wird wiederum hypothetisch angenommen, dass eine relevante Anzahl von den o. g. Treppenunfällen tatsächlich überwiegend auf bautechnische Mängel der Treppen zurückzuführen ist, so ist der Anforderung der externen Konsistenz mit den aktuell bestehenden Regelungen offensichtlich nicht ausreichend zielführend genüge getan worden. So wurden im vorhergehenden Abschnitt etwa die Ansatzpunkte der Einrichtung effektiverer Kontrollen von Treppenbauten oder der Einführung wirksamer Sanktionierungen als begleitende Maßnahmen genannt. Grundsätzlich sind diese und weitere Elemente eines ganzheitlichen Gesamtkonzeptes zur Erreichung von mehr „Treppensicherheit“ allerdings bereits vorhanden. Die oben vorgeschlagenen Qualifikationsmaßnahmen ordnen sich systematisch darin ein, sodass diese dann auch mit der Anforderung der externen Konsistenz im Einklang stünden.

Abschließend kann festgestellt werden, dass die Beeinträchtigung der Berufsfreiheit durch die hier hypothetisch und exemplarisch konzipierten qualifikationsfordernden Reglementierungen für die Ausübung der beruflichen Tätigkeit des Treppenbaus grundlegend gerechtfertigt wäre. Im nachfolgenden Hauptabschnitt werden nun weitergehende und für eine erfolgreiche Umsetzung wesentliche zu beachtende Gesichtspunkte des erarbeiteten Gestaltungsansatzes erörtert.

10 Aspekte der Umsetzung des Gestaltungsansatzes

Insbesondere bereits im Verlauf der Untersuchung der drei Teilfragen des Teils II „Exploration" der vorliegenden Arbeit, aber auch im Kontext der vorhergehenden Entwicklung des emanzipatorischen Ansatzes zur Ausgestaltung qualifikationsfordernder Reglementierungen von Berufsausübung haben sich einige Aspekte ergeben, die im Rahmen einer praktischen Umsetzung des Ansatzes Berücksichtigung finden sollten. Die infolgedessen dargestellten weitergehenden Problematisierungen, Überprüfungen und Ideen einer eventuellen Verwirklichung der entwickelten Lösung stellen zudem eine Reflexion des entwickelten Ansatzes bezüglich seiner Brauchbarkeit dar.

Der letzte Abschnitt der vorliegenden Arbeit befasst sich mit der Bedeutung, die einer berufswissenschaftlichen Begleitung der Umsetzung des freiheitlichen Ansatzes für das Gelingen desselben zukommt. Hierbei wird auf den Gegenstandsbezug, die Eignung sowie auf die Interdisziplinarität berufswissenschaftlicher Forschung im Zuge einer möglichen Umsetzung des entwickelten Ansatzes eingegangen. Im Verlauf der diesbezüglichen Betrachtung werden im Ausblick darüber hinaus weitere anzustrebende berufswissenschaftliche Forschungsaufgaben und Fragestellungen sichtbar.

10.1 Konstitutive Elemente einer praktischen Umsetzung

Im Zuge der vorbereitenden Untersuchung zur Herleitung des Gestaltungsansatzes haben sich einige Aspekte ergeben, die bei einer Umsetzung des Ansatzes einfließen sollten. Sie darzustellen und nutzbar zu machen ist Ziel dieses Kapitels. Als Erstes wird sich zu diesem Zwecke neuerlich dem Ausgangspunkt des vorgelegten Ansatzes, der theoretischen Differenzierung zwischen Reglementierung und Berufsbildung, zugewandt. Dieser Ausgangspunkt geht in seiner Bedeutung tatsächlich über die reine Anwendung für den Entwurf von qualifikationsfordernden Regelungen hinaus. Im Fokus stehen hier insbesondere zwei real vorzufindende Aspekte, bei denen die zunächst theoretisch entwickelte unbedingte Unterscheidung für die praktische Anwendung des erarbeiteten Ansatzes von Bedeutung ist.

Unbeantwortet dürfen auch nicht die Fragen nach der Eignung des erarbeiteten Ansatzes im Kontext des Europäischen Binnenmarktes und damit seine Integrierbarkeit in die vertragliche Gestaltung des europäischen Staatenverbundes bleiben. Dabei sind die Zusammenhänge, die dazu führten, dass es trotz des bestehenden Harmonisierungsverbots für den Bereich der beruflichen Bildung möglich war, die bereits oben exemplarisch herangezogene EU-weit geltende Vorschrift für den Zugang zur Erwerbstätigkeit des „Berufskraftfahrens" zu installieren und beizubehalten, von besonderem Interesse.

Das abschließend in diesem Kapitel präsentierte Konzept der Verwendung von „standardisierten funktionalen Basistätigkeiten" stellt eine wertvolle, aus der Umsetzung des Ansatzes der „anerkannten Qualifikationen" der Arbeitnehmerfreizügigkeit der Montanunion erwachsenen, Idee zur Beförderung der emanzipatorischen Ausgestaltung von „europäischen" Berufszugangsreglementierungen dar. Hierzu fließen Strukturelemente der *„Klassifikation für Fähigkeiten, Kompetenzen, Qualifikationen und Berufe"* (ESCO), des *„National Occupational Standards"* (NOS) des Vereinigten Königreichs sowie Elemente aus dem *„Europäische Qualifikationsrahmen für lebenslanges Lernen"* (EQR) ein.

10.1.1 Differenzierung zwischen Reglementierung und Berufsbildung

Eine abschließende Reflexion des entworfenen Ansatzes zur Gestaltung qualifikationsfordernder Reglementierung hat insofern zu erfolgen, als dass die eingangs beschriebene doppelte Dualität der gesellschaftlichen Bedeutung des Konstruktes „Beruf" (*„Anspruch und Recht"*, Dostal 2006, S. 105; s. Teil I 2.4) einer abschließenden Betrachtung zu unterziehen ist. Zum einen bringt ein „Beruf", für den umfangreiche Befähigungen erworben wurden, die berechtigte und berechtigende Erwartungen mit sich, dass er eine brauchbare Grundlage für eine nutzbringende wirtschaftliche Verwertung darstellt; sowohl für den Absolventen selbst als auch für eventuelle Arbeitgeber und potenzielle Auftraggeber sowie nicht zuletzt für die Gemeinschaft insgesamt. Zum anderen ist es gerade diese Erwartung, die im Zweifelsfall eine freiheitliche berufliche Entfaltung des Einzelnen beeinträchtigt. Dies alles spiegelt sich wiederum in der Ambivalenz von „Beruf", einerseits als Objekt restriktiver Zugangsregelungen und andererseits als Element der werteorientierten Grundgarantie einer größtmöglichen Handlungsfreiheit.

Bei der dogmatisch erscheinenden vorgegebenen Differenzierung zwischen qualifikationsfordernder Reglementierung und formellen berufsqualifizierenden Bildungsgängen handelt es sich um eine notwendige, theoretisch vorgenommene Trennung zweier Qualifizierungskonstrukte. Beide verfolgen gleichermaßen das Ziel der Befähigung zur Ausübung beruflicher Tätigkeiten. In der Praxis entspricht ihr Verhältnis zueinander jedoch einer wechselseitigen

Relation. Formelle berufliche Bildungsgänge schaffen dabei zuvorderst persistente Tatsachen. Ihnen wird durch das Handeln der Arbeitsmarktakteure vielfach faktisch ein reglementierender Status zuerkannt. Zudem sind ein erheblicher Teil der geforderten Berufszugangsqualifikationen tatsächlich Zertifikate erfolgreich absolvierter formeller beruflicher Bildungsgänge.

Dass dennoch ein relevanter Unterschied zwischen qualifikationsfordernden Regelungsmaßnahmen und formellen berufsqualifizierenden Bildungsgängen besteht und dass dieser im Rahmen eines emanzipatorisch-orientierten Ansatzes realistisch und zielführend Berücksichtigung finden kann, ist am oben ausgeführten Beispiel der diesbezüglich divergierenden Zugangswege zur Ausübung der Erwerbstätigkeit des „Berufskraftfahrens" dargelegt worden (s. Teil III 8.4). Nachfolgend werden mit Hinblick auf eine mögliche praktische Umsetzung bzw. Anwendung des erarbeiteten Ansatzes zwei bedeutende Aspekte qualifikationsfordernder Reglementierung von Berufsausübung vertieft.

10.1.1.1 Die Berufsfreiheit einschränkende Wirkung formeller Bildungsgänge

Die Wirkung von etablierten berufsqualifizierenden Bildungsgängen an sich, d. h. ohne dass diese eine offizielle Zugangsvoraussetzung darstellen, darf im Zuge der Reflexion der erarbeiteten Ergebnisse nicht unbeachtet bleiben. Dies gilt allein schon deswegen, weil die Ansprüche des Einzelnen aus den Grundgarantien auf eine größtmögliche berufliche Handlungsfreiheit auch in privatrechtliche Beschäftigungsverhältnisse hinein ihre Gültigkeit besitzen (s. z. B. Teil II 6.1.1.3).

Wird in Stellenausschreibungen der erfolgreiche Abschluss eines beruflichen Bildungsganges als erwartete Qualifikation angegeben, wie es oft und üblicherweise der Fall ist, so schließt das nämlich unmittelbar alle Bewerber, die nicht über diesen Abschluss verfügen, aus. Aus emanzipatorischer, die Berufsfreiheit des Einzelnen achtender Sicht, stellt dies grundsätzlich eine diskriminierende Vorgehensweise dar. All jene, die über die für die zur Ausübung der stellenspezifischen beruflichen Tätigkeiten erforderlichen Befähigungen verfügen, ohne jedoch einen formellen Abschluss vorlegen zu können, werden damit von der Ausübung dieses „Berufes" ausgeschlossen. In letzter Konsequenz gilt demnach für alle Arbeitgeber, dass Qualifikationsanforderungen in ihrer Funktion als Entscheidungskriterium für die Besetzung einer Stelle oder einer Position in Anlehnung an den erarbeiteten Gestaltungsansatz geprüft bzw. ausgestaltet werden sollten.

Hier offenbart sich ein weiteres grundsätzliches, sich aus der Interdependenz von Beschäftigungs- und Bildungssystem ergebendes Problem. Formelle Berufsbildungsgänge setzen faktisch Standards für die erwerbsberufliche Struktur der Arbeitswelt. Formelle Berufsbildungsgänge entstehen meist aus vorzufindenden oder vorgestellten generalisierten Tätigkeitsstrukturen der Arbeitswelt. Diese sind allerdings in der Praxis realer Unternehmensstrukturen im Allgemeinen als nicht homogen zu bewerten, sodass dann zwangsläufig Diskrepanzen zwischen Theorie und Wirklichkeit auftreten.

Unter Berücksichtigung der Anforderungen aus der streng freiheitlichen Perspektive der vorliegenden Arbeit heraus gilt daher:

> Nur wenn Umfang und Komplexität der zu bewältigenden Aufgaben des betreffenden Arbeitsplatzes es erfordern, dass dazu entsprechend umfassende und vielschichtige Befähigungen erforderlich sind, die in einem dazu hinreichend passgenauen, d. h. korrespondierenden beruflichen Bildungsgang erworben werden können, darf dieser als Standard angegeben werden.

Standard bedeutet hierbei, dass nunmehr die mit dem beruflichen Bildungsgang einhergehenden erwarteten Befähigungen als Maßstab für die Überprüfung der Eignung der vom Bewerber mitgebrachten (Real-)Qualifikationen herangezogen werden dürfen. Zu berücksichtigen ist darüber hinaus, dass im Rahmen einer Stellenanzeige oder -ausschreibung allein schon aus den Anforderungen der Grundgarantie der personenbezogenen Freizügigkeit des Binnenmarktes der Europäischen Union heraus immer auch anzugeben wäre, dass vergleichbare (Real-)Qualifikationen ebenso befähigen bzw. akzeptiert werden.

10.1.1.2 Vermeidung von Defiziten in der inhaltlichen Ausgestaltung

Ein zusätzliches oft vorzufindendes Missverhältnis zwischen qualifikationsfordernden Reglementierungen und formellen berufsqualifizierenden Bildungsgängen besteht darin, dass eigentlich als berufsqualifizierend deklarierte formelle Bildungsgänge in der Realität nicht dazu führen, dass alle relevanten beruflichen Tätigkeiten ausgeübt werden dürfen. So heißt es – wie bereits im dritten Untersuchungsteil zitiert – etwa für die sogenannte Berufsausbildung: „*Die Berufsausbildung hat die für die Ausübung einer qualifizierten beruflichen Tätigkeit in einer sich wandelnden Arbeitswelt notwendigen beruflichen Fertigkeiten, Kenntnisse und Fähigkeiten (berufliche Handlungsfähigkeit) in einem geordneten Ausbildungsgang zu vermitteln.*“ (BBiG 2017, § 1, Absatz 3, Satz 1).

Wird nun beispielsweise die Ausbildung für die Kraftfahrzeugmechatronik mit dem Schwerpunkt Personenkraftwagentechnik (KfzMechaAusbV 2013) betrachtet, so kann festgestellt werden, dass diese für die beruflichen Tätigkeiten im Zusammenhang mit der Diagnose, Wartung, Inspektion, Instandsetzung und Verbesserung von Fahrzeugen bzw. fahrzeugtechnischer Systeme sowie die Aus-, Um- und Nachrüstung von Fahrzeugen mit Zusatzeinrichtungen, Sonderausstattungen und Zubehörteilen qualifizieren soll (ebd., Anlage Ausbildungsrahmenplan).

Die Befugnis zur Ausübung diverser Tätigkeiten mit erheblicher Relevanz für das genannte Leistungsspektrum einer Kfz-Werkstatt muss, über die Ausbildung hinausgehend, jedoch zusätzlich durch reglementierte Qualifikationen bzw. Zertifikate nachgewiesen werden. So ist z. B. für den Umgang mit Airbag- und Gurtstraffereinheiten (SprengG 2016, § 9, Absatz 1), die Durchführung einer Abgasuntersuchung (StVZO 2017, Anlage VIIIc, Abschnitt 2.6) oder Arbeiten an Klimaanlagen (ChemKlimaschutzV 2017, § 5, Absatz 1, Ziff. 1) durch Schulungen die entsprechende Fachkunde zu erwerben. Die Befähigung für die Abgasuntersuchung und die Arbeiten an HV-eigensicheren Fahrzeugen kann im Übrigen erst erworben werden, wenn die o. g. Berufsausbildung erfolgreich absolviert worden ist.

Das im Rahmen der Zulassung zu beruflichen Tätigkeiten an der Personenkraftwagentechnik somit vorzufindende Gemenge von qualifikationsfordernder Reglementierung und formellen berufsqualifizierenden Bildungsgängen legt nahe, dass die notwendige Konsistenz der Regelung insgesamt nicht erreicht wird. Das proklamierte Ziel einer „[…] *für die Ausübung einer qualifizierten beruflichen Tätigkeit*" (s. o.) befähigende Berufsausbildung wird dabei auf jeden Fall nicht erreicht. Dies ist darüber hinaus aus emanzipatorischer Sicht deswegen festzustellen, da die – wie oben dargestellt problematische – zusätzliche Anforderung des Meistervorbehalts für die selbstständige Ausübung entsprechender beruflicher Tätigkeiten im Kfz-Gewerbe besteht.

Somit bestätigt sich, auch im Kontext dieser exemplarisch veranschaulichten berufspraktischen Realität, dass die konsequente gedankliche Differenzierung zwischen qualifikationsfordernden Reglementierungsmaßnahmen und formellen berufsqualifizierenden Bildungsgängen[241] erforderlich ist, um ein konsistentes Verhältnis beider Qualifizierungskonstrukte zueinander herstellen zu können.

Beide streben die Befähigung zur Ausübung beruflicher Tätigkeiten an, aber mit einer jeweils anderen Zielvorstellung. Perspektivisch ergibt sich daraus jedoch auch ein möglicher trag- und zukunftsfähiger Ansatz dergestalt, dass einerseits alle bisher separat geregelten relevanten Qualifikationsmaßnahmen,

241 Aller Niveaustufen (s. Anhang I).

die für die Ausübung derjenigen beruflichen Tätigkeiten erforderlich sind, für die ein berufsqualifizierender Bildungsgang befähigen soll, in diesen integriert werden. Ferner bestätigt sich hier, dass, wie im erarbeitenden Gestaltungsansatz (s. Abb. 42) grundsätzlich gefordert, berufsbildende Bildungsgänge nicht zu Reglementierungszwecken herangezogen werden dürf(t)en.

10.1.2 Der Ansatz im Kontext des Europäischen Binnenmarktes

Nachdem in den vorhergehenden Abschnitten das Verhältnis zwischen qualifikationsfordernden Reglementierungsmaßnahmen und berufsqualifizierenden Bildungsgängen vornehmlich mit Bezug zur nationalen Ebene diskutiert wurde, gilt es im Weiteren, die Eignung des hergeleiteten Ansatzes im Kontext des Binnenmarktes der Europäischen Union zu reflektieren. Da seit dem Vertrag von Maastricht (EUV 1992) durch die Mitgliedstaaten der Europäischen Union ein Harmonisierungsverbot im Bereich der beruflichen Bildung vereinbart wurde (ebd., Artikel 126, Absatz 4), stellt sich insbesondere die Frage, wie der Ansatz der Differenzierung zwischen den beiden genannten Qualifikationsformen in Bezug auf diese vertragliche Gestaltung des europäischen Staatenverbundes zu bewerten ist.

Zur Beförderung der Klarheit des Verständnisses der konkreten Aspekte der Umsetzung einer emanzipatorischen Ausgestaltung qualifikationsfordernder Reglementierungen auf der supranationalen Ebene wird im Folgenden das bereits zur Veranschaulichung des grundlegenden Gestaltungsansatzes herangezogene Beispiel der Zugänge zum Erwerbsberuf des „Berufskraftfahrens" aufgegriffen. Als Zugänge existieren hier, wie oben dargestellt, zunächst zwei staatlich anerkannte dreijährige berufliche Bildungsgänge, die zum gewerblichen Führen von Kraftfahrzeugen im Güter- und Personenverkehr befähigen. Darüber hinaus besteht eine Reglementierungsmaßnahme, die lediglich eine Prüfung oder eine deutlich kürzere Qualifizierung[242] verlangt. Diese Qualifikationsanforderung geht direkt auf die EU-Richtlinie 2003/59/EG (EG 2018) zurück. Diese soll im Wesentlichen nur dem Zweck einer Verbesserung der Verkehrssicherheit dienen, ist jedoch gleichzeitig ebenfalls voll berufsqualifizierend für die Ausübung der Erwerbstätigkeit des „Berufskraftfahrens".

Trotz des seit 1992 beschlossenen Harmonisierungsverbotes (EUV 1992, Artikel 127, Absatz 4) wurde in der *„Richtlinie über die Grundqualifikation und*

---

242 Angebote einschlägiger Anbieter wie TÜV, IHK etc. bieten den Erwerb der beschleunigten Grundqualifikation in ca. fünf bis sechs Wochen dauernden Vollzeitlehrgängen an.

Weiterbildung der Fahrer bestimmter Kraftfahrzeuge für den Güter- oder Personenkraftverkehr"[243] (EG 2018) bei ihrer Entstehung damals verlautbart: „*Ziel der neuen gemeinschaftlichen Vorschriften ist die Qualitätssicherung für den Beruf des Kraftfahrers in Form einer Qualifikation sowohl für die Aufnahme als auch für die Ausübung des Berufs.*" (ebd. 2003,[244] 4. Erwägungsgrund). Deutlich wird, dass mit einer „Qualifikation für die Ausübung eines Berufs" etwas Anderes verstanden wird als eine „Berufsausbildung" nach u. a. deutschem Verständnis. Zudem wird wiederum klar, dass „Beruf" hier als „erwerbsberufliche Tätigkeit" zu verstehen ist. Aus europäischer Perspektive handelt es sich bei der o. g. Richtlinie um eine qualifikationsfordernde Reglementierung für die Ausübung der Tätigkeit des Führens von Kraftfahrzeugen und nicht um einen formellen nationalen Berufsausbildungsgang, der für eine Zugangsregelung herangezogen wird.

Allerdings sind formelle umfassende Berufsausbildungen auch berufliche Qualifikationen, d. h. sie gelten als Nachweis des Erwerbs der mindestens „ausreichenden" Befähigungen für erwerbsberufliche Tätigkeiten. Für alle anderen formell nachgewiesenen Befähigungen, ggf. für einzelne begrenzte Tätigkeiten, wie etwa das Arbeiten mit Epoxidharzen, gilt dies aber ebenso. Die „Anerkennungsrichtlinie" befindet sich mit ihrer Definition von „Berufsqualifikationen" ebenso in dieser Systematik (2005/36/EG 2016, Artikel 3, Absatz 1, lit. b; s. a. Anhang 1). Um hinreichende Klarheit zu gewinnen, ist es wiederum erforderlich, von einem tätigkeitsbezogenen Berufsbegriff auszugehen und demgegenüber den Begriff „Ausbildungsberuf" als Bezeichnung für ein theoretisch entwickeltes Bildungsgangskonstrukt davon abzugrenzen.

Wenn also die europäische Grundqualifikation für „Berufskraftfahrer" (EG 2003) nicht als harmonisierte berufliche Bildung gilt, ist im Weiteren von Interesse, worauf diese sich vertragsrechtlich betrachtet denn stützt. In der Richtlinie selbst ist angegeben (ebd., 1. Erwägungsgrund), dass ihre Intention wiederum auf die bereits 1985 vereinbarte Verordnung 3820/85/EWG (EWG 1985b) zurückgeht. In der heißt es dazu:

> „*Ziel dieser Vorschriften ist die Harmonisierung der Bedingungen des Wettbewerbs zwischen Landverkehrsunternehmen, insbesondere im Strassenverkehrssektor, sowie die Verbesserung der Arbeitsbedingungen und der Sicherheit im Strassenverkehr.*" (ebd., 1. Erwägungsgrund, Satz 2).

---

243 Titel gekürzt.

244 Die Richtlinie 2003/59/EG (EG 2003) erweiterte die „Richtlinie 76/914/EWG des Rates vom 16. Dezember 1976 über das Mindestniveau der Ausbildung für Fahrer von Transportfahrzeugen im Straßenverkehr" (EWG 1976).

Grundlage dafür ist wiederum das im EWG-Vertrag von 1957 festgelegte Ziel einer gemeinsamen Verkehrspolitik für die damalige europäische Gemeinschaft.[245] Zu erkennen ist an dieser Stelle damit, dass die EU-weite Regelung der Zugangsbedingungen für die Ausübung der erwerbsberuflichen Tätigkeit des Führens von Kraftfahrzeugen auf die wirtschaftsliberale Grundausrichtung der europäischen Gemeinschaften zurückgeht. Durch Schaffung gleicher Wettbewerbsbedingungen im Verkehrsbereich, hier die Modalitäten des Berufszugangs für das „Kraftfahren" betreffend, soll die Prosperität des gemeinsamen Binnenmarktes befördert werden (s. a. EWGV 1957, Artikel 2 und 3, lit. e).

Eine Differenzierung zwischen qualifikationsfordernden Reglementierungen und formellen, umfassend befähigenden Berufsausbildungsgängen ist also, insbesondere auch rechtlich, möglich. Sie ist nicht nur in die diesbezügliche Regelungssystematik der aktuellen europäischen Verträge integrierbar, sondern ein schon bewährtes Instrument zur Realisierung der wirtschaftsliberalen Idee der europäischen Integration. Ein geeignetes Verfahren, die Koordinierung des Mindestniveaus einer Ausbildung, ist als Ansatz zur Umsetzung der personenbezogenen Grundfreiheiten bereits bekannt (s. Teil II 5.2.4.1).

Somit schließt sich der Kreis insofern, als dass bezogen auf die Regelungssystematik der Europäischen Union die Tauglichkeit des Ansatzes der Differenzierung zwischen den genannten Qualifikationsformen als gegeben festgestellt werden kann. Dies muss ja so sein, da sowohl der grundlegende Gestaltungsansatz unter Beachtung der europäischen Grundgarantien für eine größtmögliche individuelle wirtschaftliche Handlungsfreiheit hergeleitet wurde als auch der Binnenmarkt der europäischen Gemeinschaften ebenfalls auf diesen Freiheiten basiert.

Im Rahmen einer möglichen weiterentwickelten Umsetzung des erarbeiteten Ansatzes durch die Europäische Union könnten einerseits gerechtfertigte binnenmarktweit gültige Regelungen für regelungsrelevante[246] Berufsausübungen per Richtlinie festgelegt werden und andererseits darüber hinaus, wie mit dem Prüfauftrag der Richtlinie 2006/36/EG in Grundzügen schon geschehen, die Mitgliedstaaten dazu verpflichtet werden, ihre nationalen Berufszugangsvorschriften den strengen rechtsstaatlichen Rechtfertigungskriterien entsprechend dem vollständigen Gestaltungsansatz zu unterwerfen.

245 Insbesondere EWGV 1957, Artikel 75; aktuell AEUV 2016, Artikel 90 ff.

246 Die durch einen zu verfolgenden, dem Gemeinwohl dienenden Zweck erforderlich werden.

Entscheidend für den Erfolg dieser oder anderer Maßnahmen ist aber die o. g. konsequente Differenzierung. Die Kompetenz, berufliche Bildungsgänge mit dem Ziel einer Befähigung für ein breiteres Spektrum an Erwerbstätigkeiten oder für Erwerbstätigkeiten mit komplexen Anforderungen im Sinne der Qualifizierung für einen beruflichen Werdegang zu entwickeln, kann dabei allerdings, dem Harmonisierungsverbot folgend, bei den Mitgliedstaaten verbleiben.

10.1.3 Funktionale Basistätigkeiten als Grundlage für Reglementierung

Soll innerhalb des Geltungsbereiches des Binnenmarktes der Europäischen Union eine möglichst freie Berufsausübung als ein grundlegendes Element wirtschaftlicher Handlungsfreiheit verwirklicht werden, so wäre es von großem Nutzen, fände sich eine gemeinsame anzuwendende „Verrechnungseinheit“[247] für Qualifikationen und Befähigungen.

Qualität von Produkten kann in messbaren Eigenschaften ggf. mithilfe physikalischer Größen, der Wert von Dienstleistung und von Kapital ohnehin durch einen Zahlenwert in einer Währung angegeben werden. Für den Fall abweichender Maßeinheiten existieren Ver- oder Umrechnungsinstrumente, wie etwa damals die Europäische Währungseinheit (ECU) für die unterschiedlichen Währungen der Mitgliedstaaten der Europäischen Gemeinschaft.

Die grenzüberschreitende Ermittlung der Wertigkeit von Qualifikationen[248] oder von Befähigung zu einer Performance entzieht sich jedoch einfachen Lösungen, da eine Vielzahl verschiedener Qualifizierungs- und Reglementierungssysteme existiert. Wären allerdings definierte Grundelemente vorhanden, aus denen sich jede geforderte Qualifikation und tatsächlich vorhandene Befähigung zusammensetzt – also potenzielle Verrechnungseinheiten –, so könnten daraus Instrumente entwickelt werden, welche die Ortsungebundenheit der Qualifikation und ihrer Inhaber erheblich erweitern würden.

Eingegangen wird im Folgenden auch auf die *„Klassifikation für Fähigkeiten, Kompetenzen, Qualifikationen und Berufe“* (ESCO). Erst einmal ist hierbei eine Abgrenzung und die In-Beziehung-Setzung dieser zu den vorgeschlagenen funktionalen Basiseinheiten erwerbsberuflicher Tätigkeitsausübung erforderlich. Im Weiteren werden die im Zuge der Bearbeitung der Fragestellung der

---

247 Passenderweise ein Begriff internationaler Wirtschaftsbeziehungen (s. z. B. https://wirtschaftslexikon.gabler.de, 2018-12-07).

248 Nach der sogenannten Anerkennungsrichtlinie (2005/36/EG 2016) erfolgt die Bewertung der Gleichwertigkeit von Qualifikationen.

vorliegenden Arbeit aufgekommenen Zweifel an der Funktionalität von ESCO aufgegriffen, insofern diese bei einer Umsetzung des entwickelten Gestaltungsansatzes Relevanz besäßen.

10.1.3.1 Die Idee standardisierter erwerbsberuflicher Basistätigkeiten

Auslöser für die Befassung mit der Bedeutung von standardisierten erwerbsberuflichen Basistätigkeiten als Grundlage für die Herleitung und Ausgestaltung qualifikationsfordernder Reglementierungen sind die – bereits mehrfach herangezogenen – Erkenntnisse, die aus dem Ansatz zur Überwindung der Divergenz der nationalen Qualifizierungssysteme im Zuge der Umsetzung der „Arbeitnehmerfreizügigkeit“ der Montanunion gewonnenen werden konnten. Ausgangspunkt für die Umsetzung der EGKS-Freizügigkeit war wiederum die Zuerkennung der Eigenschaft des „Arbeiters mit anerkannten Qualifikationen“ („travailleur de qualification confirmée“, EGKSV 1951, Art. 69, § 1 – fr; s. a. Teil II 5.1.2.2). Die Zuerkennung erfolgte damals jeweils dann, wenn die entsprechenden Qualifikationen den national zuständigen Arbeitsverwaltungen durch hinreichend belegte national differierende Befähigungen nachgewiesen wurden. Dabei galt die „Arbeitnehmerfreizügigkeit“ nur für gelistete „Fachberufe“ des Kohlen- und Eisenerzuntertagebaus der Stahlindustrie.

Im Rahmen der Untersuchung der Arbeitnehmerfreizügigkeit der Montanunion wurde das Hauptproblem für die Schaffung einer grenzüberschreitenden Berufsfreiheit darin gesehen, dass in den Mitgliedsländern die Berufe bzw. die dahinterstehenden Berufsbilder in berufsfachlicher Schneidung und/oder Niveau anders oder gar nicht definiert sind (s. Teil II 5.1.2.3). Dies gilt damals wie heute. Darüber hinaus kann, wie später herausgearbeitet wurde, das Verständnis von „Beruf“ von Mitgliedsland zu Mitgliedsland verschieden sein. Damals wurden zur Lösung des Problems, d. h. als Grundlage für die Bewertung der Zugehörigkeit erwerbsberuflicher Tätigkeiten bzw. Tätigkeitsbündeln zu einem privilegierten EGKS-Fachberuf, sogenannte *„Begriffsbestimmungen“* (EGKSV-69 B 1957, S. 390) vorgenommen. Diese können auch als EGKS-„Berufsbilder“ bezeichnet werden. Sie bestanden aus kurzen, formlosen Auflistungen derjenigen wesentlichen beruflichen Tätigkeiten, die den entsprechenden Erwerbsberuf ausmachten (s. z. B. Abb. 8).

An dieser Stelle setzt nunmehr die Idee von standardisierten funktionalen Basistätigkeiten als Grundlage für die Reglementierung von Berufsausübung im Rahmen des ausgearbeiteten Gestaltungsansatzes an. Ausgangspunkte für eine sich als erforderlich herausstellende Regelungsmaßnahme sind dabei – wie mehrfach angeführt – berufliche Tätigkeiten im Kontext deren Ausübung es sich herausgestellt hat, dass es notwendig wäre, ein spezielles Gemeinwohlziel zu erreichen.

> Funktionale erwerbsberufliche Basistätigkeiten stellen die Grundelemente der nachfolgend für Ordnungs- und/oder Reglementierungszwecke systematisch vorzunehmenden Zusammenstellungen zu beruflichen Einzeltätigkeiten, Tätigkeitsbündeln oder gar umfassenden Berufsbildern dar. Im Sachzusammenhang mit der Ausführung beruflicher Aufgaben ist hierbei zielführendes, funktionelles separat identifizierbares berufliches Tun, oberhalb von einfachen einzelnen und/oder bereits zusammenhängenden motorischen und kognitiven Handlungsabläufen, zu identifizieren.

Im Rahmen von ESCO,[249] aber insbesondere auch im Kontext der National Occupational Standards (NOS) des Vereinigten Königreichs (UK), wird der englische Begriff „functions" in vergleichbarer Weise verwendet.[250] Ausführlich heißt es:

> „*National Occupational Standards (NOS) are statements of the standards of performance individuals must achieve when carrying out functions in the workplace, together with specifications of the underpinning knowledge and understanding.*"[251]

Zur Veranschaulichung des hier zugrunde liegenden Verständnisses ist nachfolgend der NOS für die berufliche Aufgabe („task"; s. a. ISCO-08, S. 11) des „Handhabens von Feuerwehr-Wasserpumpen", die dazugehörenden funktionalen beruflichen Basistätigkeiten (functions) sowie das Bild der erwarteten sachgerechten Ausführung dieser (performance) wiedergegeben (Tab. 11).

Standardisierte berufliche funktionale Basistätigkeiten (functions) stellen eine besonders geeignete Grundlage für die Entwicklung gerechtfertigter Reglementierungen von Berufsausübung dar, denn sowohl die Validierung des den Eingriff in die Berufsfreiheit rechtfertigenden Gemeinwohlzieles, welches ja im Kontext der Ausübung erwerbsberuflicher Tätigkeiten erwachsen sein muss, als auch die Sicherstellung der Geeignetheit und der Erforderlichkeit der Regelung können auf Grundlage von standardisierten beruflichen Basistätigkeiten erreicht werden.

---

249 https://ec.europa.eu/esco/portal/escopedia/Functional_analysis (2018-09-12).

250 Sowohl in einschlägigen Veröffentlichungen im Englischen als auch im Deutschen werden die verschiedenen „Arbeit" strukturierenden Begrifflichkeiten uneinheitlich verwandt, d. h. sie werden häufig kontext- und zweckbezogen unterschiedlich definiert.

251 https://www.ukstandards.org.uk (2018-09-12), vgl. Carroll/Boutall 2011, S. 3.

Tab. 11: NOS SFJ CFF03 „Operate fire service water pumps“

NOS: Operate fire service water pumps	
Umfasst folgende Tätigkeiten (functions):	
1	connections of hoses to the pump
2	managing the balance of supply and demand through the pump
3	using different water sources
4	using portable pumps
5	maintaining the serviceability of the pump
Kriterien der erwarteten sachgerechten Ausführung (performance):	
P1	select and use appropriate personal protective equipment for all pumping situations
P2	connect hose to pump to meet the requirements of the incident
P3	supply hose reels from the appliance tank
P4	supply a jet from the main pump with the supply augmented from a hydrant
P5	supply a jet from a main pump using open water supply
P6	supply a jet from a light portable pump using open water supply
P7	monitor and adjust pressure/flow in accordance with supply and demand
P8	take appropriate action to deal with any faults, defects or interruptions to the supply or delivery of water
P9	receive and supply water as part of a water relay
P10	maintain communication with all relevant people in relation to supply and demand highlighting any issues
P11	check and maintain serviceability of pumps, including ensuring water in tank is at an appropriate level
P12	complete all necessary records in relation to the use and testing of pumping and ancillary equipment

Quelle: FPF 2018; im Auszug

Schon für diese elementare Ebene beruflichen Handelns kann eine Reglementierung sich als notwendig erweisen. So sind beispielsweise für den Umgang mit Isocyanaten, etwa bei der Verwendung entsprechend belasteter Montageschäume, u. a. verbindliche technische Regeln (TRGS-430 2009), die Qualifikationsmaßnahmen verlangen, veröffentlicht worden. Darüber hinaus sind so berufsübergreifende Komponenten identifizierbar, für die sich das Erfordernis ergibt, im Rahmen vielfältiger Berufsausübungen zu qualifizieren. Das „Arbeiten in der Höhe“[252] stellt z. B. eine solche quasi „quer liegende“ Rahmenbedingung beruflicher Tätigkeitsausübung mit Qualifizierungserfordernis dar. Aufbauend auf den erläuterten standardisierten funktionalen Basistätigkeiten können also

252 Oder besser der Absturz aus dieser und das Herabfallen von Gegenständen (ASR A2.1 2012).

die nachfolgenden Bündelungen dieser, von einfachen beruflichen Aufgaben bis hin zu umfangreichen und komplexen Erwerbsberufsbildern, das Erfordernis einer Reglementierung deren Ausübung mit sich bringen.

10.1.3.2 Funktionale Basiseinheiten und Klassifikation von „Berufen“

Um naheliegenden Assoziationen zu begegnen, wird an dieser Stelle eine kurze Bewertung der bereits auf europäischer Ebene vorhandenen Klassifikationen für Fähigkeiten, Kompetenzen, Qualifikationen und Berufe (ESCO) vorgenommen.[253] Grundlegend kann festgestellt werden, dass die Klassifikation ESCO für den Zweck der grenzüberschreitenden Koordinierung der systematischen Entwicklung von Berufszugangsregelungen in ihrer Wirkung verfrüht schablonisierend wäre. Soll hier ebenso dem ausgearbeiteten freiheitlichen Ansatz gefolgt werden, so sind erforderliche Zusammenfassungen bzw. Klassifizierungen zunächst ausschließlich an den rein erwerbsberuflich vorzufindenden Tätigkeitsbündelungen orientiert vorzunehmen, deren sachgerechte Ausübung dem Erreichen des die Regelungsmaßnahme rechtfertigenden Gemeinwohlziels dient.

Klassifikationen von „Berufen“ zum Zwecke der Strukturierung von beruflicher Bildung oder betrieblicher Arbeitsorganisation genügen nämlich nicht per se den Anforderungen des emanzipatorischen Ansatzes. Wenn allerdings an dem Gemeinwohlziel orientiere Bündelungen beruflicher Basistätigkeiten auf der entsprechenden Zusammenfassungsebene mit denen, der etwa in ESCO klassifizierten, übereinstimmen, können und dürfen diese Verwendung finden. Um ESCO insgesamt als Grundlage für eine europaweite Klassifizierung von erwerbsberuflichen Bündelungen zur Herleitung und Ausgestaltung qualifikationsfordernder Regelungsmaßnahmen nutzbar zu machen, bedarf es einiger Verbesserungen und Erweiterungen. Die in ESCO für „Berufe“ hinterlegten „Fähigkeiten und Kompetenzen“ können als bisher „kleinster gemeinsamer Nenner“ zur Beschreibung beruflicher Tätigkeiten auf EU-Ebene bezeichnet werden. Jedoch findet sich unter der genannten Kategorie „Fähigkeiten und Kompetenzen“ bisher eine unsystematische Sammlung von Einzelaufgaben, Fachinhalten, Kompetenzen, verwendeten Materialien und Werkzeugen sowie auch funktionale berufliche Basistätigkeiten. Zudem werden die Begriffe „Fähigkeiten und Kompetenzen“ einerseits synonym verwendet und andererseits werden Fähigkeiten als Fertigkeiten verstanden.[254]

---

253 https://ec.europa.eu/esco/portal/home (2018-09-13).

254 Im Englischen: „skills“ ebenfalls im engeren so wie im übergeordneten Sinne (ebd.). Siehe insgesamt https://ec.europa.eu/esco/portal/skill (2019-10-08).

Soll ESCO für die Entwicklung qualifikationsfordernder Reglementierungen nutzbar gestaltet werden, so bedarf es zunächst einer weiteren systematischen Strukturierung auf der untersten Ebene der Klassifikation. Hierbei wäre die Ausarbeitung und Einfügung von standardisierten funktionalen beruflichen Basistätigkeiten im o. g. Sinne als konstituierendes Element für die dann darauf aufzubauenden klassifizierenden Zusammenfassungen zu beruflichen Aufgaben, Aufgabenbündel, Berufen etc. besonders geeignet.

Zu empfehlen wäre die Schaffung der aus dem NOS bekannten Kategorie der Kriterien der erwarteten sachgerechten Ausführung von beruflichen Basistätigkeiten (Performance) für die zu klassifizierenden erwerbsberuflichen Aufgaben (s. z. B. Tab. 11). Die sachgerechte Ausführung ist es ja, auf die es ankommt, wenn es gilt, ein Ziel – hier ein dem Allgemeinwohl dienendes – zu erreichen, zumal wenn es gerechtfertigt sein soll, das bedeutende Grundrecht der freien Berufsausübung dafür einzuschränken.

Darüber hinaus würde die so angepasste Struktur von ESCO es einfacher ermöglichen, dass die grundlegende Anforderung aus dem entwickelten Gestaltungsansatz – die strikte Differenzierung zwischen erwerbsberuflichen Tätigkeiten und Berufsausbildungen bis zu dem Punkt, an dem klar ist, was zu reglementieren ist – eingehalten werden kann. Dies ist durch die separate ESCO-Kategorie der „Berufe“[255] zwar bereits grundsätzlich gegeben, setzt in der Umsetzung jedoch im Detail voraus, dass die durchgeführte Erhebung und Klassifizierung möglichst neutral erfolgt, also weitestgehend unbeeinflusst von vorhandenen beruflichen Bildungsgangskonstrukten bzw. von der dahinterstehenden spezifischen Denkweise.

Im Weiteren wäre zu beachten, dass die ESCO-Kategorie der „Fähigkeiten“ de facto solche auch enthalten sollte (s.o.). Im Kontext einer unionsweiten Koordinierung empfiehlt es sich – falls im konkreten Fall erforderlich[256] – die Unterkategorien „Kenntnisse, Fertigkeiten und Kompetenz“ aus dem „Europäischen Qualifikationsrahmen für lebenslanges Lernen“ (EQR 2008, S. 3) zu eigen zu machen. Wobei die Perspektive nicht auf Lernergebnisse ausgerichtet sein dürfte, sondern auf die „Performance“ (s. o.). Das bedeutet, sich die Frage zu stellen: Was muss gewusst, gekonnt und beherrscht werden, um die beruflichen Tätigkeiten oder Aufgaben sachgerecht ausführen zu können. Für die Entwicklung konkreter Qualifizierungsmaßnahmen im Rahmen des Entwurfs

---

255 „Berufe···Fähigkeiten···Qualifikationen“ (https://ec.europa.eu/esco/portal/home; 2018-09-14).

256 Nicht immer kann diese Untergliederung vorgenommen werden oder ist sinnvoll.

erforderlicher Berufszugangsvorschriften wären diese Kategorien dann, wie ebenso für die Konstruktion beruflicher Bildungsgänge, adäquat verfügbar.

Insgesamt entstünde so ein praktikabler, europaweit standardisierter Ordnungsrahmen sowohl für die Entwicklung qualifikationsfordernder Reglementierungen als auch für die Konzeption von umfangreichen Berufsbildungsgängen. Zusammen mit dem oben entwickelten vollständigen Gestaltungsansatz sollte es so gelingen, die Probleme der divergierenden nationalen Reglementierungs- und Qualifizierungssysteme grundlegend zu bewältigen und zu erreichen, dass europaweit gerechtfertigte Berufszugangsregelungen entwickelt werden.

10.2 Bedeutung einer berufswissenschaftlichen Begleitung

Die vorliegende Arbeit abschließend werden für den entwickelten Ansatz zur Ausgestaltung qualifikationsfordernder Reglementierungen von Berufsausübung im Folgenden wesentliche Perspektiven einer berufswissenschaftlichen Begleitung seiner Umsetzung eröffnet. Der erarbeitete Ansatz versteht sich, wie schon ausgeführt, als ein von berufswissenschaftlichem Denken geleiteter Beitrag zur Lösung der durch die Diversität und Insuffizienz nationaler Vorschriften hervorgerufenen Hindernisse. Hindernisse, die die Weiterentwicklung der beruflichen Handlungsfreiheit im Rahmen der fortschreitend werteorientierten europäischen Integration hemmen.

Bereits die als Vorbedingung für den grundlegenden Ansatz ausgeführten Anforderungen an die Herausbildung des legitimen Zwecks einer Reglementierung verlangen die Inanspruchnahme geeigneter berufswissenschaftlicher Methoden und Instrumente. Durch die bezogen auf die Kernobjekte der bearbeiteten Problemstellung korrespondierenden Gegenstandsbezüge der Berufswissenschaft, bietet diese geeignete Forschungsansätze sowie Methoden und Instrumente, die eine fundierte Umsetzung des Gestaltungsansatzes gewährleisten können.

Auch zur Erfüllung weiterer Bedingungen für die Gestaltung, die freie Berufsausübung gerechtfertigt einschränkender Qualifikationsforderungen – namentlich u. a. die Geeignetheit und die Erforderlichkeit – ist ein systematisches, wissenschaftliches Vorgehen notwendig. Insbesondere die berufswissenschaftliche Forschung im Speziellen, die sich mit Erwerbstätigkeit und mit dem zu ihrer sachgerechten Ausübung erforderlichen Wissen und Können befasst, verfügt über adäquate Konzepte, die wesentlich zur Ausgestaltung gerechtfertigter Qualifikationsmaßnahmen beitragen können.

Berufswissenschaftliche Forschung steht jedoch nicht allein, wenn es darum geht, die komplexen Verfahren zur sachgerechten Ausarbeitung qualifikationsfordernder Regelungen umzusetzen. Fast immer ist, aufgrund der vielfältig möglichen gesellschaftlichen Einzigartigkeit jedes Reglementierungsproblems, eine interdisziplinäre Anwendung des erarbeiteten Ansatzes erforderlich. Je nach Art und Kontext des zu reglementierenden Sachverhaltes der Ausübung erwerbsberuflicher Tätigkeiten kann und muss diese in Kooperation mit Expertise aus weiteren Wissensgebieten durchgeführt werden.

Im Ergebnis wird im Folgenden somit dargelegt, wie es gelingen kann, mithilfe einer berufswissenschaftlichen Begleitung des erarbeiteten emanzipatorisch geleiteten Ansatzes zur Gestaltung von Berufszugangsregelungen europatauglich und damit zukunftsfähig zu verwirklichen.

10.2.1 Korrespondierender Gegenstandsbezug der Berufswissenschaft

Zu den Gebieten der Berufswissenschaft zählt in ihrem weiten Verständnis das Streben nach sowie das Gewinnen und Bewahren von Erkenntnissen über Berufe (Pahl 2017, S. 341; s. a. Teil I 2.4). Kernobjekte für die, zur Umsetzung des entwickelten Gestaltungsansatzes durchzuführenden, Untersuchungen sind einerseits die Ausübung beruflicher Tätigkeiten und andererseits die im Kontext der jeweiligen konkreten Problemstellung relevanten Aspekte des Konstruktes „Beruf“. Zugangsreglementierungen legen fest, welche Voraussetzungen zu erfüllen sind, damit die entsprechenden Tätigkeiten – dem breiten Begriffsverständnis folgend als Erwerbsberuf zu bezeichnen – ausgeübt werden dürfen. Dass nun für die Initiierung einer Zugangsvorschrift, die den genannten Grundgarantien und rechtsstaatlichen Grundsätzen genügen soll, ein valides wissenschaftliches Vorgehen zur Identifizierung des legitimen Zwecks erforderlich ist, liegt im Anspruch der Sache selbst begründet.

Anerkannte zwingende Gründe des Allgemeininteresses gibt es in Vielzahl. Leicht sind diese zur Begründung einer Regelungsmaßnahme angeführt, auch wenn sie tatsächlich vornehmlich den Interessen einzelner gesellschaftlicher Gruppen dienen. Als Ausgangspunkte für die Herleitung eines legitimen Zwecks sind, wie im entwickelten Ansatz ausgeführt, jedoch allein Sachverhalte erwerbsberuflicher Tätigkeitsausübung geeignet, für die sich die Notwendigkeit ergeben hat, hierzu Maßnahmen zum allgemeinen Wohle zu ergreifen. Die Notwendigkeit, ein legitimes Ziel erreichen zu müssen, entsteht somit erst aus den erkannten Problemen, die mit der Ausübung der diesbezüglichen beruflichen Tätigkeiten einhergehen.

Damit kommt der Untersuchung der Problem auslösenden beruflichen Tätigkeiten eine grundlegende Schlüsselfunktion zu. Nur wenn hier, sinnbildlich am

Fundament der freiheitlichen Ausgestaltung von Zugangsreglementierung, mit entsprechender Expertise an die Aufgabe herangegangen wird, kann es gelingen, für die gesamte folgende Kausalkette – ausgehend von den mit den beruflichen Tätigkeiten verbundenen auslösenden Sachverhalten, über den zu verfolgenden legitimen Zweck, über die Aspekte der Verhältnismäßigkeit bis hin zur externen Konsistenz – einen den strengen Anforderungen europäischer Grundgarantien beruflicher Handlungsfreiheit gerecht werdendes Ergebnis zu erzielen.

> Wenn es also darum geht, qualifikationsfordernde Reglementierungen zu initiieren, stellen berufliche Tätigkeiten das grundlegende Objekt des Interesses dar. Untersuchungsgegenstand von Berufswissenschaft im übergeordneten Verständnis sind nun genau berufliche Tätigkeiten, insbesondere dann wenn, eine systematische, zweckgerichtete Schablonisierung oder Agglomeration dieser – etwa für eine Regelungsmaßnahme – erforderlich ist.

Neben dem korrespondierenden Gegenstandsbezug hält die Berufswissenschaft darüber hinaus eine Reihe von Methoden und Instrumenten[257] zur Erforschung relevanter Aspekte von Berufsausübung bereit und ermöglicht somit diesbezüglich ein planvolles Vorgehen zur Gewinnung der erforderlichen Erkenntnisse (Pahl 2017, S. 392 ff.). Während die in der Berufswissenschaft angewandten Methoden und Instrumente grundsätzlich zunächst disziplinneutral sind (Pahl 2017, S. 398), entsteht die Eignung der Berufswissenschaft zur Umsetzung des entworfenen emanzipatorischen Gestaltungsansatzes durch die eigene Perspektive, die sie mitbringt: *„Sie ist auf die Wirklichkeit der Berufswelt gerichtet und versucht, zu speziellen und generalisierenden Aussagen zu gelangen.“* (ebd., S. 339).

Die Perspektive und das tief gehende Verständnis über Zusammenhänge im Kontext der Ausübung erwerbsberuflicher Tätigkeiten befähigen berufswissenschaftliche Forschung somit dazu, die berufsausübungsbezogenen Sachverhalte, die das zu verfolgende legitime Ziel der Regelungsmaßnahme auslösen, präzise und valide zu erfassen und darauf aufbauend insgesamt gerechtfertigte Reglementierungen zu entwickeln.

257 Die Einordnung von berufswissenschaftlichen Methoden und ihren Instrumenten wird in der einschlägigen Literatur unterschiedlich vorgenommen (s. z. B. Becker/Spöttl 2008, S. 70; Pahl 2017, S. 398; Rauner 2006, S. 555 ff.).

10.2.2 Eignung berufswissenschaftlicher Forschung im Speziellen

Grundvoraussetzung für eine, die freie Berufsausübung gerechtfertigt einschränkende qualifikationsfordernde, Berufszugangsvorschrift ist – wie oben herausgearbeitet – die Geeignetheit der Qualifikationsmaßnahmen. Die Geeignetheit der Maßnahmen misst sich wiederum daran, ob mit ihnen eine adäquate Befähigung zur sachgerechten Ausübung der relevanten Tätigkeiten erlangt werden kann und so das legitim verfolgte Ziel tatsächlich erreicht wird. Das Objekt der Beurteilung der Geeignetheit geht also über die, das Problem auslösenden, beruflichen Tätigkeiten hinaus. Im Rahmen einer berufswissenschaftlichen Untersuchung ist dabei zuvorderst grundsätzlich zu klären, ob für das angestrebte Ziel überhaupt eine Qualifikationsmaßnahme zielführend wäre. Als Nächstes ginge es um die Fragen, welche Kenntnisse, Fertigkeiten und Fähigkeiten[258] für die sachgerechte Ausführung der beruflichen Tätigkeiten erworben werden müssten. Darauf aufbauend kann dann eine effektive didaktische Konzeption für die Qualifikationsmaßnahme entworfen werden, die ggf. auch den Entwurf einer Prüfungsordnung beinhaltet, welche über die tatsächlich erworbene Befähigung aussagekräftig Auskunft geben kann.

Zur Bewertung der Erforderlichkeit, sowohl einer Qualifikationsmaßnahme insgesamt als auch hinsichtlich der geforderten geringstmöglichen Beeinträchtigung durch ihren Umfang und ihre fachliche Komplexität, ist eine ausgewiesene Expertise, über die Zusammenhänge um die sachgerechte Ausübung beruflicher Tätigkeiten und den zielgerichteten Erwerb dazu erforderlicher Befähigungen, ebenfalls von Nöten. Diejenige Berufswissenschaft im engeren Sinne,[259] die sich mit Erwerbstätigkeit und dem zu ihrer sachgerechten Ausübung erforderlichen Wissen und Können mit dem Ziel befasst, die Kompetenzentwicklung des Einzelnen zu befördern, verfügt über verschiedenste Forschungskonzepte (s. u. a. Becker/Spöttl 2008, S. 17), mit denen es gelingen kann, die notwendige Geeignetheit und Erforderlichkeit einer Berufszugangsregelung zu erreichen und abzusichern.

Zu beachten ist dabei allerdings, dass der Schwerpunkt berufswissenschaftlicher Forschungsarbeit im Speziellen auf der Zusammenführung von Qualifikations- und Curriculumforschung zur Konzeption von Berufs(aus)

---

258 Auch im Sinne des europäischen Qualifikationsrahmens für lebenslanges Lernen („Kenntnisse, Fertigkeiten und Kompetenz" EQR 2008, S. 3).

259 Vgl. „spezifische Berufswissenschaft" (Pahl 2017, S. 370).

bildungen liegt. *„Die Auseinandersetzung mit den Herausforderungen der Arbeitswelt ist eine der Voraussetzungen für die Gewinnung von Erkenntnissen, auf dessen Basis sich gesellschaftlich akzeptierte Berufsbilder gestalten lassen* […]*"* (Becker/Spöttl 2008, S. 32). Der grundlegende Ausgangspunkt des erarbeiteten Gestaltungsansatzes fordert jedoch – wie oben ausgeführt – eine konsequente systematische Differenzierung zwischen qualifikationsfordernden Reglementierungsmaßnahmen zur Erreichung eines speziellen dem Allgemeinwohl dienenden Zwecks und berufsbildenden Bildungsgängen, die allgemein für eine erwerbsberufliche Tätigkeit oder ein Tätigkeitsbündel qualifizieren sollen.

Dies bedeutet, dass die Untersuchung der relevanten beruflichen Tätigkeiten und die zu ihrer Ausübung erforderlichen Befähigungen, wie es eben sonst bei der speziellen Berufswissenschaft überwiegend nicht der Fall ist, „bildungsneutral" erfolgen muss. Es gilt, sich also bewusst zu sein, dass diese Aufgabe deutlich von dem Vorhaben zu unterscheiden ist, einen Berufsausbildungsgang zu entwickeln. Der explizite Bezug berufswissenschaftlicher Forschung zur Berufsfachlichkeit (Rauner 2006, S. 246, Becker/Spöttl 2008, S. 55) kann hier dennoch erheblich dazu beitragen, dass es gelingt, eine überzeugende, d. h. den strengen emanzipatorischen Anforderungen genügende Qualifizierungsmaßnahme zu konzipieren.

Die besondere Eignung einer berufswissenschaftlichen Vorgehensweise zur Umsetzung des erarbeiteten Ansatzes ergibt sich dabei aus der eigenen Perspektive, die diese in ihrer speziellen domänenbezogenen Ausrichtung einnimmt. *„Die zur Ausübung des Berufes erforderlichen Kenntnisse, Fähigkeiten und Fertigkeiten sind eben nicht abstrakt, sondern im Zusammenhang mit den beruflichen Geschäfts- und Arbeitsprozessen zu untersuchen."* (Becker/Spöttl 2008, S. 67).

Die übergeordnete Zielsetzung liegt, wie o. g., indes nicht auf einer breiten berufsbildenden Qualifizierung, sondern auf das hinreichend effektive Erreichen des legitimen Zwecks, welchem die Reglementierung gilt. Welches bedeutet, dass eine Ausrichtung der gerechtfertigt geforderten Qualifikationsmaßnahme auf das Sicherstellen der Befähigung zu sachgerechten Ausführung konkreter beruflicher Tätigkeiten im Zusammenhang mit den beruflichen Geschäfts- und Arbeitsprozessen erfolgen muss. In der Beachtung und Untersuchung der sogenannten „Performanz" (ebd., S. 55) bringt die spezielle berufswissenschaftliche Forschung jedoch auch diesbezüglich die notwendige Perspektive mit, die erforderlich ist, um erfolgsversprechende Ergebnisse liefern zu können.

10.2.3 Erforderliche Interdisziplinarität zur Umsetzung des Ansatzes

Bei der Ausarbeitung einer konkreten Berufszugangsregelung ist – nunmehr bekannterweise – zu beachten, dass diese stets das mit ihr verfolgte Ziel berücksichtigen muss. So stellt jede Herleitung einer Qualifizierungsmaßnahme grundsätzlich einen speziellen Einzelfall dar, der einer ihm eigenen Systematik unterliegt. Grund hierfür ist die Verschiedenheit an legitimen Zwecken oder besser die Vielfältigkeit der im Kontext beruflicher Arbeit auftretenden Sachverhalte, die ein Problem auslösen können, welches das Verfolgen dieses Zweckes erforderlich macht. Dies führt im Weiteren in den meisten Fällen dazu, dass bereits bei der Untersuchung der die Reglementierung auslösenden Zusammenhänge, Expertise anderer wissenschaftlicher Disziplinen hinzuzuziehen ist.

So wären zum Beispiel für die Untersuchung der Zusammenhänge von auftretenden physischen oder psychischen Belastungen im Rahmen der Ausübung beruflicher Tätigkeiten, Fachwissen und Forschungsmethoden etwa aus dem Bereich der Arbeitsmedizin hinzuziehen. Der legitime Zweck läge dann in der Minderung oder Vermeidung der gesundheitlichen Beeinträchtigung der Berufsausübenden, eine auf die Grundgarantie des Rechts auf Unversehrtheit zurückgehende Zielsetzung. Die notwendige fundierte und zielgerichtete Erfassung der relevanten beruflichen Tätigkeiten und die ggf. kritischen Rahmenbedingungen ihrer Ausübung müsste hier kooperativ interdisziplinär erfolgen. Auch die Bewertung der Geeignetheit und der Erforderlichkeit einer eventuell vorzusehenden Abhilfe schaffenden Qualifikationsmaßnahme kann ohne fachübergreifendes Expertenwissen nicht vorgenommen werden.

Die Sicherstellung oder Überprüfung des übergeordneten Aspekts des Gerechtfertigtseins von qualifikationsfordernden Reglementierungen, der externen Konsistenz, erfordert ebenso eine Zusammenarbeit mit weiteren Disziplinen. Ein ganzheitlicher, d. h. ein die Rahmenbedingungen im rechtssystematischen Umfeld der Berufszugangsvorschrift berücksichtigender Ansatz muss z. B. Wissen über die Wirksamkeit von Kontrollsystemen und/oder Sanktionierungsordnungen sowie Verfahren zur Evaluation dieser zur Verfügung stellen. Nicht zuletzt ist auch die Bewertung der Angemessenheit interdisziplinär zu bearbeiten. Die Abwägung, ob der Aufwand, der dem Einzelnen durch die Zugangsreglementierung auferlegt wird, noch im Verhältnis zu dem für das gesetzte Gemeinwohlziel Erreichten steht, unterliegt einer sich wandelnden soziokulturellen Perspektive. Deren sachgemäße Durchführung erfordert damit auf jeden Fall mindestens sozialwissenschaftliches Expertenwissen.

> Für eine berufswissenschaftlich geleitete interdisziplinäre Vorgehensweise im Zuge erforderlicher vertiefender Untersuchungen zur zielgerichteten fallbezogenen Umsetzung des erarbeiteten Gestaltungsansatzes spricht, dass der Hauptgegenstand berufswissenschaftlicher Forschung,[260] der „Beruf", es bereits mit sich bringt, dass interdisziplinär gedacht und gearbeitet wird (Dostal 2006, S. 107).

Es besteht also eine gewisse Erfahrung mit und Offenheit gegenüber der Einbeziehung anderer Disziplinen zur Entwicklung entsprechend qualifizierter Ergebnisse. Darüber hinaus sind die im Rahmen berufswissenschaftlicher Forschung eingesetzten Methoden und Instrumente von interdisziplinärem Charakter (Pahl 2017, S. 393), welches ein zielführendes kooperatives Disziplin überschreitendes Arbeiten erleichtert.

Grundsätzlich betrachtet ist, wie o. a., jeder „Fall" einer qualifikationsfordernden Reglementierung ein spezieller Einzelfall. Dies bedeutet, dass je nach betroffenem thematischem und gesellschaftspolitischem Kontext ggf. bisher nicht genannte weitere oder andere Forschungsdisziplinen gefordert sein werden. Allein aufgrund der im hergeleiteten Gestaltungsansatz insbesondere umgesetzten „europäischen" Forderung nach einer gerechtfertigten Gestaltung nationaler Vorschriften, die gemäß der strengen juristischen Prinzipien der legitimen *„übergeordnete*[n] *Gründe des Allgemeininteresses"* (2005/36/EG 2016, Artikel 59, Absatz 3. lit. b) sowie der Geeignetheit und der Erforderlichkeit (ebd., lit. c) durchzuführen ist, ist immer auch rechtswissenschaftliches Expertenwissen zur Durchführung der erforderlichen juristischen Evaluation einzubeziehen.

So kann es dann interdisziplinär gelingen, mithilfe des entwickelten emanzipatorisch geleiteten berufswissenschaftlichen Ansatzes Berufszugangsregelungen europatauglich und damit zukunftsfähig auszugestalten.

260 I. w. S.

Schlussbetrachtung

Gemeinschaften erschaffen Regeln. In Gemeinschaften leben Individuen.

Über Jahrtausende haben sich Philosophen intensiv mit dem Verhältnis dieser beiden Pole menschlicher Existenz auseinandergesetzt. Kern des Problems sind die dazu korrespondierenden diametralen Charakteristika des Menschen: einerseits sein ureigenes Streben nach individueller Freiheit und andererseits das evolutionär herausgebildete Verhalten sich zu Gemeinschaften zusammenschließen. Der Einzelne möchte seine Zukunft nach seinen eigenen Vorstellungen gestalten; auf jeden Fall aber soweit beeinflussen können, dass er das Gefühl haben kann, er lebe hinreichend selbstbestimmt. Die Geschichte der Menschheit ist jedoch die Geschichte von menschlicher Gemeinschaft. Die Entwicklung zum Homo sapiens ist fest mit der Bildung von Gruppen verbunden. Sei es zur Nahrungsbeschaffung, zum Aufziehen des Nachwuchses, zur Verteidigung gegen gefährliche Tiere oder im Rahmen des Konkurrenzkampfes mit anderen Gruppen. Gemeinschaft ist eine Notwendigkeit zum Zwecke des Überlebens.

In der Epoche der Moderne, als deren Ausgangspunkt die Französische Revolution angesehen werden kann, führte die einsetzende Industrialisierung sowie die sich verbreitende Idee des Liberalismus zu bedeutsamen gesellschaftlichen Umbrüchen, die bis heute unser Zusammenleben bestimmen. Im Zuge dessen haben sich viele namhafte Philosophen um Erkenntnis des idealen Wesens eines modernen Staates für „freie" Individuen bemüht. Eine Vielzahl von Theorien wurde entwickelt: im Widerspruch zueinanderstehende, höchst umstrittene, heftige Kontroversen auslösende sowie nicht zuletzt solche, die politische Extrempositionen begründen. Einige hatten darüber hinaus schwerwiegende Folgen für die Realität vieler Menschen.

Ein ebenso hoch geschätzter wie bekämpfter Philosoph der beginnenden Moderne war Georg Wilhelm Friedrich Hegel (1770–1831). Zum einen wird angegeben, Hegel sei maßgeblich von Adam Smith, einem der Hauptvertreter des Liberalismus, beeinflusst worden (Henderson/Davis 1991). Zum anderen kann begründet angenommen werden, dass alle bedeutenden zeitgenössischen und bis heute nachfolgenden Philosophen – die das o. g. Kernproblem bearbeitet haben – sich mit Hegels Philosophie auseinandergesetzt, sie aufgegriffen, weiterentwickelt oder versucht haben sie zu widerlegen. Seine Überlegungen und Erkenntnisse nehmen somit eine zentrale Position in den vielfältig miteinander verknüpften sozialphilosophischen Gedankenwelten zum übergeordneten Spannungsfeld der in der vorliegenden Arbeit behandelten Fragestellung ein.

Nachdem eingangs zur Lösung des konkreten Problems eine idealistische Festlegung auf den Entwurf eines freiheitlichen Ansatzes erfolgte, soll folgendes Zitat abschließend den Blick wieder weiten:

> *„Der Staat ist die Wirklichkeit der konkreten Freiheit; die konkrete Freiheit aber besteht darin, daß die persönliche Einzelheit und deren besondere Interessen sowohl ihre vollständige Entwicklung und die Anerkennung ihres Rechts für sich (im Systeme der Familie und der bürgerlichen Gesellschaft) haben, als sie durch sich selbst in das Interesse des Allgemeinen teils übergehen, teils mit Wissen und Willen dasselbe und zwar als ihren eigenen substantiellen Geist anerkennen und für dasselbe als ihren Endzweck tätig sind, so daß weder das Allgemeine ohne das besondere Interesse, Wissen und Wollen gelte und vollbracht werde, noch daß die Individuen bloß für das letztere als Privatpersonen leben und nicht zugleich in und für das Allgemeine wollen und eine dieses Zwecks bewußte Wirksamkeit haben. Das Prinzip der modernen Staaten hat diese ungeheure Stärke und Tiefe, das Prinzip der Subjektivität sich zum selbständigen Extreme der persönlichen Besonderheit vollenden zu lassen und zugleich es in die substantielle Einheit zurückzufahren und so in ihm selbst diese zu erhalten.“* (Hegel 1820, § 260).

In diesem Sinne ist der entwickelte emanzipatorische Ansatz zur Ausgestaltung qualifikationsfordernder Reglementierungen von Berufsausübung tatsächlich als ein – nunmehr präsentiertes – Mittel zum Zwecke, die Welt im Kontext der europäischen Integration etwas besser zu machen, zu verstehen.

Anhang

Anhang 1: Qualifikationsniveaus nach Artikel 11 der Richtlinie 2005/36/EG

Im Weiteren ordnet die Richtlinie 2005/36/EG in ihrem dafür bekannten Artikel 11 die verschiedenen Berufsqualifikationen nach *„Qualifikationsniveaus"* (ebd., 2016, Artikel 11). Zur Veranschaulichung im Allgemeinen und in der Zuordnung zu den Niveaustufen sind einige Beispiele von in Deutschland reglementierten Qualifikationsanforderungen in folgender Aufzählung dargestellt:
Befähigungsnachweise nach Art. 11 a):

- Unterrichtungsnachweis nach Gewerbeordnung
- Nachweis darüber, dass der Aufsteller von Spielgeräten *„über die für die Ausübung des Gewerbes notwendigen Kenntnisse zum Spieler- und Jugendschutz unterrichtet worden ist"* (GewO 2016 ebd., § 33c).
- Sachkundenachweis aufgrund von Einzelvorschriften
- Nachweis über die erfolgreiche Teilnahme an einem Trainingsprogramm für Tätigkeiten an Klimaanlagen in Kraftfahrzeugen oder anderen mobilen Kälte- und Klimaanlagen (ChemKlimaschutzV 2017, § 5, Absatz 2, Ziff. 5 i. V. m. Verordnung 307/2008/EG 2008, Anhang).
- „kleine" Ausbildungsnachweise
- Nachweis über die Teilnahme an der Ausbildung und über das Ergebnis der Abschlussprüfung zum Fahren von Flurförderzeugen mit Fahrersitz und Fahrerstand (DGUV 1995, § 7 und BGG 2003, Abschnitt 8).

Ausbildung auf Sekundarniveau nach Art. 11 b):
Auf diesem Qualifikationsniveau sind im gewerblich-technischen Bereich formell[261] keine Berufe reglementiert. Im gesundheits- und sozial Bereich existieren eine Vielzahl von Assistenten- bzw. Helfer-Ausbildungsgängen, wie etwa der neu geschaffene Notfallassistent (NotSanG 2016).

---

261 Für eine Vielzahl von Absolventen gewerblich-technischer Ausbildungsgänge auf dem Niveau Geselle/Facharbeiter ist allerdings der Zugang zur selbstständigen Berufsausübung vollständig verwehrt (zulassungspflichtige Handwerke – HwO 2015, Anlage A).

Postsekundären Ausbildung nach Art. 11 c)
Im gewerblich-technischen Bereich fallen hierunter vornehmlich die Meisterprüfungen für die Ausübung zulassungspflichtiger Handwerker nach HwO (2015, Anlage A), wie z. B. die Meisterprüfung im Elektrotechnikerhandwerk (ElektroTechMstrV 2011).
3–4-jährige Hochschulausbildung nach Art. 11 d)
Nachweis über das erfolgreiche Absolvieren eines Bachelor-Studiums, etwa zum Innenarchitekten oder Bauingenieur, wenn dieses für spezielle Berufsausübungen, wie z. B. als Stadtplaner, Beratenden Ingenieure oder bauvorlageberechtigten Ingenieure (ArchIngKG-SH 2016, § 1 i. V. m. §§ 6 und 15) erbracht werden muss.
Mind. 4-jährige Hochschulausbildung nach Art. 11 e)
Nachweis über das erfolgreiche Absolvieren eines Master-Studiums, z. B. als beamtenrechtliche Laufbahnen-Zugangsvoraussetzungen für das Lehramt an berufsbildenden Schulen (LVO-Bildung-SH 2016. § 2 i. V. m. LBG-SH 2016. § 14) oder für die Tätigkeit als Juniorprofessor (HSG-SH 2016, § 64 i. V. m. LBG-SH 2016. § 14).

Anhang 2: Qualifikationen „kleine Bauvorlageberechtigungen“ nach Bundesländern

Land	Zusätzlich akzeptierte Qualifikationen für Objekt- und fachbezogene Bauvorlageberechtigungen	
Schleswig-Holstein LBO-SH 2009, § 65 i. V. m. § 2	Meister des Maurer-, Zimmerer-, Beton- und Stahlbetonbauerhandwerks; staatlich geprüfte Techniker	freistehende Wohngebäude mit einer Höhe bis zu 7 m und nicht mehr als zwei Nutzungseinheiten von insgesamt nicht mehr als 400 m^2; untergeordnete eingeschossige Anbauten an bestehende Wohngebäude der Gebäudeklassen 1 bis 3
Hamburg HBauO 2005, § 67 i. V. m. § 2	Meister des Maurer-, Zimmerer-, Beton- und Stahlbetonbauerhandwerks; staatlich geprüfte Techniker der Fachrichtung Bautechnik	freistehende und nicht freistehende Wohngebäude mit einer Höhe bis zu 7,0 m und nicht mehr als zwei Nutzungseinheiten von insgesamt nicht mehr als 400 m^2
Bremen LBO-HB 2009 § 65	Handwerksmeister des Maurer-, des Beton- oder Stahlbetonbauer- oder Zimmererhandwerks; Personen, die diesen handwerksrechtlich gleichgestellt sind; staatlich geprüfte Techniker der Fachrichtung Bautechnik mit Schwerpunkt Hochbau	Einfamilienhäuser, einschließlich einer Einliegerwohnung, mit einer Geschossfläche bis zu 200 m^2, ausgenommen sind Vorhaben an Kulturdenkmälern oder in ihrer Umgebung; gewerbliche Gebäude mit nicht mehr als einem oberirdischen Geschoss bis zu 250 m^2 Grundfläche und bis zu 5 m Wandhöhe […]; landwirtschaftliche Betriebsgebäude mit nicht mehr als 2 oberirdischen Geschossen bis 250 m^2 Grundfläche; Garagen bis 100 m^2 Nutzfläche; einfache Änderungen von sonstigen Gebäuden
Niedersachsen NBauO 2012 § 53	Meister des Maurer-, des Betonbauer- oder des Zimmererhandwerks; Personen, nach § 7 Abs. 3, 7 oder 9 Handwerksordnung gleichgestellt; staatlich geprüfte Techniker der Fachrichtung Bautechnik mit Schwerpunkt Hochbau	genehmigungsbedürftige Baumaßnahmen, die Handwerksmeister aufgrund ihrer beruflichen Ausbildung und Erfahrung entwerfen können

Land	Zusätzlich akzeptierte Qualifikationen für Objekt- und fachbezogene Bauvorlageberechtigungen	
Berlin **BauO-Bln 2005** **§ 65**	staatlich geprüfte Techniker der Fachrichtung Bautechnik mit Schwerpunkt Hochbau; Handwerksmeister des Maurer- und Beton- oder Zimmererfachs	Gebäude mit nicht mehr als zwei Wohnungen und insgesamt nicht mehr als 250 m^2 Brutto-Grundfläche; eingeschossige gewerbliche Gebäude bis zu 250 m^2 Brutto-Grundfläche und bis zu 5 m Wandhöhe, gemessen von der Geländeoberfläche bis zur Schnittlinie zwischen Dachhaut und Außenwand; Garagen bis zu 250 m^2 Nutzfläche
Hessen **HBO 2011** **§ 49**	Meister im Maurer- und Betonbauer- oder Zimmererhandwerk; Personen mit einer erfolgreich abgelegten Prüfung, die als Voraussetzung für die Befreiung von der Prüfung der fachtheoretischen Kenntnisse dieser Meisterprüfungen anerkannt ist; staatlich geprüfte Techniker der Fachrichtung Bautechnik	Wohngebäude mit nicht mehr als zwei Wohnungen und mit insgesamt nicht mehr als 200 m^2 Wohnfläche; eingeschossige gewerbliche Gebäude bis 200 m^2 Brutto-Grundfläche und bis 3 m Wandhöhe, gemessen von der Geländeoberfläche bis zur Schnittlinie zwischen Dachhaut und Außenwand; landwirtschaftliche Betriebsgebäude der Gebäudeklassen 1 bis 3 bis 200 m^2 Brutto-Grundfläche des Erdgeschosses; Garagen bis 200 m^2 Nutzfläche
Baden-Württemberg **LBO-BW 2010** **§ 43**	staatlich geprüfte Techniker der Fachrichtung Bautechnik; Meister des Maurer-, Betonbauer-, Stahlbetonbauer- oder Zimmererhandwerks; Personen, die diesen, mit Ausnahme von § 7 b der Handwerksordnung, handwerksrechtlich gleichgestellt sind	Wohngebäude mit einem Vollgeschoss bis zu 150 m^2 Grundfläche: eingeschossige gewerbliche Gebäude bis zu 250 m^2 Grundfläche und bis zu 5 m Wandhöhe, gemessen von der Geländeoberfläche bis zum Schnittpunkt von Außenwand und Dachhaut: land- oder forstwirtschaftlich genutzte Gebäude bis zu zwei Vollgeschossen und bis zu 250 m^2 Grundfläche

Land	Zusätzlich akzeptierte Qualifikationen für Objekt- und fachbezogene Bauvorlageberechtigungen	
	Vorhaben, die nur aufgrund örtlicher Bauvorschriften kenntnisgabepflichtig sind; Vorhaben, die von Beschäftigten im öffentlichen Dienst für ihren Dienstherrn geplant werden, wenn die Beschäftigten a) eine Berufsausbildung nach § 4 des Architektengesetzes haben oder b) die Eintragungsvoraussetzungen nach Absatz 6 erfüllen; Garagen bis zu 100 m² Nutzfläche; Behelfsbauten und untergeordnete Gebäude	
Bayern **BayBO 2007** **Artikel 61**	staatlich geprüfte Techniker der Fachrichtung Bautechnik; Handwerksmeister des Maurer- und Betonbauer- sowie des Zimmererfachs Wer einen Studiengang der Fachrichtung Holzbau und Ausbau [...] erfolgreich abgeschlossen hat, für die Bauvorhaben nach Abs. 3, sofern sie in Holzbauweise errichtet werden;	freistehende oder nur einseitig angebaute oder anbaubare Wohngebäude der Gebäudeklassen 1 bis 3 mit nicht mehr als drei Wohnungen; eingeschossige gewerblich genutzte Gebäude mit freien Stützweiten von nicht mehr als 12 m und nicht mehr als 250 m²; land- oder forstwirtschaftlich genutzte Gebäude; Kleingaragen im Sinn der Rechtsverordnung nach Art. 80 Abs. 1 Satz 1 Nr. 3; einfache Änderungen von sonstigen Gebäuden
	Wer unter Beschränkung auf sein Fachgebiet Bauvorlagen aufstellt, die üblicherweise von Fachkräften mit einer anderen Ausbildung als sie die in Abs. 2 genannten Personen [Architekt oder Bau-Ing.] haben, aufgestellt werden; Wer für ein Amt ab der Besoldungsgruppe A 10 in der Fachlaufbahn Naturwissenschaft und Technik, fachlicher Schwerpunkt bautechnischer und umweltfachlicher Verwaltungsdienst, qualifiziert ist, für seine Tätigkeit für seinen Dienstherrn.	

Literaturverzeichnis

1071/2009/EG (2009): VERORDNUNG (EG) Nr. 1071/2009 DES EUROPÄISCHEN PARLAMENTS UND DES RATES vom 21. Oktober 2009 zur Festlegung gemeinsamer Regeln für die Zulassung zum Beruf des Kraftverkehrsunternehmers und zur Aufhebung der Richtlinie 96/26/EG des Rates. ABl. L 300 vom 14.11.2009, S. 51–71.

2. HwVO (1935): Zweite Verordnung über den vorläufigen Aufbau des deutschen Handwerks. Vom 18. Januar 1935. Reichsgesetzblatt I Nr. 3 vom 23. Januar 1935, S. 14–15.

2005/36/EG (2005): RICHTLINIE 2005/36/EG DES EUROPÄISCHEN PARLAMENTS UND DES RATES vom 7. September 2005 über die Anerkennung von Berufsqualifikationen. ABl. L 255 vom 30.9.2005, S. 22–142.

2005/36/EG (2013): RICHTLINIE 2005/36/EG DES EUROPÄISCHEN PARLAMENTS UND DES RATES vom 7. September 2005 über die Anerkennung von Berufsqualifikationen. ABl. L 255 vom 30.9.2005, S. 22 konsolidiert.

2005/36/EG (2016): RICHTLINIE 2005/36/EG DES EUROPÄISCHEN PARLAMENTS UND DES RATES vom 7. September 2005 über die Anerkennung von Berufsqualifikationen. ABl. L 255 vom 30.9.2005, S. 22 konsolidiert.

3. HwVO (1935): Dritte Verordnung über den vorläufigen Aufbau des deutschen Handwerks. Vom 18. Januar 1935. Reichsgesetzblatt I Nr. 3 vom 23. Januar 1935, S. 15–19.

307/2008/EG (2008): VERORDNUNG (EG) Nr. 307/2008 DER KOMMISSION vom 2. April 2008 zur Festlegung — gemäß der Verordnung (EG) Nr. 842/2006 des Europäischen Parlaments und des Rates — der Mindestanforderungen für Ausbildungsprogramme sowie der Bedingungen für die gegenseitige Anerkennung von Ausbildungsbescheinigungen für Personal in Bezug auf bestimmte fluorierte Treibhausgase enthaltende Klimaanlagen in bestimmten Kraftfahrzeugen. ABl. L 92 vom 3.4.2008, S. 25–27.

AEUV (2012): VERTRAG ÜBER DIE ARBEITSWEISE DER EUROPÄISCHEN UNION (KONSOLIDIERTE FASSUNG). Amtsblatt Nr. C 326 vom 26/10/2012 S. 0001–0390.

AEUV (2016): VERTRAG ÜBER DIE ARBEITSWEISE DER EUROPÄISCHEN UNION (KONSOLIDIERTE FASSUNG). Amtsblatt Nr. C 202 vom 07/06/2016 S. 0047–0388.

AEUV-fr (2012): TRAITÉ SUR LE FONCTIONNEMENT DE L'UNION EUROPÉENNE (VERSION CONSOLIDÉE). Amtsblatt Nr. C 326 vom 26/10/2012 S. 0001–0390.

Akerlof, George A.; Shiller, Robert J.; Gebauer, Stephan (2016): Phishing for Fools. Manipulation und Täuschung in der freien Marktwirtschaft. Berlin: Econ.

AMVO (2011): Verordnung über die Meisterprüfung in den Teilen III und IV im Handwerk und in handwerksähnlichen Gewerben (Allgemeine Meisterprüfungsverordnung – AMVO) vom 26. Oktober 2011 (BGBl. I S. 2149).

ApoG (2016): Apothekengesetz in der Fassung der Bekanntmachung vom 15. Oktober 1980 (BGBl. I S. 1993), das zuletzt durch Artikel 3 des Gesetzes vom 18. April 2016 (BGBl. I S. 886) geändert worden ist.

ArbSchG (2009): Arbeitsschutzgesetz vom 7. August 1996 (BGBl. I S. 1246), das zuletzt durch Artikel 15 Absatz 89 des Gesetzes vom 5. Februar 2009 (BGBl. I S. 160) geändert worden ist.

ArchIngKG-SH (2016): Gesetz über die Führung der Berufsbezeichnungen Architektin oder Architekt, Stadtplanerin oder Stadtplaner und Beratende Ingenieurin oder Beratender Ingenieur sowie über die Errichtung einer Architekten- und Ingenieurkammer (GVOBl. 2001, 116), letzte berücksichtigte Änderung: mehrfach geändert (Art. 1 Ges. v. 14.06.2016, GVOBl. S. 386).

Arnold, Rolf; Lipsmeier, Antonius (Hg.) (2006): Handbuch der Berufsbildung. 2., überarbeitete und aktualisierte Auflage. Wiesbaden: VS Verlag für Sozialwissenschaften.

ASR A2.1 (2012): Schutz vor Absturz und herabfallenden Gegenständen, Betreten von Gefahrenbereichen, vom Ausgabe: November 2012, zuletzt geändert GMBl 2018, S. 473 (Technische Regeln für Arbeitsstätten).

Augustinus, Aurelius (1911–1916): Des heiligen Kirchenvaters Aurelius Augustinus zweiundzwanzig Bücher über den Gottesstaat. (De civitate Dei). Aus dem Lateinischen übers. von Alfred Schröder. Kempten, München 1911–16 (Des heiligen Kirchenvaters Aurelius Augustinus ausgewählte Schriften 1–3, Bibliothek der Kirchenväter, 1. Reihe, Band 01, 16, 28. Für die BKV im Internet bearbeitet von: Ottmar Strüber). Online verfügbar unter https://www.unifr.ch/bkv/buch91.htm, zuletzt geprüft am 30.11.2017.

BAuA (2003) – Bundesanstalt für Arbeitsschutz und Arbeitsmedizin (Hg.): Funktionelle, sichere und nutzerfreundliche Treppen. 3. überarbeitete und aktualisierte Auflage. Online verfügbar unter www.baua.de, zuletzt geprüft am 01.10.2019.

BauO-Bln (2005): Bauordnung für Berlin (GVBl. 2005, 495 letzte berücksichtigte Änderung: mehrfach geändert durch Gesetz vom 17.06.2016 (GVBl. S. 361)).

BayBO (2007): Bayerische Bauordnung (GVBl. S. 588, BayRS 2132-1-I zuletzt durch § 3 des Gesetzes vom 24. Juli 2015 (GVBl. S. 296) geändert).

Bayer, Nikolaus (2002): Wurzeln der Europäischen Union. Visionäre Realpolitik bei Gründung der Montanunion. St. Ingbert: Röhrig.

BBiG (2017): Berufsbildungsgesetz vom 23. März 2005 (BGBl. I S. 931), das zuletzt durch Artikel 14 des Gesetzes vom 17. Juli 2017 (BGBl. I S. 2581) geändert worden ist.

Becker, Matthias; Spöttl, Georg (2008): Berufswissenschaftliche Forschung. Ein Arbeitsbuch für Studium und Praxis. Frankfurt am Main: Lang (Berufliche Bildung in Forschung, Schule und Arbeitswelt, Bd. 2).

Becker, Matthias; Spöttl, Georg; Vollmer, Thomas (Hg.) (2012): Lehrerbildung in Gewerblich-Technischen Fachrichtungen. Bielefeld: Bertelsmann W. Verlag (Berufsbildung, Arbeit und Innovation, 37).

Benda, Johann Wilhelm Otto (1815): Die Gewerbesteuer=Verfassung des Preußischen Staats nach den dieserhalb seit dem Edict vom 2ten November 1810 erschienenen Verordnungen, gesammelt und geordnet. Breslau: Johann Friedrich Korn der ältere.

Benner, Hermann (1996): Ordnung der staatlich anerkannten Ausbildungsberufe. 2., erw. Aufl. Bielefeld: Bertelsmann.

BGG (2003): Ausbildung und Beauftragung der Fahrer von Flurförderzeugen mit Fahrersitz und Fahrerstand. Deutsche Gesetzliche Unfallversicherung: BG-Grundsatz BGG 925 September 2003 Aktualisierte Fassung November 2007.

BGH (1979): Urteil vom 08.05.1979: Zur Haftung des Krankenhausträgers für eine von einer Schwesternhelferin fehlerhaft gesetzte intramuskuläre Injektion …; Aktenzeichen – VI ZR 58/78 -.

BGH 2 (1952): Beschluss vom 10.03.1952: Verfassungsmässigkeit der im Güterfernverkehrsgesetz verordneten Konzessionspflicht nach Art. 12 GG i. V. m. Art. 19 Abs. 2 GG …; Aktenzeichen – VRG 2/52 –.

BGH 3 (1952): Urteil vom 28.04.1952: Verfassungsmässigkeit der Handwerksordnung nach Art. 12 GG i. V. m. Art. 19 Abs. 2 GG. …; Aktenzeichen – VRG 3/52 -.

BGM (2017): Bundesministerium für Gesundheit (Hg.): Bundesminister Gröhe: „Stärkung der Pflege für mehr Patientensicherheit" – Bundeskabinett bringt Einführung von Pflegepersonaluntergrenzen in bestimmten Krankenhausbereichen auf den Weg. Berlin (Pressemitteilung v. 5.4.2017). Online verfügbar unter www.bundesgesundheitsministerium.de, zuletzt geprüft am 28.10.2019.

BKrFQG (2017): Berufskraftfahrerqualifikationsgesetz vom 14. August 2006 (BGBl. I S. 1958), das zuletzt durch Artikel 3 des Gesetzes vom 30. Juni 2017 (BGBl. I S. 2162) geändert worden ist.

BKrFQV (2017): Berufskraftfahrerqualifikationsverordnung vom 22. August 2006 (BGBl. I S. 2108), die zuletzt durch Artikel 3 der Verordnung vom 14. August 2017 (BGBl. I S. 3232) geändert worden ist.

BKV (2017): Berufskraftfahrer-Ausbildungsverordnung vom 19. April 2001 (BGBl. I S. 642), die durch Artikel 1 der Verordnung vom 16. Oktober 2017 (BGBl. I S. 3564) geändert worden ist.

Böhle Fritz (2005): Erfahrungswissen hilft bei der Bewältigung des Unplanbaren. In: Berufsbildung in Wissenschaft und Praxis – BWP (BIBB-Publikation) (5/2005). 9–13.

BQFG (2012): Gesetz über die Feststellung der Gleichwertigkeit von Berufsqualifikationen (Berufsqualifikationsfeststellungsgesetz) vom 6. Dezember 2011 (BGBl. I S. 2515).

BRAO (2017): Bundesrechtsanwaltsordnung in der im Bundesgesetzblatt Teil III, Gliederungsnummer 303–8, veröffentlichten bereinigten Fassung, die zuletzt durch Artikel 3 des Gesetzes vom 30. Oktober 2017 (BGBl. I S. 3618) geändert worden ist.

Brechtel, Udo (2018): Ausländische Abschlüsse anerkennen. In: Wirtschaft zwischen Nord und Ostsee (IHK Schleswig-Holstein) (03/2018), S. 44.

BT (1998): Deutscher Bundestag (Hg.): Zwölftes Hauptgutachten der Monopolkommission 1996/1997. Unterrichtung durch die Bundesregierung, Drucksache vom 17.07.1998, 13/11291.

BT (2003): Deutscher Bundestag (Hg.): Entwurf eines Dritten Gesetzes zur Änderung der Handwerksordnung und anderer handwerksrechtlicher Vorschriften. Gesetzentwurf der Fraktionen SPD und BÜNDNIS 90/DIE GRÜNEN, Drucksache vom 24.06.2003, 15/1206.

BT (2006): Deutscher Bundestag (Hg.): Sechzehntes Hauptgutachten der Monopolkommission 2004/2005. Unterrichtung durch die Bundesregierung, Drucksache vom 25.08.2006, 16/2460.

BT (2010): Deutscher Bundestag (Hg.): Achtzehntes Hauptgutachten der Monopolkommission 2008/2009. Unterrichtung durch die Bundesregierung, Drucksache vom 22.07.2010, 17/2600.

Buchmann, Stefanie (2007): Der Meisterzwang vor und nach der Handwerksnovelle 2004 unter besonderer Berücksichtigung des Begriffes der Gefahrengeneigtheit – zugleich Leitlinie für seine zukünftige Reformierung. Dissertation. Friedrich-Schiller-Universität Jena, Jena.

Bulla, Simon (2009): Freiheit der Berufswahl. Verfassungs- und gemeinschaftsrechtliche Determinanten des Berufszugangs am Beispiel des Handwerksrechts. Baden-Baden: Nomos.

BVerfG (1961): Beschluss vom 17.07.1961: in dem Verfahren wegen verfassungsrechtlicher Prüfung der §§ 1 und 7 Abs. 1 und 2 der Handwerksordnung ...; Aktenzeichen 13, 97. In: BVerfG 69, 315 BVerfG (Erster Senat).

BVerfG (1974): Beschluss des Zweiten Senats vom 29.05.1974: Solange der Integrationsprozeß der Gemeinschaft nicht so weit fortgeschritten ist, …; Aktenzeichen 37, 271.

BVerfG (1985): Beschluss vom 14.05.1985: in den Verfahren über die Verfassungsbeschwerden betreffen das Verbot von Demonstrationen, die gegen die Errichtung des Kernkraftwerks Brokdorf …; Aktenzeichen 233, 341/81. In: BVerfG 69, 315 BVerfG (Erster Senat).

BVerfG (1986): Beschluss des Zweiten Senats vom 22.10.1986: Der Gerichtshof der Europäischen Gemeinschaften ist gesetzlicher Richter im Sinne des Art. 101 Abs. 1 Satz 2 GG. …; Aktenzeichen 197, 83.

BVerfG (2005): Beschluss vom 5.12.2005 über die Verfassungsbeschwerde des Herrn M... - gegen a) den Beschluss des Oberlandesgerichts Stuttgart vom 8. August 2002 - 2 Ss 293/2002 -…; Aktenzeichen – 1 BVR 1730/02 –.

BVerfG (2009): Urteil des Zweiten Senats vom 30.6.2009: In den Verfahren I. über den Antrag, im Organstreitverfahren festzustellen, a) dass das Gesetz vom 8. Oktober 2008 zum Vertrag von Lissabon …; Aktenzeichen – 2 BvE 2/ 08 –.

Carroll, Geoff; Boutall, Trevor (2011): Guide to Developing National Occupational Standards. Online verfügbar unter https://www.gov.uk/government/ publications/national-occupational-standards, zuletzt geprüft am 14.09.2018.

Charta (2010): CHARTA DER GRUNDRECHTE DER EUROPÄISCHEN UNION. Amtsblatt Nr. C 83 vom 30.03.2010. S. 389–403.

Charta (2016): CHARTA DER GRUNDRECHTE DER EUROPÄISCHEN UNION. Amtsblatt Nr. C 202 vom 07/06/2016 S. 0389–0405.

ChemKlimaschutzV (2017): Chemikalien-Klimaschutzverordnung vom 2. Juli 2008 (BGBl. I S. 1139), die durch Artikel 1 der Verordnung vom 14. Februar 2017 (BGBl. I S. 148) geändert worden ist.

Cicero, Marcus Tullius (54–51 v. Chr.): De Re Publica (Über das Gemeinwesen). Online verfügbar unter http://www.thelatinlibrary.com/cicero/repub.shtml, zuletzt geprüft am 02.12.2017.

COM (2013): Europäische Kommission (Hg.): Bewertung der nationalen Reglementierungen des Berufszugangs. COM(2013) 676 final, Brüssel, den 2.10.2103 (MITTEILUNG DER KOMMISSION AN DAS EUROPÄISCHE PARLAMENT, DEN RAT UND DEN EUROPÄISCHEN WIRTSCHAFTS- UND SOZIALAUSSCHUSS, COM/2013/0676 final). Online verfügbar unter https://eur-lex.europa.eu.

COM (2013a): Europäische Kommission (Hg.): EINE ANALYSE DER ERZIELTEN FORTSCHRITTE UND DER VERBLEIBENDEN HINDERNISSE IN DEN MITGLIEDSTAATEN. COM(2013) 785 final, Brüssel, den 13.11.2013

(BERICHT DER KOMMISSION AN DAS EUROPÄISCHE PARLAMENT, DEN RAT, DIE EUROPÄISCHE ZENTRALBANK, DEN EUROPÄISCHEN WIRTSCHAFTS- UND SOZIALAUSSCHUSS, DEN AUSSCHUSS DER REGIONEN UND DIE EUROPÄISCHE INVESTITIONSBANK EIN BINNENMARKT FÜR WACHSTUM UND BESCHÄFTIGUNG, COM/2013/0785 final). Online verfügbar unter https://eur-lex.europa.eu/.

COM (2015): Europäische Kommission (Hg.): Den Binnenmarkt weiter ausbauen: mehr Chancen für die Menschen und die Unternehmen. COM(2015) 550 final, Brüssel, den 28.10.2015 (MITTEILUNG DER KOMMISSION AN DAS EUROPÄISCHE PARLAMENT, DEN RAT, DEN EUROPÄISCHEN WIRTSCHAFTS- UND SOZIALAUSSCHUSS UND DEN AUSSCHUSS DER REGIONEN, COM/2015/0550 final). Online verfügbar unter https://eur-lex.europa.eu/.

COM (2017): Europäische Kommission (Hg.): ARBEITSUNTERLAGE DER KOMMISSIONSDIENSTSTELLEN Länderbericht Deutschland 2017 mit eingehender Überprüfung der Vermeidung und Korrektur makroökonomischer Ungleichgewichte. SWD(2017) 71 final. Brüssel, den 22.2.2017 (Begleitunterlage zur MITTEILUNG DER EUROPÄISCHEN KOMMISSION AN DAS EUROPÄISCHE PARLAMENT, DEN RAT, DIE EUROPÄISCHE ZENTRALBANK UND DIE EUROGRUPPE). Online verfügbar unter https://ec.europa.eu.

COM (2017a): Europäische Kommission (Hg.): … über Reformempfehlungen für die Berufsreglementierung. COM(2016) 820 final, Brüssel, den 10.1.2017 (MITTEILUNG DER KOMMISSION AN DAS EUROPÄISCHE PARLAMENT, DEN RAT, DEN EUROPÄISCHEN WIRTSCHAFTS- UND SOZIALAUSSCHUSS UND DEN AUSSCHUSS DER REGIONEN, COM/2016/0820 final). Online verfügbar unter https://ec.europa.eu.

Deppe, Frank (Hg.) (1975): Europäische Wirtschaftsgemeinschaft (EWG). Zur politischen Ökonomie der westeuropäischen Integration. Reinbek bei Hamburg: Rowohlt (Rororo-Studium Politische Wissenschaften, Bd. 73).

Destatis (2015): Statistisches Bundesamt (Hg.): Todesursachen in Deutschland. Nürnberg (Fachserie 12, Reihe 4 Gesundheit). Online verfügbar unter https://www.destatis.de, zuletzt geprüft am 30.09.2019.

Destatis (2019): Statistisches Bundesamt (Hg.): Verkehrsunfälle 2018. (Zeitreihen). Online verfügbar unter https://www.destatis.de, zuletzt geprüft am 06.10.2019.

DGUV (1995): Deutsche Gesetzliche Unfallversicherung (Hg.): Unfallverhütungsvorschrift Flurförderzeuge. DGUV Vorschrift 68 in der Fassung vom 1. Januar 1997.

DGUV (2010): Deutsche Gesetzliche Unfallversicherung (Hg.): Treppen. April 1991 aktualisierte Fassung Juli 2010 (Information, BGI/GUV-I 561). Online verfügbar unter https://publikationen.dguv.de, zuletzt geprüft am 01.10.2019.

DGUV (2016): Deutsche Gesetzliche Unfallversicherung (Hg.): Arbeitsunfallgeschehen 2015. (Statistik). Online verfügbar unter http://www.dguv.de, zuletzt geprüft am 24.08.2017.

Dichgans, Hans (1980): Montanunion. Menschen u. Institutionen. 1. Aufl. Düsseldorf, Wien: Econ-Verlag.

DIHK (2017): Deutscher Industrie- und Handelskammertag (Hg.): Leitfaden Abgrenzung – Januar 2017 Handwerk | Industrie | Handel | Dienstleistungen. Online verfügbar unter https://www.ihk-schleswig-holstein.de, zuletzt geprüft am 02.10.2019.

Dostal, Werner (2006): Berufsforschung. In: Felix Rauner (Hg.): Handbuch Berufsbildungsforschung. 2. Aufl. Bielefeld: Bertelsmann W. Verlag. S. 105–112.

DR (1881): Gesetz, betreffend die Abänderung der Gewerbeordnung. Vom 18. Juli 1881. Deutsches Reichsgesetzblatt Band 1881, Nr. 19, Seite 233–244.

DR (1897): Gesetz, betreffend die Abänderung der Gewerbeordnung. Vom 26. Juli 1897. Deutsches Reichsgesetzblatt Band 1897, Nr. 37, Seite 663–706.

DR (1908): Gesetz, betreffend die Abänderung der Gewerbeordnung. Vom 30. Mai 1908. Deutsches Reichsgesetzblatt Band 1908, Nr. 33, Seite 356–360.

DR (1929): Gesetz zur Änderung der Gewerbeordnung (Handwerks-Novelle). Vom 11. Februar 1929. Reichsgesetzblatt Teil 1 1929, Nr. 7, Seite 21–27.

DR (1939): Verordnung über die Durchführung des Vierjahresplans auf dem Gebiet der Handwerkswirtschaft. Vom 22. Februar 1939. Reichsgesetzblatt I Nr. 36 vom 28. Januar 1939, S. 327.

DR (1942): Erste Verordnung zur Durchführung der Verordnung über die Vereinfachung und Vereinheitlichung der Organisation der gewerblichen Wirtschaft. Vom 20. April 1942. Reichsgesetzblatt I Nr. 41 vom 24. April 1942, S. 189.

DRiG (2017): Deutsches Richtergesetz in der Fassung der Bekanntmachung vom 19. April 1972 (BGBl. I S. 713), das zuletzt durch Artikel 9 des Gesetzes vom 8. Juni 2017 (BGBl. I S. 1570) geändert worden ist.

EAG-Vertrag (2010): KONSOLIDIERTE FASSUNG DES VERTRAGS ZUR GRÜNDUNG DER EUROPÄISCHEN ATOMGEMEINSCHAFT. Amtsblatt Nr. C 84 vom 30/03/2010 S. 0001–0112.

EBA (2014): Der Europäische Berufsausweis. Elektronisches Verfahren für die Anerkennung von Berufsqualifikationen. Europäische Kommission.

Luxembourg. Online verfügbar unter http://ec.europa.eu, zuletzt geprüft am 07.10.2016.

EC (2010): Europäische Kommission (Hg.): Entscheidungen über die Niederlassung Berufstätiger mit Qualifikationen aus einem anderen Land (Ursprungsland), die die Anerkennung in Deutschland (Aufnahmeland) beantragt haben (Beruf: Maurer- und Betonmeister; Aufnahmeland Deutschland, 109 Ergebnisse). Online verfügbar unter https://ec.europa.eu/growth/tools-databases/regprof/index.cfm, zuletzt geprüft am 22.10.2019.

EC (2015): Europäische Kommission (Hg.): Anzahl der Entscheidungen, die zur Anerkennung von Berufsqualifikationen zum Zwecke der Niederlassung in einem EU-Mitgliedstaat, einem EWR-Staat oder der Schweiz getroffen wurden. (ZEITPUNKT VON 2015; BIS: 2015; folgende drei Felder: alle, BERUF: nihil). Online verfügbar unter https://ec.europa.eu/growth/tools-databases/regprof/index.cfm, zuletzt geprüft am 11.09.2019.

EC (2017): Europäische Kommission (Hg.): Professions falling under specific legislation. Online verfügbar unter http://ec.europa.eu/growth/single-market/services/free-movement-professionals/qualifications-recognition/specific-legislation_de, zuletzt geprüft am 09.11.2017.

ec-de (2016): Europäische Kommission (Hg.): Aktionsplan im Rahmen der Transparenzinitiative zu reglementierten Berufen nach Art. 59 der Richtlinie 2005/36/EG über die Anerkennung von Berufsqualifikationen (Mutual evaluation of regulated professions: National Action Plans, 26/04/2016). Online verfügbar unter https://ec.europa.eu/docsroom/documents/31943, zuletzt geprüft am 01.06.2017.

EEA (1987): EINHEITLICHE EUROPÄISCHE AKTE. ABl. L 169 vom 29.6.87, S. 1–28.

EG (1996): RICHTLINIE 96/71/EG DES EUROPÄISCHEN PARLAMENTS UND DES RATES vom 16. Dezember 1996 über die Entsendung von Arbeitnehmern im Rahmen der Erbringung von Dienstleistungen. ABl. L 018 vom 21.1.1997, S. 1–6.

EG (1998): RICHTLINIE 98/5/EG DES EUROPÄISCHEN PARLAMENTS UND DES RATES vom 16. Februar 1998 zur Erleichterung der ständigen Ausübung des Rechtsanwaltsberufs in einem anderen Mitgliedstaat als dem, in dem die Qualifikation erworben wurde. ABl. L 77 vom 14.3.1998, S. 36–43.

EG (1999): RICHTLINIE 1999/42/EG DES EUROPÄISCHEN PARLAMENTS UND DES RATES vom 7. Juni 1999 über ein Verfahren zur Anerkennung der Befähigungsnachweise für die unter die Liberalisierungs- und Übergangsrichtlinien fallenden Berufstätigkeiten in Ergänzung der allgemeinen Regelung zur Anerkennung der Befähigungsnachweise. ABl. L 201 vom 31.7.1999, S. 77–93.

EG (2001): RICHTLINIE 2001/19/EG DES EUROPÄISCHEN PARLAMENTS UND DES RATES vom 14. Mai 2001 zur Änderung der Richtlinien 89/48/EWG und 92/51/EWG des Rates über eine allgemeine Regelung zur Anerkennung beruflicher Befähigungsnachweise und der Richtlinien 77/452/EWG, 77/453/EWG, 78/686/EWG, 78/687/EWG, 78/1026/EWG, 78/1027/EWG, 80/154/EWG, 80/155/EWG, 85/384/EWG, 85/432/EWG, 85/433/EWG und 93/16/EWG des Rates über die Tätigkeiten der Krankenschwester und des Krankenpflegers, die für die allgemeine Pflege verantwortlich sind, des Zahnarztes, des Tierarztes, der Hebamme, des Architekten, des Apothekers und des Arztes. ABl. L 206 vom 31.7.2001, S. 1–51.

EG (2003): RICHTLINIE 2003/59/EG DES EUROPÄISCHEN PARLAMENTS UND DES RATES vom 15. Juli 2003 über die Grundqualifikation und Weiterbildung der Fahrer bestimmter Kraftfahrzeuge für den Güter- oder Personenkraftverkehr und zur Änderung der Verordnung (EWG) Nr. 3820/85 des Rates und der Richtlinie 91/439/EWG des Rates sowie zur Aufhebung der Richtlinie 76/914/EWG des Rates. ABl. L 226 vom 10.9.2003, S. 4–17.

EG (2004): RICHTLINIE 2004/38/EG DES EUROPÄISCHEN PARLAMENTS UND DES RATES vom 29. April 2004 über das Recht der Unionsbürger und ihrer Familienangehörigen, sich im Hoheitsgebiet der Mitgliedstaaten frei zu bewegen und aufzuhalten, zur Änderung der Verordnung (EWG) Nr. 1612/68 und zur Aufhebung der Richtlinien 64/221/EWG, 68/360/EWG, 72/194/EWG, 73/148/EWG, 75/34/EWG, 75/35/EWG, 90/364/EWG, 90/365/EWG und 93/96/EWG. ABl. L 158 vom 30.4.2004, S. 77–123.

EG (2006): RICHTLINIE 2006/123/EG DES EUROPÄISCHEN PARLAMENTS UND DES RATES vom 12. Dezember 2006 über Dienstleistungen im Binnenmarkt. ABl. L 376 vom 27.12.2006, S. 36–68.

EG (2008): ENTSCHEIDUNG Nr. 1065/2008/EG DES EUROPÄISCHEN PARLAMENTS UND DES RATES vom 22. Oktober 2008 zur Aufhebung der Entscheidung 85/368/EWG des Rates über die Entsprechungen der beruflichen Befähigungsnachweise zwischen Mitgliedstaaten der Europäischen Gemeinschaften. Amtsblatt Nr. L 288 vom 30/10/2008, S. 4–4.

EG (2018): RICHTLINIE 2003/59/EG DES EUROPÄISCHEN PARLAMENTS UND DES RATES vom 15. Juli 2003 über die Grundqualifikation und Weiterbildung der Fahrer bestimmter Kraftfahrzeuge für den Güter- oder Personenkraftverkehr und zur Änderung der Verordnung (EWG) Nr. 3820/85 des Rates und der Richtlinie 91/439/EWG des Rates sowie zur Aufhebung der Richtlinie 76/914/EWG des Rates, vom konsolidiert. ABl. L 226 vom 10.9.2003, S. 4–17.

EGKS (1953): Statistisches Handbuch der Europäischen Gemeinschaft für Kohle und Stahl. Luxemburg – Juni 1953.

EGKS (1960): Europäische Gemeinschaft für Kohle und Stahl, Hohe Behörde (Hg.): BULLETIN der Europäischen Gemeinschaft für Kohle und Stahl. Zusammenfassung des Achten Gesamtberichts. Luxemburg (Bulletin, 5. Jahrgang – Nr. 1).

EGKS Art 69 (1954): Gesetz über den Beschluß vom 8. Dezember 1954 betreffend die Anwendung des Artikels 69 des Vertrages vom 18. April 1951 über die Gründung der Europäischen Gemeinschaft für Kohle und Stahl vom 30. Mai 1956. BGBl. II Nr. 17 vom 05.06.1956, Seite 599–639.

EGKSV (1951): Vertrag über die Gründung der Europäischen Gemeinschaft für Kohle und Stahl vom 18. April 1951. [dut] Europese Gemeenschap voor Kolen en Staal [fre] Communauté européenne du charbon et de l'acier [ger] Europäische Gemeinschaft für Kohle und Stahl [ita] Comunità europea del carbone e dell'acciaio.

EGKSV-69 B (1957): BESCHLUSS betreffend die Anwendung des Artikels 69 des Vertrages vom 18. April 1951 über die Gründung der Europäischen Gemeinschaft für Kohle und Stahl. ABl. 25 vom 12/08/1957, S. 367–407.

EGKSV-69 B. EGKSV-69 B (1963): BESCHLUSS vom 16. Mai 1961 zur Ergänzung des Beschlusses betreffend die Anwendung des Artikels 69 des Vertrages vom 18. April 1951 über die Gründung der Europäischen Gemeinschaft für Kohle und Stahl. ABl. 89 vom 15/06/1963, S. 1637–1703.

EGKSV-69 V (1957): VEREINBARUNG zur Durchführung des Beschlusses betreffend die Anwendung des Artikels 69 des Vertrages über die Gründung der Europäischen Gemeinschaft für Kohle und Stahl. ABl. 25 vom 12/08/1957, S. 408–441.

EGKSV-en (1951): TREATY ESTABLISHING THE EUROPEAN COAL AND STEEL COMMUNITY and ANNEXES I-III PARIS, 18 APRIL 1951 (DRAFT ENGLISH TEXT). Online verfügbar unter https://eur-lex.europa.eu/, zuletzt geprüft am 26.06.2013.

ElektroTechMstrV (2011): Elektrotechnikermeisterverordnung vom 17. Juni 2002 (BGBl. I S. 2331), die durch Artikel 12 der Verordnung vom 17. November 2011 (BGBl. I S. 2234) geändert worden ist.

EMRK (1950): Konvention zum Schutze der Menschenrechte und Grundfreiheiten in der Fassung der Protokolle Nr. 11 und 14. Europarat: Rom, 4.XI.1950 Sammlung der Europäischen Verträge – Nr. 5.

EMRK (1950a): Convention for the Protection of Human Rights and Fundamental Freedoms, Convention de sauvegardedes Droits de l'Hommeet des Libertes fondamentales. Council of Europe: Rome, 4.XI.1950 European Treaty Series – No. 5; Série des traités européens – no. 5.

EQAVET (2010): European Quality Assurance in Vocational Education and Training (Hg.): Qualitätszyklus des Europäischen Bezugsrahmens für die Qualitätssicherung in der beruflichen Aus- und Weiterbildung (graphische Darstellung). Online verfügbar unter https://www.eqavet.eu/Eqavet2017/media/Materials-Cycle-poster/Quality-Cycle-Poster-German.pdf?ext=.pdf, zuletzt geprüft am 19.09.2018.

EQR (2008): Der europäische Qualifikationsrahmen für lebenslanges Lernen. Hg. v. Europäische Kommission. Luxemburg.

ER (2000): Europäischer Rat (Hg.): SCHLUSSFOLGERUNGEN DES VORSITZES. EUROPÄISCHER RAT (LISSABON) 23. UND 24. MÄRZ 2000. Online verfügbar unter www.consilium.europa.eu, zuletzt geprüft am 27.06.2013.

ER (2017): Europäischer Rat (Hg.): EMPFEHLUNG DES RATES vom 11. Juli 2017 zum nationalen Reformprogramm <Länderbezeichnung> 2017 mit einer Stellungnahme des Rates zum Stabilitätsprogramm <Länderbezeichnung> 2017. Brüssel, Erstveröffentlichung den 11.7.2017 (2017 European Semester: Country Specific Recommendations / Council Recommendations). Online verfügbar unter https://ec.europa.eu, zuletzt geprüft am 18.11.2017.

EU (2011): VERORDNUNG (EU) Nr. 492/2011 DES EUROPÄISCHEN PARLAMENTS UND DES RATES vom 5. April 2011 über die Freizügigkeit der Arbeitnehmer innerhalb der Union. ABl. L 141 vom 27.5.2011, S. 1–12.

EU (2013): RICHTLINIE 2013/55/EU DES EUROPÄISCHEN PARLAMENTS UND DES RATES vom 20. November 2013 zur Änderung der Richtlinie 2005/36/EG über die Anerkennung von Berufsqualifikationen und der Verordnung (EU) Nr. 1024/2012 über die Verwaltungszusammenarbeit mit Hilfe des Binnenmarkt-Informationssystems („IMI-Verordnung"). ABl. L 354 vom 28.12.2013, S. 132–170 konsolidiert.

EUCO (2016): Europäischer Rat (Hg.): Schlussfolgerungen des Europäischen Rates, 28. Juni 2016. EUCO 26/16. Brüssel, den 28. Juni 2016. Online verfügbar unter www.consilium.europa.eu, zuletzt geprüft am 29.10.2019.

EuGH (1974): Urteil vom 14.05.1974: J. Nold, Kohlen- und Baustoffgroßhandlung gegen Kommission der Europäischen Gemeinschaften. Rechtssache 4–73. …; Aktenzeichen 1974–00491.

EuGH (1979): Urteil vom 07.02.1979: J. Knoors gegen Staatssecretaris van Economische Zaken. Ersuchen um Vorabentscheidung: …; Aktenzeichen 115/78.

EuGH (1979a): Urteil vom 20.02.1979: In der Rechtssache 120/78 betreffend das dem Gerichtshof nach Artikel 177 EWG-Vertrag vom Hessischen Finanzgericht …; Aktenzeichen 120/78.

EuGH (1979b): Urteil vom 13.12.1979: Liselotte Hauer gegen Land Rheinland-Pfalz. …; Aktenzeichen 44/79.

EuGH (1989): Urteil vom 21.09.1989: Hoechst AG gegen Kommission der Europäischen Gemeinschaften. Nichtigkeitsklage – Wettbewerbsrecht – …; Aktenzeichen 46/87 und 227/88.

EuGH (1993): Urteil vom 31.03.1993: Dieter Kraus gegen Land Baden Württemberg. Ersuchen um Vorabentscheidung: …; Aktenzeichen C-19/92.

EuGH (1994): Urteil vom 13.12.1994: SMW Winzersekt GmbH gegen Land Rheinland-Pfalz. Ersuchen um Vorabentscheidung: …; Aktenzeichen C-306/93.

EuGH (1995): Urteil vom 16.02.1995: Strafverfahren gegen Jean-Louis Aubertin, Bernard Collignon, Guy Creusot, Isabelle Diblanc, Gilles Josse, Jacqueline Martin und …; Aktenzeichen C-19–35/94 EuGH (Vierte Kammer).

EuGH (1995a): Urteil vom 15.12.1995: betreffend ein dem Gerichtshof gemäß Artikel 177 EWG-Vertrag von der Cour d'appel Lüttich (Belgien) in den bei dieser anhängigen Rechtsstreitigkeiten …; Aktenzeichen C-415/93.

EuGH (2003): Urteil vom 06.11.2003: Strafverfahren gegen Piergiorgio Gambelli und andere. Ersuchen um Vorabentscheidung: …; Aktenzeichen C-243/01.

EuGH (2009): Urteil vom 19.05.2009: Apothekerkammer des Saarlandes und andere (C-171/07) und Helga Neumann-Seiwert (C-172/07) gegen Saarland und Ministerium für Justiz, Gesundheit und Soziales., Aktenzeichen C-171/07. In: Slg. I-04171 2009 EuGH (Große Kammer).

EuGH (2010): Urteil vom 08.10.2010: In der Rechtssache C-46/08 betreffend ein Vorabentscheidungsersuchen nach Art. 234 EG, eingereicht vom Schleswig-Holsteinischen …; Aktenzeichen C-46/08 EuGH (Große Kammer).

EuGH (2010a): Urteil vom 09.11.2010: In den verbundenen Rechtssachen C-92/09 und C-3/09 betreffend Vorabentscheidungsersuchen nach Art. 234 EG, eingereicht vom Verwaltungsgericht Wiesbaden …; Aktenzeichen C-92–93/09 EuGH (Große Kammer).

EuGH (2014): Urteil vom 30.04.2014: Vorabentscheidungsersuchen nach Art. 267 AEUV, eingereicht vom Unabhängigen Verwaltungssenat des Landes Oberösterreich …; Aktenzeichen C-390/12 EuGH (Dritte Kammer).

Eurostat (2019): Bevölkerung nach Geschlecht, Alter, Staatsangehörigkeit und Erwerbsstatus (1 000) (SEX Insgesamt, CITIZEN EU28-Länder ohne das Meldeland, AGE 15 Jahre und mehr, WSTATUS Erwerbstätige, UNIT Tausend). Online verfügbar unter https://ec.europa.eu/eurostat/web/products-datasets/-/lfsq_pganws, zuletzt geprüft am 26.08.2019.

EUV (1992): VERTRAG ÜBER DIE EUROPÄISCHE UNION. Amtsblatt Nr. C 191 vom 29/07/1992 S. 0001–0110 unterzeichnet zu Maastricht am 7. Februar 1992.

EUV (2016): VERTRAG ÜBER DIE EUROPÄISCHE UNION (KONSOLIDIERTE FASSUNG). Amtsblatt Nr. C 202 vom 07/06/2016 S. 0013–0046.

EWG (1961): VERORDNUNG Nr. 15 über die ersten Maßnahmen zur Herstellung der Freizügigkeit der Arbeitnehmer innerhalb der Gemeinschaft. DER RAT DER EUROPÄISCHEN WIRTSCHAFTSGEMEINSCHAFT: 15/61/EWG, ABl. P 57 vom 26.8.1961, S. 1073–1084.

EWG (1963): BESCHLUSS DES RATS vom 2. April 1963 über die Aufstellung allgemeiner Grundsätze für die Durchführung einer gemeinsamen Politik der Berufsausbildung. Amtsblatt Nr. 063 vom 20.04.1963, S. 1338–1341 (63/266/EWG).

EWG (1964): RICHTLINIE DES RATES vom 7. Juli 1964 über die Einzelheiten der Übergangsmaßnahmen auf dem Gebiet der selbständigen Tätigkeiten der be- und verarbeitenden Gewerbe der CITI-Hauptgruppen 23–40 (Industrie und Handwerk). (64/427/EWG) Amtsblatt Nr. 117 vom 23/07/1964 S. 1863–1870.

EWG (1964a): RICHTLINIE DES RATES vom 7. Juli 1964 über die Verwirklichung der Niederlassungsfreiheit und des freien Dienstleistungsverkehrs für selbständige Tätigkeiten der be- und verarbeitenden Gewerbe der CITI-Hauptgruppen 23–40 (Industrie und Handwerk). (64/429/EWG) Amtsblatt Nr. 117 vom 23/07/1964 S. 1880–1892.

EWG (1964b): VERORDNUNG Nr. 38/64/EWG DES RATS vom 25. März 1964 über die Freizügigkeit der Arbeitnehmer innerhalb der Gemeinschaft. ABl. 62 vom 17.4.1964, S. 981–983.

EWG (1965): VERORDNUNG Nr. 117/65/EWG DER KOMMISSION vom 16. Juli 1965 zu Artikel 3 der Verordnung Nr. 38/64/EWG des Rates über die Freizügigkeit der Arbeitnehmer in der Gemeinschaft zur Aufstellung der Liste der Gemeinden innerhalb der Grenzzonen, die beiderseits gemeinsamer Grenzen von Mitgliedstaaten festgelegt wurden. ABl. 139 vom 29.7.1965, S. 2345–2387.

EWG (1968): VERORDNUNG (EWG) Nr. 1612/68 DES RATES vom 15. Oktober 1968 über die Freizügigkeit der Arbeitnehmer innerhalb der Gemeinschaft. ABl. L 257 vom 19.10.1968, S. 2–12.

EWG (1970): 70/449/EWG: EMPFEHLUNG DES RATES vom 29. September 1970 an die Mitgliedstaaten über die Anwendung des Europäischen Berufsbildes für die Ausbildung von Facharbeitern an spanenden Werkzeugmaschinen. Amtsblatt Nr. L 219 vom 05/10/1970 S. 0001–0030, zuletzt geprüft am 25.05.2016.

EWG (1975): RICHTLINIE DES RATES vom 16. Juni 1975 für die gegenseitige Anerkennung der Diplome, Prüfungszeugnisse und sonstigen Befähigungsnachweise des Arztes und für Maßnahmen zur Erleichterung der tatsächlichen Ausübung des Niederlassungsrechts und des Rechts auf freien Dienstleistungsverkehr. (75/362/EWG) ABl. L 167 vom 30.6.1975, S. 1–13.

EWG (1976): RICHTLINIE DES RATES vom 16. Dezember 1976 über das Mindestniveau der Ausbildung für Fahrer von Transportfahrzeugen im Straßenverkehr. (76/914/EWG) ABl. L 357 vom 29/12/1976 S. 0036–0039.

EWG (1977): RICHTLINIE DES RATES vom 22. März 1977 zur Erleichterung der tatsächlichen Ausübung des freien Dienstleistungsverkehrs der Rechtsanwälte. (77/249/EWG) ABl. L 78 vom 26.3.1977, S. 17–18.

EWG (1977a): RICHTLINIE DES RATES vom 27. Juni 1977 über die gegenseitige Anerkennung der Diplome, Prüfungszeugnisse und sonstigen Befähigungsnachweise der Krankenschwester und des Krankenpflegers, die für die allgemeine Pflege verantwortlich sind, und über Maßnahmen zur Erleichterung der tatsächlichen Ausübung des Niederlassungsrechts und des Rechts auf freien Dienstleistungsverkehr. (77/452/EWG) Amtsblatt Nr. L 176 vom 15/07/1977 S. 0008–0010.

EWG (1977b): RICHTLINIE DES RATES vom 27. Juni 1977 zur Koordinierung der Rechts- und Verwaltungsvorschriften für die Tätigkeiten der Krankenschwester und des Krankenpflegers, die für die allgemeine Pflege verantwortlich sind. (77/453/EWG) Amtsblatt Nr. L 176 vom 15/07/1977 S. 0008–0010.

EWG (1982): RICHTLINIE DES RATES vom 19. Juli 1982 über Maßnahmen zur Erleichterung der tatsächlichen Ausübung des Niederlassungsrechts und des Rechts auf freien Dienstleistungsverkehr für Friseure. (82/489/EWG) ABl. L 218 vom 27.7.1982, S. 24–26.

EWG (1985): ENTSCHEIDUNG DES RATES vom 16. Juli 1985 über die Entsprechungen der beruflichen Befähigungsnachweise zwischen Mitgliedstaaten der Europäischen Gemeinschaften. (85/368/EWG) Amtsblatt Nr. L 199 vom 31/07/1985 S. 0056–0059.

EWG (1985a): RICHTLINIE DES RATES vom 10. Juni 1985 für die gegenseitige Anerkennung der Diplome, Prüfungszeugnisse und sonstigen Befähigungsnachweise auf dem Gebiet der Architektur und für Maßnahmen zur Erleichterung der tatsächlichen Ausübung des Niederlassungsrechts und des Rechts auf freien Dienstleistungsverkehr. (85/384/EWG) Amtsblatt Nr. L 223 vom 21/08/1985 S. 0015–0025.

EWG (1985b): VERORDNUNG (EWG) Nr. 3820/85 DES RATES vom 20. Dezember 1985 über die Harmonisierung bestimmter Sozialvorschriften im Straßenverkehr. ABl. L 370 vom 31/12/1985 S. 0001–0007.

EWG (1989): RICHTLINIE DES RATES vom 21. Dezember 1988 über eine allgemeine Regelung zur Anerkennung der Hochschuldiplome, die eine mindestens dreijährige Berufsausbildung abschließen. (89/48/EWG) Amtsblatt Nr. L 019 vom 24/01/1989 S. 0016–0023.

EWG (1992): RICHTLINIE 92/51/EWG DES RATES vom 18. Juni 1992 über eine zweite allgemeine Regelung zur Anerkennung beruflicher Befähigungsnachweise in Ergänzung zur Richtlinie 89/48/EWG. Amtsblatt Nr. L 209 vom 24/07/1992 S. 0025–0045.

EWG (2008): RICHTLINIE DES RATES vom 12. Juni 1989 über die Durchführung von Maßnahmen zur Verbesserung der Sicherheit und des Gesundheitsschutzes der Arbeitnehmer bei der Arbeit. (89/391/EWG) ABl. L 183 vom 29.6.1989, S. 1 konsolidiert.

EWGV (1957): VERTRAG ZUR GRÜNDUNG DER EUROPÄISCHEN WIRTSCHAFTSGEMEINSCHAFT. Online verfügbar unter https://eur-lex.europa.eu/.

FeV (2010): Fahrerlaubnis-Verordnung vom 13. Dezember 2010 (BGBl. I S. 1980), die zuletzt durch Artikel 1 der Verordnung vom 3. Mai 2018 (BGBl. I S. 566) geändert worden ist.

Fischer, Martin (2006): Arbeitsprozesswissen. In: Felix Rauner (Hg.): Handbuch Berufsbildungsforschung. 2. Aufl. Bielefeld: Bertelsmann W. Verlag. S. 308–315.

Fischer, Martin; Münk, Dieter (2006): Berufsbildungsforschung im Prozess der europäischen Integration. In: Felix Rauner (Hg.): Handbuch Berufsbildungsforschung. 2. Aufl. Bielefeld: Bertelsmann W. Verlag. S. 88–94.

FKrFBAusbV (2017): Verordnung über die Berufsausbildung zur Fachkraft im Fahrbetrieb vom 11. Juli 2002 (BGBl. I S. 2612), die durch Artikel 1 der Verordnung vom 16. Oktober 2017 (BGBl. I S. 3565) geändert worden ist.

France (1789): Déclaration des Droits de l'Homme et du Citoyen de 1789. Hg. v. Legifrance. Online verfügbar unter https://www.legifrance.gouv.fr, zuletzt geprüft am 05.05.2017.

Frenz, Walter (2009): Handbuch Europarecht. Band 4 Europäische Grundrechte. Berlin [u.a.]: Springer.

Frenz, Walter (2012): Handbuch Europarecht. Band 1 Europäische Grundfreiheiten. 2. Aufl. Berlin [u.a.]: Springer.

Fusionsvertrag (1967): VERTRAG ZUR EINSETZUNG EINES GEMEINSAMEN RATES UND EINER GEMEINSAMEN KOMMISSION DER EUROPÄISCHEN GEMEINSCHAFTEN. ABl. P 152 vom 13.7.67, S. 2–12.

GewO (2016): Gewerbeordnung in der Fassung der Bekanntmachung vom 22. Februar 1999 (BGBl. I S. 202), die zuletzt durch Artikel 16 des Gesetzes vom 11. November 2016 (BGBl. I S. 2500) geändert worden ist.

GewO (2017): Gewerbeordnung in der Fassung der Bekanntmachung vom 22. Februar 1999 (BGBl. I S. 202), die zuletzt durch Artikel 1 des Gesetzes vom 17. Oktober 2017 (BGBl. I S. 3562) geändert worden ist.

GG (2010): Grundgesetz für die Bundesrepublik Deutschland in der im Bundesgesetzblatt Teil III, Gliederungsnummer 100–1, veröffentlichten bereinigten Fassung, das zuletzt durch Artikel 1 des Gesetzes vom 21. Juli 2010 (BGBl. I S. 944) geändert worden ist.

GHI (1731): German Historical Institute (Hg.): Reichshandwerksordnung von 1731 (Band 2. Vom Absolutismus bis zu Napoleon 1648–1815). Online verfügbar unter http://germanhistorydocs.ghi-dc.org, zuletzt geprüft am 23.06.2017.

GHI (1807): German Historical Institute (Hg.): Das preußische „Oktoberedikt" von 1807, unterzeichnet von König Friedrich Wilhelm III. und Minister Karl Freiherr vom und zum Stein, unter anderem (9. Oktober 1807) (Band 2. Vom Absolutismus bis zu Napoleon 1648–1815). Online verfügbar unter http://germanhistorydocs.ghi-dc.org, zuletzt geprüft am 29.06.2017.

HBauO (2005): Hamburgische Bauordnung. HmbGVBl. 2005, S. 525 letzte berücksichtigte Änderung: §§ 72a, 80 geändert durch Gesetz vom 17. Februar 2016 (HmbGVBl. S. 63).

HBO (2011): Hessische Bauordnung. GVBl. I S. 46, 180 Zuletzt geändert durch Artikel 2 des Gesetzes vom 15. Dezember 2016 (GVBl. S. 294).

Hegel, Georg Wilhelm Friedrich (1820): Grundlinien der Philosophie des Rechts. Berliner Ausgabe, 2013. Berlin: Holzinger.

Henderson, James P.; Davis, John B. (1991): Adam Smith's Influence on Hegel's Philosophical Writings. In: Journal of the History of Economic Thought 13 (2). S. 184–204. Online verfügbar unter https://www.cambridge.org, zuletzt geprüft am 11.10.2019.

Herrmann, Axel (2007): Kampf um die Menschenrechte. In: Informationen zur politischen Bildung (Bundeszentrale für politische Bildung) (297/2007 Menschenrechte).

HH (2019): BÜRGERSCHAFT DER FREIEN UND HANSESTADT HAMBURG (Hg.): Gefährdungspotenzial der Treppen in der Elbphilharmonie. Schriftliche Kleine Anfrage, Drucksache 21/18405 vom 24.09.19.

Hochbaum, M. (1962): Das Diskriminierungs- und Subventionierungsverbot in der EGKS und EWG. Baden-Baden: August Lutzeyer (Schriftenreihe zum Handbuch für europäische Wirtschaft, Bd. 13).

Honsberg, Daniel (1957): Die Arbeitskarte der Montanunion. In: Soziale Sicherheit: Zeitschrift für Arbeit und Soziales 6 (10). S. 298–301.

HSG-SH (2016): Gesetz über die Hochschulen und das Universitätsklinikum Schleswig-Holstein (GVOBl. 2016, 39), letzte berücksichtigte Änderung: Art. 3 Ges. v. 10.06.2016 (GVOBl. S. 342).

HwO (1953): Gesetz zur Ordnung des Handwerks (Handwerksordnung). Vom 17.09.1953. BGBl. I S. 1411–1437.

HwO (1998): Gesetz zur Ordnung des Handwerks (Handwerksordnung). Vom 24. September 1998. BGBl. I. Nr. 67 vom 2. Oktober 1998, S. 3074–3111.

HwO (2017): Handwerksordnung in der Fassung der Bekanntmachung vom 24. September 1998 (BGBl. I S. 3074; 2006 I S. 2095), die zuletzt durch Artikel 104 des Gesetzes vom 29. März 2017 (BGBl. I S. 626) geändert worden ist.

HwO-3.Ä (2003): Drittes Gesetz zur Änderung der Handwerksordnung und anderen handwerksrechtlichen Vorschriften. BGBl. vom 29. Dezember 2003, I S. 2934–2953.

HwO-Ä (1965): Gesetz zur Änderung der Handwerksordnung. BGBl. I. Nr. 50 vom 15. September 1965, S. 1254–1270.

HwO-Ä (1993): Gesetz zur Änderung der Handwerksordnung, anderer handwerksrechtlicher Vorschriften und des Berufsbildungsgesetzes. Vom 20. Dezember 1993. BGBl. I. Nr. 71 vom 28. September 1993, S. 2256–1268.

HwO-Ä (2003): Gesetz zur Änderung der Handwerksordnung und zur Förderung von Kleinunternehmen, vom 29. Dezember 2003 (BGBl. I S. 2933).

ISCO-08: International Standard Classification of Occupations. Hg. v. International Labour Office. Geneva 2012 (Structure, group definitions and correspondence tables, vol. 1).

JArbSchG (2013): Jugendarbeitsschutzgesetz vom 12. April 1976 (BGBl. I S. 965), das zuletzt durch Artikel 3 Absatz 7 des Gesetzes vom 20. April 2013 (BGBl. I S. 868) geändert worden ist.

KfzMechaAusbV (2013): Verordnung über die Berufsausbildung zum Kraftfahrzeugmechatroniker und zur Kraftfahrzeugmechatronikerin vom 14. Juni 2013 (BGBl. I S. 1578), die durch Artikel 2 der Verordnung vom 27. Januar 2014 (BGBl. I S. 90) geändert worden ist.

Kipp, Martin (2008): Der Deutsche Ausschuss für technisches Schulwesen (DATSCH): Entstehung – Positionen – Wirkungen. In: BIBB:100 Jahre Ordnung in der Berufsbildung. Jubiläumsveranstaltung 8.12. 2008. Online verfügbar unter https://bibb-dspace.bibb.de/rest./bitstreams/dc6a68ac-485c-4b35-90cd-3286d1657dcc/retrieve, zuletzt geprüft am 11.3.2021. S. 15–50.

KldB 2010 (2011): Klassifikation der Berufe 2010 – Band 1: Systematischer und alphabetischer Teil mit Erläuterungen. Hg. v. Bundesagentur für Arbeit. Nürnberg 2011.

KMK (2016): Rahmenvereinbarung über Fachschulen. Beschluss der Kultusministerkonferenz vom 07.11.2002 i.d.F. vom 02.06.2016.

KOM (1991): Mitteilung über die Entsprechungen der beruflichen Befähigungsnachweise zwischen Mitgliedstaaten der Europäischen Gemeinschaften in

Anwendung der Entscheidung 85/368/EWG des Rates vom 16. Juli 1985, Sektor „Metalltechnik". Amtsblatt Nr. C 196 vom 25/07/1991 S. 1–193.

KOM (2010): Europäische Kommission (Hg.): BERICHT ÜBER DIE UNIONSBÜRGERSCHAFT 2010 – Weniger Hindernisse für die Ausübung von Unionsbürgerrechten. KOM(2010) 603 endgültig, Brüssel, den 27.10.2010 (KOM/2010/0603 endg.). Online verfügbar unter https://eur-lex.europa.eu/.

KOM (2011): Europäische Kommission (Hg.): Binnenmarktakte Zwölf Hebel zur Förderung von Wachstum und Vertrauen „Gemeinsam für neues Wachstum". KOM (2011) 206 endgültig, Brüssel, den 13.4.2011 (MITTEILUNG DER KOMMISSION AN DAS EUROPÄISCHE PARLAMENT, DEN RAT, DEN EUROPÄISCHEN WIRTSCHAFTS- UND SOZIALAUSSCHUSS UND DEN AUSSCHUSS DER REGIONEN, KOM/2011/0206 endg.). Online verfügbar unter https://eur-lex.europa.eu/.

KOM (2011a): Europäische Kommission (Hg.): Vorschlag für RICHTLINIE DES EUROPÄISCHEN PARLAMENTS UND DES RATES zur Änderung der Richtlinie 2005/36/EG über die Anerkennung von Berufsqualifikationen und der Verordnung über die Verwaltungszusammenarbeit mithilfe des Binnenmarktinformationssystems. KOM (2011) 883 endgültig, Brüssel, den 19.12.2011 (KOM/2011/0883 endgültig). Online verfügbar unter https://eur-lex.europa.eu/.

Koumenta, Maria; Pagliero, Mario (2016): Measuring Prevalence and Labour Market Impacts of Occupational Regulation in the EU. Hg. v. Europäische Kommission. Online verfügbar unter https://ec.europa.eu/docsroom/documents/20362/attachments/1/translations/en/renditions/native, zuletzt geprüft am 04.11.2017.

KrPflG (2017): Krankenpflegegesetz vom 16. Juli 2003 (BGBl. I S. 1442), das zuletzt durch Artikel 1a des Gesetzes vom 17. Juli 2017 (BGBl. I S. 2581) geändert worden ist.

LBG-SH (2016): Landesbeamtengesetz (GVOBl. 2009, 93) letzte berücksichtigte Änderung: Art. 1 Ges. v. 14.12.2016 (GVOBl. S. 999).

LBO-BW (2010): Landesbauordnung für Baden-Württemberg. GBl. 2010, 357, ber. S. 416 letzte berücksichtigte Änderung: mehrfach geändert durch Artikel 1 des Gesetzes vom 11. November 2014 (GBl. S. 501).

LBO-HB (2009): Bremische Bauordnung. Brem.GBl. 2009, 401, zuletzt geändert durch: Inhaltsverzeichnis geändert, § 87 aufgehoben durch Artikel 1 Abs. 1 des Gesetzes vom 27.05.2014 (Brem.GBl. S. 263).

LBO-SH (2016): Landesbauordnung für das Land Schleswig-Holstein (GVOBl. 2009), letzte berücksichtigte Änderung: mehrfach geändert Art. 1 Ges. v. 14.06.2016 (GVOBl. S. 369).

Lojewski, Werner von (1964): Der gemeinsame Markt in Europa. Vollst. neu bearb. Ausg. Frankfurt/M: Ullstein (Wir diskutieren, 3).

LVO-Bildung-SH (2016): Landesverordnung über die Laufbahn der Laufbahngruppe 2 in der Fachrichtung Bildung (GVOBl. 2016, 574).

MauBetbMstrV (2011): Maurer- und Betonbauermeisterverordnung vom 30. August 2004 (BGBl. I S. 2307), die durch Artikel 16 der Verordnung vom 17. November 2011 (BGBl. I S. 2234) geändert worden ist (MaurerBetonbMstrV).

MetallbAusbV (2008): Verordnung über die Berufsausbildung zum Metallbauer und zur Metallbauerin vom 25. Juli 2008 (BGBl. I S. 1468).

MetallbMstrV (2011): Verordnung über das Meisterprüfungsberufsbild und über die Prüfungsanforderungen in den Teilen I und II der Meisterprüfung im Metallbauer-Handwerk (Metallbauermeisterverordnung – MetallbMstrV) vom 22. März 2002 (BGBl. I S. 1224), die durch Artikel 8 der Verordnung vom 17. November 2011 (BGBl. I S. 2234) geändert worden ist.

Mickler, Otfried (1981): Facharbeit im Wandel. Rationalisierung im industriellen Produktionsprozess. Frankfurt/Main: Campus-Verl. (Studienreihe des Soziologischen Forschungsinstitutes Göttingen <SOFI>).

MK (2001): Monopolkommission (Hg.): Reform der Handwerksordnung (Sondergutachten der Monopolkommission). Online verfügbar unter http://monopolkommission.de/images/PDF/SG/s31_volltext.pdf, zuletzt geprüft am 03.08.2017.

NBauO (2012): Niedersächsische Bauordnung. Nds. GVBl. 2012, 46 letzte berücksichtigte Änderung: § 4 geändert durch Artikel 2 des Gesetzes vom 23.07.2014 (Nds. GVBl. S. 206).

NDB (1868): Gesetz, betreffend den Betrieb der stehenden Gewerbe. Vom 8. Juli 18688. Juli 1868. Bundes=Gesetzblatt des Norddeutschen Bundes 1868, Nr. 132, S. 406–407.

NDB (1869): Gewerbeordnung für den Norddeutschen Bund. Vom 21. Juni 1869. Bundes = Gesetzblatt des Norddeutschen Bundes 1869, Nr. 312, S. 245–282.

Nettesheim, Martin (Hg.) (2019): Das Recht der Europäischen Union. Werkstand: 67. EL Juni 2019. München: Beck. Online verfügbar unter https://beck-online.beck.de, zuletzt geprüft am 18.11.2019.

NotSanG (2016): Notfallsanitätergesetz vom 22. Mai 2013 (BGBl. I S. 1348), das durch Artikel 30 des Gesetzes vom 18. April 2016 (BGBl. I S. 886) geändert worden ist.

Pahl, Jörg-Peter (2017): Berufe, Berufswissenschaft und Berufsbildungswissenschaft. Bielefeld: wbv.

Petz, Rudolf; Zöllner, Helmut (1956): Die Beschäftigungsfreiheit der Montanfacharbeiter. Beschluß des Besonderen Ministerrats der Montanunion vom

8. Dez. 1954 betr. d. Anwendung des Art. 69 des Vertrages vom 18. April 1951 über die Gründung der Europäischen Gemeinschaft für Kohle und Stahl. Berlin [u.a.]: Vahlen.

Popper, Karl Raimund (1994): Auf der Suche nach einer besseren Welt. Vorträge und Aufsätze aus dreißig Jahren. 7., durchgesehen Auflage, 48. – 53. Tausend März 1994. München: Piper (Serie Piper, Bd. 699).

Popper, Karl Raimund (1994a): Logik der Forschung. 10., verb. und vermehrte Aufl. Tübingen: J. Mohr (Die Einheit der Gesellschaftswissenschaften, 4).

Preußen (1820): Gesetz wegen Entrichtung der Gewerbesteuer. Gegeben Berlin, den 30sten Mai 1820. Gedruckt in der Deckerschen Geheimen Ober-Hofbuchdruckerei.

Preußen (1845): Allgemeine Gewerbeordnung. Vom 17. Januar 1845. In: kgl. Preußische Staaten (Hg.): Gesetz=Sammlung für die königlichen Preußischen Staaten 1845. Nr. 1 bis incl. 42. Berlin: vereinigtes Gesetz=Sammlungs=Debits= und Zeitungs=Kontor. No. 2541, S. 41–78.

Preußen (1849 I): Verordnung, betreffend die Errichtung von Gewerberäthen und verschiedene Änderungen der allgemeinen Gewerbeordnung. Vom 9. Februar 1849. In: kgl. Preußische Staaten (Hg.): Gesetz=Sammlung für die königlichen Preußischen Staaten 1849. Nr. 1 bis incl. 42. Berlin: vereinigtes Gesetz=Sammlungs=Debits= und Zeitungs=Kontor. Nr. 3102, S. 93–110.

Preußen (1849 II): Verordnung über die Einrichtung von Gewebegerichten. Vom 9. Februar 1849. In: kgl. Preußische Staaten (Hg.): Gesetz=Sammlung für die königlichen Preußischen Staaten 1849. Nr. 1 bis incl. 42. Berlin: vereinigtes Gesetz=Sammlungs=Debits= und Zeitungs=Kontor. Nr. 3103, S. 110–124.

Prim, Rolf; Tilmann, Heribert (1997): Grundlagen einer kritisch-rationalen Sozialwissenschaft. Studienbuch zur Wissenschaftstheorie Karl R. Poppers. 7., erweiterte und überarbeitete Auflage. Wiesbaden: Quelle und Meyer (Uni-Taschenbuch. Soziologie, 221).

RAT EG (1983): Feierliche Deklaration zur Europäischen Union (Stuttgart, 19. Juni 1983). Online verfügbar unter http://www.cvce.eu/obj/feierliche_deklaration_zur_europaischen_union_stuttgart_19_juni_1983-de-a2e74239-a12b-4efc-b4ce-cd3dee9cf71d.html, zuletzt geprüft am 11.3.2021.

Rauner, Felix (Hg.) (2006): Handbuch Berufsbildungsforschung. 2. Aufl. Bielefeld: Bertelsmann W. Verlag.

RGBL-Ö (1854): Verordnung der Ministerien des Innern vom 28. Februar 1875, wirksam für alle Kronländer womit die bisher für die Apothekerlehrlinge festgesetzte Lehrzeit von vier auf drei Jahre herabgesetzt wird. Reichs-Gesetz-Blatt für das Kaiserthum Oesterreich: Jahrgang 1984, XIX. Stück. 54., S. 243.

RGBL-Ö (1900): Verordnung des Ministerpräsidenten als Leiters des Ministeriums des Innern sowie des Ministers für Cultus und Unterricht vom 3. September 1900, betreffend die Zulassung von Frauen zum pharmaceutischen Berufe. Reichsgesetzblatt für die im Reichsrate vertretenden Königreiche und Länder: LXIV. Stück. 150., S. 380–381.

RGBL-Ö (1904): Verordnung der Ministerien des Innern sowie für Kultus und Unterricht vom 7. April 1904, betreffend die Zulassung von Abiturientinnen öffentlicher Mädchenlyzeen zum pharmazeutischen Berufe (Apothekergewerbe). Reichsgesetzblatt für die im Reichsrate vertretenden Königreiche und Länder: XXII. Stück. 40., S. 83.

Ruhrstatut (1949): Abkommen über die Errichtung einer Internationalen Ruhrbehörde vom 28. April 1949. Online verfügbar unter www.verfassungen.de, zuletzt geprüft am 30.05.2014.

Sasse, Thorsten (2011): Die Berufsfreiheit und das Recht zu arbeiten. Eine Analyse des Artikels 15 der Charta der Grundrechte der Europäischen Union. Frankfurt am Main: Peter Lang.

Schengen (1985): Schengen-Besitzstand – Übereinkommen zwischen den Regierungen der Staaten der Benelux-Wirtschaftsunion, der Bundesrepublik Deutschland und der Französischen Republik betreffend den schrittweisen Abbau der Kontrollen an den gemeinsamen Grenzen (14.6.1985). Amtsblatt Nr. L 239 vom 22/09/2000 S. 0013–0018.

Schorkopf, Frank (2019): Art. 7 AEUV Kohärenzprinzip. In: Nettesheim, Martin (Hg.) (2019): Das Recht der Europäischen Union. Werkstand: 67. EL Juni 2019. München: Beck. Online verfügbar unter https://beck-online.beck.de, zuletzt geprüft am 18.11.2019.

Smith, Adam (1776): An Inquiry into the Nature and Causes of the Wealth of Nations. EBook #3300, Last Updated: February 6, 2013 (Produced by Colin Muir, and David Widger). Online verfügbar unter http://www.gutenberg.org/files/3300/3300-h/3300-h.htm, zuletzt geprüft am 25.06.2017.

SprengG (2016): Sprengstoffgesetz in der Fassung der Bekanntmachung vom 10. September 2002 (BGBl. I S. 3518), das zuletzt durch Artikel 5 Absatz 5 des Gesetzes vom 18. Juli 2016 (BGBl. I S. 1666) geändert worden ist.

StVZO (2017): Straßenverkehrs-Zulassungs-Ordnung vom 26. April 2012 (BGBl. I S. 679), die zuletzt durch Artikel 1 der Verordnung vom 20. Oktober 2017 (BGBl. I S. 3723) geändert worden ist.

test (2004): Mehr schlecht als recht. Beratung in Apotheken. Hg. v. Stiftung Warentest. In: test (3/2004). S. 91–100.

TischlMstrV (2011): Tischlermeisterverordnung vom 13. Mai 2008 (BGBl. I S. 826), die durch Artikel 38 der Verordnung vom 17. November 2011 (BGBl. I S. 2234) geändert worden ist.

Towfigh, Emanuel Vahid (2008): Komplexität und Normenklarheit – oder: Gesetze sind für Juristen gemacht (Preprints of the Max Planck Institute for Research on Collective Goods Bonn 2008/22). Online verfügbar unter http://homepage.coll.mpg.de/pdf_dat/2008_22online.pdf.

TRGS-430 (2009): Isocyanate – Gefährdungsbeurteilung und Schutzmaßnahmen. GMBl Nr. 18/19 (04.05.2009).

Vertrag von Amsterdam (1997): VERTRAG VON AMSTERDAM ZUR ÄNDERUNG DES VERTRAGS ÜBER DIE EUROPÄISCHE UNION, DER VERTRÄGE ZUR GRÜNDUNG DER EUROPÄISCHEN GEMEINSCHAFTEN SOWIE EINIGER DAMIT ZUSAMMENHÄNGENDER RECHTSAKTE. ABl. C 340 vom 10.11.1997, S. 1–144.

Vertrag von Lissabon (2007): VERTRAG VON LISSABON ZUR ÄNDERUNG DES VERTRAGS ÜBER DIE EUROPÄISCHE UNION UND DES VERTRAGS ZUR GRÜNDUNG DER EUROPÄISCHEN GEMEINSCHAFT. Amtsblatt Nr. C 306 vom 17/12/2007 S. 0001–0271.

Vertrag von Nizza (2001): VERTRAG VON NIZZA ZUR ÄNDERUNG DES VERTRAGS ÜBER DIE EUROPÄISCHE UNION, DER VERTRÄGE ZUR GRÜNDUNG DER EUROPÄISCHEN GEMEINSCHAFTEN SOWIE EINIGER DAMIT ZUSAMMENHÄNGENDER RECHTSAKTE. ABl. C 80 vom 10.3.2001, S. 1–87.

VN (1948): Vereinte Nationen(Hg.): Allgemeine Erklärung der Menschenrechte (Resolution 217 A (III) der Generalversammlung vom 10. Dezember 1948). S. 389–403. Online verfügbar unter https://www.ohchr.org/EN/UDHR/Documents/UDHR_Translations/ger.pdf.

Wagner, Raimond W. (2006): Der Zugang zum Handwerksberuf. Eine Untersuchung anlässlich der Änderungen der Handwerksordnung vom 1.1.2004. Bayreuth: Verl. P.C.O.

ZimMstrV (2011): Zimmerermeisterverordnung vom 16. April 2008 (BGBl. I S. 743), die durch Artikel 37 der Verordnung vom 17. November 2011 (BGBl. I S. 2234) geändert worden ist.

Perspektiven auf Berufsbildung, Arbeit und Technik

Herausgegeben von Axel Grimm, Volkmar Herkner und Reiner Schlausch

Band 1 Axel Grimm: Didaktik der beruflichen Fachrichtung Informationstechnik/Informatik. Band 1: Theoriebildung. 2021

Band 2 Marco Hjelm-Madsen: Raum als berufspädagogische Dimension. Empirische Befunde und theoretische Überlegungen zu Interdependenzen zwischen Orten und Berufsbildungssystemen. 2021

Band 3 Paul Kühl: Konzeption und Evaluation handlungsorientierter Fachschulausbildung im maritimen Notfallmanagement. 2021

Band 4 Alexander Maschmann: Freiheit der Ausübung erwerbsberuflicher Tätigkeiten. Ein emanzipatorischer Ansatz zur Ausgestaltung qualifikationsfordernder Reglementierungen von Berufsausübung im Kontext der europäischen Integration. 2021

www.peterlang.com

www.ingramcontent.com/pod-product-compliance
Ingram Content Group UK Ltd.
Pitfield, Milton Keynes, MK11 3LW, UK
UKHW041828290926
8980IPUK00002B/133

9 783631 846421